Antichriſti.

Antichriſtus.

Der Babſt maſt ſich an izlichen Tyrannen vnd heydniſchen
furſten/ ſzo yre fueſz den leuten tzu kuſzen dar gereicht / nach tzu/
volgen/damit es waer werde das geſchrieben iſt. Wilcher dieſer
beſtien bilde nicht anbettet/ſall getôd werden. Apocalip. 13.
Ditz kuſſens darff ſich der Bapſt yn ſeynē decretalen vnuor/
ſchembt rūmen. c. cū oli de pri. cle. Si ſummus pon. de ſen. ex͞co.

MANESSE BIBLIOTHEK DER WELTGESCHICHTE

RICARDA HUCH

Das Zeitalter der Glaubensspaltung

DEUTSCHE GESCHICHTE
BAND 2

Mit einem Nachwort
von Golo Mann

und 31 Holzschnitten

MANESSE VERLAG
ZÜRICH

EINLEITUNG

Der Zusammenbruch der mittelalterlichen Weltanschauung

Germania fuit et nunquam erit quod fuit, hat Luther gesagt: Germanien ist gewesen und wird nie wieder sein, was es gewesen ist. Er erlebte den Zusammenbruch des mittelalterlichen Reiches, sah und fühlte, daß seine Ideale für immer der Vergangenheit anheimfielen. Es war der Untergang einer Epoche, reich an Kampf und Irrsal, aber auch überreich an schöpferischer und aufnehmender Kraft, an mannigfachem Wachstum, die eines jugendlich in die Geschichte eintretenden, freiheitliebenden Volkes Mitgift waren. Umfaßt und geeint war diese Vielfalt durch den Äther einer gemeinsamen Weltanschauung, der das diesseits Erwachsene an die Ewigkeit zu binden schien.

Die Dämmerung der romanischen und der Farbenzauber der gotischen Kirchen umfluteten das steinerne Mysterium des Christentums: die Fleischwerdung des Gottmenschen, sein Erlösungswerk und seinen Tod am Kreuz. Das tragische Geschick der Menschheit zwischen Himmel und Erde, ihre Versuchungen, ihre Kämpfe und schmerzlichen Überwindungen, diese unergründlich wunderbare symbolische Geschichte war in allverständlichen Gestaltungen von den Pfeilern und Gewölben abzulesen. Die zahllos im ganzen Abendland aufgebauten Kirchen waren sichtbare Punkte eines unsichtbaren Gerüsts, das die Welt zu einem sinnvollen Gebilde machte, sie durchdrang und trug, einer Weltanschauung, die die Welt war. Denn in ihr war die Weisheit aller Zeiten eingeschmolzen, sei es auch nur, daß sie sie als Gegensatz durchglühte. Sie war ein Werk vieler Jahrhunderte, und ihr Untergang, wenn sie untergehen konnte, schien Weltuntergang zu bedeuten.

Zu Gott zu gelangen war nach mittelalterlicher Anschauung die Aufgabe des Menschen; sie konnte nur erreicht werden innerhalb der Kirche, die von Gott gegründet, göttlich und ewig war. Es war ihr verliehen, dereinst die ganze Menschheit in sich aufzunehmen; sie war gleichsam die Erscheinung des Unvergänglichen in der vergänglichen Welt. Die Mitglieder der Kirche teilten sich in die Laien und den Priesterstand, der teils durch Lehre, teils durch Beispiel die Laien ihrem jenseitigen Ziele zuführte. Wiederum war der Priesterstand geteilt in die Weltgeistlichkeit und die Klostergeistlichkeit, die nicht nur wie jene durch Keuschheit, sondern auch durch Armut und Gehorsam der Heiligkeit sich näherte, die in Gott vollendet wurde. Wer zu Gott gelangen wollte, mußte die Welt überwinden. Indem die Mönche und Nonnen von der Welt abgesondert ganz der Anbetung Gottes, dem Dienste des Nächsten und der Dämpfung der Sinnlichkeit lebten, führten sie den Laien das Bild der Engel vor Augen und genossen deshalb besondere Verehrung. An der Spitze der Priesterschaft stand der Bischof von Rom, der Papst. Zusammen mit Vertretern des Priesterstandes gab er der überirdischen Wahrheit diejenige Form, die sie den Laien faßbar machte, und grenzte sie ab gegen den Irrtum.

«Wer ist unter uns, der bei der ewigen Glut wohne?» läßt Jesaias den Sünder sagen. Aber alle Menschen sind Sünder. Die Seher und Weisen aller Zeiten haben gewußt, daß der Mensch Gott in seiner Majestät nicht ertragen kann. Die göttliche Wahrheit dringt nur in gebrochenen Strahlen zur Erde, bietet sich den Menschen dar in Symbolen, Spiegeln gleichsam, die so viel vom göttlichen Wesen auffangen, wie den Menschen erträglich und verständlich ist. Niemals waren die Spiegel der Gottheit so nahe gekommen, so von Gott durchglüht und Gott angeglichen wie in der christlichen Symbolik. Sie zu lehren, auszulegen, in der Tiefe ihrer Bedeutung zu erforschen und zu begründen war die Aufgabe der Priester. Nur durch ihre Vermittelung konnte der Laie in Beziehung zu Gott treten. Sie waren Schutzengel, die den ins Weltliche verflochtenen Menschen den Flug zu Gott lehrten und zugleich wie eine schützende Wolke das furchtbare Geheimnis der göttlichen Majestät umgaben, deren unverhülltes Antlitz das irdische Geschöpf verzehren würde.

Die christliche Weltanschauung konnte das Abendland beherrschen, weil sie erwachsen war auf den Trümmern einer hohen Kultur und über der noch nicht hoch entwickelten Kultur junger Völker, die sie willig in sich aufnahm. Die Herrschaftsstellung, die sie dem Klerus zuwies, wuchs ihm zu, weil die Völker sie bei ihm suchten. Die Führer der Christen verkündigten das hohe Ideal, das die Verwilderten und Erschöpften, die Gelehrigen und Empfänglichen mit Begeisterung ergriffen. Eine neue Welt ging aus dieser Weltanschauung wie aus einem gleichen Samen und gemeinsamer Erde hervor. Alle Äußerungen des menschlichen Geistes wurzelten in ihr und waren von ihr durchdrungen. Ihr dienten die Künste und Wissenschaften, die Denker und Dichter, von ihr erfüllt war das staatliche und wirtschaftliche und häusliche Leben. Wenn auch Krieg, Verbrechen und Irrsal, woran es unter Menschen nie fehlt, das mittelalterliche Abendland wild durchtobten, es war umleuchtet von der Glorie eines einheitlichen erhabenen Glaubens. Die Gebilde der Kunst, die Gesänge in der Kirche, die ernsten und heiteren Spiele des Volkes, alles wies aus der unruhvollen Erde auf die Herrlichkeit Gottes, die dem gläubigen Glied der Kirche zuteil werden sollte. Es wölbte sich über der Erde ein fester Goldgrundhimmel, den die Kirche errichtet hatte. Über ihn hinaus sollte der menschliche Gedanke sich nicht wagen; unter ihm war Frieden. Zweifler und Verzweifelnde beruhigte die Kirche, in ihrem Schoße gab es Antwort für die Gottsucher und Heilung für die an den Rätseln des Daseins Erkrankten. Außerhalb der Kirche waren das Chaos und die Hölle; aber es gab kein Chaos und keine Verdammnis, denen die Kirche den Unseligen nicht hätte entreißen können, der sich ihr gläubig anvertraute.

Was konnte diese Weltanschauung erschüttern? Das Grandiose selbst, das darin lag, war eine Gefahr; denn es erforderte eine ständige Anspannung menschlicher Kraft. Lange Zeit hindurch wurde das natürliche Sinken der religiösen Inbrunst ausgeglichen durch das Auftreten begeisterter Führer, die die Kirche mit neuer Glaubensglut erfüllten. Seit dem 14. Jahrhundert blieben diese Aufschwünge aus; es begann eine Umwälzung im Sinne von Verweltlichung, die fortwährend zunahm. Die Bestimmung des Menschen zum Jenseitigen wich einer skrupellosen Vertiefung in das Irdische. Immer waren die Menschen sinnlich und genußsüchtig gewesen, und sie wurden es desto mehr, je mehr die Möglichkeit bequemer, sogar üppiger Lebenshaltung zunahm; der Unterschied war, daß auch die Geistlichkeit an den Ausschweifungen teilnahm, sich mit Behagen darin gehenließ, so daß, wo einst an Bischofshöfen, in Stiften und Klöstern ein Vorbild der Heiligkeit geleuchtet hatte, nun ein Beispiel sinnlicher Lust und sittlicher Verworfenheit gegeben wurde. Das untergrub die Achtung vor dem Klerus und löste den Schimmer von Unantastbarkeit auf, der die Kirche umgeben hatte; sie wurde für das Volk der Laien ein Gegenstand des Hohnes und der Verachtung. Damit wuchs für den mächtigen Gegner der Kirche, den Staat, die Möglichkeit, sie zu besiegen.

Wenn der Mensch zum Bewußtsein kommt, findet er sich in Beziehung zu Gott und in Beziehung zu den Menschen: aus diesen Beziehungen entstehen die Kirche und der Staat. Weil die Beziehung zu Gott die höchste ist, pflegt die Kirche einen Vorrang vor dem Staat zu fordern, wogegen der Staat seine näherliegenden und greifbareren Ansprüche geltend macht. Im Mittelalter gab es einen Staat im eigentlichen Sinne nicht; die Beziehungen zwischen Lehnsherren und Vasallen bildeten das den Körper der Nation zu einem bewußten Ganzen einigende Netz, dessen Mittelpunkt der Kaiser war. In den gewaltigen Kämpfen zwischen Papst und Kaiser, die das Mittelalter erfüllten, erwies sich das Band der Treue als zu schwach gegenüber der Kirche, der Erbin römischer Staatskunst, und der

Kaiser unterlag. Inzwischen aber hatte sich, zuerst in den Städten, denen dann die Territorien folgten, ein festeres Regiment herausgebildet, und der Staat, die in einem Punkte zusammengefaßte Gesamtkraft einer Nation oder eines Gebietes, nahm den Kampf erfolgreich auf. Wie die Kirche beide Schwerter, das der geistlichen und das der weltlichen Herrschaft, in ihre Hand bringen wollte, so trachtete auch der Staat nach beiden. Für die Staatsmänner war die Kirche, die sich so viele Blößen gab, nicht die Führerin der Seelen zu Gott, sondern eine Art Gegenstaat, ein Block, der ihre Bestrebungen, alle Kräfte des ihnen unterstellten Gebietes in einem Mittelpunkt zu sammeln, hemmte. War ja doch die Kirche ein Staat und zwar ein ungemein verfeinerter, mit einem Beamtenapparat und einer Finanzverwaltung, wie die weltlichen Staaten sie noch nicht besaßen, aber inständig anstrebten.

Die Verstaatlichung wie die Verweltlichung überhaupt empfing Nahrung von der Antike. Keine Weltanschauung vermag weder ihren eigenen Gehalt vollkommen auszuprägen, noch den unendlichen Gehalt der Geisteswelt vollkommen zu umfassen, deshalb ist einer jeden der Trieb zur Wandlung eingeschlossen. Für das Abendland ist eine von der christlichen verschiedene von Bedeutung: die der Antike. Sie kennt nicht die Spannung zwischen Gott und Mensch, zwischen Gottesreich und Welt, zwischen Gut und Böse, kennt den Gott nicht, der zum Menschen spricht: Du sollst heilig sein, denn ich bin heilig! Was es hier an Forderungen gab, war die Entfaltung des Natürlichen in schöner Harmonie. Nicht das Sittliche, aus dem Keim der Liebe erwachsend, war der Maßstab bei der

Erziehung des Menschen, sondern die Tüchtigkeit, das Schöne und Maßvolle. Da nicht das Jenseits, sondern die Erde als Heimat des Menschen betrachtet wurde, wandte sich der strebende Geist ganz ihr zu, und da man an die unbegrenzte Kraft und die Zuständigkeit der menschlichen Vernunft glaubte, überließ man sich der Durchforschung des Universums und dem Aufbau einer vernunftgemäßen Gedankenwelt. Das freie und stolze Sichhingeben an die Vernunft und die Sinne hatte eine Kultur von hoher Vollendung geschaffen, die in Italien unter christlichen Idealen und Formen verborgen weitergelebt hatte und immer mächtiger, wenn auch nicht unverändert, hervorzubrechen begann. Niemals war die antike Bildung in Italien ganz verlorengegangen; sie hatte sich in den Schulen, in der Kirche und auch in einer für die Italiener charakteristischen klaren, auf das Wesentliche und Praktische gerichteten Denkweise erhalten. Nachdem die germanische Flut, die Italien überschwemmt hatte, aufgesogen war und aus verschiedenen Bestandteilen ein italienisches Volk, ein unerhört begabtes, sich gebildet hatte, besann dies Volk sich auf seine ruhmvolle Vergangenheit, und zwar mit um so leidenschaftlicherer Hingebung, als seine politische Zerrissenheit und Machtlosigkeit in der Gegenwart es nicht befriedigte. Aus diesem politisch ohnmächtigen Volk gingen im 14. und 15. Jahrhundert so viel herrliche, vorbildliche Schöpfungen auf dem Gebiet der Kunst, Musik, Dichtung und Wissenschaft hervor, wie sie kaum jemals außer Griechenland ein verhältnismäßig so kleiner Bezirk in so kurzer Zeit hervorgebracht hat. Das zum großen Teil von Fremden teils beherrschte, teils verwüstete Land beherrschte und speiste geistig mit dem leuchtenden Gehalt seiner Kultur das Abendland. Italienische Denker und Künstler lenkten den Blick der abendländischen Menschen von dem jenseitigen Himmel ab, zu dem die kirchliche Erziehung ihn hingewendet hatte, so daß es war, als sehe er nach langem Schlaf und Traum zum erstenmal die Erde im Morgenglanz. Der Zauber der Schönheit überströmte das Tal der Tränen. Die Herrlichkeit göttlicher Marmorleiber, die mit den heidnischen Tempeln versunken waren und nun ausgegraben wurden, führte einen Menschen vor Augen, dessen Urbild einst, so meinte man, auf diesem Boden gewandelt hatte, dem ähnlich zu werden die heutigen Bewohner dieses Bodens berufen waren. Wie vielseitig und harmonisch erschien der antike Mensch, verglichen mit dem einseitig der himmlischen Verklärung entgegengezüchteten gotischen! Dieser erschien als ein unnatürlich verrenktes Gewächs gegenüber dem, der sich frei nach dem Maß seiner angeborenen Wachstumskraft entfalten konnte. Ausbildung aller Keime, die die Natur zur Gestaltung eines vollkommenen Menschentums dem Menschen verliehen hat, erkannte man als Aufgabe und nannte diese Richtung Humanismus. Nicht daß man den Menschen seinen natürlichen Trieben überlassen wollte; nur sollte nicht mehr Gut und Böse, Heilig und Weltlich die Norm seines Werdens sein, sondern man glaubte ihn den Mächten der Schönheit, der Weisheit, Freiheit, Tüchtigkeit anvertrauen zu dürfen. Es war etwas Gewaltiges, daß neben der christlichen Kultur, die bisher die einzige gewesen war, eine neue erstand, die sich durch die Fülle wertvoller

Erscheinungen überzeugend beglaubigte, daß Menschen wie aus einer heidnischen Taufe auftauchten, die stolz auf sich selbst gestellt, nicht nach der Palme des Überwinders, sondern nach dem Lorbeer des Siegers strebten. Die antike Weltanschauung wurde in Italien und auch in Deutschland, wohin von dieser Bewegung zuerst nur ein verwehter Duft wie aus fernen Gärten drang, nicht als Gegensatz, vielmehr als Ergänzung des Christentums aufgefaßt. Waren doch mit dem auf dem Boden der Antike erwachsenen Kirchenglauben zugleich edle Trümmer antiker Kultur in die von der Kirche beherrschten Länder eingedrungen, die man verehrend übernahm und weiterbildete. Überall kam die Christenheit den Einflüssen der Renaissance vertrauensvoll entgegen, überzeugt, sie könne sich ihre Schätze aneignen, ohne ihr eigenes Wesen aufzugeben. In Deutschland war das um so mehr der Fall, als eine aus dem Norden des Reiches kommende Lebensrichtung die Empfänglichkeit für die fremden Anregungen vorbereitet hatte. Die Reformideen der Brüder vom gemeinsamen Leben, die im 14. Jahrhundert in den Niederlanden wirkten, hatten sich allmählich, von geistvollen jungen Männern getragen, über ganz Deutschland, namentlich über das westliche, ausgebreitet. Sie bezweckten eine veredelte Erziehung der Jugend in der Weise, daß nicht mehr Formeln und leerer Gedächtniskram die Schulen beherrschten, sondern zur Ausbildung des ganzen Menschen der Grund gelegt werde. Es ist nicht mit Bestimmtheit nachzuweisen, woher der Name Humanismus kommt; wahrscheinlich geht er auf Cicero und dessen Übersetzung des griechischen Wortes παιδεια zurück. Die Humanisten widersetzten sich den Scholastikern, die im Laufe des letzten Jahrhunderts mit ihrer Begriffsspaltung und Begriffsakrobatik die Erde ganz verlassen und von den Gedanken alles lebendige Fleisch abgeschabt hatten. Da das Latein die Sprache der Studierenden war, begann man damit, sie aus guten lateinischen Schriftstellern zu lehren und den Schüler auch den Inhalt der betreffenden Bücher sich aneignen zu lassen. So wurde man in Deutschland allmählich von ähnlichen Problemen erfaßt, wie sie die gebildete Welt Italiens bewegten. Gemessen an der vielseitigen, Überschwengliches verheißenden neuen Bildung erschien die Tüftelei der Scholastik sowie die seelenlose Frömmelei der Kirche unerträglich abgestanden, verwest. Aber nicht nur gegen die Kirche, der jedermann etwas vorzuwerfen hatte, gegen die Religion überhaupt stumpfte sie ab; in der Helligkeit, die die neuen Anschauungen über das Bewußtsein verbreiteten, gingen die jenseitigen Sterne unter.

Es gab aber in Deutschland einen unmittelbar gefährlicheren Feind der Kirche als die Verweltlichung, die sie von innen, und den Staat, der sie von außen bedrohte, das waren die gläubigen Christen. Einst wären vielleicht manche von ihnen Heilige geworden oder hätten Orden gegründet, jetzt lebten sie, Mystiker oder «Brüder vom gemeinsamen Leben» oder Ketzer oder Einsame im Schoße der Kirche oder außerhalb der Kirche, jedenfalls fern von ihr und sie nicht beachtend. Der unterirdische Strom der Sehnsucht nach dem Göttlichen konnte anschwellen und ihre Fundamente erschüttern, wenn unter ihrer Kuppel kein Raum für seine Hochflut war.

Jahrhunderte während vollzog sich die Auflösung und Umschmelzung des tragenden Weltgerüstes in schmerzlichem Untergang und verhängnisvollen, großartigen Befreiungen. Irdisches und Himmlisches, jenseitige und diesseitige Zwecke waren dabei so ineinander verschlungen, daß keins ohne das andere erstrebt und angegriffen werden, keins unbeschattet siegen konnte. Die Erhabenheit der Ziele, um die gerungen wurde, der Ernst und die Opferfreudigkeit, mit der viele von den Kämpfern ihr Leben einsetzten, das Schicksalhafte der Wendung und die Zwiespältigkeit aller Beteiligten, von denen keiner seine Idee rein vertrat, machen das 15., 16. und 17. Jahrhundert unvergleichlich groß und bedeutungsvoll und unheilbar tragisch.

Der Zustand des Reiches im 15. Jahrhundert

König Nobel beruft einen Reichstag, zu dem sich seine Vasallen, große und kleine, geistliche und weltliche, gehorsam einfinden. Da ist Braun der Bär, treuherzig brummend, obwohl er sich als der wahre König fühlt, Isegrim der Wolf, der unersättliche, Bellin der Schafbock, der des Königs Kanzlei, das Urkunden- und Schriftenwesen unter sich hat, Lampe der Hase, Hinze der Kater, Henning der Hahn und viele andere, und alle scharen sich in Ergebenheit um Nobel, der pompös auf dem Throne sitzt und eine von den Grundsätzen der Gerechtigkeit und Fürsorge aufgeblähte Ansprache hält. Nicht erschienen ist Reineke Fuchs, weil er, vieler Missetaten und Gesetzesübertretungen sich bewußt, voraussieht, es werde ein übles Ende mit ihm nehmen. Alle Tiere, einige Fuchsverwandte, Dachs, Affe ausgenommen, hassen, fürchten ihn, der viel klüger und listiger ist als sie und seine Listigkeit benutzt, um die kleinen zu fangen und die großen, plumpen Herrschaften in die ärgsten Ungelegenheiten zu verstricken. Es gelingt endlich, ihn zu Hof zu bringen, und schon ist ihm die Schlinge um den Hals gelegt, da kommt er noch einmal zu Worte und erweckt des Königs Gelüsten nach einem Schatz, den er irgendwo versteckt zu haben vorgibt. Argwöhnisch verlangt Nobel, daß Reineke selbst ihn zur Stelle geleite; aber Reineke wendet vor, daß er im Bann sei und daß es sich für die Majestät des Königs nicht zieme, sich mit einem Gebannten öffentlich zu zeigen; er wolle zuerst nach Rom gehen und sich vom Banne lösen. Das leuchtet Nobel ein; denn mit den römisch-päpstlichen Angelegenheiten ist nicht zu spaßen.

Nobel trägt seine Löwenperücke mit so viel Würde, und die gefährlichen Vasallen agieren ihre Dienstbeflissenheit und schwärmerische Verehrung für das Oberhaupt so glatt, daß wir ein Bild der Eintracht und wohlerworbener Rechte vor uns sehen. Im Grunde sind sie allesamt räuberische Bestien, je stärker, desto skrupelloser, während die Schwachen, Kleinen, die es gern den Mächtigen gleichtäten, durchzuschlüpfen suchen, wie es eben geht. Nobel treibt es in seinem Bezirk so wie sie; wenn er als König inmitten seiner Großen auftritt, deren er nicht Meister werden kann, hat er etwas Hohles, etwas von einer grimmigen Larve an sich, hinter der ein ratloser Schwachkopf steckt, und seine Neigung gilt eigentlich dem Schelm Reineke, dessen erfinderische Schliche ihm zugute kommen könnten, wenn es den großen Hansen einfallen sollte, die Zähne gegen ihn zu fletschen.

Eine bewundernswerte Dichtung ist das auf uralter Tiersage aufgebaute Epos von Reineke Fuchs, das um das Ende des 15. Jahrhunderts in niederdeutscher Sprache aufgezeichnet wurde. Kaum ist eine beißendere Satire denkbar, die die höchsten Gewalten im Reich im Bilde gefräßigen Viehs erscheinen läßt, zugleich aber so kindlich gutartig, so naturgemäß, so spielerisch treffend und vor allen Dingen so lustig, daß eine satirische Absicht kaum empfunden wird. Können doch Kinder das Gedicht wie ein Märchen lesen. Nur an einer einzigen Stelle trägt es den Zorn des Verfassers über den Künstler davon, als er Reineke sich über die verrotteten Verhältnisse am päpstlichen Hofe aussprechen läßt, und dem Affen Märten, der mehrere Jahre hindurch Schreiber bei einem Bischof war und in Rom gut bekannt ist, Beziehungen zum Doktor Greif, zu den Herren Losefund, Wendemantel, Schalksund hat, eine Schilderung des schändlichen Treibens an der Kurie in den Mund legt.

Man schwätzt dort wohl vom Recht sehr viel;
Ja Quark! Geld ist das was man will!
Ist eine Sache noch so krumm,
Mit Geld dreht man sie bald herum.
Wer blechen kann, für den wird Rat.
Weh dem, der nichts im Säckel hat.

Bei allem Spott und Zorn, die das Gedicht erfüllten, ist doch etwas ererbte Anhänglichkeit an Papst und Kaiser geblieben: der Papst ist ein armer alter Mann, der nichts von den Greueln weiß, die um ihn her im Schwunge sind, der Kaiser ist fromm und gut, wenn auch zu schwach, um das Böse zu hindern.

Die beiden von Gott eingesetzten Mittelpunkte der Ellipse ließ man gelten, außer ihnen fast nichts mehr von dem, was einst unerschütterlich gültig gewesen war.

Ursprünglich aus den fünf Stammesherzogtümern Franken, Sachsen, Schwaben, Bayern, Lothringen bestehend, teilte sich das Deutsche Reich gemäß dem deutschen Hange nach individueller Besonderheit und Unabhängigkeit allmählich in einzelne selbständige

Herrschaften, deren es mehr als dreihundert gab. Aus der Reihe der Fürsten sonderten sich zuerst durch Gewohnheit, dann durch Gesetz als bevorzugt und einflußreich die sieben Kurfürsten, auf die sich das Recht der Kaiserwahl beschränkt hatte und denen gleich zu werden die Standesgenossen eifersüchtig strebten. Der niedere Adel der Grafen und Herren konnte hoffen, gefürstet zu werden; hatten doch mehrmals Grafen den kaiserlichen Thron bestiegen. Hoher und niederer Adel teilten sich in den Besitz der zahlreichen geistlichen Bistümer, Abteien und Propsteien, die sich reich und ansehnlich zwischen den weltlichen ausbreiteten. Überall verstreut hausten in ihren Burgen die Ritter, als Kinder schon mit dem Pferd verwachsen, mit der Waffe vertraut, verpflichtet, dem Kaiser auf seinen Kriegszügen zu folgen. Als ein im Range niedrigeres, aber durch Tüchtigkeit und Reichtum ausgezeichnetes Element erblühten daneben die Reichs- und Freistädte, Sitze einer ebenso gebildeten wie gewerbstätigen und kriegerischen Bürgerschaft, mit denen manche Landstadt, obwohl dem Namen nach irgendeinem Fürsten untertan, an Selbständigkeit wetteiferte. Die Freiheit der Landgemeinden ging unglücklicherweise bald unter, nur wenige im Gebirge und am Meere erhielten sie oder erwarben sie in schweren Kämpfen wieder; immerhin beruhte die Dienstbarkeit der Bauern auf Verträgen, welche die gegenseitigen Rechte und Pflichten von Herrschaft und Untertan regelten, so daß eigentliche Leibeigenschaft nicht vorkam. Die Spitze des reichgegliederten Körpers bildeten zwei Häupter, Papst und Kaiser, die die Staatslehre mit Sonne und Mond zu vergleichen pflegte. Beide waren auf der Höhe des Mittelalters grundsätzlich absolut, nur von Gott abhängig, tatsächlich aber mannigfach beschränkt, sowohl durch die Beziehung zu ihren Wählern wie durch ihre Beziehung zueinander, die wie alles in diesem lebendig strömenden Gebilde nur durch Gewohnheit oder durch auf den jeweiligen Fall berechnete Bestimmungen geregelt wurde. Beide strebten nach Unabhängigkeit voneinander und nach Herrschaft übereinander, woraus sich ein dauernder, nur gelegentlich durch Friedensschlüsse unterbrochener Kampf ergab, unendlich, weil diese beiden Mächte durch ihre Stellung im Reich unauflöslich miteinander verbunden und einander unentbehrlich waren. Wenn der Papst die Fülle der geistlichen Macht besaß, so nannte sich der Kaiser Herr des Erdkreises, *dominus mundi,* insbesondere war er Herr des Reiches, Inhaber des gesamten Bodens und aller Rechte, was alles er besaß, um davon auszuteilen; es strömte von ihm aus, um wie zum Herzen des Körpers zu ihm zurückzufließen. Diejenigen, welche am meisten Empfänger seiner Gnaden waren, trachteten, je reicher sie wurden desto mehr danach, unabhängig und selbständig zu werden, und wurden dadurch zu einer dem Kaiser entgegenwirkenden Macht. Indem sie sich auf den stets zur Intrige bereiten Papst stützten und sich mit sehr wirksamen geistigen Waffen ausrüsteten, waren sie ihm oft überlegen, und der Herr des Reiches mußte sich dies Reich mit der Waffe erobern.

Wie auf dem Papst die Einheit des Glaubens, so beruhte auf dem Kaiser die Einheit der inneren und äußeren Politik. Das Zusammenwirken der Reichsglieder wurde bewirkt durch die Gefolgschaft, die bei

Reichskriegen dem Kaiser zu leisten war, und durch den Reichstag, auf dem allerdings nicht alle Stände vertreten waren: die Bauern und Ritter fehlten ganz, die Städte wurden nur dann zugezogen, wenn die Fürsten ihrer bedurften; erst gegen das Ende des Mittelalters erreichten sie die eigentliche Reichsstandschaft, und auch dann nicht unbestritten.

Wie im menschlichen Körper geistiges und leibliches Leben einander stetig durchdringen, so verband sich im Körper des Reiches kirchliche Betätigung mit jeder staatlichen und gesellschaftlichen; in Krieg und Frieden, in Handel und Handwerk, auf dem Markt und beim Geldverkehr, im Hause und im Stalle leuchtete die goldene Ader des Ewigen auf, das Alltagstreiben der menschlichen Begierden adelnd. Soweit es auf Erden möglich ist, kann man von dem Reich sagen, daß es in seiner Mannigfaltigkeit und Gelenkigkeit, in der Fülle seiner aufeinander bezogenen Individualitäten, die Sternen und Sternbildern gleich durcheinanderschwärmten und sich gelten ließen, in der Großartigkeit und Freiheit seiner Anlage, wo es ohne Zwang stetigen Umschwung um den Mittelpunkt, ohne mechanische Verkettung Zusammenhang gab, wo Macht sich segensreich ausblühen konnte, weil keine ohne gegenwirkende Macht blieb, den Kosmos spiegelte.

Dasselbe kosmische Allumspannen, wie dem staatlichen Teil des Reiches eigen war, zeichnete den kirchlichen aus. Wie der Staat republikanische, monarchische, aristokratische und demokratische Bildungen in sich duldete, ja aus sich hervorbrachte und ineinandergreifen ließ, so litt die Kirche die verschiedensten Ausprägungen der Beziehung zum Göttlichen. Sie pflegte die Askese und Weltabgeschiedenheit der Mönche neben der Pracht und Weltfreudigkeit der Weltgeistlichen, nebeneinander die ackerbautreibenden und die gelehrten Klöster, die Prediger und die Bettelmönche, sie schützte die freien Vereinigungen von Männern und Frauen, die im Nordwesten des Reiches entstanden, gegen die Angriffe der Fanatiker, sie schonte die Frömmigkeit der Mystiker, die auf dem Wege der Verinnerlichung oder der Ekstase die Vereinigung mit Gott suchten, und schritt erst dann gegen sie ein, wenn sie die Grenze zwischen Schöpfer und Geschöpf zu verwischen, Gottverwandtschaft mit Gottgleichheit zu verwechseln schienen. Auch über die große Masse derer, die ganz in der Lust oder den Sorgen der Welt aufgingen, wenig um den Willen Gottes bekümmert, ließ sie die segnende Sonne leuchten, zufrieden, wenn sie die vorgeschriebenen Gebräuche mitmachten und Glieder des geheiligten Körpers blieben, innerhalb dessen sie von dem Strom der göttlichen Gnade, die ihn durchflutete, ergriffen werden konnten. Gehorsam gegen den Organismus, der der Idee nach die gesamte Christenheit umfaßte und in dem allein die Seligkeit erlangt werden konnte, war das einzige, was die Kirche unbedingt von jedem verlangte: es war gleichbedeutend mit dem Gehorsam gegen Gott. Ungehorsam war Ketzerei, die unerbittlich bestraft wurde; denn mit der Ausrottung des Ketzers war eigentlich nur die Verdammnis vollstreckt, der derjenige, welcher aus der Kirche heraustrat, verfiel. Diesen unbedingten Gehorsam nun, der der Kirche geschuldet wurde, nahm mehr und mehr der Papst als Inhaber der kirchlichen Gewalt für sich in

Anspruch. Während Kaiser und Reich, anfangs eine Einheit, im Verlauf des Mittelalters immer mehr auseinandertraten und sich sogar gegeneinander wenden konnten, verschlang der Papst die Rechte der Kirche in seine Person. Der Papst war die Kirche, der Kaiser war keineswegs das Reich; insofern entwickelte sich die Stellung des geistlichen Herrn des Erdkreises umgekehrt wie die des weltlichen. Es war, als ob das ewige Rom seinen gegenwärtigen Herren den Imperialismus der Cäsaren mitteilte, deren Nachfolger sie sich mit ganz anderer Berechtigung hätten nennen können als die deutschen Kaiser. Zwar war die Macht des Papstes eine rein geistige; aber gerade deshalb konnte keine Überlegenheit der Waffen sie vernichten. Weil das Abendland an ihn glaubte, konnte er seine Könige gegeneinander ausspielen und konnte er innerhalb der Kirche Kardinäle und Bischöfe, die ursprünglich seinesgleichen waren, seiner Herrschaft unterwerfen.

Diesem wie ein gigantischer Baum gewachsenen Reichskörper war die Neigung zum Verwildern, die nach einem Worte Goethes der Natur eigen ist, die Neigung zur Ausartung und Entartung angeboren. Nur in einzelnen Höhepunkten seiner Geschichte erfüllte er seine Idee ganz; sehr bald machten sich störende, zerstörende Schäden bemerkbar. Jede menschliche Einrichtung erfordert, um sich blühend und fruchtbar zu erhalten, den immer neuen Einsatz menschlicher Kräfte unter der Führung der Idee, die sie entstehen ließ. Ist es immer selten, daß ein solcher dauernd erfolgt, so standen ihm gewisse Eigenschaften der Deutschen besonders im Wege: Streben nach Unabhängigkeit und maßloses Wuchernlassen aller

Triebe auf der einen Seite, auf der anderen Bequemlichkeit, die lieber Lasten trägt, als sich wehrt. Das Verfolgen eigener Interessen auf Kosten der Gesamtheit nicht selten bis zum Verrat, woran fast alle Reichsstände, hauptsächlich die höchsten und mächtigsten, sich gewöhnten, und die Unfähigkeit der kaiserlichen Zentralgewalt, die der stete Kampf mit dem Papst lähmte, sich Gehorsam zu verschaffen, führten dahin, daß die Reichsglieder nur noch mit Mühe und oft gar nicht zu einem produktiven Zusammenwirken zu bringen waren. Anstatt dessen drohte der Krieg aller gegen alle.

Allen Forderungen des Kaisers mißtrauisch gegenüberstehend, gingen die Fürsten ganz auf in dem Streben, aus den vereinzelten Gebieten und Rechten, die ihnen zustanden, ein zusammenhängendes Territorium zu bilden, dessen unumschränkte Herren sie wären. Dabei standen ihnen im römischen Recht erfahrene Räte zur Seite, die das fein durchdachte, der Zentralisierung günstige fremde Recht auf die fließenden Verhältnisse des Reiches anwendeten, bei dem es mehr als auf Herrschaft auf zu erkämpfende Ausgleichung ankam. Noch waren sie fern davon, eine absolute Herrschaft über ihre Untertanen ausüben zu können: die Geistlichen, Herren, Ritter und Städte, die ihr Gebiet umfaßte, hatten sich im Maße, wie die Lehensbeziehungen an Kraft verloren, zu den sogenannten Landständen vereinigt, ohne deren Zustimmung der Fürst weder Steuern erheben noch Krieg führen konnte. Neben den Landständen stellte sich dem Machtstreben der Fürsten das Gegengewicht der Reichsritter und Reichsstädte entgegen, deren Selbständigkeit durch sie bedroht war. Wie es dem Fürsten untertänige Landstädte gab, so gab es auch landsässige Ritter; die Reichsritter, unmittelbar dem Kaiser unterstellt, eingeteilt in eine fränkische, eine schwäbische und eine rheinische Gruppe, waren stolz darauf, selbständige Reichsstände zu sein wie die Fürsten, und hätten ihre Herrschaft, mochte sie noch so armselig sein, nicht gegen ein reichlicheres Dasein in der Untertänigkeit unter einem Fürsten getauscht. Vereinigt hätten Reichsritter und Reichsstädte vielleicht etwas gegen die Fürsten ausrichten können; allein zwischen ihnen bestand ein ebenso scharfer Gegensatz wie zwischen ihnen beiden und den Fürsten, da die verarmende Ritterschaft die reich gewordenen Bürger haßte und verachtete und sich nicht selten an ihnen schadlos zu halten suchte.

Das deutsche Recht gab jedem freien Manne die Befugnis, den, von dem er sich verunrechtet glaubte, zu befehden, wenn er bei den zuständigen Gerichten vergeblich Recht gesucht hatte. Als nun die Ritterschaft infolge der veränderten Kriegsweise überflüssig und zum Teil infolge wirtschaftlicher Veränderungen arm geworden war und auf ihren Burgen wie in Wolfshöhlen ein verwildertes Dasein führte, benutzte sie wohl das Fehderecht, nicht um sich Recht zu verschaffen, sondern um unter dem Vorwand der Fehde Angehörige des bekämpften Gebietes zu überfallen und zu berauben und sich von der geängstigten Herrschaft den Frieden abkaufen zu lassen.

Da zu diesen Fehden noch die Kriege kamen, die der Kaiser führen mußte, um sich Gehorsam zu erzwingen, und die die Fürsten untereinander führten, um ihre Besitzungen auszudehnen, gab es jederzeit irgendwo im Reiche Krieg, wurde bei der Art der damaligen Kriegführung irgendwo deutsches Land verwüstet. Denn die Kriege bestanden hauptsächlich darin, daß die dem Gegner gehörenden Dörfer geplündert und verbrannt, seine Untertanen vertrieben, getötet, verstümmelt wurden. Die schrecklichsten Folgen des Krieges hatten demnach die Bauern zu tragen, die er gar nichts anging. Überhaupt war die Lage des Bauernstandes ein besonders häßlicher Makel im Bilde des Reiches.

Längst mit wenigen Ausnahmen vom Kaiser durch die Mittelmächte getrennt, hatten die Bauern keine Möglichkeit, bei einem höheren Gericht gegen Bedrückung Schutz zu suchen. Steuern zahlen zu müssen wurde von den Deutschen als Zeichen der Knechtschaft betrachtet, von Adel und Geistlichkeit mit Entrüstung abgelehnt, einzig in den Städten bestand ein ausgebildetes Steuerwesen. Der geistliche und der weltliche Adel nährten sich hauptsächlich von den Leistungen und Abgaben der Bauern, die allerdings während des Mittelalters nicht allzu hoch waren, aber gesteigert wurden, als die Lebenshaltung anspruchsvoller wurde. Aber nicht nur, daß das schwächste Glied des Reiches die Pyramide tragen mußte, es wurde ihnen nicht Dank, sondern Verachtung zuteil, wie denn immer der Stärkere den Schwächeren erst auszunützen und herabzudrücken und, wenn die Knechtung gelungen ist, als geborenen Sklaven zu verhöhnen pflegt. Nur um Anforderungen des Kaisers abwehren zu können, gedachten die Fürsten und Herren wohl des armen Mannes, wie der Bauer genannt wurde, der ohnehin unter Lasten fast zusammenbräche und nicht noch mehr beladen werden könne.

Ein bedrohliches Zeichen war es, daß der Umfang des Reiches nicht nur nicht mehr wuchs, sondern daß auf allen Seiten von ihm abbröckelte. Italien löste sich fast ganz ab, es blieb nichts übrig als einige leere Ansprüche, die hie und da ein Kaiser geltend machte, der Osten war durch Hussiten und Türken bedroht, denen nur kümmerlich widerstanden wurde, geschweige denn, daß es zu einem erfolgreichen Gegenangriff gekommen wäre. Wo war die einst so gefürchtete Kriegstüchtigkeit der Deutschen geblieben, die doch auf diesen Ruhm hin die höhere Bildung der romanischen Nachbarn geringschätzen zu dürfen glaubten? Die Ritter hielten sich zwar für befreit von allen Lasten, weil sie mit ihrem Blut steuerten, wie sie sagten; aber sie entschuldigten sich nun oft, wenn der Kaiser sie rief, mit ihrer Armut, die es ihnen unmöglich mache, Pferd und Harnisch zu halten; die Fürsten fürchteten Überfall von seiten ihrer Feinde, wenn sie abwesend wären, und außerdem hatte der Süden kein Interesse für die Bedürfnisse des Nordens, der Westen keines für die des Ostens. Niemand rührte sich, um den Übergang der Lande des Deutschen Ordens an das Königreich Polen zu verhindern, im Norden hielt sich die Hansa mühsam gegen Skandinavien und Holland, im Westen zog das Herzogtum Burgund die blühenden Niederlande an sich. Frankreich, von jeher der eifersüchtige Nebenbuhler, drängte mit Macht an den Rhein, strebte offen nach der Kaiserkrone und machte die rheinischen Fürsten mit Geldzuwendungen von sich abhängig. Denn wie allmählich die Naturalwirtschaft in Geldwirtschaft überging, die Ansprüche an die Bequemlichkeit des Lebens und die Lust am Luxus zunahmen, ergriff gerade in Deutschland, wo noch wenig Geld im Umlauf war, eine unbändige Gier nach Geld alle Kreise. «Ja Quark! Geld ist das, was man will», der Vers des Affen Märten galt nicht minder für Deutschland als für Rom. Man zog es sich gegenseitig aus den Zähnen, schabte es sich von den Knochen und hätte es der Hölle aus dem Rachen gerissen.

Die Deutschen haben einen ausgeprägten Sinn für Gemütlichkeit an reichbesetzter Tafel, für langausgedehntes Sichauslärmen beim Trunk. Nicht nur ihre Zunge genießt, ihre seelische Schwerfälligkeit verlangt nach Berauschung. Auch in der Liebe sind sie ausschweifend, obwohl ihnen das vulkanische Sinnenfeuer der südlichen Völker abgeht; Mann und Frau mögen den traulich-zärtlichen Umgang miteinander nicht missen. Diese Eigenschaften führten bald zu einer Erweichung der strengen Ordensregeln in den deutschen Klöstern. Mit der Einführung unnachsichtiger Askese hatten die Vertreter reformatorischer Richtungen, die von Zeit zu Zeit auftraten, im allgemeinen kein Glück; die deutschen Mönche widersetzten sich oder liefen fort. Vollends als in allen Kreisen das Leben reicher und lockerer geworden war, gaben sich auch die Insassen der Klöster ohne Bedenken dem Wohlleben hin. Es kam vor, daß in den Männerklöstern kinderreiche Familien hausten, daß Frauenklöster Bordellen glichen. Nahmen nun die Sittenrichter schon an den Ausschweifungen der Weltleute Anstoß, um wieviel mehr empörten sie sich über diejenigen, die, auf ein heiligmäßiges Leben pochend, Verehrung beanspruchten, während sie sich wie Schweine im Kot des Lasters wälzten; denn das sagte man ihnen nach. Besonders in städtischen Handwerkerkreisen, wo Ehrbarkeit vorherrschte, war die Entrüstung über das Treiben in den Klöstern lebhaft. Es kam dazu, daß die Städte den Klöstern alle die kulturellen Aufgaben, die sie im frühen Mittelalter so großartig erfüllten, abgenommen hatten und die überflüssig gewordenen nun nicht als Wohltäter, sondern als Störenfriede ansahen. Arbeiteten die Klosterleute nicht, so beschimpfte man sie wegen Müßigganges, aber viel schlimmer war es, wenn sie arbeiteten; denn das betrachteten die Handwerker als Eingriff in ihre Zunftrechte. Nach allen Seiten erregten sie Feindschaft und Eifersucht; die Pfarrer verboten ihnen zu predigen, die Handwerker zu arbeiten, sogar das Recht, die Toten in ihren Kirchen zu begraben, wurde ihnen bestritten. Es gab im 15. Jahrhundert kaum eine verachtetere und verhaßtere Menschenklasse als die Klostergeistlichkeit.

Innerhalb des Klerus gab es verschiedene Spaltungen. Nicht nur bekämpften sich einige Orden untereinander wie die Franziskaner und Dominikaner, die Weltgeistlichen verachteten die Mönche als Dummköpfe, die Mönche warfen jenen wohl Ketzerei vor. Der niedere Klerus, auf dem alle Pflichten des Amtes lasteten, blickte mit Bitterkeit auf die Bischöfe und Domherren, die hohe Einkünfte auf weltliche Art verzehrten, während sie, die die Arbeit leisteten, sich ärmlich behelfen mußten. Die Bischöfe ihrerseits ertrugen widerwillig die Einmischung des Papstes und seufzten über die Abgaben, die er von Zeit zu Zeit verlangte.

Am bedenklichsten für die Kirche war, wie sehr die Ehrfurcht vor dem Papst nachgelassen hatte. Gerade die Finanzwirtschaft des Heiligen Stuhles erregte Ärgernis. Seit die Päpste die Prozesse aus aller Welt, weltliche und geistige, vor ihr Tribunal zogen, in allen Händeln Schiedsrichter sein wollten, brauchten sie viel Geld und suchten es sich, da ein geregeltes Steuerwesen nicht durchzusetzen war, unter allen erdenklichen Vorwänden zu verschaffen. Allein wieviel auch zusammenfloß, es genügte nicht für die zahllosen Geschäfte, Kriege, Bauten, Geschenke, Bestechungen, so daß immer neue Ablässe und Türkengelder aus den Taschen der Gläubiger und Gehorsamen, und das waren doch am meisten noch immer die Deutschen, gezogen werden mußten. Und wie sehr war das politische Ansehen des Papstes gesunken, seit er die Hohenstaufen gestürzt hatte! Frankreich, auf das er sich gestützt hatte, suchte ihn seinen Interessen dienstbar zu machen, rückte in die einstige Stellung der Kaiser rücksichtsloser ein. Die Abhängigkeit und der lange Aufenthalt in Avignon schwächten das päpstliche Ansehen und führten schließlich zu einer Spaltung der Kirche, dem Schisma. Der merkwürdige Umstand, daß es einmal zugleich drei Päpste und drei Kaiser gab, veranschaulichte aller Welt die furchtbare Zerfallenheit des Reiches. Noch einmal konnte freilich Siegmund, längst vergessene Kaisergewalt ausübend, die Absetzung oder den Verzicht dreier Päpste und die Wahl eines neuen zuwege bringen, nicht aber die Reformation, die allgemein, hauptsächlich von Deutschland gefordert wurde! Nachdem auch das Konzil von Basel versagt hatte, befand sich der Papst

1431 – 49

von neuem auf dem Wege zu monarchischer Allgewalt.

Das Verlangen nach Reformation wurde öffentlich, durchaus unter dem Schutz der Gesetze erhoben, vom Kaiser, von vielen abendländischen Fürsten, von den Prälaten, von den Universitäten, vom Volke; außerdem aber gab es einen unterirdischen Angriff auf die Kirche, den der Ketzer. Zu den Ketzern des 13. Jahrhunderts, den Sekten vom freien Geist, den Arnoldisten, die von den Gesetzen und Zeremonien des Papsttums nichts wissen wollten, zu den Waldensern, die man die Bibelgläubigen nannte, kamen im 15. Jahrhundert die Hussiten, die sich besonders in den Böhmen benachbarten Gebieten ausbreiteten, vielfach verschmelzend mit den Waldensern. In der großen, reichen und gebildeten Stadt Nürnberg hatten die Hussiten viele heimliche Anhänger; war doch Huß auf seiner verhängnisvollen Reise nach Konstanz in Nürnberg mit Ehren empfangen worden. Würzburg und Bamberg, wo die Stadt uneins mit ihrem Bischof zu sein pflegte, waren zuweilen voll von Ketzern. Den größten Bestandteil der Sekten bildeten die Handwerker, stille fleißige Leute, denen nichts Böses nachzusagen war, als daß sie vor lauter Arbeiten, Lehren und Lernen nicht genug zum Beten kämen. Aber auch ein Markgraf von Brandenburg wurde hussitischer Ketzerei verdächtigt, und auf dem Baseler Konzil wurde einmal die Befürchtung ausgesprochen, es würden sich, wenn man nicht bald und durchgreifend reformiere, alle Bauern zu den Hussiten schlagen. Denn die Hussiten wollten nicht nur eine kirchliche, sondern auch eine soziale Revolution; Tausende von hoffenden

Menschen scharten sich im Jahre 1476 um den jungen Pfeifer von Niklashausen im Taubergrund, der ihnen ein paradiesische Republik vormalte, wo alle Menschen durch die Aufteilung der geistlichen Güter gleich und glücklich sein würden, nachdem man die Pfaffen totgeschlagen hätte.

Es gibt jederzeit in den staatlichen und kirchlichen Einrichtungen Schäden, die bekämpft werden, die vielleicht auch zu ernstlichen Beeinträchtigungen füh-

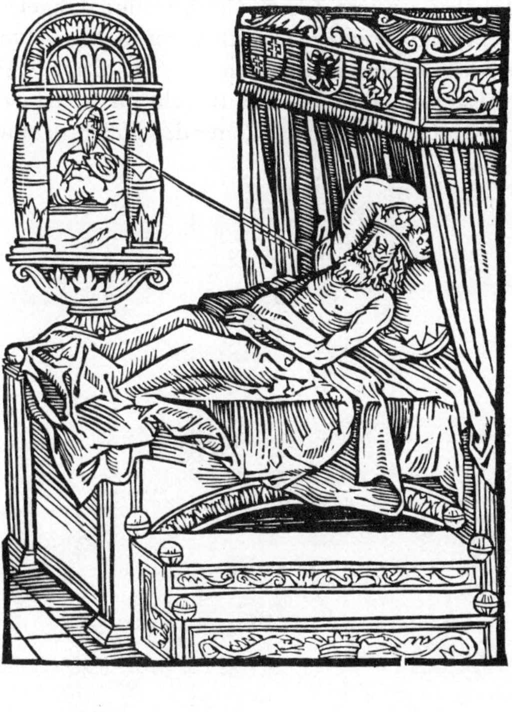

ren; sie gehören zu den unlöslichen Resten des Lebens und können mitgetragen und ausgeglichen werden, wenn die Grundlage des Gesamtorganismus fest und seine Konstruktion im allgemeinen gesund ist. Im 15. Jahrhundert aber war das Reich, das mittelalterliche Gottesreich, in dem Kirche und Staat ineinander verflochten waren, so durch und durch im Verfall, daß die Notwendigkeit einer Wiederherstellung offenkundig war. Die Reformation an Haupt und Gliedern, wie man es nannte, war die Aufgabe der Zeit. Fürsten und Volk, Priester und Laien, Gelehrte und Ungelehrte sprachen davon und gaben sich damit ab. Man lebte im Reich wie in einem sehr alten Bau, wo man zuweilen bei Nacht ein schauerliches Rieseln im Gemäuer zu hören und ein Schwanken unter den Füßen zu spüren glaubte.

Drei Freunde

Auf dem Konzil zu Basel, das im Jahre 1431 eröffnet wurde, lernten sich drei junge Männer kennen, die zu den hervorragendsten Begabungen ihrer Zeit gehörten und deren ineinander verschlungene Lebensläufe wie in einem Sinnbilde die Geistesströmungen der Zeit darstellen. Einer von ihnen war ein Italiener, Enea Silvio Piccolomini aus Siena, zwei waren Deutsche: Nikolaus Krebs, aus Cues an der Mosel gebürtig, daher gewöhnlich Cusa oder Cusanus genannt, und Gregor von Heimburg, ein Franke aus adligem Geschlecht, das schon im 11. Jahrhundert blühte. Piccolomini hatte von den Talenten dieses jungen Juristen, der, wie es scheint, als Privatmann das Konzil besuchte, einen so starken Eindruck, daß er ihn beschäftigte, wozu er als Mitglied eines Ausschusses Gelegenheit hatte. Wenn der Italiener ihn einen der drei gelehrtesten Männer des Konzils nennt, möchte man annehmen, daß er mit dem anderen sich selbst, sicher ist, daß er mit dem dritten Nikolaus von Cusa meinte. Heimburg hatte neben den Rechten die Humaniora studiert, was damals noch eine Ausnahme war, ein stattlicher Wuchs empfahl ihn, man rühmte sein heiteres, offenes Gesicht, frühe Kahlheit ließ seine Stirn noch mächtiger erscheinen. Seine Lebensführung gab nie zu Tadel Anlaß, jugendliche Ausschweifungen konnten ihm nicht vorgeworfen werden; Enea Silvio dagegen gab sich unbekümmert den Genüssen des Lebens hin und pochte mit einer gewissen liebenswürdigen Frivolität auf das Recht, die natürlichen Triebe auszuleben. Er verstellte sich nicht und tat das Unerlaubte mit Bildung und Geschmack. Aufgewachsen inmitten der neuen italienischen Richtung, die das Natürliche und Schöne feierte, die kaum ein höheres Ziel kannte, als die lateinische Sprache nach dem Muster der besten altrömischen Schriftsteller zu reinigen und sich anzueignen, die Kenntnis der antiken Welt zu vertiefen und anderen zu vermitteln, war er entzückt, in Basel zwei jungen Männern zu begegnen, die ihm an Bildung und Verstand gleich waren und die in der die Welt bewegenden Frage der kirchlichen Reform eines Sinnes mit ihm waren. Alle drei hingen der vom Konzil zu Konstanz überlieferten Ansicht an, daß der Papst der im Konzil vertretenen Christenheit unterworfen sei, einer Ansicht, die der damalige Papst, Eugen IV., hartnäckig bestritt.

Von den drei Freunden war Nikolaus von Cusa die interessanteste Persönlichkeit und der bedeutendste Denker. Dieser merkwürdige Mann, in dem das Denken die stärkste Leidenschaft war, der er nicht widerstehen konnte, hat für Jahrhunderte vorausgedacht. Es gibt kaum einen Philosophen der folgenden Zeit, von dem sich nicht annehmen ließe, er habe von Nikolaus von Cusa Anregung empfangen. In der Schule der «Brüder vom gemeinsamen Leben» erzogen, teilte er ihre freieren Auffassungen und stand er dem Papsttum zunächst kühl, teilweise ablehnend gegenüber. Er verurteilte die Alleinherrschaftsansprüche des Papstes im Verhältnis zum Klerus und zum Staat und die Seelenführung der Kirche, die sich mit Äußerlichkeiten begnügte. Er hätte nicht nur der Bekämpfer der alten Kirche, sondern der Vorkämpfer für einen neuen, freieren Glauben werden können. Seine Gedankengänge führten ihn zu der Einsicht, daß jeder Mensch Gott nur so weit erkennen könne, wie es seinen geistigen Kräften entspreche, und daß deshalb das Gottesbild eines rohen Volkes anders ausfallen müsse als das eines hochentwickelten. Er zog daraus nicht den Schluß, auf den Denker einer späteren Zeit verfielen, daß der Mensch sich Gott mache, daß Gott nur das in den Himmel geworfene Spiegelbild des Menschen sei; denn er ging von Gott als von der sichersten Tatsache aus; aber er folgerte daraus die Hoffnung, daß einst vielleicht alle Völker sich in einer gemeinsamen Religion vereinigen würden, wenn sie begriffen, daß sie alle nur eine mittelbare Kenntnis des Einen, Unerreichbaren hätten, dessen von ihren Vätern ahnungsvoll erschautes Bild sie anbeteten. In seinem Werk *De pace seu concordantia fidei* läßt er Gottvater, umgeben von Engeln und Seligen, die Herstellung der Glaubenseinheit beschließen und 17 Nationen im Himmel der Vernunft friedlich vereinigen. Würde ein Löwe Gott ein Antlitz geben, sagt er, so würde es wie das eines Löwen ausfallen, bei dem Adler wie das des Adlers. «Wie ein jeder eine Brille auf der Nase hat, also erscheint und ist ihm Gott» drückte es später volkstümlich Sebastian Franck aus.

Indessen je enger Cusas Denken die Idee Gottes, die absolute Vernunft umkreiste, desto deutlicher wurde ihm die Ohnmacht des menschlichen Denkens in bezug auf das Übersinnliche. Wohin geriet er, wenn er, wie die Idee es zu erfordern schien, auf jede Vermenschlichung des Göttlichen verzichten wollte? Wenn er sich nicht damit begnügen wollte, daß wir hier, wie Paulus es ausdrückt, in einem dunklen Wort sehen, dort erst von Angesicht zu Angesicht? – Wer ist nach seinem eigentlichen Wesen der, den keine Namen nennen, der mit nichts Irdischem vergleichbar ist? In unermüdlicher Gedankenarbeit blättert er von der Gottesidee alles Irdische ab, um endlich vor dem Abgrund des Nichts zu stehen. Er erlebte, daß, wer den Schleier vom Bilde Gottes reißen will, um ihn in seiner Majestät zu sehen, vom Feuer verzehrt oder in eisige Finsternis geworfen wird, wo der Sterbliche nicht atmen kann. Unter dem Grauen, das ihn befiel, wurde ihm klar, was die Kirche für die Menschheit getan hatte. Sie hatte über den furchtbaren Gottesabgrund, in dem das Endliche sich verzehrt wie ein Tropfen auf glühendem Eisen, die herrliche Vision der Gottesgeschichte gespannt, Symbole, die dem menschlichen Geist faßlich sind und die eins werden konnten mit der Idee, die sie darstellten. Die Kirche steht schützend zwischen den Menschen und der schauervollen Einöde, zu der der über Gott denkende Verstand führt, sie lehrt den Glauben an Gott und hat ihre Lehre mit Wissenschaft und Kunst und mit unerschütterlichen Geboten befestigt. Cusa fand nicht wie ein späterer großer Deutscher in seinem Herzen einen Weg zu Gott, der unmittelbar an das Herz des alliebenden Vaters führt; den Abgrund zwischen Gott und der Kreatur zu überbrücken, wußte er kein anderes Mittel als engen Anschluß an die Kirche. Sich und die Menschheit glaubte er zu retten, indem er sich aus der

Hölle des Denkens wie ein flüchtender Verbrecher an die Säulen der Kirche klammerte. Der Verstand, so sagte er, muß durch den Glauben besiegt werden, und das ist für den hochmütigen Menschen der schwerste Kampf; er muß wie ein Tor und Sklave werden, der auf die Freiheit des Verstandes verzichtet und sich gefangen gibt. «Glauben können ist der größte Sieg, er übertrifft alle geistige Kraft, denn er gehört in das Gebiet des Willens... Die vernünftige Seele kann glauben oder nicht glauben, je nachdem sie will oder nicht will... Wenn der Wille durch einen bestimmten Glauben auf die Vernunft drückt, daß nämlich Gott zu uns durch die Propheten, zuletzt durch seinen Sohn, der uns die Lehre von der Unsterblichkeit geoffenbart, geredet hat, so nimmt die Vernunft keinen Anstand, dem Worte Gottes zu glauben.» Solche Betrachtungen lassen ahnen, mit welcher Anstrengung sich Cusa den Glauben an Gott, wie die Kirche ihn lehrt, erkämpft hat, und sie machen die Strenge begreiflich, mit der er diesen Glauben von den Menschen forderte. Er war für ihn nicht ein Feuer, das aus einem begnadeten Herzen bricht und das innere Auge erleuchtet, sondern ein Entschluß, den zu erfassen nur strafbarer Hochmut oder strafbare Trägheit hindert.

Es hat etwas Ergreifendes, den leidenschaftlichen Denker sich um die Innigkeit des Gläubigen mühen zu sehn. «Gepriesen seist du, mein Herr und Gott, daß du mich mit der Milch des Gleichnisses nährst und speisest.» «Du wolltest, o Gott, die kindliche Liebe zu dir auf jene menschliche Anschauung von dir gründen.» In solchen Anrufungen Gottes spürt man immer noch mehr den Denker als den kindlich Gläubigen, der er sein wollte; denn im schlichten Glauben, sagt er, sei eine größere Fruchtbarkeit als in dem durch reichliche Verstandesgründe vermittelten. Eine ungeheure Denkkraft und eine ungeheure Willenskraft in einem Menschen zusammenwirkend erstreben als höchstes Ziel kindlichen Glauben. Cusa sah zu klar, um nicht zu wissen, daß sein Glaubenwollen und Bekennen nicht der Glaube war, den zu haben er für richtig hielt; das war die geheime Tragik, die seine Seele verdüsterte. Er selbst hatte sich erlaubt zu denken und erlaubte es sich auch ferner, weil er denken mußte, wie er atmete; aber er hatte sich davon überzeugt, daß die höchste Weisheit und die einzige Rettung vor Willkür, Auflösung und Untergang bei der Kirche sei, und zwar bei der monarchisch regierten Kirche.

Man muß annehmen, daß die inneren Erlebnisse Cusas, das an Abgründen sich hinwälzende Ringen seiner Gedanken, das sein Leben erfüllte, während des Konzils begann, dessen Verlauf den stolzen Erwartungen seiner Begründer nicht entsprach. Trotz der vorzüglichen Eigenschaften des das Konzil leitenden Kardinals Cesarini brachten es die versammelten Väter nicht zu einmütigen, starken Beschlüssen, wovon die Folge war, daß bei manchen der Konzilsgedanke ins Wanken kam, und dagegen die Ansicht sich festsetzte, daß die Herrschaft eines einzigen fruchtbarer für die Kirche sei als die Herrschaft vieler unverträglicher Prälaten. Nikolaus von Cusa war der erste von den Freunden, der zur Partei des Papstes überging. Der Glaube, die Grundlage des menschlichen Lebens, so schien es ihm nun, dürfte nicht der schwankenden Meinung einer vielköpfigen Versammlung preisgegeben werden. Gewißheit des Glaubens sei wichtigstes Erfordernis, und die gewähre die Überlieferung der Kirche, durch die Autorität eines einzigen gehütet. Nur ein einzelner könne ganz eins sein mit dem System, das er vertrete. Die Freiheit, die er sich gewährt hatte, führte ihn zur unbedingten Unterwerfung unter das monarchische Papsttum. Immerhin vergaß Cusa nicht, wie verderbt die Kirche war; gerade weil sie den Menschen gleich Gott sein sollte, mußte sie gereinigt, zu früherer Vorbildlichkeit zurückgeführt werden. Die notwendige Reform durchzuführen, betrachtete er nun als seine Aufgabe, die er durch Predigt und durch Beispiel mit außerordentlicher Selbstverleugnung zu erfüllen suchte. Er war hart gegen sich, um es mit Recht gegen andere sein zu dürfen. Niemals äußerte sich bei ihm jene Frömmigkeit, die sich von einer liebenden Allmacht getragen fühlt; seine Überzeugung war unerschütterlich, aber ohne Freudigkeit, zuweilen war in seinem Auftreten etwas Verbissenes. Viel Erfolg hatten seine Bemühungen um Reform des Klerus nicht. Aus den Kreisen der Geistlichkeit selbst wagte es einer, ihm eine schriftliche Drohung vor die Tür zu legen; er dürfe ihnen nicht Laster und Ausschreitungen zum Vorwurf machen, die von den Häuptern straflos begangen würden.

Länger als Cusa blieb Piccolomini der Sache des Konzils treu, ja, als sechs Kurfürsten die deutsche Kirche für neutral im Kampfe zwischen Papst und Konzil erklärten, trat er dagegen auf, während Gregor von Heimburg den Beschluß billigte. Der gerade von den Deutschen so leidenschaftlich erstrebten gründlichen, umfassenden Reformation der Kirche wurde die

Spitze abgebrochen durch Konkordate mit den einzelnen Nationen und Fürsten, namentlich durch die im Jahre 1438 zwischen Frankreich und dem Heiligen Stuhle abgeschlossene sogenannte pragmatische Sanktion, welche seitdem als die Bürgschaft französischer Kirchenfreiheit galt. Obwohl Frankreich nun das Konzil verwarf, ging der Kampf noch mehrere Jahre weiter, und eine Reihe deutscher Fürsten, an der Spitze die geistlichen Kurfürsten, hielten an der Forderung eines unabhängigen Konzils fest.

Ein neuer Umschwung in den Beziehungen der Freunde fand statt, als Enea Silvio, der als Sekretär des Konzil-Papstes Felix nach Frankfurt kam, diesen Gegenpapst des römischen verließ, um in den Dienst Kaiser Friedrichs III. zu treten, von seinem neuen Herrn nach Rom geschickt, für Papst Eugen gewonnen wurde und von nun an ebenso wie Nikolaus von Cusa, wenn auch aus ganz anderer Gesinnung, mit allen Kräften den Kaiser dahin zu beeinflussen suchte, daß er sich wieder in den Gehorsam des Papstes begebe. Der gebildete Humanist konnte, ohne sich Gewalt anzutun, sich in jede Richtung fügen, die für ihn selbst günstig war und im allgemeinen aussichtsvoll schien. Einzig Gregor von Heimburg änderte seine antipäpstliche, reformatorische Gesinnung nicht, und da er eingesehen hatte, daß auf dem Weg der Neutralität nichts zu erreichen war, benutzte er den Augenblick, da mehrere angesehene deutsche Fürsten mit ungewöhnlicher Energie die Ansprüche des Reiches gegen den Papst zu erheben sich anschickten. Er veröffentlichte, allerdings nicht unter seinem Namen, die *Admonitio de injustis usurpationibus paparum Romanorum*, eine leidenschaftliche Anklage, in der Sätze von reformatorisch-ketzerischer Wucht überraschend aufblitzen; nicht nur, daß er den Primat des Papstes verwirft, er verwirft Zwang in Glaubenssachen als dem göttlichen Gesetz zuwider, er nimmt und verlangt Beweise aus der Heiligen Schrift.

Da, als der Streit dahin führte, daß der Papst die Erzbischöfe von Trier und Köln absetzte, die Fürsten die Absetzung nicht anerkannten, vielmehr die Berufung eines neuen Konzils forderten, gelang es der päpstlichen Partei, die Einmütigkeit ihrer Gegner durch ein Mittel zu sprengen, das in Deutschland selten versagte, durch Bestechung mit Geld. Zweitausend Goldgulden genügten, um den Kanzler des Erzbischofs von Mainz zu kaufen, 210000 Dukaten wurden an den Kaiser gewendet. Nachdem dies Geschäft im Jahr 1447 abgeschlossen war, wurde dem sterbenden Papste Eugen im Namen von Kaiser und Reich die Obedienz erklärt, um die er während seiner ganzen Regierungszeit so mühsam gekämpft hatte. Sein Nachfolger, Nikolaus V., machte Nikolaus von Cusa zum Kardinal und verlieh Enea Silvio Piccolomini das Bistum Triest, diejenigen belohnend, die das meiste zur Unterwerfung des empörten Reiches getan hatten.

Gregor von Heimburg hatte sich von keinem Sieger Dank und Lohn verdient, er blieb der schlichte Syndikus des Rates der Stadt Nürnberg, hatte aber als solcher bald neue Gelegenheit, seinen Rittersinn auf weithin sichtbarer Bühne zu betätigen. Bei den Bemühungen, ihren Grundbesitz zu erweitern, stieß die Stadt Nürnberg auf den Widerstand eines fürstlichen Nachbarn, des Markgrafen Albrecht Achilles von

Brandenburg, der einen bedeutenden Anteil an allen Reichsfragen nahm und sich nach Art vieler Deutschen der damaligen Zeit in den Krieg wie in ein Fest stürzte, wo man sich berauschte und austobte. Er sagte Nürnberg Fehde an, siegte in vielen Schlachten und wollte Frieden nur gegen Zahlung einer unverhältnismäßig großen Summe gewähren. Als der Streit vor das kaiserliche Hofgericht kam, berief er sich auf ein Gesetz der Goldenen Bulle, wonach Fürsten nur von ihresgleichen könnten vorgeladen werden. Die Entrüstung über diese Dreistigkeit befeuerte Heimburg zu einer schneidenden Rede. Hätte dies Gesetz Gültigkeit, sagte er, so wäre die Gerechtigkeit unter uns vernichtet, so wäre nichts mehr da, was man Römisches Reich nennen könnte. «Denn dieses einzige Gesetz ist es, das alle anderen Gesetze aufhebt, das Reich zerstört, die Völker unterdrückt, fast unzählige Tyrannen unserem Nacken aufbürdet. O blindes, unvernünftiges Deutschland, daß du dich weigerst, einen Kaiser anzuerkennen, und dich tausend Herren unterwirfst! Denn was ist es anders, wenn ein Fürst nicht vorgeladen werden darf, als daß jeder in seinem Lande Kaiser ist? Über 600 Jahre waltet über uns das Kaisertum; wenn schon in engere Grenzen eingeschlossen, so haben wir länger die Herrschaft geführt als Griechen und Römer; vielleicht ist nun das Ende unseres Ruhmes da, wie Gott ja keine Macht auf Erden ewig währen läßt. Ich fürchte, ich fürchte, es kommen andere und nehmen uns Land und Leute hinweg, denn es ist bekannt, daß Ungerechtigkeit König- und Kaiserreiche zerstört, von Volk zu Volke übergehen macht. In unseren Händen ist das Reich geschwächt worden und vernichtet. Unsere Nation, zerrissen und zerschlagen, findet zu keiner Stunde Ruhe, überall ertönt Kriegslärm, nirgends ist Sicherheit, jedermann lebt vom Raube... Das ist die Folge unbilliger Gesetze. Das ist es, was die Ungerechtigkeit der Fürsten erzeugt, welche, indem jeder von ihnen als Kaiser sich benimmt, das Kaiserreich zugrunde gerichtet haben.» Diese Rede, die noch heute, nach fast 500 Jahren, uns trotz der unvermeidlichen lateinischen Rhetorik bewegen kann, bewegte von den anwesenden Fürsten nur drei; den Markgrafen von Baden und die Bischöfe von Regensburg und Eichstätt. Der Kaiser setzte diesem wie jedem Ansturm seine monumentale Stumpfheit entgegen und befreite sich von der unangenehmen Sache durch Aufschub. Nürnberg blieb nichts übrig, als sich der fürstlichen Erpressung zu unterziehen.

Der Streit
um das Bistum Brixen

Um diese Zeit bereiteten an sich unbedeutende Vorfälle an den Grenzen des Reiches, in Tirol, Ereignisse vor, die die drei Freunde vom Baseler Konzil noch einmal zu grundsätzlichem Kampf zusammen und gegeneinander führen sollten. Im Jahre 1450 starb der Bischof von Brixen, und ein anderer wurde vom Kapitel gewählt. Der Papst, obwohl er die Rechtmäßigkeit der Wahl anerkannte, setzte anstatt dessen den Kardinal Nikolaus von Cusa ein, den er aus bestimmten Gründen für geeigneter hielt, den Platz auszufüllen. Mit ebendiesen Gründen hing es wohl zusammen, daß Siegmund, der Herzog von Tirol, die päpstliche Wahl bestritt, indem er sich auf das im Jahre 1439 auf dem Reichstag zu Mainz abgeschlossene Konkordat berief, wonach die Kapitel das Recht hatten, den Bischof zu wählen. Den Hintergrund der Entzweiung bildeten folgende Umstände: um ein zentralisiertes Landesfürstentum zu begründen, wollte der Herzog von Tirol die beiden Bistümer Trient und Brixen, selbständige Staaten in seinem Staat, nach Möglichkeit in den seinigen hineinziehen. Er pflegte zu sagen, für sein Land und für die Bistümer könne Sicherheit nur erlangt werden, wenn die Verwaltung der bischöflichen Temporalien, also der weltlichen Rechte, so eng mit der Verwaltung seines Landes verknüpft wären, daß dieselbe einheitlich geführt werden könne, nicht durch die Regierung der Bischöfe getrennt würde. Die geistlichen Angelegenheiten möchten immerhin von den Bischöfen verwaltet werden. Im Hinblick auf das Bistum von Trient hatte das Baseler Konzil das Bestreben des Herzogs unterstützt, ohnedies hatten die Bischöfe, die häufig durch die Stadt Trient bedrängt worden waren, die landesfürstliche Oberhoheit des Herzogs bereits weitgehend anerkannt. Um nun zu verhindern, daß der Herzog das Bistum Brixen in derselben Weise an sich ziehe, wünschte der Papst eine verläßliche und unbeugsame Persönlichkeit an der Spitze desselben zu sehen und erlas dazu Nikolaus von Cusa. Zunächst ließen Herzog und Bischof sich die Vermittelung des Erzbischofs von Salzburg gefallen, die festsetzte, daß der Herzog den päpstlichen Bischof anerkennen und der Bischof versprechen solle, sich gegen den Herzog so zu verhalten wie seine Vorgänger. Schon nach zwei Jahren trübte ein unscheinbarer Vorfall die empfindlichen Beziehungen zwischen den beiden Fürsten. Das hoch über Bruneck gelegene Frauenkloster Sonnenberg befand sich schon lange mit dem Bischof von Brixen im Streit wegen der Gerichtsbarkeit über einige Täler. Als nun die Äbtissin Verena von Stuben mit einem Teil ihrer Untertanen Händel bekam, suchten diese Schutz bei dem Bischof, der auch für sie eintrat und zugleich die oberste vogteiliche und richterliche Gewalt über das Kloster in Anspruch nahm. Nein, sagte Verena von Stuben, diese Gewalt stehe dem Herzog zu, und wandte sich hilfesuchend an Siegmund; es versteht sich, daß dieser nicht zögerte, den Schirm zu übernehmen. Daß der Streit sich zuspitzte, war die Folge von Cusas reformatorischem Eifer, mit dem er das überall so heillos gelockerte Klosterleben zur ursprünglichen Strenge zurückführen wollte. Er bedachte nicht, daß im Laufe der Jahrhunderte die Lebensführung überhaupt sich geändert hatte und daß von dieser Entwicklung auch die Klöster berührt werden mußten, in die ja meist Angehörige adliger Häuser eintraten. Die Äbtissin Verena, eine unerschrockene Frau, gab zu, daß das Kloster in geistlichen Dingen dem Bischof unterstehe, versprach auch, sich mit den Nonnen der Reformierung zu unterziehen; aber die Freiheit zu reisen und auch mit Männern über die Angelegenheiten des Klosters sich zu besprechen, mochte sie nicht aufgeben und hielt es auch für unmöglich, eine Umwandlung des Lebens, wie Cusa sie verlangte, mit einem Schlage durchzuführen. So suchte sie die Sache hinzuziehen und stützte sich dabei auf ihren Schirmherrn, den Herzog. Auch bei anderen erregte die Strenge des Bischofs Widerwillen; zum Beispiel verbot er den Tanz auf Kirchweihtagen und daß die Männer in Wehr und Waffen dabei erschienen, wie es üblich war. Dadurch brachte er nicht nur das Volk gegen sich auf, sondern auch gewisse Edle, die das Recht hatten, die Kirchweihtage einzuberufen und zu überwachen. Nachdem der Streit zwischen Bischof und Äbtissin sich durch drei Jahre ergebnislos hingezogen hatte, tat der Bischof die stolze Jetzabel, wie er sie nannte, in den Bann. Auf der Schwelle der Kirche, in der der Bann ausgesprochen war, schleuderten die Geistlichen nach alter Weise die ausgelöschten Kerzen gegen das Kloster hin zum Zeichen der ewigen Verdammnis, in die Gott hingegeben habe Datan und Abiram, die das Erdreich lebendig verschlang. Der Herzog hatte während dieser Begebenheit die Äbtissin abwechselnd unterstützt und preisgegeben, je nachdem das Verhältnis zum Bischof es angemessen erscheinen ließ; denn den offenen Bruch wollten beide womöglich vermeiden.

Wie aber beider Absichten und Auffassungen nun einmal waren, ließ sich derselbe auf die Dauer nicht vermeiden. Der Herzog wollte die weltliche Gewalt im Fürstentum Brixen an sich bringen, der Bischof wollte nicht nur darauf nicht eingehen, sondern war sogar der Meinung, der Herzog, der sich als sein Oberherr gebärdete, sei eigentlich sein Vasall, den seine, Cusas, Vorgänger zum Vogt, das heißt zum Beschirmer des Bistums angenommen hätten. Kaum hatte er die Regierung angetreten, so begann er in den Archiven nach Urkunden zu stöbern, die sein Recht erweisen sollten. Es glückte ihm, wie er behauptete, den urkundlichen Nachweis liefern zu können, daß den Bischöfen von Brixen alle königlichen Rechte, die sogenannten Regalien, von verschiedenen Kaisern verliehen seien, wozu das Recht auf alle Erze und Salze gehörte, die in ihrem Gebiet entdeckt wären oder noch entdeckt werden würden. Von Kaiser Friedrich III. ließ er sich ein Privileg Friedrichs II. bestätigen, das ihm den Besitz aller Silbergruben, Metall- und Salzgänge im Bistum Brixen verbürgte. Da er außerdem Matrei und Steinach, die von einem seiner Vorgänger verpfändet waren, wieder einlösen wollte und Anspruch auf allerlei Rechte und mehrere Schlösser erhob, die dem Bistum früher einmal entzogen worden wären, so würde, wenn es nach ihm gegangen wäre, der Herzog fast ganz Tirol mitsamt seinen Bergschätzen verloren haben. Der Herzog konnte darauf entgegnen, daß die Ausbeutung der Bergwerke immer von den Landesherren von Tirol sei ausgeübt worden, daß Cusas Vorgänger nie etwas dagegen eingewendet, ihn überhaupt als Landesfürsten anerkannt hätten, daß die Bischöfe von Brixen und Trient beide tirolische Landstände wären und damit eine bestimmte Stellung im Lande unter dem Landesfürsten einnähmen, seinem Gebiet in bestimmter Weise eingeordnet wären.

Die alten Urkunden, die der Bischof aus dem Staube ausgegraben hatte, waren längst von verwandelten, gegenwärtigen Verhältnissen überwachsen und entwertet und mußten im Anhauch des Tageslichtes zu Asche zerfallen.

Aber kam es denn überhaupt auf Urkunden an? Sie bildeten doch nur, und das wußten wohl beide, die Unterlage für einen Kampf zweier Mächte. Die Räte des Herzogs begründeten seine Stellung folgendermaßen: Das Vogteirecht habe den Herren von Tirol die Oberherrlichkeit über alle zu der Vogtei gehörigen Schlösser, Länder und Güter gegeben, damit Land und

Leute, geistliche wie weltliche, im einmütigen Gehorsam des Landesfürsten blieben und für einen Mann stehen möchten. Kraft der Vogtei habe der Landesfürst alle Personen und Untertanen, seien es Prälaten, Grafen, Ritter und Knechte, in seinem Schutz gehabt, wie sie hinwiederum alle im Genuß der Freiheiten des Landes wären. Die Einwohner des Landes, Prälaten, Grafen, Ritter, Knechte, Bürger und Bauern, würden nicht so friedlich nebeneinandersitzen, die Straßen würden nicht so friedlich gehalten werden, wenn ein Prälat oder sonst jemand, der Regalien und Herrschaftsrechte hätte, neben dem obersten Landesfürsten herrschen wollte. Einem jeden Fürsten stehe es zu, im Kreise seiner landesfürstlichen Herrschaft die Obrigkeit also zu handhaben, daß der Gehorsam ungespalten und das Fürstentum unzertrennt bleibe. Es waren die Gründe, die damals und später alle Fürsten anführten, um die in ihrem Gebiet liegenden selbständigen Herrschaften sich einzuverleiben und unterzuordnen; es waren aber auch die Gründe, die mit innerer Notwendigkeit zur Bildung größerer, geschlossener Territorien hindrängten.

Nikolaus von Cusa, dessen großer Geist dem Geist des Menschen auf neuen Bahnen voranging, unternahm es, den Zerfall des alten Reichs aufzuhalten, in dem Staat und Kirche ineinander verflochten waren, ihm Kraft und Glanz wiederzugeben. An zwei Punkten setzte er seine Kraft ein: Reformierung der herabgekommenen Geistlichkeit, damit der Klerus wieder zu Ansehen und Glaube im Volke komme, und Zurückwerfen der weltlichen Regierungen und ihrer Begier nach den weltlichen Besitzungen und Rechten der geistlichen Fürsten. Sicherlich wußte er, daß die weltlichen Regierungen, fürstliche und städtische, bereits tief in die geistliche Festung eingedrungen waren; vielleicht gerade darum stand er mit einer so düsteren Entschlossenheit, einer so tragischen Starrheit auf seinem verlorenen Posten.

Noch rückte er mit seinen angesammelten Urkunden nicht vor, aber er lehnte das listige Ansinnen des Herzogs ab, sein Kanzler zu werden, das dieser mit viel Erfolg bei den Bischöfen von Trient in Anwendung gebracht hatte, und trug sich mit dem Plane, abzudanken und das Bistum einem bayrischen Prinzen zuzuwenden, in der Meinung, daß ein mächtiger Prinz aus dem Hause, das dem österreichischen von jeher feind war, dem Herzog wirksameren Widerstand entgegensetzen könne als er. Wie die Gegner sich so, zum Schlage ausholend, gegenüberstanden, kam es so weit, daß der Bischof den Herzog beschuldigte, ihm nach dem Leben getrachtet zu haben, und sich wie ein Verfolger auf die Felsenburg Andraz zurückzog. Da ein mörderischer Angriff auf einen Bischof als todeswürdiges Verbrechen galt, war die Anklage bedenklich, und der Herzog wies sie entrüstet zurück. War sie ganz aus der Luft gegriffen? War sie die Folge einer durch die gegenseitigen Ränke erzeugten Nervosität oder ein Mittel im Kampfe?

Aufs äußerste gespannt war die Lage, als zwei für sie bedeutungsvolle Ereignisse eintraten, einmal daß im Jahre 1458 Enea Silvio Piccolomini zum Papst gewählt wurde, der als Freund und Bewunderer des Cusaners besonders nachdrücklich mit ihm zusammenwirken würde. Weicher und geschmeidiger als der unbeugsame Feind, gab er diesem bisweilen auch wider die eigene Ansicht nach, wie es ihm denn lieber gewesen wäre, wenn der Zwist zwischen dem Bischof und dem Herzog von Tirol sich gütlich hätte beilegen lassen. Er hatte nämlich als Papst seinen ganzen Ehrgeiz darauf gestellt, die Fürsten des Abendlandes zu einem Kreuzzug gegen die Türken zu vereinen, an dessen Spitze er selbst sich stellen wollte, obwohl er nicht mehr jung und gar nicht gesund war. Zu diesem Zweck berief er eine Fürstenversammlung nach Mantua, auf welcher Herzog Siegmund persönlich erschien, außerdem aber in bezug auf seinen anhängigen Streitfall durch Gregor von Heimburg vertreten war. Dies war das zweite Ereignis des Jahres 1458, daß Siegmund die Bekanntschaft des furchtlosen Syndikus von Nürnberg machte und in ihm den Mann entdeckte, der juristische Kenntnisse, Klugheit, Redegabe und Haß der päpstlichen Allgewalt für ihn einsetzen konnte. Wie mochte Pius II., so nannte sich der neue Papst, zumute sein, als er den einstigen Freund und Mitstreiter gegen sich in die Schranken treten sah! Der Verlauf des Konvents brachte ihm die trübe Einsicht, daß die Zeit vorüber war, wo päpstlicher Einfluß die Fürsten für ein Unternehmen gewinnen konnte, das ihnen keinen persönlichen Vorteil versprach. Gregor von Heimburg bekämpfte den Türkenkrieg, gerade weil es der Papst war, der ihn führen wollte.

Man müßte sich wundern, daß Gregor von Heimburg, der als Syndikus von Nürnberg die Gewalttätigkeit eines Fürsten so ernstlich bekämpft hatte, sich nun für das Machtstreben eines Fürsten einsetzte, wenn man nicht bedächte, daß er hier gegen den Absolutismus des weltbeherrschenden Papstes vorgehen konnte, den zu erschüttern das Ziel seines Lebens war. Unverkennbar wurde das Auftreten des Herzogs schroffer, seit er Heimburg in seinen Dienst genommen hatte. Nachdem Cusa den Herzog durch Drohungen gereizt hatte, wie daß er ihm die Brixener Lehen entziehen und sie dem Kaiser übertragen werde, schickte der Herzog ihm, um der Sache ein Ende zu machen, einen Absagebrief, überfiel ihn in Bruneck und zwang ihm einen für sich günstigen Vertrag ab. Cusa verließ sein Bistum und bewog den Papst, Herzog Siegmund, den er im Interesse seines Kreuzzuges viel lieber freundlich behandelt hätte, zu exkommunizieren. Heimburg verfaßte dagegen eine Appellation an einen künftigen Papst und ein künftiges Konzil, ja an die gesamte Herde unseres Herrn Jesu Christi, wie er sich ausdrückte, und an jeden, der sich unser erbarmen und das Recht eines niedriger Gestellten auch gegen zürnende höher Gestellte verteidigen will, endlich an alle Freunde der Gerechtigkeit und Unschuld. Es war eine unerhörte Herausforderung, denn eben erst hatte Pius II. die Bulle *Execrobilis* erlassen, in der er alle für den Bann verfallen erklärte, die an ein künftiges Konzil appellieren würden, womit er also die auf den Konzilien zu Konstanz und Basel aufgestellten Grundsätze verdammte. Heimburg appellierte an ein künftiges Konzil, aber nicht nur das, sondern auch von der sichtbaren Kirche an eine unsichtbare. Am Grünen Donnerstag des folgenden Jahres schaltete Pius die Exkommunikation des Herzogs und Heimburgs zwischen den altherkömmlichen Fluch über die Häretiker und den über die Seeräuber und Sarazenen ein.

Nachdem diese endgültige Verfluchung unter pompösen Zermalmungsandrohungen verhängt war, blieb alles wie zuvor. Der Herzog blieb Herzog, und Heimburg blieb sein Rat, das Volk starrte einen Augenblick auf die päpstlichen Blitze wie auf ein gemaltes Gewitter und ging dann wieder seinen Geschäften nach. Da doch etwas geschehen mußte, verfiel Pius II. auf die schweizerischen Eidgenossen als auf besonders getreue Söhne. Sie hatten zur Zeit des Konstanzer Konzils dem Vater des jetzigen Herzogs den Aargau weggenommen, freilich im Auftrage des Kaisers im Gegensatz zum damaligen Papst, und würden sich jetzt vielleicht bereit finden, Herzog Siegmund den Thurgau zu entreißen. Zwar hatte er sie aus irgendeinem Grunde kürzlich in den Bann getan, aber den hob er auf und ermunterte sie, die Exekution zu vollstrekken. Nicht sofort willigten die Eidgenossen ein, und nachdem sie sich schließlich aufgerafft und den Thurgau, des Herzogs letzte Besitzung in der Schweiz, erobert hatten, schlossen sie mit ihm Frieden. So hatte der Papst es nicht gemeint, er schalt und mahnte, allein vergebens, die Eidgenossen blieben verstockt. Der Kaiser, an den er sich nun wandte und mit dem der Papst so eng durch die Reichsgesetze und persönlich durch 210000 Dukaten verbunden war, schlug doch den verwandtschaftlichen Zusammenhang höher an und weigerte sich, gegen seinen Vetter einzuschreiten. Die nun ergehende Vorladung Siegmunds, Heimburgs, sämtlicher anderer Räte des Herzogs, des Bischofs von Trient, des Kapitels von Brixen, der meisten Äbte Tirols, vieler geistlicher und weltlicher Herren, der Bürger aller Städte, fast aller Einwohner der Grafschaft Tirol nach Rom, wo sie wegen ihrer Rechtgläubigkeit in bezug auf den Artikel: ich glaube an eine heilige, katholische und apostolische Kirche, vernommen werden sollten, regte Heimburg zu witzigen Ausmalungen dieses Massenaufbruchs an. In seiner Entgegnung sagte er, man könne wohl glauben, daß eine Kirche sei, nicht aber könne man an eine Kirche glauben, denn man glaube nur an Göttliches, nicht an Erschaffenes, und bezeichnete damit die Kirche als eine menschliche Einrichtung. Es blieb dem Papst nur die Hoffnung auf die Wirkung einer Handelssperre, die als Folge der Exkommunikation eintreten sollte. Cusa selbst drängte darauf, daß alle nach Tirol führenden Wege gesperrt und alle Lebensmittel zurückgehalten würden, damit eine völlige Aushungerung die Hartnäckigen endlich niederzwänge. Pius scheute sich nicht, die Edelleute aufzufordern, daß sie, was sie ohnehin gern taten, die Handelsleute überfielen und ihnen ihre Waren, z. B. Salz und Wein, wegnähmen. Obschon auch die Sperre schwer durchführbar war, wie denn z. B. der Erzbischof von Salzburg erklärte, seine Untertanen müßten ohne von Tirol eingeführte Lebensmittel verhungern, ließen doch ihre in Tirol allmählich peinlich empfundenen Folgen den Herzog eine Beilegung des Streites wünschen. Da auf der anderen Seite der Papst mit Schrecken sah, wie wenig seine Bannflüche verfingen, schien eine von der Republik Venedig vorgeschlagene Vermittlung nicht mehr ganz aussichtslos. Der von ihr damit betraute Morosini, ein feiner und kluger Mann, suchte mit unsäglicher Geduld eine Verständigung herbeizuführen. Es spricht für Gregor von Heimburg, den er bei diesem Anlaß kennenlernte, wie hoch ihn der gebildete Venezianer schätzte. Dem päpstlichen Legaten gegenüber sprach er die Ansicht aus, daß der Papst und Cusa durch Humanität und Güte mehr ausrichten würden als durch Gewalt. «Ich muß bezeugen», schrieb er, «daß mir der Herr Gregorius in einem ganz anderen Licht erschien, als er mir geschildert war, und ich glaube mit Recht überzeugt sein zu dürfen, daß ich alles durch seine Klugheit und Umsicht erreicht habe. Nicht nur der Herzog, sondern ganz Deutschland hält ihn für einen höchst gelehrten Mann und entschiedenen Freund der Wahrheit und des Friedens.» Diese eifrigen, wohlwollenden Bemühungen scheiterten an der Unversöhnlichkeit des Nikolaus von Cusa. Er blieb dabei, daß das Hochstift Brixen der Herr und der Herzog der Vasall sei; ohne Unterwerfung und Abbitte des Herzogs gestattete er dem Papst nicht, die Exkommunikation aufzuheben. Nachdem Venedig sich zurückgezogen hatte, nahm der Kaiser das Vermittlungswerk auf. «In der Tat, heiliger Vater», schrieb er dem Papst, «wäre es Zeit, die Sache beizulegen. Die Autorität der Kirche verliert, wie wir sehen, zu sehr an Achtung. Es ist nötig in Berücksichtigung unserer Zeit von der Strenge ein wenig nachzulassen.» In Berücksichtigung unserer Zeit! Ja, das hatte sich gezeigt, daß der päpstliche Bannfluch einen Fürsten nicht mehr vom Throne schleudern konnte. Pius II. sah es ein, Cusa nicht. An seiner starren Haltung wäre die Vermittelung wohl wieder abgeglitten; da berührte den Knoten, den alles Zerren, anstatt ihn aufzulösen, nur desto fester zusammengezogen hatte, die Geisterhand des Todes, und er fiel schlaff auseinander: rasch nacheinander starben im Spätsommer 1464 erst Nikolaus von Cusa, dann Pius II. Gleich darauf wurden die Vorschläge des Kaisers angenommen. Siegmund beugte sich nicht; da er sich durchaus weigerte, Abbitte zu leisten, erbot sich der Kaiser zu einer stellvertretenden Demütigung vor dem Papst. Ob und in welcher Form sie ausgeübt wurde, steht nicht fest.

In dieser Versöhnung war Gregor von Heimburg nicht inbegriffen und suchte sie wohl auch nicht. Da sein Verhältnis zu Nürnberg schon seit einigen Jahren gelöst war, trat er durch Vermittelung Herzog Albrechts von Sachsen in Beziehung zu Georg Podiebrad, dem König von Böhmen, der als Kalixtiner den Gegner des Papstes gebrauchen konnte und mächtig genug war, den Verfemten zu schützen. Dieser bedeutende Fürst, den einige unternehmende Männer im Reich gern unter Beiseiteschiebung des schläfrigen Friedrich zum Kaiser gemacht hätten, war immer bereit, großartige Pläne auszuführen, die er selbst entwarf oder die andere ihm unterbreiteten. Er plante eine Organisation der abendländischen Fürsten, die der päpstlichen Macht die Waage halten könnte, er dachte sogar daran, die Türken aus dem vor kurzem eroberten Konstantinopel hinauszuwerfen und sich selbst zum oströmischen Kaiser zu machen. Wieder hatte Heimburg Gelegenheit, mit Rat und Schrift gegen die Gewaltherrschaft des Papstes zu wirken, der einen Feldzug gegen den hussitischen Böhmenkönig führte, wie es Pius II. gegen Herzog Siegmund getan hatte, ihn in den Bann tat und seine Untertanen und die benachbarten Fürsten gegen ihn aufhetzte. Mathias von Ungarn, auch ein hochstrebender und begabter Mann, setzte

sich schließlich, den Ermahnungen Gehör schenkend, in Bewegung und ließ sich zum König von Böhmen wählen; ein Krieg wäre zwischen den beiden mächtigen Emporkömmlingen des Ostens entbrannt, wenn nicht Georg Podiebrad dem Tod erlegen wäre. So war Gregor von Heimburg ohne Aufgabe und ohne Schutz. Albrecht von Sachsen, der Schwiegersohn des Verstorbenen, nahm ihn auf und brachte ihn nach Dresden; aber trotz der herzoglichen Gunst wollte die Stadt den Gebannten nicht bei sich dulden. Da entschloß sich der verlassene Kämpfer, die Absolution des Papstes zu suchen, und erhielt sie auf Albrechts Befürwortung. Es war im Jahre 1472; bald darauf starb er.

Der Verlauf des Streites zwischen dem Herzog von Tirol und der Kirche zeigt, wie nah der Gedanke der Säkularisation geistlicher Güter den weltlichen Fürsten lag, wie sie, sowie es möglich schien, ihn grundsätzlich ergriffen und rücksichtslos durchzuführen versuchten und was für ketzerische Gedanken in Verbindung damit laut, öffentlich dem Papst entgegengeworfen werden konnten. Es zeigte sich freilich auch, was für Kampfmittel dem Papst doch noch zur Verfügung standen, wie er Ehrgeizige, Unzufriedene und Habgierige zu benutzen wußte und wie auch der Bannfluch dadurch lästig werden konnte, daß sich Feinde seiner zum Schaden des Betroffenen bedienten. Noch war ein Gebannter, wenn er nicht Fürst war, ein Ausgestoßener, für manches einfache Gemüt ein gebrandmarkter Frevler, für die vielen Niederträchtigen ein bequemes Ziel. Selbst ein so überzeugter Gegner des Papstes wie Gregor von Heimburg gab am Ende nach. War der einst so Tapfere müde geworden? Tat er es, um den Herzog von Sachsen, dem einzigen, der ihm ein Asyl anbot, keine Schwierigkeiten zu machen? Oder war auch in ihm ein Gefühl geblieben oder wieder erwacht, das sich nach der Geborgenheit im Schoße der alten Mutter Kirche sehnte, die alle Christen des Abendlandes umfaßte und zu Brüdern machte?

Humanisten und Mönche

Wie eine Landschaft zuweilen vor anderen mit Früchten gesegnet ist, so bringt sie auch zuzeiten eine besonders große Anzahl außergewöhnlicher Menschen hervor, eine überschwengliche Ernte, der vielleicht langdauernde Unfruchtbarkeit folgt. Westfalen und der obere Rhein waren im 15. Jahrhundert so ergiebig, namentlich das Gebiet des Oberrheins war erfüllt von der Heiterkeit und dem Brausen geistigen Lebens. Die Schule von Schlettstadt leitete Jakob Wimpheling, am Dom von Straßburg predigte Geiler von Kaisersberg, an der Universität Freiburg lehrte Ulrich Zasius. Diese und viele andere Männer, um die Mitte des Jahrhunderts geboren, waren durchdrungen vom Bewußtsein der Notwendigkeit einer Reform, die darin bestehen sollte, daß durch die auf allen Gebieten wuchernde Verwilderung, durch den aufgehäuften Wust von Mißbräuchen und Verzerrungen durchgebrochen werden müsse zu den reinen Quellen, aus denen die Religion, das Recht, die Sprache, die Sitten geflossen wären, hauptsächlich zur Heiligen Schrift. Dort sollte man die christliche Lehre aus dem Munde des Heilands vernehmen anstatt aus den durch die Spitzfindigkeit der Scholastik verdunkelten Lehrbüchern oder aus den mit sinnlosen Wundergeschichten zur Unterhaltung ausgeschmückten Legendensammlungen. Das römische Recht sollte man aus den von Justinian gesammelten Rechtsbüchern, nicht aus den verunstaltenden Kommentaren des Mittelalters, die alten Sprachen sollte man aus den Werken der klassischen Schriftsteller studieren. Um das gegenwärtige Leben des deutschen Volkes aufzuhellen, wollten sie zu seinen Ursprüngen zurückkehren und in der Vertiefung in seine ruhmreiche Vergangenheit den Glauben an seine Zukunft gewinnen.

Viele von diesen älteren Humanisten waren niemals in Italien gewesen, und mochten sie auch von der großartigen Bewegung des den Deutschen so engverbundenen Landes berührt sein, so waren sie doch mehr beeinflußt von der in der Stille erwachsenen Lebensauffassung und Unterrichtsart der «Brüder vom gemeinsamen Leben», die in den Niederlanden entstanden waren und in der Schule von Deventer eine Stätte weitreichender Wirksamkeit gegründet hatten. Italien wirkte auf das lebhaft erwachende Interesse an der deutschen Geschichte weniger durch den dortigen Patriotismus und die bewunderten Vorbilder der Antike als durch seine Verachtung der Deutschen. Vielleicht war der tiefste Grund für dies neue Interesse die Tatsache, daß eine Epoche abgelaufen war, der eine auf wesentlich verschiedener Grundlage sich entwickelnde folgen mußte, daß man in einer Stunde lebte, wo eine Entwicklung sich geschlossen hatte, wo auf göttlichen Wink die Hülle vom gegossenen Bild fällt und es rund und blinkend vor allen Augen dasteht, nicht mehr fließend, sondern fertig für die Ewigkeit. Dies war gerade den Humanisten des Oberrheins nicht bewußt, sie wollten vielmehr den Schutt wegräumen, damit das alte Fundament zum Vorschein käme und

richtig an das Alte anschließend weiter gebaut werden könne. Aber ein Stachel war es ihnen, daß die Deutschen von den kultivierteren Nachbarn als Barbaren bezeichnet wurden. Poggio zum Beispiel, der als Teilnehmer des Konzils sich in Konstanz aufgehalten und in deutschen Klöstern nach alten Handschriften gefahndet hatte, schrieb in einem Brief, die Deutschen seien einst ein kriegerisches Volk gewesen, jetzt wären sie nur stark im Essen und Trinken. «Sind das Menschen?» sagte er: «Gute Götter, schlaftrunkene, blöde, schnarchende Geschöpfe sind es, niemals nüchtern, den Menschen und Gott verhaßt! Ob sie leben oder tot sind, kann man nicht unterscheiden, wenn sie von Wein und Speise überwältigt daliegen.» Ein anderer Italiener nannte Deutschland eine Räuberhöhle, in der die Edelsten vom Adel die Räuber wären. «Leben ist hier gleichbedeutend mit Saufen.» Die Barbarei des Geistes sei unglaublich, Freunde der Wissenschaft seien äußerst selten, Freunde der Eleganz gebe es überhaupt nicht, für das Studium der Humanität fehle es an Fassungskraft. Unter solchen Barbaren wohne keine Muse. Derartigen Beschimpfungen sollte ein Bild glanzvoller Vergangenheit, großer Taten deutscher Helden entgegengestellt werden. Aus ähnlicher Stimmung heraus hatte im Anfang des Jahrhunderts Dietrich von Niem, ein Westfale, der im Dienste des Papstes in Italien lebte, die ersten Züge zu einer deutschen Geschichte entworfen. Er zuerst bezeichnete auch die Deutschen als Nation, das Wort im völkischen Sinne gebrauchend. In einer Zeit beginnender Auflösung ermutigte er sich und sein Volk durch die Erinnerung an das Heldenzeitalter des Reiches unter den großen Kaisern, von denen er Otto I., Magnus Augustus, am höchsten verehrte. Heraufbeschworen durch den Unwillen über eine trübe gewordene Gegenwart, zogen sie vorüber, die blonden Sachsenkönige, die dämonischen Staufer, die geharnischten Ritter, eine gottgeweihte Schar, die ihren Kaiser über die Alpen geleitete, den Westen schützte und den Osten eroberte. Seine Auffassung hat Nikolaus von Cusa und die Humanisten beeinflußt. Jakob Wimpheling, in der elsässischen Reichsstadt Schlettstadt geboren, versuchte als erster nach ihm eine Darstellung deutscher Geschichte unter dem Titel *Epitome rerum Germanicarum*. Die Herrlichkeit des Imperiums, die völkerbezwingenden Waffentaten ließ er ausmünden in die Zeit der Erfindung Gutenbergs, wo die Hand, die das Schwert führte, im Buchdruck das Wort verbreitete und verewigte, wo der Barbar dem Abendlande eine Waffe schenkte, die nicht tötet, sondern lebendig macht, den Samen der Bildung in die Furchen der Zeit streut. Wimpheling hat eine eigene Schrift über die Kunst des Buchdrucks verfaßt, die göttliche Kunst oder die deutsche Kunst, wie man sie schlechtweg nannte. Er frohlockte über die große Zahl der meist deutschen Buchdrucker, die in fast allen Ländern, dankbar aufgenommen, Werkstätten errichtet hatten. Indessen war Wimpheling nicht blind für die Fehler seiner Landsleute, die mißgünstige Beobachter zu dem Vorwurf der Barbarei berechtigten. Er lobte sie als tapfer, treu, wahrheitsliebend, aber er tadelte ihre Trunksucht und daß der Adel, nur am Kriege und an der Jagd seine Lust findend, sich zu gut hielt, um Bildung des Geistes zu erwerben. Der Adel war gewohnt gewesen, daß seine kränklichen oder zarten Söhne, die lieber über den Büchern als auf dem Rücken der Pferde saßen, dem geistlichen und damit dem gelehrten Stand geweiht wurden; das, was er für einen Mangel ansah, machte sie zu Gelehrten. Das sollte nun anders werden, seit Bildung die Aufgabe hatte, alle in den Menschen gelegten Keime zur Entfaltung zu bringen, einen edlen, vernünftig urteilenden, die äußere und innere Welt nach allen Beziehungen überblickenden Menschen zu formen. Gerade im Westen, an der französischen Grenze, wo man dem Angriff sowohl wie der Verführung unmittelbar ausgesetzt war, konnte sich das Bewußtsein des Deutschtums leidenschaftlich steigern.

Seit es ein Frankreich gibt, hatte Frankreich mit brennender Eifersucht auf das Nachbarvolk geblickt, das Träger des Kaisertums geworden war, wozu sich Frankreich, das Karl den Großen ebenso für sich in Anspruch nahm wie Deutschland, das sich sogar nach seinem Stammesnamen nannte, ebenso berechtigt hielt. Kaum war durch Beendigung des englisch-französischen Krieges Frankreichs Kraft frei geworden, so suchte es von neuem, wie es schon vor diesem Kriege getan hatte, die angeblichen Ansprüche zu verwirklichen, sei es durch kriegerischen Überfall, sei es durch Bestechung. Nachdem im Jahre 1444 der Dauphin, der spätere König Ludwig XI., Straßburg belagert hatte, entstand dort eine französische Partei, die den Anschluß an Frankreich wünschte und von französischen Sendlingen ermuntert und unterstützt wurde. Im Hinblick auf diese Verhältnisse richtete Wimpheling eine Schrift an den Rat von Straßburg, deren Zweck die Aufforderung war, in Straßburg ein Gymnasium zu gründen, deren eigentlichen Kern aber die Auseinandersetzung bildete, daß das linksrheinische Gebiet immer den Deutschen, niemals den Franzosen gehört habe und daß Karl der Große ein Deutscher gewesen sei. Der Rat erhielt die in lateinischer Sprache verfaßte Schrift in deutscher Übersetzung. Man hätte sich nicht wundern können, wenn die Straßburger französische Partei die Schrift angegriffen hätte; anstatt dessen kam eine Entgegnung von ganz anderer Seite, von einem jungen Mann nämlich, der sich bisher als Anhänger Wimphelings gebärdet hatte, dem Franziskanermönch Thomas Murner. Er machte sich in der *Germania nova* über Wimphelings historische Beweisführung lustig, wozu er Ursache gehabt hätte, da die Quellenforschung trotz guter Absicht noch nicht sehr ausgebildet war, wenn nur seine eigene stichhaltiger gewesen wäre. Seine Kritik hatte die gute Folge, daß Wimpheling in seiner Entgegnung nunmehr die weit ausholenden künstlichen Gründe beiseite setzte und sich auf die Tatsache berief, daß «unsere Väter und Großväter, unsere Urgroßväter, Vorfahren und Ahnen Deutsche oder Alemannen gewesen sind, daß sie deutsch gesprochen, daß sie Männer von deutscher Art und Sitte gewesen». Während der Straßburger Rat Wimphelings Schrift mit Dank, ja mit Begeisterung aufgenommen hatte, befahl er die Vernichtung der Murnerschen Entgegnung.

Die Fehde wurde von den Anhängern Wimphelings noch eine Zeitlang fortgesetzt. Es erschienen damals wohl schon Flugblätter und sogenannte Neue Zeitungen; aber Zeitungen im heutigen Sinne, wo die öffentliche Meinung sich täglich hätte äußern, wo auf allen Gebieten des Lebens das Für und Wider hätte besprochen werden, Gegner in Streitfragen sich hätten bekämpfen können, gab es nicht. Anstatt dessen teilten sich die Gelehrten ihre Ansichten und Entdeckungen in Briefen mit, die gesammelt und gedruckt wurden, oder sie bekämpften und verteidigten sich in Druckschriften. Wimphelings Getreue behandelten Murner wie einen Landesverräter; aber es scheint nicht, daß er im Auftrage oder nur im Sinne der französischen Partei Straßburgs aufgetreten war, sonst hätte Kaiser Maximilian, der so unermüdlich sein Leben lang die Sache des Reiches gegen Frankreich verfocht, ihn wohl kaum zum Dichter gekrönt. Was ihn eigentlich bewog, die politischen Behauptungen Wimphelings zu bestreiten, ist nicht recht ersichtlich; vielleicht lockte es den Witzigen und Spottlustigen, Wimphelings etwas schwerfälligen Kothurn ins Stolpern zu bringen, vielleicht ärgerte ihn als Mönch, der die Klosterschulen für die besten hielt, der Vorschlag, in Straßburg ein Gymnasium zu gründen. Überhaupt bestand ein Gegensatz zwischen der Welt- und der Klostergeistlichkeit: die Weltgeistlichen verachteten die Mönche wegen ihres Mangels an Kenntnissen, ihres abgeschmackten Aberglaubens und ihres Schwelgens in Sinnengenüssen, die Mönche wehrten sich mit dem Vorwurf der Ketzerei. Als Wimpheling in der Schrift *De integritate* gegen die Mönche zu Felde zog und als Beispiel dafür, daß man auch außerhalb der Klostermauern ein heiliges Leben führen könne, Augustinus anführte, der nie eine Kutte getragen und nie gebettelt habe, sprang Murner wieder in die Schranken, zieh Wimpheling der Ketzerei und verklagte ihn sogar als Feind der christlichen Kirche beim Papst Julius II. Nur wenige waren damals frei von der Neigung, einen Gegner durch die Denunziation der Ketzerei zu schrecken oder zu Falle zu bringen. Keine hatte so vernichtende Folgen; denn das letzte Glied der Kette war der Scheiterhaufen. Zu seinem Glück hatte Wimpheling vielvermögende Freunde: der Bischof von Straßburg, das Domkapitel, bedeutende Gelehrte setzten sich für ihn ein, worauf der Papst ihm nicht nur die Reise nach Rom erließ, wohin er bereits vorgeladen war, sondern sogar den Mönchen Schweigen auferlegte. Solche Verbote pflegten nicht beachtet zu werden.

Gegen die Weltgeistlichkeit vereint, bekämpften sich die Orden oft heftig untereinander, so die Dominikaner und Franziskaner wegen der unbefleckten Empfängnis der Maria. Ein merkwürdiger Mann, der mit den Humanisten in Beziehung stand, Vielschreiber, Sammler denkwürdiger Notizen, Liebhaber der Geheimwissenschaften, Johannes Trithemius, Abt des Klosters Sponheim bei Kreuznach, verfaßte im Jahre 1494 aus besonderer Vorliebe für Anna, die Mutter der Jungfrau, flink mit der Feder, wie er war, ein Werk in 13 Kapiteln über diese Heilige, deren Verehrung vermutlich aus dem von den Türken eroberten Byzanz ins Reich eingedrungen war, in dem er die Meinung verfocht, sie habe ihre Tochter ohne Erbsünde empfangen. Gegen diese schwer beweisbare Behauptung erhob sich ein Prediger des Dominikanerordens in Frankfurt am Main, namens Wigand Wirt, in einem an Trithemius gerichteten Brief. Der berühmte, an Bewunderung gewöhnte Abt stellte Wirt in seiner Antwort als einen Geisteskranken hin, der des Arztes bedürfe und den im Jenseits die ewige Verdammnis erwarte. Nach zwei Jahre lang geführter erbitterter Fehde mischten sich die Universität Köln und mehrere Theologen ein und entschieden, daß Wirt eine unehrerbietige Ansicht über die Geburt der Jungfrau habe und Trithemius um Verzeihung bitten müsse, daß aber beide Teile die Streitfrage ruhen zu lassen hätten. Wirt, dem das unleidlich war, wandte sich klagend an Papst Alexander VI., richtete aber nichts aus, da Trithemius die Mehrheit auf seiner Seite hatte: die Universitäten von Paris und Köln, mehrere Orden, mehrere Kardinäle und Erzbischöfe, viele Gelehrte und fast den ganzen Klerus von Deutschland. Die Verehrung der heiligen Anna, von der man bisher nicht viel Wesens gemacht hatte, wurde begierig wie eine neue Mode ergriffen. Als ein Frankfurter Stadtpfarrer die Lehre von der unbefleckten Empfängnis Mariä auf der Kanzel besprach und die Dominikaner, die diese Lehre bestritten, als Verunehrer der Jungfrau angriff, konnte der zum Schweigen verurteilte Wigand Wirt nicht an sich halten; er stellte sich eines Tages der Kanzel gegenüber auf, um den Franziskaner durch unentwegtes Anstarren außer Fassung zu bringen. Wirklich, als dieser die Augen des Feindes dreist auf sich gerichtet fühlte, geriet er in Wut und schoß einen Pfeil ab, indem er sagte, er sei froh, nicht zu denen zu gehören, die den Kaiser Heinrich ermordet hätten; es war nämlich Überlieferung, daß Heinrich VII. in Italien an Gift gestorben sei, das ein Dominikaner ihm gereicht habe. «Du lügst», schrie Wigand Wirt, «und hast deine Lüge wie ein Ketzer ausgespien.» Wieder entspann sich eine

Fehde und gingen Klagen nach Rom, Wirt verfaßte ein bitterböses Büchlein, das der Erzbischof von Mainz verbrennen ließ. Die Dominikaner, die über die erlittene Niederlage um so erbitterter waren, als sie in gelehrten Disputationen über die Frage gesiegt hatten, beschlossen auf einem Ordenskapitel, das im Jahre 1506 in Wimpfen stattfand, sich durch eine großartige, gewagte Unternehmung Recht zu verschaffen. Ihr Plan war, die heilige Jungfrau selbst sich über die sie am nächsten angehende Angelegenheit im Sinne der Dominikaner aussprechen zu lassen. Einer Aussage aus so sicherer Quelle gegenüber, meinten sie, müsse jeder Widerspruch verstummen. Als Ort, wo die Einfalt des Volkes das Gelingen des Planes am ehesten gewährleiste, erschien ihnen die Stadt Bern geeigneter als Nürnberg oder Frankfurt. Vier Männer, die an der Spitze des Berner Dominikanerklosters standen, nahmen es auf sich, die Gottesmutter erscheinen zu lassen. Sie erprobten ihre Kunst zunächst an einem Schneidergesellen aus Zurzach, namens Jetzer, der kürzlich in das Kloster eingetreten war, der auch die Wunder, die sich ihm offenbarten, gläubig hinnahm, bis er einmal in der Stimme der Maria die des Priors erkannte und den Betrug durchschaute. Nicht abgeschreckt durch diesen Unfall, setzten die Unternehmer, nachdem Jetzer Schweigen gelobt hatte, ihr Spiel fort und ließen nunmehr die Jungfrau in der Kirche erscheinen und sich beklagen, daß die ketzerischen Franziskaner, die eine falsche Lehre über sie verbreiteten, noch in der Stadt geduldet werden. Die Zuhörer, von der Wimpfener Versammlung offenbar richtig beurteilt, zweifelten nicht an der Wirklichkeit der Erscheinung; aber von Jetzers Seite mehrten sich die Schwierigkeiten. Zwar hatte er sich durch Drohungen in den Betrug hineinziehen lassen, spielte aber ungern eine Rolle, die ihm viele Quälereien zuzog, denn er war auch stigmatisiert worden, und als die Brüder seinen Widerwillen merkten, wußten sie sich nicht anders zu helfen, als daß sie dem gefährlichen Mitwisser nach dem Leben trachteten. Einer vergifteten Suppe mit Not entronnen, entwischte er aus dem Kloster, stellte sich dem Rat und gestand das Vorgefallene. Nachdem die Untersuchungen seine Aussage bestätigt hatten, wurden die vier Schuldigen dem weltlichen Gericht übergeben und verbrannt. Jetzer wurde in einen Käfig gesperrt, entkam aber.

Vielleicht ist diese groteske Geschichte mit Ausschluß der Hinrichtung, welche wirklich im Jahre 1509 stattgefunden hat, nicht wahr. Vieles spricht dafür, daß die Erscheinungen der Jungfrau Erfindungen des frechen, hysterischen Jetzer und daß die unglücklichen Mönche Betrogene waren, denen durch die Folter ein falsches Geständnis erpreßt wurde. Dann wäre aber bewiesen, daß die Mönche noch dümmer und abergläubischer waren, als man allgemein für möglich hielt, und daß sie in allen Kreisen aufs äußerste verhaßt waren; denn sonst wären sie kaum das Opfer eines so unverschämten Betruges geworden.

Jakob Wimpheling stand der mönchischen Streitfrage nicht etwa gleichgültig gegenüber, sondern war überzeugter Anhänger der unbefleckten Empfängnis. Geiler von Kaisersberg, die Posaune von Straßburg, den alle Humanisten verehrten, spickte seine Predigten mit unterhaltenden Histörchen, wie es üblich war;

aber er tat es, um von der erhabenen Lehre, die den Kern seiner Predigt bildete, einen Übergang ins alltägliche Leben herzustellen. Dem entarteten mittelalterlichen Denken und Treiben der Mönche gegenüber fühlten sich diese älteren Humanisten durchaus als Vertreter der Vernunft und ihre Arbeit als eine Reinigung; die Grundformen von Staat und Kirche sollten dadurch aber nicht zerstört, sondern im Gegenteil durch die Säuberung deutlich sichtbar werden. Inmitten chaotischer Verhältnisse und Meinungen wiederholten sie die Lehre von der gemeinsamen Herrschaft von Papst und Kaiser, wie das Mittelalter sie aufgestellt hatte. Die Ansicht von der Suprematie der Konzilien, die das erste Viertel des 15. Jahrhunderts beherrscht hatte, war von den Humanisten aufgegeben, sie hielten die Alleinherrschaft des Papstes innerhalb der Kirche für erforderlich zum Wohl derselben. Auch an der Vorherrschaft des Papstes über den Kaiser hielten sie fest; außerhalb der römischen Kirche gebe es kein Kaisertum, lehrte Hug, Leutpriester in Straßburg, ja nach ihm war der Kaiser des Papstes Vasall. Geiler von Kaisersberg, Sebastian Brant, Wimpheling waren alle Hörer des berühmten Rechtslehrers Peter von Andlau gewesen, der an der Universität Freiburg römische Rechte las und in seinem *Libellus de Caesarea Monarchia* die Linien eines Reichs-Staatsrechtes zu ziehen versucht hatte.

Das Fundament des Reiches, so sagte er, bildet die Doppelherrschaft von Papst und Kaiser. *Duo sunt quibus hic mundus principaliter regitur; scilicet pontificales auctoritas et regalis potestas.* Dies sind die beiden hauptsächlichen Mächte, durch welche Gott beschloß und wollte, daß ihm die schuldige Ehre dargebracht werde und daß durch sie das menschliche Geschlecht mittels der Regeln des Rechts heilsam unterrichtet werde, das Böse zu vermeiden und das Gute zu tun. Der Papst hat die Suprematie über den Kaiser nach den von Innocenz IV. 1245 auf dem Konzil zu Lyon aufgestellten Sätzen. Allerdings kann auch der Papst abgesetzt werden, aber nur im Falle der Ketzerei, der Kaiser noch dazu, wenn er unnütz ist; so war Wenzel als «unnützer Entgliederer des Reiches» entthront worden. An der konstantinischen Schenkung, deren Echtheit Nikolaus von Cusa und Piccolomini bezweifelt hatten, hielt Peter von Andlau fest; bei der Krönung habe der Kaiser sie dem Papst zu garantieren. Daß die Nachbarländer längst selbständige Staaten geworden waren, mächtiger als das zerfallende Reich, hinderte Peter von Andlau nicht, dem Kaiser das *Imperium mundi* zuzuschreiben; die Loslösung jener Staaten sei, sagte er, eine Tatsache, kein Recht. Es hat etwas Erschütterndes, wenn er die Verse Vergils anführt von dem Caesar Augustus: «Der zu den Sternen den Ruhm, zum Ozeanus dehnet die Herrschaft – Jenseits Garamanten und Inder – Dehnt er das Reich», als wären sie, die inzwischen als Übungen in der Schule gelesen wurden, die Posaunenklänge von einst, dem Triumphzug der deutschen Träger des universalen Gedankens vorantönend. Als herrschende Staatslehre trug er vor, daß mit dem Ende des Römischen Reiches Deutscher Nation das Ende der Welt hereinbrechen werde, wie es St. Methodius in seinem Buche *De consumtione saeculi* gelehrt hatte. Das Zepter wird nicht vom Römischen Reich genommen werden, bis der Antichrist erscheint.

Aller Völker werden sich dann vom Römischen Reiche lossagen. Alsdann wird der letzte Herr der Welt nach Jerusalem eilen, und an der Stelle, wo der König der Könige am Kreuze hing, wird er, angetan mit dem Zeichen der kaiserlichen Würde, seine Krone und damit sein Reich und seine Herrschaft niederlegen. Dann stirbt der Kaiser, und mit ihm stirbt der Erdkreis, der ihm einst gehorchte.

Diesen merkwürdig seherisch geheimnisvollen Worten lauschten die Söhne einer neuen Zeit, auf denen die Ahnung des Untergangs lastete. Sie vernahmen sie in den knappen, festverschränkten Sätzen der lateinischen Sprache, die etwas Unumstößliches zu verkünden schienen. Es war für sie kein Widerspruch, daß sie gleichzeitig den Gebrauch der deutschen Sprache förderten, obwohl sie selbst sich des schriftlichen Ausdrucks in ihr nicht sicher fühlten. Römische und deutsche Geschichte, lateinische und deutsche Sprache, das bildete höchstens einen solchen Gegensatz, der ein fruchtbares Zusammenwirken in höherer Einheit vorbereitete.

Eher ablehnend verhielten sich die Humanisten zu Peter von Andlaus Hochschätzung des römischen Rechts. Mehrere von ihnen hatten anfangs die Rechte studiert, sich aber enttäuscht davon zurückgezogen, fast alle waren den Juristen und dem römischen Recht feind, verteidigten das deutsche. Peter von Andlau dagegen erwartete von der zunehmenden Kenntnis des römischen Rechtes nicht nur eine Verbesserung des Rechtszustandes im Reich, sondern im Zusammenhang damit die allgemeine Reformation, nach der alle strebten und sich sehnten. Denn das römische Recht würde die kaiserliche Macht verstärken, also diejenige Lösung des Problems herbeiführen, die allgemein als die Vorbedingung der Reformation betrachtet wurde. Die Willkür würde auf allen Gebieten dem Gesetz und der Ordnung weichen. Darin stimmten die Humanisten mit Peter von Andlau und Ulrich Zasius, den beiden großen Juristen, überein, daß sie das Ansehen des Kaisers erhöht sehen wollten und daß sie als Quell der Erneuerung die Wissenschaft, die Erziehung, die bessere Einsicht ansahen.

Der bedeutendste Mann, der diesen Gedanken in literarischen Werken entwickelte und in seiner Persönlichkeit darstellte, war Erasmus von Rotterdam. Sein Geburtsland war dem Reich entfremdet, blieb ihm aber doch durch Stammverwandtschaft, gemeinsame Geschichte und geistige Strömung verbunden, wie denn auch Erasmus nach langen Wanderungen sich in Deutschland am meisten heimisch fühlte und es sein Vaterland nannte. Erasmus war konservativ wie alle die älteren Humanisten, insofern er einen Umsturz des Bestehenden nicht wollte; aber weiteren und freieren Geistes, war er viel kühner, witziger und treffender in der Bekämpfung des Überalterten und Versumpften. Das ungeheure Aufsehen, das seine Werke erregten, und die Vergötterung seiner Person, heute nicht leicht zu verstehen, erklären sich am ehesten, wenn man ihn als die erste Erscheinung eines germanischen Menschen ansieht, der ganz frei von Vorurteilen der Kirche und des Staates, allen Bindungen, an die man gewöhnt war, von seiner Natur, seiner Einsicht, seinem Empfinden sich leiten ließ. Er wollte eine Revolution, aber eine geräuschlose, die nicht zertrümmerte, sondern durch einen ätzenden Hauch, der von ihm ausging, den Kitt zwischen den Fugen auflöste und durch ein fröhliches Gelächter den Schutz der Feierlichkeit und Unantastbarkeit von den unbrauchbar gewordenen alten Ordnungen, gleichsam Verkehrsstörungen, wegblies. Er war ein moderner Mensch, insbesondere könnte man ihn einen Menschen des 18. Jahrhunderts nennen, wenn auch die Beziehung zum Göttlichen im Mittelpunkt seiner Weltanschauung stand. Das war nicht nur eine Folge seiner Erziehung und Umgebung, sondern ihm natürlich; er verehrte Gott als den Schöpfer aller Dinge und den Geber alles Guten, als die Vernunft und den Geist des Friedens, der den Menschen zur Vervollkommnung berufen hat und führt. Er sah nicht so sehr Böses in der Welt als Torheit und Vorurteil, die durch Lachen und bessere Einsicht überwunden werden können. In einer Welt, die voll von plumpem Aberglauben, von Verfolgungswut, pedantischer Beobachtung halbverstandener Zeremonien und krassem Sinnengenuß war, führte er ein gebildetes Christentum ein, dessen Grundlage das Leben und die Worte des Erlösers waren. Aus ihnen sollte man Ergebung in den göttlichen Willen, Sittenreinheit, Hilfsbereitschaft gegen Schwache und Kranke und Duldung der Andersgearteten lernen. In der klaren Luft der durch Erkenntnis geläuterten Welt würde das Böse und Häßliche, würde der Irrtum nicht gedeihen können. Christus war der Erzieher zur Humanität. Der Eindruck, den diese geglättete, der menschlichen Vernunft entgegenkommende Religiosität auf die Zeitgenossen, namentlich auf die Humanisten, hervorbrachte, war außerordentlich. Man glaubte, das Ideal, das man erstrebte, die

Verschmelzung von Christentum und Antike, in den Gedankengängen und in der Person des kleinen zarten Gelehrten verwirklicht zu sehen.

Die Kirche konnte Erasmus keine Häresien nachweisen, denn er hütete sich, Glaubenssätze anzugreifen; aber sie spürte an ihm die ganz feine und darum sehr gefährliche Ketzerei. Seine Art, den ganzen Betrieb der Kirche zu verspotten, mit einer liebenswürdigen Bewegung beiseite zu schieben unter dem Beifall aller Gebildeten im Reich, ja im Abendlande, erbitterte sie. Indessen er war unangreifbar, überall von Freunden und Verehrern umgeben. Er lebte auf einem Stückchen Welt, das sich, von seinem hellen freundlichen Geist beschienen, weiter und weiter auszubreiten und über den vorsintflutlichen Riesendrachen Kirche hinwegzuwachsen schien.

Reuchlin und die Dunkelmännerbriefe

Von den beiden Augen Deutschlands, Reuchlin und Erasmus, war Erasmus, wenn man das von Hutten gebrauchte Bild weiter ausmalen will, der glitzernde, strahlenwerfende Stern, Reuchlin der klarspiegelnde See. Reuchlins Ruhm beruhte darauf, daß er nicht nur das Griechische, sondern auch das Hebräische verstand; man nannte ihn das dreisprachige Wunder. Von der Feinheit und Gewandtheit, mit der Erasmus das Lateinische handhabte, war Reuchlin weit entfernt. Der Reiz des Erasmischen Stils, der anmutige Witz, die die Lektüre seiner Bücher zu einem Vergnügen machten, ließen einen helleren Glanz auf seinen Namen fallen; aber das Ansehen Reuchlins wurde dadurch nicht verdunkelt. In dieser so sehr auf das Studium der alten Sprachen und die Rückkehr zu den Quellen gerichteten Zeit war es etwas Außerordentliches, das Griechische von einem Griechen und das Hebräische von einem Hebräer erlernt zu haben. Für das Hebräische war kaum ein anderer Weg möglich. Auch Manetti, ein Kaufmann in Florenz, hatte Hebräisch von einem Juden gelernt, um die Juden besser bekämpfen zu können, wie er sagte; inzwischen hatte er den Juden zwei Jahre lang in seinem Hause, las mit einem jüdischen Gelehrten das Alte Testament in hebräischer Sprache und liebte es überhaupt, mit gelehrten Juden über ihre Glaubenssätze zu disputieren. Man hatte damals ein zwiespältiges Verhältnis zum Hebräischen: einmal war es die Sprache des verachteten Volkes, das den Heiland verkannt und ans Kreuz geschlagen hatte; aber es war doch auch die Sprache, in der der Herr zum ersten Male mit den Menschen gesprochen hatte, und es umgab sie ein Schimmer fremdartiger, uralter Heiligkeit, wie er keiner anderen eigen war. In der Kabbala, der Geheimlehre der Juden, glaubte Reuchlin Offenbarungen über die in Zahl und Zeichen verborgene göttliche Schöpferkraft zu finden; besonders die Namen des Unnennbaren sollten Zauberworte sein. An den Schluß der hebräischen Grammatik, die er verfaßt hat, setzte er den Vers des Horaz: *Exegi monumentum aere perennius;* so sehr war er sich bewußt, etwas Großes und Dauerndes geleistet zu haben. Gerade die Kenntnis des Hebräischen nun war es, die ihn in einen verhängnisvollen Kampf verwickelte.

An einem Herbsttage des Jahres 1509 besuchte Reuchlin ein getaufter Jude namens Pfefferkorn und brachte ein merkwürdiges Ansinnen vor. Er habe, sagte er, von Kaiser Maximilian, während derselbe im Kriege gegen Venedig vor Padua lag, die Vollmacht erhalten, mit Zuziehung des Pfarrers und zweier obrigkeitlicher Personen jedes Ortes alle Bücher der Juden einzuziehen und zu vernichten, die etwas dem christlichen Glauben Abträgliches enthielten. Reuchlin, als in der hebräischen Literatur bewandert, möge ihn begleiten und sich an der Arbeit beteiligen. Mit der Begründung, daß er keine Zeit habe, lehnte Reuchlin ab und machte außerdem den unwillkommenen Mann auf gewisse Formfehler des Mandats aufmerksam, die der Ausführung des Auftrages hinderlich wären. Damit glaubte er die Sache abgetan. Pfefferkorn indessen gehörte zu jenen Konvertiten, die sich mit einer Art von Raserei in den neuen Glauben verbeißen und gegen den verlassenen wüten, vielleicht auch bewegte ihn wirklich, wie man ihm später nachsagte, Rache gegen seine früheren Glaubensgenossen, die ihn wegen begangener Verbrechen ausgestoßen hätten; kurz, er setzte seine Bemühungen fort, deren Ergebnis war, daß Reuchlin von seiten des Kaisers um ein Gutachten angegangen wurde, ob es göttlich und löblich und dem heiligen christlichen Glauben nützlich sei, die Bücher der Juden, mit Ausnahme natürlich des Alten Testamentes, zu verbrennen. Außer von Reuchlin wurden Gutachten eingefordert von den Universitäten Köln, Mainz, Erfurt, Heidelberg, von dem Kölner Dominikanerprior Jakob Hochstraten und von dem getauften Juden Viktor von Carben, der ehemals Rabbiner, jetzt christlicher Geistlicher war.

Das Gutachten, das Reuchlin ausstellte, ist ein schönes Zeugnis für seine Gewissenhaftigkeit, Unparteilichkeit und Geistesfreiheit. Er unterschied sieben verschiedene Klassen jüdischer Bücher: 1. die Heilige Schrift, die nicht in Frage komme. 2. den Talmud, der vielleicht manches wider den christlichen Glauben enthalte; allein daß die Juden Jesus Christus nicht als Gott anerkennten, sei nun einmal ihr Glaube und könne ihnen weiter nicht vorgeworfen werden, außerdem sei manches Gute darin. 3. die Kabbala, der Reuchlin am wenigsten etwas Böses nachsagte. 4. die Glossen oder Kommentare, die dem besseren Verständnis der Schrift dienten. 5. die Predigten und

Zeremonienbücher, die zu dem von Kaiser und Papst den Juden zugestandenem Kult gehörten. 6. Bücher über Kunst und Wissenschaft. 7. Dichtungen, unter denen möglicherweise Schmähungen gegen Christus, seine Mutter und die Apostel wären. Wenn man solche Bücher fände, könne man sie vernichten und die Juden bestrafen, aber nur nach ordentlichem Verhör und Urteil. Er beschloß das Gutachten mit dem Rat, die Bücher nicht zu verbrennen, sondern die Juden durch vernünftige Disputationen sanftmütig und gütlich zum christlichen Glauben zu bekehren.

Auf den Kaiser, den Freund der Humanisten, machte Reuchlins Gutachten offenbar Eindruck, denn obwohl alle anderen, ausgenommen das der Universität Heidelberg, sofortige Einziehung und Unterdrückung aller jüdischen Bücher rieten, verschob er die Angelegenheit auf eine Beratung der Reichsstände. Wütend, daß ihm seine Opfer entgangen waren, und vermutlich angetrieben von den Kölner Dominikanern, schrieb Pfefferkorn den Handspiegel, eine Schmähschrift, in der er sich erdreistete, Reuchlin zu verdächtigen, als sei er von den Juden bestochen worden. Reuchlin wies im Augenspiegel die 34 Lügen des Pfefferkorn, so viele nämlich enthalte der Handspiegel, zurück, vor allem, wie sich von selbst versteht, den Vorwurf der Bestechlichkeit. Weit entfernt, dadurch zum Schweigen gebracht zu sein, wurde der penetrante Pfefferkorn nur um so hitziger. Er bewirkte, daß der Augenspiegel der theologischen Fakultät der Universität Köln eingereicht wurde, die ihrerseits das Buch dem Professor Arnold von Tungern überwies, damit er es auf die Rechtgläubigkeit des Verfassers hin untersuche.

Reuchlin war ein großgewachsener, stattlicher Mann, damals 56 Jahre alt, seines Wertes bewußt, durch das allgemeine Ansehn, das er genoß, gehoben. Trotzdem überlief ihn ein Grauen; es war, wie wenn vom Rheine her ein brenzliger Geruch zu ihm gedrungen wäre. War Unschuld ein Schutz gegen die Inquisition? Nicht nur, daß das nicht der Fall war, schon der Prozeß, die Untersuchung, die Quälerei des Ausfragens schreckten ihn. Er lebte mit seiner kränklichen Frau auf einem kleinen Landgut in der Nähe von Stuttgart, in seine Studien vertieft und beglückt durch den Anblick seiner weißen Pfauen. Dies geliebte Asyl wollte er sich nicht entreißen lassen. So schrieb er denn einen höflichen, allzu höflichen, ja unterwürfigen Brief an Arnold von Tungern, in dem er seine Übereinstimmung mit dem Kirchenglauben beteuerte und sich bereit erklärte zurückzunehmen, was etwa in seinen Schriften gegen denselben verstoße. Nach mehrmaligem Briefwechsel trat die Kölner Fakultät unverhohlen mit der Forderung hervor, Reuchlin sollte den Augenspiegel nicht mehr verkaufen, öffentlich erklären, daß er in allem mit der Kirche übereinstimme und die Juden mit ihren gottlosen Büchern, insbesondere den Talmud, verwerfe. Diese hochfahrend und überheblich vorgetragene Zumutung brachte Reuchlin wieder zu sich selbst; er richtete sich zu seiner alten Mannhaftigkeit auf, lehnte die gegen ihn erhobenen Vorwürfe als erlogen ab und nannte die Gegner mit den damals üblichen Schimpfwörtern Füchse, Schweine, Maulesel, Furien.

Wie würde sich Kaiser Maximilian verhalten? Er war ein Freund der Humanisten, die wiederum ihm begeistert anhingen; es war kaum einer unter ihnen, der ihn nicht durch ein Gedicht oder eine Ansprache verherrlicht hätte. Er liebte es, sich mit ihnen in Gespräche einzulassen, und verkehrte mit ihnen, als wären sie seinesgleichen, wie er denn gelegentlich die Ansicht aussprach, daß eigentlich die Gebildetsten und Gelehrtesten herrschen müßten. Einmal, es war in Boppard im Jahre 1508, richtete er acht Fragen an den berühmten Abt Trithemius, darunter die folgenden: Warum Gott von den Menschen lieber geglaubt als gewußt und erkannt werden wolle? Ob, da nur ein kleiner Teil der Welt den christlichen Gesetzen unterworfen sei, die Meinung derer zugelassen werden könne, welche annähmen, jeder könne in einer Religion, die er für wahr halte, als Verehrer Eines Gottes außerhalb des Christentums und der Taufe selig werden? Ob aus der natürlichen Vernunft so gut wie aus der Schrift bewiesen werden könne, daß Gott für alle Wesen Sorge trage?

Trithemius geriet einigermaßen in Verlegenheit und erbat sich drei Monate Zeit zur Beantwortung, denn er wollte sich nicht auf einer mit den kirchlichen Dogmen in Widerspruch stehenden Äußerung ertappen lassen. Sie waren in der Tat etwas schlüpfrig, die Fragen des Kaisers, und man glaubt, das leise skeptische und schelmische Blinzeln seiner Augen zu sehen, wie er den gelehrten Abt aufs Eis führt. Konnte einer, der so fragte, auf der Seite der Kölner Ketzerrichter stehen? Sicherlich nicht; aber wenn er als Kaiser auftrat, konnte er auch nicht ohne weiteres seinem persönlichen Geschmack und Urteil folgen. Er war durch Eid verpflichtet, den Papst und die Kirche zu schützen und die Ketzer zu bestrafen, außerdem stand er in vielfacher politischer Beziehung zum Papst; war sie feindlich, suchte er ihm zu schaden, zuweilen aber, wenn der Papst grade eine Schwenkung zu seinen Gunsten gemacht hatte, tat er ihm zu Gefallen, was er konnte. Schließlich, es konnte nicht alles, was in der kaiserlichen Kanzlei einlief, dem Kaiser mitgeteilt werden, manches fertigten seine Räte aus, ohne daß er davon wußte, und taten es oft im Sinne der Meistbietenden. Der Kaiser selbst war beweglichen Geistes, folgte augenblicklichen Eindrücken und erlag leicht den Gründen, die der letzte Bittsteller vortrug. So kam es, daß Reuchlin von ihm ein Mandat erlangte, welches beiden streitenden Teilen Schweigen auferlegte, und seine Gegner bald darauf ein anderes vorweisen konnten, das den rheinischen Erzbischöfen und dem Ketzermeister befahl, den Augenspiegel zu unterdrücken. Die Pariser Universität, die an Stelle der nicht gefügigen Heidelberger um ein Gutachten angegangen wurde, sprach sich einstimmig dahin aus, daß der Augenspiegel zu verbrennen sei und Reuchlin widerrufen müsse. Hocherfreut lud Hochstraten, der Ketzermeister, Reuchlin vor sein Tribunal in Mainz, wo der Beklagte im Herbst 1513 erschien. Da das Ergebnis zunächst kein anderes war, als daß Reuchlin an den Papst appellierte und der Erzbischof von Mainz Aufschub verlangte, ordnete Hochstraten, um sich doch irgendeines Scheiterhaufens zu erfreuen, die Verbrennung des Augenspiegels an, und schon strömten schaulustige Scharen herbei, als im letzten Augenblick ein Verbot des Erzbischofs eintraf, dazu Aufhebung des Inquisitionsgerichts und Genehmigung der Appellation. Der enttäuschte Hochstraten verschaffte sich in Köln Genugtuung, wo der Augenspiegel als ein nach Ketzerei schmeckendes, judenfreundliches, gegen heilige Kirchenlehren unehrerbietiges, ärgerliches Buch verbrannt wurde.

In der wechselvollen Geschichte dieses Streites folgte dem Hochstratenschen Triumph bald ein Reuchlinscher: der Bischof von Speyer, dem der Papst die Behandlung der Appellation übertragen hatte, erklärte den Augenspiegel für nicht allzu judenfreundlich, nicht unehrerbietig, nicht ärgerlich, verurteilte Hochstraten zum Stillschweigen und Tragen der Kosten und gebot ihm noch dazu, sich in kürzester Frist mit Reuchlin zu vergleichen. Einer solchen Demütigung sich zu unterziehen kam dem Ketzermeister nicht in den Sinn, der gewohnt war, wie der Vorsitzende des Jüngsten Gerichts Seelen und Leiber nach Belieben in die Hölle zu stoßen. Er appellierte seinerseits an den Papst, worauf Reuchlin dasselbe zum zweiten Male tat. Da kurz vorher Leo X., der Medizäer, auf den päpstlichen Thron erhoben war, bekannt als Humanist, aufgeklärter Mann und Mäzen, konnte man darauf rechnen, daß er nichts gegen Reuchlin unternehmen werde. Reuchlins Gesuch, die Sache endlich zu seinen Gunsten zu entscheiden, war vom Kaiser, von mehreren Kurfürsten, Fürsten, Bischöfen und Äbten und 53 schwäbischen Städten unterzeichnet; in Pforzheim geboren, gehörte Reuchlin zu Schwaben. Aber nicht nur in Deutschland, auch in dem anspruchsvollen Italien wurde Reuchlin verehrt. Die Gelehrten des Abendlandes bildeten eine erlauchte Republik, deren Lob und Tadel nicht wenig galt. Der einzigen Waffe, die ihm zu

Gebote stand, bediente sich Reuchlin. Unter dem Titel *Epistolae clarorum virorum,* Briefe berühmter Männer, veröffentlichte er die Briefe, die bekannte Humanisten zustimmend, rühmend an ihn gerichtet hatten. In einer späteren Auflage wurden die Namen aller Reuchlinisten angeführt, im ganzen 43, darunter Erasmus, Pirkheimer und Peutinger, Patrizier von Nürnberg und Augsburg, der Graf von Neuenaar, Hutten, Crotus Rubeanus, Eoban Hesse, Oekolampad, Vadian, Glarean, Melanchthon, Hermann von Busche, lauter edle Namen, die dem damaligen Deutschland Glanz und Klang gaben. Dagegen hatte Hochstraten etwas aufzuweisen, was vielleicht noch mehr glänzte und klang. In ansehnlichem Aufzuge begab er sich nach Rom, die Taschen voll Gold und begleitet von den Segenswünschen der Dominikaner. Nach Art aller die Throne stützenden Schichten fingen sie an, heimlich die Faust gegen ihr Idol zu ballen, falls gegen sie entschieden würde. Geld hatte Reuchlin nicht, im Gegenteil, der Prozeß hatte ihn bereits über Vermögen angegriffen, und man wußte, was für ein Heißhunger nach Geld in Rom wie an allen Höfen herrschte. Lange zogen sich die Verhandlungen der Kommission, die der Papst eingesetzt hatte, hin, man hatte den Eindruck, daß der von Hochstraten ausgestreute Samen aufschoß und eine schnelle, für Reuchlin günstige Entscheidung hinderte. Da konnte es nicht schaden, wenn den Freundesbriefen ein zweiter Sturmangriff folgte: im Jahre 1515 erschien die *Epistolae obscurorum virorum,* die Briefe unberühmter Männer oder, wie man sie mit unsterblich gewordenem Ausdruck übersetzte: Briefe der Dunkelmänner.

Es war ein Einfall, so einfach, so naheliegend, wie es das Geniale zu sein pflegt, den Briefen der Reuchlinisten solche der Arnoldisten an die Seite zu stellen, wie sie die große Angelegenheit von ihrem Standpunkte, der sumpfigen Niederung aus, betrachteten. Wie dort die Humanisten Reuchlin ihre Anhänglichkeit bezeugten, so hier die Mönche dem Magister Ortuin Gratias von Deventer, Professor der scholastischen Philosophie in Köln, den Humanisten besonders verhaßt, weil er, der selbst Humanist und Dichter sein wollte, von ihnen als Abtrünniger betrachtet wurde. Im ersten Briefe unterbreitet Thomas Langschneider, Bakkalaureus der Theologie, dem Magister Ortuin eine wichtige Streitfrage, ob man nämlich *magister nostrandus* oder *noster magistrandus* zu sagen habe. Bei Gelegenheit eines Magisterschmauses, wo es bei Malvasier, Rheinwein, Einbecker und Torgauer Bier, Kapaunen und Fischen lustig zugegangen war, hatte man auch über ernste Fragen, darunter diese, gesprochen. Magister Warmsemmel, ein gar scharfsinniger Scholast, sprach sich für *noster magistrandus* aus, weil *magistrare* soviel heiße wie einen zum Magister machen, dagegen *nostrare* nicht gebräuchlich sei und weder im Wörterbuch «Ex quo» noch im Catholicon, noch im Breviloquium, noch in der Gemma Gemmarum stehe. Ein gleichfalls höchst scharfsinniger Magister habe dem Warmsemmel Widerpart gehalten, indem er gesagt habe, man könne ja neue Wörter bilden, und das aus dem Horaz bewiesen habe. Eine noch heiklere Frage bringt das zweite Schreiben vor. Dem Magister Pelzer und einem Bakkalaureus, die auf der Frankfurter Messe waren, begegneten zwei anständig aussehende Männer, die schwarze Talare und große Kapuzen mit Zipfeln trugen. Pelzer hielt sie für Magister und grüßte sie ehrerbietig, worauf der Bakkalaureus ihn darauf aufmerksam machte, daß es Juden waren, vor denen er das Barett abgezogen hatte. «Gott sei mir gnädig, was hab ich aus Unwissenheit getan», ruft der erschreckte Magister, unsicher, ob er nicht eine Todsünde begangen habe, weil man sein Vergehen unter den Begriff der Götzendienerei bringen könne und weil der Bakkalaureus meint, so krasse Unwissenheit könne keine Sündenvergebung bewirken. Er bittet Ortuin zu entscheiden, ob eine Todsünde oder eine läßliche Sünde, ob ein einfacher oder bischöflicher oder päpstlicher Fall vorliege.

Mit so bescheidenem Spott beginnen die Briefe, daß es Dominikaner gab, die sie für echt hielten und mit Vergnügen lasen. Freilich konnte diese Gutgläubigkeit vor der rasch zunehmenden Dreistigkeit des Hohnes nicht bestehen; die verliebten Abenteuer besonders waren mit allzu triefendem Pinsel ausgemalt, die erfundenen Verirrungen der Gelehrsamkeit allzu närrisch. Köstlich ist der Brief des Bruders Dollenkopf, der an der Heidelberger Universität Poesie studiert und an Hand der Schriften des Magister Angelicus Stellen aus Ovids Metamorphosen auf vielerlei Weise erklären gelernt hat, nämlich natürlich, wörtlich, geschichtlich und nach dem Geiste, und als Beispiel verschiedene Stellen daraus mit Stellen aus der Heiligen Schrift vergleicht: Diana bezeichnet die Jungfrau Maria, die mit vielen Jungfrauen hierhin und dorthin wandelt, worauf der Psalm sich bezieht. «Die Jungfrauen, die dir nachgehn, führt man zu dir.» Auf

Jupiters Beziehungen zu Europa geht die Stelle «Höre, Tochter, schaue darauf und neige das Ohr, denn dein König hat Lust an deiner Schöne gehabt»; Semele, die den Bacchus säugt, bezeichnet wieder die allerseligste Jungfrau, von der geschrieben steht «Nimm hin das Kindlein und säuge mir's»; der seine Schwester suchende Cadmus stellt Christus vor, der die menschliche Seele sucht.

Mit welcher Kunst der einmal angenommene Grad von Albernheit durchgeführt ist, kann nur der Leser des ganzen Werkes einschätzen. Die aufgeblasene Einfalt spricht aus jeder Wendung und Mitteilung, auch aus ganz bedeutungslosen Sätzen. Wie gute Schauspieler sich in eine Rolle versetzen und nun der Dargestellte sind vom Scheitel bis zur Sohle, in jeder Miene und Bewegung, so spielen die geistvollen Verfasser höchst geistlose, im Schlamme sinnlichen Behagens plätschernde Dickbäuche, unschuldige Heuchler insofern, als Heuchelei durch Gewöhnung Natur geworden ist. Man sagt sich wohl, so dumm, so unwissend, so ausschweifend können Ordensleute, die an Universitäten lernen und lehren, nicht gewesen sein, aber man begreift, daß übertrieben werden muß, weil wenige anstelle von vielen stehn und weil Torheit und Schlechtigkeit sonst nicht deutlich werden. Mit sehr feiner Kunst ist auch die plumpe Behandlung der lateinischen Sprache durchgeführt, sowohl die üblichen Entgleisungen in der Umgangssprache wie der als Merkmal des Poetischen geltende Schwulst. Denn die Mönche treten durchaus nicht etwa als Gegner der Poesie auf, im Gegenteil, sie sind stolz darauf, Gedichte machen zu können, und führen zum Beweis ihrer nach scholastischen Lehrbüchern erlernten Meisterschaft gern Proben an, die den gelungensten Schmuck des Buches bilden. Es perlt durch die Briefe ein kristallhelles und wohllautendes Gelächter, kindlich harmlos, Überschwang einer fröhlichen Stunde. Liest man die Namen der Briefsteller: Gänseprediger, Ziegenmelker, Hafenmus, Schlauch, Unkepunke, so glaubt man sich unter ausgelassenen Gassenbuben zu befinden, die einen Schabernack vorhaben. Aber mitten im Spiel blitzt es wie Schwerter, verrät sich ein ernster Wille, der den kecken Streich zur ritterlichen Tat macht. Man muß sich vergegenwärtigen, daß die angegriffenen Dominikaner eine festbegründete, eine sehr gefährliche Macht waren. In ihren Händen lag die Inquisition, sie waren ein Teil der legitimen Gewalt, die seit Jahrhunderten das Abendland beherrschte, die den Gegner mit Feuer vernichtete. Angegriffen war diese Macht zuweilen durch mutige oder verzweifelte Menschen; hier war sie durch den Zauber des Geistes aufgehoben, ausgelöscht durch Witz und Spott, ihr Ende war vorweggenommen. In diesem Buche hatte die Freiheit gesiegt. Das ängstliche Sichducken vor starren, den Geist einschnürenden Gesetzen, die heuchlerische Demut vor verachtetem Popanz, die Allgewalt eines einzigen über Millionen von Geknechteten, das alles hatten Sturmvögel weggeweht. Mit den Fetzen der entlarvten Götzen spielte die von ihrem Schwunge bewegte Luft.

Verbindend und gestaltend geht durch alle Briefe, schon im ersten beginnend, Reuchlins Prozeß, dessen Entscheidung bei der Kommission in Rom lag. Die Spannung zu steigern, wurden einige Briefsteller dorthin versetzt und berichten über den Gang der Verhandlungen aus eigener Anschauung, so daß sich Furcht und Hoffnung, von Anhängern und Gegnern wechselnd empfunden, im Werke spiegeln. Einen beiläufigen Spaß machten sich die Verfasser daraus, daß sie in der zweiten Brieffolge, die 1517 erschien, ihre Mönche zuweilen die Dunkelmännerbriefe anführen ließen, so als wären sie stolz auf die vielen gelehrten Freunde, die ihr verehrter Magister Ortuin habe.

Die *Epistolae obscurorum virorum* sind das einzige von Humanisten verfaßte schriftstellerische Kunstwerk, das die Zeit überdauert hat und dauern wird, solange die Geistesfreiheit aufrichtige Anhänger hat. Nur hier wird die Vergangenheit, die so oft durch lateinische Sprache und fremdartige Gedankengänge ein mühseliges und unfruchtbares Studium bedeutet, zur blühenden Gegenwart. Wir verstehen, daß es hier nicht um ciceronianische Rhetorik oder um verstaubte, schwer zu ergrübelnde Thesen geht, sondern um etwas Unvergängliches, Unersetzliches, etwas allen Menschen zu jeder Zeit Notwendiges, die Luft, in der der Geist atmet: um Freiheit.

Verfasser der ersten Briefe war, wie man mit ziemlicher Sicherheit annimmt, der junge Humanist Crotus Rubeanus. Er besaß den Humor, der neben den hassens- oder verachtenswürdigen Seiten des Gegners zugleich die komischen sieht und an diesen solches Vergnügen hat, daß er ihn beinah liebgewinnt. Je länger er mit diesen Ketzerrichtern im Geiste umgeht, die so wundervoll albern, selbstgefällig wie der Hahn auf dem Miste paradieren, desto mehr überkommt ihn eine Art von Zärtlichkeit für diese kostbaren Modelle;

er möchte sie lieber streicheln als vernichten. Ganz anders Hutten, der am zweiten Teil der Briefe beteiligt war. Ihm führen Zorn und Entrüstung die Feder, sein Witz ist scharf, er hat nicht das künstlerisch quellende Behagen, die künstlerische Spiellust seines Freundes Crotus. Hutten gehörte zu den wenigen Rittern, die sich den Wissenschaften widmeten und sich dessen rühmten, und zu den noch selteneren, die Vertreter ihres Standes nach angeborenem Wesen waren. Wohl kam es häufig vor, daß junge Adlige sich für einen Helden begeisterten, sich einem Führer anschlossen, viel weniger häufig, daß sie aus eigener Überzeugung für eine gute Sache kämpften. Die eigentliche Aufgabe des Ritters, die Schwachen zu schützen, die Vergewaltiger zu strafen, hatte sich in der Ausübung fast ins Gegenteil verkehrt. Hutten aber fühlte das innerste Gesetz seines Seins erfüllt, als er Gelegenheit fand, für die, denen Unrecht geschah, sich einzusetzen. Zum erstenmal geschah das, als der leidenschaftliche und gewalttätige junge Herzog Ulrich von Württemberg seinen, Huttens, Vetter Hans von Hutten ermordete, in dessen Frau er sich verliebt und vor dem er sich aufs äußerste gedemütigt hatte. Als naher Verwandter fühlte sich Hutten doppelt berufen, den fürstlichen Mörder anzugreifen. Er bewies seine Dichtergabe, indem er den einzelnen Fall in seiner allgemeinen Bedeutung ergriff und darstellte, den Ermordeten als fleckenlosen Ehrenmann, den Mörder als rohen, sittenlosen, jede Willkür sich anmaßenden Tyrannen schilderte, was für den Herzog ungefähr zutraf. Viel mehr noch entsprach ihm der Kampf um Reuchlin. Denn in diesem Falle war nicht nur einem einzelnen Menschen

Unrecht geschehen, sondern es stießen zwei Prinzipien aufeinander, von denen das eine die Herrschaft innehatte, das andere sich Raum erkämpfen wollte: Geisteszwang und Geistesfreiheit. Sollte es in Deutschland dem Gedanken möglich werden, seine göttliche Kraft zu gebrauchen und die Ergebnisse seiner Forschung zu äußern? Sollte es eine freie Wissenschaft geben? Oder sollte der Gedanke in alle Ewigkeit in ein Gerüst gezwängt bleiben, das Herrschsucht geschaffen hatte? Können Menschen sich anmaßen, und wäre es selbst um eines guten Zweckes willen, aller Menschen Glauben und Denken zu bestimmen? Kann Weltanschauung vorgeschrieben werden? – Hutten selbst liebte die Freiheit über alles, darum setzte er von allen Menschen, besonders von allen Deutschen voraus, daß sie freiwillig nicht Knechte sein wollten, deshalb haßte er diejenigen, die andere knechteten. Er hatte Erasmus und Reuchlin von jeher verehrt als Bahnbrecher der Wissenschaft und einer freieren, edleren Auffassung

des geistigen Lebens; nun er verfolgt und bedroht war, wurde Reuchlin ihm doppelt teuer. Als der Geängstete ihm einmal geschrieben hatte: Verlasse die Sache der Wahrheit nicht!, antwortete er im Januar 1517: «Ich sie oder dich, ihren Führer, verlassen? Kleinmütiger Kapnion, wie wenig kennst du Hutten! Nein, wenn du sie heute verließest, würde ich den Krieg erneuern!» Von jungen kampflustigen Gefährten umgeben, glaubte er sich des Sieges sicher. «Längst wird ein Brand vorbereitet», schrieb er, «der zu rechter Zeit, hoffe ich, aufflammen soll.» Reuchlin, der ältere Mann, der genug für seinen Ruhm getan hat, soll ohne Furcht den Austrag seiner Angelegenheit seinen jungen Verehrern überlassen, der endliche Triumph kann nicht ausbleiben.

Soweit der Ausgang von der vom Papst eingesetzten Kommission abhing, hatte Hutten recht mit seinem Zutrauen. Als es nach mehreren Jahren endlich zum Beschlusse kam, gaben alle mit einziger Ausnahme des Dominikaners Sylvester Prierias dem Vorsitzenden, Erzbischof von Nazareth, sich anschließend, ihre Stimme für Reuchlin ab. Trotz aller Bemühungen Hochstratens und Pfefferkorns wäre ihm der Sieg zugefallen, wenn nicht Leo X. doch schließlich den Mut verloren hätte, den mächtigen Predigerorden gegen sich aufzubringen. Es zeigte sich, wie so oft bei den Kaisern, daß die Forderungen des Amtes die Neigungen der Person überstimmten. Die für Reuchlin günstige Entscheidung der Kommission wurde nicht nur nicht verkündigt, sondern aufgehoben, so daß für Ränke auf der einen, Befürchtungen auf der anderen Seite wieder Raum war. Die Dunkelmännerbriefe wurden auf fleißiges Drängen der Dominikaner vom Papst zum Feuer verurteilt, obwohl man, so hieß es, auch an der Kurie in das Gelächter eingestimmt hatte, das dem verwegenen Witz der jungen Freiheitsschwärmer wie ein allverbreitetes Echo folgte.

Von Erasmus ging die Sage, das Lachen habe ihm durch Sprengung eines gefährlichen Geschwürs das Leben gerettet. Später, als er in den Briefen redend und als Feind des Papstes eingeführt wurde, äußerte er sich erschreckt und ablehnend. Noch einen anderen gab es, der, obgleich er zu den Humanisten gezählt wurde und obgleich es ihm an Humor nicht fehlte, die Briefe ablehnte, ja sogar ihren unbekannten Verfasser einen Hanswurst nannte; das war Luther.

Die Reichsreform

Das, was man die mittelalterliche Anarchie nennen kann, lag einmal begründet in den fließenden Zuständen, die Verschiebung der Machtverhältnisse verhältnismäßig leicht ermöglichten und dem allgemeinen Streben nach Selbstherrschaft dienten; dazu kam im späteren Mittelalter die Entartung und Verwilderung aller Verhältnisse, die um so mehr als unerträglich empfunden wurde, als das öffentliche Leben überhaupt, wie es die Entwicklung des menschlichen Geistes mit sich bringt, allmählich zu erstarren begann. Das Bedürfnis nach festen Ordnungen machte sich geltend. Man kann sagen, daß Karl IV. mit der Goldenen Bulle den Anfang dazu gemacht hatte, indem er wenigstens die Königswahl in feste Formen brachte und aus den Kurfürsten eine Art Körperschaft organisierte, die dem König gleichberechtigt zur Seite stand und seitdem auch in den Kurvereinen bedeutenden Einfluß ausübte. Siegmund, Karls geistvoller Sohn, der mit so viel Energie an der Reformation der Kirche arbeitete, plante auch eine Reichsreform, wobei er sich auf die Städte und die Ritter stützen und das Reich in Kreise einteilen wollte. Zur Ausführung konnte es bei dem Widerwillen aller Stände nicht kommen. Noch zu seinen Lebzeiten aber durchdachte ein philosophischer Kopf, der junge Nikolaus von Cusa, diese seine Zeit so sehr bewegenden Fragen. Wie es damals selbstverständlich war, behandelte er in seiner Schrift *De concordantia catholica* die Reichs- und Kirchenreform gemeinsam. Er ging von dem tiefsinnigen, folgenreichen Gedanken aus, daß die Wahrheit auf Übereinstimmung beruhe. Die Ordnung im Reich beruhe auf der Übereinstimmung von Papst und Kaiser mit dem Körper ihrer Untergebenen. Der entgegengesetzten Entwicklung von Papsttum und Kaisertum entsprechend wollte er auf Minderung der päpstlichen und Mehrung der kaiserlichen Macht hinwirken. Die gesamte Kirche hielt er damals für vertreten durch die in einem Konzil versammelten christlichen Prälaten, und zwar auch ohne den Papst, falls derselbe an dem Konzil nicht teilnehmen wolle oder könne. Würde unter so vielen aus verschiedenen Ländern stammenden Priestern Übereinstimmung erzielt, so könne das als Wirkung des Heiligen Geistes angesehen werden. Innerhalb des Staates waren die Reichstage etwa das, was in der Kirche die Konzilien waren; sie sollten nach seinem Reformplan jährlich in Frankfurt stattfinden. Der ausübenden Macht des Kaisers sollte ein Reichsheer dienen, das durch eine Reichssteuer zu erhalten wäre. Da fürstliche Heere neben dem kaiserlichen nicht vorgesehen waren, so bedeutete das eine Umwälzung von unermeßlichen Folgen. Zwecks leichterer Verwaltung sollte das Reich in Kreise eingeteilt werden und in jedem Kreise ein Reichsgericht das Recht sprechen. Einen gesicherten Rechtszustand zu schaffen, sah er für das wichtigste Erfordernis an. Die Fehde sollte für ewige Zeit abgeschafft werden. Was die Masse des Volkes betrifft, ging Cusa davon aus, daß ihr sklavische Gesinnung angeboren sei, so daß sie sich willig von den Weiseren leiten ließe und durch sie vertreten werden könnte. Bei der Zusammensetzung der Reichstage und Reichsgerichte war dem bürgerlichen Element mehr Einfluß zugedacht als dem fürstlichen. Man spürt in dem ganzen Entwurf den bürgerfreundlichen, großartig zugreifenden Geist des Zeitalters des Kaisers Siegmund, auch darin ihm zugehörig, daß seine Ideen sich nicht verwirklichten.

Der frühe Tod des tatkräftigen Albrecht II., des Schwiegersohns und Nachfolgers Kaiser Siegmunds, entzog der Reformbewegung den Ansporn, den die kaiserliche Teilnahme ihr bis dahin gegeben hatte. Ein seltsames Verhängnis fügte es, daß Friedrich III., der durch Nichtwollen und Nichttun die Nation lähmte und sich selbst erhielt, über 50 Jahre regierte. Versenkt man sich in die wunderliche Existenz dieses Habsburgers, so kommt einem wohl das Bild der Riesenschildkröte in den Sinn, die man zuweilen in Aquarien sieht. Ein gigantischer Klotz von phantastisch urweltlichem Umriß hängt im Wasser. Lebt dies Geschöpf oder ist es in Jahrtausenden versteinert? Wie lange man es auch beobachtet, es bewegt sich nicht; aber plötzlich sieht man, daß der Felsen Augen hat, aus denen es böse herausblitzt, ein unzugänglicher, tückischer, lauernder Wille. Weder durch gütliche Vorstellung noch durch Drohung war Friedrich III. nach irgendeiner Richtung hin zu bewegen. Seine Politik hat sich in einem späteren Jahrhundert in der Regierung eines gleichfalls langlebigen Habsburgers und seines langlebigen Kanzlers wiederholt, die nämlich, nichts am Bestehenden zu ändern, weil in einem morschen Gebäude die Verrückung eines einzigen Steins zum Zusammenbruch des Ganzen führen könne. Nachdem Friedrich sich entschlossen hatte, dem Papst die Obedienz zu leisten, bevor die ersehnte Reform verbürgt war, verbanden sich die beiden mittelalterlichen Häupter zum Widerstand gegen jede Neuerung. Obwohl auch jetzt noch, wie im Mittelalter, der Papst den kaiserlichen Einfluß in Italien bekämpfte, der Kaiser zuweilen rücksichtslos diesen Einfluß durchsetzte, so wurde doch mehr und mehr der Erzherzog von Österreich und römische Kaiser des Papsttums wichtigste Stütze. Die beiden universalen Mächte blieben in einer Zeit, wo die selbständig gewordenen Nationen das alte Weltgebäude zerbrachen, aufeinander angewiesen. Eine Reichsreform im Sinne des Cusa hätte dem Kaiser erwünscht sein müssen; allein sie zu erzwingen, hätte es mehr Interesses für das Reich und mehr Lust, sich dafür einzusetzen, bedurft, die der ganz der Sorge für seine Erblande hingegebene Friedrich nicht hatte. Denn dies geheimnisvolle Urtier, das am liebsten still vor sich hin Rosen züchtete und Edelsteine sammelte, war nicht ohne Empfindung, er hatte sogar Leidenschaft für sein Land Österreich und im Zusammenhang damit für seinen Sohn und Erben. Wenn er ihm auch mißtrauisch keinen Einblick in die Regierung gestattete, so war der Sohn ihm doch teuer als der künftige Herr des Weltreichs Österreich. *Austriae Est Imperare Orbi Universo.* Alles Erdreich ist Österreich Untertan. Das Ostreich, zu dem König Rudolf im 13. Jahrhundert den Grund gelegt hatte, das Rudolf der Stifter weitergeträumt hatte, wogte als große Vision vor der dunklen Seele Friedrichs III. Gespeist mit seinen ausschweifenden Vorstellungen, schwoll es in der unterirdischen Höhle zu ungeheurem Ausmaß an. Das Ostreich, bestehend aus Polen, Ungarn, Böhmen und Österreich, war da; aber gerade zur Zeit Friedrichs III. eroberten es tatkräftige Emporkömmlinge, erst Georg Podiebrad von Böhmen, dann Mathias Corvinus von Ungarn. Die Führung des Bollwerks, das Europa vor den Türken schützen mußte, schien dem Hause Habsburg zu entgleiten. Wien selbst, Österreichs schöne Hauptstadt, fiel dem König von Ungarn zur Beute, Friedrich III. schlug sich kläglich als Gast seiner guten Städte durchs Reich. Das machte ihn nicht irre im Glauben an die Bestimmung seiner Dynastie. Und wie er erlebte, daß Mathias Corvinus seinen einstigen Beschützer, Georg Podiebrad von Böhmen, entthronte, so erlebte er auch den Tod dieses kriegsgewaltigen Usurpators. Ja, es gelang ihm, als sein Nebenbuhler im Westen, Herzog Karl von Burgund, die Reichsstadt Neuß belagerte, ein Reichsheer zum Entsatz zu führen, zu dem selbst aus dem Norden, aus Lübeck, stattliche Abteilungen heranrückten. Auch dieser erstaunliche Aufschwung jedoch gehört in den Kreis seiner österreichischen Berechnungen. Es genügte ihm, die Reichshilfe im einzelnen Fall erwirkt zu haben. Grundsätzliche Beschlüsse zur Ordnung des Reichs hat er nicht erstrebt und nicht erreicht; denn die Reformation, die seinen Namen trägt, die ein Reichstag des Jahres 1442 zum Gesetz erhob, ließ außer einigen Bestimmungen, an die sich noch dazu niemand kehrte, alles beim alten.

Indessen, obwohl vom Kaiser aufgegeben, ruhte die Idee der Reichsreform keineswegs. Ihr Vertreter war der Heidelberger Martin Mayr, wie Cusa aus dem

Bürgerstande hervorgegangen. Da er für sich allein nichts hätte erreichen können, trat er nacheinander in den Dienst verschiedener Fürsten, die geneigt waren, sich für die Reformation einzusetzen, einmal auch in den Dienst Podiebrads, als der sich mit der Absicht trug, römischer König und Nachfolger Friedrichs zu werden. Die Pläne zur Reichsreform, die man allmählich von der Kirchenreform abtrennte, waren sich in den wesentlichen Punkten gleich, wie die Übel, die sie abschaffen sollte, die gleichen blieben. Die Verwüstung des Reiches war die Folge der Fehden, deren Zahl und deren brutaler Charakter im Laufe des 15. Jahrhunderts in erschreckendem Maße zunahm; die Abstellung der Fehden war also das nächstliegende Bedürfnis. Im Beginn des 15. Jahrhunderts hatten die Fehden ein solches Ausmaß mit so heillosen Folgen erreicht, daß man ernstlich an ihre Beschränkung dachte; aber man verfiel auf ein höchst ungeeignetes Mittel. Im Jahre 1442 wurde ein Gesetz erlassen, das nur diejenigen Fehden für erlaubt erklärte, die dem Befehdeten drei Tage vor Beginn angesagt wären. Durch Beobachtung einer leicht durchzuführenden Förmlichkeit glaubten nun die Ritter in Ehren ihre Mitstände überfallen und schuldlose Menschen ausplündern, einkerkern und mißhandeln zu können. Man sah ein, daß dem Fehdewesen auf andere Weise entgegengetreten werden müsse. Ursprünglich war das Recht der Fehde ein Recht der Selbsthilfe, wenn die Gerichte versagten. Es folgt daraus, daß für schnelles und gerechtes Gericht gesorgt werden mußte, damit die Friedebrecher sich nicht mit dem Vorwand entschuldigen konnten, es sei ihnen kein Recht geworden.

Wiederum konnte das Gericht nur wirksam werden, wenn hinter seinen Beschlüssen eine Vollziehungsgewalt stand, die dem Verbrecher mit der Waffe entgegentreten konnte. Beide, Gericht und Heer, mußten natürlich regelmäßig besoldet werden, ein Kostenaufwand, der nur durch eine allgemeine Steuer gedeckt werden konnte. Verbot der Fehde, Reichsgericht, Reichsheer, Reichssteuer, das waren die immer wiederkehrenden Forderungen der Reichsreform; zweifelhaft blieb aber und gekämpft wurde darum, ob diese Institutionen mehr vom Kaiser oder vom Reich, das heißt von den Ständen, abhängen, wessen Macht sie verstärken sollten.

Das höchste Gericht, das Hofgericht, war an die Person des Kaisers gebunden, der den Vorsitz führte oder den Vorsitzenden ernannte. Es ist einleuchtend, daß, da die Kaiser keine ständige Residenz hatten und vollends seit Friedrich III. sich fast ständig in Österreich aufhielten, das für viele Deutsche schwer erreichbar war, das Hofgericht den Anforderungen einer pünktlichen Justiz nicht genügte. Unter Maximilian kamen die wunderlichsten Dinge vor. Der Bischof von Worms, Johann von Dalberg, in humanistischen Kreisen hochgeehrt als guter Lateiner, Dichter, Kenner des Altertums und Büchersammler, lebte in Streit mit seiner Stadt Worms, die er seiner Herrschaft unterwerfen wollte und der er durch brutales Geltendmachen seines militärischen Übergewichts einen Huldigungseid abzwang, zu dem sie als freie Stadt ihrer Meinung nach nicht verpflichtet war. Beide wandten sich an den Kaiser als an den höchsten Richter. Maximilian hielt es, wenn immer möglich, mit den Reichsstädten, die seine

Interessen vertraten und ihm zahlten, wollte es aber auch mit dem berühmten Dalberg nicht verderben; er half sich damit, daß er erst der Stadt und dann dem Bischof recht gab, so daß die von beiden Seiten an ihn abgeschickten Gesandtschaften befriedigt heimkehrten, um sich bald darauf in erneuter Ungewißheit zu finden. Auf diese Weise fertigte er die ihm geduldig Nachreisenden viermal hintereinander ab; dann beraumte er eine Tagung an, auf welcher er zwischen den Streitenden zu vermitteln versprach, verschob aber jeweils den Termin, weil irgend etwas dazwischenkam. Mit so naiven Listen brachte er es dahin, daß, als der Bischof starb, die Rechtsfrage noch nicht entschieden und durch eine neue Konstellation zunächst aus der Welt geschafft war. Es ist begreiflich, daß der Vorschlag gemacht wurde, das Hofgericht möge von der Person des Kaisers getrennt werden und einen festen Sitz in einer zentral gelegenen Stadt erhalten. Im Laufe des 15. Jahrhunderts war neben dem Hofgericht das sogenannte Kammergericht entstanden, das, ursprünglich für gewisse, meist fiskalische Zwecke zusammenberufen, allmählich das Hofgericht verdrängte. So kam es, daß das neu zu gründende Reichsgericht nicht Hofgericht, sondern Kammergericht genannt wurde. Begreiflicherweise sah der Kaiser die Abtrennung des höchsten Gerichtes von seiner Person nicht gern; gab ihm doch das Amt des höchsten Richters seinen wesentlichen Charakter und die Möglichkeit, seinen Einfluß geltend zu machen. Günstig für den Kaiser wäre dagegen die Reichssteuer, der Gemeine Pfennig, gewesen, die jeden Reichsangehörigen treffen sollte; denn dadurch wäre die Masse des Volkes wieder in eine unmittelbare Beziehung zum Kaiser getreten. Aus ebendiesem Grunde verletzte diese Steuer das Interesse der Fürsten und anderer Stände, die das Recht zu finanzieller Ausnützung ihrer Untertanen mit keinem anderen teilen wollten; ärgerlich genug waren ihnen die jeweiligen Beutezüge der Kirche. Überhaupt wurde das Recht, keinem Steuerzwang zu unterliegen, von allen, mit Ausnahme der Hörigen, die aber auch gegen willkürliche Erhöhung der Abgaben protestierten, in Anspruch genommen und ängstlich festgehalten. Steuerpflicht wurde als Abzeichen der Hörigkeit betrachtet und gerade in dieser Hinsicht die Lage der Franzosen, über deren Vermögen der König weitgehend verfügen konnte, als bestialische Servitut bezeichnet. Wie die Stände der Prälaten, Ritter und Städte dem Landesherrn gegenüber das Recht der Steuerbewilligung als Grundlage der Freiheit hüteten, so die Reichsstände gegenüber dem Kaiser, nur daß die Landstände viel mehr Verständnis und guten Willen für die Erfordernisse des Landes aufbrachten als die Reichsstände für die des Reiches. Man sollte meinen, es habe sich jeder beeifert, das Seine zu tun, damit der andauernden Verwüstung des Landes durch Kriege und Fehden ein Ende gemacht würde, und tatsächlich waren alle von der Notwendigkeit der Reform überzeugt; sobald sie aber in Angriff genommen werden sollte, zeigte sich Widerstand auf allen Seiten. «Traue dem Landfrieden nicht», ist eine noch heute gebrauchte Redewendung, die im Mittelalter dem berechtigten Mißtrauen der Städte gegen eine scheinbar so wohltätige Einrichtung Ausdruck gab. Daß an der Spitze der zur Durchführung des Landfriedens gebildeten militärischen Organisation ein Fürst stand, machte diese in den Augen der Städte zu einer verdächtigen Interessenvertretung. Ein oder der andere Kaiser dachte daran, sich selbst zum Landfriedenshauptmann zu machen, vermochte es aber nicht durchzusetzen. Hätten nun wenigstens die Fürsten die Sache stramm gehandhabt! Aber nur selten wurde einmal ein Raubnest zerstört, ein Friedensbruch bestraft. Im allgemeinen waren zu viel Berechnungen und Rücksichten im Spiele, so daß sie aus der in Reichsangelegenheiten grundsätzlichen Langsamkeit herausgetreten wären. Sahen es doch manche Fürsten nicht ungern, wenn die Ritter den Städten Ungelegenheiten machten, hetzten sie wohl gar heimlich auf.

Indessen selbst dann, wenn es sich um eine Stärkung der kaiserlichen Zentralgewalt handelte, wenn Siegmund und später Maximilian daran dachten, sich im Gegensatz zu den Fürsten auf die Städte und Ritter zu stützen, verhielten sich beide Stände ablehnend. Die Städte hatten ihre Macht und Unabhängigkeit auf den im Laufe der Jahrhunderte von den Kaisern erlangten Freiheiten und Privilegien aufgebaut, ihre Politik hatte immer darin bestanden, diese kostbaren Pergamente sich bestätigen zu lassen und durch neue zu vermehren. Dieselbe Politik des Beharrens auf erworbenen Rechten betrieb die Ritterschaft. Jede Stärkung der Zentralgewalt aber, mochte sie auch den Ständen wohlwollend geneigt sein und ihr Bestes im Auge haben, bedrohte doch zunächst ihre Selbständigkeit. Die von den Städten mit manchem Opfer erkaufte Unabhängigkeit hing bis zu einem gewissen Grad mit der Anarchie zusammen, deren Ausschreitungen bekämpft werden sollten. Konnte ihnen der Kaiser versprechen, daß bei einer Neuregelung ihre Stellung verbessert, wenigstens nicht verschlechtert würde? Ja, wenn er den Fürsten einen Bund der Städte, Ritter und Bauern hätte entgegenstellen können! Aber die Feindschaft zwischen Rittern und Städten und die Verachtung der Bauern war so eingefleischt, so mit allen Anschauungen und geschichtlichen Erinnerungen zusammenhängend, daß der genialste Mann sie nicht hätte überwinden können und daß, wäre ein solcher Bund zustande gekommen, das Ziel nicht ohne furchtbare Bürgerkriege hätte erreicht werden können.

Am ersten konnten die Fürsten bei der Reformation zu gewinnen hoffen, wenn nämlich sie bei der Besetzung der zu schaffenden Reichsinstitutionen den Hauptanteil bekamen, und so brachten sie denn auch im Laufe des 15. Jahrhunderts mehrere, meist von Martin Mayr erdachte, Reformpläne vor. Allein die Gegensätze zwischen den Fürsten waren zu groß, ihre Absicht, die eigene Macht zu vermehren, zu offenkundig, als daß sie Anklang hätten finden können. Die verfeindeten Häuser Brandenburg und Wittelsbach dachten die Reform als Kampfmittel gegeneinander zu gebrauchen, und alle Fürsten hofften, durch sie die in ihren Territorien gelegenen Städte und Ritterschaften sich unterwerfen zu können. Man gewöhnte sich daran, auf den Tod des Kaisers als auf den Zeitpunkt zu blicken, wo die schwierigste Hemmung wegfallen würde, um so mehr als sein Sohn Maximilian freudig sich der großen Angelegenheit widmen zu wollen versprach.

Im Jahre 1459 war dem ungleichen Paare, Friedrich von Österreich und Leonor von Portugal, der erste und einzige Sohn, Maximilian, geboren, der mit ebensoviel Ungestüm seiner Stunde zu großen Taten entgegensah, wie das Volk mit Ungeduld und Vertrauen seinen Regierungsantritt erwartete. Denn der Jugendliche war ganz und gar das Gegenteil seines Vaters, begierig, das noch schwankende Ostreich in feste Hand zu fassen, aber auch Vater und Mehrer des Heiligen Römischen Reichs zu werden.

Außer dem ersten königlichen Habsburger, Rudolf, ist Maximilian der erste Kaiser, von dessen äußerer Erscheinung wir uns ein überzeugendes Bild machen können; vielleicht ist es auch das, was ihn uns so besonders nahebringt. Wir sehen ihn so, wie ihn Dürers Meisterhand kurz vor seinem Tode gezeichnet hat. Das Bild zeigt Maximilian alt, ganz ausgereift, aber ohne ein Zeichen der Auflösung. Die Züge sind scharf ausgeprägt, mit keinem anderen Gesicht vergleichbar, sehr vornehm, sehr hoheitsvoll und doch voll Güte. Maximilian wurde nicht verkannt, wenn er, wie er gern tat, in einem schäbigen alten Wams einherging; sein Gesicht verkündigte seine Würde. In den Falten um Augen und Mund liegt ein ganz leises Lächeln, die Spur eines Humors, der die Parade des Lebens mit leichtem Zweifel betrachtet, nicht wie ein religiöser Mensch, dem sie Schein ist, sondern wie einer, der weiß, daß er eine Rolle in einem Drama zu spielen hat. Den Hermelin, der ihm zugeteilt ist, trägt er mit Anstand und möchte ihn nicht lassen; aber es ist ihm bewußt, daß er dem Theater gehört, ihn zwar verpflichtet, die seiner Rolle angemessenen Taten zu tun, sein eigentliches Wesen jedoch nichts angeht. Diese Eigenart, die Dinge nicht bis zum äußersten ernst zu nehmen, gab ihm Überlegenheit, aber auch etwas Dilettantisches und war insofern Ursache einer Schwäche. So wenig geblendet er durch die Requisiten des Lebens war, so verwandt fühlte er sich dem Leben selbst: Er interessierte sich für alles, traute sich alles zu, ergriff alles und riß durch sein warmes Eingehen alle mit. Es kam ihm mehr darauf an, möglichst viel Leben an sich zu reißen, als in einer Sache Meister zu sein; war er doch Kaiser. Bei aller Umgänglichkeit, Leutseligkeit und Skepsis war er doch erfüllt von seiner Größe. Seiner freien Art lag nichts ferner als Pose, als sich auszustaffieren mit erklügelten Gebärden; aber in den Pausen seines atemlosen Lebens war er beschäftigt, Denkmäler seines Ruhmes aufzutürmen, die zugleich die seines Hauses und des Reiches waren.

Maximilian war 34 Jahre alt, als sein Vater starb. Schon zwei Jahre später fand der denkwürdige Reichstag von Worms statt, von dem man nach dem Urteil Mösers den Beginn eines neuen Zeitalters für Deutschland datieren sollte. Er nennt den das ganze Reich umfassenden Ewigen Landfrieden, der hier verkündigt wurde, eine große und glückliche Konföderation, durch welche das dem Auseinanderfallen nahe Reich noch einmal zu einem lebens- und handelsfähigen Organismus zusammengefaßt sei. Die Fehde wurde nicht für einen beschränkten Zeitraum, sondern für immer aufgehoben, sie hörte auf, ein unter gewissen Umständen zulässiges Rechtsmittel zu sein. Sicherlich mußte es außerordentliche Folgen sowohl für das öffentliche Leben wie auch für die einzelne Person haben, daß nun in allen Streitfällen der Prozeß an die Stelle der Waffen trat. Da gleichzeitig das Söldnerheer mehr oder weniger allgemein die ständigen Heere ersetzte, entwöhnten sich allmählich alle Schichten des Volkes der Waffen, das Volk wurde friedlich, Roheit und Gewalttätigkeit beschränkten sich auf die Söldner und Landsknechte, auf den Auswurf der Gesellschaft. Menschen, die sich im 15. Jahrhundert noch als ritterliche Unholde, als verwilderte Helden gebärden konnten, wurden schlechtweg als Verbrecher angesehen. Freilich liefen die Unbewaffneten Gefahr, den Bewaffneten gegenüber eine gutartige und respektable, aber schüchterne oder gar feige Lämmerherde zu werden. Auch die Anarchie hat Vorzüge, auf ihrem unsicheren Boden erwachsen starke Persönlichkeiten, erwachsen alle die Mittel der Selbsthilfe, durch die während des hohen Mittelalters gerade das Bürgertum so rühmliche Ergebnisse erkämpfte. Doch indessen wären Besorgnisse dieser Art überflüssig gewesen. Der Ausspruch, es fehle nicht an guten Gesetzen, sie müßten nur ausgeführt werden, konnte auch auf das Fehdeverbot angewendet werden. Es wurde so wenig beobachtet, als wenn der Reichstag zu Worms ein Auftritt in einem Theaterstück gewesen wäre. Im Jahre 1499, also ein Jahr später, unterwarf der Erzbischof von Trier die Reichsstadt Boppard, ohne daß jemand der Vergewaltigten zu Hilfe gekommen wäre.

Allerdings gelangte auch die bessere Hälfte des Fehdeverbots, das Kammergericht, noch nicht gleich zu regelmäßiger und durchgreifender Tätigkeit. Dennoch war es etwas Großes und Bedeutendes, daß ein Gesetz in Übereinstimmung von Kaiser und Ständen geschaffen war, auf das immer wieder zurückgegriffen werden konnte. Nach fast hundertjährigem Projektieren und Experimentieren schien die vielberedete Reformation endlich zustande gekommen. Auf einem Reichstage zu Nürnberg hatte der Abt Trithemius gesagt, es sei viel vorgeschlagen, besprochen und erwogen, aber außer Worten sei nichts ausgerichtet, weil alle nur den eigenen Vorteil gesucht hätten. Das war nun anders geworden: auf kaiserlicher und auf ständischer Seite stand je ein Mann, der bei allem natürlichen Eigennutz doch den ehrlichen Willen hatte, die Reformation im Interesse des Reiches durchzuführen, allerdings in ganz verschiedenem Sinne, der eine wesentlich monarchisch, der andere wesentlich aristokratisch; die beiden Männer waren Maximilian und der Erzbischof von Mainz, Berthold von Henneberg. Das Ringen der beiden hat den großen Reichstagen zu Beginn des 16. Jahrhunderts den dramatischen Charakter gegeben.

Berthold aus dem Geschlecht der Grafen von Henneberg wurde 1484 mit 43 Jahren Erzbischof von Mainz. Nach allem, was wir von ihm wissen, war er ein untadeliger Mann von konservativer Gesinnung, fest in seinen Überzeugungen, stolz und ernst. Von ihm stammt das erste deutsche Zensurgesetz. Es ist vom 4. Januar 1486 und beklagt den Mißbrauch, der mit der göttlichen Kunst des Bücherdrucks getrieben werde, namentlich durch Übersetzungen ins Deutsche, wodurch ins Volk getragen werde, was nur den Gelehrten zuständig sei. Ähnlich wie Geiler von Kaisersberg und Wimpheling sprach er sich frei gegen die übermäßigen Geldforderungen der Kirche, überhaupt gegen kirchliche Übergriffe aus, ohne den päpstlichen Primat anzugreifen. Er war durchaus ein Mann der Ordnung, der an Hand der Tradition die fließenden, unklaren Verhältnisse des Mittelalters in feste, geregelte verwandeln wollte. Es scheint, daß Kurfürst Albrecht Achilles von Brandenburg, der sich zeitlebens mit Reformplänen abgegeben hatte und stolz auf seine Kenntnis der Reichsgesetze war, ihn für die Idee der Reichsreform gewonnen hatte. Es war die letzte Tat des todkranken Mannes, daß er die Wahl Maximilians zum römischen Kaiser beförderte; auch seine kaiserliche Gesinnung wird er versucht haben, auf Berthold zu übertragen. Aber wie ganz anders war Maximilian als der Erzbischof! Auch er war für die Reichsreform und nicht nur, weil er es seinen Wählern hatte versprechen müssen, sich dafür einzusetzen. Er fühlte sich so eins mit dem Reich, daß der Wunsch, es zu schirmen und zu stärken, ihm selbstverständlich war. Reich begabt und vielseitig, wie er war, fühlte er sich doch in erster Linie als Feldherr, der an der Spitze eines Heeres den Bestand des Reiches zu sichern hat. In der Organisation der Landsknechte hat der kaiserliche Dilettant etwas Gründliches und Dauerndes geleistet, zur Kriegführung hatte er eine verhängnisvolle Leidenschaft. Ohne Zweifel hatte er recht, wenn er das Reich in Gefahr glaubte. Seit sie im Jahre 1453 Konstantinopel erobert hatten, waren die Türken rasch vorgedrungen. Schon verheerten ihre räuberischen Einfälle Kärnten, Krain und Steiermark. Ebenso bedrohlich war Frankreich im Westen, besonders seit es versuchte, sich in Italien festzusetzen. Waren auch die Rechte des Reichs in Italien zu bloßen Titeln herabgesunken, wollte

Maximilian sie doch nicht preisgeben. Wenn Frankreich Mailand besaß, so konnte es zugleich von Westen und Süden her ins Reich vordringen. Die Aufgabe, Deutschland im Osten und Westen zugleich gegen krieggewöhnte, eroberungssüchtige Mächte zu verteidigen, hätte wohl von einem Herrscher erfüllt werden können, der über die kriegerische Kraft der ganzen Nation verfügte. Das war aber nicht der Fall. Zwang zur Heeresfolge bestand nach altem Herkommen nur für den Zug nach Rom zur Erlangung der Kaiserwürde; im übrigen war der Kaiser auf das angewiesen, was die Stände an Geld und Truppen bewilligten. Auf jedem Reichstage kehrten die Geldgesuche zur Führung des Türkenkrieges wieder, und so tragisch verknüpft waren die Geschicke des Reichs, daß diese so sehr berechtigte Forderung, die zugleich vom Papst ausging, fast immer abgewiesen wurde, weil die Stände zweifelten, ob die eingehenden Gelder wirklich für den genannten Zweck verwendet würden. Ein so aufrichtiger Patriot wie Gregor von Heimburg bekämpfte die Türkensteuer, als Pius II. selbst, obwohl schwer krank, die Führung des Kreuzzuges übernehmen wollte. Auch hatte man sich schon so sehr daran gewöhnt, Österreich als eine gesonderte Ländermasse zu betrachten, daß man es ihm überließ, die sich heranwälzende Gefahr von seinen Grenzen abzuwenden. Die Folgen zu übersehen, die die Eroberung Ungarns durch die Türken für Deutschland haben würde, waren die Fürsten vollends nicht weitblickend genug. Was sie nicht unmittelbar betraf, das wollten sie sich nichts kosten lassen. Begreiflicherweise empörte es Maximilian, daß ihm ein Reichsregiment an die

Seite gesetzt werden sollte, in dem die Fürsten das Übergewicht hätten. So kurzsichtig und selbstsüchtig zwar wie die meisten war Berthold von Henneberg nicht. Den berechtigten Besorgnissen und Forderungen Maximilians verschloß er sich nicht; aber wichtiger als die äußeren Angelegenheiten schien ihm die Ordnung der inneren zu sein. Ehe die Reformation nicht durchgeführt sei, wollte er von der Verflechtung in Kriege mit den Nachbarn nichts wissen.

Der halbhundertjährige Regierungsschlummer Friedrichs III. hatte das Zutrauen der Stände zum Kaiser sehr gemindert; die Unternehmungslust des Sohnes war nicht geeignet, sie zu beleben. Den weiten Horizont, der sich vor seinen Augen rundete, Ungarn, Böhmen, die Niederlande, Spanien, sahen sie nicht, oder er befremdete und erschreckte sie. Maximilian pflegte Geld und Truppen von heute auf morgen zu verlangen, während sie an unendliches Aufschieben und Feilschen gewöhnt waren, und die überraschenden Wendungen und Sprünge, mit denen er sich seinen Weg durch die trugvollen Schliche der Diplomatie bahnte, ließen ihn in ihren Augen unzuverlässig erscheinen. Andererseits, wie hätte er eine starke, geradlinige kriegerische Politik treiben können ohne Geld und Soldaten? Die Umstände und das Verhalten der Stände selbst ließen ihn sprunghafter, leichtsinniger erscheinen, als er war; aber er war es gewiß mehr als der ernste, bedächtige Berthold von Henneberg. Ist es ratsam, mochte dieser denken, die Geschicke des Reiches diesem Manne anzuvertrauen, der, wenn ihn die Geschäfte verärgern, sich in seine geliebten Tiroler Berge schlägt und bei einer Gemsjagd den Gemeinen

Pfennig und die Matrikularbeiträge vergißt? Der während des Feldzugs dichtet, der bei den Reichstagsverhandlungen oft so heftig wird, daß man kaum versteht, was er sagt, und von dem man nie weiß, ob er mit dem benachbarten Monarchen im Kriege ist oder über Ehebündnisse verhandelt?

Es war aber durchaus nicht nur die Persönlichkeit Maximilians, die Bertholds Auffassung der Reichsreform bestimmte. Wenn er die Regierungsgewalt in die Hände des Fürsten bringen wollte, so verfolgte er damit das Ziel, das fürstlicher Eigennutz und Machttrieb von jeher im Auge gehabt hatte, das aber auch anders und rechtmäßig zu begründen war. Die Goldene Bulle hatte das Übergewicht der Kurfürsten bereits zum Gesetz gemacht, Berthold von Henneberg befestigte eine vorbereitete Entwicklung, handelte dem Gange der Geschichte gemäß. Er glaubte das Reich stabiler zu machen, wenn er es auf die Stände gründete, als wenn es von den Einfällen und Interessen eines weltpolitisch eingestellten Kaisers abhängig wurde. Dem universalen Kaiser gegenüber vertrat er die nationalen Tendenzen der Zeit, wenn er auch durchaus nicht gleichgültig gegen Verluste des Reichs war. Mit leidenschaftlicher Heftigkeit von seiten des Kaisers wurde auf den Reichstagen von Freiburg, Lindau, Köln um das ständische oder kaiserliche Übergewicht gerungen. Denn Maximilian, wenn er sich auch darüberstellen konnte, war doch mit Leib und Seele bei allem, was er gerade unternahm. Es kam zu offener Entzweiung, wobei Berthold den herausgesprudelten Zornesausbrüchen des Kaisers die mißbilligende Gemessenheit des Kirchenfürsten entgegensetzte. Man sagte vom Kaiser, die Rede fließe ihm wie geschmolzenes Gold von den Lippen; diesmal siegte seine Überredungskunst nicht. Unter dem Mißerfolg würde er unsäglich gelitten haben, wenn sein elastischer Geist nicht rasch zu anderer Tätigkeit übergegangen wäre, an der er sich erfrischte. Berthold war nicht so leicht zu erschüttern, aber auch nicht so leicht abzulenken und zu beruhigen. Wie bitter enttäuschten ihn seine Mitstände, die Fürsten, deren Sache er vertrat und die mit ihrem Eigennutz, ihrer Kleinlichkeit und Gleichgültigkeit sich der Stellung, die er ihnen zudachte, und seines Eifers so wenig wert zeigten. «O liebe Herren», sagte er, «es ist wenig Ernst und Fleiß bei den Ständen des Reiches vom ersten bis zum unteren.» Maximilians Verdacht, er sei durch Frankreich bestochen, traf ihn tief; er erkrankte und starb im Jahre 1504, nachdem er noch den Zusammenbruch der von ihm geschaffenen aristokratisch-republikanischen Reichseinrichtungen erlebt hatte. Es war ein tragisches Ende für einen so redlichen, gewissenhaften Mann, aber tragisch war es auch, daß die rheinischen Fürsten im allgemeinen nicht mit Unrecht verräterischer Beziehungen zu Frankreich verdächtigt werden konnten.

Befreit von seinem Gegner, gelang es Maximilian, einen Umschwung zugunsten der kaiserlichen Suprematie herbeizuführen. Aber so oder so hielt sich zunächst weder der Gemeine Pfennig noch das Reichsregiment, und was von der Reichsreform übrigblieb, führte zunächst nicht zu einer Stärkung, sondern zu einer beklagenswerten Verminderung des Reiches. Im Zusammenhang mit der allgemeinen Zentralisierung sollten die Reichsteile, die sich dem Reich entfremdet hatten, ihm wieder enger angeschlossen werden, indem sie dem neugegründeten Kammergericht unterworfen wurden; das galt hauptsächlich für die schweizerische Eidgenossenschaft. Einst hatte sie sich im Anschluß an den Kaiser die Selbständigkeit erworben, als reichsunmittelbar sich aller Grundherren erwehrt. Noch mit Siegmund hatte sie in besonders freundschaftlichen Beziehungen gestanden und ihm als Kaiser gehuldigt. Das änderte sich, als Friedrich III. zur Regierung kam und heimtückischerweise die französischen Armagnaken gegen sie hetzte. Durch die Erhebung der Dynastie Habsburg zu einer Art Erbkaisertum nahmen von nun an die Kaiser an der Erbfeindschaft teil, die zwischen der Eidgenossenschaft und Habsburg bestand. Allerdings wäre das auch nicht gewesen, hätte sich die längst ihrer Unabhängigkeit und Stärke frohe Eidgenossenschaft, die gerade damals unter die Großmächte als ihresgleichen getreten war, der Jurisdiktion des Kammergerichts nicht unterstellt. Eine kriegerische Auseinandersetzung folgte, in der Maximilian wie fast immer seine persönliche Tapferkeit und Energie vergeblich einsetzte, da das Reich ihn ungenügend unterstützte. In dem Frieden, der den Schwabenkrieg beendete, wurde die Unabhängigkeit der Eidgenossen vom Kammergericht anerkannt, wenn sie sich auch noch Verwandte des Reichs nannten.

Die Kirchenreform

Daß die Reformation der Kirche die Deutschen von oben bis unten mehr als die des Reiches und mehr im gleichen Sinne beschäftigte, hat verschiedene Gründe, deren wesentlicher der ist, daß dem Reich Mangel an Wirksamkeit, der Kirche ihr Übermaß vorzuwerfen war. Man konnte zweifeln, was und wieviel vom Reiche verlangt werden sollte, man war sich einig über das, was man von der Kirche nicht länger ertragen wollte. Der Umstand, daß der Staat zwischen Kaiser und Ständen geteilt war, hatte zur Folge, daß sich in Hinsicht auf die Reform verschiedene Interessen kreuzten, während alle vom Kaiser bis zum armen Manne sich irgendwie von der Kirche geschädigt fühlten. Da Italien tatsächlich vom Reiche getrennt war, fingen die Deutschen an, den Papst als eine ausländische Macht zu betrachten, und die Anklagen gegen ihn wurden gesteigert durch das Feuer des nationalen Bewußtseins, das jedem Kampfe besonders in den unteren Schichten des Volkes einen Schein von unbestreitbarer Berechtigung, ja von Heiligkeit zu geben pflegt.

Die Sittenlosigkeit und Unwissenheit des Klerus war, wie erheblich auch immer, doch nicht so groß, wie sie ausgeschrien wurden; es sollte sich bald zeigen, wieviel tüchtige, ja hervorragende Elemente sowohl unter den Bischöfen wie unter Pfarrern und Mönchen sich noch befanden. Unbestreitbar aber hatte die Kirche einen anderen, einen massiven, aufdringlich unverschämten Fehler: sie war zu reich. Sie brütete wie ein Lindwurm auf sagenhaft unermeßlichen Schätzen unbeweglich, wartend, daß die goldenen Eier anschwollen und sich mehrten. Hier war der Hort, den Reineke dem König vorspiegelte. Voll grimmigen Neides umschlichen ihn die Braun und Isegrim sowohl wie die Hinz und Henning und sogen sich mit blanken Augen an dem feisten Wanst des Wurmes fest. Er sah mit stillem Lächeln die Gier entbrennen, denn er war durch kanonisches Recht und Reichsgesetze gesichert. Das Kirchengut durfte nicht angetastet und seiner Bestimmung nicht entfremdet werden: Man nannte das Inalienabilität; wer wagen sollte, sich kirchlichen Besitz anzueignen oder ihn für andere als kirchliche Zwecke zu verwenden, würde nicht nur von der Hölle verschlungen, sondern von Acht und Bann getroffen werden. Es scheint ein Widerspruch zu sein, daß trotz wachsender Raublust die Schenkungen an die Kirche eher zunahmen als sich verminderten; aber das hing zusammen mit der Lehre von den guten Werken, in deren Ausübung die Religiosität der meisten Menschen sich auswirkte. Indessen das Geld hat magnetische Kraft, die unwiderstehlich wird, wenn eine große Menge in verhältnismäßig wenigen Händen angesammelt ist, und es übt sie aus, indem es immer mehr Geld und zugleich mehr Habgier an sich bannt. Die böse Lust wurde in Schranken gehalten, solange die Kirche die einzige Kulturträgerin war und solange das, was ihr vom Volke zugewendet war, in unzähligen Kanälen zu ihm zurückströmte, sei es durch die Armenpflege, durch Schulen oder dadurch, daß die Kirche die Stelle der Banken vertrat. Seitdem aber die Städte einen großen Teil dieser Leistungen übernommen hatten und der Klerus nicht mehr durch vorbildliches Verhalten den Schutz der Gesetze zu verdienen schien, wurde es zum Schlagwort, daß das Kirchengut dem gemeinen Nutzen nicht mehr diene und daß es notwendig sei, es dem gemeinen Nutzen auf irgendeine Art wieder zuzuführen. Gerade das, daß der Reichtum der Kirche nur der Kirche dienen sollte, Besitz in toter Hand war, erschien als unerträgliche Ungerechtigkeit und volkswirtschaftlicher Unsinn, nun sich unter dem Deckmantel des Gottesdienstes die Wollust von Heuchlern und Nichtstuern verbarg. Am meisten Vorteil von der Kirche hatte der niedere Adel. Die ritterlichen Familien pflegten von ihren Kindern die besonders kräftigen zur Heirat auszulesen, die schwächeren wurden in Stiften und Klöstern untergebracht, die man deshalb die Spitäler des Adels nannte. Die Bistümer, auch vielfach in der Hand von Rittern, begannen im 15. Jahrhundert von den Fürsten in Anspruch genommen zu werden; andererseits suchten die Fürsten sich nach Möglichkeit in das Kirchenregiment einzumischen, wozu das Vogteirecht eine Handhabe bot, und die in ihrem Gebiet liegenden Kirchengüter demselben einzuverleiben. Nicht weniger fühlten sich die Städte durch Klöster und Stifte gehemmt und ärgerten sich noch mehr als die Fürsten über die Steuerfreiheit des Klerus; denn die Fürsten konnten sich dadurch entschädigen, daß sie sich von ihren Ständen, zu denen der Klerus gehörte, freiwillige Beiträge zahlen ließen.

Der Kampf um das Bistum Brixen zeigt, wie weit die fürstlichen Ansprüche sich hervorwagten und welche Anstrengungen die Kirche machen mußte, um ihre alte Macht zu behaupten. Bereits war dem Staat mancher Vorstoß in die Festung der kirchlichen Rechte gelungen, und zwar gerade von seiten besonders kirchlicher Fürsten. So hatten Ferdinand und Isabella, die sich die katholischen Könige nannten, als wären sie es in einer bestimmteren Art als andere, die spanische Kirche in hohem Grade von sich abhängig gemacht, und von dem sehr kirchlichen Herzog Georg von Sachsen wird die Äußerung berichtet, er sei in seinem Lande Papst, Kaiser und Deutschmeister. Ähnlich soll sich der Herzog von Cleve ausgesprochen haben, und sicher war dies das geheime Ziel aller Staatsmänner. Während sie es zu erreichen suchten, indem sie irgendeine Gelegenheit benützten, in eine zufällige Lücke zu schlüpfen, kämpfte Gregor von Heimburg grundsätzlich. Er fuhr fort, den Primat des Papstes zu bestreiten, und riß einige Fürsten, sogar geistliche, mit sich fort. Erzbischof Jakob von Trier verlangte ein Konzil, um einen Druck auf den Papst auszuüben; nach seinem Tode setzte Dietrich von Erbach, Erzbischof von Mainz, seine Politik fort, unterstützt und angespornt durch den Heidelberger Martin Mayr, seinen Kanzler. Die Ausschreibung eines Ablasses durch den Papst verstärkte die Opposition; denn die Beschwerden, die man gegen den Papst hatte, betrafen zumeist die finanzielle Ausbeutung, und deren ertragreichstes Mittel waren neben den Annaten die Ablässe, die von Zeit zu Zeit verkündet wurden. Getragen von der allgemeinen Entrüstung, schrieb Martin Mayr im

Jahre 1457 einen Brief an Enea Silvio Piccolomini, in welchem er das Wesentliche, was die deutsche Nation dem Papst vorwarf, in 10 Punkte zusammenfaßte. Sie betrafen die Eingriffe des Papstes in die Wahl der Prälaten, deren Freiheit durch Dekrete des Konstanzer und Baseler Konzils gesichert war, übertriebene Geldforderungen wie die durch Ablässe, Türkensteuer und über das festgesetzte Maß hinausgehende Annaten, schließlich Eingriffe in die Gerichtsbarkeit, indem der Papst alle Prozesse vor sein Tribunal zu ziehen suchte. Wenn diese Mißbräuche nicht abgestellt würden, werde es zum Abfall von Rom kommen.

Dieser Brief Martin Mayrs hätte noch größere Wirkung ausgeübt, wenn der Druck damals schon erfunden gewesen wäre; aber unter den Gebildeten wurde er verbreitet und ist denkwürdig als das erste halböffentliche Dokument, das die Beschwerden der Deutschen gegen den Papst aufzählte. «Tausend Schliche werden ersonnen», hieß es in dem Brief, «wie der Römische Stuhl uns Barbaren das Geld auf eine feine Art aus dem Beutel ziehen kann. Unsere ehemals so berühmte Nation, die mit ihrer Tapferkeit, ihrem Blute das Römische Reich zusammengebracht hat und die Herrscherin und Königin der Welt war, ist jetzt in Armut gestürzt, Sklavin und zinsbar geworden.» Wenn sich Martin Mayr an Piccolomini wandte, geschah es wohl deshalb, weil man wußte, welchen Einfluß er im Interesse des Papstes auf den Kaiser ausgeübt hatte und weil er unter allen Italienern der einzige war, der die deutschen Verhältnisse gut und aus eigener Anschauung kannte. Piccolomini gab zu, daß die Deutschen dem Heiligen Stuhl Geld darbrächten, sie aber hätten von Rom den christlichen Glauben empfangen. Wer habe dem andern mehr gegeben?

Zu so höhnischer Antwort berechtigte Piccolomini die Bestechlichkeit der Fürsten. Sowohl Trier wie Mainz ließen sich die Opposition abkaufen, wenn nur genug gezahlt wurde. Es gelang in diesem Falle dem Markgrafen Albrecht Achilles, den Mainzer für den Kaiser und damit für den Papst zu gewinnen, Martin Mayr ging zum Pfalzgrafen über, der in der Hoffnung, römischer König zu werden, die Opposition weiterführte.

Ein Jahr schon, nachdem Martin Mayr seinen berühmten Brief erlassen hatte, wurde Piccolomini Papst; noch ein Jahr später starb Dietrich von Erbach, und Dietrich von Isenburg, der neugewählte Erzbischof, nahm den von seinem gealterten Vorgänger aufgegebenen Kampf gegen Papst und Kaiser wieder auf. Zum Zeichen seiner Gesinnung nahm er Gregor von Heimburg in seinen Dienst, der damals die Sache Siegmunds von Tirol gegen den Papst vertrat. Weite Kreise im Reich verfolgten die große Auseinandersetzung im kleinen entlegenen Tirol mit lebhafter Teilnahme, die Verfluchung Heimburgs, seinen Appell an ein künftiges Konzil und alle Freunde unschuldig durch eine gewalttätige Übermacht Verfolgter. Auf mehreren Tagungen ballte sich die Opposition so mächtig zusammen, daß ein entscheidender Schlag bevorzustehen schien; aber wieder gelang es Papst und Kaiser, die Front der Gegner aufzulösen, namentlich dadurch, daß sie den Gegensatz zwischen Pfalz und Böhmen benutzten, die beide nach der Königskrone strebten. Der Erzbischof von Mainz wurde zur Strafe entsetzt und zog die Stadt Mainz, die ihm treu blieb, mit in seinen Fall.

Eine gesonderte Opposition von Reichsfürsten kam seitdem nicht mehr zustande; anstatt dessen wurden, nachdem die Kirchenreform ganz von der Reichsreform getrennt worden war, die Beschwerden gegen den Papst, auf lateinisch *Gravamina,* ein Gegenstand der Beratung auf allen Reichstagen. Den Reichstag zu Nürnberg des Jahres 1501 beschäftigte der vom Papst ausgeschriebene Jubiläumsablaß. Trotz der Anwesenheit des päpstlichen Legaten ging der Beschluß durch, daß der Ablaß nur dann verkündet werden dürfte, wenn das erzielte Geld im Reiche bliebe.

Maximilian war auch in seinem Verhältnis zur Kirche ganz von seinem Vater verschieden. Unterordnung unter den Papst lag ihm fern. Kirchlich war er insofern, als er ein Freund der Tradition war und das Verbindende alter, durch lange gemeinsame Übung geweihter Gebräuche fühlte; so hat er die Ausstellung des Heiligen Rockes von Trier erneuert. Im Papst sah er vor allen Dingen den italienischen Fürsten, der eine erhebliche Rolle in der abendländischen Politik spielte und ihm in seinen Kriegen mit Frankreich und in Italien böse Streiche anzetteln konnte. Das Gewicht, das dem Papst seine Ausnahmestellung immer noch gab, war ihm oft sehr im Wege. Als Fürst und Kaiser hatte er Sinn genug für die staatlichen Rechtsansprüche, um eine Beschränkung der kirchlichen Eingriffe zu wünschen, und als ständiger Reichstagsbettler sah er ungern den Strom des deutschen Geldes nach Rom fließen. Indessen war es eine heikle Sache, in der man behutsam vorgehen mußte und über die er sich zunächst einmal mit seinen Vertrauten besprach. Des Wortes mächtig, wie er war, liebte er es, mit seinen Humanisten über die großen Fragen der Zeit zu reden. Einmal berief er Sebastian Brant zu diesem Zwecke, ein andermal Geiler von Kaisersberg. Es war bekannt, wie rückhaltlos sich dieser Geistliche über die Verderbnis der Kirche und des Glaubens zu äußern pflegte; man schrieb ihm den Ausspruch zu, er hoffe zu erleben, daß Gott einen Mann zur Erneuerung der Kirche erwecken werde, und wenn das geschehe, wolle er dessen Schüler werden. Als im Jahre 1509 eine Wendung in den politischen Verhältnissen eintrat, die Maximilian gegen Papst Julius II. aufbrachte, kam ihm der Gedanke, ob es tunlich sei, die pragmatische Sanktion, die die Beziehungen Frankreichs zum Heiligen Stuhl in einer für den Staat vorteilhaften Weise geregelt hatte, in Deutschland einzuführen. Von Wimpheling, dessen Neffe Jakob Spiegel sein Sekretär war, verlangte er ein Gutachten, ob und wie die pragmatische Sanktion auf die deutschen Verhältnisse anzuwenden sei. Wimpheling, der, wie die meisten älteren Humanisten, bei aller Begeisterung für den Kaiser und kaiserliches Ansehen an der Suprematie des Papstes festhielt, riet nicht zur Einführung der pragmatischen Sanktion, dagegen solle vom Papst die genaue Beobachtung der mit dem Reich geschlossenen Konkordate zu erlangen gesucht werden, und zwar auf dem Wege friedlicher Vereinbarung. Er fügte seinem Gutachten die zehn Klagepunkte bei, die Martin Mayr in seinem berühmten Brief vor nun etwa 50 Jahren aufgesetzt hatte.

Ob ein revolutionärer Rat Wimphelings wirkungsvoller gewesen wäre als der vorsichtige? Es ist nicht anzunehmen; denn wie schroff sich auch im Spiel der Gedanken Maximilian oft zu dem Problem stellte, er blieb auf der Ebene des Spiels, wo er sich um so verwegener, weil ganz folgenlos tummeln konnte.

Wie der große Künstler, der ihn gezeichnet hatte, war Maximilian voller Figur: Pläne zu Denkmälern, zu Dichtungen, zu Organisationen, zu heroischen Taten, zu folgenschweren Umwälzungen tauchten wechselnd in seinem tätigen Geist auf. Als er sich mit Wimpheling beriet, dachte er an eine Staatskirche, wie sie in Frankreich begründet worden war; aber schon vorher war ihm ein anderer, höchst merkwürdiger Einfall gekommen, nämlich, ob er nicht selbst Papst werden könne. Schließlich war es noch nicht lange her, daß ein weltlicher Fürst, Felix von Savoyen, Papst geworden war. Als im Jahre 1511 Julius II. erkrankte und dem Ende nahe schien, hielt er den Augenblick für gekommen, das Spiel seiner Gedanken zu verwirklichen. Er überlegte sich, welche Persönlichkeiten mit welchen Mitteln gewonnen werden müßten, und zog den und jenen ins Vertrauen. Dabei schien er bald nur die weltliche Gewalt des Papstes, die sogenannten Temporalien, an sich ziehen, bald selbst den Päpstlichen Stuhl besteigen und dennoch Kaiser bleiben zu wollen. Seiner Tochter Margarete, die an Stelle seines jungen Enkels Karl die Niederlande regierte und die ihn zu einer neuen Heirat ermunterte, schrieb er, er habe nicht im Sinne, eine Frau zu nehmen, wolle vielmehr vom Papst sich zu seinem Koadjutor ernennen lassen, um nach dem Tode desselben Papst zu werden. Er wolle, schrieb er in seinem mit souveräner Willkür behandelten Altfranzösisch, das die Naivität und den Humor seines Einfalls verdoppelt, Papst und dann ein Heiliger werden, damit sie nach seinem Tode gezwungen sei, ihn anzubeten, *«dont je me trouveré bien gloryoes»*. Ob er im Ernst für möglich hielt, die eifersüchtigen Großmächte würden einer so ungeheuren Vermehrung seiner Macht gleichgültig zusehen? Vielleicht interessierte ihn hauptsächlich, was für ein Gesicht seine kluge Tochter bei der Aussicht machen würde, ihren leichtbeschwingten Vater als Heiligen anbeten zu sollen. Die Genesung des Papstes machte diesen Phantasien um die Tiara ein Ende. Man begreift, daß die Florentiner sagten, über Maximilian reden sei ebenso wie über die Trinität disputieren.

Wie sehr für Maximilian das politische und kriegerische Interesse im Mittelpunkt stand, zeigte sich, als er anfangs das Konzil von Pisa unterstützte, das die Reformation der Kirche durchführen sollte, dann aber, nachdem er mit dem Papst versöhnt war, die Beschlüsse desselben für nichtig erklärte und das Lateran-Konzil beschickte, das Julius II. dem Pisaner entgegenstellte und das gehorsam für die Verstärkung seiner Macht sorgte. Es wurde im Jahr 1517 durch Leo X. geschlossen.

Wenn Maximilian in seiner Haltung schwankte, so hielten die Stände doch grundsätzlich fest an ihren Beschwerden. Seit dem großen Reichstage von 1495, wo die Reichsreform alles andere zurückgedrängt hatte, erschienen die *Gravamina* auf jeder Reichsversammlung wieder. Gesandtschaften an den Papst, um sie zu überbringen, wurden beschlossen, kamen aber nicht zur Ausführung. Es waren allmählich hundert Klagepunkte geworden, von denen ein Teil die römische Verwaltung, ein Teil das Finanzwesen, ein Teil die Prozesse betraf. Es wurde von dieser offiziellen Seite nur die *causa reformationis* in Betracht gezogen, die das Konstanzer Konzil von der *causa fidei,* der Glaubensfrage, abgesondert hatte. Diese beschäftigte das so vielfach von den hussitischen und waldensischen Sekten beeinflußte Volk. Man möchte glauben, daß solchen Kreisen jener ungenannte Elsässer nahestand, dessen Gedanken über die Reichs- und Kirchenreform auf uns gekommen sind. Wie er den rechten Kaiser in die Nähe Gottes rückt, so stellt er die rechten Priester Engeln gleich; aber er findet nicht, daß es rechte Priester gebe. Sie sind alle verweltlicht, ganz und gar verwerflich, man soll sie in den Türkenkrieg schicken und die Pfaffenkinder verhungern lassen. Die Kirchengüter und geistlichen Fürstentümer sollen eingezogen werden. Jeder fromme Mann kann Priester sein, die guten Werke nützen nichts, wenn das Gemüt nicht zu Gott gewendet ist, auch der Ablaß hat keinen Wert, denn nur Gott verzeiht dem Reuigen seine Sünde. Die Messe soll in deutscher Sprache gefeiert werden, denn kein Gebet ist so herzlich andächtig wie in der Muttersprache. Der Papst und alle Geistlichen sind dem weltlichen Recht unterzuordnen, das kanonische Recht muß verschwinden. Gott hat niemandem Ehelosigkeit, im Gegenteil, er hat die Ehe geboten, deshalb wird der Zölibat und werden auch die Klöster aufgehoben. – Das war keine Reformation mehr, sondern eine gewaltige Revolution im ketzerischen Sinne; aber diese Gedanken wühlten nur in der Tiefe, züngelten zufällig einmal ans Licht und verschwanden wieder.

Heftiger und schonungsloser als die offiziellen Aktenstücke, die immerhin auch eine scharfe Sprache führten, waren einige von privater Seite veröffentlichte Äußerungen. Auf dem Reichstage zu Worms 1495 erschien eine Schrift von dem Vertreter Magdeburgs, Hermann von Hermannsgrün, die darin gipfelte, daß dem Papst, wenn er die Kaiserkrone einem Franzosen zuwenden sollte, von den Deutschen der Gehorsam zu kündigen sei. Das hätte Trennung von Rom, Gründung einer Reichskirche bedeutet. Dreiundzwanzig Jahre später war noch keine Beschwerde erhoben, die Kirche triumphierte, auf dem Reichstage zu Augsburg 1518 verlangten Papst und Kaiser gemeinsam einen Zehnten für den Türkenkrieg. Maximilian drohte denjenigen, die ihn verweigern würden, mit Reichsacht und Kirchenbann.

Während die Stände mit ihrem Votum zögerten, erschien ein Flugblatt unter dem Titel *Oratio dissuasoria,* eine Rede, die von der Bewilligung des Zehnten abmahnte. Das war nicht die wohlabgewogene Sprache einer Kanzlei, sondern der leidenschaftliche Erguß eines Entrüsteten, eines verzweifelten Patrioten. Es sei eine gute Sache, den Türken zu bekämpfen, sagte er, aber unter diesem Vorwande das arme Volk auszuplündern, das sei ein ärgeres Verbrechen als alle Untaten der Türken. Nicht auf das Geld komme es an: das Unerträgliche sei, daß der Satan sich in den Engel des Lichtes verstelle, daß in den Becher der Frömmigkeit Gift gespritzt werde, daß das Volk, im Glauben, gottgefällig zu handeln, der Habsucht opfere, die die

Mutter der falschen Religion sei. «Den Türken wollt ihr schlagen? Ich billige eure Absicht, aber ich fürchte sehr, ihr irrt euch im Namen. Sucht ihn nicht in Asien, sucht ihn in Italien. Gegen den asiatischen kann jeder Fürst sich selbst wehren, den anderen zu bändigen, reicht die ganze christliche Welt nicht aus. Jener liegt mit seinen Nachbarn ab und zu im Kampf und hat uns noch nicht geschadet, dieser wütet überall und dürstet nach dem Blut der Armen, diesen Höllenhund könnt ihr auf keine andere Art als mit einem goldnen Strom beschwichtigen.» Ebenso scharf war die Denkschrift des Bischofs von Lüttich, eines Grafen von der Mark. «Von der Hölle aus ging eines der ärgsten Tiere», hieß es darin, «die Geldgier, die Wurzel alles Übels.» Für den Verfasser der *Oratio dissuasoria* hielten viele den Ritter Ulrich von Hutten; dieser aber hatte in einer Schrift zur Bewilligung der Zehnten aufgefordert, in der er freilich, hin- und hergerissen zwischen seiner Anhänglichkeit an den Kaiser und der Einsicht in die Notwendigkeit des Türkenkriegs auf der einen Seite und dem Haß und Argwohn gegen den Papst auf der anderen, nicht umhin konnte, ein Übergewicht dieses Hasses spüren zu lassen. Wahrscheinlich hat ein Würzburger Domherr, Friedrich Fischer, die *Oratio* geschrieben; es waren also zwei hohe Geistliche, die einen so unverhüllten, beleidigenden Angriff auf das Kirchenoberhaupt wagten. Das Bedenkliche der wirtschaftlichen Zustände, hervorgerufen, wie man annahm, durch die Ausbeutung von seiten Roms, machte blind gegen die Gefahr der Türkenkriege; wenigstens traute man den regierenden Häuptern nicht zu, daß es ihnen mit der Abwendung der Gefahr Ernst wäre. Die päpstlich-kaiserlichen Forderungen wurden abgelehnt, und zwar mit Hinblick auf den armen Mann, das vielgeplagte Volk, auf das alle Abgaben abgewälzt zu werden pflegten und das nicht noch mehr belastet werden dürfe. Bereits waren im südwestlichen Deutschland Bauernaufstände ausgebrochen und hatten die Herren erschreckt. Man sagte sich, daß die Aufständischen mit ihren Klagen nicht durchaus im Unrecht waren; Befürchtungen, daß eine allgemeine Erhebung des bedrückten Volkes bevorstehe, wurden häufig ausgesprochen. Sei es nun, daß die Stände ernstlich daran glaubten oder nicht, sie wollten ihren Unwillen über das Ausbleiben der Reformation zeigen, indem sie ihren Beutel verschlossen.

Traurig ritt der Kaiser von Augsburg fort, wo er so oft auf der Höhe des Lebens getagt, gescherzt, getanzt hatte; jetzt mahnte ihn die über seine Seele sinkende Dämmerung, daß er es nicht wiedersehen werde. Als er in Innsbruck, die vor allen geliebte Stadt in den Bergen, einkehren wollte, schloß sie die Tore vor ihm zu, weil er ihr ohnehin viel schulde. «Er wird ein Streuhütlein werden», hatte sein Vater, der sparsame Friedrich, von dem Kinde gesagt, als es bei der gestellten Wahl nicht nach dem Goldstück, sondern nach dem Apfel griff, und wirklich hatte er das Geld nie festhalten können. «Der Kayser war ein herr von oesterreich», berichtet eine Chronik von Maximilian. «Er war fromm und nicht von hoher vernunft und war stets arm.» Wie ein abgewiesener Bettler ritt der kranke Herr weiter nach Wels, wo er am 12. Januar 1519 starb. Er war noch nicht 60 Jahre alt geworden.

Das Bild des seinem Ende nahen Kaisers, das in

seinem kleinen Stüblein auf der Augsburger Pfalz Dürer von ihm zeichnete, versteht man erst recht, wenn man das Bild des jungen Maximilian damit vergleicht, das Lukas von Leyden gemalt hat. Trotz der kennzeichnenden höckerigen Nase, und wenn wir auch die gleichen Züge wiederfinden, ist doch kaum ein Zusammenhang zwischen dem blonden, weichen, ganz ungeprägten, ganz empfänglichen Prinzengesicht und dem souveränen Haupt des scheidenden Kaisers. Die Spuren eines reich ausgefüllten, weit ausgreifenden Lebens sind hier zu einem ergreifenden Akkord gesammelt. Lag vielleicht ein Keim der Schwermut auf dem Grunde dieser unermüdlich tätigen, elastischen, heiteren Seele? Schöpfte er rastlos die unzähligen Quellen seines Reiches aus, damit der dunkle Keim nicht aufschießen und ihn überschatten könne? Dem unvergeßlichen Antlitz haben sich ebensosehr die Strapazen eines mehr an Mühsal als an Erfolgen reichen Lebens eingegraben wie die Einsicht in bodenlose Tiefen und klägliche Unzulänglichkeiten alles Menschlichen, und ebensosehr wie hohe Würde scheint unausgesprochenes Leiden Distanz zu gebieten.

Es ist schicksalhaft, daß Maximilians Körper nicht in Innsbruck, sondern in Wiener-Neustadt begraben liegt; denn nicht seiner Person gilt die übermenschliche Gedächtnisfeier, die die ehernen Kolosse an seiner Tumba in der Hofkirche zu Innsbruck begehen, sondern dem letzten Kaiser des Heiligen Römischen Reiches, des in Einem Glauben einigen. Er ist ein Letzter, dessen hier voll Ehrfurcht gedacht werden soll, der Letzte einer stolzen und tragischen Reihe. Bild ist hier die Klage geworden, die zu seinen Lebzeiten, von Sebastian Brant ausgesprochen, aus vielen Herzen brach: «O Deutschland, hülle dich in Trauer, denn das Zepter wird aus deiner Hand genommen werden! Wer gibt meinen Augen Tränen, um den Zusammenbruch des Reiches zu beweinen!»

Kultur

Nicht Sebastian Brant allein witterte Verfall und Untergang, aber kaum einer hat der bangen Ahnung so bestimmten Ausdruck gegeben wie er in seinem großen Brief an seinen Freund, den Patrizier und Humanisten Peutinger in Augsburg. Er sieht die drohenden Vorzeichen, die andere nicht bemerken. «Keine besseren Zeiten werden kommen, im Gegenteil, ich fürchte schlimmere, da ja alles zu Verderben und Sturz sich hinneigt!» Ein Gefühl war verbreitet, wie es die Kreatur vor einem Gewitter oder Erdbeben beschleicht, als verdunkle sich das Licht, als senke sich der Himmel tiefer als sonst hinab, als höre die Natur auf zu atmen.

Diese Ahnung unabwendbaren Unheils bemächtigte sich der Deutschen zu einer Zeit hoher kultureller Blüte, deren Pracht die Nachkommen zum Neid auf ein so harmonisches Zusammenwirken geistiger Kräfte bewegt. Um die Mitte des 15. Jahrhunderts sagte Enea Silvio Piccolomini, Deutschland sei noch nie so reich und glänzend gewesen, und andere sagten dasselbe mit ähnlichen Worten. In den hundert Jahren von 1450 bis 1550 ist, mit Ausnahme der Kirchen, das meiste von dem entstanden, was wir heute als Zeugnis des schönen mittelalterlichen Stadtbildes bewundern. Im letzten Viertel des 15. Jahrhunderts und im Laufe des 16. bauten sich fast alle Städte neue Rathäuser oder bauten wenigstens die älteren um, bauten die Zünfte sich neue Versammlungshäuser, die Patrizier und die Handwerker sich Wohnhäuser, die ihrem vermehrten Wohlstand, ihrem verfeinerten Geschmack, ihrem zunehmenden Bedürfnis nach Bequemlichkeit entsprachen. Überall in Deutschland, wo nicht Krieg oder Feuer oder Großstadtbedürfnis zerstört haben, treffen wir auf den mittelalterlichen Kern, der durch seinen malerischen, Auge und Gemüt befriedigenden Charakter so merklich von der modernen Umgebung absticht. Das ist keine Wohnstätte, sondern Heimat; es scheint, als ob glücklichere Menschen hier gelebt haben, die wußten, daß draußen Kampf und Ruhm ist, daß aber das Glück im Innern des Herzens und im Innern des Hauses gesucht werden muß.

Das Fachwerkhaus mit seinem phantastisch vergitterten Holzgerüst mahnt an die Wälder, deren Rauschen einst die deutschen Lande erfüllte, und atmet ihr würziges Aroma in die Straßen aus. Der hohe Giebel und das breite Tor erinnern an das Bauernhaus, das mütterlich schirmend mit dem Menschen zugleich das Vieh und den herbstlichen Vorrat umfaßt. Aus dem Jahre 1526 stammt das imposante Knocherhaueramtshaus am Marktplatz in Hildesheim, das mit der rhythmischen Steigerung seiner Stockwerke wie eine Fuge sich entfaltet und, ohne etwas von der bäuerlichen Geborgenheit zu verlieren, einen monumentalen Baugedanken verkörpert. Die Rathäuser, meist am Anfang der 15., zuweilen schon zu Ende des 14. Jahrhunderts begründet, wurden nun erweitert und geschmückt. Um die Mitte des 15. Jahrhunderts erhielt das Rathaus der Braunschweiger Altstadt die letzten Laubenvorbauten, durch die das ernste Gebäude in ein Feenschloß verwandelt wurde. Ebenso erhielt das zu Ende des 14. Jahrhunderts errichtete Rathaus zu Wesel seine stolze Fassade hundert Jahre später. Das Rathaus, dem Kaiser geweiht, wie die Kirche Gott, stand in den Grenzen der Weltlichkeit an Würde und Weihe der Kirche nah. Das Recht kommt nach germanischer Auffassung von Gott, wie es der Sachsenspiegel in den bekannten Worten zum Ausdruck bringt: «Gott selbst ist das Recht, und darum ist ihm das Recht lieb.» Die Grundlage alles irdischen Rechtes ist das natürliche Recht, das Gott den Kreaturen gegeben hat und das allen Satzungen und Gewohnheiten vorgezogen werden muß. Wie die sittliche Ordnung ist es vorhanden gewesen, ehe es einen Staat gab. Durch den Kaiser konnte die Gerichtshoheit den Gliedern des Reiches verliehen werden und besaßen sie die Städte. Ihre Verleihung vollendete die Reichsunmittelbarkeit und war das ersehnte Siegel der Freiheit, gewährte Sicherheit vor den Ansprüchen der Landesherren. In vielen Städten sächsischen Rechts waren sogenannte Rolande als Kennzeichen der Gerichtshoheit den Rathäusern vorgebaut; sie trugen das Schwert zur Handhabung der Gerechtigkeit und zuweilen in der Gürtelschließe das Bild eines Engels mit der Laute als Symbol für den göttlichen Ursprung des Rechtes. Die malerische Ausschmückung im Inneren der Rathäuser pflegte auf alle diese Beziehungen hinzuweisen, etwa durch den Reichsadler oder Bilder der Kaiser oder durch Darstellungen aus der Heiligengeschichte oder der sogenannten Neun guten Helden, nämlich drei heidnischer, drei jüdischer und drei christlicher. In den Ratssälen und

Gerichtslauben von Köln, Lüneburg, Goslar und vielen anderen umfängt den Eintretenden, als wäre Weihrauch in der Luft, das Gefühl der überirdischen Bestimmung.

Neue Kirchenbauten wurden im 15. Jahrhundert nur selten unternommen; in Augsburg entstanden zum Beispiel im letzten Viertel mehrere Klosterkirchen und die Kirche Sankt Ulrich und Afra, deren Einweihung in Gegenwart der beiden großen Gegner Kaiser Maximilian und Berthold von Henneberg stattfand. Anbauten erhielten verschiedene Kirchen, so der Dom von Münster die Fassade des einen Querschiffs mit dem herrlichen gotischen Fenster. Wurden neue Kirchen nicht errichtet, so füllten sich doch die alten um die Mitte des 15. Jahrhunderts mit den Altären, Grabmälern, Epithaphien, deren farbiges Gedränge uns den Eindruck einer heiligen, Ahnen und Enkel umfassenden Wunderwelt vermittelt, in der der einzelne willig versinkt. Wenn wir jetzt in den Museen an dem schweigenden Volk der Verklärten vorübergehen, so bemerken wir als Ursprungsjahr meistens Jahreszahlen zwischen 1470 und 1520. Unzählige Bilder und Statuen sind darunter, deren Meister nicht bekannt sind, die aber hochentwickelten Kunstsinn und Kunstfertigkeit verraten und die durch Lieblichkeit und beseelten Ausdruck sich tief einprägen. Denkt man dann an die Meisterwerke der Epoche, den Isenheimer Altar von Grünewald, den Freiburger Altar von Baldung-Grien, die Schnitzaltäre von Tilman Riemenschneider und Michael Pacher, die Bildnisse von Dürer, Cranach und Holbein, so glaubt man die schöpferische Kraft des deutschen Volkes gesammelt zu sehen, um das Höchste, was ihm geoffenbart wurde, in vollkommener Form zu schaffen.

Wie die Kirchen sich mit Kunstwerken füllten, so die Häuser mit künstlerisch gearbeitetem Gerät, das nicht nur der Hand bequem, sondern auch dem Auge eine Lust sein sollte. Gerade die geschmackvolle Durchbildung der zum täglichen Gebrauch bestimmten Gegenstände zeigte die Höhe der Kultur, wenn anders Kultur ausgleichend ist, so daß ihre Güter nicht eine einzige oder einige wenige Stellen gleichsam als wunderbare Auswüchse schmücken, sondern allenthalben verteilt sind. Wie die einst so unwirtlichen Ritterburgen durch Teppiche, Truhen und Bilder wohnlich gemacht wurden, so zeigte sich auch in den Dörfern an Kirchen, Häusern, Brunnen und Wegkreuzen die Freude am Schönen. Die neuerfundene Kunst des Buchdrucks brachte auch den Ärmeren Anregung und die erwünschten Nachrichten vom Weltgeschehen durch Flugschriften. Schon am Ende des Jahrhunderts waren in fast allen namhaften deutschen Städten Druckereien in Tätigkeit. Die großen Verleger, die Koberger in Nürnberg, die Froben in Basel, die Quentell in Köln und Lufft in Wittenberg waren hochgebildete Männer, die durch ihre Arbeit ebenso wie sich selbst und nicht selten mehr als sich selbst Deutschland und die christliche Welt bereicherten. Sie haben dem Buchhandel die ehrenvolle Bahn vorgezeichnet, die ihre Berufsgenossen Jahrhunderte hindurch innegehalten haben. Die Bücher, die sie herstellten, schlossen sich zunächst noch der Art der geschriebenen an, ihr Format war unhandlich, die Lettern waren groß und schön, fast jede Seite trug graphischen Schmuck. Von den Bibeln, die herausgegeben wurden, waren mehrere reichlich mit Holzschnittbildern versehen. Zur Zeit Maximilians war der Holzschnitt so entwickelt, daß bedeutende Künstler sich seiner bedienen konnten, um die anspruchsvollen Pläne des Kaisers auszuführen. Der Triumphzug und die Ehrenpforte, Verherrlichungen seiner Person und seiner Taten, rauschen so festlich vorüber, daß man schimmernde Farben zu sehen und Trompeten blasen zu hören meint. Hervorragende Künstler wurden sehr geschätzt, wenn auch nicht immer entsprechend bezahlt. Daß sie einer Zunft zugeteilt und dadurch dem Handwerk, der Arbeit und bürgerlichen Pflichten verbunden blieben, gehörte wieder zur ausgleichenden Kultur. Verschiedene Künstler haben hohe städtische Ämter bekleidet, so Altdorfer in Regensburg und Riemenschneider in Würzburg. Daß sie dem praktischen Leben sich nicht entfremden konnten, machte sie zu so tüchtigen männlichen Erscheinungen. Ermöglicht wurde der Umfang ihrer Leistungen durch den damals üblichen Schulbetrieb, der die Arbeit der Schüler in den Dienst des Meisters stellte.

Reich und glänzend stellten sich die deutschen Lande dem dar, der sie um die Jahrhundertwende durchwanderte, aber mitten im Überschwang konnte man Zeichen des Untergangs wahrnehmen. An die Vollendung der Leistungen selbst knüpfte sich wohl das Gefühl, daß alles, wie man sagte, zum Höchsten gekommen sei, die Ahnung, daß auf der eingeschlagenen Bahn kein Weitergehen möglich sei, daß der Lebensquell, aus dem das Abendland bisher sich gespeist hatte, ausgeschöpft sei. Aber nicht nur ein

Versiegen oder Ausströmen tragender Kräfte machte sich geltend, sondern auch ein Vordringen von etwas Neuem, dem Alten Feindlichem; das war die Verweltlichung. Die große Spannung zwischen dem Himmlischen und Irdischen ließ nach. Noch zwar wiesen die Kunstwerke der Zeit die gotisch-germanische Linie auf, die wie ein zwischen Himmel und Erde zückender Blitz das Bild, indem sie es formt, entzündet. Im Fluge der Engel Dürers und Grünewalds bläst noch der Atem Gottes, der sie entsendete, die Gewänder der Heiligen sind gebauscht von der Erhabenheit überirdischen Schreitens und Schwebens. Ein Augenblick ist da, wo Himmlisches und Irdisches sich durchdringen und ewig gültige Meisterwerke entstehen. Das vermehrte Können ermöglichte den Künstlern, ihren Figuren mehr Beweglichkeit und der Bewegung mehr Natürlichkeit zu geben. Der Mensch erschien nicht mehr als der aus einer Welt des Mangels sehnsüchtig zur Herrlichkeit des Himmels Strebende, sondern als der Herr der Erde, die Krönung der Natur, der in sich Vollkommene. Die Schönheit des menschlichen Körpers begann den Künstler mehr zu interessieren als die Inbrunst seiner Seele. Mit Vorliebe wurde aller irdische Liebreiz über die Maria ergossen: eine mädchenhafte Frau, deren holdseliges Antlitz überhaucht ist von der reinen Flamme mütterlicher Liebe, so wie der Künstler sich die angebetete Geliebte als Mutter seines Sohnes vorstellen mochte. Hans Baldung-Grien hat den Marienmythus zu einem deutschen Märchen gemacht: von höchster irdischer Süßigkeit umwoben, wandelt das Königskind durch die Prüfungen, um endlich von seinem königlichen Vater und königlichen Sohn in die liebenden Arme aufgenommen und gekrönt zu werden. Schöne und würdige Altarbilder stellten doch nicht mehr heilige Handlungen, sondern zeremonielle Begebenheiten unter hochgestellten Personen dar, nicht weil sie Gewänder von Edelleuten tragen, sondern weil sie ganz und gar aus irdischer Luft heraus leben.

Die veränderte Auffassung des Menschen in der Kunst wurde von den Zeitgenossen bemerkt. Geiler von Kaisersberg klagte, daß die Maler jetzt, wenn sie ein Bild von Sankt Barbara oder Sankt Katharina machen sollten, Huren malten, die die Priester in der Andacht störten. Die Priester allerdings waren sehr bereit, sich stören zu lassen. Weltliche Gesinnung, das heißt Trachten nach allem, was die Sinnlichkeit, den Ehrgeiz, die Prachtliebe, den Machttrieb befriedigt, ist immer unter den Menschen vorherrschend; aber im Mittelalter wirkte ihr das Streben nach Heiligung entgegen, das im Vorbild der Klostergeistlichkeit und in der Lehre der Kirche, überall, sei es durch Wort oder Bild, gegenwärtig war. Daß die Geistlichkeit aufhörte, ein Vorbild übermenschlicher Tugend zu sein, im Gegenteil das Beispiel des Lasters war, trug sehr zur Ausbreitung der Sittenlosigkeit bei; denn diejenigen, die an ausgezeichneter Stelle stehen, werden von der Masse nachgeahmt. Der Zölibat, sicherlich immer hier und da umgangen, wurde nun offen verhöhnt. In manchen Klöstern wirtschafteten ganze Mönchsfamilien, und man erzählte sich von Haufen kleiner Knöchlein, die bei Frauenklöstern ausgegraben wären. Die satirischen Schriften der Zeit sind voll von Spott und Hohn über die Ausschweifungen der Geistlichkeit, die denen der Laien nicht nachständen. Im Maß, wie die Entwicklung der Geldwirtschaft und der kaufmännischen Betriebe die Möglichkeit dazu vermehrte, ergriff die Sucht, reich zu werden, alle Stände. Man konnte reich werden, wenn man etwas Geld zu wagen hatte, sich an einem kaufmännischen Unternehmen beteiligte, das oft großen Gewinn abwarf; hatte man keins, mußte man List oder Gewalt anwenden.

Es geht vom Geld eine anregende und wild aufregende, gemeinmachende Kraft aus. Wie ein Rauschmittel prickelt es auf, lähmt und entnervt, wie manche Gifte wirkt es heilsam in kleinen Dosen, aber da es reizt und niemals sättigt, wird die Grenze fast immer überschritten. Der Mensch ist immer schwach und bestechlich und war es auch im Mittelalter; aber mit Geld läßt sich Bestechung leichter handhaben als mit Naturalien. Schnell nahm die Bestechlichkeit zu, wurde mit großer Schamlosigkeit ausgeübt, und zwar in den höchsten Kreisen am meisten, wo mehr Geld zu vergeben war und mehr gebraucht und genützt wurde. Da Frankreich das reichste Land Europas war, wurden viele deutsche Fürsten heimlich und öffentlich Anhänger Frankreichs. Wie das Beispiel des Edlen, von oben gegeben, hebt, so verdirbt das Beispiel des Gemeinen. Auch die Bauern liefen dem Meistbietenden nach und führten etwa Krieg gegen die eigenen Landsleute. Hielten die Handwerker an dem alten Grundsatz fest, daß der Gewinn eine gewisse Grenze nicht überschreiten solle, damit eine annähernde Gleichheit der Lebenshaltung innegehalten werden könne, so machten sich doch auch unter ihnen die gesteigerten Ansprüche bemerkbar. Man machte sich die Erde zu einem angenehmen Aufenthalt, ohne zu fragen, was dafür zu zahlen war. Das Wort des Apostels: «Wir haben hier keine bleibende Stätte, sondern die zukünftige suchen wir», verlor seine Geltung. Anstatt des Bundes mit dem Himmel schloß man einen Bund mit der Erde und feierte ihn durch Essen und Trinken. Wie Ausgehungerte stürzte man sich auf die Kannen und Schüsseln. Das war nicht das festliche Schmausen des Mittelalters, sondern Völlerei. Durch das selbstgefällig gepflegte Schlemmen und die Trunkenheit kam etwas Unflätiges in das Leben der Deutschen, das sie bei den mäßigen Romanen verächtlich machte. Es zeigte sich, daß das Natürliche sehr widerlich sein kann. Die Gelage und das unmäßige Trinken waren hauptsächlich eine Liebhaberei der Fürsten, ebenso die Jagd. Die Jagdleidenschaft erstickte in den Fürsten und Herren jedes Gefühl für Gerechtigkeit, das ohnehin den Bauern gegenüber gering war. Der Bauer, der sich des Wildes erwehrte, das seine Äcker beschädigte, wurde mit unmenschlichen Strafen, wie Ausstechen der Augen, bedroht. Überhaupt waren die Strafen grausamer und brutaler als die Verbrechen. Man weidete sich am Anblick der Todesqualen des Gegners und an Scheußlichkeiten der Justiz, von denen man heute nur mit Schaudern liest. Waren nun auch Roheit und Unsittlichkeit nicht ärger, als sie früher gewesen waren, so fielen sie doch mehr auf im Vergleich mit der verfeinerten und der wissenschaftlichen Bildung, die nebenherging. War es doch die Zeit, von der Hutten sagte: «Es blühen die Studien, die Geister regen sich; du nimm den Strick, Barbarei, und mache dich auf Verbannung gefaßt!» Und an anderer Stelle: «Mit der

Barbarei ist es zu Ende; bisher wurden die Studien gering geachtet, jetzt kehrt man zu wahrer Gelehrsamkeit zurück, die Geister bilden sich.»

Auch hier hatte Nikolaus von Cusa einen großartigen Anfang gemacht. Von der durch die Bibel gewiesenen Ansicht ausgehend, daß die sichtbare Welt ein Bild des unsichtbaren Gottes sei, stellte er den Menschen die Aufgabe, die Natur zu erforschen, um dadurch soweit wie möglich zur Erkenntnis des an sich nicht erkennbaren Gottes zu gelangen. Er verwarf es dabei als unwürdig, sich auf Autoritäten zu stützen, das sei, wie wenn ein Pferd, anstatt frei sich seine Nahrung zu suchen, im Stalle fressen muß, was ihm in der Krippe vorgeworfen werde. Er verwarf sogar die Autorität des bis dahin fast heilig gehaltenen Aristoteles. So setzte die neue Macht, die Wissenschaft, sofort als selbstherrlich, furchtlos, rebellisch ein. Sie kam als Befreier, der Zweifel ging ihr als Herold voran. Dieser schwungvolle Anlauf blieb zunächst jedoch ohne Folge. Wenn Piccolomini von den Gelehrten und Adligen Deutschlands sagte, sie seien gute treuherzige Leute, aber sie liebten die Wissenschaft nicht nach seiner Weise, und ihre Lust sei nicht die seine, so urteilte er gewiß im ganzen richtig über die Deutschen seiner Zeit. Auch als es im letzten Viertel des 15. Jahrhunderts anders wurde, waren doch die Italiener den Deutschen gegenüber sehr im Vorteil, schon weil die Sprache, um deren Reinigung es sich zunächst handelte, die ihrige war. Wie stolz sagt Lorenzo Valla: «Wir Römer haben die weltliche Herrschaft eingebüßt, aber kraft der glänzenden Herrschaft der Sprache regieren wir noch heute über einen großen Teil des Erdkreises:

unser ist Italien, unser Frankreich, Spanien, Deutschland und viele andere Nationen, denn wo die römische Sprache herrscht, da ist römisches Reich.» In wie sonderbarer Stellung befanden sich die deutschen Humanisten, die diesem Stolz gegenüber den Gebrauch der deutschen Sprache fördern wollten, aber sich selbst nicht gut in ihr ausdrücken konnten. Die reinere Behandlung und tiefere Durchdringung der lateinischen Sprache, wie sie nun üblich wurde, hatte für Deutschland auch Nachteile. Einst waren durch das Einströmen germanischen Geistes in die ausgebildete lateinische Sprache Dichtungen von hinreißender Lebendigkeit entstanden: Hymnen, Trink- und Liebeslieder. Die gefeilten, nach klassischen Mustern gearbeiteten Verse der deutschen Humanisten verhalten sich zu jenen wie ausgestopfte zu lebendigen Tieren. Gregor von Heimburg sagte einmal schön, als man seine tullianische Eloquenz pries, schöner als nach Weise der Bienen Zerstreutes zu sammeln, sei nach dem Vorbilde des Wurms, der Seide aus seinem Eingeweide spinne, aus sich selbst heraus reden zu können. Er wolle jetzt das Studium der göttlichen Dinge betreiben, die nicht der Bewässerung durch die Fluten tullianischer Eloquenz, nicht der Redeblümchen Quintilians bedürften, sondern einer Rede, die die Sache erläutere, den Sinn kennen lehre, Dunkles aufhelle. Aber es ist nur selten, wenn überhaupt möglich, in einer fremden, erlernten Sprache Eigenes auf eigene Art zu sagen. Mochte je einmal einer von den gekrönten Dichtern vom Überschwang dichterischer Kraft erfüllt sein, Gestalt vermochte er ihm nicht zu geben. Wir begreifen diesen Dichtern gegenüber, daß Wimpheling sagte: Poesie sei ein Anhängsel der Grammatik und zu nichts gut, als die Silben zu messen. Es ist charakteristisch, daß die Dichterkrönung als greifbaren Gewinn das Recht einbrachte, an Universitäten die freien Künste zu lehren. Hervorragende Leistungen in der Poesie stellten den Dichter dem Gelehrten gleich, verdankte er sie doch seinem Fleiß und seinen gelehrten Kenntnissen.

Im Vergleich mit den italienischen Humanisten haftete den Deutschen etwas Spießbürgerliches, Beschränktes an. Zu einer Zeit, als in Italien die neubelebte Wissenschaft mit großartiger Naivität und stolzer Zuversicht gegen alles Bestehende anstürmte, konnte Enea Silvio Piccolomini Deutschland ein «gleichsam außerhalb der gebildeten Welt liegendes Land» nennen. Allmählich aber ersetzten deutsche Bedächtigkeit und Gründlichkeit das geistige Feuer und führten zu bedeutenden Leistungen. Das Studium der Sprachen wurde auf durchdachte Art betrieben, die Methode des Erlernens verbessert, Lehrbücher und Grammatiken wurden geschaffen. Auch auf dem Gebiet der Rechtswissenschaft, die auf den Universitäten von Bologna, Padua, Pisa und Pavia studiert wurden, kam der Anstoß von Italien; aber schon der Umstand, daß das römische Recht in Beziehung zum deutschen gesetzt werden mußte, bedingte eine besondere Entwicklung. Ulrich Zasius, das Haupt der deutschen Rechtslehrer, war durchaus nicht für kritiklose Übernahme des römischen Rechtes, er wollte es nur übernommen wissen, soweit es für Deutschland heilsam und seinen Sitten entsprechend sei, hauptsächlich in bezug auf die juristische Technik und die allgemeinen Rechtsgrundsätze. Schon im Beginn des 15. Jahrhunderts wurde über das Fehlen allgemeiner leitender Grundsätze und über den Mangel an Einheitlichkeit im deutschen Recht geklagt. Nikolaus von Cusa, auf allen Gebieten führend, schlug vor, die provinziellen Gewohnheitsrechte aufzuzeichnen und allgemeine Rechtssätze aus ihnen abzuleiten. Soweit das Gewohnheitsrecht schlecht sei, solle es abgeschafft oder mit dem allgemeinen Gesetz der Natur und Vernunft in Einklang gebracht werden. Auch haben Aufzeichnungen der Stadt- und Landrechte seitdem vielfach stattgefunden; allein da das römische Recht gelehrt wurde und allgemeine Grundsätze enthielt, war es natürlich, daß diese übernommen wurden. Wo das deutsche Recht einigermaßen einheitlich und gut überliefert war, wie in Bayern und in den Hansestädten sächsischen Rechts, konnte das römische Recht nur langsam eindringen. Wie die anderen Gebiete des menschlichen Geisteslebens, so war auch das römische Recht durch einen Wust von Glossen und Kommentaren überdeckt und entstellt; das Zurückgehen auf die Quellen wâren die wesentliche Tätigkeit und das größte Verdienst des Ulrich Zasius. «Vor allem will ich bekennen», schrieb er, «daß ich allein von dem Texte der Quellen und von wahren und sicheren Gründen, die auf dem Recht oder der Natur der Sache beruhen, abhängen, nur auf diese mich stützen will.» Der Wirbelwind der Meinungen habe bei ihm nicht das geringste Ansehen, wenn er nicht auf den Quellen des Rechtes oder auf der klaren Vernunft beruhe.

In der Geschichte begann man gleichfalls auf die Quellen zurückzugehen, bemühte man sich um Feststellung der Tatsache, räumte man auf mit den grotesken Vorstellungen, die namentlich in bezug auf die Herkunft der Nationen und Dynastien mitgeschleppt waren. Daneben freilich entfaltete sich üppig wie je die Konstruktion einer deutschen Urgeschichte, die die deutsche Nation als zur Weltherrschaft berufen darstellen sollte: die heutige deutsche Sprache ist die älteste und wird einst alle anderen Sprachen verdrängen. Schon Adam, der ein deutscher Mann war, sprach sie, und durch Japhet, der vor der babylonischen Sprachverwirrung auszog, ist sie nach Europa verpflanzt worden. Es ist ein garstiger Fehler des Alten Testamentes, daß es von der Wanderung Japhets nichts berichtet; er ist zu Istein im Breisgau bestattet worden. Auch Alexander der Große war ein deutscher Held und Statthalter über das von den Deutschen unterworfene Griechenland. Jerusalem ist von den Deutschen gegründet. Die Amazonen stammen von den Sachsen ab. Die Deutschen waren, als die Söhne Japhets, auch die ersten Christen und haben bei Basel und Trier christliche Tempel gegründet. Das Gegenstück zu der Verherrlichung der Deutschen bildet eine entsprechend verächtliche Ableitung der romantischen und slawischen Völker. Solche Ausgeburten kindlicher Vaterlandsliebe waren dem Volke immer noch willkommen.

In einem merkwürdigen Gegensatz zu so wirrer Phantastik stehen die Leistungen der Deutschen auf dem Gebiete der Mathematik. Auch hier ist Nikolaus von Cusa führend. Weil er die Mathematik als die am wenigsten an die Sinnlichkeit gebundene Wissenschaft für am meisten geeignet hielt, ein Bild des Unendlichen zu sein, beschäftigte er sich besonders mit ihr. Er tat es zum Zweck besserer Erkenntnis Gottes, forderte aber auch eine exakte Wissenschaft, die sich, abgesehen von dem Urgrund, dem sie zum Bilde dient, der Erforschung des Bildes widmet. Mit besonderer Neigung und Begabung warfen sich nun die Deutschen auf das Studium der Mathematik, namentlich in ihrer Anwendung auf Astronomie und Geographie. Als Wunder des Jahrhunderts wurde Johannes Müller, nach seinem Geburtsort Königsberg bei Haßfurt Regiomontanus genannt, im Abendlande gefeiert. Er war Schüler des Georg von Peuerbach, der in Wien lebte und dessen Werk über die Planeten er herausgab. Nachdem Regiomontanus in Padua einen arabischen Astronomen erklärt und dann die Trigonometrie begründet hatte, ließ er sich in Nürnberg nieder und entfaltete dort eine großartige wissenschaftliche und praktische Tätigkeit. Er gründete eine Druckerei, in der die Werke des Altertums und Mittelalters über Mathematik und Astronomie, und eine Werkstatt, wo nach seiner Angabe Kompasse, Himmelsgloben, Karten hergestellt werden sollten und wurden. Dies war der Beitrag, den Deutschland zu den Entdeckungen der großen Seefahrer des Jahrhunderts lieferte. Durch Vorträge weckte er Interesse für seine Wissenschaft, das sich rasch zu leidenschaftlicher Anteilnahme steigerte. Die reichen Patrizier Nürnbergs förderten seine Unternehmungen, Bernhard Walther, ein Geschäftsführer bei der berühmten Firma Vöhlin und Welser, ermöglichte ihm durch seine finanzielle Hilfe die Gründung einer Sternwarte. Nach dem Tode seines Freundes setzte Walther seine Bestrebungen fort. Sowohl Peuerbach wie Regiomontanus sind jung gestorben. Der letztere starb im Jahre 1476 in Rom, wohin Sixtus IV. ihn berufen hatte, um ihn bei der Verbesserung des Julianischen Kalenders zu beraten. Drei Jahre vorher war Kopernikus geboren, dessen Werk *De revolutionibus orbium celestium* die Arbeit der beiden Vorläufer vollenden sollte.

Es waren anfangs keine umwerfenden und umstürzenden Absichten mit diesen Arbeiten verbunden: die Kraft, die lange gerastet hatte, versuchte freudig, unermüdlich ihre Schwingen. Aber wie konservativ auch die Gesinnung und wie angemessen dem herrschenden Weltbilde auch die Leistung war, die Wissenschaft, die bescheiden nichts zu wollen schien, als zu den Quellen zurückzukehren, war doch die Macht, die den Anspruch in sich trug, die Welt umzuschaffen. Daß sie das Entartete beseitigen wollte, machte ihr den Zweifel zur Pflicht, die Reformation, deren Notwendigkeit auf allen Gebieten jeder einsah, verlangte Kritik alles Bestehenden. Da die Autoritäten, die Dekrete, das Herkommen die Menschen in ein fast unentwirrbares Netz von Übeln verstrickt hatten, suchte man einen zuverlässigen Grund in den Gesetzen zu finden, die in den Dingen selbst lägen. Als Führer bediente man sich der Vernunft und der Natur der Dinge. Die Wissenschaft löste langsam die Welt des Augenscheins, aufgenommen und aufgebaut von den Sinnen, als ein großartiges, die Menschheit umfassendes Gewölbe in ein unendliches Gegenbild des konstruierenden Verstandes auf. Sie wirkte klärend und auflösend, bis die Welt des Verstandes so übersichtlich daliegen würde, daß der Mensch sie seinen Bedürfnissen entsprechend ordentlich einrichten könnte. Sie würde alles bisher Geglaubte aufheben, und wenn es ihr richtig schiene, auch sich selbst aufheben; aber nur, um sich immer wieder neu zu setzen.

Dem Erwachen der Wissenschaft stand das Sinken der Religiosität und der Sittlichkeit gegenüber. Da es immer Sittenrichter gibt, die die Lasterhaftigkeit ihrer Mitmenschen als Ausnahmezustand ihrer Zeit betrachten, ist es schwer, den Grad der Unsittlichkeit im 15. Jahrhundert richtig zu beurteilen; aber das übereinstimmende Urteil vieler gebildeter, denkender Menschen muß doch als Beweis für einen erschreckenden Verfall gelten. Unter vielen seien nur einige Äußerungen angeführt. Um die Mitte des Jahrhunderts zählte Nikolaus von Cusa als unheilvolle Zeichen auf: die zentrifugale Tendenz, die Ehrfurchtlosigkeit der Gehorchenden, daß der Gemeinsinn der Privatgier Platz gemacht habe, kurz die Herrschaft des Antichrist. Einige Jahrzehnte später schrieb der Humanist Beatus Rhenanus: «Was gilt uns heute noch heilig, uns, den Christen, die wir zu innerer Beschämung gestehen müssen, daß unsere heidnischen Vorfahren weit besser waren als wir? Wir bringen es über uns, über jede Schandtat zu lachen, wir finden für alles, was wir heutzutage treiben, eine Rechtfertigung im Zeitgeist: er muß Unsittlichkeiten empörendster Art, er muß Trunksucht entschuldigen. Der Zeitgeist muß als Deckmantel dienen für diejenigen jungen Leute, welche als Reisläufer ein leichtsinniges Lasterleben führen, für die Unersättlichen, welche in gieriger Gewinnsucht nie genug zusammenscharren können, für die habsüchtigen Geistlichen, welche Pfründen auf Pfründen häufen und doch nie zufrieden sind.» Und in dem früher angeführten Briefe von Sebastian Brant heißt es: «Lange habe ich des Reiches Geschick beklagt; fast habe ich für dasselbe keine Tränen mehr, denn ich sehe, daß alles nach einer eisernen Notwendigkeit geschieht. Was ich vor langer Zeit über die verkehrte Ordnung in der Welt geschrieben und geweissagt habe, das ist leider eingetroffen: alles ist Zwietracht, kein Gesetz, keine Freundschaft mehr in der Welt! Alle wüten gegeneinander wie Löwen und Wölfe!»

Ritter

Noch immer erinnerten die Formalitäten, mit denen die Ritter eingekleidet wurden, an das Ideal, dem sie dienen sollten. Die Kunst stellte mit Vorliebe den Ritter Sankt Georg dar, ihren Patron, wie er den Drachen bekämpft, das Symbol des Bösen. Die berühmten Holzgruppen der Lübecker Bernt Notke und Henning von der Heide zeigen im Hintergrunde die Jungfrau, die der Held errettet gemäß der Ritterpflicht, bedrängten Frauen, Witwen und Waisen beizustehen. In diesen gerüsteten Gestalten vereinen sich Mut und Kraft des Kämpfers mit der strahlenden Sicherheit des Götterboten. Über der phantastischen Scheußlichkeit des Drachen flammt er ohne Makel. Auf den Grabsteinen in den Kirchen sehen wir die irdischen Ritter in Erz und Stein, bald die Hand am Schwert, bald die Hände zum Gebet gefaltet, bald jugendlich schlank, bald breit und gelassen. Sie scheinen bereit, vor ihren himmlischen Herrn zu treten mit dem Bewußtsein, oft gefehlt, aber ehrlich gestrebt zu haben.

Diese Verherrlichung des Rittertums durch die Kunst entstand zu einer Zeit, als ein großer Teil der Ritterschaft zu Schnapphähnen geworden war, die ihrer Armut durch Beraubung reisender Kaufleute abzuhelfen suchten, die nicht Witwen und Waisen beschützten, sondern die Frauen in Dorf und Stadt zu Witwen und Waisen machten. Es waren Leute von abgefeimter Roheit darunter, die nicht einmal das Flehen ihrer Opfer erhörten, wenn sie baten, ihnen die linke statt der rechten Hand abzuhauen. So waren nicht alle; aber auch die Besseren und Besten hielten sich auch nach Abschaffung des Fehderechtes noch für befugt, sich seiner zu bedienen, was sie vor sich selber damit rechtfertigen mochten, daß die Gerichte mangelhaft wären und daß die Fürsten nach Belieben Krieg führten. Wenn einem selbst Anlaß zur Fehde fehlte, erkundete man Leute mit irgendwelchen Ansprüchen, die auf dem Rechtswege nicht befriedigt worden waren, und trieb sie mit Waffengewalt ein. Mit Vorliebe befehdeten die Ritter Städte, deren Kaufleute sie dann überfallen und plündern konnten, wenn der erschreckte Magistrat sich nicht sofort mit einer großen Summe loskaufte. Auf diese Weise konnte man sich bereichern und zugleich die verhaßten Stände der Städte und Fürsten schädigen. Silvester von Schaumberg, ein sehr angesehener fränkischer Ritter, sagte einmal dem Bischof von Bamberg Fehde an, weil er wichtige geistliche Stellen an Schusters- und Schneiderssöhne und andere hergelaufene Leute vergeben habe zu Schmach und Schaden der Ritterschaft, die diese Stellen für sich in Anspruch nahm, weil sie von ihren Vorfahren gestiftet wären. Die Bischöfe von Würzburg und Bamberg waren dem Angriff der fränkischen Ritterschaft besonders ausgesetzt. Die Gefahr war groß, weil alle zusammenzuhalten pflegten und ihrer sehr viele waren. Herzog Ulrich von Württemberg soll nach der Ermordung des Hans von Hutten über fünfhundert Fehdeansagen erhalten haben.

Die Lage des Ritterstandes war ein allgemeines Übel und Problem, das viele Reichstage beschäftigte. Sie waren die Arbeitslosen und Anarchisten jener Zeit, Arbeitslose, für die es eine standesgemäße Arbeit zu finden galt. Durch bürgerliche Arbeit hätten sie geglaubt, sich zu erniedrigen; aber auch die Bürger hätten das als einen Eingriff in ihre Rechte beanstandet. Eins blieb dem Ritter übrig, als Rat oder hoher Beamter in den Dienst von Städten oder Fürsten zu treten. Viele taten das und kamen auf diesem Wege zu gesichertem Einkommen und Ansehen; aber andere sahen darin eine Demütigung oder steiften sich auf ihren ritterlichen Beruf, der Studium und Federfuchserei nicht gestatte.

Der natürliche Stützpunkt der Reichsritter war der Kaiser. Sie hatten ein Interesse daran, seine Macht zu stärken, wie er, sich ihrer gegen die Fürsten bedienen zu können. Verschiedentlich hatten Kaiser versucht, diesen abgesplitterten Stand, der sich nirgends mehr angliedern konnte und wollte, zu erneuern und sich enger zu verbinden, so Siegmund und Maximilian I., beide allerdings vergeblich. Die Bemühungen Maximilians scheiterten daran, daß die Ritter nicht auf die Bedingung eingingen, es solle jeder mit vollendetem 18. Lebensjahre gewissen Gerichtshauptleuten, die der Kaiser setzen würde, sich eidlich verpflichten, keinen Straßenraub zu begehen. Nicht daß nicht viele Ritter den Straßenraub mißbilligten; aber erstens sahen sie die Fehde nicht für Straßenraub an, und sodann zweifelten sie, und vielleicht mit Recht, ob das neue Recht, welches der Kaiser ihnen verleihen wollte, sie gegen die Fürsten genügend sicherstellen würde. Sie antworteten dem Kaiser, sie wollten bei dem alten Herkommen bleiben. Auf diesem unfruchtbaren Standpunkt erstarrten sie. Lieber als durch Reichstagsbeschlüsse zu irgendeiner Steuer verpflichtet zu werden, entbehrten sie des Rechtes der Teilnahme an den Reichstagen. Um nicht besteuert zu werden, lehnten sie zur Zeit der Kämpfe um die Reichsreform den Gemeinen Pfennig ab, der die Macht des Kaisers gestärkt hätte, des einzigen, der sie gegen die Fürsten schützen konnte. Grollend saßen sie auf ihren Burgen, verzehrten die knappen Einkünfte, die ihre Untertanen ihnen lieferten, und hielten sich für die von aller Welt Gekränkten. Im Beginn des 16. Jahrhunderts schien der Ritterschaft in Franz von Sickingen ein Führer erstanden zu sein, der es zu solcher Macht und solchem Ansehen gebracht hatte, daß er sich Fürsten gleichstellen konnte. Er war 1481 geboren, zwei Jahre älter als Luther. Die Familie stammte aus dem Kraichgau; Franz war ein kleines Kind, als sein Vater die Ebernburg bei Kreuznach erwarb. Außer dieser gehörte ihm die Burg Landstuhl bei Kaiserslautern. Das Vermögen, das sein Vater begründet hatte, erweiterte er beträchtlich, besonders durch Bergbau, aber auch durch Fehden. Die Rolle des Beschützers verunrechteter Schwacher zu spielen entsprach seiner Gesinnung, in der etwas Großmütiges war; sich im Gegensatz zu den herrschenden Mächten zu fühlen schreckte ihn nicht, war seinem Stolz eher eine Genugtuung. Im Jahre 1512 hatte in der Stadt Worms eine Erhebung der Gemeinde gegen den Rat stattgefunden, die vom Kaiser niedergeschlagen und bestraft worden war. Unter denen, welche bei dieser Gelegenheit auswandern mußten, war ein bischöflicher Notar, Balthasar Schlör, der große Forderungen an Wormser Bürger zu haben behauptete. Da er sich mit seiner Klage an Sickingen wandte, nahm dieser ihn in seinen Dienst und ließ sich seine Forderungen übertragen. Ohne sich auf den von der Stadt Worms vorgeschlagenen Rechtsweg einzulassen, überfiel er Wormser Kaufleute, die auf einem Heidelberger Schiff nach Frankfurt fuhren, nahm ihnen ihre Waren fort und brachte sie auf die Ebernburg. Dann erst sagte er die Fehde an. Trotzdem der Kaiser die Acht über ihn verhängte, wonach er aus dem Adel ausgestoßen und den unvernünftigen Tieren und ehrlosen Menschen zugesellt wurde, ging die sogenannte Franzensfehde Jahre hindurch zum ärgsten Schaden der Stadt weiter, ohne daß der Kaiser ernstlich eingeschritten wäre. Eine andere Fehde führte Sickingen gegen die Stadt Metz, eine andere gegen den jungen Landgrafen Philipp von Hessen, der, fast noch ein Knabe, eben die Regierung angetreten hatte. In beiden Fällen kauften sich die Angegriffenen mit sehr großen Summen los. Ein solcher Ruf der Unbezwingbarkeit umgab Sickingen, daß die Mächtigen, anstatt ihn zu unterwerfen, sich um ihn bewarben. Durch Vermittlung eines Freundes trat er in den Dienst des Königs von Frankreich, dann, nachdem er diesen aufgegeben hatte, in den des Kaisers. Noch kurz zuvor hatte Maximilian die Waffen gegen den Abtrünnigen wenden wollen, aber da er bei den Kreisen keine Unterstützung fand, ließ er sich herbei, ihn gnädig aufzunehmen. Das Fränzchen erschien 1517/18 in Mainz und Innsbruck vor Maximilian, versprach gegen Herzog Ulrich von Württemberg zu dienen und ließ zum

Andenken an diese Begegnung eine goldene Denkmünze schlagen, auf der er vor dem Kaiser kniend abgebildet war. Auf dem Feldzuge gegen den Württemberger, der erst nach dem Tode des Kaisers, im Sommer 1519, zustande kam, lernte Sickingen Ulrich von Hutten kennen, der eine verhängnisvolle Wendung seines Lebens herbeiführen sollte.

Wenn es einen Ritter gab, der die Ideale seines Standes verwirklichte, so war es Ulrich von Hutten. Zum Klosterleben von den Eltern bestimmt und diesem mit Hilfe seines etwas älteren Freundes, Crotus Rubeanus, entflohen, das seinem ganz auf Tat und Erleben gestimmten Wesen widersprach, war er der natürliche Gegner des Klerus, besonders der Klostergeistlichkeit. Unter großen Entbehrungen, denn nach seiner Flucht aus dem Kloster hatte sein Vater die Hand von ihm abgezogen, hatte er an verschiedenen Universitäten sich in humanistische Studien vertieft, dann, um seinen Vater zu versöhnen, in Italien die Rechte zu studieren begonnen. Dort dichtete er im Jahre 1513 schöne, straff geschürzte lateinische Verse gegen den Papst und den Ablaß: «Wie doch die gläubige Welt der Krämer Julius anführt / Welcher den Himmel verkauft, den er doch selbst nicht besitzt! / Biete nur feil, was du hast! Wie schamlos ist's zu verkaufen / Was, o Julius, dir eben am meisten gebricht.» Und ferner: «Wie, der menschliche Geist, ein Funke des göttlichen Lichtes / Von Gott selber ein Teil, läßt so durch Wahn sich verblenden? / Julius, dieser Bandit, den sämtliche Laster beflecken, / Er verschließe den Himmel nach Willkür diesem und schlösse / Jenem ihn auf? Sein Wink beseligte oder verdammte?»

Ohne grübelnde Untersuchung, ohne daß ein innerer Kampf vorausgegangen wäre, versandte er diese Pfeile. Es kam ihm nicht in den Sinn und kümmerte ihn nicht, ob der häßlichen kirchlichen Praxis eine wahre, große Idee zugrunde liege; der Ablaß war für ihn ein Schimpf, den Rom den deutschen Barbaren antat, Grund genug, dagegen zu kämpfen. Als er im Jahre 1516, fünf Jahre nach Luther, in Rom war, befestigte ihn die Anschauung der am päpstlichen Hofe herrschenden Sittenlosigkeit in seinem Haß.

«Also sah ich sie denn, Roms halb zertrümmerte Mauern,
Wo mit dem Heiligen man selber den Gott auch verkauft!»

Doppelt widert ihn das verweichlichte und skandalöse Leben an, das er sieht, weil es auf dem Hintergrunde der Ewigen Stadt sich abspielt:

«Und das alles in Rom, wo Curius einst und Metellus
Und Pompejus gelebt; o der veränderten Zeit!»

Denn Rom ist diesem Romfahrer heilig, und er sucht es auf, Pietät und Verehrung im Herzen, nicht weil sein Boden vom Blute der Märtyrer getränkt ist, sondern als den Schauplatz antiker Größe und Freiheit, als die Heimat von Helden, denen die Deutschen gleichen könnten, wenn die Papstkirche sie nicht verderbt hätte.

Im Begriff, Italien zu verlassen, bekam Hutten bei einem Freunde Einsicht in die Schrift, in welcher Lorenzo Valla in der Mitte des vorigen Jahrhunderts die Schenkung des Konstantin, auf welche die Päpste ihren Anspruch auf Herrschaft über den Erdkreis und insbesondere über Italien gründeten, als eine Fälschung nachgewiesen hatte. Sofort faßte Hutten den Plan, sie zur Verbreitung in Deutschland drucken zu lassen. Mit großartiger Unverschämtheit widmete er diese Schrift, die das Fundament der päpstlichen Herrschaft erschütterte, dem Papst Leo X. Leo, der in Italien als Wiederhersteller der Freiheit gefeiert werde, habe mit dem Frieden Gerechtigkeit, Wahrheit und Freiheit zurückgeführt, nun könnten die Wissenschaften aufblühen, könne sich offen zeigen, was bisher sich habe verstecken müssen. Schlechte Päpste hätten die konstantinische Schenkung erdichtet. Leo werde freiwillig aufgeben, was man einem schlechten Papst mit Gewalt würde genommen haben; denn Frieden könne zwischen Räubern und Beraubten nur sein, wenn das Geraubte zurückgegeben werde. Leos Vorgänger, schlechte Päpste, hätten Gnaden feilgeboten, mit Dispensen und Bullen Handel getrieben, Sündenvergebung verkauft und aus den Strafen im künftigen Leben eine Erwerbsquelle gemacht. Sie hätten die Deutschen glauben gemacht, nur die seien rechte Bischöfe, die um viele tausend Goldgulden ein Pallium von ihnen erhandelten, und hätten, während sie alles dies und mehr verübten, dazu noch als Heilige verehrt sein wollen. Es würde ein großes Unrecht sein, Leo solchen Päpsten beizählen zu wollen. Zwar zweifle er, Hutten, nicht, daß das Büchlein des Valla ihm gefallen werde, aber es wäre ihm doch lieb, wenn Leo ihm öffentlich seinen Beifall kundtäte; dann werde er sich Mühe geben, bald etwas Ähnliches aufzutreiben.

Ob Leo die Schrift kennenlernte und es für das beste hielt zu schweigen, weiß man nicht. Daß den Humanisten die Verwegenheit des Witzes so entzückt hätte, daß er den Inhalt hätte hingehen lassen, ist kaum anzunehmen.

Huttens ritterliche Impulse erhielten frische Nahrung, als im Jahre 1515 Herzog Ulrich von Württemberg seinen Vetter, Hans von Hutten, ermordete. In leidenschaftlichen Anklagereden trat er als Verteidiger der Unschuld und Rächer des Unrechts auf. Stärker noch ergriff ihn der Kampf um Reuchlin. Denn da war nicht nur ein alter Mann, dem Ketzerrichter mit dem Scheiterhaufen drohten, mit ihm litt ein ganzes Volk, litt die abendländische Menschheit unter dem Druck eines Glaubens, der zum törichten oder finsteren Aberglauben geworden war. Die Kirche war der Drache, auf den er sich stürzte; er hatte die Aufgabe und das Pathos seines Lebens gefunden. Der Streit um die Thesen, die damals ein Augustiner an die Wittenberger Schloßkirche anschlug, interessierte ihn nicht, das war in seinen Augen ein Mönchsgezänk wie das um die unbefleckte Empfängnis der Jungfrau, das vor einer Reihe von Jahren Dominikaner und Franziskaner entzweit hatte. Mochten sie sich untereinander zerfleischen!

Als er Ende des Jahres 1518 auf Steckelberg bei seinen Eltern weilte, stellte er die Türkenrede, aus der er auf Zureden seiner Freunde in Augsburg die gegen den Papst gerichteten Stellen gestrichen hatte, unverkürzt her und versah sie mit einer Zuschrift an die wahren und freien Deutschen. Sollte ihm Gefahr drohen, sagte er darin, so verlasse er sich auf seine Deutschen, für die er soviel gewagt habe. Die Feinde und Unterdrücker Deutschlands sollten sich hüten, die

Sache zum Äußersten zu treiben. Wenn es jemand gebe, der die deutsche Freiheit so vernichtet wünsche, daß man gegen kein Unrecht, keine Schmach mehr Einrede tun dürfe, der möge bedenken, daß die geknebelte und fast erwürgte Freiheit plötzlich losbrechen und sich wiederherstellen könnte. Einfangen und binden lasse sich die Freiheit wohl, wenn einer es schlau und geschickt anzufangen wisse, sie ganz zu vernichten sei unmöglich. «Ihr, denen des Vaterlandes Freiheit am Herzen liegt, die ihr Deutschlands Ehre erkennt und nicht ganz dem Aberglauben verfallen seid, leset, wagt Ähnliches und lebt wohl.» Hutten glich einem Feldherrn, der ein Heer sucht, um es zu Krieg und Sieg zu führen. Und wie das Schicksal zeitenweise einem Menschen wie aus einem Füllhorn alles zuwendet, dessen er bedarf, ließ es Hutten einen Freund finden, der so gut wie ein Heer war. Immer darauf bedacht, sich nicht nur in den Wissenschaften, sondern auch in den eigentlichen Aufgaben seines Standes zu betätigen, nahm er teil an dem Feldzuge, den der Schwäbische Bund im Frühling 1519 gegen den geächteten Herzog von Württemberg veranstaltete. Das lag ihm ohnehin nah, weil er in Vertretung seiner Sippe den Mörder eines Hutten öffentlich angeklagt hatte. Bei der Leichenfeier des verstorbenen Kaisers in Reutlingen hatte ein Bürger der Stadt im Streit einen Württemberger getötet. Das hatte Herzog Ulrich zum Anlaß genommen, sofort aufzubrechen und die überraschte Reichsstadt zu unterwerfen. Die Klagen der Reichsstadt hätten vielleicht nichts gefruchtet, wenn nicht die Herzöge von Bayern, Brüder der gekränkten Frau des schwäbischen Herzogs, für dieselbe hätten eintreten wollen, wozu sie ihr Einfluß auf den Schwäbischen Bund in den Stand setzte. Im Dienste des Kaisers beteiligte sich auch Franz von Sickingen an der Spitze geworbener Landsknechte an diesem Feldzuge, und bei dieser Gelegenheit befreundete er sich mit Hutten. Sickingen war ungelehrt, verstand kein Latein, hatte wenig gelesen und sich an die üblichen kirchlichen Gebräuche gehalten, ohne darüber nachzudenken. Nun begegnete ihm ein tapferer Standesgenosse, der ein enthusiastischer und zugleich kritischer Geist war, dabei mitteilsam und durch seine Abkunft mit der Art und Einstellung seines neuen Freundes vertraut. Wie so oft einfache Menschen, die nur handelnd im Leben standen, war Sickingen außerordentlich empfänglich für geistige Anregung; die erhielt er nun reichlich von Hutten. Mit lebhafter Teilnahme ging er auf die Gedanken und Betrachtungen des Freundes ein, verarbeitete sie mit der kräftigen Gründlichkeit, die in seinem Charakter lag, und machte sie sich ganz zu eigen. Es gibt Menschen, die ihr Denken neben ihrem Tun einherlaufen lassen können, ohne Übereinstimmung zu fordern; es war das Große an Sickingen, daß er sofort sein Tun dem neugewonnenen Überblick unterstellte. Es war, als hätten die edleren Kräfte in ihm auf die rechte Losung gewartet, für die sie kämpfen könnten. Obwohl stark von Hutten beeinflußt, blieb er doch ganz der fest in sich ruhende Mann, der allen, auch Hutten, imponierte. Wie der Löwe der Legende, den der Mensch zähmt und der dem Menschen folgt und doch eine überlegene, furchtbare Kraft und ein bewundernswertes Werk der Natur bleibt, ging er gelassen, eigene, undurchschaubare Pläne hegend, seinen Weg weiter. Noch während des Feldzuges hatten die beiden Freunde Gelegenheit, sich als echte Ritter zu erweisen. Sie sorgten dafür, daß das Haus des geängstigten Reuchlin, für den Fall, daß Stuttgart mit Gewalt sollte erobert werden, nicht beschädigt würde, besuchten ihn und versicherten ihn ihrer Hilfe, wenn er durch seine Gegner noch ferner belästigt würde. Bei Worten ließ es Sickingen nicht bewenden. Er sagte dem Predigerorden förmlich die Fehde an, das heißt, er verlangte von ihm, daß er aufhöre, Reuchlin zu belästigen, und daß er die Kosten des Prozesses trage. Der Schrecken, der vor Sickingens Namen herging, war so groß, daß der Orden auf alles einging; unterderhand allerdings bezeichnete er dem Papst das Zugeständnis als erzwungen und erreichte auch, daß Leo, die Entscheidung der früher von ihm eingesetzten Kommission mißachtend, Reuchlins Buch verurteilte. Indessen

war er dadurch, daß die Herzöge von Bayern ihn als Professor nach Ingolstadt beriefen, vor ernstlichen Verfolgungen geschützt. Obwohl nur sieben Jahre älter als Hutten, hatte Sickingen ein beträchtliches Stück Leben vor ihm voraus, das ihn gesetzter, gesättigter machte. Er hatte früh geheiratet und vor einigen Jahren seine Frau verloren, nachdem sie ihm drei Töchter und drei Söhne geboren hatte. Es scheint, daß sein häusliches Leben ihn befriedigt hatte, wieder verheiratet hat er sich nicht. Es ist nicht unmöglich, daß Äußerungen Sickingens oder sein Beispiel Huttens Gedanken auf die Ehe lenkten. Bald nach ihrer Begegnung schien das Schicksal ihm einen Weg zu öffnen, der von der tragischen Bahn abführte, die er eingeschlagen hatte. Sehnsucht nach Glück ergriff ihn, nach der einfach schönen Beseligung durch Liebe, wie sie aller Menschen, auch der ärmsten, Bestimmung und Geschenk sein kann, nach Weib und Kind, nach einem Eigen, einer Häuslichkeit, wo alle Mißtöne sich in Wohlklang lösen, wo unter einer weichen Hand Friede und Heiterkeit blüht. Man weiß, daß das Mädchen, das er heimzuführen hoffte, Katharina Glauburg aus Frankfurt war, die Schwester eines Freundes. Er träumte von einem Haus, das ihre Lieblichkeit durchleuchtete, wo er, der bisher bei andern Gast und Fremdling gewesen war, in schönen Räumen und Gärten Freunde empfangen konnte, wie er es wohl in Nürnberg und Augsburg bei den reichen Patriziern gesehen hatte.

Vielleicht, daß Katharina Glauburg dem unscheinbaren, aber temperamentvollen Ritter zugelächelt hatte; aber ihre Mutter hielt den kränklichen Mann, der keine gesicherte Stellung hatte und durch rebellische Schriften Anstoß erregte, nicht für einen zu ihrer Tochter passenden Ehemann. Sie hatte wohl recht. Würde er die Fessel des häuslichen Glücks nicht abgeworfen haben wie einst die Kutte? Keine Äußerung von ihm verrät uns, ob der Ausgang ihn schmerzte und wie tief. Nur einmal, wo er von seiner Mutter spricht, bebt eine süßere Schwingung persönlichen Lebens über die Saiten dieses heroischen Dichters. Über den zerfließenden Traum hinweg stürzte er sich, ohne zurückzublicken, in den Kampf.

Luther

Im Jahre 1505, als Maximilian I. durch seinen großen Sieg in Deutschland zu Ansehen kam und glaubte, eine Reichsreform im kaiserlichen Sinn aufrichten zu können, lud ein 22jähriger Magister in Erfurt seine Freunde ein, den letzten Abend mit ihm zu verbringen, bevor er ins Kloster eintrete. Er hieß Martin Luther und war in Eisleben geboren als Sohn eines Bergmanns, der bald nach des Ältesten Geburt nach Mannsfeld gezogen war und es zu Wohlstand gebracht hatte. Die Freunde waren über den ihnen unbegreiflichen Entschluß betrübt, kannten sie doch Luther als einen fröhlichen Gefährten, der sich zwar von studentischen Ausschweifungen stets zurückgehalten hatte, aber als der Sohn eines vermöglichen Vaters, als angehender Jurist, reich begabt und anziehend, am Anfang einer aussichtsreichen weltlichen Laufbahn stand. Sie wußten wohl, daß er fromm war und sein Morgengebet nie versäumte; doch war das kein Grund für einen Humanisten, zu denen er sich zählen durfte, in die verachtete Niederung des Klosters hinabzusteigen. Martin Luther gab als Grund an, daß er, vom grellen Blitz eines Sommergewitters erschreckt, der heiligen Anna gelobt habe, ins Kloster einzutreten, wenn sie ihn schütze; das hielt er für bindend.

Dem frohen Fest des erlangten Magistergrades folgte nun die Aufnahme ins Kloster; am Ende desselben

Jahres wurde er als Novize eingekleidet, im Jahr darauf tat er Profeß und empfing 1507 die Priesterweihe. Die uralten Gebräuche, die Heiligung der Hände durch das Chrisma, der Friedenskuß, die feierlichen Worte des Weihbischofs: *Accipe potestatem legendi Evangelii tam per vivos quam per defunctos in nomine domini* erschütterten den jungen Gläubigen. Sein strenger Vater, den der eigenmächtige Schritt heftig erzürnt hatte und den erst der Tod zweier Söhne und die falsche Nachricht, auch Martin sei als Opfer der Pest gestorben, so weit erweicht hatten, daß er verzieh und zur Feier der Priesterweihe stattlich angereist kam, blieb ungerührt dabei, daß der Gehorsam gegen die Eltern ebensowohl von Gott geboten sei wie das Halten eines Gelübdes. Ohnehin hatte er eine geringe Meinung von den Klöstern.

Es schien nun alles in Ordnung zu sein und Martin den Beruf erwählt zu haben, der seiner religiösen Anlage gemäß war. Worin aber bestand eigentlich dieser Beruf! Damals war er doch nicht viel mehr als ein in umständliche Formen gebrachter Müßiggang. Wenn Luther als Student und Magister sich nach der Einsamkeit des Klosters gesehnt hatte, um einmal ungestört sich in die Abgründe der Seele zu versenken und die Stimme Gottes zu vernehmen, erlebte er nun die Schrecken und Abgründe der Einsamkeit. Wie alle, die eine große Kraft in sich spüren und die es in die Wüste zieht, wo sie die Stimme der Berufung hören können, erfuhr er, daß nicht nur Gott, sondern auch die Dämonen den Einsamen heimsuchen. In Menschen von religiöser Genialität pflegt eine besonders große Spannung zu sein, was wohl darauf beruht, daß die

Gegensätze des geistig-körperlichen Lebens da am stärksten sind, wo der höchsten und umfassendsten Steigerung des Menschentums zugestrebt wird. Die vielen, die Luther Herrschsucht, Streitsucht, Hochmut, Rechthaberei vorwarfen, werden nicht unrecht gehabt haben; wieviel mehr als andere mag die zarte, gläubige Kinderseele, die seines Wesens Mittelpunkt war, durch die gewalttätige Nachbarschaft geängstigt worden sein. Die Kinderseele fühlte sich nur glücklich, wenn sie zu Gott emporschauen, beten, loben und danken konnte; war sie zur Strafe einer Schuld an so wilde Gesellen gebunden, daß sie sich nicht erwehren konnte? Die innere Spannung führte in der Stille des Klosters zu Seelenzuständen von schwerer Melancholie bis zu Angst und Verzweiflung. Die Strafen der klösterlichen Zucht, die er sich auferlegte, verschärften seine Qualen, anstatt sie zu mildern; was er hörte und las, schien ihm das Verdammungsurteil Gottes über ihn zu bestätigen. Es kam so weit, daß er nicht nur sich selbst, daß er Gott verfluchte, und wenn er sich durch Fasten und Wachen erschöpft hatte, trat eine Leere ein, die fürchterlicher war als die Empörung. Es gab im Kloster durchaus nicht nur rohe und alberne Menschen, sondern auch fromme und wohlwollende, die für des jungen Luther Seelenqual, wenn auch kein Verständnis, doch Nachsicht hatten. Einer, ein feiner alter Mann, wie Luther selbst ihn bezeichnet, sagte einmal zu ihm: «Was machst du, mein Sohn? Weißt du nicht, daß Gott uns geboten hat zu hoffen?» Zu dem Beichtenden, der sich vom Zorn Gottes verfolgt glaubte, ohne doch einen stichhaltigen Grund dafür angeben zu können, sprach er die tiefsinnigen Worte:

«Gott zürnt dir nicht, du zürnst mit ihm.» Das Kinderherz Luthers erbebte in Hoffnung, wenn es die Liebe Gottes verkünden hörte; dann flohen die Teufel, und es atmete freier; aber wenn die köstliche Nähe mit dem köstlichen Wort nicht mehr zugegen war, kehrten sie mit verdoppelter Wut zurück. Die Mönche fingen an den Kopf zu schütteln. Sie spürten den feuerknisternden Schritt, der neben dem Bruder Martin hinhuschte. Wenn sie untereinander die Tageschronik des Klosters besprachen, so wurde wohl der Verdacht geäußert, daß Bruder Martin es mit dem Bösen zu tun habe. Er mußte etwas höchst Verruchtes begangen haben, daß das Gewissen ihn dermaßen zerfleischte. Allein dem fast Versinkenden war die göttliche Gnade nahe, wirkend durch einen gütigen, weisen und vielvermögenden Menschen. Johann von Staupitz, aus sächsischem Adel, war ein Mann von ungewöhnlicher Ausgeglichenheit der Bildung. Er war ein guter Theologe und in der großen Welt bewandert, er besaß die Menschenkenntnis eines Staatsmanns und ergründete mit sicherem Blick die Verborgenheiten der Seele. Erledigte er als Generalvikar des Augustinerordens gewandt die praktische Arbeit und verstand er sich auf den Umgang mit den Fürsten und höfischen Kreisen, so vollzog sich doch sein wesentliches Leben in den Bahnen einer aufrichtigen, von der mittelalterlichen Mystik genährten Frömmigkeit. Sein Lehrer war der Theologe Scriptoris gewesen, der sich im Jahre 1502, der Ketzerei verdächtig, durch Flucht der Einkerkerung entzogen hatte und von dem man, als er starb, sich zuraunte, er sei ermordet worden. Staupitz hatte durchgesetzt, daß den Augustinern das Studium der

Heiligen Schrift zur Pflicht gemacht wurde. In der Heiligen Schrift und in der Urkirche fand er den Inbegriff des Christentums. Namentlich unter den Patriziern Nürnbergs hatte er Anhänger, die in seinen um die Dogmen unbekümmerten Gedankengängen lebten, ohne sich in offnen Widerspruch zur Kirche zu setzen. Auch Staupitz sagte, als er Luthers Beichte gehört hatte: «Magister Martin, ich verstehe euch nicht, ihr klagt euch der Sünde an und wißt doch keine Sünden aufzuzählen». Die Mischung von Hingebung und Verstocktheit hätte ihn ungeduldig machen können, aber der blasse Mönch mit den dunklen leidenschaftlichen Augen, dies versiegelte Menschenrätsel, zog ihn an. Er versuchte ihm zu helfen aus Güte und gewann dabei den Kranken lieb. Den schwerfälligen Bekenntnissen desselben begegnete er mit Humor, wofür Luther sehr empfänglich war, und mit der unbekümmerten Gelassenheit des Frommen und Vornehmen. Natürlich könne der Mensch die göttlichen Gebote nicht halten. Der Mensch sei schwach, er gelobe wohl, aber das Halten stehe nicht in seiner Macht. Gott verlange auch keine Vollkommenheit, er verlange, daß der Mensch sich auf seine Barmherzigkeit verlasse. Dazu habe er ja seinen eingebornen Sohn gegeben, daß er unsere Sünde auf sich nähme. Nicht unser Tun, unser Glaube mache uns rein. Solche Worte trafen erleuchtend in die Mitte von Luthers verworrenen Vorstellungen. Mehr aber als die Erkenntnis wirkte auf ihn die Persönlichkeit des Vikars. Wie Gott durch Menschen wirkt, so erlebt der Mensch Gott durch Menschen. Der Mensch ist zum Ebenbild Gottes erschaffen; einem Menschen zu begegnen, der das empfangene Gepräge rein erhalten hat, ist erhebend und beglückend, vollends wenn wir uns ihm in Freundschaft nähern können. Daß er lieben und verehren, sich in Liebe und Verehrung hingeben konnte, das war es eigentlich, was den Versinkenden rettete und was ihm erst das Verständnis eröffnete für die Belehrung, die er empfing. Jener feine alte Mann hatte recht gehabt: er, Luther, hatte Gott gezürnt, inmitten einer quellenden, fühlenden Welt war er kalt geblieben. Im Augenblick, wo er liebte, fügten sich die auseinandergefallenen Teile seines Wesens wunderbar zusammen und gaben wie ein Instrument, das geborsten war und heil wurde, volle, wohllautende Töne. Staupitz war ein zu kundiger Arzt, um seine Aufgabe damit für erfüllt zu halten, daß er den zweifelnden Mönch einer besseren Einsicht in die göttlich-menschlichen Beziehungen zugänglich gemacht hatte; es kam darauf an, seine tätigen Kräfte wirken zu lassen und ihn mit geeigneten Menschen in Wechselverkehr zu bringen. Um das zu erreichen, schickte er ihn nach Wittenberg, um an der im Jahr 1502 dort gegründeten Universität zu lehren. Damit tat er als Dekan der theologischen Fakultät, der für die Besetzung der Lehrstühle zu sorgen hatte, seine Pflicht, nützte der Universität, denn er hatte die hervorragende Bedeutung des jungen Freundes erkannt, und erfreute den Kurfürsten, der für seine Gründung lebhaftes Interesse hatte.

Friedrich der Weise war damals 45 Jahre alt, ein Fürst, der sich in vieler Hinsicht stark von seinen Standesgenossen unterschied. Er hatte die Bestrebungen Bertholds von Henneberg geteilt und blieb nach dessen Tode ihr bedeutendster Vertreter, Kämpfer für ein ständisches Regiment, also Gegner des Kaisers; aber er war zurückhaltender, als der Henneberger gewesen war, ein verschlossener, nicht leicht zu durchschauender Charakter. Darin waren alle einig, ihn wegen seiner Sachlichkeit, seiner Überzeugungstreue, der Reinheit seiner Absichten und Sitten zu achten. Man schrieb es seinen Beziehungen zu einer bürgerlichen Frau zu, daß er nicht heiratete; für die Nachfolge zu sorgen, überließ er seinem Bruder Johann, mit dem ihn herzliche Liebe verband und dessen Sohn Johann Friedrich er als seinen eigenen betrachtete. Wenn später ein päpstlicher Legat sagte, er sehe aus wie ein fettes Murmeltier und habe auch dessen schiefen Blick, so wird nicht jeder in diesem Vergleich etwas Herabsetzendes finden, obwohl er ohne Zweifel so gemeint war. Wir kennen sein Äußeres aus den Bildern von Dürer und Cranach; Cranach, der ihm persönlich nahestand, hat mit bewundernswürdiger Kunst die demütige und inbrünstige Frömmigkeit wiedergegeben, die das ungestalte fleischige Gesicht verschönte, zugleich auch etwas ängstlich Zweifelndes im Blick. Mit Staupitz verband den Kurfürsten herzliche Freundschaft. Als sie sich einmal über die Untauglichkeit der scholastischen Prediger unterhalten hatten und daß nur die Heilige Schrift die Herzen zu sich zwinge, ließ sich Friedrich von Staupitz versprechen, daß er nie von dieser Überzeugung weichen werde. Seine Frömmigkeit durchdrang sein Leben, auf ihr beruhte seine Treue, seine Unbestechlichkeit, seine edle Bescheidenheit; aber er blieb im kirchlichen Herkommen und sogar in kirchlichen Äußerlichkeiten, wie er denn eine Sammlung von 5005 Reliquien besaß, die in der Wittenberger Allerheiligenkirche zur Verehrung aufgestellt waren und durch die er sich oft und oft hindurchkniete. Je mehr Abteilungen der Sammlung man kniend verehrte, desto mehr Ablaß erhielt man. Man kann annehmen, daß es zum Teil die dem Menschen eigene Sammelsucht war, die sich hier auf kirchlichem Hintergrunde besonders ausgelassen auswirken konnte, und daß die Haare der heiligen Elisabeth und Finger der heiligen Bobilia, durch kostbare Fassung zu kunstgewerblichen Gegenständen geworden, nicht nur das Gemüt erhoben und das Gewissen erleichterten, sondern auch das Auge belustigten. – Luther, der zwischen Bergen geboren war und seit Jahren in der um ihre majestätischen Dome gruppierten, ansehnlichen Stadt Erfurt gelebt hatte, blickte mit einem leichten Ekel auf die Wittenberger Sandfläche, in der ein paar hundert hölzerne Häuser planlos herumstanden, durch das massive neue Schloß noch mehr ins Armselige gedrückt. Das Augustinerkloster, wo er zu wohnen hatte, war baufällig, die Kirche verglich ein Zeitgenosse einem Stalle, in der Art wie die Maler solche bei der Geburt Christi zu malen pflegen. Die schmackhaften Kerne sitzen oft in harter Schale. Der Beginn der neuen Laufbahn war unerfreulich; es war ein tückischer Zufall, daß Luther gerade über Aristoteles lesen mußte, den er verabscheute. Kaum hatte er recht mit den Vorlesungen begonnen, da trug ihm Staupitz auf, auch zu predigen. Unter einem Birnbaum im Klosterhof saßen sie, als Luther fünfzehn Einwände vorbrachte, um sich dem Befehl zu entwinden. Wie einst Moses sich Gott widersetzte, der ihn berief, so wehrte sich Luther gegen die gefürchtete Aufgabe. «Ehren Staupitz», sagte er schließlich, «Ihr bringt mich um mein Leben. Ich werde es nicht ein Vierteljahr treiben.» «In Gottes Namen», erwiderte Staupitz lachend, «unser Herrgott oben hat auch große Geschäfte und kann kluge Leute brauchen.» Es blieb dem Mönch nichts übrig, als zu gehorchen. Anfänglich predigte er nur in der Augustiner Stallkirche, dann, da der Stadtpfarrer erkrankte, auch in der Pfarrkirche. Bald wurde das Predigen seine liebste Tätigkeit, er hatte großen Zulauf; auch der Kurfürst und sein Bruder Johann waren zuweilen unter seinen Zuhörern. Umwälzenden Neuerungen hatte er diesen Erfolg nicht zu danken; noch im Jahr 1512 legte er in seinen Vorlesungen über den Psalter den Text in üblicher Weise aus, so daß z. B. Jerusalem nach dem Buchstaben eine Stadt sei, tropologisch die Tugend, anagogisch die Belohnung. Was die Hörer ergriff, war wohl der tiefe Klang dessen, der erlebt, was er sagt, war die Zauberkraft der genialen Persönlichkeit, die wie Musik unmittelbar ergreift und in geheimnisvoller Übertragung die schaffenden Kräfte der Menschen steigert, so daß sie sich dem Wesen der Dinge näher fühlen. Als eine konservative Natur bildete er sich sehr langsam Überzeugungen und setzte sich noch langsamer zu seiner Umgebung in Widerspruch. Wie er sich in Paulus und Augustinus vertiefte, bestärkte er sich mehr und mehr in der durch Staupitz gewiesenen Auffassung, daß der Frieden der Seele nicht in der Ausübung kirchlicher Vorschriften oder überhaupt im Tun liege, sondern im Glauben, aber es lag ihm fern, sich deswegen im Gegensatz zur Kirche oder zu seinem Klostergelübde zu fühlen. Es quälte ihn, wenn er die vorgeschriebenen Gebete, vielbe-

schäftigt wie er war, nicht zur festgesetzten Stunde gehalten hatte, und er schadete seiner Gesundheit durch asketische Übungen. Als er durch den sorgsamen Staupitz in Geschäften des Ordens nach Rom geschickt worden war, zog er in die auserwählte Stadt ein mit dem überschwenglichen Gefühl eines gläubigen Pilgers. Der Gedanke, daß er die Erde betrat, die das Blut so vieler Märtyrer betaut hatte, ließ sein Kindergemüt erschauern. Er sah nur den unsichtbaren Schimmer sagenhafter Überlieferung, nicht die leibhafte Schönheit, die Raffael und Michelangelo erschufen. Was er außer den Heiligtümern in sich aufnahm, war die Eigenart des italienischen Volkes. Aufgeschlossen für alles Menschliche, beobachtete er voll Interesse ihren Fleiß, die Höflichkeit, ihre Lebhaftigkeit im Reden und Bewegen, hielt sie aber für listig und verschmitzt und tadelte sehr ihr vieles Fluchen und das hastige Erledigen der kirchlichen Zeremonien. Den skeptischen Humor der Italiener lernte er kennen, als er eines Tages bei Tisch erzählen hörte, wie es Priester gebe, die beim Messehalten über dem Brot und Wein sprächen: Brot bist du, Brot bleibst du, Wein bist du, Wein bleibst du! Das entsetzte ihn; er hatte eine so freche Gotteslästerung nicht für möglich gehalten. Was er aber auch am kirchlichen Betrieb auszusetzen hatte, an Papst und Kirche machte ihn das nicht irre.

Allmählich begann sich Luther in Wittenberg heimisch zu fühlen. Seine bedeutende Persönlichkeit, sein geistvoll anregendes und zugleich gemütvolles Gespräch, seine musikalische Begabung, seine aufrichtige Herzlichkeit erwarben ihm Freunde und Anerkennung in allen Kreisen. Der erste Rektor der Universität, der berühmte Mediziner Pollich von Mellerstadt, des Kurfürsten Leibarzt, *lux mundi* genannt, hospitierte gelegentlich seine Vorlesungen und soll einmal beim Verlassen einer solchen gesagt haben: «Dieser Bruder hat tiefe Augen, er wird wunderbare Phantasien haben». Mit den Räten des Kurfürsten, Pfeffinger, Feilitzsch, dem Kanzler Brück, verkehrte er freundschaftlich, besonders nah stand ihm Georg Burkhard aus Spalt, genannt Spalatinus. Der Erfurter Humanist war Erzieher des jungen Prinzen Johann Friedrich gewesen, kam aber mit seinem Zögling, den er für ein *ingenium pingue* hielt, nicht recht weiter, worauf ihn der Kurfürst, weit entfernt, ihm zu zürnen, zu seinem Kaplan und Geheimsekretär machte, in welcher Stellung er vielfach Gelegenheit hatte, zwischen der Universität und dem Kurfürsten, insbesondere auch zwischen diesem und Luthers zu vermitteln. Zu den nächsten Freunden Luthers gehörte der Maler Lukas Cranach und seine Frau; fast alle diese Beziehungen erhielten sich in gleicher Wärme und Vertrautheit durch Luthers ganzes Leben.

An Spalatin schickte Luther im Jahre 1516 ein Büchlein, das er entdeckt hatte, und schrieb dazu: «Wenn es dich freut, eine reine, gründliche, der alten ganz ähnliche Theologie in deutscher Sprache zu lesen, so magst du dir die Predigten des Johannes Tauler vom Predigerorden verschaffen, aus dessen Ganzem ich dir hiermit etwas wie einen Auszug übersende. Denn ich habe weder in lateinischer noch in unserer Sprache eine heilsamere und mit dem Evangelium mehr übereinstimmende Theologie gesehen». Das Buch, von dem Luther damals ein Fragment gefunden hatte, das er in Wittenberg drucken ließ und das bald darauf nochmals unter dem Titel «Theologia Teutsch» erschien, ist nicht von Tauler, sondern von einem Deutschherren aus dem Frankfurter Ordenshause, man weiß nicht wann, verfaßt. Es enthält Gedankengänge, die Luther durch Staupitz bereits vertraut geworden waren und in so glücklicher Weise auf ihn gewirkt hatten. Liest man jetzt das schlicht und warm geschriebene Buch, so staunt man immer wieder, wie sehr es sich durchweg mit den Schriften Luthers berührt. Man findet sich hier an einer der Quellen, aus denen er geschöpft hat, so tief, daß Tropfen dieses Weines bis zum Ende in seinem Becher sichtbar blieben. Das ist selbstverständlich, da ja auch Staupitz, dessen religiöse Einstellung ihn so entscheidend berührt hatte, die Schriften der Mystiker in sich aufgenommen hatte. Die Fragen, mit denen

Luther während seiner ersten Klosterjahre so qualvoll gerungen hatte, wie der Mensch zu Gott komme, wurden in diesem Büchlein an Hand der Heiligen Schrift eingehend behandelt, so als ob eine leichte Hand bisher Verworrenes mit einem Male zu einfacher Klarheit löste. Es ist ganz frei von Dogmatik, es spricht vom Menschen, wie jeder ihn in sich erleben kann, und von Gott, wie er sich in der Heiligen Schrift offenbart hat. Das, was den Menschen von Gott trennt, ist die Sünde, die auch Teufel oder der alte Adam oder die falsche Natur genannt wird, und sie besteht in Ichheit oder Selbstheit. Solange der Mensch der Selbstsucht verhaftet ist, befindet er sich in der Hölle, je mehr er sich von der Selbstsucht löst und liebend wird, nähert er sich dem Himmelreich. Von der Selbstheit wird der Wille, dessen Art edel und frei ist, geknechtet; aus den Banden der Selbstsucht gelöst, wird er wieder frei. Die Befreiung geschieht nur durch Gnade, Werke können sie nicht erzwingen. Dies sind die Grundgedanken, wie die ‹Brüder vom gemeinsamen Leben› sie aus der Mystik aufgenommen hatten und die nie ganz vergessen waren. Dieser Strom innerlicher Frömmigkeit, der durch die mittelalterliche Kirche rauschte, gehörte unbestritten zu ihr; Luther freute sich deshalb des Fundes, ohne einen Widerspruch zur Kirche zu fühlen, wohl aber zu einer großen Anzahl von Geistlichen und ihren Auffassungen von der Theologie. Wenn er verschollene mystische Schriften ans Licht zog, verschüttetes Gold, das einst weithin geglänzt hatte, so glaubte er als getreuer Sohn der Kirche zu handeln.

Im selben Jahre, als Luther die Theologia Teutsch veröffentlichte, gab Erasmus das Neue Testament griechisch heraus, damit seinerseits eine verschüttete Quelle eröffnend. Luther, der anfing das Griechische zu lernen, war tief erschüttert, als er entdeckte, daß an Stelle des lateinischen Wortes *poenitentia* im Urtext μετάνοια, also Umwandlung, Wiedergeburt stand, ein Beweis, daß nicht irgendein gutes Werk, sondern Sinnesänderung das sei, was Gott vom Menschen verlange, zugleich das, was nur Gott geben könne. Als einem Lehrer der Universität lag es ihm nah, Schutt wegzuräumen, und zwar zunächst den, der ihn am meisten ärgerte, weil er ihm gerade an der Universität auf Schritt und Tritt begegnete, die aristotelische Wissenschaft, wie sie im allgemeinen gelehrt wurde. Sie hatte aus dem Glauben eine Reihe von Begriffen gemacht, in deren Besitz man sich durch Erlernen der Logik setzte und mit denen man mittels der Dialektik haarspalterisch hantierte. Sie nahm den Menschen als gut und seinen Willen als frei an, zerstörte also das Fundament, auf welchem Luther im Anschluß an Paulus und Augustin seine Auffassung in dem Verhältnis zwischen Gott und Menschen aufbaute. Entschlossen unternahm er im Jahre 1517 den Feldzug gegen die geheiligte Größe. Wenn er Kandidaten zum Magisterexamen vorzubereiten hatte, ließ er sie gegen Aristoteles disputieren. Franz Günther von Nordhausen war der Student, bei dessen Promotion er die Disputation *contra scholasticam theologiam* veranstaltete. Die Jugend hatte er für sich, sie stimmte gern in den humanistischen Kriegsruf *Ad fontes,* zurück zu den Quellen, ein. Die Kollegen zögerten anfangs, bald aber schlossen sich Nikolaus von Amsdorff und Karlstadt begeistert ihm an. An dem schwergerüsteten Gegner Scholastik stählte sich Luthers kämpferische Anlage. Es dauerte nicht lange, so erfüllte das Kämpfen ihn mit Lust, wurde er zuversichtlicher und rücksichtsloser. Während er noch dabei war, seinen Ansturm gegen den toten Riesen auf andere Universitäten auszudehnen, trat ein Lebendiger auf, dem entgegenzutreten er sich verpflichtet fühlte, der Ablaßprediger Tetzel.

Die Thesen

Im Frühjahr 1517 feierte das Papsttum einen Triumph. Trotzdem Pius II. alle mit dem Bann bedroht hatte, die vom Papst an ein Konzil appellieren würden, gab es immer noch Konziliare, die im Gegensatz zu den Kurialen dafür hielten, daß das Konzil über dem Papst stehe, und die die periodische Abhaltung von Konzilien verlangten, wie die berühmte Versammlung in Konstanz es vor 100 Jahren festgesetzt hatte. Im Jahre 1482 schlug ein kühner Mann, Andreas, Bischof von Crain in Epirus, Einladungen zu einem Konzil an die Kirchentüren von Basel: Er wurde gefangengenommen und starb im Kerker. Einige Jahrzehnte später schien die politische Lage dem konziliaren Gedanken günstig zu sein: Kaiser Maximilian, den ein Bündnis des Papstes Julius II. mit Venedig erbitterte, beschloß im Verein mit Frankreich ein Reformkonzil zu berufen. Fünf Kardinäle fanden sich in Pisa ein, unter denen der Spanier Carvajal der angesehenste war. Auf keine Weise konnte man den Papst mehr beunruhigen; aber Julius II. rettete sich aus der peinlichen Lage, indem er selbst ein Konzil in den Lateran berief, dadurch den Gegnern die Waffe aus der Hand windend. Es war im Jahre 1512. Bald mußten die in Pisa Versammelten sich nach Mailand flüchten, wo die französischen Waffen sie schützten, aber nur für eine Weile. Sowohl Frankreich wie Maximilian gaben ihr eigenmächtiges Konzil preis und erklärten, ebenso England, dem Laterankonzil Gehorsam. Beschicken taten sie es nicht, und so kam es, daß im Lateran fast nur Italiener saßen, die dem Papst unbedingt ergeben waren. Sie erklärten ihn für den Arzt, Hirten, Regenten und Bildner der Christenheit, stellten die Oberhoheit des Papstes über die Konzilien fest, ja sie bekräftigten und erneuerten die berüchtigte Bulle *Unam sanctam,* die Papst Bonifacius VIII. im Jahre 1302 erlassen hatte. Darin war zum Dogma erhoben worden, daß der Papst beide Schwerter, das geistliche und das weltliche, führe, daß der Papst von niemandem außer von Gott könne gerichtet werden, daß die päpstliche Macht göttlich sei und wer sich ihr widersetze, der göttlichen Ordnung widerstehe; denn aller menschlichen Kreatur sei zu ihrem Seelenheil notwendig, daß sie dem römischen Papst Gehorsam leiste. Als am 16. März 1517 das Laterankonzil geschlossen wurde, zelebrierte Kardinal Carvajal, der das Haupt des Pisaner Konzils gewesen war, die Messe. Leo X., der im Laufe des Konzils auf den päpstlichen Stuhl erhoben war, konnte unbesorgt vor künftigen Kirchenversammlungen sich als Herrn der Christenheit fühlen.

Um sich auch als Reformkonzil zu betätigen, hatte der Lateran einige Verordnungen zur Besserung des Klerus erlassen; von den wohlbekannten *Gravamina* der deutschen Nation war nicht die Rede gewesen. In diesen bezog sich ein Punkt auf die Palliengelder und daß die Kurie sie noch über die ausbedungene Höhe zu steigern pflege. Palliengeld nannte man die Abgabe, die ein neugewählter Bischof beim Antritt seines Amtes dem Heiligen Stuhl zu zahlen hatte, wofür er das Pallium, eine vom Papst geweihte Wollbinde, das Abzeichen der Bischofswürde, erhielt, deren geringen Wert man spöttisch mit dem hohen Kaufpreis verglich. Die Summe mußte von den Untertanen des Bischofs aufgebracht werden. Das war besonders drückend, wenn, was nicht selten vorkam, mehrere Bischöfe rasch aufeinander folgten. Im Anfang des 16. Jahrhunderts war es im Erzbistum Mainz der Fall. Auf Berthold von Henneberg folgte im Jahre 1504 Jakob von Liebenstein und nach dessen frühem Tode Ulrich von Gemmingen, der 1513 starb; Albrecht von Brandenburg, der Bruder des Kurfürsten, wurde sein Nachfolger. Zweimal hintereinander mußte die sehr große Summe von 20000 Gulden ersteuert werden, wozu noch kam, daß Albrecht, pracht- und kunstliebend, seine Person viel brauchte und daß er außerdem die Erlaubnis, mehrere Bistümer in seiner Hand zu vereinigen, mit einer großen Summe erkaufen mußte. Unter diesen Umständen war es ihm sehr unangenehm, daß seine Untertanen durch die Palliengelder gänzlich ausgesogen werden sollten. Als nun Leo X. den Ablaß zugunsten des Baues der Peterskirche, den bereits Julius II. verkündet hatte, im Jahre 1515 erneuerte, bat er den Heiligen Vater um die Erlaubnis, sich daran beteiligen zu dürfen. Leo X. ging darauf ein, denn dadurch wurde nicht nur das Erzbistum Mainz, sondern auch Brandenburg, das Gebiet von Albrechts kurfürstlichem Bruder, dem Ablaß zugänglich gemacht, was durchaus nicht selbstverständlich war.

Auch der Ablaß gehörte zu den Vorwürfen, die gegen den Papst erhoben wurden; denn die Fürsten sahen es ungern, wenn das Geld ihrer Untertanen aus dem Lande herausfloß. Herzog Georg von Sachsen ließ es sich viel kosten, die Erlaubnis zu einem Ablaß in der von ihm gegründeten Kirche in Annaberg im Erzgebirge zu bekommen, wodurch seine Bergleute die Sündenvergebung kaufen konnten und das Geld doch dem Lande nicht verlorenging. Die Humanisten zählten den Ablaß zur Ausbeutung der Deutschen durch Rom, mißbilligten ihn deshalb und tadelten überhaupt das ganze System. Der erhabene Gedanke, daß der Überfluß an Güte und Größe heiliger Helden allen Christen angehöre und zugute komme gleich einem Strom, der das Erdreich ringsumher fruchtbar macht, war dadurch entwertet, daß der Papst ihn nach Belieben verteilen zu können behauptete, vollends dadurch, daß er sich Geld dafür zahlen ließ. Im Falle Albrechts von Brandenburg war von fürstlicher Seite nichts einzuwenden, weil das Geld wenigstens zum Teil im Lande bleiben sollte. Die anwohnenden sächsischen Herren indessen, Friedrich der Weise und Georg der Bärtige, sahen ihn ungern, weil sie fürchteten, ihre Untertanen, soweit sie der Grenze nahe wohnten, würden sich verleiten lassen, ihre Ersparnisse hinüberzutragen.

Dem Kurfürsten und Erzbischof Albrecht war daran gelegen, den Ablaß prächtig aufzuziehen und einträglich zu gestalten. Deshalb wurde der Dominikanerprior Johann Tetzel, der mit dem Betrieb Bescheid wußte und mehrmals bedeutende Erfolge erzielt hatte, aufgefordert, die Leitung des Geschäfts zu übernehmen. Er war ein großer dicker Mann und verfügte über ein pompöses Auftreten und den salbungsvollen Schwung der Rede, der die Herzen erweicht. Zwar

war der Kostenaufwand beträchtlich, aber dafür war auch die Freigebigkeit allgemein, wenn er in eine Stadt einzog, begleitet von einem Beamten der Fugger, an welche die zu erzielende Einnahme des Papstes bereits verpfändet war, die Ablaßbulle auf einem Kissen vor sich her tragen und rote Fahnen vor den Kirchen aufpflanzen ließ, die für den heiligen Verkauf bestimmt waren.

Die Bekämpfung des Ablaßwesens war nicht neu. Wiclef und Huß und in Deutschland Johann von Wesel hatten sich scharf dagegen gewendet. Wenn im 13. Jahrhundert der berühmte Volksprediger Berthold von Regensburg gegen die Pfennigprediger eiferte, die dem Volk für Pfennige die Sünde vergeben, so hing das mit mißbräuchlichen Ausschreitungen zusammen; denn zu jener Zeit verstand die Kirche unter Ablaß nicht Sündenvergebung, sondern Erlaß von Sündenstrafen, die sie selbst verhängt hatte. Sie pflegte reuigen Sündern etwa mehrere Jahre Verbannung oder mehrere Jahre strengen Fastens oder Entziehung des Amtes aufzuerlegen, wobei, im Falle der Sünder rückfällig war, manchmal mehr Jahre herauskamen, als er leben konnte, so daß eine Verkürzung oder Erleichterung der Strafe sich empfahl. Allmählich aber veränderte sich der Charakter des Ablasses. Es mag sein, daß, wenn Kreuzzugsbullen vollkommene Sündenvergebung verhießen, dies nur eine Formel war, unter der jedermann Straferlaß verstand; gewiß ist, daß im Laufe der Zeit zuerst Erlaß zeitlicher Sündenstrafen, womit die Fegefeuerstrafen gemeint waren, und dann durch den sogenannten Jubiläumsablaß Erlaß von Strafe und Schuld dem Zahlenden gewährt wurde.

Im Jahre 1300 verkündete Bonifacius VIII. zum erstenmal einen Jubiläumsablaß, der an den Besuch der römischen Apostelkirchen geknüpft war. Die Einladung, nach Rom zu wallfahrten und dadurch sein Seelenheil zu fördern, bewirkte einen außerordentlichen Andrang von Besuchern, namentlich der wanderlustigen und sich südwärts sehnenden Deutschen. Der die Erwartung übertreffende Ertrag dieser neuen Finanzquelle veranlaßte die Päpste, den Zwischenraum zwischen den Jubeljahren immer mehr zu verkürzen und die dabei erteilten Begnadigungen zu vermehren. In 200 Jahren haben 7 Jubeljahre stattgefunden. Um desto mehr Gläubige begnaden zu können, wurde der Jubelablaß auch außerhalb Roms und Italiens verkündet; wo immer das päpstliche Ablaßkreuz aufgerichtet wurde, konnte man nach einem genau ausgearbeiteten Tarif Heilsgüter kaufen, Erlaß von Schuld und Strafe und Erlaß von Fegefeuerstrafen für Verstorbene. Beim Jubel- oder Plenarablaß war von Reue und Buße, die eigentlich der Absolution voranzugehen hatten, nicht mehr die Rede; die Theologen erklärten das so, daß das Bußsakrament in diesen Ablaß hineingezogen sei.

Als im Jahre 1517 Tetzel den Ablaß feilbot, gab es unter den Gebildeten viele, die sich darüber ärgerten; aber Luther war vielleicht der einzige, der dies Ereignis gar nicht von der finanziellen Seite betrachtete. Was ihn beschäftigte und aufregte, war nicht die Ausbeutung des Volkes, sondern einzig der schädigende Einfluß, den eine kirchliche Einrichtung auf das Volk ausübte. Man erzählte sich, vielleicht übertreibend, Tetzel habe gesagt, und wenn einer die heilige Jungfrau geschändet hätte, so könne sein Ablaß ihn von der Sünde reinigen, und ferner, wenn das Geld in den Kasten klinge, fliege die Seele zum Himmel hinauf. Luther trauerte und entrüstete sich, daß Geistliche die Absichten des Papstes, die nur gute sein konnten, so verkannten und entstellten. Unter anderem gewährte der Ablaß dem Zahlenden die Vergünstigung, sich einen Beichtvater nach Belieben wählen zu dürfen, und es kam vor, daß, wenn der regelmäßige Beichtvater seinem Beichtkinde die Absolution verweigerte, dieses sich auf den gewählten berief, der sie erteilt habe. Solche Erfahrungen bewogen Luther, sich in die Geschichte und das Wesen des Ablasses zu vertiefen, wobei er fand, daß es nicht leicht war festzustellen, was dabei richtig und was falsch war. Denn die Handhabung des Ablasses war nicht immer und überall gleich, die Kirchenlehrer, die sich damit befaßt hatten, urteilten verschieden darüber, und die Lehre des Thomas von Aquino, nach der dem Straferlaß Reue und Buße voranzugehen hatten, bestand noch immer zu Recht.

Überzeugt, daß hier ein Problem vorliege, in das die wenigsten klare Einsicht hätten und das ein einzelner nicht leicht werde lösen können, entschloß sich Luther, seine Bedenken über die wichtige Frage aufzusetzen und zu einer Disputation darüber, wie es an Universitäten üblich und beliebt war, aufzufordern. In 95 Sätzen stellte er seine Erwägungen zusammen. Nachdrücklich betonte er, daß der Ablaß als eine von den Päpsten eingesetzte Einrichtung zu verehren sei. «Wer gegen die Wahrheit des apostolischen Ablasses redet, der sei verbannt und verflucht», heißt es in der 71. These. Ebenso läßt er die Mittlerstellung des Priesters unangetastet, indem er sagt, Gott verzeihe keinem die Schuld, der sich nicht demütig dem Priester, als dem Stellvertreter Gottes, unterwerfe. Sein Tadel richtet sich nur gegen diejenigen, die den päpstlichen Willen falsch auslegen und dem Volk eine falsche Auffassung von der Kraft des Ablasses beibringen. Das war nicht gesagt, um unter der Maske kirchlicher Rechtgläubigkeit ketzerische Meinungen einzuschwärzen, sondern es war Luthers Überzeugung. Er appelliert gleichsam von dem mißverstandenen oder dem allzu nachsichtigen Papst an den Stellvertreter Christi. Und doch war ein Zwiefaches in den Thesen: durch die bescheidene Stimme des Mönchs brach zuweilen, fast wider seinen Willen, der stolze und drohende Ton des Propheten. Er unterbreitet Fragen zur Diskussion, und zugleich spricht er eine unerschütterliche Überzeugung aus. Eine überlegene Einsicht in das Wesen der Religion äußert sich, die nicht fragt, sondern feststellt. Der Papst kann nur diejenigen Strafen erlassen, die er selbst verhängt hat. Die Schuld vergeben kann nur Gott. Die Verstorbenen sind von allen Kirchenstrafen frei, sie können ihnen nicht erlassen werden. Was sie bedürfen, ist Mehrung der Liebe. Denn Hölle und Fegefeuer und Himmel verhalten sich zueinander wie verzweifeln, beinah verzweifeln und des Heils gewiß sein. Ist Nachlaß der Strafe dem Gläubigen überhaupt erwünscht? Der wahrhaft Reuige verlangt nach Strafe. Besserung, nach der der Reuige sich sehnt, kann ja der Ablaß überhaupt nicht bringen, die wird er eher durch Übung der Werke der Barmherzigkeit erreichen. Armen wohltun vermehrt die Liebe, Ablaß befreit nur von der Strafe. Dies alles müßten die Ablaßprediger dem Volk erklären, anstatt es glauben zu machen, durch Geld könne man Sündenvergebung erkaufen. Was liegt dem Papst an Geld! Viel teurer ist ihm das Gebet der Christen. Der Papst würde lieber aus seinem eigenen Geld, und sollte er den Dom Sankt Peters verkaufen müssen, manchen von den Armen geben, denen es die Ablaßprediger aus der Tasche ziehen. Die frechen und falschen Ablaßprediger sind Ursache, daß es den Gelehrten schwerfällt, die scharfen Einwendungen der Laien zurückzuweisen, die zum Beispiel fragen: Warum befreit denn der Papst nicht, wenn er glaubt, es zu können, die im Fegefeuer leidenden Seelen aus dem Drang heiliger Liebe, da er es doch tut elenden Geldes wegen zum Bau der Peterskir-

che, also einer leichtwiegenden Sache wegen? Oder: Warum erbaut der Papst, der reicher ist als einer der reichsten Geldfürsten, nicht wenigstens die Peterskirche aus seinem eigenen Vermögen? Oder: Warum, da es dem Papst mehr um das Heil der Seelen als um Geld zu tun ist, setzt er jetzt die früheren Ablässe außer Kraft, die doch ebenso wirksam sind? Man gibt Papst und Kirche dem Gespött der Feinde preis, wenn man solche Einwände mit Gewalt dämpfen will, anstatt ihnen durch Angabe von Gründen zu begegnen.

War es nicht Hohn, wenn Luther die über alles Weltliche erhabene Sinnesart des Papstes als das Selbstverständliche voraussetzte und ihm in der Haltung eines Dieners einen Spiegel hinhielt, in dem er seine Schmach erblicken mußte? Wenn er den Papst wie ein hoch über ihm Stehender hieß, was er zu denken und zu tun habe? Und doch war es kaum so gemeint. Es war Luther so sehr Ernst um die Sache, daß er nicht zweifelte, wenn der Papst auf die furchtbaren Schäden aufmerksam gemacht würde, die das Volk in seinem Namen bedrohten, so werde er sie abstellen. Darum eben wollte er, daß Gelehrte, aufrichtige Glieder der Kirche, das Problem des Ablasses durchdächten und Linien zu seiner Begrenzung feststellten, wodurch der Papst veranlaßt würde, den Betrieb zu reformieren, vielleicht sogar ganz abzustellen. Denn wenn Himmel und Hölle in die Seele des Menschen verlegt wurden, Liebe den Himmel vermehrte, Nichtlieben die Hölle, würden dann noch Menschen für Ablaßzettel Geld ausgeben? Es war mehr Aufruhr in den Thesen, als Luther sich bewußt war. Als er um die Mittagszeit des 31. Oktober 1517, am Tage vor dem Allerheiligenfest, die Thesen an das Portal der Stiftskirche schlug, glaubte er nicht, damit den Stein zu werfen, der schlummerndes Unheil aufweckt; es war eine Angelegenheit der Universitäten, nichts weiter. Das vernichtende Gewitter begann mit einem so schwachen Donnern, wie es manchmal im Hochsommer die mittägliche Stille nur leise erzittern läßt.

Von Heidelberg bis Leipzig

Die Thesen waren geschrieben angeschlagen, bald wurden sie gedruckt und ins Deutsche übersetzt. Etwas längst Erwartetes war plötzlich sichtbar und greifbar geworden, etwas, das verhüllt schon lange da war. Sie flogen von einem Munde zum anderen, weil sie aussprachen, was viele, nur weniger klar, schon gedacht und geflüstert hatten. Für den, der die Thesen aufgesetzt hatte, war ihr Inhalt viel weniger selbstverständlich. Im Kloster, allein mit Gott und den Dämonen, hatte er sich nicht um das gekümmert, was in der Welt vorging. Er wußte nichts von der Kirchen- und Reichsreform. So wenig glaubte er die Kirche anzugreifen, und so sehr war er überzeugt, daß jeder, und je höher er stehe, desto mehr, nach sachlichen Gesichtspunkten urteile, daß er seine Thesen dem Erzbischof Albrecht mitteilte, damit er die Mißbräuche der Ablaßpredigt abstelle, durch die die ihm anvertraute Herde an der Seele geschädigt werde. Den Erzbischof, der bereits durch den ziemlich geringen Ertrag des Geschäftes beunruhigt war, berührte diese Störung des Betriebes sehr peinlich. Er wäre mit zornigen Worten gegen Luther losgefahren; aber andererseits lag ihm sein Ruf eines aufgeklärten Humanisten zu sehr am Herzen, als daß er sich durch dick und dünn für einen Dominikaner hätte einsetzen mögen. So wählte er den Ausweg, daß er sämtliche den Fall betreffenden Akten nach Rom schickte, damit der Papst entscheide. Auch der Bischof von Brandenburg, Hieronymus Skultetus, dessen Diözese es anging, wollte nicht zu den Dunkelmännern gezählt werden. In höflichster Form versicherte er Luther, daß er nichts Unkatholisches in den Thesen finde, riet ihm aber, sich nicht in die Gewalt der Kirche einzumischen, und Luther versprach zu schweigen. Er hatte nicht die Absicht, sich mit der Kirche zu verfeinden, und hielt sein Versprechen, obwohl die Angriffe der Gegner es ihm schwer machten. Wie fest die Macht der Kirche in das Leben und die Gewohnheiten eingegraben war, zeigte sich darin, daß noch immer niemand zur Disputation sich meldete, daß der Beifall, obwohl im stillen reichlich vorhanden, nicht laut wurde, wohl aber der Widerspruch, zunächst von seiten der unmittelbar angegriffenen Dominikaner. Sie hatten im Jahre 1506 durch den entdeckten Betrug in Bern eine tödliche Niederlage erlitten, kürzlich eine neue durch die Entwicklung der Reuchlinschen Sache und die Veröffentlichung der Dunkelmännerbriefe. Sie wollten nicht noch einmal verlacht werden; gelang es nicht mit Reuchlin, wollten sie sich an Luther entschädigen. Tetzel entzündete neben seiner Wohnung in Jüterbog ein Feuer zum Zeichen, daß er Ketzermeister sei und Irrgläubige auf den Scheiterhaufen bringen könne. Er wurde ausersehen, um an der Universität Frankfurt an der Oder Thesen gegen Luther zu verfechten, die zum Teil von deren erstem Rektor Koch, nach seiner Geburtsstadt Wimpfen Wimpina genannt, verfaßt waren. Wimpina haßte den berühmten Mediziner Pollich, der von Friedrich dem Weisen hochgeschätzt wurde und der erster Rektor an der Universität Wittenberg gewesen war, und freute sich sehr, in Luther die sächsische Universität zu treffen, die zu übertrumpfen Frankfurts Ziel war. In den Thesen wurde Luther eine kirchenfeindliche Gesinnung zugeschrieben, wie er sie nicht hatte und auch buchstäblich nicht geäußert hatte; sie ließen ihn als einen gefährlichen, todeswürdigen Ketzer erscheinen. Sie schlossen mit dem Vers des Moses voll unheimlichen Posaunenklangs: Ein jegliches Tier, das den Berg anrührt, soll gesteinigt werden.

Ein neuer Streit zwischen zwei Orden und den entsprechenden Universitäten schien ausgebrochen zu sein. Die Humanisten lachten belustigt. Mögen sie sich gegenseitig zugrunde richten, sagte Hutten. Johann Maier, genannt Eck nach seinem Geburtsort, Professor in Ingolstadt und als geschickter Disputatär berühmt, hielt sich zu den Humanisten, wollte aber zugleich sich um die Kirche verdient machen. Von den älteren Humanisten, Wimpheling, Sebastian Brant und anderen, unterschied er sich durchaus; denn diesen lag das wahre Wohl der Kirche am Herzen, und sie waren deshalb Anhänger der Reform, wie denn auch Wimpheling Luthers Auftreten freudig begrüßte, während es Eck, man möchte fast sagen im Gegenteil, auf die bloße Gewalt ankam, zu der es ihn gefühlsmäßig hinzog und die er als ein Held mit Rückendeckung verteidigte. Während er Luther in einer Schrift als böhmischen Ketzer verdächtigte, gebärdete er sich brieflich ihm gegenüber als Freund und Verehrer.

Zur Verteidigung Luthers regte sich niemand als die Jugend, diese mit erfrischender Tapferkeit. Ein Student namens Knipstro trat bei der Frankfurter Disputation für ihn in die Schranken, und als ein Hallenser Buchdrucker einen ganzen Ballen der Frankfurter Gegenthesen nach Wittenberg geschickt hatte, bemächtigten sich ihrer die Studenten und verbrannten sie unter mutwilligen Zeremonien mittags auf dem Marktplatz. Es war der 18. März 1518. Am folgenden Tage mißbilligte Luther diesen Vorgang in einer Predigt; er wollte nichts tun, um das Feuer zu schüren, vielmehr, soviel an ihm war, es zu dämpfen. Etwa eine Woche darauf trat er eine Reise nach Heidelberg an, wo er auf dem Frühlingskapitel der Augustiner über seine Tätigkeit als Distriktvikar Rechenschaft abzulegen und sein Amt dem Nachfolger zu übergeben hatte. Manche warnten ihn vor dieser Reise. Der Kurfürst hatte ihm sagen lassen, er werde nicht dulden, daß man ihn nach Rom schleppe, und ihn seines Schutzes versichert; aber gerade darum, meinte man, wenn die Kurie die Aussicht verliere, ihn rechtmäßig zu verbrennen, würde sie ihn hinterrücks ermorden. Luther bestand darauf zu reisen, und zwar zu Fuß. Er war guten Mutes, voll des Friedens, in dem er so oft mitten im Sturm beseligt ruhte. Mit einem Begleiter, wie es die Klosterregel vorschrieb, ging er die Saale entlang über Koburg nach Würzburg, mit angelegentlich empfehlenden Briefen des Kurfürsten versehen. Dort nahm ihn Bischof Lorenz von Bibra, dessen Erscheinung uns Riemenschneiders edle Kunst überliefert hat, gastlich auf. Er war ein Reformfreund, der schon gegen den Ablaß eingeschritten wäre, wenn der Erzbischof von Mainz es ihm nicht gewehrt hätte. Man erzählte sich, ein Prediger in der Hauptkirche von Würzburg habe auf der Kanzel gesagt, nichts sei mit dem Evangelium zu vergleichen und wer recht handle, werde selig; der Ablaß nütze dem nichts, der nicht recht handle. Wenn aber einer rechtschaffen lebe oder, falls er gesündigt habe, Buße tue und sich bessere, der werde auch ohne Ablaß Bürger des Himmelreichs.

Das liebliche Gefühl, unter Freunden und Gesinnungsgenossen zu sein, überkam Luther vollends in Heidelberg, wo er nicht nur Wenzeslaus Link und Lang, die alten Gefährten, fand, sondern auch Staupitz, den geliebtesten und verehrtesten unter allen Menschen. Der junge Pfalzgraf Wolfgang, Bruder des Kurfürsten von der Pfalz, der zum geistlichen Stande bestimmt war und in Wittenberg studiert hatte, empfing ihn mit Auszeichnung. Ihm wurde die Leitung der Disputation übertragen, die im Kapitelsaal der Augustiner stattfand. Die Thesen, die er aufstellte, erklärten in grundlegender Weise die Paulinisch-Augustinische Glaubenslehre, die er so leidenschaftlich ergriffen und so tief durchdacht hatte. Daß der Mensch sich von der Sünde, in der er gefangen ist, nicht aus eigener Kraft befreien kann, sondern sie der Gnade Gottes dankt, die zu ersehnen das einzige ist, was er selbst zu seiner Lösung tun kann, war der Grundgedanke der Sätze, die er verfocht. Die Heidelberger Professoren der Theologie befremdete zwar diese Auffassung, aber sie griffen ihn in einer Weise an, die ihre Bildung und humanistische Weitherzigkeit zeigte. Unter denen, die ihm beifielen, war ein junger Dominikanermönch, braun von Gesicht, mit schönen scharfen Zügen, für den die verkündete Lehre eine Offenbarung war, die ihn in ähnlicher Weise zu sich selbst brachte und sein Leben lang festhielt, wie die Worte von Staupitz

Luther getan hatten. Es war Martin Butzer aus Schlettstadt, der sich bisher den Druck des Klosterlebens durch den Verkehr mit humanistischen Freunden zu erleichtern gesucht hatte; darin war er Luther ähnlich, daß er niemals selbstsüchtige Nebenzwecke im Auge hatte, wo es um die höchsten Fragen der Menschheit ging. Schwärmerische Verehrung für den Mann, der ihm ein neues Leben eröffnete, ergriff ihn; nicht genug konnte er den Freunden Luthers Anmut im Disputieren, seine Liebenswürdigkeit und seinen Freimut im Umgang, seinen Scharfsinn rühmen.

Aber auch Luther war umgewandelt. Von den Hügeln Heidelbergs, die den hellen Kranz ihrer Frühlingsblüte um die sanften Bogen des Neckars schlangen, kehrte er gewachsen, gehoben zurück. Bis dahin war er ein einzelner gewesen, der einige Freunde hatte, die ihn verstanden und schätzten; auf dieser Reise hatte er erfahren, daß er der Führer eines Volkes war. Im Kloster war wenig oder nichts zu ihm gedrungen von dem jahrhundertelangen Kampf um die Reformation; vielleicht hätte es ihn damals kaum interessiert. Wenn er vernommen hätte, daß ein alter Mann beim Lesen seiner Thesen ausrief: «Ho ho, der wird's tun!» hätte er die Worte kaum richtig verstanden. Er ahnte nicht, daß es viele gab, die auf ihn warteten. Das Echo seiner Thesen, das anfangs ausgeblieben war, warfen ihm die Berge Würzburgs und Heidelbergs zu, froher und stärker, als er je gehofft hatte. Die Antwort auf seine zögernde, zweifelnde Frage kam zuversichtlich mit unzähligen Stimmen. Wenn er an Spalatin schrieb: «Ich bin wiedergekommen im Wagen, der ich ausgezogen bin zu Fuß», so klingt darin der Jubelton dessen, der vielleicht nicht siegen, aber freudig kämpfen wird. An einem der nächsten Sonntage predigte er über den Bann: Der Papst kann nur den äußeren Bann verhängen, der von der Kirche ausschließt, den inneren Bann, den Ausschluß aus der Gemeinschaft Christi, verhängt nur Gott. Hat Gott ihn nicht verhängt, so kann der Bann des Papstes nicht schaden, ja derjenige, der ungerechterweise aus der äußeren Gemeinschaft ausgestoßen ist, wird die innere Gemeinschaft mit Christus um so wärmer empfinden. Damit bekannte er sich zum Glauben an die unsichtbare Kirche. In der zweiten Hälfte der Resolutionen zu den 95 Thesen, die er jetzt verfaßte, sagte er: «Was dem obersten Pontifex gefällt oder nicht gefällt, kümmert mich nicht.»

Es war ein großer Augenblick in Luthers Leben, daß zum erstenmal die Titanen in seiner Brust, die bisher so streng gefesselten, sich frei nach außen regen durften. Er wurde Feldherr über ein gewaltiges Heer, das ihn besser schützte als Freunde und Fürsten und Volk. Fast hätte er seine Feinde seine besten Freunde nennen können, daß sie ihm zu dieser Macht verhalfen. Ein schriftlicher Angriff Tetzels reizte ihn zu einer Antwort, in der er zum erstenmal Zorn, Humor, Spott und Grobheit zu übermütiger Schlacht ins Feld schickte. Nicht mehr der demütige Mönch sprach, sondern der Gebieter über Gewaffnete. Wie Goethe mußte Luther immer einen Gegenstand für seinen Zorn haben, der Haß mußte seine Liebe ergänzen, wenn er die Lust genießen wollte, sich ganz zu fühlen. Es war aber doch nicht der Papst, den er haßte, und am wenigsten die Kirche. Er glaubte, ihr treuester Sohn zu sein, den es schmerzte, sie entstellt zu wissen, der sie in reiner

Gestalt, wie Christus sie geschaffen hatte, wiederhergestellt sehen wollte. Die allgemeine Kirche sah er immer noch als die höchste Instanz an, der sich zu unterwerfen er bereit war. Als er am 7. August die Zitation nach Rom zugestellt erhielt, erschrak er. Daß ihn dort der Scheiterhaufen, jedenfalls der Tod erwartete, daran war nicht zu zweifeln, und ihm graute davor. Der Kurfürst und seine Räte wollten sich dem päpstlichen Befehl nicht geradezu widersetzen und doch auch den geschätzten Prediger, den der Universität so nützlichen Professor nicht opfern. So verfielen sie auf den Ausweg, den Papst zu bitten, er möge gestatten, daß Luther in Deutschland vernommen werde, was um so eher tunlich war, als der Kardinallegat Cajetan, ehemaliger Dominikanergeneral, sich wegen des Reichstags in Augsburg befand und dort das Verhör vornehmen konnte. Gerade um diese Zeit hatte der Kurfürst, immer auf Förderung der Universität bedacht, die Gründung von Lehrstühlen des Griechischen und Hebräischen beschlossen, damit die Studenten Gelegenheit hätten, sich in den Sprachen auszubilden, die für das Studium der Heiligen Schrift, das künftig als Hauptlehrfach betrieben werden sollte, die Grundlage bildeten. Als Lehrer des Griechischen wurde Philipp Melanchthon berufen, ein Neffe Reuchlins und von ihm empfohlen. Melanchthon, der zarte Sohn eines Heidelberger Waffenschmiedes, war damals 21 Jahre alt, eine dürftige Erscheinung, die den Wittenberger Professoren eher mißfiel. Das änderte sich, als er am 29. August in der Schloßkirche seine Antrittsrede über die Reform der Universitätsstudien hielt und in musterhafter Form den Studenten die

Bedeutung der Sprachkenntnis erklärte. Luthers warmes Freundesherz entbrannte sofort für den gelehrten Jüngling, und wie er ihn zu sich heranzog, riß er auch ihn zu Bewunderung hin. Für den eifrigen Humanisten hatte es etwas Überwältigendes, plötzlich in die Tiefe der religiösen Gedankenwelt Luthers eingeführt zu werden. In wechselseitiger Hingebung, gemeinsamer Arbeit und Bestrebung entfaltete sich rasch eine Freundschaft, über deren Glück Luther die Gefahr, in der er schwebte, fast vergaß. Vielleicht war die nun schon längere Zeit andauernde Hochstimmung schuld, daß ein jäher Umschwung stattfand, als, nachdem der Papst eingewilligt hatte, die Reise nach Augsburg angetreten werden mußte.

Schwermütig schleppte sich Luther durch die verschiedenen Reisestationen und hörte überall ängstliche Warnungen, die ihn in dem Gefühl bestärkten, daß er seinem Ende entgegengehe. Krank an Geist und Körper kam er am 7. Oktober in Augsburg an. Dort wurde ihm besser zumute; obwohl der Reichstag sich schon auflöste, waren die Räte des Kurfürsten noch anwesend, mit denen er sich gut verstand, und Staupitz kam, den er zu seiner Hilfe herbeigerufen hatte. Der qualvolle Druck wich von ihm, nun es galt zu handeln. Er wurde in den Kreis der Augsburger Patrizier hineingezogen, wo er von den großen Dingen sprechen hörte, die auf dem Reichstage verhandelt worden waren. Zweifelsohne diskutierte man über die Beschwerden der deutschen Nation und über die Schriften, in denen der Papst unverhohlen angegriffen war. Der berühmte Peutinger, des Kaisers Freund, lud ihn ein und zeigte ihm Sympathie; wieder erfuhr er, daß er, ohne es zu wissen, mit seinem Auftreten die Sache vieler vertreten hatte.

Als das freie Geleit vom Kaiser eingetroffen war, ohne das man ihm geraten hatte, sich dem Kardinallegaten nicht zu stellen, betrat er das prächtige Fuggerhaus, in dem Cajetan wohnte. Mit den vorgeschriebenen Unterwürfigkeitsbezeigungen, wieder ganz Mönch, nahte er sich dem Hochgestellten, der seinerseits die Rolle des väterlichen Oberen spielte. Der Legat, ein kleiner, unansehnlicher Mann, besaß die ganze Liebenswürdigkeit des Italieners wie auch den Hochmut des Kirchenfürsten und Gelehrten. War Luther für Güte und für liebenswürdige Form empfänglich, so reizte der Hochmut seinen Stolz und seine Wildheit. Seinem Wunsch, dem Stellvertreter des Papstes seine Anschauungen auseinandersetzen zu dürfen, setzte Cajetan den eisernen Widerstand römischer Infallibilität entgegen; ohnehin war es ihm ärgerlich, mit einem kleinen Mönch so viele Umstände machen zu müssen. Verteidigung seiner Sätze, sagte er, werde nicht gewünscht, Widerruf werde gefordert. Staupitzens Verwendung, der Luther bei seinem zweiten Verhör begleitete, erreichte, daß Cajetan versprach, eine schriftliche Verteidigung Luthers dem Papst einzureichen. Cajetans Aufforderung, Staupitz möge Luther zum Widerruf bewegen, lehnte dieser mit der Begründung ab, Luther sei ihm an Gelehrsamkeit und Talent überlegen. In seiner Schrift versprach Luther zu widerrufen, wenn ihm sein Irrtum aus der Heiligen Schrift bewiesen würde; nachträglich sagte er zu seinen Freunden, er wolle überhaupt nicht widerrufen, sondern appellieren. So blieb die Sache unausgetragen.

Cajetan hatte Vollmacht, Luther sofort zu bannen, falls er nicht widerrufe, und über alle Orte, wo er sich aufhielte, das Interdikt zu verhängen; aber angesichts der Stimmung in Deutschland hielt er es für besser, noch nicht davon Gebrauch zu machen. Trotzdem waren alle Beteiligten von unbestimmter Angst ergriffen: Cajetan verhielt sich still im Fuggerhaus, man wußte nicht, auf wen unversehens ein Schlag niederfallen werde. Einer nach dem andern, auch Staupitz, verließ Augsburg. Nachdem er eine Appellation von dem schlecht beratenen an den besser zu unterrichtenden Papst aufgesetzt und einem Notar übergeben hatte, brach auch Luther auf, heimlich bei Nacht, vom Domherrn Langemantel mit einem Pferd und Reitknecht versehen und aus einem Pförtchen in der Stadtmauer entlassen. Obwohl ungern und voll Furcht schlug doch der Notar die Appellation am Augsburger Dom an. Einige Wochen später appellierte Luther nicht mehr an den besser zu unterrichtenden Papst, sondern an ein künftiges Konzil, was er schon in Augsburg gewollt, aber aus Nachgiebigkeit gegen Staupitz unterlassen hatte.

Das abwartende Verhalten Cajetans gegenüber Luther wurde von der Kurie gebilligt, da aus politischen Gründen Rücksicht auf Friedrich den Weisen zu nehmen geboten schien. Noch einmal wurde der Versuch gemacht, die Sache durch gütliche Mittel aus der Welt zu schaffen. Dem Kammerherrn und Domherrn von Miltitz, sächsischem Geschäftsträger in Rom, gelang es, Luther das Versprechen künftigen Schweigens zu entwinden. Er zeigte sich als weltläufiger junger Mann, der sich nicht viel um Lehrsätze kümmert, aber die traurigen Folgen eines Schismas für Deutschland fürchtet. Damit traf er Luthers Herz, der sich viel inniger als Miltitz mit der Kirche verwachsen und für sein Tun verantwortlich fühlte. Auch durch die Tat kam man Luther entgegen, indem man Tetzel zum Sündenbock machte; Miltitz hielt dem bisher so Geschätzten sein Verhalten bei der Ablaßpredigt und einige längst bekannte Verfehlungen so hart vor, daß der Unglückliche gemütskrank wurde und bald darauf starb. Billigte Luther das auch nicht, glaubte er doch, Zugeständnisse machen zu müssen, und gelobte nicht nur zu schweigen, sondern setzte eine Schrift auf, in der er die Autorität der Kirche anerkannte und seine Thesen möglichst in deren Sinn zu deuten suchte. Miltitz schmeichelte sich, den Rebellen gezähmt zu haben.

Indessen, was Luther auch sagen mochte, den Folgen seiner gewonnenen Überzeugung konnte er nicht ausweichen. Während er nachgab, fühlte er sich im Banne einer Macht, die nicht nachgab. Während er tatsächlich einige Schritte zurückwich, ging es in seinem Innern weiter und weiter. Neben dem stillen Licht ewiger Anbetung, das auf dem Altar seines Herzens brannte, schlug die Flamme immer höher, die den Tempel zerstören sollte. Er schrieb die Auslegung des Vaterunsers, vertiefte sich in die Galaterbriefe und studierte die päpstlichen Dekretalen, die ihn immer mehr in der Ansicht bestärkten, daß der Papst der Antichrist sei. Das Studium der Dekretalen hing zusammen mit einer Disputation, die Luthers Kollege und Anhänger Karlstadt, um Luther zu verteidigen, eingeleitet hatte. Da Eck, Karlstadts Gegner, in seinen Thesen mehr Luther als Karlstadt angriff, wünschte

Luther sich an der Disputation zu beteiligen; so war er an die Schicksalskette geknüpft, deren erstes Glied seine eigenen Worte gewesen waren. Als Ort der Disputation hatte Eck Leipzig gewählt, die Universität des Herzogs Georg, Friedrichs des Weisen Vetter und Gegner. Die Väter der beiden Fürsten, Ernst und Albrecht, hatten im Jahre 1485 ihr Land geteilt, die brüderliche Einigkeit zerstört und ihre Eifersucht auf die Söhne vererbt. Eine feindselige Stimmung empfing die Wittenberger in Leipzig, das der neuen sächsischen Universität die zunehmende Hörerzahl mißgönnte. Dazu kam, daß Karlstadt ebenso ungeeignet zum Disputieren war, wie Eck dazu geschaffen schien; Eck verfügte über ein außerordentliches Gedächtnis und über die Dreistigkeit, immer etwas vorzubringen, auch wenn es nicht ganz stimmte, was doch im Augenblick nicht leicht nachzuweisen war. Bei ihm ging es Schlag auf Schlag im Ton unerschütterlicher Überzeugung, während Karlstadt stockte, in Büchern nachschlug und die gesuchte Stelle nicht fand. Luther disputierte im allgemeinen glänzend; was ihn in Leipzig störte und dem Erfolg schadete, war, daß er sich plötzlich von der Wucht seiner Gedanken an Abgründe gerissen sah, vor denen ihn schauderte. Eck, obwohl er sich immer noch als Luthers Freund gebärdete, stellte es von Anfang an darauf ab, ihn als Feind des Papsttums und als Ketzer zu entlarven, wie er auch bei seinem ersten Angriff auf seine Thesen von böhmischem Gift gesprochen hatte. Luthers Behauptung, der Primat des Papstes sei eine menschliche, nicht eine göttliche Einrichtung, griff er auf, um zu bemerken, das sei auf dem Konzil zu Konstanz als häretisch verdammt worden; er sage das, fügte er hinzu, weil er gehört habe, es seien Hussiten anwesend, und diese könnten sich in ihren Meinungen durch Luther bestätigt glauben. Luther stutzte; er sei kein Hussit, sagte er, und mißbillige ihr Schisma. Nach der Essenspause, die gerade stattfand, kam er selbst auf das Thema zurück und sagte, unter den auf dem Konzil verdammten Sätzen von Huß seien einige durchaus christlich und evangelisch. Eck triumphierte: wenn das Konzil zu Konstanz in einem Punkte geirrt hatte, konnte es auch in anderen irren, konnten alle Konzilien irren, und wer sollte dann über strittige Glaubensfragen entscheiden, wenn weder der Papst noch ein Konzil das konnte? Es war eine Frage, die Luther selbst, der sie veranlaßt hatte, beängstigend anfiel. Hatte er nicht selbst kürzlich an ein künftiges Konzil appelliert! An wen wollte er appellieren, wenn auch das keine Geltung mehr hatte? Am folgenden Tage versuchte er seine Aussage zu mildern. Wenn auch Konzile in einigen Sätzen irren könnten, meinte er, so seien Konzilsbeschlüsse doch anzunehmen, nur müßten sie mit der Schrift übereinstimmen. Eck blieb dabei, das sei böhmisch. Im Kampfe stärkte sich Luther. Es wurde ihm klar, wohin seine Ansichten unwidersprechlich führten; wenn auch Konzile irren können, blieb als einzige letzte Autorität die Heilige Schrift. Als er das gesagt hatte, rief Eck aus: «Ehrwürdiger Vater, wenn Ihr das glaubt, seid Ihr ein Heide.» Noch immer war so viel Besorgnis in Luther, das Volk könne durch ihn zum Abfall von der Kirche verleitet werden, daß er auf deutsch zu den Anwesenden sagte, er leugne die päpstliche Gewalt nicht, nur ihren göttlichen Ursprung. Auch das Kaisertum sei nicht göttlichen Ursprungs und bestehe doch und müsse geehrt werden.

Die Zudringlichkeit des Gegners hatte Luther einen Schleier von den Augen gerissen: er übersah mit einem Male, wohin seine Gedanken führten. Die Heilige Schrift war einfach und doch geheimnisvoll, sie wurde verschieden gedeutet, sie mußte ausgelegt werden. Würde er die Auslegung des Papstes annehmen, wenn sie von der seinigen abwich! Er würde sie annehmen, wenn sie aus dem Geiste der Heiligen Schrift selbst geschöpft war, und ob sie das war, das entschied er selbst. Er allein also, ein armer Mönch, stellte sich gegen ein Gebäude von schauerlich-erhabener Massivität, das Jahrhunderte aufgetürmt hatten, damit es ewig dauere. Ob sie die Tragweite des Gesetzes mehr oder weniger überblickten, alle Anwesenden überlief ein Schrecken, und Luther selbst erschrak. Wenn seine Gegner sich den Sieg zuschrieben, hatten sie insofern nicht ganz unrecht, als Luther sich sprunghaft, vorstoßend und zurückweichend geäußert hatte. Aber er hatte doch durchaus keinen unsicheren Eindruck gemacht, im Gegenteil, man fand sein Auftreten stolz, kühn und vermessen. Wenn Eck, ein großer, starker Mann mit der etwas grobschlächtigen Gelenkigkeit des Gladiators und dem Pathos des Glaubenskämpfers üppig strömende Rede hinrollen ließ und Luther ihm gegenüber an dem Blumenstrauß roch, den er mitgebracht hatte, so bezeichnet die kleine Gebärde den Überlegenen, der dies alles schon hinter sich ließ, um was da gestritten wurde. Er hatte keinen Beifall von anderen, aber Klarheit über sich und was er wollte gewonnen.

Die Kaiserwahl

Kurz nach Luthers Unterredung mit Miltitz starb Maximilian I., einen Tag, nachdem die Leipziger Disputation eröffnet wurde, fand die Wahl des neuen Kaisers statt. Dies halbe Jahr war voll unruhiger Bewegung, denn die Bewerber um die Krone waren so beschaffen, daß ein ungewöhnlicher heftiger Wahlkampf zu erwarten und der Ausgang ungewiß war. Auf den bedeutendsten Thronen des Abendlandes saßen damals drei junge Fürsten, die miteinander wetteiferten: Karl, der Enkel Maximilians, Franz I. von Frankreich und Heinrich VIII. von England, von denen Karl mit 19 Jahren der jüngste war. Heinrich VIII. hätte wenig Anlaß gehabt, sich um die Kaiserkrone zu bemühen, wenn nicht Maximilian einige Jahre vor seinem Tode eine seiner wunderlichen diplomatischen Schiebungen angestellt hätte, indem er Heinrich vorschlug, er wolle ihn als Sohn annehmen und zu seinem Nachfolger machen, ein skurriler Einfall, bei dem es dem Kaiser vermutlich auf englische Subsidien zu seinen Kriegen ankam. Heinrich hatte ein Gefühl von der Aussichtslosigkeit seiner Sache und hielt sich zuwartend im Hintergrunde, Franz I. hingegen, von Natur unternehmend und ruhmbegierig, fühlte sich als Vertreter der eifersüchtigen Ansprüche, die Frankreich seit Jahrhunderten auf das Kaisertum erhob, und verfocht daneben ein wirkliches Interesse Frankreichs, das nämlich, Österreich nicht allzu mächtig werden zu lassen. Karl hatte 1514 die Regierung seines burgundischen Erbes angetreten, 1516, nach dem Tode seines Großvaters Ferdinand, die Regierung Spaniens, womit das neuentdeckte Goldland jenseits des Ozeans zusammenhing, durch den Tod Maximilians war er in den Besitz Österreichs gekommen mit der Aussicht auf Böhmen und Ungarn. Der Inhaber einer so ungeheuren Macht sollte nicht noch dazu durch die Kaiserkrone über das Reich verfügen und, schlimmer als das, die alten Rechtstitel des Reiches auf Italien geltend machen können. Franz hatte den festen Willen, diese Krone zu erringen, sei es durch Geld, List oder Gewalt. Karl, als der eigentliche berechtigte Erbe und weil es seinem Stolz entsprach, war gelassener: ihm gehörte die Krone selbstverständlich. Als mögliche Anwärter kamen noch in Betracht Friedrich der Weise, Kurfürst von Sachsen, und Ferdinand, Karls jüngerer Bruder.

Stand der gerade Weg der Erbfolge Franz I. nicht offen, so bahnte er sich doch früh schon Schleichwege ins Reich. Als im Jahre 1517 die etwaige Nachfolge des Kaisers verhandelt zu werden begann, waren ihm bereits die meisten Stimmen sicher. Trier und Brandenburg waren durch und durch französisch, Pfalz war, seit Maximilian im pfälzischen Kriege ein Stück der Pfalz für sich behalten hatte, Habsburg feindlich. Von den nicht kurfürstlichen Ländern war Bayern aus demselben Grunde wie Pfalz und aus alter Eifersucht gegen Habsburg, und auch im Norden hatte Frankreich treue Anhänger. Gelang es Franz, noch Mainz zu gewinnen, was leicht möglich schien, da der Erzbischof Albrecht Bruder Joachims I. von Brandenburg und durch diesen zu beeinflussen war, so konnte er auf Erfolg rechnen. Ein bedeutendes Übergewicht verschaffte ihm, daß er über große Geldmittel verfügte. Er war der reiche Mann, der die armen und geldgierigen deutschen Fürsten kaufen konnte, und war entschlossen, es zu tun. Allmählich indessen begann auch Maximilian sich zugunsten seines Enkels zu rühren. Ihm fehlten die Mittel, das Unternehmen zu finanzieren; aber Karl, der Herr der reichen niederländischen Städte, konnte schon etwas aufbringen. Als Wirtschafter aber glich Karl nicht seinem väterlichen Großvater Maximilian, dem das Geld durch die offenen Hände rann, sondern seinem mütterlichen Großvater, dem sparsamen Ferdinand von Spanien. Mit 100000 Goldgulden dachte er das Wahlgeschäft erledigen zu können. Maximilian kannte die deutschen Fürsten besser. Hunderttausend Goldgulden! Allein 80000 müsse man Pfalz bieten, um ihn wegen des verlorenen Hagenau zu begütigen.

Auf dem Reichstage zu Augsburg, demselben, der in betreff des Türkenzehnten so unglücklich für Maximilian verlief, errang er durch reichliche Geldversprechungen, Entgegenkommen aller Art und auch durch seine Liebenswürdigkeit große Erfolge in der Wahlsache. Dank des jungen Pfalzgrafen Friedrich, der persönlich dem Habsburgzauber erlegen war, gewann er dessen Bruder, den Kurfürsten von der Pfalz. Albrecht von Mainz gab nach, als Maximilian ihm den Kardinalshut verschaffte und ihn dazu noch mit vielen Tausenden von Goldgulden und hübschen Geschenken überhäufte. Die schriftlichen Wahlversprechen, die vorher Franz I. gegeben waren, bildeten kein Hindernis. Trier allerdings blieb fest bei Frankreich; dafür glaubte Maximilian in bezug auf Sachsen gute Aussichten zu haben. Sein Verhältnis zu Friedrich dem Weisen, seinem Gegner in der Sache des Reichsregiments, war dadurch noch verschlechtert, daß er Sachsen den Anspruch auf Jülich-Berg und damit einen ansehnlichen Machtzuwachs aberkannt hatte; das konnte jedoch bei einem Herrn seines Charakters nicht den Ausschlag geben. Zwar hielt der Kurfürst an seinem Grundsatz, der Goldenen Bulle gemäß, ungebunden zu bleiben, mit dem der die französischen Bestechungsversuche abgelehnt hatte, auch Maximilian gegenüber fest; aber dieser hatte doch den Eindruck, daß seine Herzlichkeit nicht wirkungslos geblieben sei. Jedenfalls, glaubte Maximilian, werde er nicht für Frankreich stimmen. Bei Brandenburg handelte es sich darum, Frankreich zu überbieten. Der Markgraf kostet viel, schrieb der Kaiser nach Brüssel; aber da man die Kosten nicht scheute, kam der Abschluß zustande.

Nach dem Tode Maximilians änderte sich alles. Der Kaiser war noch nicht 60 Jahre alt und hatte rüstig geschienen: Man hatte die Wahlverhandlungen mehr wie ein vorläufiges diplomatisches Geplänkel betrieben. Nun war es Ernst geworden, folgenschwere Entschlüsse mußten gefaßt werden. Franz I. erneuerte seine Bestechungskünste und hatte wiederum Erfolg, obwohl durch die inzwischen gelungene Überbietung Maximilians die Ansprüche hinaufgetrieben waren. Albrecht von Mainz verlangte außer hohen Geldsummen, nachdem er durch Maximilians Vermittlung

Kardinal geworden war, nun durch Franzens Verwendung immerwährender Legat des Papstes zu werden. Was Joachim I. an Geld forderte, war so übertrieben, daß der französische Gesandte sich entrüstete; aber Franz sagte unerschrocken, der Markgraf solle in jeder Hinsicht gesättigt werden. Vergebens bemühte sich der König um Friedrich den Weisen, vergebens um Sickingen. Dieser hatte, als Maximilian noch lebte, in französischem Dienst gestanden; aber als Franz I. ihm die Pension entzog, ihn überhaupt nicht mit der Rücksicht und Hochschätzung behandelte, die der angesehene Ritter und Truppenführer beanspruchte, löste er das Verhältnis und ließ sich nun nicht wieder gewinnen. Noch verhängnisvoller war es für den König, daß es ihm nicht gelang, den mächtigen Fugger auf seine Seite zu ziehen. Wie hätte er auch diesen Fürsten des Geldes bestechen können? Jakob Fugger hatte schon mit Maximilian Geschäfte gemacht, war durch die Ausbeutung der Tiroler Bergwerke mit den Habsburgern verbunden und stellte jetzt seine unerschöpflichen Mittel zu ihrer Verfügung.

Je näher der Termin der Wahl heranrückte, desto emsiger wurden die diplomatischen Fäden gesponnen. An den kurfürstlichen Höfen, am päpstlichen Hofe, in der Schweiz handelten und feilschten die französischen und die niederländisch-österreichischen Geschäftsträger und priesen ihre Gebieter an. Bald wurde Franzens schrankenlose Königsmacht in Frankreich hervorgehoben, bald daß er sich wenig in Deutschland werde aufhalten können, also den Fürsten nicht dreinreden werde. Da von mancher Seite betont wurde, der Kaiser müsse ein Deutscher sein, auch angenommen wurde, das stehe in der Goldenen Bulle, wurde es auf einmal ein Ruhmestitel, ein Deutscher zu sein. Sowohl Franz I. wie Heinrich VIII. wiesen auf ihr deutsches Blut hin, ohne freilich es hierin Karl gleichtun zu können, dessen Großvater Maximilian trotz seiner portugiesischen Mutter allgemein als Deutscher galt. Ebenso schwer zu ergründen wie der Kurfürst von Sachsen war, wenn auch aus anderen Gründen, der Papst. Die an vielverschlungene Politik gewöhnten Diplomaten rätselten doch vergeblich an den Gaukelkünsten der Kurie. Karl war dem Papst mehr als ohnehin zuwider, seit er durch Beerbung seines spanischen Großvaters König von Neapel geworden war. Seit Jahrhunderten war es päpstlicher Grundsatz, nicht zu leiden, daß Neapel in die Hände des Kaisers komme. Da Karl den ihm zugemuteten Verzicht auf Neapel entschieden ablehnte, konnte man annehmen, daß Leo X. seine Wahl bekämpfen werde. Indessen, wenn er auch weitgehend mit Frankreich sich einließ, so machte er doch auch Karl Hoffnungen, die sogar ehrlich gemeint schienen. Nicht unwichtig für die österreichische Sache war es, daß die schweizerische Tagsatzung sich einmütig, wenn auch nicht für Karl, so doch gegen Franz erklärte. Es ist begreiflich, daß die Eidgenossen, die sich daran gewöhnt hatten, Frankreich gegen Österreich auszuspielen, den französischen König nicht auf dem Kaiserthron sehen wollten. So nützlich ihnen der mächtige und reiche französische König war, so gefährlich wäre er ihnen geworden, wenn er mit diesen Mitteln kaiserliche Ansprüche hätte geltend machen können. Einige Kantone waren sogar bereit, sich für Karl einzusetzen; wurden sie auch überstimmt, so vereinigten sich doch alle gegen Franz. Indem sie betonten, Glieder des Römischen Reiches zu sein, von dem sie sich nie getrennt hätten, wie sie ja auch den Reichsadler in ihren Wappenschildern führten, schrieben sie den Kurfürsten, sie wollten nicht, daß Franz gewählt werde. Das Kaisertum sei seit 600 Jahren bei den Deutschen und müsse bei ihnen bleiben. Diese Stellungnahme der kriegstüchtigen Schweizer war nicht zu unterschätzen; sah es doch so aus, als sollten die Waffen den Streit entscheiden. Franz I. zog Truppen zusammen und ließ sich vernehmen, er werde sich, wenn nötig, die Krone mit Gewalt holen; da rüstete auch Österreich.

Als die Kurfürsten im Frühling in Oberwesel zusammenkamen, um Vorberatungen abzuhalten, waren sie immer noch umschwärmt und bedrängt von den Gesandten der Bewerber. Trier und Brandenburg standen unentwegt bei Frankreich; trotzdem waren die Aussichten günstiger für Karl geworden. Zum Teil kam das daher, daß das deutsche Volk, das zwar keine Stimme bei der Wahl hatte, aber doch ein Wille und eine Macht war, Frankreich ablehnte, einen deutschen Kaiser forderte. Solange ein Volk furchtlos und waffengeübt ist, kann es seinen Willen oft besser unmittelbar als durch gewählte Vertreter kundtun. Die Grafen und Herren am Rhein, die Städte, die unter den Gebildeten einflußreiche Schar der Humanisten wollten von Frankreich nichts wissen, übertrugen ihre Zuneigung für Maximilian auf dessen Enkel. Es war doch wohl Hohn und Warnung, wenn der Humanist Gebwiler schrieb: «Wer könnte so beschränkten Geistes und so arm an Einsicht sein, daß er glaubte, die erlauchten und hochedlen Kurfürsten des deutschen Reiches, die doch über solche, die Gold besitzen, herrschen, nicht aber selbst Gold zusammenscharren wollen, und die glühen für Deutschlands Freiheit, diese Fürsten besäßen eine solche Schamlosigkeit, eine solche Verwegenheit, eine solche Unbedachtsamkeit, daß sie, durch Versprechungen, Geld oder Gunst bestochen und uneingedenk ihres heiligen Treueides, durch ihre Stimmen einen Franzosen auf den Kaiserthron erheben wollten!» So allgemein und dringend wurden solche Stimmen laut, daß die französischen Gesandten sich nicht mehr öffentlich zu zeigen, daß die französisch gesinnten Kurfürsten sie nur noch heimlich zu empfangen wagten. Durch eine hohe Pension hatte Karl im April Sickingen an sich gefesselt, von dem man nicht zweifelte, daß er in kurzem ein gewaltiges Heer zusammenbringen werde.

Am 8. Juni begannen die Kurfürsten sich in Frankfurt zu versammeln. Fremden war der Zutritt in die Stadt von jetzt an bis zur geschehenen Wahl verboten, trotzdem schlichen sich Geschäftsträger noch in Verkleidung ein. Kaum jemals war das Wahlergebnis mit so viel Spannung erwartet. Franz rechnete so bestimmt darauf, gewählt zu werden, daß seine Mutter, so hieß es wenigstens, sich bereits ein Galakleid zur Krönungsfeier machen ließ. Schon aber war jede Aussicht für ihn geschwunden. Die öffentliche Meinung Deutschlands hatte sich zu deutlich gegen ihn geäußert. Vielleicht war es den Kurfürsten überhaupt nie so ganz ernst mit Franzens Wahl gewesen. Sie berauschten sich an den gewaltigen Zahlen, die vor ihnen schwirrten, die sie schon mit Händen zu greifen glaubten. Sie waren anfänglich mit 20000 Goldgulden zufrieden, bald mußten es 100000 sein. Man konnte, indem man bald den einen, bald den anderen Bewerber begünstigte, die Summen in die Höhe treiben, es war eine Versteigerung, ein aufregendes Spiel, bei dem man auf alle Fälle gewann. Sie verloren den Kopf dabei und vergaßen, daß es sich um etwas anderes als um ein Geldgeschäft handelte. In Wesel und Frankfurt verflog der Taumel. Der Gewinn für den eigenen Säckel war gesichert, ob nun der oder jener zahlte; nun traten andere Gesichtspunkte in den Vordergrund. Als der Erzbischof von Trier, Richard von Greifenklau, einsah, daß Frankreich nicht durchzusetzen war, begab er sich, um wenigstens nicht zu Karl übergehen zu müssen, in die Herberge des Kurfürsten von Sachsen und bat diesen, die Krone anzunehmen. Das Ansehen Friedrichs bei den deutschen Fürsten war so groß, daß er kaum eine Stimme gegen sich gehabt haben würde, man munkelte, sogar der Papst sei seiner Wahl geneigt. Vielleicht hoffte er, als Kaiser, der bei der Krönung schwören mußte, den Heiligen Stuhl und den Glauben zu schützen, werde Friedrich seinen ketzerischen Professor fallenlassen müssen. Unmöglich ist es nicht, daß Friedrich Augenblicke hatte, wo er seine Aussichten erwog und davon träumte, die edelste Krone der Christenheit zu ergreifen, wenn es auch für ihn, dessen Politik immer auf Beschränkung der kaiserlichen Macht gerichtet gewesen war, ein wunderlicher Übergang gewesen wäre. Es wird erzählt, er habe einen Vertrauten um Rat gefragt, und dieser habe gesagt, um Kaiser zu sein, brauche man Weisheit und Kraft; Friedrich habe die Weisheit, aber nicht die Kraft. Sein

Fürstentum liefere ihm nicht die Mittel, eine so schwierige und kostspielige Stellung zu behaupten. Im selben Sinne soll Friedrichs Rat Feilitzsch, vom Kurfürsten befragt, wie er die Wahl beurteile, gesagt haben: Die Raben brauchen einen Geier. Friedrich hatte die Natur eines Geiers nicht; er war beharrlich und unerschütterlich in dem, was er einmal für Recht erkannt hatte, aber er war sehr vorsichtig und setzte auch in Dingen, die ihm wichtig waren, behutsam Schritt vor Schritt. Jedenfalls lehnte er die angebotene Krone ab, um Karl zu wählen. Wie von einem Blitz ins Licht gezaubert, taucht die Vision eines nationalen, protestantischen Deutschland auf, um sofort wieder zu verschwinden. Noch strömten die die Daseinsformen erbauenden Kräfte in das universale Römische Reich.

Am 29. Juni siegte die französische Partei mit dem Herzog von Braunschweig-Lüneburg und dem Bischof von Hildesheim an der Spitze auf der Soltauer Heide über die österreichische; aber am Tage vorher hatte Österreich in Frankfurt gesiegt. «Durch alle Lande des Erdkreises», triumphierte der Humanist, «möge der deutschen Kurfürsten Lob verkündet werden, die in stahlharter Treue und Unbestechlichkeit, dem blinkenden Golde des gallischen Nebenbuhlers zum Trotz, und nicht achtend der lockenden Vorspiegelungen die deutsche Freiheit hochhielten und einen Fürsten aus deutschem Blut auf den Kaiserthron erhoben». Auch dafür sorgten die Kurfürsten, daß die Wahl einstimmig erfolgte. Für ihre Unabhängigkeit und ihren Einfluß sorgten sie in der Wahlkapitulation, die Karl annahm. Es war darin festgesetzt, daß der König Versammlungen der Kurfürsten gestatten müsse, andere Bünde und Zusammenkünfte des Volkes aber nicht dulden dürfe. Daß er ohne die Einwilligung der Kurfürsten keine Kriege führen, keine Verpfändungen vornehmen, keine Steuern auflegen dürfe. Er dürfe ferner kein fremdes Kriegsvolk ins Reich führen; diese Bestimmung war sehr wichtig, da man es mit dem König von Spanien und von Neapel zu tun hatte. Er solle dafür sorgen, daß der Papst die mit ihm geschlossenen Konkordate innehalte, er solle die großen Handelsgesellschaften abstellen, die mit ihrem Geld dem gemeinen Nutzen schadeten. Nur nach ordentlichem Verhör der Beschuldigten dürfe er Achtserklärungen erlassen. Auf diese Weise glaubten die Raben sich vor dem Geier gesichert zu haben.

Karl befand sich zur Zeit der Wahl in Spanien, Anfang November überbrachte ihm Pfalzgraf Friedrich die Nachricht, von der er aber schon vorher unterrichtet war. Eine furchtbare Revolution hinter sich lassend, schiffte er sich am 20. Mai 1520 ein und traf sechs Tage später in Dover mit Heinrich VIII. zusammen. Da vorauszusehen war, daß die Entrüstung über das Wahlergebnis bei Franz I. zu einer kriegerischen Entladung führen werde, war es wichtig, sich England zum Bundesgenossen zu machen. Von da an bis zur Krönung in Aachen, die Ende Oktober stattfand, reihte sich ein festlicher Empfang an den andern. Zu einem einzigen Triumphbogen gewölbt, schwimmend in Glockengeläut, öffnete sich das alte Reich dem jungen Herrscher. Der Kurfürst von Brandenburg allerdings erschien nicht, und Friedrich der Weise blieb in Köln, wie er vorgab, durch Krankheit verhindert.

Wären unter den Fürsten solche gewesen, die auf Karls Kränklichkeit und allgemeine Untauglichkeit gerechnet hätten, so hätte der Anblick des jungen Herrn sie enttäuschen müssen. «Als Karl geboren wurde, wurde er als Soldat geboren», hat Alba von ihm gesagt, und vom Kaiser selbst liegt aus späterer Zeit die Äußerung vor: «Ich bin zum Waffenhandwerk geboren und erzogen worden und muß notwendig den Harnisch anbehalten, bis ich ihn nicht mehr tragen kann.» In dem Wunsche, seinem Großvater Maximilian gleich zu werden, hatte er keine Anstrengung gescheut, um durch ritterliche Übungen seinen zarten

Körper zu stählen. Allerdings, von einem Geier hatte er auch nichts an sich. Er war mittelgroß, blaß im Gesicht, das blonde Gelock konnte die deutsche Herkunft andeuten, mit der im Wahlkampf gearbeitet worden war. In silberne Rüstung gekleidet, mit silbernem Barett in guter Haltung zu Pferde machte er einen zarten, wenn auch keinen schwächlichen Eindruck. Wäre er dem Tode so nah gewesen, wie manche meinten, hätte er die Strapaze des festlichen Einzugs in Aachen nicht so gut überstanden. Nachdem die Verspätung des Pfalzgrafen schon eine Verzögerung verursacht hatte, mußte er noch zwei Stunden warten, bis der Streit um den Vorritt zwischen Jülich und Sachsen entschieden war. Am Tage darauf folgten im Dome die endlosen Formalitäten der Krönung; denn hier breitete die geheiligte Tradition Purpur und Hermelin über das Geld- und Interessengeschäft. Der kaiserliche Ornat allerdings, mit dem man den Kaiser zum Schluß bekleidete, war neu angefertigt worden; aber der Jüngling, der auf Karls des Großen Stuhle saß, war an Macht dem Reichsgründer eher zu vergleichen als irgendeiner seiner Vorgänger. Wenn er so viel Glück wie bisher und so viel geistige Kraft wie weltliche Macht hatte, war Aussicht, daß er dem Reich seinen alten Glanz und vielleicht sogar dem Kaisertum seine alte Kraft wiedergeben könne.

Hutten und Luther

Der merkwürdige Augenblick rückte heran, wo die beiden gegen Rom sich heranwälzenden Ströme, der humanistisch-nationale und der religiöse, zusammenflossen, um vereint die römische Weltherrschaft zu stürzen. Nach der Leipziger Disputation fing Hutten an, in Luthers Auftreten das zu erkennen, was mit seiner Gesinnung übereinstimmte. Der Mut des Mönchs zog ihn an, stellte den Kuttenträger dem Ritter gleich. Als er im Beginn des Jahres 1520 bei Sickingen auf dessen Burg Landstuhl war, erzählte er ihm von Luther und erreichte ohne Mühe, daß Franz dem Augustiner brieflich seinen Schutz versprach und ihn einlud, zu ihm auf eine seiner Burgen zu kommen, wenn er verfolgt würde. Im selben Sinne schrieb Hutten an Melanchthon; eine unmittelbare Beziehung hielt er nicht für statthaft, weil er auf den Erzbischof von Mainz Rücksicht nehmen mußte, in dessen Dienst er damals stand. Daß von einer anderen Seite her und aus anderen Quellen entsprungen ein Angriff auf Rom im Gange war, und zwar ein wirksamerer und folgenschwererer als der seine, bestärkte ihn in der Absicht, zu planvoller Kriegführung überzugehen.

Im Mai des Jahres 1520 ließ ihn der Zufall eine alte Schrift entdecken, Erlasse verschiedener Universitäten vom Ende des 14. Jahrhunderts, deren gewissenhafter Freimut aller Welt den Knechtssinn gegenwärtiger

Universitäten deutlich und verächtlich machen sollte, die keinen anderen Maßstab kannten als den Willen des Papstes und um der Gunst des Papstes willen die Wahrheit verrieten. Der Veröffentlichung ließ er wieder eine Zueignung an alle Deutschen vorangehen, in der er zuerst sich über die unwürdigen Theologen der Gegenwart erging, die ehrliche Menschen denunzierten, denen sie beistimmen müßten, wenn sie ihr Gewissen sprechen ließen. Aber schon sei die Axt an die Wurzel der Bäume gelegt, und jeder, der nicht gute Frucht trage, werde ausgerottet werden. Nun sollten auch sie, die Deutschen, sich unerschrocken erweisen. «Denn durchgebrochen muß endlich werden, durchgebrochen, besonders mit solchen Kräften, so gutem Gewissen, so günstigen Gelegenheiten, einer so gerechten Sache, und da das Wüten dieser Tyrannen aufs höchste gestiegen ist. Das tut und gehabt euch wohl. Es lebe die Freiheit! Ich hab's gewagt!» Auf dem Titelblatte der Schrift stand: *Vivat libertas! Iacta est alea.* «Ich hab's gewagt!» so übersetzte er das berühmte Wort Cäsars. Er hatte den Rubikon überschritten, hatte nach ritterlicher Ehrenpflicht die Fehde angesagt. Am 4. Juni forderte er brieflich Luther auf, den großen Kampf gemeinsam mit ihm zu kämpfen. Er erwähnt das Gerücht, der Papst habe Luther in den Bann getan, um ihn wegen der Größe glücklich zu preisen, zu der ihn das erhebe, wenn es wahr sei, und er ermutigt ihn, obwohl Luther dessen nicht bedürfe. An mir, schreibt er, hast du einen Anhänger in jedem möglichen Fall.

Schon vorher, im April, hatte Hutten mehrere Gespräche vollendet, von denen eines Vadiscus hieß. Unter dieser Maske faßte er alles, was er Rom vorzuwerfen hatte, in Triaden oder Dreiheiten zusammen. Es waren dieselben Beschwerden, die seit einem Jahrhundert in Deutschland erhoben wurden; sie betrafen auch den Schaden, den die Deutschen durch die in Rom herrschende und von dort weiterwirkende Sittenlosigkeit litten, hauptsächlich aber die finanzielle Ausbeutung. Er nannte Rom die große Scheune des Erdkreises, in deren Mitte der unersättliche Kornwurm sitze und ungeheure Haufen Frucht verschlinge, den Deutschen das Fleisch abnage und das Blut aussauge. Die Deutschen zur Erkenntnis dieser Schmach zu bringen, Deutschland zu befreien, sei eine große, eine herrliche Tat, schon der Versuch sei wertvoll, selbst wenn man ihn mit dem Leben bezahle. Wie ernst es ihm war, zeigte er dadurch, daß er nicht nur klagte und anklagte, sondern einen Vorschlag machte, wie der Kampf einzuleiten sei: Deutschland solle die Zahlungen nach Rom einstellen. Dadurch werde die verarmte Kurie gezwungen werden, sich zu ändern. Das Ziel des Kampfes sei ja nicht, das Papsttum abzuschaffen, sondern es zu reformieren.

Einige Monate darauf erschien Luthers Sendschreiben an den Adel deutscher Nation von des christlichen Standes Besserung; wie zu einem Zwiegesange fiel die deutsche Stimme ein, nicht weniger schwungvoll, aber viel tiefer begründend, einem reicheren, umfassenderen Geist entsprungen. Luther hatte bisher als Theologe und gläubiger Christ geschrieben, jetzt schrieb er als Glied des Reiches, alle öffentlichen Verhältnisse überblickend. Zweck seiner Schrift war, ein Konzil, ein freies rechtes Konzil zu verlangen und die Forderungen aufzuzählen und zu begründen, die dort im Hinblick auf die Reformation erhoben werden sollten. Sie wendet sich an den Kaiser und an den Adel, weil die Geistlichkeit, der es eigentlich zustehen würde, die Reformation vorzunehmen, versagt habe.

Indem Luther den Triaden-Rhythmus, den Hutten angegeben hatte, aufnahm, nannte er drei Mauern, mit denen der Heilige Stuhl sich umgeben habe, um vor dem Konzil gesichert zu sein. Die erste sei die Behauptung, daß der Priesterstand dem weltlichen Staat nicht unterworfen sei, die zweite, daß nur der Papst befugt sei, die Schrift auszulegen, die dritte, daß nur der Papst das Recht habe, ein Konzil zu berufen. Im Gegensatz dazu wird auseinandergesetzt, daß zwischen Priestern und Laien kein Unterschied des Standes, nur einer des Berufs, des Amtes sei; hierbei berief sich Luther hauptsächlich auf die Schriftstelle: «Ihr seid ein königlich Priestertum und ein priesterlich Königreich», und auf die Verhältnisse unter den ersten Christen. Den Beweis, daß jeder Laie befugt sei, die Schrift auszulegen, führte er hauptsächlich aus Paulus, obwohl er ohnehin aus dem ersten Punkt folge. Die dritte Behauptung begründete er historisch. Der zweite, größere Teil des Sendschreibens befaßte sich mit den Beschwerden, die auf dem Konzil zur Verhandlung kommen sollen: es sind die, welche auch in den *Gravamina* der deutschen Nation aufgeführt zu werden pflegten. In der Hauptsache schlägt Luther vor, wie Hutten getan hatte, daß das deutsche Geld nicht mehr nach Rom fließe und daß die Zahl der Geistlichen vermindert werde. Dazu kommt noch eine Reihe von Forderungen, die schon bei den Ablaßkämpfen zur Sprache gekommen waren:

das Einstellen der Wallfahrten, die Aufhebung der Bettelklöster, des Zölibats, des Interdikts, die Verwandlung der Klöster in Schulen, die Abschaffung der vielen Feste, der Eheverbote, der willkürlichen Dispense. Bei der Kritik der Universitäten werden einige Hiebe gegen den hochmütigen, schalkhaften Heiden Aristoteles geführt, dagegen Studium der Sprachen und der Geschichte empfohlen, das geistliche Recht wird angegriffen, das der Papst selbst nicht halte, da er sich durch einfachen Willensbeschluß über jedes Recht hinwegsetzen kann. Die Grundlage für das geistliche Recht und für das Studium der Theologie soll einzig die Heilige Schrift sein.

Wie sehr sich Luther in den Glaubensfragen noch zurückhielt, geht aus der Art hervor, wie er von Huß sprach. Er befaßte sich beinah nur mit dem Unrecht, das ihm dadurch geschah, daß ihm das zugesagte freie Geleit nicht gehalten wurde. Überhaupt solle man Ketzer nicht mit Feuer, sondern mit der Schrift überwinden. Ob Huß im Recht gewesen sei, wolle er, obwohl er nichts Irriges an ihm gefunden habe, jetzt nicht untersuchen.

So bezeichnete er das Sendschreiben als ein Vorspiel. Er hielt sich darin so ziemlich in den Grenzen der bisherigen Reformvorschläge; in der folgenden Schrift «Von der Babylonischen Gefangenschaft der Kirche» griff er das Wesen der Kirche, ihre Grundlagen an.

Durch die sieben Sakramente setzte die Kirche den Menschen von der Geburt an bis zum Tode mit Gott in Beziehung. Sie waren die Säulen, die die Kirche trugen, sie waren Schalen, in denen der Priester die göttlichen Gnaden empfing, um sie jedem Glied der

Kirche zuzuleiten. Von den Sakramenten wollte Luther nur drei, vielleicht nur zwei als solche gelten lassen: das der Taufe und das des Abendmahls, über die Beichte war er noch im Zweifel. Nicht nur, daß er Priesterweihe, Firmung, Ehe und letzte Ölung als Sakrament aufgehoben wissen wollte, weil sie in der Schrift nicht nachzuweisen wären, er faßte das Sakrament des Altars, das den Mittelpunkt des Kults bilden sollte, ganz anders auf, als es in der Übung der Kirche sich herausgebildet hatte. Es war zu einem Opfer geworden, das der Priester Gott darbrachte, indem er Brot und Wein in Fleisch und Blut Jesu verwandelte, während Luther sich streng an die Einsetzungsworte Christi hielt, wie die Evangelien sie überliefert haben, und an den entsprechenden Gebrauch der Urkirche. Dieser Angriff Luthers auf die Messe mußte schon aus seiner Ansicht fließen, daß die Priester keinen von den Laien verschiedenen Stand bildeten; denn nach kirchlicher Auffassung konnte nur der Priester die Wandlung vollziehen, nur er das Opfer darbringen, gerade damit bezeugte er seine Würde und Heiligkeit. Die Messe bildete den Mittelpunkt des Gottesdienstes, sie war das heilige Schauspiel, das den gläubigen Zuschauern sowohl die in ferner Dämmerung verschwimmende Erhabenheit der göttlichen Geheimnisse wie die Macht und Ehrwürdigkeit der Priester vor Augen führte. Es kam dazu, daß mit der Messe ein großer Teil der kirchlichen Einkünfte zusammenhing; denn es war Gepflogenheit, daß wer es irgend vermochte Geld zur Abhaltung von Messen stiftete, die dem Seelenheil verstorbener Familienmitglieder oder dem eigenen zugute kommen sollten.

Den furchtbaren Eingriff, den Luther damit in das Wesen der Kirche tat, milderte er dadurch, daß er diese Schrift in lateinischer Sprache herausgab. Die darin behandelten Probleme sollten zunächst von Theologen durchdacht, nicht von der ungelehrten Menge ohne genaues Verständnis nach Interesse und Belieben verhandelt werden.

Den beiden grundsätzlichen Schriften Luthers folgte noch im selben Jahre ein andächtiger Gesang aus seinem gläubigen Herzen: Von der Freiheit eines Christenmenschen. Das, worin er das Wesen der Religion sah, den Glauben, die Empfänglichkeit der Seele für den Anhauch des Göttlichen, faßte er in Bilder von keuscher Lieblichkeit. Der Verkehr des Menschen mit Gott, das ist es, was er verkündet, verträgt einen Mittler so wenig, wie zwei Liebende eines Dritten bedürfen, der sie lehrte, was sie einander zu sagen haben; er ist an keinen Zauber, an keine Vorschrift gebunden, er ist frei. Diese Art der Frömmigkeit, in die Staupitz Luther eingeführt hatte, die vertrauensvolle Hingebung an einen Höheren, des Geschöpfs an den Schöpfer, war einst eine schöne starke Welle innerhalb der Kirche gewesen, jetzt wandte sie sich feindlich gegen die Kirche. Sie fühlte sich gegensätzlich zu der Kirchlichkeit, die sich im Gehorsam gegen den Papst und in der Ausübung der sogenannten guten Werke kundtat, gegensätzlich gegen das Priestertum, das sich anmaßte, den Verkehr der menschlichen Seele mit Gott, ihrem Gott, zu regeln und ihrem Urteil zu unterwerfen. Im Gefühl des Zusammenhangs mit Gott durch den Glauben fühlt sich der Christ frei, frei von den Satzungen, die Menschen aufstellten. Er ist frei, ein Herr aller Dinge, freiwillig aber ein Knecht aller Menschen; denn es liegt im Wesen der Liebe, die ihn mit Gott verbindet, daß sie ihn zugleich mit den Menschen, seinen Brüdern, eint.

Freiheit! Das Wort, das in der deutschen Sprache einen so edlen und stolzen und zugleich so breiten und schweifenden Klang hat, braust durch Huttens und Luthers Schriften dieses Jahres wie ein Schlachtruf der Jugend. Freiheit! Nicht ganz dasselbe empfanden und wollten sie dabei. Hutten schwebte eine Ungebundenheit des Denkens und Strebens, eine volle Entfaltung des eignen Wesens vor, wie die Wiedergeburt der Antike sie als Ziel hinstellte, während Luther zunächst an die Freiheit von den einschnürenden Geboten und Verboten der Kirche dachte, zu der sich derjenige berufen fühlen darf, der das Wort Gottes vernimmt und sich ihm unterwirft. Einig waren sie darin, daß sie für das deutsche Volk Veredlung und für das deutsche Reich einen Aufschwung erhofften, wenn es von der Herrschaft Roms befreit wäre, Veredlung, indem Heuchelei, Sittenlosigkeit und Trägheit verschwinden würden, Aufschwung, indem das Geld, das bisher nach Rom geflossen wäre, die eignen Güter mehren würde.

Beide, Hutten und Luther, beeinflußten einander zu gegenseitigem Vorteil. Das zwar wirkte nicht durchaus erfreulich, daß Hutten, bewußt und unwillkürlich, von der religiösen Sprache Luthers etwas annahm. Im Munde Luthers traf sie die Seele, ihm war sie angeboren, anerzogen durch die Umstände seines Lebens und erworben im Kampfe, sie war er selbst; bei Hutten wirkte sie wie etwas von außen Aufgetragenes. Er war, obwohl klug und gebildet, doch einfach; daß es in seinem Inneren bedeutende Probleme und Kämpfe nicht gab, spiegelte sich in seiner Sprache und machte ihre Schönheit aus. Das kirchliche Christentum, wie es ihm in seiner frühen Jugend entgegengetreten war, haßte er, das Christentum, das Luther verkündete, zog das Heldische seiner Natur an, insofern es Kampf gegen den Papst bedeutete, und er fühlte auch, daß Luthers religiöser Standpunkt dem deutschen Volke natürlicher und verständlicher war als sein humanistischer; aber trotzdem er sich religiöser Wendungen mit dem ihm eigentümlichen Schwung bediente, wirkten sie eher befremdend als ergreifend. Befreiend für ihn selbst aber wirkte, daß er, Luther nachahmend, die Fesseln der lateinischen Sprache abwarf und deutsch zu schreiben begann, um nicht nur zu den Gelehrten, sondern zum gesamten deutschen Volk zu sprechen. Es war ein Entschluß, der eine einschneidende politische Wendung bedeutete, aber ebensosehr eine dichterische. Gleich die Verse, mit denen er den neuen Weg anzeigte, den er einschlagen wollte, brechen mit der vollendeten Kraft und Angemessenheit einer Inspiration hervor: Latein ich vor geschrieben hab / Das war eim jeden nit bekannt / Jetzt schrei ich an das Vaterland / Teutsch Nation in ihrer Sprach / Zu tragen diesen Dingen Rach. Es ist noch etwas von der Straffheit und dem Erzklang der lateinischen Sprache in diesen Versen, zugleich aber das Ungestüm und die Urquellfrische der deutschen und die ergreifende Unbeholfenheit des Dichters, der fürchtet, daß sein noch ungewohntes Werkzeug seiner Leidenschaft nicht angemessen sei.

Luther, als der umfassendere Geist, konnte durch Hutten mehr bereichert werden, als es umgekehrt der Fall war. Die weltlichen Interessen, die dem Papst entgegenwirkten, hatte er schon in dem Augsburger Patrizierkreise kennengelernt, durch Hutten wurden sie ihm vollständig nahegebracht und vervollständigten seine Weltkenntnis. Was bei Hutten hauptsächlich gefühlsmäßiger und durch den Humanismus gespeister Widerwille war, verknüpfte Luther mit seinen Erkenntnissen, so daß sich alles zu einem zusammenhängenden, festgegründeten Bilde ordnete. Er konnte folgern und beweisen, wo Hutten nur proklamierte. Wenn Luthers Schriften gehaltvoller sind als die Huttens, so wirkten Huttens entschlossene Kampflust und gerade seine Problemfreiheit wohltätig auf Luther. Die Einladung Sickingens, Sickingens und Huttens gezückte Schwerter gaben ihm die Gewähr, daß er nicht verloren sei, selbst wenn sein Kurfürst die Hand von ihm abziehen sollte. Er würde auch ohne den Beistand der Ritter seiner Überzeugung treu gehandelt haben; aber er tat es nun rascher und freudiger. Das Mönchsgewand und die Mönchsgewohnheiten, die ihn eingehüllt hatten und die ihn vor sich selbst noch an die ihm einst so teure und heilige Kirche banden, Zeugen seiner großen Qualen und großen Begnadigungen, lösten sich mehr und mehr von ihm ab.

Die Antwort auf den gemeinsamen Angriff war eine Aufforderung Leos X. an verschiedene Fürsten, besonders an den Kurfürsten von Mainz, in dessen Dienst Hutten immer noch stand, Hutten auszuliefern, und der über Luther verhängte Bann. Im Oktober kehrte Eck, Luthers Gegner von der Leipziger Disputation, mit der Bulle *Exsurge Domine* aus Rom zurück, die Luther auf Grund von 41 Punkten aus seinen Werken als Ketzer verdammte und mit dem Bann bedrohte, falls er nicht binnen 60 Tagen widerriefe. Eck hatte außerdem die außerordentliche Vollmacht, nach seinem Gutdünken hartnäckige Anhänger Luthers mitzubannen. Dem Papst blieb kaum etwas anderes übrig, als den aus der Kirche auszustoßen, der die Kirche zerstörte. Luther seinerseits war fest entschlossen, nicht zu widerrufen. Ein Ausgleich dieses Gegensatzes war nicht mehr möglich: auf der einen Seite die sichtbare Kirche, deren Haupt der Papst ist, deren Lehrgebäude im Laufe der Jahrhunderte durch Übereinstimmung der gesamten Priesterschaft entstand, auf der andern Seite die unsichtbare Kirche, Christus und seine Lehre, die von jedermann aus der Heiligen Schrift, dem Worte Gottes, zu schöpfen ist.

Luther verkündete die Notwendigkeit der Trennung und seinen unabänderlichen Willen, sie zu vollziehen, indem er am 10. Dezember 1520 die Bannbulle vor dem Elstertor von Wittenberg in das Feuer warf. Es war ein öffentlicher Akt, der durch einen Anschlag in der Universität bekanntgegeben war: Jeder, der von der evangelischen Wahrheit ergriffen sei, solle sich um 9 Uhr zur Kirche des heiligen Kreuzes außerhalb der Stadtmauer begeben, wo die gottlose Bulle der päpstlichen Konstitutionen und der scholastischen Theologie verbrannt werden solle, da die Feinde des Evangeliums die frommen und evangelischen Bücher Luthers verbrannt hätten. «Wohlan denn, du fromme studierende Jugend, tritt zusammen zu diesem frommen und religiösen Schauspiel; vielleicht ist jetzt die Zeit, da der

Antichrist offenbar werden soll.» Nicht nur Studenten, auch Doktoren und Magister beteiligten sich an dem fröhlichen Hochgericht. Als die Flammen des Scheiterhaufens hochaufschlugen, warf Luther die Bulle hinein mit den Worten: «Weil du den Heiligen des Herrn betrübt hast, so verzehre dich das Ewige Feuer.» Am folgenden Tage sagte er zu seinen Zuhörern, es sei mit diesem Brande nicht genug, der Papst selbst, das heißt das Papsttum, müsse verbrannt werden.

Worms

Beiläufig sagte Luther in seiner Babylonischen Gefangenschaft der Kirche, man solle Ketzer nicht mit Feuer, sondern mit dem Wort überzeugen wollen. Diese Ansicht mochte mancher von den Ketzern haben, die verbrannt wurden; der rechtgläubigen Menge war es selbstverständlich, daß Irrgläubige mit dem Feuertod bestraft wurden; war das doch seit 1236 Reichsgesetz. Denn den Grundsatz, gewaltsam eine einheitliche Weltanschauung herzustellen, befolgten Kirche und Staat gemeinsam. Er hatte Karl den Großen zu Grausamkeiten verleitet, der die Einheit seines aus widerstrebenden Elementen zusammengesetzten Reiches mit despotischen Mitteln erzwang. Für die Staatsleiter war die Meinung maßgebend, Untertanen ließen sich leichter regieren, leichter als kompakte Masse handhaben, wenn sie den gleichen Glauben hätten, also in den höchsten die Menschheit bewegenden Fragen übereinstimmten. Der Standpunkt der Kirche war idealer; denn, obwohl auch hier das Herrschenwollen mitsprach, so kam es doch vielen Priestern darauf an, die offenbarte Wahrheit, zu deren Hüter sie berufen waren, so weit wie möglich zu verbreiten. In den Völkern kam ihnen die Mehrzahl der Menschen darin bereitwillig entgegen, so daß sich die abendländische Welt der heidnischen gegenüber im gleichen Glauben verbunden fühlte. Widerspruchslos herrschte der Glauben trotzdem nicht. Von den Anfängen der Kirche an traten Andersgläubige mit abweichenden Auffassungen auf, gegen welche die Kirche die ihrigen abzugrenzen und als allein gültig festzusetzen sich gezwungen sah. So entstanden nach reiflichem Abwägen, wobei die gelehrtesten Theologen und erfahrensten Priester sich ernstlich bemühten, die zutreffendste Formulierung für die übersinnliche Wahrheit zu finden, um die es sich handelte, die Dogmen; eins in das andere greifend, eins über das andere gelagert, stiegen sie auf wie Quadern zu einem mächtigen, unumstößlichen Gewölbe. Was einmal von der gesamten Kirche als Lehrsatz festgesetzt war, konnte nicht von neuem in Zweifel gezogen werden, ohne daß vieles andere, damit verbundene, gelockert wäre und damit die von der Kirche verkündete Wahrheit überhaupt angetastet wäre. Es war folgerichtig und ein streng festgehaltener Grundsatz, daß die Kirche sich auf eine Erörterung ihrer Lehrsätze niemals einließ; sie mußten schlechtweg geglaubt, wenigstens bekannt werden. Gerade die religiösen Gemüter, denen es ein Bedürfnis war, sich in die religiösen Geheimnisse zu versenken, und die dem besonderen Lauf ihres Lebensweges entsprechend eine besondere Seite des Göttlichen erfaßten, fanden in der abgerundeten Formulierung des Dogmas kein Genügen, fühlten sich vielleicht sogar davon abgestoßen; solche konnten ungehindert ihren Gedankengängen folgen, solange sie sie nicht laut äußerten und solange sie sich nicht aus dem von der Kirche vorgeschriebenen Kreise entfernten. Traten sie aber in offenen Widerspruch zur Kirche, so wurde ihnen keine Verteidigung der als ketzerisch bezeichneten Sätze gestattet, nur der Widerruf verlangt. Im 12. und 13. Jahrhundert, als die Päpste eine übersteigerte Herrschaft ausbildeten, erließen sie eine Reihe von Bullen, die ein besonderes Verfahren zur Vernichtung der Ketzerei einführten, nämlich den Inquisitionsprozeß, und beanspruchten selbstverständlich für die ganze Christenheit dessen Gültigkeit. Sie wandten sich an die Regenten aller Länder, denn die Teilnahme des Staates war um so notwendiger, als die geistlichen Gerichte, der christlichen Milde entsprechend, deren Vertreter sie waren, keine Todesurteile aussprachen und vollzogen. Die Kaiser, die als oberstes weltliches Haupt der Christenheit vor allem in Betracht kamen, folgten wie alle anderen Regenten den päpstlichen Weisungen ohne weiteres und taten es in diesem Falle nicht ungern, da sie ja das Bestreben der Kirche, mit allen Mitteln eine einheitliche Weltanschauung zu erzwingen, durchaus teilten. Friedrich II., dem Ketzereien der ärgsten Art nachgesagt wurden, führte das Inquisitionsgericht durch Gesetze von 1220 bis 1239 förmlich im Reiche ein. An der Spitze desselben stand ein Inquisitor, der ein theologisch sehr gebildeter Mann sein sollte, was wegen der oft subtilen Unterscheidungen zwischen ketzerischer und rechtgläubiger Ansicht erforderlich war, und es wurden deshalb Angehörige des gelehrten Dominikanerordens bevorzugt. Der Inquisitor pflegte Beisitzer zu haben, war aber an deren Meinung nicht gebunden, sprach das Urteil ganz nach eigenem Gutdünken. Als Prozeßform unterschied man wohl Akkusations-, Inquisitions- und Denunziationsprozeß, aber da kaum jemals jemand den Mut hatte, offen mit einer Anklage aufzutreten, bildete in der Regel Denunziation die Grundlage. Dem Angeklagten sollte gestattet sein, einen Angeber zurückzuweisen, der sein persönlicher Feind war; da ihm aber die Angeber nicht genannt wurden, war dieser Schutz des Gesetzes eine Täuschung. Ebenso wurde die vom Gesetz vorgesehene Bestrafung falscher Angeber nie vollzogen. Ein Verteidiger wurde dem Angeklagten nicht gestattet. Die Fragestellung war so gekünstelt, setzte eine solche Gewiegtheit in theologischen Spitzfindigkeiten voraus, daß der unglückliche Johann von Wesel, ein berühmter Professor, vor dem Inquisitionsgericht ausrief, bei solchem Verfahren würde auch Christus als Ketzer verdammt werden. Die gesamte Habe verurteilter Ketzer wurde eingezogen ohne Rücksicht auf deren rechtgläubige Kinder. Auch die Unfähigkeit, Ämter zu bekleiden, ging auf die Nachkommen des Ketzers über. Eigens war der Inquisitor angewiesen, sich durch die Klagen des Opfers nicht rühren zu lassen. Er konnte andererseits, sowie er nach Belieben die Strafe verschärfen konnte, auch Milde walten lassen und tat es zuweilen, ohne daß ein ersichtlicher Grund vorgelegen hätte, wenn es für die Zwecke der Kirche ersprießlich schien. Denn der verderbliche Grundsatz war aufgestellt worden, daß das als Recht zu betrachten sei, was der Kirche nütze. Sowie aber der Rechtsgrund irgendwo anders gesucht wird als im Rechte selbst, entscheidet Willkür und parteiliches Interesse. Durch diese Auflösung des Rechtsbewußtseins, durch die Anleitung zur Angeberei – wurden doch die Kinder angewiesen, gegen ihre Eltern auszusagen – wurde die Seele des Volkes, zu deren Errettung angeblich die Inquisition erdacht war, vergiftet und erniedrigt. Nicht nur, daß bösartige Menschen Gelegenheit fanden, den Gegenstand ihres Neides oder ihrer Rachsucht in sicheres Verderben zu stürzen, daß Menschen angeleitet oder gezwungen wurden, gegen ihre Nächsten auszusagen, daß der Angeklagte selbst aus Angst vor unerträglichen Qualen zum Heuchler wurde, man benutzte auch die bekehrten Ketzer, sei es, daß sie wirklich überzeugt waren oder daß sie sich anstellten, als wären sie es, um die ihnen bekannten Ketzer zu bekehren oder anzugeben. Bekehrte Ketzer waren die besten Werkzeuge der Inquisition.

Die Regenten Deutschlands nahmen an der neuen Art des geistlichen Gerichts, das dem germanischen Rechtsgedanken in verschiedener Hinsicht widersprach, keinen Anstoß, wohl aber empörte sich das Volk dagegen. Nach germanischem Recht fanden Beisitzer das Urteil, die des Angeklagten Standesgenossen sein sollten. Ohne Ankläger fand kein Verfahren statt, und der Ankläger setzte sich persönlich als Vertreter seiner Klage ein. Frauen, Kinder und Gesinde des Angeklagten wurden nicht als Zeugen zugelassen. Der Widerwille gegen die römische Einrichtung führte zur Ermordung des Inquisitors Konrad von Marburg und eines seiner Gefährten; aber es ist ein Irrtum zu meinen, damit habe die Inquisition in Deutschland aufgehört. Im Gegenteil wurde sie durch Karl IV. ausgebildet und sogar verschärft. Es ist bezeichnend für die Verschlagenheit dieses Kaisers, daß er bestimmte, von dem eingezogenen Vermögen des Ketzers solle ein Drittel dem Inquisitor, ein Drittel den Städten zufallen. Dadurch bekamen die Städte, die ursprünglich der Inquisition abgeneigt waren, ein

Interesse daran, das heilige Gericht zu unterstützen. Daß der Inquisitor, der Kläger und Richter in einer Person war, aus der Verurteilung der Angeklagten finanziellen Gewinn zog, sollte später, in den Hexenprozessen, entsetzliche Folgen haben.

Schwoll auch die Inquisition in Deutschland nicht zu einer so unentrinnbaren Maschinerie an wie später in Spanien, so arbeitete sie doch, trotz vereinzelten Widerstandes im allgemeinen gebilligt, rüstig weiter. Vielleicht wäre der Widerstand wirksamer gewesen, wenn die Ketzer hochstehende, einflußreiche Personen gewesen wären; aber es waren überwiegend kleine Leute, um deren Schicksal die Mächtigen sich nicht bekümmerten. Die meisten waren Handwerker, Weber besonders, Menschen, die einen gewissen Grad von Bildung besaßen und doch nicht so begütert waren, daß ihr religiöses Bedürfnis in weltlichen Genüssen untergegangen wäre. Die Inquisition, die an ihrem sittlichen Wandel nichts aussetzen konnte, warf ihnen vor, daß sie ohne Unterlaß arbeiteten, lernten und lehrten und deshalb zu wenig beteten. Die kirchlichen Zeremonien genügten ihrer Nachdenklichkeit nicht; vielleicht beförderte auch das Zunftwesen die Neigung zur Sektenbildung. In diesen Kreisen gewannen die Hussiten Einfluß und vermischten sich mit den niemals ganz verdrängten Waldensern, namentlich in den an Böhmen grenzenden Gebieten: Österreich, Sachsen, Franken.

Als nun in Luther das Wesentliche der ketzerischen Ideen zusammenströmte und er laut und öffentlich sich für sie einsetzte, sah es aus, als könne er der Inquisition so wenig entgehen wie Huß oder Johann von Wesel oder Dränsdorf und viele andere. Allerdings hatte er den Vorteil, daß er durch seine Predigt das Herz seines Landesherrn gewonnen hatte und ein angesehener Professor an dessen Universität war; aber in derselben Lage hatte sich Huß befunden. Hinter Huß hatte die gesamte Bevölkerung eines Landes einmütiger gestanden, als die Deutschen für Luther waren. Ein Bedeutendes aber konnte Luther zugute kommen: die veränderte Einstellung der Nation und des Staates zur Kirche. Besonders durch die Humanisten war das nationale Selbstbewußtsein so gesteigert, daß die Abhängigkeit von einer Macht, die so häufig ihren nicht universalen, sondern ausländischen Charakter verraten hatte, unwillig ertragen wurde; die staatlichen Gewalten aber waren in ihrem Streben nach Zusammenfassung und Abrundung ihrer Landeshoheit durch die kirchlichen in ihr Territorium eingreifenden Rechte gestört und fühlten sich stark genug, auch die geistige Leitung ihrer Untertanen in die Hand zu nehmen. Wenn auch der mächtige junge Kaiser von dieser nationalen und staatlichen Gesinnung erfaßt wurde, konnte Luther hoffen, dem Feuertode zu entgehen.

Merkwürdig, wieviel Freiheit doch im Mittelalter neben Zwang und Gebundenheit war. Die vielen selbständigen Mächte, die es gab und die oft untereinander verfeindet waren, ermöglichten es Bedrohten und Verfolgten, irgendwo Schutz zu finden. Selbst Gebannten und Geächteten eröffnete sich noch ein Asyl, wie Gregor von Heimburg erfahren hatte. Der Gegensätze waren so viele, daß leicht einer nützlich und wertvoll fand, was einem anderen schädlich schien. Es ist nicht zu leugnen, daß Luther und Hutten den Bann der Kirche, die höchste Macht in der Christenheit, durch öffentliche Angriffe geradezu herausgefordert hatten; trotzdem wäre Hutten im Dienst des Kurfürsten von Mainz geblieben, wenn der Papst seine Entlassung nicht gefordert hätte, und Luther blieb hochgeschätzter Professor in Wittenberg, erhielt sogar freies Geleit, um sich auf dem Reichstage vor dem Kaiser zu verantworten. Auch das freie Geleit war eine Einrichtung, die den damit Begnadeten für eine jeweils bestimmte Zeitdauer aus allen Gefahren, Gesetzesfolgen, Angriffen heraushob, ihn gleichsam mit einem rettenden Gewölk umhüllte, wie die Götter es einst für ihre Lieblinge in der Schlacht bereit hatten. Allerdings war Huß das Geleit nicht gehalten worden; aber trotz der Begründungen, die den Ruf Kaiser Siegmunds sicherstellen sollten, war man allgemein der Ansicht, er habe großes Unrecht getan, indem er Hussens Verbrennung zuließ, und habe damit seinen söhnelosen Ausgang und den frühen Tod seines Enkels verschuldet. Manches ließ vermuten, daß dem Kaiser selbst nicht wohl bei seinem Wortbruch gewesen sei, und es war anzunehmen, daß sich ein solcher nicht wiederholen würde.

Am 28. Januar 1521 eröffnete Karl V. den Reichstag zu Worms, der eine Art Fortsetzung des berühmten von 1495 sein sollte. Die Reichsreform und die Kirchenreform, von denen damals die erste wenigstens in Angriff genommen war, sollten endlich durchgeführt werden. Das Fehdeverbot, dem dauernd zuwidergehandelt worden war, wurde von neuem verkündigt, das Reichskriegs- und Reichssteuerwesen wurde geordnet. Mit gänzlicher Beiseitesetzung des Gemeinen Pfennigs, der die Bevölkerung unmittelbar mit dem Reich verbunden hätte, wurde auf die alte sogenannte Matrikel zurückgegriffen, die auf die Stände je nach ihren Einkünften verteilt wurde. Auf Grund derselben wurde eine Einheit festgesetzt, die man Römermonat nannte, was eine bestimmte Anzahl Reiter- und Fußsoldaten bedeutete; entweder diese oder das zu ihrer Ausrüstung nötige Geld hatte der betreffende Stand zu liefern. Die Veranlagung nach Römermonaten hat bis zum Ende des Reiches gedauert.

Dorniger war die Frage des Reichsregiments, das, trotzdem zwei so charakterfeste Männer wie der Kurfürst Berthold von Mainz und der Kurfürst Friedrich von Sachsen sich dafür eingesetzt hatten, an Maximilians Widerstand gescheitert war. Der Wunsch der Fürsten, dem Reich eine ständische Spitze statt einer monarchischen zu geben, war inzwischen eher gewachsen, da sie einem Kaiser gegenüberstanden, der über eine ungeheure Macht verfügte; er konnte die deutschen Fürsten in unabsehbare Ziele verwickeln und ihnen große Opfer dafür auferlegen. Sie hofften, mit dem Jüngling, der ohnehin durch die Wahlkapitulation gebunden war, leichter fertig zu werden als seinerzeit mit dem unberechenbaren, aufbrausenden Maximilian. In den ersten Wochen, als noch nicht alle Teilnehmer des Reichstages eingetroffen waren, konnten sie bewundern, mit welch gewandter Kraft sich der junge Kaiser als Reiter und Fechter in den Ritterspielen hervortat. Als dann die Verhandlungen begannen und die Frage des Reichsregiments vorgenommen wurde, offenbarte er seinen Willen zu herrschen. Er hatte nichts gegen ein Reichsregiment; aber es sollte erstens nur in seiner Abwesenheit tagen, und es sollte eine von ihm abhängige Körperschaft werden. Das Reich, sagte er, könne nur einen Herrn haben, und das sei der Kaiser. Er hatte nichts von der reizbaren Heftigkeit seines Großvaters, nicht dessen leichte Laune und bald bezaubernde, bald verwirrende und erschreckende Beredsamkeit; aber er hatte Besonnenheit und Selbstbeherrschung und war in einem ganz habsburgisch, in dem maßlosen, wahnhaften und dabei natürlichen, selbstverständlichen Herrenbewußtsein.

Von allen Dynastien Europas ist die habsburgische die interessanteste, und keine hat wohl einen so sehr in allen ihren Gliedern ausgeprägten Charakter. Die Mischung von phantastischer Grandezza und künstlerischer Freiheit, ja Leichtigkeit vereinigt sich zu einem unaussprechlichen, musikalisch schwingenden Reiz. Das Kaisertum, bei ihnen eine erblich gewordene, angeborene Eigenschaft, gab ihnen Gelegenheit, das Leben großartig aufzufassen; daneben aber zeichnete sie eine Neigung zu häuslicher Zurückgezogenheit und zur Pflege warmer menschlicher Beziehungen aus. Das Übermaß an Erbe schien ihnen keine Last zu sein, sie trugen es mit elastischem Schritt; nur zuweilen verriet sich ein Element verführerischer Schwermut. Das Bewußtsein, sich in einem Raume außerhalb der Menschen zu befinden, war so fest in ihnen, daß sie sich in liebenswürdigem Sichgehenlassen zwischen den Menschen bewegen konnten, ohne daß sie Gefahr gelaufen wären, dadurch zu unerwünschter Vertraulichkeit zu ermutigen. Damals machte Karl wohl zuweilen den Eindruck, als sei er schlaff und gleichgültig, als lasse er seine Räte für sich regieren; aber sicherlich war sein Herrenbewußtsein vollkommen ausgebildet. Noch hatte das Ringen um das Reichsregiment zu keinem Ergebnis geführt, als die Ordnung der Lutherischen Häresie zur Sprache kam.

Der Kaiser hatte, um sich dem Kurfürsten von Sachsen liebenswürdig zu erweisen, versprochen, Luther auf dem Reichstage anzuhören; aber als der Reichstag eröffnet war, änderte sich die Lage. Von päpstlichen Abgesandten umringt, war er hier stets daran gemahnt, daß er geschworen hatte, die Kirche und den Papst zu schützen. Er war willens, das zu tun, soweit es mit seinen staatsmännischen Interessen vereinbar war. Nun hatte der Papst eben in einer Spanien angehenden Sache seinen Wünschen Rechnung getragen. In Spanien nämlich war die Inquisition ganz vom König abhängig: ihm fielen die eingezogenen Güter der Ketzer zu, sie diente dem königlichen Absolutismus. Auf Bitten der arragonesischen Stände hatte sich der Papst bereit finden lassen, die Inquisition dem gemeinen Recht Spaniens gemäß zu ändern, was eine Einschränkung des königlichen Einflusses bedeutete. Karl, dem das unerträglich war, drängte den Papst so sehr, diese Bewilligung zurückzunehmen, daß Leo X. sich endlich dazu bequemte. Um sich seinerseits erkenntlich zu zeigen, erklärte sich der Kaiser bereit, Luther nicht in Worms vernehmen, sondern ihn ohne Verhör verurteilen zu wollen. Das zu tun entsprach dem Recht, denn dem päpstlichen Bann hatte die kaiserliche Acht zu folgen, und auch des Kaisers Neigung, der nicht das allermindeste Interesse für theologische Untersuchungen hatte. Er konnte nicht recht begreifen, warum sich Leute damit abgaben. Wenn Maximilian, wie behauptet wird, gesagt hatte, man möge Luther gut verwahren, um ihn etwa einmal gegen den Papst auszuspielen, so lag dieser Gesichtspunkt seinem mächtigen Enkel fern. Zum Glück für Luther konnte der Kaiser nicht ohne die Kurfürsten entscheiden. Die drei geistlichen und Brandenburg stimmten ihm zu, Sachsen aber und Pfalz widersprachen. Nach erbittertem Streit im Kreise der Kurfürsten, bei dem es fast zu Tätlichkeiten gekommen wäre, siegte die Minderheit. Da die Frage des Reichsregiments noch nicht gelöst war, kam man überein, daß es besser sei, den Kaiser nicht durch Nachgiebigkeit zu stärken. Sie stellten ihm vor, daß das Volk nicht vom Aufruhr zurückzuhalten sein würde, wenn man Luther ohne Verhör verurteilte. Das einfachste sei, ihn nach Worms zu laden, nicht um mit ihm zu disputieren, sondern um ihn zu veranlassen, daß er seine ketzerischen Bücher widerrufe; dann könnten seine guten erhalten bleiben. So erließ denn Karl am 6. März die Ladung an den «ehrsamen, lieben, andächtigen Martin Luther» nach Worms, damit Kaiser und Reich über seine Bücher Auskunft erhalten könnten. Alle die Fürsten, deren Gebiet Luther auf seiner Reise berühren mußte, fügten besondere Geleitbriefe bei. Es war eine empfindliche Niederlage des Papstes: nachdem er bereits das Urteil gesprochen hatte, maßten Kaiser und Stände sich an, die geistliche Sache von neuem zu untersuchen. Der päpstliche Legat Aleander, der schon gesiegt zu haben glaubte, war außer sich. Der kluge, scharfblickende Italiener fühlte, wie die Atmosphäre in Deutschland sich verändert hatte, aus unsichtbaren Hinterhalten zückte es, blitzte es, schlich es feindselig gegen ihn heran, es war ihm, als wage er sein Leben, wenn er sich öffentlich zeigte. Das Schlimmste war zu erwarten, wenn der Kaiser, dessen Rechtgläubigkeit bis jetzt außer Zweifel stand, der Ketzerei nachgäbe.

Aufgeregte, gereizte Spannung herrschte nicht nur unter den Vertretern des Papstes in Worms, sondern im ganzen Reiche. Handelte es sich erst um die Frage, ob Luther auf dem Reichstage erscheinen dürfe, so hernach um die angstvollere: Wird er widerrufen oder nicht? Wenn er widerruft, werden seine Anhänger ihn ermorden? Wenn er nicht widerruft, wird er ausgeliefert und verbrannt werden? Sofort oder nach Ablauf des Geleits? Wie wenn ein Feldherr nach gewonnener Schlacht zurückkehrt, solch ein Jubel und solch eine Neugierde bewegte die Gegenden, durch welche der Planwagen fuhr, in dem Luther und seine Gefährten, der Dompropst Nikolaus von Amsdorff und ein pommerscher Edelmann, der Student Peter Swaven, nach Worms fuhren. Die beiden hatten nicht wie Luther freies Geleit; sie setzten ihr Leben aufs Spiel, indem sie sich ihm anschlossen. Die Reise, die vielleicht am Scheiterhaufen endete, glich einem Triumphzug. In Erfurt, der Stadt reich an Erinnerungen, empfing ihn am Tore die Universität, an ihrer Spitze der Rektor Crotus Rubeanus, sein und Huttens alter Freund, der witzige Verfasser der Dunkelmännerbriefe. Alle wollten Luther sehen, ihn berühren, ihm Heil wünschen. Und doch, würden diese Begeisterten nicht mit derselben Begierde herbeiströmen, um ihn im Feuer verbrennen zu sehen?

Ein schreckhafter Augenblick war es für Luther, als ihm das kaiserliche Mandat vor Augen kam, das allen Behörden befahl, seine Bücher zu verbrennen. Also hatte der junge Kaiser bereits gegen ihn entschieden. Es wurde Luther wie vielen Deutschen schwer, den Glauben an einen Volkskaiser abzutun, der jedem das Seine geben würde. Aber was war das anders als ein Feind mehr? Er zählte sie nicht, ihm zählte nur sein Gott. Verlasset euch nicht auf Fürsten, sagte die Bibel, denn sie sind Menschensöhne, und es ist kein Heil bei ihnen. Und wenn so viele Teufel wie Ziegel auf den Dächern in Worms wären, er wollte doch hineinziehen, sagte er. Auch in Worms lief das Volk Luthers Wagen entgegen, dessen Nahen der Wächter vom Turme mit Hornstößen anzeigte: die einen wollten den Gesandten Gottes, die anderen den großen Häresiarchen sehen, der Papst und Kaiser herauszufordern wagte. Das Getümmel, das ohnehin des Reichstags wegen in Worms herrschte, verdichtete sich um ihn herum, drängte bis in die Herberge, wo er mit seinen Begleitern abstieg, und bis in sein Zimmer. Selten war er allein; die ihm wohlvertrauten Räte des Kurfürsten besprachen sein Verhalten mit ihm. Schon auf den folgenden Nachmittag um 4 Uhr wurde das Verhör festgesetzt. Vielleicht war es Befangenheit, daß Luther auf die ihm vorgelegte Frage, ob er widerrufen wolle, nicht antwortete, sondern Bedenkzeit erbat; wahrscheinlicher ist, daß er gehofft hatte, sich über seine Bücher äußern zu können, und nun, da ihm das verwehrt wurde, Zeit gewinnen wollte, um seine Antwort danach einzurichten. Trotz des Unwillens der päpstlichen Partei wurde die Bitte gewährt; so kam es, daß Luther am folgenden Tage, es war der 19. März, zum zweiten Male vor dem Reichstage erschien. Hatte er das erstemal enttäuscht, so befriedigte er jetzt alle die, welche ihn bewunderten und auf ihn bauten. Er war fest und ruhig, im Kreise der Mächtigen der Überlegene. In der Zwischenzeit hatte er sich vorbereitet und antwortete mit straffer Zusammenfassung der Gedanken sachlich und voll persönlicher Glut. Er teilte seine Schriften nach ihrer verschiedenen Bestimmung ein, gab zu, daß er in seinen Streitschriften zu heftig gewesen sei, widerrief aber nichts. Indessen da er Mensch sei und nicht Gott, also irren könne, wolle er der erste sein, seine Bücher ins Feuer zu werfen, wenn er aus prophetischen und evangelischen Schriften eines Irrtums überführt werde. Den Aufruhr betreffend, den seine Schriften hervorrufen könnten, führte er das Wort des Herrn an: «Ich bin nicht gekommen, Frieden zu bringen, sondern das Schwert.» Man solle sich hüten, fuhr er fort, daß man nicht durch Verdrängung des göttlichen Wortes dem jungen edlen Kaiser Karl eine unglückliche Regierung bereite. «Solches sage ich nicht, als ob so hohe Häupter meiner Lehre und Meinung bedürften, sondern weil ich mich dem Dienst nicht entziehen darf, den ich meinem Deutschland schuldig bin.» Als es gewünscht wurde, wiederholte er seine Rede in deutscher Sprache. Begreiflicherweise wollte sich die Versammlung auf eine Disputation nicht einlassen; deshalb wurde ihr Beauftragter, der Triersche Beamte Johann von Eck, angewiesen, Luther noch einmal zu ermahnen, und er tat das auf sehr eindrucksvolle Weise. Wenn Luther, sagte er zu ihm, neue, von ihm erfundene Häresien lehrte, würde der Papst gelehrte Männer schicken, um sie zu untersuchen und zu widerlegen. Seine Irrtümer aber wären die der alten Häretiker, der Waldenser, Pikarden, Wiclefiten, Hussiten und anderer, sie wären längst vom Papst und von den Konzilien verdammt. Man solle nicht in Zweifel ziehen, was die katholische Kirche rechtlich festgelegt habe, was in Brauch, Sitte, Herkommen übergegangen sei, was unsere Väter im Glauben festgehalten und wofür sie willig hundertmal den Tod erlitten hätten. Luther solle sich doch nicht anmaßen, allein derjenige zu sein, der die Schrift richtig auslegen könne.

Es war in den Worten Ecks etwas von dem Cusanischen Geiste, der, nachdem er alles durchdacht hat, was dem Verstande zugänglich ist, vor der abgründigen Leere schaudert, in der der Mensch nicht atmen kann und sich dankbar an den Felsen klammert, auf dem die Kirche als auf einem aus den Tiefen der Erde gewachsenen Fundament ihre Lehre aufgemauert hat. Ihre dichtgeschlossenen Fugen gewähren Schutz gegen den Zweifel; hier ist in Jahrhunderten die Weisheit der Erlesensten mit den Bedürfnissen und Fähigkeiten des Volkes in Einklang gebracht. Am Schlusse seiner Rede forderte der Offizial Luther zu einer ehrlichen, nicht zweideutigen noch gehörnten Antwort auf, ob er die in seinen Büchern enthaltenen Irrtümer widerrufen wolle oder nicht.

Die eindringliche Wärme, mit der von Eck auf das historische Recht der Kirche hinwies, war geeignet, einen ernsten und einsichtsvollen Menschen zu erschüttern. Aber Luther hatte sich für diesen Augenblick gewappnet, er wehrte alles ab, was ihn nachdenklich machen, ihn rühren, seinen Kinderglauben hätte erwecken können. Mit der Unbeirrbarkeit des Berufenen, der auf eine Aufgabe verpflichtet ist, antwortete er: «Weil denn die geheiligte Kaiserliche Majestät und Eure Herrschaften eine schlichte Antwort von mir verlangen, so will ich eine Antwort geben ohne Hörner und Zähne, auf diese Weise: Wenn ich nicht durch Zeugnisse der Schrift oder einleuchtende Gründe überführt werde – denn dem Papst und den Konzilien allein glaube ich nicht, da es feststeht, daß sie oft geirrt und sich selbst oft widersprochen haben –, so bin ich gebunden durch die von mir angeführten Schriftstellen, und mein Gewissen ist gefangen in Gottes Wort; widerrufen kann ich und will ich nichts, da wider das Gewissen zu handeln weder sicher noch ehrenhaft ist. Gott helfe mir, Amen.»

Auf den jungen Kaiser hatte Luther keinen anderen Eindruck gemacht als den, daß er sich nunmehr als hartnäckiger Ketzer erwiesen und die Folgen davon zu tragen habe. Am folgenden Tage ließ er dem päpstlichen Gesandten, den Kurfürsten und Fürsten eine von seiner eigenen Hand geschriebene Erklärung vorlesen, daß er seinen Vorgängern, den Kaisern, sich anschließen wolle. Alle seine Königreiche und Provinzen, seine Freunde, Leib und Leben, ja seine Seele wolle er für diese Sache einsetzen und fordere alle Fürsten auf, Luther auszuliefern, sowie das freie Geleit abgelaufen sei. Wer Luther ferner noch anhänge oder ihm Hilfe gewähre, den werde er für einen Ketzer ansehen. Den Fürsten dagegen hatte der mutige Mönch gefallen, seine Überzeugungstreue hatte manchen nachdenklich gestimmt. Selbst ein so gut katholischer und kaisertreuer Herr wie Erich von Braunschweig-Calenberg fühlte sich zu dem tapferen Manne hingezogen, der junge Landgraf Philipp von Hessen besuchte ihn, um ihm Sympathie zu zeigen. Friedrich der Weise fand seinen Professor reichlich kühn, war aber im ganzen doch mit ihm zufrieden. Allen leuchtete ein, daß sie sich die Gelegenheit, einen Druck auf den Papst auszuüben, nicht sollten entgehen lassen. Dieser Luther hatte das Volk und die Ritterschaft auf seiner Seite, die Unruhe in der Stadt, drohende Anschläge an der Kathedrale, bewiesen das. Wie wenn dieser gewaltige Mann die Beschwerden der deutschen Nation vor dem Papst verträte, die man seit 100 Jahren vergeblich wälzte? Gelang es, den ketzerischen Fleck aus seinem Programm auszumerzen, konnte der Mann ein Zauberwort sprechen, das die zerrissenen Glieder des Reiches zu einem verjüngten Körper zusammenschmolz, unüberwindlich gegen Kaiser und Papst. Trotz der Erklärung, die er soeben gegeben hatte, willigte der Kaiser ein, daß noch ein Versuch der Verständigung mit Luther gemacht werde. Ein Ausschuß wurde gebildet, an dessen Spitze der Erzbischof von Trier, Richard von Greifenklau, stand, der in Glaubensangelegenheiten keine Vorurteile hatte. Als ein hochgeborener Herr, dem die Formen der großen Welt geläufig waren, verkehrte er in liebenswürdiger Weise mit Luther, zog ihn zur Tafel und suchte ihm die Pläne der Fürsten ins beste Licht zu setzen. Bei den Verhandlungen kam man wieder auf das Konzil zurück, dem als höchster Instanz die verworrenen kirchlichen Dinge zur Ordnung sollten unterworfen werden. Luther sah voraus, daß ein Konzil die hussitischen

Sätze, die zu Konstanz verworfen worden waren, wieder verwerfen würde, und der Erzbischof selbst gab das zu; das war für Luther Grund genug, unbedingte Unterwerfung unter ein Konzil abzulehnen. Verständigung war unmöglich; aber Luthers Abschied von den Herren, die mit ihm verhandelt hatten, war freundlich. Bevor er Worms verließ, wurde ihm von seiten des kursächsischen Hofes mitgeteilt, daß er unterwegs zu seiner Sicherheit von Reitern würde überfallen und auf eine Burg geführt werden, wo er eine Zeitlang verborgen bleiben solle. Wenn auch ungern, fügte er sich doch dem Wunsche seines Landesherrn und reiste am 26. April mit seinen Gefährten ab.

Die Reichsversammlung tagte weiter. Am 25. Mai, zwei Tage, nachdem die Kurfürsten von Sachsen und Pfalz Worms verlassen hatten, lud der Kaiser die noch anwesenden Fürsten zu einer Sitzung auf das Rathaus ein. Als der Reichstag förmlich geschlossen war, geleiteten ihn alle zu seiner Herberge, wo er mit den Kurfürsten allein blieb. Hier ließ er ihnen ein Edikt vorlesen, durch welches Luther als offenbarer Ketzer von Kaiser und Reich geächtet wurde. Nicht nur sollten alle seine Schriften verbrannt werden, es wurde auch durch eine strenge Zensur dafür gesorgt, daß keine gegen den katholischen Glauben gerichtete Schrift künftig gedruckt werden könne. Alle Dichter, Schreiber, Maler, Drucker und Verkäufer, die dem Edikt zuwiderhandelten, wurden mit schärfsten Strafen bedroht, «damit die hochberühmte Kunst der Druckerei allein zu guten und löblichen Zwecken gebraucht und geübt werde.» Von Luther hieß es, daß er, mehr Teufel als Mensch, jegliche Ordnung zerstöre und alle längst verdammten Ketzereien in eine stinkende Pfütze versammelt habe, seine Lehre wurde als eine solche bezeichnet, die zu einem freien, gesetzlosen, viehischen Leben führe.

Die Kurfürsten hörten aufmerksam zu, und der von Brandenburg sagte, für alle sprechend, daß sie das Edikt billigten. Am Tage darauf unterschrieb es der Kaiser und sagte dabei lächelnd in französischer Sprache zu Aleander: «Nun werdet Ihr doch mit mir zufrieden sein». Die Martinische Ketzerei schien vernichtet.

Der Prophet

Seine Häresien, hatte der Offizial von Eck zu Luther gesagt, wären nicht neu, sondern längst von anderen Ketzern vorgebracht und von der Kirche verdammt. Er hatte recht; alles, was Luther lehrte, war vor ihm von anderen gelehrt: daß die Schrift die einzige Grundlage des christlichen Glaubens sei, das allgemeine Priestertum, daß der Ablaß eine schädliche Einrichtung sei, daß nur Gott Sünden vergeben könne, daß

Gott die Werke der Nächstenliebe angenehmer seien als die sogenannten guten Werke, der Kampf gegen den Bilderdienst, Verehrung der Heiligen und der Reliquien, gegen den Primat des Papstes, gegen die Messe. Wenn es nun aus seinem Munde auf einmal wie ein Blitz einschlug und zündete, wie ein Feuer um sich griff und die Welt erleuchtete, als habe man sie noch niemals zuvor klar gesehen, so lag das zum Teil an dem Zustand herbstlicher Dürre und Durchsichtigkeit, in dem das Abendland sich befand, vor allem aber an Luthers Eigenart, an seiner Gläubigkeit. Man hatte seit einem Jahrhundert versucht, die Beziehungen zwischen Staat und Kirche zu ordnen, Übergriffen der Kirche, namentlich der finanziellen Ausbeutung zu wehren, Mißbräuche abzuschaffen, Sittenlosigkeit zu bessern – Luther erneuerte die Beziehung zu Gott. Der Strom, der das Irdische dem Göttlichen verbindet, der lange versiegt war, rauschte wieder, durch seinen Glauben magisch entbunden. Wie es Menschen gibt, für die eine bestimmte Reihe von Tönen nichts weiter ist als ein zufälliges Geräusch, während es für andere eine Melodie ist, die das Herz erschüttert, so unterscheiden viele das göttliche Wort nicht von dem dem Irrtum ausgesetzten menschlichen: Luther hörte die mit nichts Irdischem vergleichbare, unfehlbar verpflichtende Stimme des Herrn, und weil Gott für ihn Wirklichkeit war, wurde er es auch für andere.

Um die Propheten her, die im Quellgebiet des Übersinnlichen leben, ist ein leuchtenderes Licht und ein lebendigeres Leben als anderswo, darum drängen sich die Menschen an sie heran und hoffen, von ihnen göttliche Botschaft zu erfahren. Mit der Musik aus dem Jenseits, die er mitteilte, hatte Luther das Herz seines Kurfürsten getroffen, traf er unzählige empfängliche Herzen, denen es nun schien, als hätten sie nur darauf gewartet.

Als Luther im Kloster sich in die Schrift versenkte, enthüllte das Wort der Propheten ihm sein eigenes Schicksal. Lange rang er damit, das ihn erschreckte, nicht lockte. Wollte man den Augenblick bezeichnen, wo er sich entschloß, die Last des Herrn auf sich zu nehmen, so müßte es wohl der sein, als er die Bannbulle verbrannte und damit das Band zerriß, das ihn mit der Kirche verknüpfte. Wenn auch der Kampf in seinem Innern nicht aufhörte, auf dem Wege nach Worms noch ihn schüttelte und sich erst legte, wenn die tröstende Stimme seiner Laute ihn beschwichtigte, war doch seit jenem Zeitpunkt seine Haltung anders geworden. Er war nun der Diener seines Volkes ohne Unterschied der Stände, aber auch sein Herr. Wenn es das Wort Gottes betraf, trat er als Gebieter auf, leitete, drohte, strafte, rühmte, einzig durch seine Überzeugung gebunden. Und wie die Halme vor dem Winde beugten sich alle vor ihm, die Großen wie die Kleinen; sie erwarteten das richtende Wort von ihm und nahmen es an.

Die Verantwortung für das Schicksal eines Volkes zu tragen ist schwer und drückte so auf Luther, daß er zusammengebrochen wäre, wenn nicht seine Seele immer sich aus dem Paradiese hätte weiden können, zu dem er den Zugang hatte. Dort gab er sich Träumereien hin, wie sie Kinder träumen, spielte mit Sternen, Blumen und Tieren wunderliche Spiele, von denen zuweilen ein liebliches Wort in seine menschliche

Sphäre glitt. Solcher erlösender Augenblicke mochte er manche haben, als er den Frühling auf der Wartburg erlebte. Es war auf einmal still um ihn; anstatt des scharfen Gezänks der großen Welt, hinter dem Habgier und Ehrgeiz und allerlei böse Lust steckte, umgab ihn das dämmernde Schweigen der Burg und die dienstfertige Freundlichkeit ihrer kleinen Besatzung. Wenn er aus dem Fenster blickte, sah er die gelblich grünen Schleier der eben entfalteten jungen Buchenblätter, und in der Frühe hörte er die erwachenden Vögel mit sanftem Jubelton das neugeschaffene Licht begrüßen. Wenn die Sonne untergegangen war, vernahm er das silberne Geriesel der Nacht an den alten Mauern und den alten Stämmen. Hier war das Ewige, das zugleich Unergründliche und Selbstverständliche. In glücklichen Stunden war er Träumer und Dichter: er vollendete das Magnifikat, den Lobgesang der heiligen Jungfrau, er legte Psalmen aus, er schrieb Predigten. Gegen den Winter begann er die Übersetzung des Neuen Testamentes aus dem Griechischen. Als Übersetzung aus dem Urtext ist seine Verdeutschung die erste, nicht die erste überhaupt. Bis zum Jahre 1518 waren 17 oberdeutsche und 3 niederdeutsche Drucke der ganzen Bibel erschienen, dazu eine Reihe von Ausgaben einzelner Evangelien und Episteln. Das Lesen der Bibel wurde von kirchlicher Seite empfohlen, zuweilen aber auch als gefährlich bezeichnet; das Bedürfnis war da und wurde befriedigt. Wie schon vor der Reformation bei etwaigem Neubau von Kirchen das Bedürfnis der Predigt besonders berücksichtigt wurde, so daß man sagen kann, die protestantische Predigtkirche sei dagewesen, ehe es Protestanten gegeben habe, so zeigte sich auch hinsichtlich des Bibellesens, daß die Bewegung, die Luther zum Siege führte, da war, gleichsam nur auf einen wartete, der sie benannte. Luthers Neues Testament erschien im September 1522; obwohl die Auflage in vielen Exemplaren gedruckt und ziemlich teuer war, war sie bis zum Dezember vergriffen. Die ganze Heilige Schrift kam zwölf Jahre später heraus. Wenn trotz vorhandener Übersetzungen die neue so begierig gelesen wurde, zeugt das für den Ruhm von Luthers Namen, aber mehr noch für die Größe seines Werkes. Ein Meister der Sprache, ein Dichter hat seinem Volke für Jahrhunderte Nahrung gegeben. Generationen von Deutschen lasen fortan die Bibel, und viele nichts als die Bibel in seiner Sprache. Aus den orientalischen Büchern strömte in ihr Gemüt zugleich Luthers Herzlichkeit, Inbrunst, kriegerische Kraft und Leidenschaft, die Glut seines Glaubens. Wie der Geist der israelitischen Propheten und Apostel zu seinem gesprochen hatte, so überströmte nun seiner in den ihrigen, und es ging etwas daraus hervor, was die Deutschen als ihr eigenstes, tiefstes empfanden.

Aber die Stille und Einsamkeit der Burg war auch verzehrend. Jetzt wurde er seiner Vereinzelung inne. War es nicht Wahnsinn, wenn ein einzelner umstürzen wollte, was die Christenheit in Jahrhunderten gebaut und was sein Volk durch Jahrhunderte verehrt hatte? Ging nicht das Leben weiter ohne ihn? Was taten sie draußen ohne ihn? Er war nicht ohne Nachrichten, wechselte Briefe mit Freunden. Im Beginn des Herbstes erfuhr er, daß in Halle, der Residenz des Kurfürsten Albrecht von Mainz, ein Ablaß ausgeschrieben war. Zornig verfaßte er eine Schrift «Wider den Abgott zu Halle» und schickte sie an Spalatin, damit er sie drucken lasse; auf Befehl des Kurfürsten unterblieb es. Er gedenke nicht, sich zu fügen, schrieb da Luther an Spalatin, lieber wolle er ihn und den Fürsten und alle Welt ins Verderben reißen. «Denn wenn ich dem Papst, der den Mainzer gemacht hat, Widerstand geleistet habe, warum soll ich vor der päpstlichen Kreatur zurückweichen? Ich ersuche Euch also, das Buch weder Melanchthon vorzuenthalten, noch mir von der Veröffentlichung abzuraten. Es ist bei mir beschlossene Sache, ich will Euch nicht hören.» Dem Kurfürsten von Mainz drohte er, wenn er nicht binnen 14 Tagen den Ablaß zurückziehe, werde er eine Schrift gegen ihn veröffentlichen. Lange genug habe er ihn geschont; wenn Albrecht fortfahre, sich nicht wie ein Bischof, sondern wie ein Wolf zu betragen, werde er Ernst gebrauchen. Künftig solle Albrecht diejenigen Geistlichen gewähren lassen, die für gut fänden, sich zu verheiraten; die Bischöfe sollten ihre Huren vertreiben, anstatt fromme Ehefrauen von ihren Männern zu scheiden. Bevor er noch Antwort erhalten hatte, ritt Luther im ritterlichen Kleide mitten durch Leipzig nach Wittenberg, um sich selbst vom Stande der Dinge zu überzeugen. Da der Ablaß inzwischen abgestellt war, zog er selbst seine Schrift zurück. Er war als der Prophet aufgetreten, der das Recht hat, die Fürsten seinem Urteil zu unterwerfen, und die Fürsten beugten sich. Der Kurfürst von Mainz versprach zerknirscht, sich zu bessern. Indessen, kaum war dieser Widerstand gebrochen, als sich von anderer Seite Gefahren erhoben.

Im kurfürstlich-sächsischen Gebiet ging die antikirchliche Bewegung, die nun einmal ausgebrochen war, weiter, und da keiner mehr da war, der sie leitete, griffen diejenigen zu, die am wenigsten durch Scheu und verständige Bedenken gehemmt waren. Die Bilder wurden aus den Kirchen gerissen, die Messe wurde abgeschafft, das Abendmahl in beiderlei Gestalt ausgeteilt, Mönche und Nonnen liefen aus den Klöstern und verheirateten sich, Priester, die sich nicht fügen wollten, wurden beleidigt und wohl gar tätlich angegriffen. Der Kurfürst wußte nicht, was er gestatten, was verbieten sollte. Zu der gewaltsamen Veränderung des Gottesdienstes kam noch etwas Ärgeres. In der gewerbereichen Stadt Zwickau traten mehrere Handwerker und ein Geistlicher, Thomas Münzer aus Stolberg am Harz, auf, die nicht die Heilige Schrift allein als Grundlage des Glaubens anerkennen wollten, die ja zu verschiedenen Zeiten entstanden, voller Widersprüche sei und durchaus nicht in allen Teilen Gottes Wort enthalte. Gott habe sich, sagten sie, nicht nur im Altertum auserwählten Menschen offenbart, er fahre noch immer fort, das zu tun, und die göttlichen Offenbarungen im Geist ließen den Willen Gottes besser erkennen als die ungewisse Schrift. Diese Ansicht fand Beifall in den Handwerkerkreisen, die von jeher zur Sektenbildung und zur Aufnahme von Ketzereien neigten. Den Leuten, die ungeschult im Denken waren, aber oft eine ebenso flache wie verworrene Phantasie hatten, tat es wohl, ihre Meinungen, gestützt durch das Ansehen göttlicher Eingebung, mitteilen und erörtert sehen zu können.

Als einige von diesen neuen Propheten sich nach

Wittenberg begaben, machten gewisse Punkte ihrer Lehre auf Melanchthon, auf Spalatin und den Kurfürsten Eindruck. Sie waren augenscheinlich von der Wahrheit ihrer Behauptungen überzeugt, von denen sich manche in der Tat nicht ohne weiteres widerlegen ließen. Es war richtig, daß Widersprüche in der Bibel enthalten wären, daß sie ausgelegt werden müsse, daß jeder, dem allgemeinen Priestertum zufolge, das Recht dazu habe und daß das Auslegen schon eine Offenbarung im Geiste sei. Und warum sollte Gott sich einem Storch, Stübner und Münzer nicht ebensogut offenbaren wie einem Luther? Auch die Behauptung, daß neugeborene Kinder keinen Glauben haben könnten und daß deshalb die Taufe an Erwachsenen vollzogen werden müsse, wie ja auch Christus als Erwachsener sich habe taufen lassen, hatte etwas Einleuchtendes. Die Verlegenheit, wie den neuen Propheten zu begegnen sei, führte zur Auflösung jeder Ordnung in Wittenberg, was schließlich den Stadtrat veranlaßte, sich an Luther mit der Bitte zu wenden, er möge zurückkommen. Dem Kurfürsten wurde es bange. Durch das Edikt von Worms wurde er eigentlich gezwungen, Luther auszuliefern, wenn er sich nicht mehr damit entschuldigen konnte, er wisse nicht, wo er sei. Er sah die ärgerlichsten Verwicklungen voraus und schrieb an Luther in einer Weise, die die ratlose Unruhe seines Gemütes widerspiegelt: «Ich habe gehört, daß du bereit bist zu kommen; die Wittenberger Zustände sind unerträglich; ich kann dir nicht raten zu kommen und kann mich deiner Sache nicht öffentlich annehmen; wüßte ich aber, daß es Gottes Wille wäre, daß du kämest, so wollte ich gerne leiden, was daraus erwächst; die Wittenberger Zustände wachsen mir über den Kopf; gleichwohl rate ich, bis auf den nächsten Reichstag zu warten. Doch wünsche ich auch nicht, daß durch dein Warten Gottes Wille gehindert wird.» Die zartfühlende Güte des Kurfürsten, seine großartige Bescheidenheit, seine Sorge um Luther, sein aufrichtiger Wunsch, den Willen Gottes zu erfüllen, spricht aus dem Brief. Luther beachtete ihn kaum. Er antwortete respektvoll, mehr, so scheint es, dem greisen Haupt als dem Fürsten zu Ehren, aber streng, stolz, wie aus einer unzugänglichen Ferne. Es war, als wolle er sagen: hier handelt es sich um Gottes und um meines Volkes Sache, was du sagst, was du leidest, ist gleichgültig. Mit einer ruhigen Handbewegung schob er den Landesherrn beiseite.

An einem der ersten Märztage ritt er von der Wartburg herunter im ritterlichen Wams und roten Barett, von einem Reitknecht begleitet. Von zwei Sankt-Galler Studenten, die im Schwarzen Bären vor Jena mit ihm zusammentrafen, hat der eine, Johann Keßler, die merkwürdige Begegnung ausführlich geschildert. Wir fühlen das Sausen der Zeit, das Gespanntsein der Gemüter auf Neues, Wunderbares, das sich jeden Augenblick begeben kann, wie es große Revolutionen mit sich bringen. Wie föhnige Windstöße flackert es um die großen Namen, die auf aller Lippen sind, und um den merkwürdigen Mann mit den tiefen schwarzen Augen, der ein ritterliches Gewand trägt und ein Buch neben sich liegen hat. Er ist gütig und heiter, sehr anmutig in seiner Art, sich zu geben, und es ist etwas Besonderes um ihn, etwas Geheimnisvolles. Ist es Luther? Ist es Hutten? Ja, es wird Hutten sein; denn wie wäre es möglich, daß sie, zwei einfache junge Studenten, so traulich mit Luther gesprochen hätten? Als sie in Wittenberg bei Hieronymus Schurf Besuch machten, an den sie Empfehlungsbriefe hatten, da war er wieder, begrüßte sie als Bekannte aus dem Schwarzen Bären und stellte sie seinem Freunde Melanchthon vor, und es war wirklich Luther, das Wunder des Jahrhunderts. Dann hörten sie die acht Predigten, die er eine Woche hindurch hielt, um die Ordnung in Wittenberg wiederherzustellen.

Es ist nicht zu verwundern, daß die Studenten von der Persönlichkeit des Propheten überwältigt waren; sie erlebten Luthers größte Stunde. Damals, als er von der Wartburg nach Wittenberg kam, gebannt und geächtet, vogelfrei, aber ganz sicher in seinem Gott, als wäre er für Menschenaugen unsichtbar, stand sein gläubiges Herz wie die Sonne in seiner Brust, getragen von den Dämonen, die sich ihm beugten. Seine Wildheit, seine Maßlosigkeit, seine Herrschsucht, alle Unbändigkeiten seines Wesens dienten dieser Sonne, waren nur dazu da, dieses himmlische Feuer anzufachen. Vor der erbarmungsvollen Vatergüte, die er ausstrahlte und die den Glanz seiner Überlegenheit erträglich machte, mußten sich Widerstand, Bosheit, Torheit und Roheit in Erkenntnis der Schuld und guten Willen wandeln. Kaum jemals wieder war soviel Großartigkeit und soviel Schmelz in seiner Rede. Wie wenn ein König aus der Verbannung zurückkehrt und sein Zepter wieder ergreift, nahm er die Herrschaft wieder in die Hand, und jeder fand es selbstverständlich. Meine Freunde, welchen Schmerz habt ihr mir angetan, wiederholte er immer wieder. Vielleicht seid ihr gläubiger, klüger, weiser als ich, aber ich bin es doch, der dies Wesen angefangen hat; war es recht, daß ihr, ohne mich zu fragen, es nach eurem Gutdünken regellos weiterführtet? Er erklärte, daß sie die Freiheit nicht verstünden, wenn sie meinten, weil es nicht christlich sei, Menschen mit Zwang im Kloster zurückzuhalten, sei es christlich, sie mit Zwang daraus zu entfernen. Das tue ihm am meisten weh, sagte er, daß sie es an Liebe hätten fehlen lassen. Zum ersten Mal wohl ertönte in deutscher Sprache des Paulus und sein unsterbliches Gedicht: «Wenn ich mit Menschen- und mit Engelszungen redete und hätte der Liebe nicht, so wäre ich ein tönendes Erz oder eine klingende Schelle.» Vielen, die diese Predigten hörten, war es zumute, als habe wirklich ein Engel gesprochen. Wie auf Zauberwort rückte alles an seinen Platz, glättete und ordnete sich alles Verstörte. Das Leben in Kirche, Kloster und Universität entfaltete sich unter allgemeiner Teilnahme wie früher. Auch die Zwickauer Propheten und Bibelausleger wichen unter bösem und traurigem Krächzen aus der Stadt wie Raben, wenn es Frühling wird, freilich ohne ihr Wesen und ihre Absichten zu ändern. Luther hatte den Mut zu entscheiden, daß er von Gott berufen sei und daß jene es nicht seien. Er war der Ansicht, berufen sei jeder zu dem Tun, das in seinem Amt begriffen sei; deshalb betonte er gern, daß er Doktor der Theologie und vom Kurfürsten zum Predigen angestellt sei. Als Theologe und Prediger sei er für die Seelen seiner Gemeinde und für die Erhaltung des Gotteswortes verantwortlich. Auf die unmittelbare Berufung durch Gott, die ihm wohl bewußt war, könne man nicht pochen; sie müßte erlebt werden und sich auswirken.

Dadurch, daß er das Zusammenarbeiten mit den Zwickauern durchaus ablehnte, machte er sie sich zu Feinden. Das schreckte ihn nicht; wohl aber war es ein bitteres und folgenschweres Erlebnis, daß er, dem das Volk zugejubelt hatte, als er von Kaiser und Papst verfolgt war, sich nun gegen einen Teil dieses Volkes, gegen seine eigenen Anhänger wenden mußte, die in seinem Sinne gehandelt zu haben glaubten. Er hatte bisher das schöne Lied der Freiheit gesungen, nun mußte er mit strengen Worten Ordnung fordern. Im Augenblick seines Sieges mußte er einen neuen Weg einschlagen, einen weniger gefährlichen, aber freudlosen.

Neue Kirche

Im Mittelpunkt von Luthers religiösem Leben stand das, was man in dogmatischer Sprache die Rechtfertigung durch den Glauben nennt: das Bewußtsein des Menschen, aus eigener Kraft den Frieden der Seele nicht erwerben zu können, von Gott aber damit begnadigt zu werden, wenn er ihm vertraut, wenn er glaubt, daß Christus, Gottes Sohn, die Menschen mit seinem Blut von der Sünde erlöst hat. Dies war das Erlebnis Luthers: unter der Sünde zu leiden, durch keine Anstrengung, keinen guten Willen sich aus den Banden der Sünde befreien zu können, dann aber durch eine überwältigende Begnadigung sich von der Sündenknechtschaft befreit und mit Gott verbunden zu fühlen. Die Verwertung der guten Werke war deshalb wesentlich für ihn; der Glaube allein kann beseligen. Zunächst nahm er an, daß alle Menschen wie er empfänden, daß sie aufatmen würden wie Erlöste, wenn sie, von ihm angewiesen, den Weg zu Gottes Vaterherzen fänden. Bald aber machte er die bitterste Erfahrung, die sich dauernd verstärkte, daß es wenige, daß es fast gar keine Christen gab. Nicht die Menge ist es ja, die die Gottheit ahnt, sondern die von schöpferischer Kraft erfüllten einzelnen sind es, die an Gott glauben, weil sie ihn erleben, die starken Persönlichkeiten sind es, die Gott als persönliche Macht erfassen können. Die Menge hat wohl das Bedürfnis und die Neigung zu glauben, aber sie erwartet, daß der große Gläubige, ihr Prophet, ihr die Kraft dazu verleiht. Von ihm, von Luther hing es ab, daß sein Volk ein Volk Gottes würde: diese Erkenntnis, die ihm eine so ungeheure Verantwortung auflud, machte ihn stark, aber sie machte ihn auch hart, und sie beschränkte ihn. Gab es wenig echte Christen, so ist Deutschland doch reich an Wühlköpfen, in denen bei trüber Beleuchtung ein aussichtsloses Durcheinander vor sich geht. Solche faßten Luthers Lehren vom allgemeinen Priestertum als Aufforderung auf, aus den dunkelsten Bibelstellen absurde Deutungen auszutüfteln oder abgeschmackte Ausgeburten als göttliche Offenbarung zu verbreiten. Gelehrte und Ungelehrte hatten dem, was er lehrte und predigte, etwas hinzuzusetzen oder entgegenzustellen, das theologische Besserwissen brach aus allen Poren. Luther erfuhr als einzelner, was die Kirche in ihren Anfängen erfahren hatte, daß Unglaube, Dummheit, Eitelkeit und Verworrenheit der Menschen zum Aufrichten von Dogmen zwingen.

Luther hatte an eine Absonderung von der Kirche, an der sein Herz hing, ursprünglich nicht gedacht, er hatte gemeint, sie zu den Quellen, zu den Überzeugungen, Lehren und Leben der Apostel zurückführen zu können; aber die Kirche wollte die Entwicklungen, die in Jahrhunderten sie umgebildet hatten, nicht verleugnen, auch nicht den kleinsten Teil davon. Diese Haltung der Kirche, die ihn als Ketzer ausstieß, anstatt ihn als Reformator zu begrüßen, nötigte ihn, eine neue Kirche neben der alten zu gründen, welche frei von dem Menschenwerk und den Menschensatzungen wäre, die die alte Kirche entstellten, welche sich nach dem

Vorbild der Urkirche, wie die Evangelien sie schilderten, gestaltete. Anfangs wandte er sich an den Kaiser und den Adel deutscher Nation, damit sie die Reformation der Kirche an die Hand nähmen, anstatt dessen hatte der Kaiser ihn geächtet. Dann hoffte er, daß in Stadt und Dorf sich Gemeinden bilden würden, denen christliche Pfarrer Gottes Wort verkündeten, und daß so die wahre Kirche aus der Tiefe des Volkes wie ein Baum aus der Wurzel hervorwüchse; aber nur ausnahmsweise erfreute ihn ein derartiges urkräftiges Keimen. Auf dem Gebiet des staatlichen Lebens war das deutsche Volk im Mittelalter schöpferisch gewesen: man denke nur an die vielen Reichsstädte und freien Städte, von denen jede das Problem, möglichst viele Bürger am Regiment zu beteiligen, ohne die Ordnung aufzuheben, auf besondere Art löste in Verfassungen, von denen manche sich durch Jahrhunderte erhielten und bewährten. In kirchlichen Dingen war das Volk an Abhängigkeit gewöhnt; wenn sich Selbständigkeit rührte, war es nicht wachsend und bildend, sondern zerstörend. Angesichts der allgemeinen Verwirrung und Ratlosigkeit regte sich Luthers Sinn für Ordnung immer ungeduldiger. Er fing an, den Kurfürsten ernstlich zu mahnen, daß er mit Gewalt den päpstlichen Gottesdienst abschaffe und einen neuen, der Heiligen Schrift gemäßen, im ganzen Lande durchführe. Friedrich erinnerte ihn an seine Predigt, nur das Wort, nicht der Zwang solle in Dingen des Glaubens wirken; Luther fand nun, es sei die erste Pflicht der Fürsten, dafür zu sorgen, daß ihre Untertanen im wahren Glauben aufwüchsen. Luther war gar nicht systematisch, gar nicht grundsätzlich; er ließ sich von augenblicklichen Umständen und Stimmungen leiten, hieß oft einen Tag gut, was er an einem andern verwarf. Mit herrlichem Freisinn schrieb er in bezug auf Thomas Münzers angriffslustige Predigt an die sächsischen Fürsten: «Ew. Fürstl. Gnaden sollen nicht wehren dem Amt des Wortes. Man lasse sie nur getrost und frisch predigen wie sie können und wider wen sie wollen; denn es müssen Sekten sein und das Wort Gottes muß zu Felde liegen und kämpfen. Man lasse die Geister aufeinanderplatzen und treffen. Werden etliche indes verführt, wohlan so geht's nach rechtem Kriegslauf; wo ein Streit und Schlacht ist, da müssen etliche fallen und wund werden; wer aber redlich ficht, wird gekrönt werden.» Die Einmischung des Landesherrn in die kirchlichen Angelegenheiten betreffend, sagte er gelegentlich: «Was geht uns der Kurfürst an? Was fragen wir nach ihm! Er hat nicht weiter zu gebieten denn in weltlichen Sachen. Wenn er aber wollte weitergreifen, so wollen wir sprechen: Gnädiger Herr, wartet ihr eures Regiment!» Und noch derber in einer Predigt: «Du Narr und heilloser Tropf, warte du deines Berufs, predige du nicht, laß solches deinen Pfarrherrn tun!» Bald aber wurde ihm der Zustand von Auflösung und Unsicherheit im kirchlichen Leben unleidlich. Da das Wort allein nicht Ordnung schuf und Glauben weckte, machte er den Fürsten die Handhabung des Kirchenwesens zur Pflicht. Nachdem er die Herrschaft des Papstes gestürzt hatte, glaubte er, das Reich vor dem Chaos retten zu müssen, und tat es, indem er zwei Gewalten aufrichtete und mit Unfehlbarkeit ausstattete: die Obrigkeit und die Bibel. Er nannte die weltliche Obrigkeit Stellvertreter Gottes, die mit Recht in der Heiligen Schrift göttisch oder göttlich genannt werde und die deshalb, selbst wenn sie böse sei, unbedingten Gehorsam fordern dürfe. Nun sollte auch in der Kirche nichts ohne die Obrigkeit und alles durch die Obrigkeit geschehen. Die Fürsten ergriffen diese neue Lehre rasch und gern. Bald kamen fürstliche Erlasse wie: «Denn wiewohl unsere Meinung nicht ist, jemand zu verbinden, was er halten oder glauben solle, so wollen wir doch zur Verhütung schädlichen Aufruhrs und anderer Unrichtigkeit keine Sekte noch Trennung in unserem Fürstentum dulden.» Die Obrigkeit sorgte dafür, daß es in ihrem Gebiet nur einerlei Predigt gebe, und zwang nicht nur die Evangelischen, sondern auch die Katholiken zum Besuch des evangelischen Gottesdienstes. Zur Bändigung des Geistes diente die Heilige Schrift, und zwar so wie Luther sie auslegte. Luther, der selbst das hatte, was Goethe exakte Phantasie nennt, verabscheute die Dunkelheit der Dummheit und des Wahns. Die, welche ihre ungaren Träumereien als göttliche Offenbarungen ausgaben, nannte er mit starker Mißbilligung Schwärmer oder Schwarmgeister und stopfte ihnen mit Bibelstellen den Mund.

Indessen gab es auch solche, die sich mit Ernst und Ehrfurcht in die Schrift versenkten, die nicht zweifelten, daß sie von Gott eingegeben sei, die aber doch mit dem nicht einverstanden waren, was ihnen wie Knechtung des Geistes durch die Bibel vorkam. Ein so feiner Denker wie Sebastian Franck bemerkte, wenn die Heilige Schrift selig machen könne, müßten die Schriftgelehrten die Frömmsten sein; es müsse einem zuvor der Geist von Gott gegeben sein, um die Schrift recht zu verstehen. Aus der Bibel allein, ohne den rechten Geist, könne man jede Schlechtigkeit decken. Der Teufel, meinte er, da er sich nicht mehr unter dem Papsttum verstecken könne, richte ein anderes, geschwinderes Papsttum an.

«Das ist verboten», sagte Luther, «daß ein jeglicher aus seinem eigenen Kopf herfährt und macht eine eigene Lehre und läßt sich Meister Klügel dünken und will jedermann meistern und tadeln.» Ganz ähnlich sagte Zwingli aus ähnlichen Erfahrungen heraus: «Wohin käme die Kirche, wenn ein jeder nach seinem letzten Kopf anheben möchte, was er wollte.» Ja, wohin käme die Kirche, und wohin käme der Glaube ohne die Kirche? Ohne eine bestimmte Fassung des Glaubens zu Regel und Vorschrift würde er sich bald ins Leere verlieren. Nicht etwa würde, wie viele sich einbilden mögen, in der Freiheit sich das Ideale entfalten, sondern das Platte oder das Absurde würde sich ausbreiten, wovon die Köpfe voll sind. Nachdem Luther der Begründer eines neuen Glaubens geworden war, mußte er diesem Glauben ein Gerüst geben. Es ist etwas Großes, daß er den einzelnen auf sein Gewissen stellte, ihm damit Verantwortlichkeit auflegte und Freiheit schenkte. Aber wie war es mit dem Gewissen der meisten Menschen bestellt! Konnte die Bildung, die Tüchtigkeit, die Güte eines Volkes dem Gewissen überlassen werden! Je mehr er sich von den Schwächen seines Volkes überzeugte – wie oft nannte er sie tolle, unvernünftige Bestien –, desto mehr fühlte er die Pflicht, die Erziehungsarbeit, die die alte Kirche geleistet hatte, womöglich auf höherer Stufe in der neuen fortzusetzen. Wenn er auch die Obrigkeit anfeuerte, ihr Schwert zu gebrauchen, wußte er doch, daß sie nicht besser war als das Volk, daß sie ihm im Fressen und Saufen und allen erdenklichen Bestialitäten voranging. Nur eine unerschütterlich fundamentierte Kirche konnte den Weg aus der Weltlichkeit zu Gott weisen. Als Stücke, die dem Christen zu glauben notwendig wären, bezeichnete Luther die Trinität, Christi Gottmenschentum, die Heilsbestimmung seines Todes, die Erbsünde, die Unfreiheit des Willens, die Gerechtigkeit aus dem Glauben. Derselbe Mann, der in der Babylonischen Gefangenschaft in bezug auf das Sakrament des Abendmahls geschrieben hatte, es sei ihm nur darum zu tun, Gewissensbedenken hinwegzuräumen, da hier keine Notwendigkeit des Glaubens vorhanden sei, sollte bald alle aufs härteste verdammen, die darüber eine von der seinigen abweichende Auffassung hatten. Vielen erschien das als eine Wiedereinführung des verhaßten Glaubenszwanges. Sollte es auch unter den Protestanten Ketzerrichter und Ketzerverfolgung geben? Die Humanisten, die bisher Führer der Bildung gewesen waren, fanden es befremdend, daß alles und jedes aus der Bibel bewiesen werden solle, daß theologische Fragen alle Köpfe zu beschäftigen und auszufüllen begannen. Luther selbst war kein Feind der Bildung und Gelehrsamkeit; aber er wünschte doch, daß für Kinder und Erwachsene das Studieren der Schrift die Grundlage des Unterrichtens bilden müsse, daß alles andere sich diesem Studium unterzuordnen habe. Andere übertrieben das und meinten, wer nur fromm sei, könne Unterricht und Lehrbücher überhaupt entbehren. Einige riefen, Latein und Griechisch sei nicht mehr nötig, es genüge,

Deutsch und Hebräisch zu lehren, es kam vor, daß Pfarrer zu den Bauern gingen und sich von ihnen die Schrift auslegen ließen. Allmählich begannen viele Gebildete, die sich anfangs Luther angeschlossen hatten, von ihm abzurücken. So taten Pirkheimer, Erasmus, Zasius und mancher andere. «Wo das Luthertum herrscht», sagte Erasmus, «ist Untergang der schönen Wissenschaften.» Die Briefe Melanchthons aus diesen Jahren überströmen von derselben Sorge. «Guter Gott, wie unsinnig theologisieren die», schrieb er einem Freunde, «welche glauben, nur durch Verachtung der schönen Wissenschaften als weise zu erscheinen... Die größte Torheit ist es, zu glauben, wie es heutzutage geschieht, daß die Frömmigkeit in nichts als in der Verachtung aller Wissenschaften, aller alten Literatur besteht... Ich sehe, daß du denselben Schmerz wie ich über den Verfall unserer Studien empfindest, die erst seit kurzem das Haupt erhoben hatten, und nun wieder zu versinken beginnen.»

Luther stand in dem Schwall von Feindseligkeit und verhaltener Mißbilligung wie ein trotzender Fels; aber eine andere Folge seines Auftretens erregte ihn tief, daß nämlich eine Verwilderung und Verrohung im Volke einriß, wie er selbst sie früher nicht wahrgenommen hatte. Man schrieb sie allgemein seiner Lehre zu, daß das Heil allein im Glauben liege, daß die guten Werke nicht nur zur Seligkeit nichts nütze, sondern sogar gefährlich seien. Jetzt blieben die guten Werke aus, die Stiftungen und Schenkungen, die im Papsttum, wie Luther selbst sagte, zugeschneit wären, niemand gab für kirchliche Zwecke, die Pfarrer mußten fast verhungern, die Menschen gefielen sich in rücksichtsloser Ausgelassenheit, sich auf die Erlösung durch Christi Blut verlassend, die ohne ihr Zutun wirke. Nicht nur, daß diese unvorhergesehene Entwicklung Luthers Gewissen schwer belastete, er verlor im Zusammenhang damit seinen teuersten Freund, den er unter allen Menschen am meisten liebte, Staupitz. Staupitz, der ihn aus tiefster Not errettet hatte, der ihm wie ein Bote von Gott erschienen war, der in den schweren Kämpfen des Anfangs seine Stütze gewesen war, Staupitz wandte sich von ihm ab. Beide hatten zunächst in dem, was sie lehrten, übereingestimmt, war doch Luther Staupitzens Schüler, und Staupitzens Anhänger in Nürnberg, feingebildete, ehrlich das Gute erstrebende Menschen, hatten sich Luther angeschlossen. Staupitz hatte eine Trennung von der Kirche nie für möglich gehalten, er sah sie für ein Unglück an; trotzdem hielt er zu Luther, als dessen Reformationsversuch dahin zu führen schien. Was ihn stutzig machte und Luther entfremdete, war dessen Stellung zur Werkheiligkeit. Daß die Abtötung des Fleisches und alle Qualen, wie sie Luther sich im Kloster auferlegte, die Gnade Gottes nicht herbeizwingen könne, weil die Gnade ein freiwilliges Geschenk an den Erwählten sei, hatte Staupitz selbst Luther gelehrt; es war der Ausgangspunkt seiner seelischen Umwandlung gewesen und wurde der Mittelpunkt seiner Lehre. Sehr bald zeigte es sich, daß die meisten Menschen bereitwillig die Last der guten Werke abschüttelten und das Wohlgefühl, das die Erleichterung mit sich brachte, für die göttliche Gnade hielten. Sie glaubten sich im Schlaraffenlande, wo die Seligkeit dem Faulsten in den Schoß fliege. Das

Mißverstehen einer Wahrheit würde Staupitz nicht zum Verleugnen derselben veranlaßt haben; aber er fand, daß Luther die Wahrheit durch Einseitigkeit verdunkelt habe. Könne der Mensch, meinte er, auch nicht durch Zeremonien, Gebete oder irgendein Tun Gnade erwerben, so bezeichne es doch den Gläubigen, daß er gute Werke tue im Glauben. Nicht alle guten Werke seien verdammlich, es gäbe wahrhaft gute Werke, ja der Glaube, der sich nicht in Werken betätige, sei der rechte nicht. Luther war derselben Meinung und ermahnte auch seine Gemeinde in diesem Sinn; aber mehr lag ihm doch am Herzen, das Gefühl ihrer unbedingten Abhängigkeit von Gott in den Menschen zu erhalten. In diesem Gefühl der eigenen Ohnmacht und dem Glauben an die allmächtige Gnade Gottes sah er das Wesen der Religion, und er fürchtete, die Menschen möchten, wenn er die Notwendigkeit des Guthandelns betonte, in das äußerliche Wesen der vergangenen Zeit zurückfallen. Es folgte aus seiner Auffassung, daß er auf das Leben weniger Wert legte als auf die Lehre; denn das Leben des Ungläubigen könne durch sittliche Handlungen rühmlich erscheinen, das Leben des Sünders vielleicht im Himmel ausmünden. Staupitz vertrat den entgegengesetzten Standpunkt; er hatte nie auf Lehrsätze und Dogmen Wert gelegt, wohl aber auf einen sittlichen Lebenswandel. Daß er dabei durchaus nicht engherzig und pedantisch war, hatte Luther selbst erfahren; aber er erwartete doch von seinen Anhängern, daß sie ihre Frömmigkeit betätigten, indem sie den Geboten Gottes zu folgen suchten. Luthers hartnäckige Rechthaberei trug dazu bei, den Zwiespalt zu verschärfen; gerade die, welche über Staupitz zu ihm gekommen waren, stießen sich an seiner Neigung zu paradoxen Behauptungen. Niemand kann sich anmaßen, das Gefüge von Luthers Entschlüssen so zu zerlegen, daß sich klar ergäbe, wieviel Anteil seine Dämonen und wieviel seine tiefsten Überzeugungen daran hatten. Wer erschräke nicht, ja entsetzte sich, wenn er sagt: «Verflucht sei die Liebe bis in den Abgrund der Hölle, die erhalten wird mit Schaden und Nachteil der Lehre, der billig alles zumal weichen muß, sei es Liebe, Apostel, Engel vom Himmel und alles was sein mag.» Er selbst jedenfalls ordnete sich und sein Gefühl der Lehre, dem Wort von Gott, unter. Wie heiß sein Schmerz über den Verlust des geliebtesten Freundes auch war, er glaubte nicht, ihn durch Nachgiebigkeit halten zu dürfen. «Du verlässest mich allzusehr», heißt es in einem der letzten Briefe Luthers an Staupitz, «ich war deinetwegen wie ein entwöhntes Kind über seine Mutter heute sehr traurig; ich beschwöre dich, preise den Herrn auch in mir sündigem Menschen. Heute nacht habe ich von dir geträumt, es war mir, als ob du von mir schiedest, ich aber weinte bitterlich und war betrübt.» Es ist ein Bruchstück aus einem Trauerspiel, dessen Gang wir nur ahnen. Staupitz sagte in seinem letzten Brief an Luther: «Möge Christus helfen, daß wir nach dem Evangelium, das viele im Munde führen, endlich leben, denn ich sehe, daß Unzählige das Evangelium mißbrauchen zur Freiheit des Fleisches.» In einer Schrift über den rechten christlichen Glauben, die nach seinem Tode erschien, äußert er sich noch deutlicher: «Höre des Narren Rede: Der an Christus glaubt, der bedarf keiner Werke. Höre dagegen die Sprüche der

Wahrheit: Wer mir dient, der folge mir nach. Wer mich liebt, der nehme mein Kreuz auf sich!»

Staupitz folgte einer Einladung des Erzbischofs von Salzburg, Mathaeus Lang, der ein Günstling des Kaisers Maximilian gewesen war, als Mäzen und Beförderer der Humanisten angesehen. Der Papst, dem daran lag, einen so bedeutenden Mann wie Staupitz für sich in Anspruch nehmen zu können, stellte ihm das Ansinnen, Luthers Schriften zu verwerfen; dazu verstand sich Staupitz nicht, aber er erkannte den Papst als Richter an. Er starb zu Ende des Jahres 1524 als Abt des Klosters St. Peter in Salzburg.

Verglichen mit der schmerzlichen Trennung von Staupitz erschien der Bruch mit Erasmus, der um diese Zeit erfolgte, fast wie eine Befreiung.

Luther und Erasmus

Erasmus, der den Krieg verabscheute, glaubte ein Mittel gefunden zu haben, ihn in der christlichen Staatenwelt zu verhindern, wenn nämlich jedem Staat ein gewisses begrenztes Gebiet durch Bündnisse und Verträge versichert würde, denen gegenüber keinerlei Vergrößerungsgebiete, keine Sonderverträge noch veraltete Rechtsansprüche gelten sollten. Sehr charakteristisch ist dieser Vorschlag für die Auffassung des Erasmus vom Menschen, wie er sei und sein sollte: verständig, gutartig, leicht lenkbar, innerhalb weiser Einrichtungen ein genügsamer Ehrenmann. Er sah nicht die verhängnisvolle Verwickelung des Tierischen und Göttlichen im Menschen mit ihren seligunseligen Folgen, er war im buchstäblichen Sinne Humanist, insofern er den Menschen wollte ohne die Spannung empörter Gegensätze, den für das Edle und Schöne, für das auf Erden Erreichbare empfänglichen Menschen. Man kann sagen, daß er den Gebildeten voraussah, wie er sich allmählich unter dem Druck absolutistischer Regierungen, unter dem Einfluß einer Religion, die wesentlich Moral war, und wissenschaftlichen Bestrebungen entwickelte.

Es versteht sich von selbst, daß Luther das Volk anders erziehen wollte als Erasmus; denn jeder schafft nach seinem Bilde. Genie läßt sich nicht ziehen, es wird verliehen oder nicht; es kommt als Gnade auf ein träumendes Haupt. Allerdings wünschte auch Luther, daß feine, gelehrte, vernünftige, ehrbare, wohlerzogene Bürger herangebildet würden, und konnte nicht genug darüber klagen und wettern, daß die Deutschen immer tolle Bestien und rohe Klötze bleiben wollten; aber er lockte sie doch am meisten damit zur Schule, daß sie dort Prediger werden und mit dem Wort umgehen könnten, das die Wunder Gottes tut, der Waffe, mit der sie als Hauptleute und Ritter wider den Teufel streiten könnten. Gebildete und tugendhafte Menschen konnten auch Heiden und Pharisäer sein; Luther wollte Menschen, die von Gott abhängig wären, von dem Gott, der sich in der Heiligen Schrift offenbart hat. Wenn er die ahnungsvollen Gesänge des Alten Testamentes aufrollte, wenn er die Kirche mit Hymnen und Chorälen erfüllte, wenn er die Überschwenglichkeit des Himmels ausdeutete, belebte er die Phantasie. Er rechnete mehr auf das Wunder, daß die Herzen durch die Wahrheit des göttlichen Wortes ergriffen würden, als auf die Ausbildung des Verstandes und Erlernbares, obwohl er auch darauf Wert legte. Die Sprachen schätzte er nicht nur hoch als Grundlage für das Studium der Heiligen Schrift, sie waren ihm die Schwingen des Geistes, ein Zauber, der die Herzen erschließt, das Mittel, in dem die dichterische Kraft Fleisch wird. Daneben wollte er hauptsächlich die Historie gelehrt wissen als die Kunde von den großen Taten Gottes unter den Menschen.

Die wesentliche Verschiedenheit Luthers und des Erasmus war beiden fühlbar; immerhin gab es etwas, was sie verband: die gemeinsame Feindschaft gegen die Auswüchse der Kirche und gegen die Mönche.

Indessen auch an gemeinsamen Überzeugungen fehlte es nicht: beide wiesen auf die Heilige Schrift als auf die Quelle des Glaubens und auf Christus als den Inbegriff des Heils, beide drangen auf Vereinfachung des Glaubens im Gegensatz zur Begriffsschaufelei der Scholastik. Daß die Vereinfachung des Erasmus eine Verflachung war, fühlte Luther; die Vertiefung bei Luther stellte sich Erasmus als etwas Paradoxes, Chaotisches dar, das er nicht liebte, worüber er aber einstweilen hinwegsah. Die Außenstehenden empfanden den Unterschied so wenig, daß Erasmus vielfach für den wahren Verfasser einiger Schriften Luthers gehalten, Vater des Luthertums genannt wurde. Von den Dominikanern und anderen Ordensleuten wurde Erasmus fast mehr gehaßt als Luther, weil seine Ironie und sein eleganter Witz empfindlicher verletzten als Luthers ungestümer Angriff. In gewisser Hinsicht war Erasmus mehr gefährdet als Luther, den sein Landesherr schützte, während Erasmus unmittelbarer Untertan des streng katholischen Kaisers war; doch glaubte Erasmus sich durch seinen Weltruhm gesichert. Der König der Humanisten war es gewöhnt, von den Fürsten und Großen aller Länder umworben zu werden. Auch Friedrich der Weise glaubte, es sei viel damit gewonnen, wenn Erasmus sich für seinen Schützling einsetzte, und suchte eine Verbindung zwischen den beiden Männern herzustellen. Beide gingen auf die Absichten des Kurfürsten ein in der Weise, daß Luther als der jüngere sich dem berühmten Manne gegenüber bescheiden und verehrungsvoll zeigte. Vornehm und mutig legte Erasmus seine Autorität für den verfemten Mönch in die Waagschale, hoffend, der Papst würde sich Luther als ehrlichen Humanisten gefallen lassen, wenn nur Luther sich eine dementsprechende Zurückhaltung auferlegte. Als der Papst unerwartet schnell sich gegen Luther erklärte und der Bann verhängt werden sollte, erschrak Erasmus, zog sich aber nicht zurück, sondern bedachte mit dem Kurfürsten, was zu Luthers Rettung geschehen könne. Noch immer rechnete er auf die humanistischen Neigungen des Papstes, auf Grund deren er zu einer Revision des Prozesses veranlaßt werden könne, und bat Luther in höflicher Form, sich in seinen Schriften zu mäßigen. Indessen reifte Luthers Entschluß zu endgültiger Trennung von Rom, und dort wurde die Bannbulle verfaßt, und Aleander und Eck wurden beauftragt, sie im Reich zu verkünden und für ihre Ausführung zu sorgen. In Löwen, dem Wohnsitz des Erasmus, wurden Luthers Bücher verbrannt, und die Feinde des Erasmus, Dominikaner und Karmeliter, hätten gern die des Erasmus und womöglich ihn selbst dazugeworfen. Der Umstand, daß es gerade in den Niederlanden viele Erasmianer und Lutheraner gab, zwischen denen man kaum unterschied, vermehrte die Gefahr für Erasmus; denn der Kaiser hielt es für nötig, in diesem Lande, das als sein Vaterland ihm besonders teuer war, die Ketzerei im Keime zu vernichten, und führte deshalb die Inquisition ein. Wie in Spanien gab er dem zum Schutze der Kirche und des von ihr gelehrten Glaubens gegründeten Gerichte einen staatlichen Charakter; sein Leiter war ein Laie. Erasmus hatte immer die Vorsicht gehabt zu betonen, daß er Luthers Schriften nicht gelesen habe; aber mit Recht wurde das von seinen Feinden nicht geglaubt, die ihn vielmehr dem verdammten Ketzer gleichsetzten. Überzeugt, für sein Leben fürchten zu müssen, verließ er unter dem Schutz der Waffen Sickingens die Niederlande für immer und ging nach Basel. Noch während er in Löwen war, hatte man ihn gedrängt, gegen Luther zu schreiben; das sollte ihn als Angehörigen der Kirche, als Nicht-Lutheraner ausweisen. Erasmus hatte sich stolz der Anforderung entzogen; er billigte nicht, daß Luther sich von der Kirche losgerissen hatte, dennoch wußte er sich in seiner Gesinnung mehr zu ihm als zu den Fanatikern der Kirche, den Mönchen, gehörig. Wie er selbst zugestand, hatte Erasmus eine Neigung zur Skepsis; wer unbedingt von der Wahrheit seiner Meinung überzeugt sei, pflegte er zu sagen, könne nicht gerecht gegen die Meinung anderer sein, ihm aber liege es, auch andere verstehen zu wollen. Nach seiner Natur wäre er am liebsten neutral in dem großen Kampfe zwischen Luther und dem Papsttum geblieben, und Luther, der seine Eigenart kannte, hätte ihm vielleicht die unentschiedene Haltung zugestanden; die Altgläubigen verlangten eine öffentliche Erklärung. Wie bitter mußte es ihm sein, sich auf die Seite derjenigen zu stellen, die er so oft verspottet hatte, die ihn rachsüchtig verfolgt hatten, die er verachtete und fürchten mußte, wie bitter gegen denjenigen auftreten zu müssen, dessen Bedeutung er einsah, mit dem er in den meisten Dingen übereinstimmte, außer darin, daß Luther gewalttätig erzwingen wollte, was er der stillen und stetigen Wirkung zunehmender Erkenntnis überlassen zu können glaubte. Zwischen zwei verhaßten Wegen zu wählen gezwungen, entschied er sich für die alte Kirche. Zur öffentlichen Bekämpfung Luthers griff er das heraus, was ihm an Luthers Lehre am meisten zuwider und was für Luther der Kernpunkt seines Glaubens war, nämlich die Unfreiheit des Willens. Schon gefühlsmäßig war er Gegner dieser Lehre, weil er eher willensschwach war. Der starke, schöpferische Mensch fühlt sich mitten in der höchsten Selbsttätigkeit hingerissen von einer höheren Macht als ihr Werkzeug; dem, welcher hauptsächlich aus dem Verstande lebt, ist das fremd, er glaubt alles aus eigenen Kräften zu bestreiten.

In einem seiner schönsten Gedichte, einem der schönsten Gedichte überhaupt, führt Schiller den Gedanken aus, daß das Menschliche unter der Mühewaltung des Menschen langsam erwächst, daß aber alles Große und Schöne von den Göttern ihren Lieblingen ohne Verdienst verliehen wird: Alles Höchste, es kommt frei von den Göttern herab. Denselben Gedanken sprechen Goethesche Verse aus.

Ebenso sagt Luther, daß der Mensch nach unten wohl Freiheit habe, nicht aber nach oben in bezug auf das Göttliche. Wenn nun, obwohl jeder unwillkürlich Goethe und Schiller zustimmt, Luthers Lehre vom gebundenen Willen soviel unwillkürlichen Widerspruch erregt, kommt es wohl daher, daß jene von den Göttern sprechen und von göttlichen Gaben, die auf Erden Glanz verleihen, während Luther von Gott und dem Heil der Seele spricht. Man ist geneigt, von dem vorzugsweise gerechten Gott zu erwarten, daß er in der Art menschlicher Gerechtigkeit das Verdienst belohne, von ihm mag man nicht annehmen, was man den Griechengöttern verzeiht, daß er Günstlinge habe. Würde man sagen, daß der Mensch von Natur selbstsüchtig sei und daß es nicht in seiner Macht stehe, ein Liebender oder ein Gläubiger zu werden, so würde das auch jeder zugeben; aber etwas anderes ist es, wenn man von Gott ausgeht, den man zum Urheber des Bösen zu machen scheint mit der Annahme, daß er einige Menschen schon vor ihrer Geburt zur Verdammnis bestimmt habe. Die katholische Lehre von den guten Werken war der Ausgangspunkt von Luthers Kampf gegen die Kirche gewesen; die Möglichkeit des Verdienstes eigenen Strebens hing damit zusammen, und wenn die Kirche zugleich betonte, daß ohne die Gnade Gottes kein Streben wirksam sei, so lag darin wohl die Unlösbarkeit des Problems von Freiheit und Notwendigkeit ausgedrückt. Der Mensch, dem die Möglichkeit abgesprochen wird, selbst etwas zum Heil seiner Seele zu tun, scheint verantwortungslos undurchsichtigen Gewalten preisgegeben und der Gleichgültigkeit oder der Verzweiflung überlassen zu sein. Die Kirche als eine Erziehungsanstalt legte Wert darauf, ihren Gläubigen mit dem Erfolg ihres Strebens Lohn und Strafe in Aussicht stellen zu können; die Anschauungen des Humanisten Erasmus beruhten darauf, daß der Mensch durch Bildung sich vervollkommnen und durch Tugend sich das Heil erwerben könne.

Es konnte Erasmus nicht schwerfallen, eine Menge von Schriftstellen anzuführen, wo Gott die Menschen zum Befolgen seiner Befehle auffordert und ihnen Lohn oder Strafe verheißt, und Luthers Erklärung, daß Gott in diesen Fällen ironisch zu den Menschen spreche, um ihnen ihr Unvermögen so recht zum Bewußtsein zu bringen, klingt wie eine etwas alberne oder dreiste Ausflucht. Andererseits konnte Luther aus der Schrift nachweisen, daß Gott nach Belieben Menschen zum Heil oder zur Verdammnis erwählt ohne ihre Schuld oder Verdienst. Auch aus der Schrift kann man sowohl auf Freiheit wie auf Notwendigkeit schließen, sowohl auf die vollständige Abhängigkeit des Menschen von einem unerklärbaren, ja dem menschlichen Gerechtigkeitsgefühl widerstreitenden Willen Gottes wie auf die Freiheit des Menschen, das Gute zu erstreben und sich strebend Gott zu nähern. Konnte aber Luther die Beweisführung des Erasmus nicht überall entkräften, so hatte er doch recht, wenn er Erasmus vorwarf, daß er von Religion nichts verstehe. Für Luther war Gott der Gott, dessen Wege hoch über den Wegen der Menschen sind, der Gott, den er anbetet, ob er ihn begnadet oder zerbricht. Seine Unterscheidung zwischen dem geoffenbarten und dem verborgenen Gott, womit er das Unlösbare löste, erinnert an die Gedanken des Cusa, daß Gott mit nichts Irdischem vergleichbar ist, daß er sich aber dem Menschen, seiner Schwäche wegen, im Gleichnis offenbart; sie zeigt seine Ahnung von der alles menschliche Begreifen hinter sich lassenden Größe des göttlichen Wesens. Es ist das Außerordentliche an Luther, daß er diese Unzugänglichkeit des verborgenen Gottes wissen und zugleich den offenbarten Vater Gott so kindlich, so stürmisch lieben konnte.

Erasmus sah einen ungerechten Vorwurf darin, daß er nicht religiös sei; er glaubte ja an Gott und auch an die Abhängigkeit des Menschen von Gott, nur um die Freiheit und Verantwortlichkeit des Menschen zu retten, billigte er ihm die Fähigkeit zu, der göttlichen

Gnade ein wenig entgegenzukommen. In Luthers Augen war das eine unwürdige Schiebung; er fragte nicht, wie grausam die Wahrheit sei. Er selbst war grausam in der Schrift *de servo arbitrio,* vom verknechteten Willen, mit der er die des Erasmus erwiderte. Seine Sätze stürmen wie Geharnischte mit Schwertern auf den Gegner ein, bedrängen ihn von allen Seiten, entwaffnen ihn, werfen ihn nieder. Sie gönnen sich und ihm keine Ruhe, bis er am Boden liegt; erst als sie den Fuß auf seine Kehle setzen, überkommt sie ein Erbarmen. Etwas Hartes, Blankes und Strahlendes ist in dieser Schrift Luthers wie kaum in einer anderen, sowohl in ihrem Angriff wie in der Verherrlichung Gottes. Es ist, als mache sich hier ein Widerwille und ein Gegensatz Luft, der lange aus Rücksichten der Klugheit zurückgehalten war.

Erasmus fühlte sich keineswegs überwunden, vielmehr in seinen Ansichten bestärkt. Er war nun überzeugt, daß Humanität, Sittlichkeit, Licht, Weisheit auf seiner Seite seien. Seine überlegene Haltung als freigeistiger Aufklärer mußte er allerdings nun aufgeben, und er grollte Luther doppelt, daß sein Abfall von der Kirche ihn gezwungen hatte, sich mit den Dunkelmännern zu vergleichen; aber er tröstete sich damit, daß das Joch des Papstes immerhin leichter sei als das Luthers und daß die Mehrzahl der Humanisten seinem Beispiel folgte. Das Einströmen der Volksauffassung in das Luthertum machte sich bereits in einer flachen Bildungsfeindschaft bemerkbar, die Luther, dem tiefsinnigen, keinem Problem ausweichenden, ganz fernlag, die sich aber doch insofern auf ihn berufen konnte, als er die Religion hoch über die Wissenschaft stellte, als er die Anmaßlichkeit der Wissenschaft und des Verstandes oft verspottete, und als er zu betonen liebte, daß ein Kind die Heilige Schrift verstehen könne, dieselbe Schrift, um deren Auslegung sich fromme und gelehrte Männer um die Wette bemühten. Die neidische Gereiztheit der Ungelehrten gegen Wissen und Wissenschaft war die Ursache, daß beschränkte Menschen glaubten, die Stunde sei gekommen, wo sie durch bloßen Glauben die gelehrten Denker übertrumpfen könnten, deren hochtönender Kram eigentlich nichts wert, hohl und entbehrlich sei. Es kam vor, daß wirrköpfige Leute ihre Bücher aus dem Fenster warfen, weil man ohne Studium unmittelbar von Gott belehrt werden könne.

Luther nannte sich selbst mit einem gewissen fröhlichen Nachdruck den Barbaren gegenüber dem feingebildeten Erasmus; aber wie wenig er seine Deutschen in Barbarei zurücksinken sehen wollte, beweist der schmerzliche Zorn, mit dem er ihnen vorhielt, daß sie immer Bestien blieben und ihre Kinder nicht zur Schule schickten. Mit väterlich herzlichem Ernst ermahnte er die Städte, da die mit Trinken und Jagen beschäftigten Fürsten doch keine Zeit dazu hätten, Schulen zu gründen, damit die liebe unschuldige Jugend, Knaben und Mägdlein, zu Christen herangebildet werde. Denn eben zu Christen wollte er sie erzogen haben, und das waren die Ritter gegen Tod und Teufel, die auch in den alten Sprachen und in der Geschichte erfahren sein müßten, um die Irrlehrer zu bekämpfen. Daran dachte Erasmus nicht, wenn er die Pflege antiker Bildung empfahl. Überhaupt dachte er nicht, wie Luther, an das Volk, sondern an eine Schicht von Gebildeten, die alle Nationen umfaßte, der das Licht des Humanismus aufgegangen war. Im Augenblick schien Luther gesiegt zu haben; aber wenn es Erasmus verbitterte, daß er, der kürzlich noch von allen Strebenden und allen, die zu den geistig Erlesenen gehören wollten, Vergötterte, von Luther in den Schatten gedrängt wurde, so hätte ihn das Bewußtsein trösten können, daß mehr ihm als Luther die Zukunft gehörte.

Sickingens und Huttens Ende

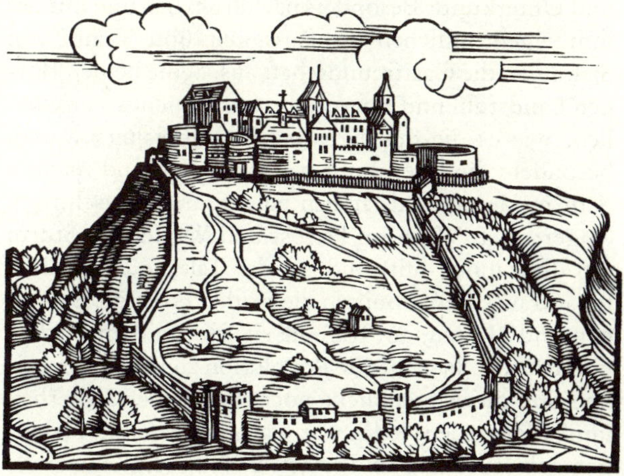

Trotz des Wormser Edikts breitete sich die Lutherische Ketzerei aus. In Antwerpen, wo Karl V. Landesherr war, wurden Luthers Schriften verbrannt; anderswo wurden sowohl seine wie zahlreiche im selben Sinn verfaßte Flugschriften fortwährend gedruckt und verkauft. In manchen Städten waren die Ratsherren, welche sie einzogen, ihre eifrigsten Leser. Der Handel mit ihnen war so einträglich, daß viele Drucker nur zu solchen Lust hatten und die katholischen ablehnten. Allerdings war es nicht gefahrlos, sich für die neue Lehre einzusetzen. Die Prädikanten, wie von katholischer Seite die lutherischen Priester genannt wurden, führten ein gefährliches Leben, wurden im besten Falle ausgewiesen, oft eingekerkert. Von den Priestern, die sich verheirateten, starb einer im Gefängnis. Wiederum fanden sie bei einzelnen Fürsten und Herren Schutz und Unterkunft. Besonders nachdrücklich und mit der ihm eigentümlichen Großartigkeit übte Franz von Sickingen die Gastfreundschaft aus. Seine beiden Burgen Landstuhl und Ebernburg waren nicht so unwirtlich, wie es die des eigentlichen Mittelalters waren; besonders die Ebernburg war behaglich und reich in dem modernen, aus Italien eingeführten Geschmack eingerichtet. Wenn im Herbst und Winter der Sturm um die Zinnen pfiff und aus der Taltiefe die Wälder hinaufrauschten, konnten die beiden Freunde, Sickingen und Hutten, am Kamine sitzend, in dem Pochen und Rütteln die nahende Revolution zu hören vermeinen und die Augenblicke noch währender Sicherheit innigst genießen. Jeder war Gast des anderen, Sickingen gab sein Haus und seinen Schutz, Hutten gab die Früchte seines Geistes. Es war wundervoll für Hutten, einen gereiften Mann zum Schüler zu haben, der mit der Frische eines Kindes aufnahm und in die neue Betrachtung der Welt getane und künftige Taten einzuordnen hatte. Sickingen hatte bisher für die Größe seines Hauses und seines Standes gekämpft, aber immer den Drang gehabt, einen höheren Gehalt in seine weltlichen Zwecke zu legen. Nun lernte er ein Höchstes zu benennen, worauf sich alles gründen sollte: das Wort Gottes. Drang er auch nicht sehr tief darin ein, fühlte er auch nicht das Bedürfnis, sein Gewissen im einzelnen damit auszugleichen, so bemächtigte er sich doch der evangelischen Grundgedanken, wie sie ihm in Luthers und Huttens Schriften entgegentraten, so gut, daß er bald einen Vetter von Handschuhsheim, der ihn zur Kirche zurückführen wollte, über seinen neugewonnenen Standpunkt belehren konnte. Wie der Kurfürst von Sachsen ließ er auf die Ärmel seiner Dienerschaft das Verbum *Domini manet in aeternum* setzen. Das Wort Gottes war dieser Generation mehr als ein Schlagwort: des Bibellesens ungewohnt, lauschten sie den mächtigen Urworten, als brächen sie aus der Ewigkeit hervor. Daß sich die Religion zu einer Wechselbeziehung zwischen Gott und Mensch verdichtete, wurde willig erfaßt, es war eine Vereinfachung und Verinnerlichung, die dem deutschen, man kann sagen, dem germanischen Gemüt entsprach. Zu den Gesprächen, die die Freunde miteinander führten, gesellten sich verschiedene verfolgte Lutheranhänger, die Sickingen in seinen Burgen – Herbergen der Gerechtigkeit nannte sie Hutten – aufgenommen hatte: der temperamentvolle, kluge und gelehrte Butzer, immer bereit, sich mit seiner Person für eine Überzeugung einzusetzen, der feine, liebenswürdige Oekolampad von Weinsberg, der aus einem Kloster entflohen war, Kaspar Aquila, früher Feldprediger bei Franz, nun einem bischöflichen Kerker entronnen, Johann Schwebel, der einem Orden angehört hatte und sich jetzt auf Landstuhl verheiratete. Alle diese Geistlichen, dem Stande angehörig, den sie jetzt bekämpften, verstanden sich gut mit den Rittern. Es ist anzunehmen, daß Sickingen bei den Gesprächen, die sich entspannen, mehr der Zuhörende war. Auf theologischem Gebiet hatte er mehr zu fragen als mitzuteilen, und in bezug auf die kriegerischen Unternehmungen, die er vorhatte, war er sehr zurückhaltend. Überhaupt war er, obwohl aufrichtig und durchaus zuverlässig, doch verschlossen: über seine letzten Ziele sprach er nicht. Er hatte für die Wahl Karls V. gewirkt, war in den Dienst des Kaisers getreten, hatte dem Geldbedürftigen eine beträchtliche Summe aus seinem Vermögen vorgestreckt, er traute sich Einfluß auf den jungen Kaiser zu und setzte sich dafür ein, daß Luther gestattet werde, auf dem Reichstage seine Lehre zu verteidigen. Als Friedrich der Weise vor dem Reichstage in Köln war, lud er Sickingen zu Tisch, um sich mit ihm über Luthers Angelegenheit zu verständigen. Als Luther nach dem Reichstage verschwand, glaubten viele, er befinde sich auf einer von Sickingens Burgen.

Wie Sickingen überhaupt in einem Wahn über sein Vermögen lebte, war es vielleicht Überschätzung seines Einflusses auf den Kaiser, daß er Huttens Ungeduld, der sich nach Taten sehnte, mit der Mahnung zurückhielt, es sei noch nicht Zeit. Während der aufregenden Wochen, die der Eröffnung des Reichstages und dann wieder dem Auftreten Luthers vorausgingen, blieb ihm nichts übrig, als seinen Tatendrang in Schriften auszuströmen, die Revolution durch sein Wort vorzubereiten. Es war durchaus zweckmäßig, daß er Bundesgenossen warb. Immer dringender rief er den Kaiser, den Kurfürsten von Sachsen, das deutsche Volk, insbesondere die Städte an. Bedenkt man, was an gegenseitiger Erbitterung und an Rachegefühl zwischen Rittern und Städten lag, wieviel Ursache dazu die Ritter den Städten gegeben hatten, so ermißt man die Energie von Huttens revolutionärem Willen, der, was die Kaiser Siegmund und Maximilian vergeblich erstrebt hatten, die Erbfeinde und Erbhasser zu einem gemeinsamen Zweck verbinden wollte. Ermutigend war die Neigung mehrerer südwestdeutscher Städte zum Evangelium: die Gemeinsamkeit des Glaubens und der gemeinsame Gegensatz zu den Fürsten konnten ein Band bilden über die alte Feindschaft hinweg.

Schon in der Klag und Vermahnung gegen die unchristliche Gewalt des Papstes vom Ende des Jahres 1520 hatte Hutten sich aufmahnend auch an die Städte gewendet und seine ganze Wärme, Treuherzigkeit und Freimütigkeit in die kunstlosen Verse gelegt: «Den stolzen Adel ich beruf, – Ihr frommen Städt, euch werfet uf: – Wir wollens halten ingemein – Laßt doch nit streiten mich allein – Erbarmt euch übers Vaterland – Ihr werten Teutschen, regt die Hand! – Itzt ist die Zeit zu heben an – Um Freiheit kriegen ... Gott wills han.» Eingehend begründet er seinen Antrag in dem Gespräch «Die Räuber», das er anfangs 1521, während des Reichstags, vollendete. Einem Kaufmann, der die Ritter für Räuber erklärt, wird hier entgegengehalten, wer in Wahrheit Räuber sei, nämlich zum Teil wohl die Ritter, mehr aber die Kaufleute selbst, indessen vor allen die Juristen und die Pfaffen. Gegen diese Räuber müssen Ritter und Städte sich vereinigen. Hutten läßt Sickingen, der eingesehen hat, daß die Städte wie er die Freiheit lieben, Versöhnung mit den einst Befehdeten suchen. Als nach der Abreise des Kaisers das neubegründete Reichsregiment zusammentrat, in dem die Ritter gar nicht, die Städte zu wenig vertreten waren und sowohl Ritter wie Städte reichlich über Benachteiligung zu klagen hatten, rückte Hutten den gemeinsamen Gegensatz gegen die Fürsten in den Vordergrund. Wieder erhebt er in einem deutschen Gedicht, der Beklagung der Freistädte deutscher Nation, die hinreißende Stimme des treuen Warners, schildert, wie unmöglich es ist, gegen die Übergriffe der Fürsten Recht zu finden, ihre Habsucht, ihren unersättlichen Rachen: «Den Adel hat er gfressen schon – Jetzt will er zu den Städten gohn – Den setzt er auf ein neuen Zoll – Sag an, du Wolf, wann bist du voll!» Diesem leidenschaftlichen Anstürmen Huttens begegnete kein Widerhall außer von einzelnen, die ebensowenig Macht hatten wie er. Von befreundeter Seite dagegen wurde er nun mit Vorwürfen überhäuft, daß seinen Drohungen keine Taten folgten, daß er den Hunden gleiche, die bellen, aber nicht beißen. Von Sickingen nicht unterstützt, glaubte der verzweifelte Ritter, der in der letzten Zeit wieder krank gewesen war, allein den Pfaffenkrieg eröffnen zu müssen; er kündigte Fehden gegen Geistliche an, die ihn beleidigt hatten, und soll auch einmal Geistliche auf der Straße überfallen haben; es waren gleichsam Aufrufe, den Mitstreitern gegebene Zeichen zum Losbruch, die aber höchstens Staunen oder Unwillen erregten. Inzwischen hatte Sickingen für den Kaiser gegen Frankreich die Waffen ergriffen, kehrte aber erfolglos und unbefriedigt aus dem Feldzuge zurück. Sein Verhältnis zum Kaiser war verschlechtert; vielleicht hatte er ein zu hohes Gefühl von sich, um überhaupt irgendeinem, sei es auch der Kaiser, auf die Dauer gern zu dienen. Nachdem Karl sich im Frühling

1522 nach Spanien eingeschifft hatte, hielt er den Augenblick zur Tat für gekommen.

Es scheint nicht anders möglich, als daß die beiden Freunde, wenn sie von irdischen und überirdischen Dingen miteinander sprachen, auch Sickingens Kriegspläne und was er damit bezweckte, beredeten und festsetzten; allein es ist davon nichts auf uns gekommen. Immerhin ist anzunehmen, daß das Programm Huttens auch das Sickingens war: das Hauptstück desselben bildete eine große Säkularisation geistlicher Güter. Sie sollten verwendet werden zur Armenpflege und zu Bildungszwecken, hauptsächlich aber zum Unterhalt eines Reichsheeres, das die kaiserliche Macht heben und zugleich den Rittern Beschäftigung und Besoldung verschaffen sollte. Es wäre damit die seit langem für nötig erachtete Stärkung der Zentralgewalt durchgeführt und für das Problem des Ritterstandes eine Lösung gefunden. Allerdings war vorauszusehen, daß der Plan die Fürsten gegen sich haben werde, die weder von der Stärkung der Zentralgewalt noch von der Hebung der Reichsritter etwas wissen wollten. Ob dieser Widerstand ins Auge gefaßt wurde und wie er überwunden werden sollte, wissen wir nicht: die Säkularisation war das Ziel, und mit dem benachbarten Kurfürsten von Trier sollte begonnen werden.

Ein Narr ist, wer den Feind verachtet, sagt ein altes deutsches Sprichwort. Vielleicht war es mehr Überschätzung der eigenen Kräfte als Unterschätzung des Gegners, des sehr tatkräftigen und kriegstüchtigen Richard von Greifenklau, daß Sickingen ihn zum ersten Angriff erwählte. Weil man ihn für unüberwindlich hielt, glaubte er es zu sein, und weil er es zu sein glaubte, hielt man ihn dafür. Trier hatte sich zur Zeit der Kaiserwahl bis zum letzten Augenblick nachdrücklich für Frankreich eingesetzt: es war anzunehmen, daß der Kaiser eine Bestrafung dieses Fürsten nicht ungern sehen würde. Der Umstand, daß Sickingen des Kaisers Sache zu führen schien, wenn er den Kurfürsten bekämpfte, mochte mit ins Gewicht fallen. Schon während des Wormser Reichstages war von seinem bevorstehenden Zuge gegen Trier die Rede. Im August 1522 schloß er in Landau die südwestdeutsche Ritterschaft in ein Verbündnis zusammen. Sickingen ward zum Bundeshauptmann bestimmt; man verpflichtete sich zu gegenseitiger Unterstützung. Dann sammelte er ein Heer und sagte dem Kurfürsten Fehde an, wozu ein Vorwand in der üblichen Art gefunden wurde. Sickingens nächste Freunde sahen das Unternehmen mit Sorge; sie waren der Meinung, daß seine Macht dazu nicht ausreiche. Der getreue Balthasar Schlör, derselbe, der Anlaß zu der großen Franzensfehde gegen Worms gegeben hatte, warnte in einem ausführlichen Schreiben, der Astrolog, durch den Sikkingen bei seinen Unternehmungen die Richtung des Schicksals erforschte, wollte drohende Zeichen gesehen haben; aber schon hatte sich die Verblendung, die den Blick der zum Untergang Bestimmten umschattet, seiner bemächtigt; sein Stolz ließ sich nicht erschrecken.

Auf die Abmahnung des Reichsregiments antwortete er, er sei willens, ein besseres Recht in Deutschland aufzurichten. Was die Aufforderung betreffe, seinen Handel vor das Kammergericht zu bringen, so habe er ein Gericht um sich, das mit Reisigen besetzt sei und mit Büchsen und Kartaunen distinguiere. Indes, trotz seiner Zuversicht mußte er Mitte September die Belagerung der Stadt Trier aufgeben, die unter der persönlichen Leitung des Erzbischofs Widerstand leistete. An einen unglücklichen Ausgang dachte Sickingen noch nicht; aber da er auf einen Gegenangriff des Feindes gefaßt sein mußte, hielt er es für richtig, seine Freunde und Schützlinge zu entlassen, denen seine Burgen kein sicheres Asyl mehr sein konnten. Hutten hatte während der letzten Monate gekränkelt, sonst hätte er wohl Sickingen auf seinem Zuge begleitet. Der Herbst entblätterte die Bäume, als Martin Butzer und Oekolampad den Ritter verließen, um sich der eine nach Straßburg, der andere nach Basel zu begeben; sie gingen ins Ungewisse, dunkle Ahnungen mögen sie bedrückt haben. Ob Hutten in ihrer Gesellschaft war, weiß man nicht. In den verflossenen Tagen glücklichen Zusammenseins hatte Hutten für den ungelehrten Ritter seine Gespräche ins Deutsche übertragen und der Ausgabe eine Zueignung vorausgehen lassen, die das schönste Denkmal einer heroischen Freundschaft ist. Hutten spricht von dem Glück, das Gott ihm gewährt habe, in der Not einen treuen Freund zu finden. «Denn als ich auf das äußerste an Leib, Ehre und Gut von meinen Feinden genötigt war, so ungestüm, daß ich kaum Freunde anzurufen Zeit gehabt, bist du mir, nit mit tröstlichen Worten, sondern hilftragender Tat begegnet, ja, mag ich sagen, vom Himmel herabgefallen ... Du hast dich nicht durch Schrecken meiner Widerwärtigen von Verfechtung der Unschuld abziehen lassen, sondern aus Liebe der Wahrheit und

Erbarmnis meiner Vergewaltigung für und für über mir gehalten. – Dagegen die boshaftigen Kurtisanen und Romanisten, die mich verlassen gemeint, und deshalb beinah einen Triumph von mir geführt hatten, da sie gesehen, daß ich mich an eine feste, unerschütterte Wand gelehnet hab, ihren Stolz und Übermut gegen mich etwas niedergelassen, sich fast eingetan und kleinen Lauts worden.» Zum Dank verspricht er ihm, was einst Virgil zwei verdienten Jünglingen zugesagt habe: «Wo etwas mein Geschrift vermag – Dein Lob muß sterben keinen Tag.» Nun, da der Untergang kam, konnten sie beide ihr heldisches Gemüt zeigen, und sie taten es.

Während des Winters nahm der Kurfürst von Trier, der sich inzwischen mit dem Landgrafen von Hessen und dem Kurfürsten von der Pfalz verbündet hatte, die Burgen der Ritter, die in Sickingens Heer gekämpft hatten; es waren darunter Grafen von Zollern, von Fürstenberg, von Löwenstein, ein Rosenberg, ein Hutten, Gemmingen, Hilcken von Lorch, Dalberg und andere, auch der begeisterte Anhänger Luthers Hartmut von Kronberg. Ihre Treue vergalt Sickingen mit Treue: er weigerte sich, Frieden zu schließen, wenn nicht den beraubten Freunden das Ihre zurückgegeben würde. Die Fürsten gingen nicht darauf ein und begannen im Frühling den Belagerungskrieg; zunächst wendeten sie sich gegen Landstuhl, wo Sickingen sich verschanzt hatte. Bald mußte er erfahren, daß er sich im Vertrauen auf Unterstützung Gleichgesinnter sowie auf die Widerstandsfähigkeit seiner Burgen verrechnet hatte. Die Ritterschaft hielt eine Versammlung ab, um über etwaige kriegerische Schritte zu beraten, hatte aber, vom Reichsregiment abgemahnt, nicht den Mut, etwas zu unternehmen; die Städte rührten sich überhaupt nicht. Vergebens ging Hartmut von Kronberg nach Böhmen, dort um Hilfe zu werben. Noch fühlte sich Sickingen, blieb er auch mit wenigen Freunden allein, in Landstuhl persönlich sicher; aber die für uneinnehmbar gehaltenen Mauern brachen vor dem Geschütz der verbündeten Fürsten in wenigen Tagen zusammen. Man riet ihm zu fliehen, aber er hätte es für unehrenhaft gehalten, seine Diener zu verlassen. Seinen jüngsten Sohn jedoch, den er bei sich gehabt hatte, schickte er unter der Obhut Balthasar Schlörs fort, und es glückte ihnen, den Feinden zu entgehen. Als Sickingen bei einer Besichtigung an ein Schießloch kam, wurde er durch einen Schuß, der gerade dorthin fiel, auf einige spitze Hölzer geworfen, die ihn tödlich verwundeten. Er ließ sich in ein dunkles Gewölbe tragen, wohin die Geschosse nicht dringen konnten, und die Fürsten um eine Besprechung ersuchen. Sie verlangten Ergebung Sickingens und der Edelleute, die bei ihm in der Burg waren, zu ritterlichem Gefängnis. Er ging darauf ein, indem er sagte: «Ich will ihr Gefangener nicht lange sein.» Die Fürsten traten an das Lager des Verwundeten, wechselten einige Worte mit ihm und machten dann dem Kaplan Platz, der ihm die Beichte abnehmen wollte. Sickingen sagte, er habe Gott in seinem Herzen gebeichtet, der Kaplan möge ihm die Absolution sprechen und ihm das Sakrament zeigen. Gleich darauf starb er; es war der 7. Mai 1523. Wenn sein Ende gezeigt hatte, daß er weit weniger mächtig war, als er zu sein wähnte, so hatte er doch bis zuletzt die stolze und großmütige

Haltung bewahrt, zu der sein Wahn von Macht und Größe ihn verpflichtete, durch die er die Fürsten, die als triumphierende zu ihm traten, fast zu Beschämten machte. Der unnahbarste Herrscher von allen, der Tod, trat auf seine Seite.

Für diejenigen, die Sickingen geliebt und verehrt und von seinen Taten Entscheidendes erwartet hatten, war sein Fall eine schmerzliche Erschütterung. Der Tapfere und Bescheidene, der Aufrechte und Hilfsbereite war nicht mehr, die feste Wand, an die sie sich gelehnt hatten, war gebrochen; aber sie fühlten daneben, daß auch für Deutschland eine Hoffnung verloren war. Der Weg zur Reichsreform, den viele bedeutende Geister für den wünschenswerten gehalten hatten, mußte aufgegeben werden; für Ritter und Städte kam die Stunde nicht wieder.

Hutten ging, nachdem er sich von Sickingen getrennt hatte, bitteren Erfahrungen entgegen. Zwar empfand er in Basel sogleich, daß er in einem freien Lande war; der Rat und ausgezeichnete Gelehrte begrüßten den humanistischen Ritter, obwohl er gebannt und verfolgt war, ehrenvoll. Der aber, an dessen Teilnahme ihm besonders gelegen war und auf dessen Teilnahme er besonders glaubte rechnen zu dürfen, Erasmus, peinlich berührt durch die Anwesenheit des kranken Flüchtlings, ließ ihn ersuchen, von einem Besuch abzusehen. Hutten war leidenschaftlich entrüstet. Was sich an Groll bereits in ihm angesammelt hatte darüber, daß Erasmus, der wie kaum ein anderer Luther vorgearbeitet hatte, sich der katholischen Kirche wieder näherte, um, wie Hutten meinte, sich die Gunst des Papstes und katholischer Fürsten zu erhalten, brauste bei dieser Kränkung auf. Daß Erasmus aus Feigheit und Eigennutz, so sah Hutten es an, seine Überzeugung verriet, das erhob den Rächer persönlicher Beschimpfung zu einem Rächer allgemeiner Ehre. Einem Unglücklichen, Flüchtigen, Hilflosen die Tür zu verschließen, das war eine Handlung, deren Kleinlichkeit ihm Ekel einflößte. Nach der Gewohnheit der Zeit wurde der Streit, der sich daraus entspann, öffentlich, den heftigen Angriff Huttens wehrte Erasmus durch eine gehässige Erwiderung ab. Er konnte manches zu seiner Verteidigung sagen. Auch er hatte hohe Ziele gehabt: eine reinere Religion, veredelte Sitten, den Geist bereichernde Kenntnisse. Dafür hatte er gearbeitet und dazu einen guten Grund gelegt. Warum sollte er Luther beipflichten, der aus seiner Arbeit Nutzen zog – denn er, Erasmus, hatte ja die Geister vorbereitet – und ihm nun das Ziel verrückte. Die Sitten, die er verfeinern wollte, wurden durch gegenseitiges Beschimpfen vergröbert, an die Stelle des kirchlichen Aberglaubens trat der lutherische, der Erasmus schlimmer schien, weil der alte äußerlicher und infolgedessen leichter abzuschütteln war, und die Wissenschaften, die er aus dem Gestrüpp der Scholastik herausgearbeitet hatte, wurden durch theologisches Gezänk von neuem verschüttet. Hutten sah es anders; er sah den Befreier, der sich selbst die Ketten wieder anlegte, weil sie von Gold waren, die behutsame, vorsichtig abwägende Art des Erasmus in einer großen Angelegenheit war ihm widerwärtig, ihm, der wie kaum ein anderer Deutscher etwas vom Adlerrauschen der Freiheit in seinem Wort und Wesen aufgefangen hat.

Wie Hutten voraussagte, hat die Kirche dem Erasmus seine Halbheit nicht gedankt, sondern ihn fast mehr gehaßt als Luther. Einen offenen Feind kann man achten, mit einem, der sich hinter der Maske des Freundes verbirgt, ist keine Versöhnung möglich. Seine eigentlichen Gesinnungsgenossen aber ließ sein Übergang zur Kirche seine schöne Frühzeit fast vergessen. Mag man immer die Tragik im Schicksal des Erasmus verstehen, das ihn von seiner eigenen Vergangenheit trennte und von denen, die ihn am glühendsten verehrt hatten; liebenswerter erscheint uns der verlassene Hutten und erscheint uns Zwingli, der dem kranken und bettelarmen Verfolgten die hilfreiche Hand bot. Denn nach Zürich ging Hutten, nachdem der Rat von Mühlhausen, obwohl selbst lutherfreundlich, ihn nicht mehr vor der Wut der Katholiken schützen zu können glaubte. Trotz der Verdächtigungen des Erasmus nahm sich Zwingli werktätig des Flüchtlings an. Zunächst wurde ein Versuch gemacht, den Schwerkranken zu heilen. Es fügte sich günstig, daß der Abt von Pfäfers ein Freund der Reformation und ein warmherziger Mann war, der Hutten aufs freundlichste aufnahm, damit er die Heilkraft der dortigen berühmten Bäder versuche. Der außergewöhnlich regnerische Sommer jedoch kältete die Quellen so aus, daß es nötig wurde, den Gebrauch auf eine bessere Zeit zu verschieben. Eine neue Aussicht auf Genesung eröffnete ein Freund Zwinglis, der Pfarrer Hans Schnegg: verborgen auf der Insel Ufenau im Zürichsee sollte sich Hutten seiner Behandlung unterziehen. Dort, unter der Pflege eines wohlwollenden Mannes, möchte man hoffen, daß der Kranke noch einige freundliche Sommertage erlebt habe. Vielleicht war ihm die Begegnung mit dem kräftigen Zwingli, zu dem er im Grunde besser stimmte als zu Luther, der einzige helle Ausblick inmitten des Zusammenbruchs seiner Hoffnungen. An einem der letzten Tage des August oder der ersten des September starb er. Er hinterließ nichts, so erzählte Zwingli, als seine Feder. In Wahrheit hinterließ er außerdem noch einen unausgesprochenen Auftrag. Als er in Mühlhausen die Nachricht von Sickingens Ende erfahren hatte, verfaßte er eine Schrift gegen die Fürsten, die ihn besiegt hatten, und schickte sie einem Freunde zur Veröffentlichung. Dieser, Eoban Hesse, ein guter, treuer Mann, hätte sich des Auftrags kaum entledigt, da er inzwischen in den Dienst des Langrafen von Hessen getreten war; vielleicht aber ist die Schrift gar nicht in seine Hände gelangt. Sie ist verloren und nie wieder aufgefunden, nur den Titel kennen wir, den er ihr gab: über Jahrhunderte hinweg sucht Hutten den Erben, der mit seiner Feder die leeren Seiten ausfülle, über die er die Anschrift setzte: *In tyrannos*.

Der Bauernkrieg

1324–1525

In einem Hutten zugeschriebenen Gespräch, «Der neue Karsthans» betitelt, treten Sickingen und ein Bauer auf. Der Bauer beklagt sich über die Quälereien der Pfaffen und meint, wenn sie, die Bauern, nur einen Hauptmann hätten, würden sie schon etwas ausrichten können. Sickingen antwortet verständnisvoll, aber doch ausweichend. Wenn man sich vorstellt, wie lange schon auf eine bevorstehende Erhebung des armen Mannes hingewiesen wurde, wie natürlich es war, daß der allgemeine Drang nach Umwälzung auch die

Bauern ergriff, daß sie bei der Verteilung der geistlichen Güter, von der soviel gesprochen wurde, ihren Anteil verlangten und was für eine Macht die unzufriedene, mit Recht unzufriedene Masse dem verleihen konnte, der sie vertrat und anführte, so wundert man sich, daß Revolutionäre sich dieser Macht nicht bedienten. Das besondere Verhältnis aller übrigen Stände zu den Bauern erklärt das. Man verachtete sie, weil es üblich war, aber man verachtete sie auch, weil man sie sonst nicht in der Weise hätte ausbeuten können, wie es geschah. Die Verachtung mußte den Grund liefern, warum man sie als Knechte aller für alle arbeiten ließ; weil sie zur Sklaverei geboren, nicht viel mehr als Tiere waren, hatte man das Recht, sie zu benützen, wie man Tiere benützt. Mit diesen Menschen in der Tiefe sich einzulassen bedeutete eine Selbsterniedrigung, vor der es den höheren Ständen graute; man kann glauben, daß es Sickingen ernst war, als er jede derartige Absicht leugnete. Bedenken mochte er auch, daß die Abgaben der untertänigen Bauern die hauptsächlichen Einkünfte der Ritter bildeten und daß man sie schwerlich gegen einen Teil ihrer Herren aufreizen konnte, ohne die Stellung aller Herren ins Wanken zu bringen. Die Vereinigung von Rittern, Städten und Bauern, fast des gesamten Volkes, gegen Klerus und Fürsten kam nicht zustande, Sickingens Erhebung blieb das Abenteuer eines einzelnen, das so recht die Zerfahrenheit und Ziellosigkeit des Ritterstandes verriet.

Das Reichsregiment, das durch den Einfluß des Kurfürsten von Sachsen der lutherischen Richtung geneigt war, bereute, Sickingen geächtet zu haben, als seine Gegner die Fehde mit viel größerer Macht fortsetzten. Die Mahnung, den Handel vor das Kammergericht zu bringen, beachteten sie so wenig, wie Sickingen getan hatte; auf dem Reichstage zu Nürnberg im Jahre 1524, ein Jahr nach Sickingens Fall, bewirkten sie, vereint mit der Mehrzahl der übrigen Stände, daß das Regiment gestürzt wurde. Um ein ständisches Regiment hatten die Fürsten erst mit Maximilian I., dann mit Karl V. gerungen, nun sie durchgesetzt hatten, daß es eingerichtet wurde, weigerten sie sich, ihm zu gehorchen, genau so, wie sie es dem Kaiser gegenüber taten. Deutlich zeigte sich, daß die Fürsten überhaupt niemand über sich haben wollten. Friedrich der Weise, der seit so langer Zeit sich um ein Reichsregiment bemüht hatte, gebrechlich wie er ohnehin geworden war, verließ in düsterer Stimmung den Reichstag. Die Reichsreform hatte eine Stärkung der Zentralgewalt durchführen sollen, die einen wollten sie kaiserlich, die anderen ständisch: nach unendlichen Kämpfen war das Ergebnis, daß es überhaupt keine Zentralgewalt mehr gab, wenigstens solange der Kaiser nicht in Deutschland war. Einige Wochen nach dem Schluß des Reichstages brachen in Franken und auf dem Schwarzwald die ersten Bauernaufstände aus. Zwischen diesen beiden Ereignissen war wohl kein bewußter, aber doch ein Zusammenhang unterirdischer Strömungen. Ein kaiserlicher Rat, der den Kurfürsten von Sachsen von der Beurlaubung des Regiments brieflich in Kenntnis setzte, fügte hinzu: «Reim dich, Bundschuh! ... Wir Deutschen samt dem ganzen Reich sind ohne einen Hirten; also, lieber frommer Kurfürst, kommt es auf unser Prophezei ... Gott, unser Erlediger, komm uns zu Hilf, es ist große Zeit!»

Nach dem Scheitern der ständischen Reformversuche durch die Stände selbst, drängte sich noch einmal die andere Lösung vor, die des Kaisers Macht stärken wollte, diesmal getragen durch die Bauern und einen Teil der Städte. Der arme Mann in Stadt und Land erhob sich, schwerfällige Massen, doch nicht ohne Ordnung und ohne Recht.

Niemals wird sich genau bestimmen lassen, wie eigentlich im Reich die Lage der Bauern um die Jahrhundertwende war. Sie war in verschiedenen Gegenden verschieden und war an manchen Orten günstig; aber sie gab doch Anlaß zu größter Unzufriedenheit und war stellenweise unerträglich. Wie bei den Fürsten die Neigung zu Zusammenfassung und Ausdehnung ihrer Rechte bestand, so bei jeder Herrschaft die Neigung, ihre untertänigen Bauern mehr auszunützen als früher. Gewisse Abgaben waren herkömmlich – es wurde mehr als üblich verlangt; eine Anzahl von Tagen mußte der Bauer unentgeltlich für die Herrschaft arbeiten, man nannte es fronen – man vermehrte die Zahl. Unter Umständen blieb den Bauern nicht Zeit genug, um ihr eigenes Gut zu bewirtschaften, von dem sie doch Abgaben leisten mußten. Die Art der Abgaben war zum Teil sehr drückend, so der Todfall, der die Familie gerade in einem ohnehin schwierigen Augenblick belastete; keinen Schritt konnte der Bauer tun, ohne aufs empfindlichste an seine Gebundenheit erinnert zu werden. Dadurch, daß die Gerichtsbarkeit von der Herrschaft ausgeübt wurde, konnte sie durch beliebige Strafen jede Unbotmäßigkeit, jeden noch so gerechtfertigten Widerstand unterdrücken und rächen. Die Beschränkung der Freizügigkeit machte ein Ausweichen unmöglich. Erbitternd war es auch, daß die Fürsten vielfach den Gemeindebesitz an Wald oder Weide einzogen, und zwar ohne Entschädigung unter dem Titel ihrer fürstlichen Gewalt. Als man in späteren Jahrhunderten der Bauernbefreiung nähertrat, hielt man Entschädigung der Herren für selbstverständlich, mit der die Bauern belastet wurden.

Allgemeine Umstände trugen dazu bei, die Lage der Bauern zu verschlechtern: die vielen Kriege, die bei der Art der damaligen Kriegsführung hauptsächlich das offene Land trafen und viele Gebiete gänzlich verwüsteten, andererseits der zunehmende Luxus der höheren Stände, der natürlich auch im Bauern den Wunsch, besser und reichlicher zu leben, erregte. Wieviel Ursache der arme Mann zur Klage hatte, beweist am besten, daß die Fürsten und Herren in beständiger Sorge vor Bauernaufständen waren. Daß es unmöglich sei, dem armen Mann noch mehr aufzuladen, daß er unter unerträglichen Lasten seufze, sagten sie oft; merkwürdigerweise machten sie trotzdem niemals Anstalt, seine Lage zu verbessern, sondern taten wohl gar das Gegenteil. Zu erklären ist das damit, daß sie alle mehr oder weniger vom Elend der Bauern lebten, also, wenn nicht eine unbestimmbare und unabsehbare Revolution eintreten sollte, dies Elend als Rechtsgrundlage festhalten mußten; dann aber auch mit der Art der Menschen, in den gewohnten Verhältnissen beharren zu wollen, selbst wenn sie voraussehen, daß sie zum Unheil führen müssen.

Seit der Mitte des 15. Jahrhunderts fanden alle paar Jahre irgendwo im Reich Bauernaufstände statt, die bald unterdrückt und blutig gerächt wurden, bis zum Jahre 1514 etwa zwölf, fast alle im Süden. Man pflegte sie Bundschuh zu nennen nach dem Bauernschuh, den sie, zuerst im Elsaß, als Abzeichen in der Fahne führten. Nach dem Sturz des Reichsregiments, im Frühjahr, erhoben sich die Stadt Forchheim gegen den Bischof von Bamberg, die Bauern von St. Blasien gegen den Abt, ihren Herrn. Jene verlangte hauptsächlich die Freiheit, in Wald und Wasser zu jagen und zu fischen, diese weigerten sich, Abgaben, insbesondere den Todfall, zu leisten. Im allgemeinen war die geistliche Herrschaft drückender als die weltliche. Ein besonders bösartiger Bauernschinder war der Abt von Kempten, dessen Untertanen sich im Januar 1525 erhoben. Inzwischen waren schon das Elsaß, Allgäu, Klettgau und Hegau, an die Schweiz grenzende Gebiete, in Aufruhr. Die Aufständischen begingen keine Gewalttätigkeiten, aber sie weigerten sich, länger Dienste und Abgaben zu leisten, eben das, was die Herren am empfindlichsten traf. Unter den Anführern der verschiedenen Haufen waren Geistliche, die schon vorher zum Luthertum geneigt hatten und sich nun offen dazu bekannten. Durch diese bekam die Bewegung allmählich einen religiösen Charakter, der den Erhebungen bis 1514 ganz ferngelegen hatte. Es lag nah, daß zwei revolutionäre Strömungen ineinanderflossen, wie ja auch die ritterschaftliche Revolution sich wie von selbst mit der lutherischen vereinigt hatte; es lag um so näher, als die Bauern es mit denselben Bischöfen und Äbten zu tun hatten, gegen die Luther mit so heftigen Beschimpfungen focht, und als die christliche Liebe und die christliche Freiheit, wovon soviel die Rede war, der Behandlung durchaus zu widersprechen schien, die dem Bauer zuteil wurde. Als der Schwäbische Bund, erschreckt durch das Ausmaß der Erhebung, sich zu Verhandlungen bereit erklärte, sagte Ulrich Schmid, Anführer des Baldringer Haufens – so genannt nach einem Dorf in der Nähe von Ulm –, er wünsche, daß nicht nach menschlichem, sondern nach göttlichem Recht geurteilt werde. Unter den gelehrten und frommen Männern, die er als Schiedsrichter vorschlug, war auch Luther. Es konnte nicht anders sein, als daß unter Tausenden von Bauern viele waren, die am liebsten sofort Gewalt gebraucht hätten; wieviel Erbitterung und Rache mochten aufgehäuft sein, wieviel Begierde, auf Kosten verhaßter Gegner sich gute Tage zu machen! Vielleicht wäre die wilde Ungeduld zugleich Klugheit gewesen, denn in diesem Augenblick waren die Bauern ihren Gegnern, die ihre Kraft noch nicht gesammelt, noch keinen Plan gefaßt hatten, überlegen. Allein der Geist der Ordnung und Billigkeit siegte, namentlich durch Ulrich Schmid und Christoph Schappeler, so daß man sich einig wurde, mit den Herren in Liebe und Freundschaft zu verhandeln. In Memmingen, der wohlhabenden oberschwäbischen Stadt, kamen fünfzig Bauernführer, mit einem Ehrentrunk empfangen, zusammen, um sich über Gewalt oder Vertrag und über ein Programm, das ihre Forderungen enthielte, zu einigen. Sie bildeten das Parlament, das die sogenannte Christliche Vereinigung, mehrere Haufen, die sich untereinander verständigt hatten, vertrat. Wahrscheinlich entstanden um die Mitte März 1525 in Memmingen die berühmt gewordenen 12 Artikel, die von den meisten Bauernhaufen angenommen wurden. Für ihren Verfasser wird Christoph Schappeler von St. Gallen gehalten, der in Memmingen Prediger war und sich der Bauern warm und aufrichtig annahm. Die 12 Artikel sollten, das war die Meinung, in ganz Deutschland Gesetz werden, wenn die vierzehn gelehrten und frommen Männer, die man wählen wollte, sie der Heiligen Schrift gemäß gefunden hätten. In einer Vorrede wurde der Vorwurf zurückgewiesen, daß das Evangelium schuld am Aufruhr der Bauern sei. Das Evangelium, das eitel Liebe predige, könne keinen Aufruhr verursachen, überhaupt aber seien die Bauern keine Aufrührer, da sie nur beanspruchten, gemäß dem Evangelium zu leben. Folgendes ist in Kürze der Inhalt der 12 Artikel: Die Gemeinde wählt den Pfarrer selbst. Der große Zehnter soll gezahlt werden, soll aber zum Unterhalt des Pfarrers dienen; was übrig ist, soll an Bedürftige ausgeliehen werden. Der kleine Zehnter soll nicht mehr gegeben werden. Die Leibeigenschaft wird aufgehoben. Mehrere Artikel betreffen das Jagdrecht, die Verhütung des Wildschadens, die Nutzung des Waldes, das Abtun des Todfalls, die schweren Strafen, die Vermehrung der Dienste. Die Allmenden, die der Gemeinde gehörigen Wiesen und Äcker, die zum Teil die Fürsten sich angeeignet hatten, sollen, wenn sie nicht rechtlich erkauft sind, zurückgegeben werden. Schließlich soll alles nach der Heiligen Schrift geordnet werden.

Die Mäßigung, die die Bauern in den 12 Artikeln sich auferlegten, ist bewundernswert. Wie die Humanisten und die Lutheraner wollten auch sie zu den Quellen zurückkehren. Beim alten Recht wollten sie bleiben, die unbilligen, ungerechtfertigten Neuerungen lehnten sie ab. Wenn der Rat von Venedig auf die Nachricht hin, daß die lutherischen Bauern im Reich ihren Herren die schuldigen Abgaben nicht mehr leisten wollten, bemerkte, sie täten wie ihre Herren, die dem Papst auch nicht zahlen wollten, was sie ihm schuldeten, so hatte er mit dieser witzigen Wendung recht, ja, die lutherischen Fürsten entzogen der Kirche weit mehr, als die Bauern ihren Herren entziehen wollten. Auch der Papst hatte seine Ansprüche vermehrt, hatte höhere Annaten und Palliengelder verlangt als ihm zustanden, wie die Betroffenen meinten: Bald zahlten sie ihm überhaupt keine mehr. Allgemein war die Forderung, daß kein Geld mehr nach Rom fließe, obwohl diese Leistungen seit Jahrhunderten zu Recht bestanden. Luther wie Hutten entrüsteten sich über die Sklaverei, in der die Deutschen vom Papst gehalten würden, nicht nur erlaubt, sondern rühmlich fanden sie es, sie abzuschütteln. Zu den Verhältnissen der Urkirche zurückzukehren war nach Luther eine Umkehr, deren Berechtigung gar nicht in Frage stand; auch die Bauern wollten zu der Freiheit zurückkehren, die der deutsche Bauer in der Frühzeit des Mittelalters besessen und die sich in einzelnen Gegenden, in Tirol, der Schweiz, in Niederdeutschland erhalten hatte. Indessen was half es ihnen, daß sie ebensoviel Recht hatten wie andere? Einzig darauf kam es an, ob sie die Kraft hätten, das, was sie für ihr Recht hielten, zu erobern.

Zum eigentlichen Mittelpunkt der Bewegung wurde aber doch nicht Oberschwaben, sondern Franken, das Gebiet, wo im letzten Viertel des 15. Jahrhunderts der Pfeifer von Niklashausen mit seiner Botschaft von der Gleichheit und Brüderlichkeit die Menge bezaubert und sein junges Leben hatte lassen müssen. Hier, wo an der Spitze des sogenannten schwarzen Haufens der Ritter Florian Geyer, ein militärisch kundiger und charaktervoller Mann, stand, mußte sich das ganze Land, Adel und Städte, den Bauern unterwerfen, nur die Burg hoch über der Stadt Würzburg behielt eine bischöfliche Besatzung; der Bischof selbst entfloh. Von Franken aus wurde in Heilbronn, das sich gleichfalls hatte anschließen müssen, ein Bauernrat eingesetzt, der die Revolution leiten und ihr ein Ziel setzen sollte. Sämtliche Haufen sollten in ihm vertreten sein. Durch ihn wurde die Bauernbewegung, die mit vereinzelten Aufständen, fast zufällig, begonnen hatte, zu einer einheitlichen, planvollen Macht, der es nicht nur darauf ankam, der Bauernschaft Erleichterungen zu verschaffen und sie von der Hörigkeit zu befreien, sondern die es unternahm, die langersehnte Reichsreform durchzuführen, in die die Reformation des Bauernstandes eingegliedert werden sollte. Der bedeutendste Kopf des Bauernrates war Wendel Hipler, früher hohenlohischer Kanzler, der sich mit seinem Grafen entzweit hatte; beratend stand ihm der kurmainzische Amtmann von Miltenberg, Friedrich Weigand, zur Seite. Die von ihnen ausgearbeitete Reformation nahm den Grundgedanken des einstigen Cusanischen Vorschlags auf: Stärkung der kaiserlichen Gewalt und Begründung von Landgerichten, übrigens erinnerte sie an die sogenannte Reformation des Kaisers Siegmund aus dem Jahre 1476 und ähnliche seitdem entstandene, zugunsten des armen Mannes verfaßte Reformschriften. Es versteht sich, daß die sozialen Forderungen der 12 Artikel auch hier erschienen, dazu Wegfall der Zölle, Gleichheit von Münze, Maß und Gewicht, Aufhebung der großen Handelsgesellschaften. Nur dem Kaiser sollte gesteuert werden. Die Einziehung der geistlichen Güter sollte das Geld zur Besoldung der Geistlichen und zur Armenversorgung liefern. Weder Geistliche noch Juristen sollten fürstliche Räte werden können, Juristen auch nicht in den Gerichten sitzen. Dagegen, und das war besonders wichtig, sollten die Bauern sowohl im Reichsregiment wie im Kammergericht und in unteren Gerichten, in den städtischen und ländlichen Räten vertreten sein. Nur durch Anteil an der politischen Macht könnten die Bauern, glaubte man, ihren sozialen Gewinn befestigen. Das Verbot der Bündnisse von Fürsten, die bisher einzig das Bündnisrecht besessen und dadurch einen so gewaltigen Vorteil vor den übrigen Ständen gehabt hatten, sollte der Stärkung der kaiserlichen Gewalt und dem Landfrieden dienen.

Der Reformationsentwurf bedeutete zwar eine Umwälzung der bestehenden Verhältnisse, aber er war nicht eigentlich radikal und ging nicht darauf aus, wie Leonhard von Eck sagte und wie wohl das Gerücht verbreitete, den gesamten Adel bis auf den Kaiser auszurotten. Als Ausrottung mochten immerhin den Fürsten die Beschränkung ihrer Souveränität und dem Adel die Aufhebung der Leibeigenschaft erscheinen.

Wie berechtigt uns die Wünsche der Bauern und wie gemäßigt ihre Forderungen vorkommen mögen, die Herrschenden von damals standen der Schicht, von deren Arbeit sie lebten, ebenso grundsätzlich taub und verhärtet gegenüber wie später die Bourgeoisie den Arbeitern. Der bayrische Kanzler Leonhard von Eck hielt die Bauern kaum für Menschen, jedenfalls für Menschen niederer Art, denen gegenüber alle Regeln in bezug auf den Nächsten keine Geltung haben. Eine Regung der Menschlichkeit gegenüber den Bauern wäre ihm nie gekommen und ärgerte ihn, wenn er sie bei andern wahrnahm; daß Erzherzog Ferdinand einen Vertrag mit ihnen abschließen wollte, fand er empörend. Wer den Bauern vertraut, zieht sich einen Feind, war seine Regel. «Sind elende Bauern, wenn man ihnen einmal nachgibt, so hört das Geläuf nicht auf, wollen alle gern frei sein.» Die so sehr berechtigte Klage der Bauern über die Wildschäden gab ihm und dem Herzog Wilhelm zu Scherzen Anlaß. Der Herzog nämlich war ein Liebhaber der Jagd, Eck des Angelns. Er wolle den Bauern, sagte der Herzog, wohl das Wasser zum Fischen freigeben, aber nicht die Wälder zum Jagen, worauf Eck erwiderte, das könne er nicht leiden, die Gewässer müßten gebannt bleiben, aber das Wildpret, das möge seinetwegen frei werden. Er ließ sich nicht ausreden, daß der Bauern eigentliche Absicht sei, alles gemein zu machen. «Ich habe mit meinen natürlichen und leiblichen Geschwistern nicht gern geteilt, ich geschweige der Fremden und Bauern» oder «Ich möchte auch leiden, daß die Fugger die brüderliche Lieb mit mir hielten und teilten», scherzte er. Es machte ihn zornig, daß nicht sofort mit den Bauern aufgeräumt wurde. Mit den Bauern müsse man handeln, als wäre der Türke im Lande, war seine Meinung. Am besten bekämpfe man sie mit fremden Leuten, Stradioten oder Böhmen; es war zu fürchten, daß die Landsknechte, die ja selbst Bauernsöhne waren, sich weigern würden, mit der erforderten Grausamkeit gegen die Bauern zu wüten. Wenn die Bauern verhandeln wollten, sollte man so tun, als wolle man darauf eingehen, bis das Kriegsvolk beieinander sei, und dann sie überfallen. Herzog Wilhelm war mit seinem Kanzler einer Meinung; aber als die Salzburger Bauern sich gegen ihren Erzbischof erhoben und überhaupt die geistliche Herrschaft, da sie Lutheraner waren, ablehnten, wollte er die Gelegenheit nützen, Bayern durch die Erwerbung Salzburgs abzurunden und die aufständischen Bauern fragen, ob er ihnen als Herr genehm sei. Eck dachte fürstlicher und verhinderte diese Entgleisung. Salzburg solle der Herzog bekommen, aber nicht mit Hilfe der Bauern, sondern, war sein Rat, dadurch, daß man einem der Brüder des Herzogs, Ernst, Bischof zu Passau, das Erzbistum verschaffe.

Wenn auch nicht alle Fürsten und Herren so unmenschlich dachten wie Eck, wenn sogar einige im ersten Schrecken und auch im Gefühl ihrer Schuld zu einiger Nachgiebigkeit bereit waren, so überwog doch der innere Widerstand gegen die Forderungen, und man tat triebmäßig, was Eck als Kriegslist geraten hatte, die Bauern hinzuhalten, bis Soldaten genug auf die Beine gebracht wären, um sie zu überwältigen. Inzwischen breitete sich der Aufstand rasch aus wie ein Feuer in einem morschen Holzhause. Auch Niederdeutschland, wo es anfangs ganz still gewesen war, wurde ergriffen, ganz Deutschland stand in Flammen, und die Gefahr eines völligen Zusammenbruchs schien vorhanden.

Bei den friedlichen Verhandlungen, die zuerst eine gutartige Entwicklung, einen billigen Ausgleich zwischen den Parteien verhießen, war es nicht geblieben. Den ersten kriegerischen Ausbruch veranlaßte der vertriebene Herzog Ulrich von Württemberg, der, immer nach Gelegenheit spähend, wie er die Rückkehr in sein Land erzwingen könnte, den Aufstand der Bauern zu benützen gedachte. Sein despotisches Regiment hatte ihn früher verhaßt gemacht; wenn er sich jetzt mit den Bauern verbündete, persönlich als Bauer sich gebärdete, war das insofern nicht ganz unaufrichtig, als seine Gegner hauptsächlich die sogenannte Ehrbarkeit in den Städten waren, der höhere bürgerliche Stand, der die Freiheit des Landes gegen herzogliche Übergriffe verteidigte. Es war für ihn nützlich, sich zunächst einmal auf die Bauern zu stützen. Mit den Bauern allein jedoch konnte er nichts ausrichten: er rechnete auf Hilfsgelder von Frankreich und Hilfstruppen der schweizerischen Eidgenossen. Die große Schlacht von Pavia, in der Franz I. gefangen und durch die Frankreich für die nächste Zeit lahmgelegt wurde, bedeutete auch für Herzog Ulrich die Niederlage. Der Wandel des Glücks veranlaßte die schweizerischen Orte, ihre Untertanen zurückzurufen; es schien im Augenblick nicht zulässig, Karl V., der nach Ulrichs Vertreibung Württemberg an sich genommen hatte, zu reizen. Der Herzog soll Tränen vergossen haben, als die Schweizer abzogen; es blieb ihm nichts übrig, als sich wieder auf dem Hohentwiel einzuspinnen.

Bald darauf brach der eigentliche Aufruhr los. Gereizt durch die Tücke des von Bayern gelenkten Schwäbischen Bundes, der von Anfang an nicht die

Absicht gehabt hatte, auf die Forderungen der Bauern einzugehen, und nur verhandelte, um Zeit zu gewinnen, gingen die Bauern zu Tätlichkeiten über. Dazu mußte es ohnehin kommen, schon weil die vielen bewaffneten Bauern, die das Land nicht bestellten, sich ernähren mußten und weil sie durch meuterisch wilde Elemente gedrängt wurden. Burgen und Klöster wurden erstürmt, geplündert, verbrannt, der Haß auf die Geistlichkeit tobte sich aus. Da einmal der Anfang gemacht war, riß Unordnung und Zerstörungslust ein. Immerhin vergriffen sich die aufgeregten Horden mit wenigen Ausnahmen nicht an Menschen. Eine kurze Zeit lang schien der Anblick der rasch um sich greifenden Feuersbrunst die Herren zu lähmen. Manche von den kleinen, so der Graf von Wertheim und die Grafen von Hohenlohe, traten dem Bauernbunde bei, auch einige Städte unter dem Druck der ärmeren Bevölkerung. Fast in allen Städten sympathisierten die unteren Schichten mit den Bauern, so daß der Vorwurf ausgesprochen werden konnte, die Städte hätten den Aufruhr angezettelt, um das Reich in eine föderative und demokratische Republik zu verwandeln. In diesem Augenblick, wo die Gefahr groß schien, Anfang Mai, ließ Luther seiner ersten Ermahnung an die Bauern eine zweite Schrift folgen, in der er die Obrigkeit anspornte, zum Schwert zu greifen und die Aufrührer zu bestrafen.

Vielleicht wäre es für die Bauern besser gewesen, wenn die 12 Artikel nicht so dicht mit Bibelstellen durchsetzt gewesen wären, wie es die Verfasser für gut befunden hatten. Die Bibel, das neugeschenkte Buch, nach Zeugnissen zu durchsuchen und diese anzuführen, als sei damit etwas unwidersprechlich erhärtet und entschieden, war zu einer Gepflogenheit geworden, der alle Stände sich hingaben. Man benützte sie als Arsenal, das Waffen lieferte, so wie die Humanisten Cicero und Livius ausschrieben. Etwa im Sachsenspiegel zu suchen, was im Reich Rechtens oder Gewohnheit sei, fiel niemandem ein. Luthers scharfer Verstand sah sofort, daß die Bauern einen Fehler gemacht hatten, indem sie versprachen, sich aus der Heiligen Schrift weisen zu lassen. Er konnte nun die Aussprüche gegen sie geltend machen, die unbedingte Unterwerfung unter die Obrigkeit verlangten, und ferner, daß Christus und die Apostel das Untertänigkeitsverhältnis überhaupt nicht berührten, daß sie einzig der Seele Heil und Freiheit bringen wollten. Er stellte sich auf den Standpunkt, daß die meisten Forderungen der Bauern Rechtsgelehrte angingen, nicht ihn. Gegen alles das läßt sich manches einwenden. Es ist wahr, daß Christus nicht versucht hat, die Sklaverei aufzuheben; aber widersprach nicht schon die Forderung der Brüderlichkeit der Sklaverei, namentlich der Art, wie sie in Deutschland vielerorts gehandhabt wurde? Ließ Christus sie bestehen, so war es doch tatsächlich keine Sklaverei mehr, wenn der Herr sich wie ein liebender Bruder zu seinem Sklaven stellte. Ferner: diente man dem Seelenheil der Fürsten und Herren, wenn man, indem man ihre Untertanen zu sklavischer Unterwürfigkeit anhielt und jeden Widerstand ausschaltete, mochten sie so bösartig und lasterhaft sein, wie sie wollten, fast gewaltsam in ihren Lastern bestärkte? Nur ein Prophet, der die Fürsten beherrschte und dauernd zum Guten zwang, konnte eine solche Art der

Menschenbildung einigermaßen verantworten. Das Verhältnis zur Obrigkeit hatte aber bei den Germanen gar nicht den Charakter sklavischer Untertänigkeit; es war üblich, daß dem Herrn nicht gehuldigt wurde, bevor er gelobt hatte, die Freiheiten der Untertanen zu halten, zuweilen hatten die Untertanen sogar das Recht, sich einen anderen Herrn zu wählen, wenn ihre Privilegien verletzt waren. Im allgemeinen hatte man so viel Freiheit, wie man sich erkämpfen konnte; nur dadurch war es möglich geworden, daß die Handwerker in den Städten teils zur Mitregierung, teils zur Herrschaft gekommen waren. Gerade daß es nicht eine starr verteilte Herrschaft und Untertänigkeit gab, sondern ein Aufundabwogen der Beziehungen nach dem Maßstab der jeweiligen Kraft oder Einsicht und der Verhältnisse, gab dem mittelalterlichen Reich den eigentümlichen Charakter schöner Lebendigkeit und bildsamer Fülle. Wieviel größer wäre Luther an diesem Platze gewesen, wenn er, wie Albertus Magnus in Köln getan hatte, sich vermittelnd zwischen Fürsten und Volk gestellt und einen Ausgleich zuwege gebracht hätte! Wenn einer, so hätte er es vermocht, bei dem außerordentlichen prophetischen Einfluß, den er damals hatte. Ohne Rechtsgelehrter zu sein, hätte er das gekonnt; urteilte er doch sonst über alle menschlichen Verhältnisse, und handelte es sich doch gar nicht um römisches Recht, das erst hätte studiert werden müssen. Allein Luther hatte sich bereits für die Partei der Fürsten entschieden, denen er den Schutz seiner Lehre verdankte. Seine Sorge galt viel mehr der ferneren Erhaltung dieser Lehre, die er gleichstellte mit der Wahrheit, als der Lage der Bauern; daß man allgemein ihm die Schuld gab, er habe mit seiner Auflehnung gegen den Papst und seiner Bekämpfung der katholischen Fürsten die Revolution eingeleitet, daß man die Revolution der Bauern einbezog in die seinige, stimmte ihn zornig gegen die Bauern, ohne daß er sich das eingestand. Um diesen Vorwurf zu entkräften, betonte er sein Verdienst um die Stärkung des Ansehens der Obrigkeit, was mit der tyrannischen Seite seines Wesens zusammenstimmte. Seine Herrschsucht und Rechthaberei grenzte zuweilen an das Satanische. Allerdings hielt er in dem Sendschreiben, mit dem er das Ansinnen der Bauern, Schiedsrichter in ihrer Sache zu sein, beantwortete, den Fürsten und Herren ihr Unrecht streng vor, wie er denn aus seiner Verachtung der Fürsten, ihrer Roheit, Verderbtheit, Sittenlosigkeit, Grausamkeit nie ein Hehl gemacht hat; aber um so peinlicher berührt es, daß er das Volk solchen Wüterichen auslieferte. Die dann folgende Anrede an die Bauern ist viel eindringlicher, viel eingehender setzt er ihnen ihr Unrecht auseinander, man vergißt darüber, daß er auch jenen ins Gewissen geredet hat, und gewinnt den überzeugenden Eindruck, daß er es mit den Fürsten hält. Vollends war das der Fall, als bald nachdem er sein Sendschreiben veröffentlicht hatte, Gewalttätigkeiten von den Bauern begangen wurden und in Thüringen sein verhaßter Gegner, Thomas Münzer, an die Spitze trat und zu rücksichtsloser Anwendung von Gewalt aufforderte. Thomas Münzer hatte mehr Mitgefühl für die Leiden des armen Mannes als Luther, der so viel seelische Qualen erlitt, daß er äußere Entbehrungen gering einschätzte, und wer wollte es nicht begreifen, daß die grenzenlose

Selbstsucht der herrschenden und besitzenden Klassen einen, der den Schutz der Armen und Rechtlosen übernommen hatte, zu Haß und Rache entflammte? Hat jemals gutes Zureden die Herrschenden und Besitzenden dazu vermocht, auf einen Teil ihres Besitzes zu verzichten? Mit gütlichen Vorstellungen war es bereits vergeblich versucht worden, nun predigte Münzer in Mühlhausen Gewalt und Blutvergießen. Von da an sah Luther in den Bauern nur noch Mörder, Räuber, Banditen, die man niederschlagen müsse wie tolle Hunde. Das alte Reich mit allen Wunderwerken seiner Kultur schien in Barbarei versinken zu sollen.

Die Fürsten bedurften der Ermahnung zur Schärfe nicht. Hatten sie anfangs ratlos gezögert und sich sogar zu Zugeständnissen bereit erklärt, so ließen sie nun, nachdem die Bauern sich ins Unrecht gesetzt hatten, ihrer Wut die Zügel schießen. Das Werkzeug zur Unterdrückung von Unruhen war seit Jahren der Schwäbische Bund, in dem Bayern den Ausschlag gab. Er war für den Ausgang des Bauernkriegs von großer Wichtigkeit, daß es den Bauern nicht gelang, den Aufstand nach Bayern hinüberzuspielen. An der Spitze des Herzogtums standen damals die Brüder Wilhelm und Ludwig, der eigentliche Regent war ihr Kanzler Leonhard von Eck, dessen Skrupellosigkeit beinah etwas Imposantes hat. Er kannte keinen anderen Standpunkt als das Wohl Bayerns, das heißt das Wohl der Regierung, mit dem sein und der Herzöge persönliches Wohl untrennbar verbunden war. Gott, Papst, Kaiser, Reich, Gewissen, alles das kam für ihn nur insoweit in Betracht, als es sich für Bayern, ihn und die Herzöge ausnützen ließ. Die lutherische Bewegung war ihm zuerst nicht unwillkommen; er machte Wilhelm darauf aufmerksam, daß sie benützt werden könne, um vom Papst allerlei Rechte zu ertrotzen, auf die der Staat Wert legte, was auch gelang. Während er mit dem Kaiser und mit Erzherzog Ferdinand in höflichen Formen verkehrte, tat er alles, um ihnen entgegenzuwirken, wie denn Wilhelm die böhmische Krone an sich zu bringen suchte. In bezug auf den Bauernaufstand stimmte er von Anfang an für Niederwerfung mit den Waffen ohne irgendwelche Zugeständnisse. Anführer der Truppen des Schwäbischen Bundes, der die hauptsächliche Arbeit leistete, war der Truchseß Georg von Waldburg; er führte seine Aufgabe, Deutschland zu beruhigen, rasch und sachlich durch, ein Mann von soldatischer Härte, ohne besonders bösartig und grausam zu sein. Nachdem es einmal zum Kriege gekommen war, erwies sich die Gefahr als nicht so groß, wie sie sich dargestellt hatte. Es fehlte den Bauern namentlich an tüchtigen militärischen Führern. Götz von Berlichingen trat halb gezwungen auf ihre Seite und machte sich aus dem Staube, sobald sich die Gelegenheit bot. Der fränkische Ritter Geyer von Geyersberg setzte sich ganz für sie ein und kämpfte für sie bis zum Tode; aber er konnte sie nicht davon abbringen, die Burg von Würzburg erstürmen zu wollen, woran sie sich verbluteten; auch war er nur das Haupt eines Haufens. Einige Ritter, die bei Sickingens letzter Fehde ihre Güter verloren hatten, so Sickingens Sohn Hans und Hartmut von Kronberg, waren zu wenige und vielleicht auch nicht geschickt genug, um etwas Wesentliches auszurichten. Unter den bäuerlichen Führern waren tüchtige Leute, den Massen aber nicht geistig überlegen, die Prädikanten hatten keine militärische Erfahrung und konnten, von Ort zu Ort gehetzt, keinen dauernden und allgemeinen Einfluß gewinnen. Merkwürdig ist die Tatsache, daß die Bauern in den vielen Schlachten des Bauernkrieges nicht nur besiegt, sondern sogleich in die Flucht geschlagen wurden, kaum Widerstand versuchten. Denkt man daran, daß im 14. Jahrhundert zu Fuß kämpfende Bauern große Ritterheere vernichteten, so ist ihre klägliche Haltung im 16. Jahrhundert erstaunlich. Dabei war der einzelne Bauer nicht kraftlos und mutlos; waren doch die gefürchteten Landsknechte Bauern. Ihre Unzulänglichkeit muß wohl an der mangelnden Führung gelegen haben; auch standen sie nicht schwerfälligen Rittern, sondern geschulten, zweckmäßig ausgerüsteten Truppen gegenüber.

Nach dem Blutvergießen der Schlacht begann das Blutvergießen der Rache. Nach der Schätzung der Zeit sind im ganzen 130000 Bauern umgekommen; rechnet man die Opfer der vorangegangenen kleineren Aufstände dazu, so wird die Zahl erheblich größer. Der Profos des Schwäbischen Bundes rühmte sich, mit eigener Hand 1200 Personen vom Leben zum Tode gebracht zu haben. Glücklich zu preisen waren die, welche in der Schlacht gefallen waren, die anderen wurden ausgesuchten Martern unterworfen. Markgraf Kasimir ließ einem Teil der schuldig Befundenen die Augen ausstechen und erlaubte nicht, die Wunden zu verbinden, so daß viele daran starben. Die menschliche Bestialität tritt nie schamloser hervor, als wenn Menschen, die sich brutaler Herrschaft entziehen wollten, ihr wieder unterworfen worden sind. Es ist unrichtig, die Roheit der Zeit als Erklärung und Entschuldigung anzuführen: die Gebildeten verurteilten die Grausamkeit der Sieger durchaus, so daß sie Luther seine Schrift zum Vorwurf machten, in der er die Losung gegeben hatte, die Bauern ohne Gnade niederzumachen. Nicht nur seine katholischen Gegner ergriffen die Gelegenheit, ihn zu tadeln, auch seine Freunde blickten entsetzt auf diesen Dämon, der so edles Licht ausstrahlen konnte und plötzlich Dreck und Steine und rasendes Feuer spie. Luther hatte die Eigenschaft, im Zorn, überhaupt in der Erregung, die Heftigkeit seiner Empfindung unmittelbar auf Papier zu bringen. Hernach sah er wohl etwaige Übereilung und Übertreibung ein, aber er war zu rechthaberisch, um sein Unrecht einzugestehen, besonders wenn es ihm andere vorwarfen. Er versteifte sich dann immer mehr und häufte neues Unrecht auf das alte in der Meinung, sich dadurch unangreifbar zu machen. Als ein Mansfelder Freund, der Kanzler Caspar Müller, sich über Luthers Verhalten gegen die Bauern durchaus nicht beruhigen konnte, verantwortete er sich in einer Weise, die Hartnäckigkeit und unehrliche Sophistik zur Unbarmherzigkeit fügte. Auf den Vorwurf, die Bauern hätten nicht gemordet, er aber wolle, daß sie umgebracht würden, entgegnete er, sie würden gemordet haben, wenn sie gesiegt hätten. Ihn zu rechtfertigen, mußte die willkürliche Annahme dienen, bösartige Untertanen, denen es nur zu gut gegangen sei, hätten sich in räuberischer Absicht gegen ihre fromme Obrigkeit erhoben; wie anders es in Wirklichkeit war, wußte jeder, und wußte Luther genau. Einem sächsischen Herrn von Einsiedel, der sein Gewissen wegen der Frondienste, die er seinen Bauern zumutete, bedrückt fühlte, redete er im Verein mit Melanchthon die Bedenken aus. Melanchthon übertraf Luther noch an Schärfe; seine Ansicht war, für ein so ungezogenes Volk wie die Deutschen sei Leibeigenschaft eher zu milde, jedenfalls müsse die Obrigkeit ihre Strafgewalt strenger handhaben.

Luthers Wendung gegen die Bauern konnte nicht hindern, daß die Katholiken ihm schuld gaben, sie aufgehetzt zu haben; und wenn das auch nicht seine Absicht gewesen war, so mochte doch seine geringschätzige Art, von den Fürsten zu sprechen, die nichts könnten als fressen und saufen und den armen Mann schinden, die Gott aber bald vom Stuhle stürzen werde, nicht ohne Einfluß auf die Unzufriedenen gewesen sein. Für seine Stellung zu den Deutschen bedeutete der Bauernkrieg einen Einschnitt: er war seitdem fest an die Fürsten gebunden, von einem Teil seines Volkes, namentlich von den Bauern getrennt. Sie mußten sich dem Zwang unterwerfen; aber sie hatten kein Vertrauen mehr zu dem, auf den sie gehofft und der sie ihren Bedrückern aufgeopfert hatte; viele haßten ihn.

Um öffentlich kundzutun, wie gleichgültig ihm die gegen ihn gerichteten Angriffe wären, heiratete er mitten im Wüten des Krieges und der Rache Katharina von Bora, eine Nonne, die mit mehreren anderen das Kloster verlassen und sich unter seinen Schutz gestellt hatte. Auch die ihm wohlwollten, begriffen nicht, wie er ein Fest feiern mochte, während Deutschland trauerte; es war, als wolle er zeigen, daß er nicht zu dem trauernden Volk, sondern zu den feiernden Siegern gehöre. Selbst in der Leichenpredigt, die er seinem verstorbenen Kurfürsten hielt, gedachte er mit harten Worten der aufständischen Bauern und daß Gott den gemeinen Pöbel nicht wolle siegen lassen, sondern Gnade und Gaben der Obrigkeit verleihe.

Kurfürst Friedrich, ein Sohn des Friedens, ein stilles Haupt, wie Luther ihn nannte, hatte freilich Gnade und Gaben empfangen. «Vielleicht hat man den armen Leuten Ursache zu solchem Aufruhr gegeben», sagte er, als er zuerst von dem Ausbruch der Bewegung hörte. Kurz vor seinem Tode, er starb am 5. Mai 1525 auf seinem Schloß zu Lochau, empfahl er seinem Bruder und Nachfolger, Gnade gegen die Bauern zu üben, die zu seinem großen Leidwesen sich auch in Sachsen erhoben hatten. Er hatte das Gotteswort in seinem ganzen schlichten, allverständlichen Sinn, der Liebe zum Nächsten, in sich aufgenommen, weil es die Sprache seines Herzens war. In seiner stillen Art hatte er sich für das, was er als Wahrheit erkannt hatte, eingesetzt, obwohl er, gerade weil er fromm war, sich nicht leicht aus den ehrwürdigen Formen der Kirche löste. Die einsichtigen Bauernführer empfanden seinen Tod als schweren Verlust; es war keiner unter den Fürsten, der so viel guten Willen und Gerechtigkeitssinn und zugleich so viel Ansehen hatte, daß er in diesem schweren Streit hätte vermitteln können. Der am meisten dazu berufen war, der Kaiser, und dessen Macht gerade jetzt so gestiegen war, daß er etwas hätte ausrichten können, war in Spanien und mit ganz anderen Dingen beschäftigt. Einer Überlieferung nach habe Gattinara, sein Kanzler, ihm geraten, sich mit Hilfe der Bauern zum Herrn in Deutschland zu machen. Die Heilbronner Reichsreform wollte ihm das zuwenden, was er, wie er selbst in Worms gesagt hatte, erstrebte; aber sosehr es ihm ernst war, Herr im Reich zu werden, so fern lag es ihm, sich dabei auf die unteren Volksschichten zu stützen.

Gleich nach dem Bauernkriege verfaßte der Ritter Hans von Schwarzenberg, ein bedeutender, evangelisch gesinnter Mann, der lange im Dienst des Bischofs von Bamberg gestanden hatte, eine für den Reichstag bestimmte Eingabe, in der er, da die geistlichen Güter keinen Nutzen mehr stifteten, eine allgemeine Säkularisation in Vorschlag brachte. Nicht die unteren Stände, sagte er mit Anspielung auf die Ereignisse des Bauernkrieges, sollten die Güter an sich reißen, sondern die Obrigkeiten, Kaiser und Reich, sollten die Einziehung in die Hand nehmen. Aus dem Kirchengut sollten die ihrer Einkünfte beraubten Geistlichen entschädigt, die Pfarrer besoldet werden, es sollten Schulen gegründet werden und Stifte für adlige Mädchen, denen es freistehen sollte auszutreten, wenn sie heiraten wollten. Vor allem sollte ein Heer errichtet werden, in dem der Ritteradel verwendet würde, das dem Kaiser eine vorher noch nie erhörte Macht zu verleihen geeignet sei. Noch einmal erschien das Programm Huttens, von einem Standesgenossen aufgenommen. Wäre es dem Reichstag eingereicht worden, was nicht wahrscheinlich ist, würden es die Fürsten abgelehnt haben. Nach dem Scheitern der ritterlichen und der bäuerlich-städtischen Revolutionsversuche standen dem Kaiser im Kampf mit den Fürsten um die Reichsreform nur noch seine Persönlichkeit und die Hilfsquellen seiner außerdeutschen Besitzungen zu Gebote.

Pavia

Während Karl den Reichstag zu Worms abhielt, eroberte Cortez ihm Mexiko, während er im Winter 1525 sich in Spanien aufhielt, erfochten seine Feldherren den Sieg von Pavia. Es handelte sich um den Besitz von Mailand, vielleicht auch um den von Neapel, die beide Franz I. von Frankreich an sich bringen wollte. Die Kaiserlichen hatten sich in Pavia, der stärksten Festung des Herzogtums, festgesetzt, wurden aber bedrängt von einem auserlesenen französischen Heer, bei dem sich der König in Person befand und das eine, wie es schien, unangreifbare Stellung in einem ummauerten Park zwischen dem Tessin und der Stadt Pavia innehatte. Den gehofften Entsatz durch Lannoy, den Vizekönig von Neapel, glaubte dieser nicht unternehmen zu dürfen, weil ein zweites feindliches Heer sich Neapel näherte, das er nicht ungedeckt lassen dürfe. In dieser fast aussichtslosen Lage entschloß er sich dennoch, auf den Rat Pescaras den verwegenen Schritt zu wagen und die Franzosen vor Pavia anzugreifen. Das französische Heer war nicht nur an Zahl überlegen, sondern durch die Anwesenheit des Königs und des tapferen, ehrliebenden Adels begeistert, glaubte sich außerdem durch seine Stellung gesichert. Fast die Hälfte dieses Heeres bestand aus Deutschen und Schweizern. Die Deutschen trugen schwarzen Harnisch und schwarze Fahnen und wurden deshalb die Schwarze Bande genannt. Es waren darunter ein Herzog von Württemberg, ein Graf von Nassau, ein Graf von Lupfen, ein Augsburger Langenmantel, Sohn des Johann Langenmantel, der vierzehnmal Bürgermeister seiner Stadt gewesen, und viele andere von Adel; sie waren alle in des Kaisers Acht und Aberacht. Das kaiserliche Heer war zusammengesetzt aus Spaniern, Italienern und Deutschen und vorzüglich geführt durch Lannoy, Pescara und die deutschen Landsknechtshauptleute Georg von Frundsberg, Marx Sittich von Ems und Niklas von Salm. Unter ihnen ragte Georg von Frundsberg durch Charakter und Gesinnung hervor. Er war ein sehr großer und schwerer Mann, ein Vater seiner Landsknechte, die ihm seine Gerechtigkeit und Fürsorge mit opferwilliger Hingabe vergalten. Das Geschlecht der Frundsberg stammte aus der Gegend zwischen Innsbruck und Schwaz; ein Zweig zog nach Schwaben und erwarb dort die Burg Mindelheim. Schwaben lieferte die meisten Landsknechte; es gab noch immer Schwabenstreiche wie zu Barbarossas Zeiten, wie denn ein Heerdegen in Ungarn, als er im Rausch von Türken überfallen wurde, neun tötete und den Ritterschlag, den Karl V. ihm erteilen wollte, ablehnte. Die Ausrüstung der Landsknechte, für die sie selbst zu sorgen hatten, war oft mangelhaft; als einmal ein Venezianer über die nackten Landsknechte spottete, sagte Frundsberg, er habe wohl nackte Knaben, aber wenn sie einen Pokal Wein im Busen hätten, wären sie ihm lieber als die Venediger, die Harnisch bis auf die Füße trügen. Man versorgte die deutschen Soldaten mit Wein, solange es möglich war; die Spanier und Italiener waren eher einmal mit Wasser zufrieden. Frundsberg war dem Luthertum geneigt, ohne deshalb in der Treue zum Kaiser zu wanken. Er war ein Liebhaber der Musik und machte Gedichte; das Kriegshandwerk, das er so erfolgreich ausübte, verurteilte er «wegen der Verderbung und Unterdrückung der armen unschuldigen Leute, des unordentlichen und teuflischen Lebens des Kriegsvolks und der Undankbarkeit der Fürsten». Im Bauernkriege suchte er den Kampf zu vermeiden, indem er die Bauernführer zu friedlicher Verständigung überredete. Er bereicherte sich nicht im Dienste des Kaisers, sondern opferte sogar vom Seinigen, um die dauernde Geldnot zu überwinden. Frundsbergs 13000 Mann, ungefähr die Hälfte des Heeres, trugen sehr viel zu dem unverhofften, beispiellosen Siege bei, den die Kaiserlichen vor Pavia erstritten. Die Schwarze Bande wurde von ihm umschlossen und niedergemacht; nur wenige entrannen dem Tode und fielen zwei Jahre später. Es fiel der größte Teil des heroisch kämpfenden französischen Adels, und gefangen wurde der König, der mit äußerster Bravour den Zusammenbruch seiner Armee hatte aufhalten wollen.

Als dem jungen Kaiser in Madrid die Nachricht von dem überwältigenden Siege gebracht wurde, kniete er vor einem Madonnenbilde nieder und barg sein Hochgefühl im Gebet. Wie wenig Verständnis er auch für evangelische Frömmigkeit haben mochte, so war ihm doch eine Beziehung zum Lenker der Geschicke Bedürfnis; die Ergießung seines Herzens gegen Gott war nicht nur Gewohnheit. Wenn er den Ausdruck der Siegesfreude vornehm mäßigte und öffentliche Feiern verbot, weil sich das unter Christen nicht zieme, war er durchaus nicht mäßig in den Bedingungen, die er dem Überwundenen stellte. Fürsten, die abseits von der Schlacht sind, pochen oft mehr auf ihren Sieg als der Feldherr, der ihn erfocht. Karl glaubte einen Fehler zu begehen, wenn er ihn nicht aufs äußerste ausnützte: Er verlangte von Franz nicht nur Verzicht auf Mailand und Neapel, sondern auch auf das gesamte Erbe Karls des Kühnen mit Einschluß des ganz französischen Burgund. Ungeduldig, die Freiheit wiederzugewinnen, leistete Franz den Eid auf den harten Frieden, ohne sich dadurch gebunden zu fühlen. Scheinbar hatte Karl dadurch, daß Frankreich auf absehbare Zeit ausgeschaltet schien, eine Macht erlangt, die ihn zum Haupt des Abendlandes machte, verfügte er doch mit Spanien über die Schätze der Neuen Welt; in Wahrheit brachte die Stunde des größten Erfolges ihm vermehrte Gefahren. Jeder große Gewinn in der Politik bringt eine Korrektur mit sich, indem gegen die angeschwollene Macht die eifersüchtigen Nachbarn sich erheben und fast mechanisch das Gleichgewicht sich wiederherzustellen sucht. Der Papst, der schon Karls Kaiserwahl nur widerwillig zugelassen hatte, fühlte sich durch seinen Machtzuwachs in Italien bedroht und war sofort bereit, Franz seiner Eidesverpflichtung zu entbinden und ihn im Kriege zu unterstützen. Mailand, Venedig, Florenz, der König von England traten dem Bunde bei. Es zeigte sich, wie schwierig für Karl als Kaiser und Erzherzog von Österreich die Lage des Reiches in der Mitte von Europa war. Er war von Mächten umringt, die auf der Hut vor ihm waren, von denen zwei nach Ausdehnung trachtende, angriffslustige Feinde waren: Frankreich im Westen und die

Türken im Osten. Aus der Eroberungssucht Frankreichs und dem Streit um das burgundische Erbe, das aus französischen und deutschen Gebieten zusammengeschmiedet war, entstand seit Maximilians Zeit ein nur zuweilen unterbrochener Krieg zwischen Frankreich und dem Kaiser, den das Reich dabei nur wenig und ungern unterstützte. Man gewöhnte sich im Reich, ihn als einen Krieg zwischen Frankreich und Österreich, zwischen Habsburg und Valois anzusehen. Die Stände, Fürsten und Städte waren kurzsichtig genug, dem Kaiser auch gegen die Türken nur zögernd beizustehen. Ein so kluger und tüchtiger Fürst wie Friedrich III. von der Pfalz machte es dem Kaiser zum Vorwurf, daß er sich mit Ungarn beladen und dadurch den Türken sich zum Feinde gemacht habe. Nach mittelalterlicher Weise wurde der Kampf gegen die Türken als eine Angelegenheit des Papstes und der gesamten Christenheit betrachtet, und bei der allgemeinen Verstimmung gegen den Papst verhielt man sich ablehnend gegen den Krieg, der seine Sache war. Diese widersinnigen Verhältnisse verschärfte noch die lutherische Spaltung. Für die lutherischen Fürsten wurden Frankreich und die Türkei zu Errettern, die den Kaiser verhinderten, ihren Glauben zu unterdrükken; aber auch die katholischen sahen ihn nicht ungern außerhalb des Reiches beschäftigt; Bayern freute sich jeder Gelegenheit, ihn aus seiner Vormachtstellung zu verdrängen.

Karl, der Sieger von Pavia, war dem Luthertum furchtbar; der zugleich von Frankreich, Italien, England und der Türkei Bedrohte konnte im Reich nichts ausrichten. Denn Franz I. hatte sich nicht gescheut, als

Gefangener in Madrid den Sultan Suleiman, den Feind der Christenheit, um seine Hilfe anzugehen. Auch ohne das hätte wohl Suleiman, tatkräftig und eroberungslustig, wie er war, willens seine Herrschaft über Europa auszudehnen, die günstige Gelegenheit benutzt: mit einem ungeheuren Heer rückte er im April 1526 gegen Ungarn vor. Auf dem Reichstage zu Speyer, der im Sommer 1526 eröffnet wurde, hoffte Ferdinand Reichshilfe gegen den Erbfeind zu erlangen. Nachdem er zum Kaiser gewählt war, hatte Karl die österreichischen Lande seinem jüngeren Bruder überlassen, der äußerlich weniger anziehend und geistig weniger begabt, aber ein ebenso fleißiger und gewissenhafter Arbeiter und ein ebenso aufrichtiger Katholik war. Da der Kaiser durch die neuen Kriegsverwicklungen ferngehalten wurde, leitete er den Reichstag.

Im allgemeinen wagten die Stände sich damals die Möglichkeit einer dauernden Spaltung noch nicht einzugestehen. Einigkeit im Glauben war nach allgemeiner Meinung die notwendige Grundlage des Reiches; gerade der Reichstag war dazu da, aus den verschiedenen Interessen und Willensrichtungen der Stände einen einmütigen Reichswillen herauszubilden. Insgeheim hoffte jede Partei, die andere zu sich hinüberzuziehen, anstatt das auszusprechen, beredete jede die andere, etwas nachzugeben. Unter den katholischen Ständen waren namentlich die weltlichen, an der Spitze Herzog Georg von Sachsen, der erbitterte Feind des Luthertums, durchaus bereit zur Abstellung von Mißbräuchen, wie sie längst in den hundert Gravamina vom Papst gefordert wurden. So saßen denn Kommissionen zusammen und berieten über eine Einigungsmöglichkeit durch Reform des Klerus; mit Empfehlung der Priesterehe und der Austeilung des Abendmahls in beiderlei Gestalt kamen die Katholiken den Evangelischen entgegen. Mitten in dieser verheißungsvollen Arbeit überraschte Ferdinand den Reichstag durch die Mitteilung, daß sein kaiserlicher Bruder fest auf der Ausführung des Wormser Edikts beharre, also auf der endgültigen Vernichtung der lutherischen Ketzerei. Schrecken auf der einen, Verlegenheit auf der anderen Seite verbreiteten sich; der Reichstag hätte sich aufgelöst, wenn nicht allen bald klargeworden wäre, daß weder Karl noch Ferdinand scharfe Beschlüsse durchzuführen augenblicklich imstande waren.

Hauptsächlich die Städte und der junge Landgraf von Hessen waren es, die durch die Entschlossenheit, mit der sie für ihre Überzeugung eintraten, einen für die Evangelischen vorteilhaften Ausgang bewirkten. Philipp, der Sohn der schönen und kampflustigen Anna von Mecklenburg, hatte schon auf dem Reichstage zu Worms, damals 17 Jahre alt, Interesse für die lutherische Lehre gezeigt und sich in Gedanken damit beschäftigt. Drei Jahre darauf begegnete er, als er zu einem Armbrustschießen nach Heidelberg ritt, Melanchthon, der von einem Ausfluge in die Heimat nach Wittenberg zurückkehrte, und begrüßte ihn mit einer scherzenden Anrede. Nachdem sie sich über die religiösen Fragen der Zeit unterhalten hatten, ersuchte Philipp den Professor, ihm eine schriftliche Erklärung der Grundgedanken von Luthers Lehre zuzustellen, und wurde durch die Abhandlung, die Melanchthon ihm zuschickte, vollständig gewonnen. Philipp war kein tiefsinniger, kaum ein nachdenklicher Mann, aber voll Verständnis und Interesse für alle Fragen des geistigen Lebens, und mit einem gesunden Verstande ging er gern und ohne Vorurteile auf die Probleme ein. Er vertiefte sich so in die Bibel und die Glaubensfragen, daß er es mit gelehrten Theologen aufnehmen konnte. Ihm kam es aber weniger auf die Lehre an als auf die praktischen Folgerungen aus derselben; als tatkräftiger Mann und Fürst betrachtete er die Religion als erzieherische Macht, die ihre Wahrheit durch die Früchte erweist, die sie an den Menschen erzielt. Seine Liebenswürdigkeit, ja man darf sagen, seine Größe, bestand darin, daß er mit einer Freiheit lebte und handelte, wie sie nur Menschen von angeborenem Adel und vollkommener Ehrlichkeit auch gegen sich selbst eigen ist, und daß er, in Deutschland eine Ausnahme, im Umgang mit Menschen nicht ihren Stand, nur ihre Sinnesart beachtete. Er war nicht frei von Fehlern, aber seine Unbefangenheit und Bereitwilligkeit, sie einzugestehen, fielen dagegen in die Waage. Er und der Kurfürst von Sachsen hatten ihre Prediger mitgebracht und ließen sie, da es in der Kirche nicht anging, in ihren Herbergen predigen. Am ersten Freitag seiner Anwesenheit ließ Philipp einen Ochsen schlachten und aß an offener Tafel Fleisch, damit jedermann sehe, daß er die Fasten nicht halte. Die Wichtigkeit der Städte für die Sache der Reformation einsehend, setzte er sich über die zwischen Fürsten und Städten herrschende Verstimmung hinweg und gewann ihr Vertrauen. Besonders der Vertreter Straßburgs, der berühmte Jakob Sturm von Sturmeck, kam ihm an Energie und Furchtlosigkeit gleich.

Aus der verfahrenen Lage, in die der Reichstag durch die Botschaft des Kaisers geraten war, fanden denn auch die Städte einen Ausweg. Sie erklärten sich außerstande, ihren Untertanen das Wormser Edikt aufzudrängen. Sie wiesen darauf hin, wie die Lage des Kaisers durch den Krieg mit dem Papst verändert sei, daß in absehbarer Zeit schwerlich ein Konzil zustande kommen werde, von welchem man doch die Abstellung der Mißbräuche erwarte. Deshalb, schlugen sie vor, möge man eine Botschaft an den Kaiser schicken und ihn bitten, ein freies Konzil in deutschen Landen anzuberaumen, einstweilen aber die Vollziehung des Wormser Edikts zu verschieben und die durch Versäumnis desselben verwirkten Strafen gnädig zu erlassen. Bis zum Konzil wollten sich die Stände so verhalten, wie sie es vor Gott und Kaiserlicher Majestät verantworten könnten. Da alle Kurien einverstanden waren, kam ein Reichstagsabschied in diesem Sinne zustande. Es war ein Ausweg, der der deutschen Bequemlichkeit und Saumseligkeit entsprach, er überhob sie einer augenblicklichen Entscheidung, die allerdings nur zerstörend hätte sein können. Immerhin war dieser Abschied ein Sieg für die Lutheraner; denn mehr konnten sie nicht erhoffen, als daß sie zunächst einmal unbehelligt die Reformation in ihrem Gebiet durchführen und neue Anhänger gewinnen konnten. Der Weg einer alle Stände gemeinsam verpflichtenden Losung war verlassen worden.

Zwei Tage nach der Beendigung des Reichstages wurde die furchtbare Schlacht bei Mohacz geschlagen, in welcher die Türken das ungarische Heer gänzlich besiegten und der junge König Ludwig, Schwager des

Kaisers, fiel. Ein Teil der Ungarn wählte gemäß dem 1515 mit Maximilian geschlossenen Vertrage Ferdinand, den Mann der Schwester des kinderlos Verstorbenen, ein anderer Teil den mächtigsten Vasallen der ungarischen Krone, Johann Zápolya, Woiwoden von Siebenbürgen, der stets bereit war, sich durch Anschluß an die Türkei gegen Österreich zu stärken. Während die Türken unabwendbar dem Reiche näherrückten, bekriegten sich Kaiser und Papst, die Häupter der Christenheit.

Im Spätherbst 1526 führte Frundsberg unter größten Schwierigkeiten und nachdem er die Juwelen seiner Frau versetzt hatte, um Geld zu schaffen, seine Landsknechte über die Alpen. Das Gerücht ging, er habe einen goldenen Strick bei sich, um den Papst daran aufzuhängen; sicherlich gönnte er dem hinterlistigen Feinde seines Kaisers eine gründliche Strafe. Zwischen Parma und Piacenza vereinigte er seine Rotten mit einem spanisch-italienischen Heer unter dem berüchtigten Connetable von Bourbon, dem mit seinem König entzweiten französischen Vasallen; sie waren bereit, in den Kirchenstaat einzufallen. Im Schrecken darüber schloß Clemens VII. einen Waffenstillstand ab, der aber nicht nach dem Sinn der wie immer unbezahlten Soldaten war. Der Papst erklärte sich bereit, eine gewisse Summe zu ihrer Befriedigung zu geben, aber nicht soviel, wie verlangt wurde. Eine Meuterei entstand, die nicht einmal das persönliche Dazwischentreten Frundsbergs stillen konnte: als die Empörer die Spieße auf ihren Vater richteten, brach er, vom Schlage getroffen, zusammen. Ein Jahr lang versuchten die Ärzte des Herzogs von Ferrara vergeb-

lich ihre Kunst an ihm, er verlangte heim und kam rechtzeitig in Mindelheim an, um dort zu sterben. Doppelt erbittert über den Verlust, der die aufgeregten Soldaten jäh ernüchtert hatte, zog das deutsch-spanische Heer über den Apennin und erstürmte die Ewige Stadt am 6. Mai. Da der Papst, in Erwartung französischer Hilfe, sich auch jetzt noch weigerte, die zur Entschädigung der Truppen verlangte Summe zu zahlen, begann die Plünderung. Zwei Wochen lang verheerte ein ausgelassenes, wütendes Kriegsvolk mit 1527
Raub und Mord die üppige Herrin des Abendlandes. Die Deutschen waren dabei, obwohl Lutheraner und erpicht auf Essen und Trinken wie auf Geld, das sie rasch wieder verspielten, weniger grausam als die katholischen Italiener und Spanier. Mit dem heidnisch

übermütigen, glanzvollen, Göttern sich gleichsetzenden Rom war es für immer aus. Eine Epoche schwindelnd hoch gesteigerter Kultur war zu Ende. Die Humanisten trauerten; daß Melanchthon in die Klage über den Fall der großen Mutter einstimmte, die Gesetze, Wissenschaften und Künste der Welt gegeben habe, zeigt, wie der doppelte Ursprung des geistigen Lebens in Deutschland bis in die Seelen der einzelnen sich verzweigte und nebeneinander herging oder miteinander verschmolz. Der Staatsmann Karl V. freute sich über die Bestrafung seines italienischen Gegners, als Kaiser und Katholik beklagte er das Unglück des Heiligen Vaters. Er stellte sogar die Festlichkeiten zur Geburt seines Sohnes Philipp ab, die um diese Zeit Spanien mit Jubel erfüllte.

Der Abendmahlsstreit

Hutten sagte einmal, es unterscheide ihn von anderen, daß der gemeine Schmerz ihm weher tue als ihnen und tiefer vielleicht zu Herzen gehe. Ähnlich sagte Zwingli: «Wo Haß ist, da hat man nicht Sorge füreinander; so ich nun dem bresthaften Regiment und gemeinem Nutz unter der Eidgenossenschaft gern zu Hilfe käme, ist das nicht ein Zeichen des Hasses, sondern der Liebe, die ich bei Gott all meiner Tage von Kindheit an so groß und stark gegen eine fromme Eidgenossenschaft gehabt habe, daß ich in meinen jungen Tagen deshalb fleißig in allerlei Künsten und Klugheit gewesen bin». Eine Verwandtschaft der Anlage war es vielleicht, die Zwingli sich des sterbenden Flüchtlings so warmherzig annehmen ließ. Bei beiden war die Liebe zum Vaterlande der stärkste Antrieb des Handelns. Obwohl er der Reformator seiner Heimat geworden ist, war Zwingli aus eigenem Geiste fruchtbar, nicht sosehr auf religiösem als auf politischem Gebiet. Seiner großen Begabung wegen, die sich früh zeigte, ließ sein Vater ihn studieren und Geistlicher werden. Er trieb die theologischen Studien gründlich als ein tüchtiger Mensch, der tut, was ihm obliegt, aber mit ausgesprochener Neigung die humanistischen. Mit den Humanisten teilte er die Bewunderung des Erasmus, dessen religiöse Haltung wurde sein Vorbild. Die Rückkehr zu den Quellen verlangte das Studium der Heiligen

Schrift, besonders des Neuen Testamentes, das Erasmus aus dem griechischen Urtext übersetzt und gleichsam in die Reihe klassischer Schriften erhoben hatte. Aus ihm schöpfte Erasmus die Regeln schlichter Frömmigkeit und Milde, worin er das Wesen der Religion sah. Ein Gedicht des Erasmus, in dem er Jesus sich beklagen läßt, daß die Menschen nicht auf ihn allein hören und ihm allein nachfolgen, der der Brunnen alles Guten sei, machte besonderen Eindruck auf Zwingli. Er legte von nun an die Heilige Schrift allen seinen Predigten zugrunde.

Die Bibel und Christus, das waren auch für Luther die bestimmenden Eindrücke; aber sehr verschieden war Ursprung und Art derselben bei Luther und bei Zwingli. Bei Luther war erschütterndes Erlebnis, was bei Zwingli erhellend und befreiend sich aus Studium und Nachdenken ergab. Groß war auch die Verschiedenheit der beiden Persönlichkeiten: um Zwinglis heitere Stirn wehte die Schneeluft seiner Berge, flammte das Blau des Himmels der Alpen; Luthers Stimme scheint bald aus einem feuchten Urwald, bald von den Sternen her zu dringen. Was Zwingli dachte und sagte, war klar, plastisch, abgeschlossen, hinter Luthers Worten tut sich eine unendliche Tiefe auf, in der sie langsam verströmen, indes ihr Klang zurückbleibt. Beide waren sehr musikalisch; von Zwingli wird erzählt, daß er mit allen zu seiner Zeit üblichen Instrumenten – Laute, Harfe, Geige, Trummscheit, Hackbrett, Waldhorn – richtig umzugehen wußte, sowie er sie in die Hand bekam. Aber für Luther war die Musik eine göttliche Kunst, recht für den Gottesdienst geeignet, eine unmittelbare Verkündigung des göttlichen Wortes, während Zwingli die Orgel aus der Kirche verbannte. Auch Zwinglis Sprache hatte gestaltende Kraft und Anschaulichkeit, Luthers war dazu noch voll Melodie, Schmelz und Süßigkeit, sie war vor allen Dingen geladen mit magischer Gewalt. Luther war zugleich Saul und David, das wunderbare Kind, das dem düsteren Gebieter die tröstende Harfe spielt, und der schwermütige Tyrann, der den Speer nach dem Knaben schleudert. Zwingli war ein tapferer Kämpfer gegen äußere Mächte; innere Kämpfe kannte er kaum. Es waren Gegensätze des Lebens, in deren Streit er sich mischte, in denen er siegen oder untergehen konnte; keine unlösbaren, die die Brust zerfleischen, die ihr Schauplatz ist. Es war, als ob die beiden starken Persönlichkeiten, gleich alt, in manchem ähnlich und doch im Grunde entgegengesetzt, durch die große Entfernung hindurch abstoßend aufeinander wirkten.

Als Zwingli zuerst von Luthers Auftreten gegen den Papst hörte, nannte er ihn freilich bewundernd einen Elias. Luther reihte sich ein in die Schar der geistlichen Humanisten, die die Sache der Freiheit und Vernunft und echten Religiosität gegen Scholastik, Aberglauben und Verderbtheit führten. Zwingli war gerecht genug, dies, daß Luther der erste war, der sich offen gegen die päpstliche Zwingherrschaft und Glaubensverfälschung erhob, nie zu vergessen. Daneben aber war er von Eifersucht nicht frei, die ihn trieb, seine Unabhängigkeit zu betonen. Er hielt darauf, daß man wisse, er habe den evangelischen Grundsatz, den Glauben auf die Heilige Schrift zu gründen, selbständig, ohne Luthers Einfluß erfaßt und befolgt. Als er im Jahre

1518 an das Großmünster in Zürich berufen wurde, fing er an, das ganze Evangelium des Matthäus auf der Kanzel zu erklären, eine aufsehenerregende Neuheit. Ein zufälliger, alltäglicher Umstand gab im Jahre 1522 den Anlaß zur kirchlichen Umwälzung. Eine kleine Gesellschaft angesehener Züricher, unter ihnen Zwingli, fand sich an einem Freitag bei dem berühmten Buchdrucker Christoph Froschauer zusammen und wurde, da es Fastentag war, mit Küchlein bewirtet. Vielleicht war einer der Geladenen oder Froschauer selbst ein Liebhaber von Wurst, vielleicht wollten sie auch ihren freien Standpunkt zeigen, genug, der Gastgeber brachte eine Wurst herbei, zerschnitt und verteilte sie. Zwingli beteiligte sich nicht; hernach aber, als der Rat die Übertretung strafen wollte, verfaßte er eine Schrift über die christliche Freiheit, die den Umschwung einleitete.

Während Luther, allerdings unter der Hand von seinem Fürsten beschützt, sich allein mit seiner Person für das, was er lehrte, einsetzen mußte, ging Zwingli von Anfang an Hand in Hand mit der Züricher Regierung vor. Sie schlug den Untertanen gegenüber einen befehlshaberischen Ton an: «Wenn aber jemand weiterhin widerstreben und seine Lehre nicht mit der Heiligen Schrift beweisen würde, so werden wir gegen ihn nach unserem Gutfinden so scharf vorgehen, wie wir es lieber nicht tun möchten.» Als verstehe sich das von selbst, nahm die Regierung, und zwar mit Zwinglis Einverständnis, das Recht in Anspruch, den Glauben ihrer Untertanen zu bestimmen. Auch Luther unterstellte die Kirche der weltlichen Obrigkeit, aber er tat es aus Not, weil sie sich sonst überhaupt nicht hätte halten können, und nicht ohne quälendes Bedenken. Allerdings war Luther Untertan eines Fürsten, Zwingli der eines republikanischen Stadtrates, der annähernd als Vertretung der Gemeinde aufgefaßt werden konnte. Trotzdem blieb die Tatsache, daß die Kirche von einer weltlichen Regierung beherrscht wurde. In der Eidgenossenschaft war dieser Wechsel nicht so spürbar wie im Reich, weil die eidgenössische Regierung sich schon seit geraumer Zeit in vielen Dingen, besonders in den finanziellen, unabhängiger vom Papst gemacht hatte. Nach der vollständigen Loslösung wurde in den reformierten Kantonen das staatliche Wesen so mit dem kirchlichen verschmolzen, daß, ähnlich wie in England, Staatszugehörigkeit und Kirchlichkeit zu einem einheitlichen Patriotismus zusammenschmolzen. Beide, Vaterlandsliebe und Religion, verstärkten sich gegenseitig, eher mehr noch die Religion die Vaterlandsliebe als umgekehrt. Sowohl Zwingli wie Luther hatten einen so mächtigen Einfluß auf die Regierung ihrer engeren Heimat, daß sie in ihrer nächsten Umgebung schädliche Übergriffe des weltlichen Regiments einigermaßen verhindern konnten; aber Luther blieb sich doch des häßlichen Widerspruches bewußt, in den er sich durch die Auslieferung der Kirche an die weltliche Regierung zu seiner Befreiertat setzte.

Daß Zwingli so einig mit der Regierung gehen konnte, kam auch daher, daß er als Politiker fühlte, man kann vielleicht sagen, als Eidgenosse, dem das Wohl seines Landes in jeder Hinsicht am Herzen lag. Er wollte sein Volk ehrbar, gesund, tüchtig machen, durch Gottesfurcht der Gnade Gottes teilhaftig, blühend und glücklich. Vor allem war er zur Einsicht der Gefahr gekommen, die der Schweiz aus ihrer Teilnahme an den kriegerischen Verwicklungen der benachbarten Großmächte erwuchs, einer Gefahr, die den Bestand des ganzen Gemeinwesens und den moralischen Charakter der einzelnen bedrohte. Indem die verschiedenen Kantone verschiedenen Mächten Werbungen gestatteten, geschah es, daß Eidgenossen gegen Eidgenossen im Felde standen; die Annahme von Pensionen beförderte Bestechlichkeit und den Hang zu Luxus und mühelosem Genießen. Nachdrücklich bekämpfte er vom Standpunkt des Christen aus den Krieg überhaupt. Vielleicht sprach da der Einfluß des Erasmus mit, in dessen Augen der Krieg unchristlich, unsozial, unprofitabel, wider Vernunft und Natur war. Da die meisten Orte sich von Frankreich, der zahlungsfähigsten Macht, gewinnen ließen, bekämpfte Zwingli Frankreich. Wie gänzlich änderte sich das, als die altgläubig gebliebenen Orte der vorwärtsstrebenden reformatorischen Bewegung Halt geboten, ja sie zu unterdrücken suchten. Mit solcher Energie ging Zwingli zu kriegerischer Haltung über, daß man darin seine eigentliche Natur und sein Temperament zu erblicken glaubt. Sofort faßte er nicht nur ein engeres Bündnis mit den bedeutendsten eidgenössischen Orten Bern und Basel ins Auge, sondern auch mit den süddeutschen Städten, die das Evangelium bereits angenommen hatten oder dazu neigten, und scheute sich nicht, der zugewandten Stadt St. Gallen den Besitz des in ihrem Gebiet liegenden Klosters zu versprechen, ja sogar den sogenannten gemeinen Herrschaften, an denen die katholischen Orte ebensoviel Anrecht hatten wie Zürich, Selbständigkeit und Gewinn an einzuziehenden geistlichen Gütern in Aussicht zu stellen. Noch bedenklicher war es, wenn er die Möglichkeit erwog, die aufständischen Tiroler durch lockende Versprechungen heranzuziehen. War das alles zunächst auch nur Entwurf, so war es doch ernst gemeint.

Als im Jahre 1528 Bern die Reformation einführte und eine engere Verbindung unter den Neugläubigen wirklich vorgenommen wurde, glaubten die fünf Orte, Luzern, Uri, Schwyz, Unterwalden und Zug, der Verstärkung ihrer Gegner eine ebensolche entgegensetzen zu müssen, und schlossen eine Vereinigung mit König Ferdinand. Dieser war sehr erbittert über den Anschluß der Stadt Konstanz an die reformierten Eidgenossen, die durch ihre Lage wichtig war und die er als österreichische Landstadt betrachtete. Ein Bund mit Österreich, durch dessen Bekämpfung sich einst gerade die fünf Orte unvergänglichen Ruhm erworben hatten, mußte bei ihnen selbst schwere Bedenken erregen, aber die Sorge um die Erhaltung ihrer Religion überwand sie. Die Glaubensgenossenschaft zeigte sich stärker als jede andere. «Hängen denn diejenigen», schrieb Oekolampad an Zwingli, «die in Christus verbunden sind, nicht enger zusammen als die, die nur die Gewohnheit des Fleisches verbindet?» Der Spalt, der die Neugläubigen von den Altgläubigen trennte, ging mitten durch starke Gebilde, die historische Entwicklung, nationale und geographische Zusammengehörigkeit hatte entstehen lassen. Ein Teil der Eidgenossen fühlte sich durch Eidgenossen so bedroht, daß er mit dem Erbfeind Österreich sich verbündete, Zwingli dachte an die Möglichkeit eines

Anschlusses an das vorher bekämpfte Frankreich. Das katholische Frankreich, auf welches sich auch die deutschen evangelischen Stände mit Vorliebe stützten, bildete einen merkwürdigen Fremdkörper in der Glaubensfront, neben dem zuweilen auch Bayern auftauchte. Im Reiche mischte sich der Streit über die Religion mit dem alten Kampf der Fürsten gegen die Zentralgewalt, der sie einst das Bündnis mit dem jetzt für einen Teil von ihnen zum Antichrist gewordenen Papst eingehen ließ.

In der Eidgenossenschaft war es Zwingli, von dem der Antrieb zum Kriege ausging. Er wollte die neue Lehre, sein Werk, über die ganze Eidgenossenschaft ausbreiten, damit sie dann wieder ein einiges Ganzes bilden könne; er wollte aber auch verhindern, daß Zürich durch ihn seiner Vormachtstellung verlustig gehe. Er fühlte sich eins mit Zürich, das er mit seinem Geist durchdrungen hatte. Pietät für die fünf Orte empfand er nicht, er sah in ihnen die Feinde, die unschädlich gemacht werden mußten. Als der Ammann von Glarus den bevorstehenden kriegerischen Einbruch der Evangelischen in das Gebiet der fünf Orte verhinderte, damit es zu keinem Blutvergießen zwischen Brüdern komme, sagte Zwingli zürnend zu ihm: «Gevatter Ammann, du wirst Gott Rechenschaft geben müssen. Jetzt, wo die Feinde eingerückt sind, geben sie gute Worte. Du glaubst ihnen und vermittelst. Hernach aber, wenn sie gerüstet sind, werden sie unser nicht schonen und wird auch niemand vermitteln.» Er wollte für seine Überzeugung mit dem Schwerte kämpfen; Luther, dem es an Mut nicht fehlte, lag es näher, für seinen Glauben leiden zu wollen.

Lange hielt er an dem Grundsatz fest, daß der Christ zur Erhaltung seines Glaubens keine andere Waffe als das Wort gebrauchen solle. Wird der Christ von den Feinden seines Glaubens getötet, wohlan, so stirbt er dem Herrn: Der Herr wird andere auferwecken, das Blut der Märtyrer wird nicht umsonst geflossen sein. Die Kurfürsten Friedrich und Johann hatten für Luthers Gesinnung Verständnis; ganz anders war Landgraf Philipp geartet. Sein Gefühl drängte ihn zum Kampf; er setzte vom Gegner dasselbe voraus, und daß der umstrittene Gegenstand die Religion war, verstärkte die Kampflust, anstatt sie zu dämpfen. Gegen einzelne, die von seinem Glauben abwichen, war er viel milder, als seine Zeitgenossen für richtig und begreiflich hielten; Fürsten gegenüber war er der Fürst, der auf allen Gebieten seine Macht zu wahren und zu mehren hat. Wie in der Eidgenossenschaft, so gingen auch im Reich Gerüchte von Rüstungen und arglistigen Plänen der Gegner um. Beide Parteien versahen sich des Schlimmsten voneinander. Aufregenden Nachrichten Glauben schenkend, ließ sich der Landgraf zu einem Angriff auf die Bischöfe von Bamberg und Würzburg hinreißen; nachdem die Nachrichten als unbegründet erwiesen waren, verlangte und erhielt er von den hilflosen Bischöfen eine große Summe als Entschädigung für die von ihm aufgewendeten Kriegskosten. Ob nicht der Schatten Sickingens vor ihm aufstieg und ihn mahnte? War er nicht auch ein Landfriedensbrecher, als welchen er jenen bis in den Tod verfolgt hatte? Wie tief hatte die jagende Zeit die beiden frühen Freiheitskämpfer in die Vergessenheit des Grabes gleiten lassen! Es war nicht die Art des Landgrafen zurückzublicken. Ohne Bedenken ließ er sich Hilfsgelder von Frankreich zahlen, sah er sich nach Bundesgenossen um für den Fall, daß es zu einer kriegerischen Auseinandersetzung käme. Diese Kampfesfreudigkeit verband ihn mit Zwingli, der ihn als Theologe ganz besonders befriedigte und an staatsmännischer Begabung ihm ähnlich war, wenn man darunter die Fähigkeit verstehen will, mit Umsicht kühne Pläne zu entwerfen und vorzubereiten und für die Ausführung auf die Gunst des Glückes zu hoffen.

In die auf allen Seiten erhitzte Stimmung fiel der Reichstag zu Speyer. Schon als Ferdinand, um die Tagung zu leiten, ins Reich kam, besorgten die Städte, wo er unterwegs sich aufhielt, eine Überrumpelung. Kurz vorher hatten Straßburg und Basel die Messe abgeschafft; Erasmus verließ die Stadt, die ihm lieber als jede andere war, und begab sich nach Freiburg. Memmingen wurde wegen seiner evangelischen Haltung aus dem Schwäbischen Bunde ausgestoßen, Straßburg wurde aus dem gleichen Grunde sein Sitz im Reichsregiment abgesprochen. Die kaiserliche Proposition, mit der Ferdinand Mitte März 1529 den Reichstag eröffnete, forderte zuerst Hilfe gegen die Türken, dann in schroffer Weise Einhaltung des Wormser Edikts. So sicher fühlte sich die Krone, daß sie die dringend notwendige Türkenhilfe in Anspruch nahm, ohne den evangelischen Ständen Zugeständnisse zu machen. Der Kaiser, hieß es, habe jetzt, nachdem ein gutes Verhältnis zum Papst hergestellt sei, begründete Hoffnung, daß bald ein Konzil berufen werde, auf welchem die kirchlichen Dinge geordnet werden würden. Bis dahin sollten alle gewaltsamen Säkularisationen und Verleitung zum neuen Glauben unter Acht und Aberacht gestellt werden. Der Abschied des letzten Reichstages, wonach sich jeder Stand in kirchlichen Angelegenheiten so verhalten solle, wie er es vor Gott und dem Kaiser verantworten könne, unter dessen Schild sich das Evangelium in den drei besten Jahren hatte ausbreiten können, dieser Abschied wurde ausdrücklich aufgehoben. Ein Ausschuß, darüber zu beraten, wurde eingesetzt, in dem die Katholiken, wie auf dem Reichstage überhaupt, weit überwogen. Sie machten den Vorschlag, diejenigen Stände, die die Neuerung bereits eingeführt hätten, sollten bis zum Konzil dabeibleiben dürfen, doch sollten sie gehalten sein, die Messe in ihrem Gebiet zu dulden. Die Sekten, welche dem hochwürdigen Sakrament und wahren Fronleichnam und Blut Christi entgegen wären, sollten nirgendwo zugelassen sein. Damit waren die Zwinglianer und die Wiedertäufer gemeint. Es war ein Versuch, die evangelische Partei dadurch zu trennen, daß man der einen eine verhältnismäßige Duldung gewährte, die anderen gänzlich unterdrückte. Noch glückte der geschickte Zug nicht. Eine Minderheit von Fürsten und Städten verwarf das Bedenken des Ausschusses und erklärte, bei dem Reichstagsabschied von 1526 bleiben zu wollen. Die Altgläubigen meinten gesiegt zu haben, hatte sich doch eine Mehrheit von Städten, und auf diese Geldmächte wurde großes Gewicht gelegt, ihnen angeschlossen. Ferdinand war im Begriff, den Reichstag zu beendigen, indem er die Vorlage für verbindlich erklärte, da faßten angesichts der Gefahr einige evangelische Stände einen raschen

Entschluß. Nach kurzer Beratung kehrten sie in den Saal zurück und überreichten eine schnell abgefaßte Protestation und Appellation gegen den Abschied, der ohne ihre Einwilligung versiegelt sei und sie deshalb nicht verpflichte. Einen ausführlichen Schriftsatz ließen sie folgen, in dem sie erklärten, daß sie, obwohl dem Kaiser unwandelbar ergeben, doch dem Abschied nicht gehorchen wollten, da der vorige durch einmütige Vereinigung und nicht durch Mehrheitsbeschluß zustande gekommen sei und deshalb auch nur durch einhellige Bewilligung aufgehoben werden könne, «zusamt dem», so hieß es in dem Schriftstück, «daß auch ohne dies in den Sachen Gottes Ehre und unser Seelen Heil und Seligkeit belangend ein jeglicher für sich selbst vor Gott stehen und Rechenschaft geben muß, also daß sich des Orts keiner auf anderer, minderes oder mehreres, Machen oder Beschließen entschuldigen kann.»

Sie hätten sich mit der Berufung auf die rechtliche Unanfechtbarkeit des Speyerer Abschieds von 1526 begnügen können; aber sie fügten der weltlichen Begründung ihres Handelns die göttliche hinzu, weil sie von ihr aufrichtig erfüllt waren, aus ihr den Mut zu ihrer Tat schöpften. Man tut ihrem Andenken Unrecht, wenn man annimmt, daß auch der Vorteil, den die Reformation ihnen gebracht hatte, insbesondere durch die Einziehung der Kirchengüter, bei ihrem Entschluß ins Gewicht fiel und daß sie doch keine Heuchler waren. Einem Manne, der ein reiches Mädchen heiratet, darf man wohl glauben, daß er sie liebt, wenn er sie auch, im Fall sie arm gewesen wäre, nicht geheiratet hätte. Die Selbstsucht haftet dem Menschen so wesentlich an, daß auch seine Gefühle echter Hingebung und Opferwilligkeit nicht ganz frei von ihr sind. In diesem schicksalvollen Augenblick überwog sicherlich bei den Anhängern des Evangeliums die Frömmigkeit. Sie waren sich bewußt, daß sie von der Acht getroffen werden konnten, daß die Menge der Gegner sie wahrscheinlich überwältigen werde, daß sie auf ihren Untergang gefaßt sein mußten; aber sie wollten das lieber ertragen, als das Wort Gottes preisgeben. Ihre Herzen waren voll von dem Schall der großen Bibelworte, die sie zu lesen und zu hören gewohnt waren: Wer mich bekennt, den werde ich auch bekennen vor meinem himmlischen Vater. Solche Sprüche hatten mehr Wirklichkeit für sie als die Reichstagsabschiede. Die Protestation war unterzeichnet vom Kurfürsten Johann von Sachsen, dem Markgrafen Georg von Brandenburg-Bayreuth, dem Herzog Ernst von Braunschweig-Lüneburg, dem Landgrafen Philipp von Hessen, dem Fürsten Wolfgang von Anhalt. Dazu kamen 14 Städte, darunter Konstanz, Kempten, Lindau, Memmingen, Nördlingen, Nürnberg, Straßburg, Ulm. Neben dem Landgrafen Philipp waren der Stättmeister von Straßburg, Jakob Sturm, und der Vertreter Nürnbergs, Kren, am meisten für entschlossenes Handeln eingetreten.

Seit diesem Reichstag erhielten die Neugläubigen den rühmlichen Namen der Protestierenden oder Protestanten. Wenn der Name Evangelische auf das Evangelium der Liebe und den Erlöser Christus hinwies, so zeigte der neue Name die stolze Gesinnung, die das Gewissen Gott, aber keinem menschlichen Zwange unterwirft. Die Unterzeichner der Protestation hatten öffentlich und ausdrücklich das entscheidende Merkmal des neuen Glaubens vorgewiesen, das Recht und die Pflicht ihres Glaubens ausgeübt, in jeder menschlichen Beziehung die Beziehung zu Gott vorzubehalten und die Folgen zu tragen.

Es kann in Erstaunen setzen, daß die Reformation mit dem kühnen Schritt der Protestierenden nicht durchaus einverstanden war. Melanchthon, der sehr unter der Trennung der Nation und der Auflehnung gegen den Kaiser litt, war aufs schmerzlichste bewegt. Luther, der sich im Gegensatz zu Zwingli und seinen Anhängern wußte, mißbilligte dazu noch das gemeinsame Vorgehen mit diesen. Beide waren in Sorge vor neuen, unbedachten Schritten des feurigen Landgrafen.

Der Ausbruch des Krieges schien bevorzustehen. Man wußte, daß der Kaiser nach langer Abwesenheit ins Reich kommen wollte, befestigt in seiner Macht durch den Friedensschluß mit Frankreich und dem Papst; ohne Zweifel hatte er nun die Absicht, die Lutherei gründlich abzustellen. In aller Heimlichkeit verständigte sich Philipp schon in Speyer mit einigen Städten. Die Städte verfügten über Geld, über Geschütze und eine ausgesprochen evangelisch gesinnte Bevölkerung; sie auf seiner Seite zu haben, war ein bedeutender Vorteil. Der Landgraf sah ein, daß es vor allem notwendig war, den Gegensatz zwischen Luther und Zwingli auszugleichen, damit alle Evangelischen, namentlich alle Städte, zu einer Macht zusammengefaßt werden könnten. Neigte doch eine Anzahl gerade der mächtigen oberdeutschen Städte wie der Landgraf selbst zur Lehre Zwinglis.

In der Verwerfung der Messe als Opferhandlung stimmten Luther und Zwingli überein. Beide teilten das Abendmahl in beiderlei Gestalt aus, indem sie die Einsetzungsworte Christi nach dem Evangelium des Matthäus der Abendmahlsfeier zugrunde legten. Auch verwarfen sie beide die von der Kirche gelehrte Transsubstantiation, wonach unter dem Wort des Priesters das Brot sich in den Leib des Herrn verwandelt, so daß nur die Akzidenzien als Farbe, Gestalt, Geschmack bleiben. Luther verwarf aber diese Lehre deshalb, weil er sie für gekünstelt und nicht durch die Einsetzungsworte gerechtfertigt fand, die eine Verwandlung überflüssig machen; Zwingli verwarf sie, weil er überhaupt nicht glaubte, daß irgendwelches Brot und Wein, Fleisch und Blut, Christi sein könnte, sondern das Abendmahl als eine Gedächtnisfeier ansah, wobei er sich auf die Worte Christi berief: «Solches tut zu meinem Gedächtnis.» Gelegentlich hat er es mit der Gedächtnisfeier der Glarner für die Schlacht bei Näfels verglichen. Es zeigte sich bei dieser Gelegenheit, daß eine Menge Menschen, auch Priester, an die Identität von Brot und Wein mit dem Fleisch und Blut Christi niemals ernstlich geglaubt hatten. Zwingli sprach die Meinung vieler aus, wenn er sagte, daß hier ein Wunder vorliegen würde, das dem Verstande widerstrebe und dessen Zweck nicht ersichtlich sei. Als er nach dem Beispiel eines nordischen Theologen das Wort «ist» in den Einsetzungsworten durch das Wort «bedeutet» ersetzte, traf er das, was allen einleuchtete. Es fehlt in der Bibel nicht an Beispielen figürlicher Rede, wo etwa Christus sich den Weinstock oder die Rebe oder das Brot des Lebens nennt, die Zwingli zugunsten seiner Ansicht anführen konnte. Luther flößte diese Auffassung Schrecken ein. An diesem Punkte wurde es deutlich, wie die Religiosität sich verändert hatte, so daß auch gute und fromme Leute den Unterschied von Religion und Sittenlehre oder Religion und Philosophie nicht begriffen. Mit dem Aberglauben und dem sinnlosen Wunderglauben, der sich in die alte Kirche eingeschlichen hatte, wollten sie das Wunder überhaupt, das Übermenschliche und Unbegreifliche abschaffen. Was Luther entsetzte, war nicht nur, daß man Christi Worte nicht einfach gläubig hinnahm, wie sie gesprochen waren, daß man sich sträubte, Wunder zu glauben, es war das, daß man die Religion zu einem Gedankenwerk machen wollte, daß man die Wirklichkeit Gottes und sein Einswerden mit dem ganzen körperlich-geistigen Menschen und die Verwandlung des ganzen Menschen in göttliches Wesen leugnete. Dies war der Punkt, wo sich jenseitige Wirklichkeit zur diesseitigen herabließ; wer nicht glauben konnte, daß göttliches Wort als Fleisch und Blut im Brot und Wein den Menschen zur Vergebung der Sünde speise, der konnte auch nicht glauben, daß das göttliche Wort zur Vergebung der Sünde in Christus Fleisch geworden und zur Erde herabgestiegen sei. Glaubte Zwingli überhaupt, daß Christus Gott ist? Glaubte er an einen anderen Gott als das absolute Sein, das übrigblieb, nachdem von allem Sinnlichen abgesehen war?

Luther war fest entschlossen, seine Auffassung vom Abendmahl nicht preiszugeben. Er haßte Zwingli, der unter dem Schein evangelischer Frömmigkeit seine freigeisterische Lehre verbreitete. Er zählte ihn den

Wiedertäufern zu, die überall verfolgt und hingerichtet wurden, weil auch er, so meinte Luther, alles auf seinen Geist abstelle und von dem geoffenbarten Gott nichts halte. Andererseits dachte er doch auch so praktisch, daß er den Landgrafen nicht gern verstimmen wollte, und wiederum wußte er, daß es ihm schwer wurde, dem gesellig Liebenswürdigen, im persönlichen Umgang hart zu bleiben. Als die Einladung des Landgrafen, an einem Religionsgespräch zur Ausgleichung der Verschiedenheiten in der evangelischen Lehre teilzunehmen, an ihn gelangte, wäre es ihm lieb gewesen, wenn der Kurfürst ihm die Reise verboten hätte. Anders Zwingli, der dem Landgrafen sofort antwortete, er werde kommen, selbst wenn der Züricher Rat aus Sorge um seine Person ihm die Reise verbieten sollte. Er dachte hauptsächlich daran, daß er mit dem Landgrafen und anderen evangelischen Staatsmännern seine kriegerischen Pläne ausarbeiten könnte, freute sich auch wohl darauf, den Landgrafen persönlich kennenzulernen, der ihm mit so unbefangener Wärme entgegengekommen war. Luther war gequält von dem Streit menschlicher Rücksichtnahme und der göttlichen Wahrheit, die auf Erden zu verkündigen sein Auftrag war. Wie Gideon die Sonne stillstehen hieß, damit die Schlacht gewonnen werden könne, wollte er den mächtigen Strom der Zeit, der der Gottesferne zustrebte, aufhalten und die Erkenntnis des lebendigen Gottes wieder anfachen.

Es war eine ansehnliche Gesellschaft, die Philipp im Herbst 1529 auf seinem Schloß in Marburg über der schlanken, seiner Ahnfrau, der heiligen Elisabeth, geweihten Kirche, versammelt hatte, so eifrig und achtlos seiner selbst um seine Gäste besorgt, daß Luther später sagte, er sei wie ein Stallknecht einhergegangen, so daß ihm niemand den Fürsten hätte ansehen können. «Und ging doch», setzt er herzlich hinzu, «mit großen, hohen Gedanken um.» Von Sachsen waren die Theologen Luther, Melanchthon und Justus Jonas gekommen; Zürich und die oberdeutschen Städte hatten auch Staatsmänner mitgeschickt, da es für sie sich gleichzeitig um ein etwaiges politisches Bündnis handelte. Die Straßburger Theologen Butzer und Hedio begleitete Jakob Sturm, von Basel kam der allerseits geliebte und bewunderte Oekolampad, von Philipps Theologen waren der Franzose Lambert und Schnepf anwesend. Der Landgraf hatte es Luther weislich verschwiegen, daß Zwingli selbst erscheinen würde: man durfte also wohl besorgt sein, wie die Begegnung verlaufen würde. Indessen waren die Herren doch so an Förmlichkeiten gewöhnt, daß sich alles zunächst glatt abwickelte; man machte sich gegenseitig Besuche und sagte sich Artigkeiten. Am 1. Oktober morgens um 6 Uhr begannen die Sitzungen, und zwar nahm man zuerst die weniger heiklen Gegenstände vor. Zwingli war in der hohen Stimmung des Siegers: die fünf Orte hatten sich unterworfen, hatten die Urkunde des österreichischen Bündnisses ausgeliefert, hatten sogar versprochen, Lästerungen des Evangeliums in ihrem Gebiet nicht zu erlauben. Wenn der günstige Augenblick erfaßt würde, hoffte er, daß der Widerstand der Altgläubigen auch im Reich und vielleicht sogar jenseits des Reiches, in Frankreich, zusammenbrechen würde. Luther war überrascht, daß sich Zwingli in bezug auf die Dreieinigkeit und die Gottheit Christi zufriedenstellend vernehmen ließ. Wie alle diejenigen, die das Ethische für das Wesentliche in der Religion ansehen, das Sakral-Mystische für etwas Zufälliges, historisch Bedingtes, war er duldsam in den dogmatischen Fragen. Einzig in der Abendmahlsfrage war er hartnäckig, denn er hatte sich eingehend damit beschäftigt und glaubte, daß Luther in einem schädlichen, häßlichen, beinah komischen Aberglauben befangen sei, den man dem Gebildeten nicht zumuten, zu dem man das Volk nicht verleiten dürfe.

Es ist bekannt, daß Luther während einer Sitzung die Tischdecke zurückschlug und mit Kreide die Worte «Hoc est corpus meum» auf die Tischplatte schrieb. Das Wort «ist» setzte er wie einen unübersteiglichen Block in die Verhandlungen, um damit jede Verständigung unmöglich zu machen, so daß den Zuhörern, denn es führten immer nur zwei das Gespräch, das aussichtslose Hämmern auf den Worten «ist» und «bedeutet» schließlich langweilig wurde. Zwingli selbst war überzeugt, Luther in die Enge getrieben und überwunden zu haben, was dieser nur aus Hochmut und Eigensinn nicht zugeben wolle. In Wahrheit war Luthers Genialität in der Auffassung des Göttlichen Zwingli unendlich überlegen. Gerade die große Schrift über die Abendmahlsfeier, die 1527 erschien, gewährt einen Einblick in die Großartigkeit seines anschauenden Denkens und die ganze Unzulänglichkeit von Zwinglis Betrachtung der Frage. Zwinglis Verachtung des Standpunktes der Gegner, als wären sie nicht besser als Menschenfresser, weil sie Christi Fleisch verzehren wollten, verrät eine grobmaterielle Auffassung, die Luther fernlag. Seine Begründung, Christus könne nicht im Brot und Wein sein, weil er zur Rechten Gottes sitze, war so kindisch, daß die hinzugesetzten philosophischen Schnörkel sie nicht diskussionsfähiger machten. Die Abschnitte in Luthers Schrift, wo er solche Unterstellungen zurückweist, gehören zu den herrlichsten Phantasien über das Wesen des Göttlichen, die er in Worte gefaßt hat. Er sah die ewige Kraft wirken über allen Geschöpfen und in allen Geschöpfen von den Sternen zu seinen Häupten bis zum Kraut zu seinen Füßen, er sah sie aufglühen in der menschlichen Sehnsucht, ihr zu begegnen, er war sich ihrer unendlichen Ferne, Unbegreiflichkeit und Unzugänglichkeit bewußt und fühlte sie in der Nähe seines Herzens. In seinen Worten spiegelte sich das Geheimnis der Trinität, des einzelnen in seiner Beziehung zum Ganzen, das zugleich Person und All und die Einheit von beiden ist. Was Zwingli dem entgegenzusetzen hatte, war trocken und eng, aber es war verständig und kam der Fassungskraft der Menschen entgegen. Seine scharfe Trennung des Menschlichen und Göttlichen in Christus, auf die er sich berief, bedeutete im Grunde ein Beiseiteschieben des Göttlichen, worauf der Mensch Christus übrigblieb. Nur als Mensch konnte er dem Menschen Lehrer und Vorbild sein, und das war, worauf es Zwingli ankam.

Zu seinem Kummer mußte sich der Landgraf überzeugen, daß es unmöglich war, das Abendmahl betreffend, eine Formel zu finden, auf die die beiden Reformatoren sich hätten einigen können. Um aber doch eine Frucht des Gesprächs zu gewinnen, setzte er es durch, daß ein Verzeichnis aller Punkte zusammengestellt wurde, in denen die anwesenden Geistlichen übereinstimmten; es waren alle mit Ausnahme des Abendmahls. Luther war nicht zufrieden damit; denn er empfand, daß der wesentliche Unterschied in seiner und Zwinglis Auffassung sich ebensowohl auf die anderen Punkte bezog, wenn auch Zwingli sich darin teils nachgiebig zeigte, teils in einem gewohnten Geleise sich bewegend, die Verschiedenheit nicht bemerkte. Luther faßte den Eindruck, der sich ihm aufgedrängt hatte, in die Worte: «Ihr habt einen anderen Geist als wir.» Um dieses anderen Geistes willen glaubte er Zwingli nicht als Bruder betrachten zu dürfen. Einen bitteren Beigeschmack hatte die Scheidung dadurch, daß die Reichsgewalt den Anhängern Luthers bis zu einem gewissen Grade Duldung gewährte, die Zwinglis als offenbare Ketzer verwarf. Indem Luther von sich aus eine Trennung vollzog, schien er aus dem Urteil der Altgläubigen Vorteil ziehen zu wollen, schien er einen Teil der evangelischen Brüder zu verleugnen, um sich bei den Feinden beider, den Anhängern des Antichrists, beliebt zu machen. Seine Feinde konnten sagen, er habe ja auch die Bauern preisgegeben, um selbst ungefährdet zu bleiben. Melanchthon waren berechnende Gedanken nicht ganz fern.

Die Wiedertäufer

Während Zwingli in der Abendmahlslehre sich von Luther trennte und den hohen Wert, den Luther diesem Sakrament beilegte, für eine päpstlich rückständige Gewohnheit hielt, in der Luther steckengeblieben sei, stimmte er in bezug auf die Taufe mit ihm überein. Im Grunde freilich war auch sie für ihn kein Sakrament, sondern ein Abzeichen; aber er ließ das auf sich beruhen. Nun bildete sich eine evangelische Sekte, die die Taufe kleiner Kinder für sinnlos hielt; denn in der Schrift heiße es: wer das glaubet und getauft wird, wird selig werden, neugeborene Kinder aber nicht glauben könnten. Außerdem werde in der Heiligen Schrift, der Quelle des evangelischen Glaubens, die Taufe nur an Erwachsenen, nicht an Kindern vollzogen. Den Reformatoren, die durch diese Bemerkungen in Verlegenheit gesetzt werden mußten, kam Luther mit einer tiefsinnigen Behauptung zu Hilfe. Wenn Glauben Empfänglichkeit für das Göttliche sei, sagte er, warum dann kleine Kinder nicht sollten glauben können? Vielleicht hätten sie mehr Glauben als die Erwachsenen. Ferner legte er Gewicht auf die Paten des Kindes, die mit ihrem Glauben für den seinigen einträten. Hier bewährte sich sein Gedanke vom mystischen Körper der Kirche. Wie er überzeugt war von der Wirkung des Gebetes für andere und, wenn er an schwermütigen Stimmungen litt, seinen

Freunden vorwarf, daß sie nicht für ihn beteten, meinte er auch, daß der Glaube der Paten etwa mangelnde Glaubensfähigkeit des Kindes ausgleichen könne. Zwingli begnügte sich damit, daß die Taufe der Christen an die Stelle der israelitischen Beschneidung getreten sei, die man an Kindern vollzogen habe. Immerhin, da die Taufe zur Zeit Christi und der Apostel in der Tat an Erwachsenen vollzogen wurde, hätte ein Festhalten daran Evangelischen nicht als unleidliche Ketzerei zugerechnet werden sollen. Wenn die Wiedertäufer von Katholiken und Protestanten als der Abschaum der Menschen verworfen und verfolgt wurden, wenn unter dem Namen der Wiedertäufer alles zusammengefaßt wurde, was den Bau der Gesellschaft zerstört, so kann das nicht wohl durch den Gebrauch der Erwachsenentaufe erklärt werden. Etwas Unverständliches bleibt wohl in dem zahlreichen Auftauchen der Wiedertäufer bei Beginn der Reformation wie in der Abscheu, die sie erregten. Zum Teil ließen sich die Wiedertäufer auf eine Sekte zurückführen, die in der vorreformatorischen Zeit sich den Vorschriften der katholischen Kirche äußerlich fügten, in ihrem Denken und Handeln aber an das Evangelium hielten und durch die Nachfolge des Erlösers, soweit das der schwachen Kraft des Menschen möglich ist, das Heil zu erlangen suchten. Man nannte sie Evangelische und neuerdings Alt-Evangelische. Es war eine Richtung, die sich an Meister Eckhardt, Suso und Tauler und an die «Brüder vom gemeinsamen Leben» anschloß, aber auch mit waldensischen und hussitischen Elementen vermischt war. Staupitz lebte in diesem Gedankenkreise und hatte auch Luther dafür gewonnen. Die im Dunkel und unter steten Gefahren lebenden Waldenser wurden zusammengefaßt durch wandernde Apostel, die durch Handauflegung geweiht wurden und von denen man glaubte, daß sie auf diese Art mit der ältesten christlichen Zeit verknüpft seien. In manchen Sekten unterschied man drei Gruppen von Gläubigen: Anfangende, Wachsende und Vollendete, eben die Apostel. Diese durften nichts besitzen und waren auf die allerbescheidenste Lebenshaltung verpflichtet. Die Befolgung der Gebote Christi und die Notlage, in der diese Sekten sich befanden, brachte es mit sich, daß sie nicht kämpfen wollten, sondern gelassene Ergebung in das Leiden für ihre Aufgabe hielten. Ihre großartige Haltung im Martyrium erregte selbst bei ihren Feinden Bewunderung. Sie bequemten sich äußerlich der Kirche an, weil sie sonst ja nicht hätten bestehen können; dabei gewöhnten sie sich daran, alle Gebräuche, auch die, welche mehr als Zeremonien waren, für nebensächlich zu halten. Für sie war das Neue Testament, auf das sie sich hauptsächlich bezogen, so einfach, daß ein Kind es verstehen konnte, was auch Luther zuweilen behauptete; denn sie beschäftigten sich mit dem Beispiel Christi und mit denjenigen seiner Worte, die brüderliche Liebe der Menschen untereinander oder Geduld im Leiden empfahlen. Daß sie Glaubenszwang verwarfen, versteht sich von selbst.

Was für eine Erschütterung mußte über diese Kreise kommen, als ihnen plötzlich durch das erfolgreiche Auftreten Luthers ein Weg ins Licht sich öffnete. Das Nächstliegende war für sie, sich an Luther anzuschließen; aber da ergab es sich bald, daß sie in wesentlichen

Punkten nicht mit ihm übereinstimmten. Schon Staupitz hatte sich von Luther abgewandt, weil er die Lehre über das Leben stellte; seitdem hatte sich dieser Unterschied noch verschärft. Ihnen war das Dogmatische bei Luther zuwider, da viele von ihnen an eine Offenbarung Gottes außerhalb der Bibel, nämlich im Geiste, das sogenannte innere Wort glaubten, Luther dagegen wollte von diesen persönlichen Offenbarungen, die nur zu oft bares Gefasel waren, nichts wissen und lehnte die Überwachung und den Zwang im täglichen Leben ab, den manche dieser verborgenen Heiligen untereinander ausübten. Immer waren viele ihrer Mitglieder Handwerker gewesen, wohlmeinende, etwas enge, manchmal stiere Leute, denen sich nun ähnlich geartete, die das Luthertum nicht befriedigte, anschlossen. Eine schriftliche Überlieferung hatten die alten Sekten nicht, eigentlich organisiert waren sie auch nicht, so kam es, daß sich große Verschiedenheiten unter ihnen herausbildeten. Weil sie fast alle nicht Kinder, sondern Erwachsene tauften, nannte man sie mit einem unrichtigen Ausdruck Wiedertäufer; aber diese Benennung bezeichnete allerlei Richtungen und Menschenarten. Einige wollten ein Gottesreich von lauter Gerechten errichten, aus dem jeder Sünder ausgeschieden werden sollte, bis er Buße getan hätte, einige verwarfen den Eid und erlaubten den ihrigen nicht, das Schwert zu führen und ein obrigkeitliches Amt zu bekleiden, einige waren friedlich, wollten abseits von der Welt ein Leben wie die Urchristen führen, andere wollten die Gleichheit, die sie für ein Gebot Gottes hielten, mit Gewalt durchsetzen.

Für die vorreformatorischen, in der Verborgenheit lebenden Sekten hatte sich die Lage der Urchristen insofern wiederholt, als sie ihrer Meinung nach zwischen herrschenden Heiden oder Irrgläubigen lebten. Sie hatten natürlich keine pietätvolle Beziehung zur Obrigkeit, wenn sie auch offenen Widerstand nicht wagen konnten. Die Nichtachtung der Obrigkeit im Vergleich mit den Offenbarungen Gottes in der Schrift oder im eigenen Geiste lag daher diesen Kreisen nahe, und sie konnten, um sich zu rechtfertigen, auf manche Äußerungen Luthers in bezug auf katholische Obrigkeiten hinweisen. So kam es, daß der Verdacht aufrührerischen Wesens ihnen anhaftete. Melanchthon tadelte, daß sie einen Teil der bürgerlichen Pflichten, zum Beispiel die Eidesleistung, ablehnten; er meinte, das werde schließlich zum Aufruhr führen. Zwingli sagte in bezug auf ihre Forderung eines heiligmäßigen Lebens und ihre Abtrennung von der Welt, sie wollten das katholische Mönchswesen wieder einführen. «Sie haben es meist leicht», sagte er, «der Freuden dieser Erde sich zu enthalten, da sie der Hefe des Volkes angehören. Könnten sie, wie sie wollten, sie würden Sardanapal und Heliogabal hinter sich lassen, jetzt aber machen sie aus ihrer Niedrigkeit sich einen Adel zurecht.» Es war ein liebloses Urteil, das manche traf, und die Erfahrung sollte zeigen, daß die strenge Enthaltsamkeit und gelobte Friedfertigkeit in zügellose Genußsucht und Gewalttätigkeit umschlagen konnte, aber es traf doch nicht alle; es waren, wie Butzer zugestand, echte Kinder Gottes darunter. Das Ausschlaggebende, das, was am meisten gegen sie aufbrachte, war die Gütergemeinschaft, die bei ihnen im

Schwange war. Um eine eigentliche Gütergemeinschaft, so daß gar kein Privateigentum geduldet wäre, handelte es sich dabei nicht, sondern um einen begrenzten Verzicht auf das Eigentum zugunsten der Bedürftigen. Es ist die Art des Menschen, daß er durch nichts so verletzt werden kann, als wenn sein Eigentumsrecht angegriffen wird; er läßt im allgemeinen lieber sein Leben als seinen Besitz. Vielen war und ist die Religion und im besonderen das Christentum deshalb teuer, weil Gott mit seinem Gebot: «Du sollst nicht stehlen» das Eigentum beglaubigt hat. Schon den Bauern hatte man nachgesagt, sie wollten die Gütergemeinschaft einführen, zum Teil im guten Glauben, zum Teil, um ihnen das Ärgste und Unverzeihlichste vorzuwerfen. Sowie die Wiedertäufer in den Ruf kamen, sie wollten mit den Reichen teilen, gab es keine Gnade mehr für sie. Freilich waren unter ihnen wirklich unruhige, verworrene, trübe Köpfe, die in der vorreformatorischen Zeit als eine in Dunkel versteckte Winkelsekte nicht gefährlich werden, die aber in der Öffentlichkeit sich als Unheilstifter, mindestens Ruhestörer erweisen konnten.

Es war nicht ganz leicht für die evangelischen Reformatoren, diese Sekten, die mit dem Christentum Ernst machen wollten, zu widerlegen, aber allmählich zogen sie Beweise aus ihrem System, um sie planvoll zurückzuweisen. In einer Schrift über göttliche und menschliche Gerechtigkeit erklärte Zwingli, daß nach der göttlichen Gerechtigkeit, die lauter und schön sei, der Christ allerdings, wenn man ihm den Rock nehme, auch den Mantel geben solle; weil aber viele Menschen Gott nicht liebten, ja nicht einmal an Gott glaubten, müsse um der Bösen willen die arme, mängelvolle menschliche Gerechtigkeit auf den Plan treten, die zwar, wenn man ihre Gebote halte, vor Gott nicht gerecht mache, aber doch von Gott geordnet sei. Der evangelische Prediger müsse zwar die göttliche Gerechtigkeit predigen, zugleich aber verlangen, daß man sich der menschlichen unterwerfe. Man kann auch sagen: die Christen sollten das Salz der Erde sein; aber man kann nicht von eitel Salz leben.

Ein Konflikt zwischen den wiedertäuferischen Sekten und den Reformatoren war unvermeidlich. Da sie sich anfänglich in der schweizerischen Eidgenossenschaft ansammelten, ließ Zwingli sich zunächst in Gespräche mit ihnen ein und veranstaltete dann auf ihren Wunsch eine Disputation im Großmünster, zu der ein großer Zulauf war. Indessen behaupteten die Wiedertäufer, daß Zwingli immerfort rede und sie nicht zu Wort kommen lasse, und bei der Art des Gegensatzes war es wohl so, daß sie nicht ganz unrecht hatten; warfen sie ihm doch vor, daß er die Kirche der Obrigkeit unterworfen habe. Nach der letzten großen Disputation nahm der Rat an, daß die Wiedertäufer besiegt seien, und verbot ihnen bei Strafe der Hinrichtung, im zürcherischen Gebiet die Wiedertaufe vorzunehmen. Da sich Felix Manz nicht unterwefen wollte, wurde er im Jahre 1527 ertränkt; er war ein Freund Zwinglis gewesen. Es begann nun eine Verfolgung ohnegleichen, am schärfsten in den katholischen Ländern. Die meisten Fürsten gaben sich nicht die Mühe, in die Ansichten der Wiedertäufer einzudringen; daß sie von der Regel abwichen, daß man ihnen Auflehnung gegen die Obrigkeit nachsagte, genügte ihnen, um sie Verbrechern gleichzustellen. Nur wenige wußten die stillen, fleißigen Arbeiter, als die sie sich erwiesen, wenn man sie gewähren ließ, zu schätzen: in Mähren fanden sie Zuflucht und gediehen als willkommene Siedler. Überall sonst floß ihr Blut in Strömen: in Görz und Tirol wurden im Jahre 1531 tausend Hinrichtungen vollzogen. Immerhin befahl ein kaiserliches Mandat, die Bereuenden zu begnadigen, während der Herzog von Bayern entschied: wer widerruft, wird enthauptet, wer nicht widerruft, wird verbrannt. Nur wenige widerriefen. Wenn der Mut, für die Überzeugung zu sterben, den Menschen Wert gibt, so haben sie sich ein gutes Zeugnis ausgestellt. Sie gingen bewußt, aufrecht in den Tod, der oft durch Martern verschärft wurde.

In dieser schreckensvollen Zeit der Verfolgung schwand vollends dahin, was noch von alter Überlieferung und Ordnung in diesen Sekten gewesen war. Anstatt der durch Handauflegung berufenen Apostel traten Propheten auf, die durch das unmittelbare Wort des Herrn beauftragt zu sein behaupteten. Einer von ihnen war Melchior Hofmann, der sich eine Zeitlang in Straßburg aufhielt und von dem beredten und klugen Butzer in einer Disputation besiegt wurde. Schön sagte einer von den Täufern: meine Zunge könnt ihr bezwingen, Gott aber bezwingt mein Herz. Mit Disputationen konnte vollends nichts ausgerichtet werden, wenn ein Teil nur die Heilige Schrift als Maßstab gelten ließ, der andere nicht. Das war auch der Fall bei dem Propheten Mathys, einem Bäcker aus Haarlem: Die Niederlande hatten von jeher Ketzer erzeugt, solche, die der römischen Kirche und ihren festen Formen und Lehren, ihrem Zeremoniell, ihrer Pracht und Weltlichkeit tiefsinnige Mystik, solche, die ihre praktische Verständigkeit und fromme Betätigung durch Wohltun entgegensetzten. Beides konnte zuweilen in schwärmerische Verstiegenheit umschlagen, besonders als die schonungslose Verfolgung die Gläubigkeit der Gequälten zum Fanatismus steigerte. Ausgewiesen und gehetzt fand Mathys mit seinen Anhängern eine Zuflucht in der westfälischen Stadt Münster, an deren schönen Dom sich alte Erinnerungen aus der Zeit des unter den Sachsen sich entfaltenden Christentums knüpfen. Es gelang den Täufern, den begabten Pfarrer Rottmann, der erst kürzlich das Evangelium in Münster eingeführt hatte, für ihre Ansichten zu gewinnen. Man ging ernstlich an die Bereitung des Gottesreiches, das zu dem bevorstehenden Ende der Zeiten überleiten sollte. Der Glaube, daß man am Ende der Zeit stehe, war damals verbreitet, auch Luther überkam er zuweilen; wenn schon die Umwälzung und Verstörung weit und breit dazu führte, um wieviel mehr mußte er sich derer bemächtigen, für die jeder Tag ein grauenvoller letzter sein konnte. Neben Mathys trat ein junger Mann, ein Schneider aus Leyden, Jan Bockelson, hervor, ein schöner, sehr begabter und kühner Mensch; beide, Mathys und Bockelson, waren durch ihre Sicherheit und ihren unerschütterlichen Mut geeignet, die Menschen und namentlich die Frauen hinzureißen. Ein Teil der Münsterschen Einwohner widersetzte sich allerdings den Täufern, und eine Auseinandersetzung mit den Waffen stand bevor; da brachte der Bürgermeister, um Blutvergießen zu verhindern, eine Versöhnung zustande, wonach gegenseitige Duldung gewährleistet wurde. Als nun der Bischof von Münster, Franz von Wartenberg, sich in Bewegung setzte, um das Regiment in seiner Stadt an sich zu nehmen, bemächtigte sich Mathys der Regierung und besetzte den Rat sowie alle Ämter mit seinen Anhängern. Es waren außer einem einzigen Patrizier lauter Handwerker, jene Schicht also, die zur Sektenbildung und zu religiös gefärbtem Tugend- und Niedrigkeitszwange stets geneigt war. Bald darauf wurden im Interesse fester Zusammenfassung aller Kräfte diejenigen ausgewiesen, die sich nicht taufen lassen wollten. Trotzdem blieben an Widerstrebenden noch einige 100 Mann und 2000 Frauen zurück. Man rühmt das Geschick und die Umsicht der Regierenden, den Heroismus der gesamten Bevölkerung, dann, daß die belagerte Stadt beinah anderthalb Jahre lang, vom Februar 1534 bis zum Juni 1535 standhielt. Nachdem Mathys, bei einem Ausfall tapfer kämpfend, gefallen war, wurde Jan von Leyden sein Nachfolger. Er zog allen Besitz ein, um ihn gleichmäßig zu verteilen, und führte die Vielweiberei ein; alle Frauen mußten entweder heiraten oder sich in den Schutz eines Mannes begeben. Diese Maßregeln hingen mit den Bedürfnissen der Verteidigung zusammen, aber sie kamen auch den ausgelassenen Trieben vieler und Jan Bockelsons selbst entgegen. Die Feinde benutzten es, um die Täufer viehischen Lebens und der gottlosen Gütergemeinschaft zu bezichtigen. Den Belagerten nützte nicht nur, daß in den Truppen des Bischofs Unordnung herrschte und manche zu ihnen übergingen, sondern hauptsächlich, daß die angreifenden Stände sich nicht darüber einigen konnten, wie es mit der Stadt nach ihrer Unterwerfung gehalten werden sollte. Gemäß der Reichsverfassung mußten nämlich die benachbarten Kreise dem Bischof bei der Herstellung der Ordnung Hilfe leisten: die evangelischen wollten nicht, daß sie einem katholischen, die Städte nicht, daß sie einem Fürsten ausgeliefert würde. In der Verlegenheit wurden Vermittlungsversuche gemacht; sie scheiterten aber an Johanns unbeugsamer Weigerung, sich mit den Papisten zu vertragen. Endlich bequemten sich die Kreise zur Hilfeleistung, und da das nichts fruchtete, bequemte sich auch das Reich; aber doch brachte erst Verrat die unglückselige Stadt zu Fall. Nach dem Aufstand in Münster, der eine so lange, kostspielige Rüstung nötig gemacht hatte, nach den Ausschreitungen, die alle verketzernden Anklagen rechtfertigten, war der Haß auf die Wiedertäufer noch ärger als zuvor. Der einzige Fürst, der sich weigerte, ein Todesurteil an ihnen zu vollstrecken, war Philipp von Hessen; wenn Sektierer in seinem Lande gefangen wurden, bemühte er sich persönlich oder durch seine Geistlichen, sie durch gütliches Zureden für die Kirche zu gewinnen. Luther hatte anfänglich Mitleid mit den Verfolgten und hielt mit endgültigem Urteil zurück, weil er nicht genügend Bescheid über sie wisse, verstand sich aber schließlich doch zur Billigung von Hinrichtungen. Die Probleme indessen, die die Täufer anrührten, haben ihn zeitlebens beschäftigt. Schon im Jahre 1526 schrieb er: «Diejenigen, die mit Ernst Christen wollen sein und das Evangelium mit Hand und Mund bekennen, müßten mit Namen sich einzeichnen und abgesondert von dem allerlei Volk in einem Haus allein sich versammeln, zum Gebet, zum

Lesen, zum Taufen, die Sakramente zu empfangen und andere christliche Werke zu üben. In dieser Ordnung könnte man die, so sie sich nicht christlich hielten, kennen, strafen, bessern, ausstoßen oder in Bann tun. Hier könnte man auch ein gemeines Almosen der Christen auflegen, das williglich gegeben und unter die Armen ausgeteilt würde.» Es waren täuferische Ideen, die ihn da bewegten, Erinnerungen vielleicht auch an die Alt-Evangelischen und ihren Führer Staupitz. Immer wieder hat er sich gefragt, ob es nicht möglich sei, Menschen, denen es mit der Nachfolge Christi ernst sei, in kleinen Kreisen zusammenzufassen, wo seine Gebote eher verwirklicht werden könnten, als es innerhalb seiner Kirche möglich war. Wenn er gelegentlich ausgesprochen hat, daß es eine dreifache Kirche geben sollte, eine für die Einfältigen, Kinder und Bauern, eine für die werdenden Christen und eine für die Vollendeten, wo die Kuppel fällt, um den offenen Himmel einströmen zu lassen, so muß man an die bei Ketzern und Mystikern geltende Stufenreihe denken.

Frauen

Melanchthon, der ein sehr reizbares Gemüt hatte und an trüben Stimmungen litt, war einstmals besonders niedergedrückt und geneigt, an aller Welt zu verzweifeln. Da geschah es, daß er im Hause seines Freundes dessen Frau sah, wie sie am Herde mit der Zubereitung des Essens beschäftigt, ein kleines Kind auf dem Arme trug und ein etwas größeres, das ihr am Kleide hing, das Vaterunser lehrte. Als ihm so vor Augen stand, was für Mühe von der Frau täglich getragen, was für Arbeit täglich geleistet wird, wie mitten durch die rohen und bösartigen Leidenschaften des Lebens ein Strom von wirkender Güte von ihr ausgeht, löste sich das Gewicht von seiner Brust, er sah zuversichtlicher in die Zukunft. Er mochte das Gefühl haben, welches ein nordischer Dichter in den Ausspruch gefaßt hat: die Frauen sind die Stützen der Gesellschaft. Man hätte sie bewundern können, wenn sie nur die schweren Aufgaben des täglichen Lebens, die gerade auf ihnen, den zarten, lasteten, freudig, ihrer eigenen Bequemlichkeit nicht achtend, auf sich genommen hätten; aber sie beteiligten sich auch mit ganzer Seele an den Kämpfen der Zeit. Die dramatischen, besonders die religiös gefärbten Epochen sind der Entfaltung der Frau günstig; denn die Frau, die weniger als der Mann gewöhnt ist, für den Erwerb zu sorgen, die alle

Gefühlswerte höher schätzt als der Mann, deren Erleben sich zum großen Teil auf der Ebene der Phantasie abspielt, gibt sich im allgemeinen ihren Überzeugungen rückhaltloser hin als der Mann, vor allem, wenn sie sich auf das Göttliche beziehen. Wie alle Menschen, die ihre Kraft weniger aus einem starken, gesunden Körper als aus seelischen Quellen ziehen, scheint sie ihr in Kämpfen eher zu wachsen als sich zu erschöpfen, weicht sie vor keiner Anstrengung, keinem Opfer zurück. Das gilt besonders von der deutschen Frau, deren geistiges Leben, wieviel Ausnahmen es auch geben mag, zum Religiösen neigt.

An der humanistischen Bewegung hat die deutsche Frau sich nicht beteiligt, wenn es auch einzelne Frauen gab, die Latein lernten und die alten Schriftsteller lasen, aber Fragen über ciceronianischen oder taciteischen Stil, oder ob dieser oder jener Text der echte sei, interessierten sie wenig. Den Glauben aber verstanden sie, hier entschieden sie sich mit Leidenschaft und Sicherheit. So waren sie in den Anfängen des Christentums gewesen, so unter den Mystikern, Waldensern und anderen Ketzern. In den Ketzerprozessen wurden Frauen wie Männer verhört, gefoltert, verbrannt. Ein schönes Mädchen aus Holland, Hille Feiken, kam zur Zeit des Münsterschen Aufruhrs in das Lager des Bischofs, um wie Judith erst zu verführen, dann zu töten; stolz und unbeugsam ertrug sie die Qualen, die ihr angetan wurden. Frauen lasen die Bibel weniger als die Männer, die sich mit dem Auslegen schwer verständlicher Stellen abgaben, sondern um sich von dem Strom des Glaubens durchrauschen und erschüttern zu lassen.

Die damaligen Umstände brachten es mit sich, daß die meisten Reformatoren früh heirateten; denn das war nicht nur eine persönliche Angelegenheit, sondern eine grundsätzliche Kundgebung gegen die Altgläubigen. Manche von ihnen, wie zum Beispiel Martin Butzer und sein Freund Fazius, waren im Anfang ihrer Laufbahn stellenlos und mittellos. Die außerordentliche Sparsamkeit, zu der sie gezwungen waren, belastete am meisten die Frau, die mit den geringsten Mitteln einen Haushalt führen und Kinder aufziehen sollte. Besserte sich die Stellung des Mannes, wurde ihre Aufgabe nicht leichter. Die Reformatoren, die, wie Zwingli es ausdrückt, eine Art Tribunen sein sollten neben den Stadträten oder neben den Fürsten, waren in verantwortungsvoller und ausgesetzter Lage. Sie waren Botschafter der göttlichen Majestät und hatten als Vertreter einer solchen Macht großes Ansehn aber auch schwere Pflichten. Männer, wie Luther oder wie Martin Butzer in Straßburg, machten ein großes Haus, hatten viel Gäste, darunter Vertriebene, die unterstützt werden mußten. Nach Straßburg flohen viel Franzosen, besonders seit die hugenottische Bewegung zunahm; wenn es möglich war, beschäftigte sie der Rat, einstweilen nahmen die Geistlichen auf, soviel sie konnten. Luthers Familie war dauernd durch Flüchtlinge, Schützlinge, Freunde vermehrt. Die Frau mußte dafür aufkommen, daß alle behaust und bewirtet wurden. Daneben wurden sie zu den sozialen Einrichtungen herangezogen, die die Stadträte unter dem Einfluß der Reformation ins Leben riefen. Aus übriggebliebenen Briefen geht hervor, daß sie ein erwünschtes Element der regen Geselligkeit waren, die die

Häuser der Reformation belebte. In jener erregten Zeit, wo täglich Neues, Bedrohliches oder Günstiges sich begab, erhofft oder gefürchtet wurde, kamen die Menschen gern zusammen und beredeten ihre Interessen. Wenn Seuchen ausbrachen, was nicht selten der Fall war, durften die Pfarrer nicht fliehen, sondern sie blieben, predigten und trösteten; den Frauen fiel die Pflege der Kranken zu. Von den vielen Kindern, die sie zur Welt gebracht, gepflegt und erzogen hatten, starben fast immer einige. Das war so, es mußte erlitten werden; aber es wird sich schmerzhaft, oft vielleicht unheilbar in die Seele der Mutter eingegraben haben, wenn sie es auch verschwieg. Im Jahre 1531 starb, allgemein betrauert, der Baseler Reformator Oekolampad und gleichzeitig die Frau seines Herzensfreundes Wolfgang Capito in Straßburg. Die Freunde waren in Sorge, wie Capito, der ohnehin zu Schwermut neigte, den doppelten Verlust ertragen würde. Martin Butzer, der keinen Ledigen, Mann oder Frau, sehen konnte, ohne ihn zur Heirat zu überreden, glaubte, daß nur eine Frau die Wunde heilen könne, und wandte sich vorsichtig an die Schwester des Ambrosius Blaurer, des Reformators von Konstanz. Daß diese, wie es scheint, eine ebenso kluge wie durch weiblichen Reiz anziehende Frau unverheiratet war, beunruhigte Butzer ohnehin; aber sie leitete eine Diakonissinnenanstalt und wollte das sowenig aufgeben wie ihre Studien, besonders das der Heiligen Schrift. Bei der Witwe Oekolampads jedoch, Wiltrudis Rosenblatt, einer Patrizierin, fand Butzer Gehör: sie wurde Capitos zweite Frau. Zehn Jahre später raffte eine Pest in Straßburg wieder einen Mann und eine Frau aus dem Kreise der

Reformatoren hin, Capito und Butzers Frau. Butzer verlor außerdem drei Kinder. Es ergab sich wohl von selbst, daß die beiden Verwitweten sich heirateten. Butzer war damals 50 Jahre alt, ein Mann von schöner Erscheinung; sie, der zwei Männer durch eine Seuche entrissen waren, stellt man sich gern als ein holdes, warmes Geschöpf vor, das sich bereitwillig immer wieder dem so schönen und reichen Leben hingab. Sie brachte Töchter aus zwei Ehen mit, denen Butzer ein treuer, zärtlicher Vater war, froh, sein Talent, Ehen zu stiften, an ihnen ausüben zu können.

Luthers Frau, Katharine von Bora, scheint nicht eben schön gewesen zu sein; aber ein Zug von Humor, den auf einem ihrer Bilder der Freund des Hauses, Lukas Cranach, festgehalten hat, spricht an und lockt an, als finde man da einen Freund, dessen täglicher Umgang wohltue. In allen Briefen Luthers fühlt man, wie dieser Humor auf beiden Seiten die eheliche Beziehung, die sooft durch den Zwang des allzu nahen, allzu häufigen Beieinanderseins leidet, wie Sonnenschein oder Räucherwerk entgiftete und entbitterte. Sie war eine praktische Natur, umsichtig und tätig, wie sie das in dem großen Haushalt und bei der großartigen Unbekümmertheit ihres Mannes wohl gebrauchen konnte. Luther machte ihr einmal Versprechungen, wenn sie in einem bestimmten Zeitraum die ganze Bibel durchläse; hat sie es getan, so gewiß nicht zum Vergnügen. Daß die Innigkeit des Verhältnisses mit den Jahren zunahm, ehrt beide. In seinem Testament hat Luther mit ergreifenden Worten bezeugt, mit welcher Hingebung sie ihm gedient habe; wie verwöhnte Männer zu tun pflegen, stellte er sie in seinen Briefen gern als seine Tyrannin hin. Es war eine Tyrannei, bei der er sich wohl fühlte und die ihn entlastete, weil die Frau ihm in praktischen Dingen überlegen war.

Eine sehr anziehende, durch die Unmittelbarkeit ihres Empfindens und Urteilens ausgezeichnete Frau war eine andere Katharina, Gattin des Mathaeus Zell, der nicht der bedeutendste, aber der volkstümlichste Pfarrer Straßburgs war. Beide stimmten darin überein, daß sie sich wenig für die theologischen Streitfragen interessierten, die die protestantische Welt auseinanderrissen, sondern durch hilfreiche Nächstenliebe ihr Christentum bewiesen. Sie waren dadurch geeignet, für gewisse Seiten des Täufertums Verständnis zu haben, wirkten überhaupt der Verfolgungssucht entgegen und nahmen sich Verfolgter an. Selten betätigten sich Frauen schriftstellerisch und agitatorisch wie die bekannte Argula von Staufen, die mit zehn Jahren, lange vor Luthers Auftreten, die Bibel gelesen hatte und im Jahre 1524 sich für einen jungen Magister einsetzte, der wegen seines evangelischen Bekenntnisses von der Universität Ingolstadt zum Widerruf und Einsperrung in ein Kloster verurteilt war. Ursula Weydin, Schöffin zu Eisenberg, verfaßte eine Streitschrift in evangelischem Sinne gegen das Buch eines Abtes von Pegau.

Dadurch, daß die Natur das Los der Frau weitgehend bestimmt, ist das der fürstlichen Frau von dem der bürgerlichen in vielen Dingen nicht wesentlich verschieden, und war es besonders damals nicht: hingen sie doch alle von der Willkür des Mannes ab, litten sie doch alle gleich durch Geburt und Verlust von Kindern, durch die Gebrechlichkeit ihres Körpers, der ärztliche Kunst noch so wenig zu Hilfe kam. Durch Zurücksetzung oder gar Anfeindung von seiten des Mannes hatten fürstliche Frauen oft viel zu leiden; doch gab es auch solche, die auf dem Gebiete freier Liebesbeziehungen sehr ausgelassen waren. Als eine solche galt Elisabeth von Rochlitz, die früh Witwe wurde. Sie führte einen regen Briefwechsel nach allen Seiten, hatte immer viele Fäden in der Hand und fühlte sich desto wohler, je wirrer und toller es in der Welt zuging. Ihre Mutter war die schöne, kluge und tatkräftige Landgräfin Anna von Hessen, die als Witwe und Vormünderin ihres Sohnes Philipp mit bewundernswertem diplomatischem Geschick zwischen den unbotmäßigen Ständen und den sächsischen Nachbarn die Herrschaft behauptete. Wie sie die verschiedenen Anführer der ständischen Bewegung gegeneinander ausspielte, wie sie die Feindschaft der sächsischen Vettern benutzte, dann wieder den Kaiser umgarnte und ins Spiel mischte, auch kriegerischen Zusammenstoß nicht scheute, bewies eine außergewöhnliche Selbstbeherrschung und Überlegenheit. Es hat etwas Tragisches, wie die selbständige, kühne Frau an dem allgemeinen weiblichen Schicksal zugrunde ging: nachdem sie sich, wie man ihr nachsagte, manche Freiheit gestattet hatte, heiratete sie, augenscheinlich aus Liebe, einen beträchtlich jüngeren Grafen von Solms, entfremdete sich dadurch ihren Sohn und mußte sich wegen der Mißheirat Zurücksetzungen gefallen lassen, die ihren Stolz verletzten. Nach dem frühen Tod ihres Mannes lebte sie noch einige Jahre ganz zurückgezogen, gebrochen in ihrem freudigen

Tatendrange. Ihr strahlendes zuversichtliches Wesen ist auf Philipp, ihren Sohn, übergegangen. Erst die Krankheit, dann der Tod des Gatten waren es, die Anna von Hessen Raum zur Entfaltung ihrer Persönlichkeit gaben. Häufiger mußten die Frauen sich behutsam dem rücksichtslosen Sichgehenlassen meist trunkliebender Männer anpassen und um ihre Würde, wohl gar um ihr Leben besorgt sein, wenn eine andere ihnen vorgezogen wurde. So flüchtete die bayrische Prinzessin Sabine vor dem Herzog Ulrich von Württemberg, der sich in die Frau des Hans von Hutten verliebt hatte, und Elisabeth von Brandenburg vor dem Kurfürsten Joachim, der eine Geliebte hatte und ihr außerdem wegen ihres Übertritts zum Luthertum zürnte. Oft hatten sich die jungen Prinzen nur widerwillig zu einer dem Vater vorteilhaft erscheinenden Ehe bequemt und begegneten der aufgezwungenen Gattin von vornherein mit Abneigung.

Von Kindheit auf wurden die Mädchen von ihren Müttern, die Bescheid wußten, zur Fügsamkeit und zum klugen Verhalten gegen den künftigen Gatten erzogen. Sie waren wohl von starrem fürstlichem Standeshochmut erfüllt, aber sie wußten, daß der Ehemann als Mann und als Fürst ein doppeltes Übergewicht hatte. Es versteht sich, daß bei aller Unterwürfigkeit die Frau, sei es durch Klugheit und Schönheit, sei es durch Unliebenswürdigkeit, Launenhaftigkeit und Verdrehtheit ihren Gatten nicht wenig plagen konnte, besonders wenn aus Gründen der Politik auf den Schwiegervater Rücksicht zu nehmen war. Die Regel indessen war doch, daß die Frau sich zu bescheiden hatte. Landgraf Wilhelm von Hessen, der Sohn

Philipps, schrieb seinem Schwager, dem Pfalzgrafen Ludwig, indem er ihm riet, rechtzeitig seine Frau durch ein Testament zu versorgen, es sei ja billig, «daß die armen, hilflosen Leutlein, die uns alle Nacht an der Seite liegen und so viel Kümmernis und Schmerz um unseretwillen leiden mußten, auch beizeiten bedacht werden». Arm und hilflos, so konnte man die Frau wohl nennen, ob sie auf dem Thron oder in der Hütte lebte. Was Bartholomaeus Zastrow von der «ungeschlachten» Ehe seiner «schönen, freundlichen, getreuen und frommen» Schwester Katharine erzählt, die ihr so viel Leiden brachte, daß die eigenen Eltern ihren Tod mehr wünschten als fürchteten, war nicht ungewöhnlich; Melanchthon erlebte ähnliches mit seiner geliebten Tochter Anna. Während jetzt die Frauen im Durchschnitt ein höheres Alter als die Männer erreichen, starben damals die Frauen früh, durch die große Zahl der Geburten erschöpft. Oft war es die dritte Frau, die den bedeutend älteren Mann überlebte.

Man könnte denken, daß die Frau, die darauf hingewiesen war, da sie so wenig Rechte besaß, sich auf Schleichwegen ein bißchen Glück zu erlisten, zu einem ränkesüchtigen, gefallsüchtigen, unaufrichtigen Wesen sich entwickelt hätte; aber es ist glücklicherweise so, daß neben dem oft schielenden menschlichen Recht auch das göttlich-natürliche wie die Sonne durchbricht und sich alles unterwirft, daß in den vielfach verschlungenen menschlichen Beziehungen neben der Selbstsucht, die zertritt und zerreißt, auch schöne und edle Antriebe walten. Die dankbare Liebe der Söhne und Töchter konnte die Frau für viele Leiden entschädigen, der Sohn konnte ihr sogar zum Beschützer und Rächer werden. Das liebliche Jugendgesicht, das sich über seine Wiege beugte, sah der Herangewachsene selten noch, da es schon früh den Schmelz und die weiche Rundung verlor, aber ihr Geist, ihr frommes Wort, ihr fürstlicher Sinn blieben unvergessen. Auch die Achtung und Liebe des Mannes wurde zuweilen erworben, zuweilen verband herzliche Neigung und Treue die Eheleute ihr Leben lang.

Alle Beschwerden, aber auch allen Reichtum eines Frauenlebens, wie es in allen Ständen gelebt werden konnte, malen uns die Briefe der Kurfürstin Maria von der Pfalz, Tochter des Markgrafen Casimir von Brandenburg. Sie gewann ihren Gatten Friedrich, Sohn des Pfalzgrafen von Simmern, für das Luthertum und ertrug mit ihm die Entbehrungen, denen sie durch die Ungnade seines katholisch gebliebenen Vaters ausgesetzt waren. Als nach 13 Jahren, 1559, die Kurlinie mit Ottheinrich ausstarb, wurde Friedrich Kurfürst. Er hat in der Geschichte den Beinamen des Frommen erhalten, und sicherlich war sein Bekenntnis tiefste Überzeugung. Inzwischen war Maria, nachdem sie elf Kinder geboren hatte, eine gebrechliche, von allerlei Leiden heimgesuchte Frau geworden, denen sie tapfer widerstand, soweit es möglich war. Ob ihr wohl oder weh war, begleitete sie ihren Mann auf die Jagd, weil er es liebte, sie immer an seiner Seite zu haben. Wenn ihre verheirateten Töchter Kinder bekamen, ließ sie es sich nicht nehmen, sie zu pflegen; sie reiste hin, erfreute die Enkelkinder durch mitgebrachtes Spielzeug und betreute sie. In der feinsten und liebevollsten Weise suchte sie ihren unglücklichen Schwiegersohn, Johann

Friedrich den Mittleren, den der Wunsch, seinem verhaßten Vetter August die Kur wieder abzugewinnen, in verhängnisvolle Unternehmungen verstrickte, durch verständige Warnungen zu retten. Solange sie bei den Töchtern war, fühlte sich Friedrich verwaist, einer Turteltaube gleich, die ihren Gesellen verloren hat, wie er selbst sagte, und erwartete ungeduldig ihre Rückkehr. Einen großen Schmerz tat er ihr an, als er vom Luthertum, in dem sie aufgewachsen war, zum Kalvinismus überging; allein die Innigkeit des ehelichen Verhältnisses konnte selbst dadurch nicht getrübt werden. Als sie mit 48 Jahren ihren Leiden erlag und Friedrich nun für immer von ihr verlassen war, schrieb er seinem Schwiegersohn, daß er seines besten Freundes, mit dem er in diesem mühseligen zeitlichen Leben mehr als 30 Jahre in aller herzlichen Liebe und Freundschaft zugebracht, beraubt sei. Eine schönere Grabschrift hätte ihrem heldenmütigen Herzen nicht gesetzt werden können. Wenn Friedrich trotzdem bald wieder heiratete, er wählte eine gleichfalls kürzlich verwitwete Frau, mit der er noch sieben Jahre zusammenlebte, so war das ein Beweis, wie glücklich ihn die Ehe gemacht hatte. Fast immer heirateten die Fürsten nach dem Tode der Frau sehr rasch wieder, zuweilen, um damit eine neue politische Kombination zu bekräftigen, doch aber auch, weil sie in dem harten wilden Leben der Zeit den einen süßen Klang, die holde Gegenwart einer Frau, nicht missen mochten.

Einem edlen Fruchtbaum gleich war Juliane von Nassau, Tochter Bothos des Glückseligen von Stolberg; im Frühling wiegt er die rosige Blüte in lauen Lüften, im Sommer ist er schwer von reifenden Früchten, und im Herbst umtanzen ihn jubelnde Kinder, und die Landleute pilgern zu dem Schätzespendenden verehrungsvoll wie zu einem Heiligtum. Mit 17 Jahren heiratete sie einen Grafen von Nassau, dem sie fünf Kinder gebar, und nach dessen frühem Tode den verwitweten Grafen Wilhem von Nassau-Dillenburg, der dem jungen Hanauer Paare ein väterlicher Freund und Berater gewesen war. Er gehörte einem vornehmen, sehr alten Geschlecht an, das sich im 12. Jahrhundert nach dem Schlosse Nassau zu benennen angefangen hatte und aus dem einst ein Kaiser hervorgegangen war. Von ihrem zweiten Manne hatte Juliane zwölf Kinder, sieben Töchter und fünf Söhne, deren ältester einer der bedeutendsten Fürsten jener und aller Zeit war, Wilhelm von Oranien. Ihr Erbe und Einfluß war es wohl, daß alle Geschwister, namentlich die Söhne, die Standhaftigkeit und Opferwilligkeit besaßen, sich dem großen, zuerst aussichtslosen Werk der Befreiung der Niederlande zu widmen. Die stete, gleichmäßige Wirksamkeit ihrer Liebe und Sorgfalt, ihres sittlichen Ernstes, womit sie Kinder und Schwiegerkinder umfaßte, verband die Geschwister untereinander und an die Ehre Gottes und die Ehre des Hauses. Ohne daß sie besonders geistvoll oder unternehmend gewesen wäre, bildete sie den Mittelpunkt der Familie, dem sich alle beugten. Sie erlebte den Tod dreier Söhne, darunter ihres Lieblings Ludwig, in den Schlachten gegen Spanien und die bitteren Sorgen und Kämpfe des Oraniers unter Schmerzen, aber immer ihrem Glauben und ihren Pflichten treu und eine Stütze für andere. Sie hatte zu ihren Lebzeiten 160 unmittelbare Nachkommen. Von ihren Töchtern hatte eine zehn, eine fünfzehn, je zwei vierzehn Kinder. Das waren damals keine außergewöhnlich hohen Zahlen; aber nicht oft waren so viele Kinder einer Mutter so begabt und lebenskräftig wie die Julianes.

Eine verehrte katholische Fürstin war die Erzherzogin Maria, Stammesmutter der jüngeren habsburgischen Linie, die nach dem Erlöschen der älteren an die Spitze des Hauses trat. Sie war eine Wittelsbacherin und regierte mit fester, etwas harter, bayrisch-bäuerlicher Hand ihren weicheren Mann und ihre unbändigen Kinder. Es war nicht ihre Schuld, wenn etwas von der gelockerten, spielerischen Art der letzten Habsburger auf ihren Sohn Ferdinand überging; aber daß der katholische Glaube in Österreich nicht unterging, war überwiegend ihr Verdienst. Ganz anders waren die Habsburgerinnen, die Schwestern Karls V., deren Tatkraft durch den diesem Hause eigentümlichen Tropfen Rausch und Duft durchsüßt war. Karls Lieblingsschwester war Eleonore; einem Engländer erschien sie in Brüssel, als sie nicht mehr jung war, in einem faltenreichen Batistkleide mit Stickereien anmutig wie eine weiße Taube. Trotz seiner brüderlichen Liebe trennte er sie von dem schönen Pfalzgrafen Friedrich, der seinem Anspruch für sie nicht genügte. Nach vielen Jahren treuen Dienens wurde er durch die Hand einer Nichte der einst Geliebten entschädigt, während Eleonore Königin von Portugal und dann Königin von Frankreich werden mußte. Maria und Isabella hatten eine ausgesprochene Neigung für das Luthertum. Isabella war in sehr unglücklicher Ehe mit dem König von Dänemark verheiratet. Marias liebenswürdiger Gatte, der König von Ungarn, fiel jung in der Schlacht bei Mohacz. Sie heiratete nicht wieder, wurde nach dem Tode Margaretens, der Tante Karls V., die kluge, einsichtsvolle Regentin der Niederlande. Wenn Karl ihr einmal schrieb, gelte es einen Kampf anstatt mit Waffen mit dem Verstande zu führen, so sei sie der beste Kapitän, tat er ihr eigentlich unrecht: sie war eine kühne, unermüdliche Reiterin und Jägerin und führte auch persönlich Kriegszüge an. Wie seiner Frau in Spanien, wenn er abwesend war, überließ Karl seiner Schwester die Regierungsgeschäfte mit unbedingtem Vertrauen.

Wenn uns in der Reformationszeit auf protestantischer Seite mehr interessante Frauen begegnen als auf katholischer, liegt das zum Teil daran, daß die im Vordergrunde der Zeit stehenden Männer, die Geistlichen, auf protestantischer Seite sich verheirateten, auf katholischer natürlich nicht; besonders aber daran, daß bei einer angreifenden, von neuen Ideen und Plänen erfüllten Partei mehr Kraft und Leben zu sein pflegt als bei den Beharrenden. Übrigens aber standen die katholischen Frauen unter denselben Bedingungen wie die protestantischen und haben sich in schwieriger Lage, zum Beispiel als Nonnen, überzeugungstreu und charaktervoll erwiesen. Viele Frauenklöster erzwangen durch unbeugsamen Widerstand eine längere Dauer, als den reformierten Gebietsherren bequem war. Am bekanntesten unter den aufrechten Klosterfrauen ist durch ihre Denkwürdigkeiten Charitas Pirkheimer geworden, Äbtissin eines Nürnberger Klosters. Sie war humanistisch gebildet, verstand Lateinisch und wechselte Briefe mit ihrem berühmten Bruder und seinen Freunden, deren Interesse sie teilte.

Als der Nürnberger Rat die Reformation annahm und die Aufhebung der Klöster der Bevölkerung eine nützliche, notwendige Maßregel zu sein schien, weigerte sich Charitas Pirkheimer, sich und ihre Schützlinge dem Zwange zu unterwerfen, und wandte sich um Hilfe an den Pfleger, der die Rechte des Klosters im Rat zu vertreten hatte und sich jetzt zwischen der Pflicht seines Amtes und seiner Pflicht gegen Gott und den Staat in einer peinlichen Klemme fühlte. Man versuchte es mit Überredung durch einen protestantischen Prediger, der den Nonnen die evangelische Wahrheit erklären sollte. Sie hörten ihn an, und Charitas setzte ihn durch treffende Antworten und Einwendungen in Verlegenheit. Drei gewissenhafte, wohlwollende Personen, der Pfleger, der Pfarrer und die Äbtissin, in einen unlösbaren Konflikt verwickelt, bemühten sich verzweifelt, ihrer Aufgabe in anständiger Weise zu genügen. Die Frau tat es, als Angegriffene, als Schwächere und im Recht, in der stolzesten Haltung. Auf Bitten des Pflegers ließ sie sich schließlich auf ein Gespräch mit Melanchthon ein, mit dem sie sich leicht verständigte, die humanistisch gebildete Frau mit dem Humanisten. Er gestand zu, man könne im Kloster ebensogut selig werden wie in der Welt, und es sei unrecht, Leute mit Gewalt aus dem Kloster zu werfen. Sie schieden in Freundschaft.

Wenn im Reformationszeitalter die Frauen Gelegenheit hatten, in Kampf und Opfer sich hervorzutun, so kann man doch sagen, daß Reformation und Humanismus in ihren Folgen die Frau eher herabgedrückt als gehoben haben. Daß es für die Protestanten nur noch männliche Götter, keine Göttin mehr gab, daß sie sich nicht mehr an die große Fürbitterin Maria wenden konnten, entzog dem weiblichen Geschlecht einen Glanz und eine Würde. Durch ihre Männer beleidigte und gefährdete Frauen, besonders Fürstinnen, hatten bei der Kirche nicht selten Schutz gefunden: der Hofprediger hatte nur schlotternde Ermahnungen für den Schuldigen und wendige Trostesworte für die Gekränkte. Die scharfe Gegenüberstellung von Obrigkeit und Untertanen, von Herrenrecht und rechtloser Untertänigkeit machte sich auch in den Beziehungen der Frauen zu den Männern geltend. Die deutsche Frau versäumte mehr und mehr, ihrer Demut und Opferfreudigkeit den Stolz beizumischen, ohne den jene Eigenschaften zu häßlicher, oft liebedienerischer Unterwürfigkeit herabsinken. Überhaupt fingen die

Schwächeren an, wie die Bauern es schon immer gewesen waren, Verachtete zu werden. Es konnte geschehen, daß das, was man einst an den Frauen bewundert oder angestaunt hatte, ihre Phantasie, ihr Ahnungsvermögen, ihre Neigung zu volkstümlicher Heilkunde, sie der Verdächtigung und grausamsten Verfolgung aussetzte. Das Zeitalter des Großen Krieges, der Zerstörung und Barbarei, der Wissenschaft und des Absolutismus leiteten Hexenbrände ein.

Anfechtungen

Luther litt während seines ganzen Lebens an Angstzuständen, die so furchtbarer Art waren, daß er sie nur mit Tod und Hölle vergleichen konnte. «Alsdann weiß man nicht», sagte er, «wo aus noch ein. Da ist kein Trost, weder von innen noch von außen, sondern alles ist ein Ankläger.» Wie in dunklen Novembernächten zuweilen von weither ein Sturm aufgrollt, sich näher und näher wälzt und anschwillt, als wolle er die Lichter des Himmels auslöschen und die Erde entwurzeln, so stürmten zuzeiten schwarze Gedanken gegen Luthers Seele und drohten sie zu ersticken. Es waren nicht immer dieselben. Als er noch jung im Kloster war, waren es, soweit er sie äußern konnte, nichtige, grundlose, leicht zu widerlegende; die sich jetzt einstellten, entstiegen seinen Taten und seiner Erfahrung und waren nicht so leicht zu bestreiten. Konnte sie noch ein Lied auf der Laute beschwichtigen, eine Melodie voll Wohllaut? Was ihn jetzt bedrängte, das waren Tatsachen, man konnte das Auge von ihnen wegwenden, aber sie blieben stehen wie Felsblöcke. Oder es waren Stimmen, die von allen Seiten bald flüsterten, bald schrien; er konnte sich das Ohr verstopfen, aber er wußte, daß jedermann sie hörte und wiederholte.

Wenn man Luther einen Vorwurf oder einen Einwand machte, wies er ihn ungeduldig zurück, er gab nie zu, daß er unrecht habe; aber er war wehrlos gegen Anklagen, die er selbst gegen sich erhob. Vor den Stürmen, die er selbst gegen sich entfesselte, war kein Ausweichen möglich, sie warfen ihn nieder und löschten ihn aus. Als Luther anfing, das Evangelium zu verkündigen, glaubte er, alle würden davon bewegt werden, an allen würde das Wort des Herrn die Sinnesänderung von der Selbstsucht zur Liebe bewirken, der befreite Sklave der Kirche würde als Kind Gottes freudig die Gebote des himmlischen Vaters befolgen. Es kam ganz anders: die Befreiung wurde ausgenutzt, um das Leben desto unbändiger zu genießen. In allen Ständen nahm die Sittenlosigkeit und Genußsucht, die Gleichgültigkeit gegen das Jenseitige zu. Die Bauern waren nach dem Bauernkriege ohnehin nicht geneigt, auf Luther zu hören, viele haßten ihn. Verarmt, wie sie waren, hatten sie keine Lust, mit ihrem Gelde Pfarrer zu erhalten, die ihnen Unterwerfung unter ihre unchristlichen Herren predigten. Luther sah das mit Schrecken. Im Papsttum war viel Aberglauben und viel Sünde im Schwange gewesen: unter dem Evangelium war des Aberglaubens nicht weniger und war der Sünde mehr geworden. Wenn die Altgläubigen solche Vorwürfe erhoben, konnte man es für Verleumdung halten; aber den Evangelischen selbst fiel es auf, wie das Laster sich breitmachte. Hans Sachs, der Luther anfangs freudig begrüßt hatte, klagte, daß die Lutheraner mit ihrem wüsten Leben die evangelische Lehre verächtlich machten. An Fasttagen Fleisch essen und das Heiraten der Mönche und Nonnen schien der Inbegriff der Religion zu werden. Melanchthon, Justus Jonas, Martin Butzer, überhaupt sämtliche Reformatoren jammerten untereinander über die zunehmende Ruchlosigkeit unter den Evangelischen. «Es wird der gemeine Mann so frech, roh und bärenwild», schrieb Justus Jonas, «als wäre das Evangelium darum kommen, daß es losen Buben Raum und Freiheit zu ihren Lastern machen wollte.» Und Melanchthon: «Ich glaube, daß du nun zu Wittenberg besser siehst, welch ein tiefer Fall und Untergang allem Guten droht, wie groß der Haß der Menschen untereinander ist, wie sehr verachtet alle Ehrbarkeit, wie groß die Unwissenheit derer, welche der Kirche vorstehen, und vor allem, wie gottvergessen die Fürsten sind.» Ein Prediger in Ulm: «Die Herren und Obrigkeiten suchen jetzt gemeiniglich in ihrem ganzen Leben nichts anderes denn Wollust und Pracht, spielen, fressen und saufen von einer Mitternacht zur anderen ... Also ist auch der Bauer und der gemeine Mann ... Sie haben einen Bund mit der Hölle und dem Tode gemacht, sagen: wir wollen fressen und saufen und tun was uns gebührt, vielleicht sterben wir morgen und kommt der Dinge, die der Pfaff sagt, keines über uns.» Luther selbst war der erste wahrzunehmen, «daß die Leute jetzund geiziger, unbarmherziger, unzüchtiger, frecher und ärger sind denn je zuvor unter dem Papsttum». Dem Kurfürsten schrieb er: «Da ist keine Furcht Gottes noch Zucht mehr, seit des Papstes Bann ist abgegangen, und tut jedermann, was er will.» «Insgemein», sagt er an anderer Stelle, «sind Bürger und Bauern, Mann und Weib, Kind und Gesinde, Fürsten, Amtleute und Untertanen alle des Teufels.» In seiner nächsten Umgebung, in Wittenberg, erreichte die Frechheit des Lasters einen solchen Grad, daß

Luther die ihm zur Heimat gewordene Stadt verlassen wollte. Es zeigte sich, daß das, was Luther als päpstliche Tyrannei und als Vergewaltigung der Natur zu brandmarken pflegte, eine wohltätige Schranke gewesen war, mit der die Weisheit von Jahrhunderten die Begierden der Menschen eindämmte oder umwandelte. Luther hatte geglaubt, die Liebe zu Gott würde hundertmal mehr Gutes wirken als der Gehorsam gegen die Kirche; aber trotz all seines Predigens achtete man den fernen unsichtbaren Gott bei weitem nicht so hoch wie die nahe, strafende Kirche. Als Ursache des sittlichen Niedergangs, der jedermann auffiel, betrachtete man allgemein, auch unter Luthers Anhängern, seine Lehre von der Unfreiheit des Willens und von der Seligkeit durch den Glauben allein ohne Werke. Viele Freunde von denen, die während der schönen Zeit des ersten freien Aufschwungs ihm zugejubelt hatten, waren irre an der Bewegung geworden und wandten sich allmählich ab: Crotus Rubeanus, der frische, unverzagte Kamerad, Pirkheimer, Ulrich Zasius, Beatus Rhenanus. Lohnte sich bei soviel täglicher Plage und Enttäuschung das Weiterleben ohne die treuen Begleiter der ersten Kämpfe? Ohne den geliebtesten, den edelsten, ohne Staupitz, der die Flamme des Glaubens in seinem Herzen entzündet hatte? Und wie, wenn sie recht hätten? Sie kamen einer nach dem andern, anklagend, drohend: Warum hast du dein Werk zerstört? Warum die gefährliche Lehre, daß der Mensch allein durch den Glauben selig werde? Daß die Werke zur Seligkeit nicht nur nichts nützen, sondern schädlich seien? Nun bleiben die Werke aus, die dem Papsttum reichlich zuströmten und vielerlei Gutes bewirkten. Es fehlte nie an Mitteln für die Spitäler, für die Schulen, für die Armen, zur Erhaltung von Geistlichen und Lehrern. Jetzt gibt niemand mehr. Warum nicht genießen, sich wohl sein lassen, die Begierden austoben, da Gott seine Gnade umsonst gibt, da er die guten Werke verachtet? Staupitz hatte geschrieben: «Sie teilen und scheiden jetzt die Werke vom Glauben, gleich als möchte man unvergleicht mit dem Leben Christi recht glauben. O List des Feindes, o Verleitung des Volkes! Derjenige glaubt gar nicht in Christum, der nicht tun will, wie Christus getan hat. – Der böse Geist gibt seinen fleischlichen Christen ein, man werde ohne die Werke gerechtfertigt, mit Anzeigung, als hätte es Paulus dermaßen gepredigt, wie ihm fälschlich und mit Unwahrheit wird aufgelegt. Paulus hat wohl wider die Werke des Gesetzes, die aus Furcht und nicht aus Liebe entspringen, in welche die Gleisner ihr Vertrauen gründen und des Menschen Heil in wichtige äußere Werke setzen, disputiert und gestritten und beschlossen, daß dieselbigen Werke nicht gut, nicht verdienstlich, sondern verdammlich seien; die Werke aber, die im Gehorsam der himmlischen Gebote, in Glauben und Liebe geschehen, hat er nie übel gedacht und von ihnen nichts denn das Beste geredet, ja sie zu der Seligkeit not und nütze verkündet.» Mein Freund und Vater, warum siehst du mich streng an? Habe ich nicht gewarnt und gesagt, aus dem Glauben fließen die Werke von selbst, und es sei kein rechter Glaube, der nicht Werke wirke? «Du hast es gesagt, als es zu spät war, du hast es mit halber Stimme gesagt, nachdem du mit lauter gesagt hattest, daß der Glaube allein ohne Werke selig mache. In der Verblendung deines Stolzes und Eigensinns hast du mich der Feigheit geziehen. Und stand ich nicht neben dir vor Cajetan? Habe ich nicht das Evangelium gepredigt, als du noch in den Banden der Kirche lagest? Ja tief, tief warst du in den Banden der Kirche verstrickt! Und jetzt verfolgst und verlästerst du alle die, die dasselbe glauben, was du damals so unbedingt, so hingegeben glaubtest, als Bösewichter und Teufel! Warst du denn damals böser, als du jetzt bist? Warum kannst du meinen Schatten nicht mehr ertragen, der ich dir lebend der teuerste aller Menschen war? Sieh die Welt an, wie sie früher war, und sieh an, was du aus ihr gemacht hast. Damals sangen Chöre von Mönchen und Nonnen vor dem ewigen Licht, die Bilder der Heiligen blickten tröstend auf die Betrübten, die Menschen auf dem Felde und das Vieh auf der Weide waren umfangen von der Gnade, die Erde war voll von der Anbetung Gottes. Und jetzt? Die Prediger zanken und verfluchen sich auf den Kanzeln, das Volk ist der Predigten müde, nachdem es Schimpfen und Lästern von seinen Hirten gelernt hat; es ist eine unheilige, dürre Welt geworden. Nur ein Stand hat bei dem Wechsel gewonnen: die Fürsten.» Blutige Schatten winden sich aus der Nacht! Münzer, Hubmaier und viele andere, zerrissen von der Folter, erschlagen, verbrannt, ertränkt. Was wollt ihr von mir? Habe ich euch zur Schlachtbank geführt? Warum habt ihr die Welt verwirrt mit unsinnigen Lehren? «War es unsinnig, daß wir die Kirche nicht dem weltlichen Regiment ausliefern wollten? Wäre es nicht besser, daß der römische Papst sie regierte, als daß die Fürsten es tun? Siehst du nicht, daß der Antichrist, da er aus der Kirche ausgetrieben ist, in den Staat schlüpft? Wie stimmt die Staatskirche zu deiner Lehre vom allgemeinen Priestertum, vom Recht der Gemeinde, ihre Hirten selbst zu wählen? Ist es fein, daß die Säufer, die Wüteriche, die Hanswurste in das Wort Gottes hineinpfuschen, Predigern befehlen und ihre Untertanen heute Weiß und morgen Schwarz glauben lassen? Unseliger, wie willst du dich rechtfertigen, wenn Gott die Seele deines Volkes von dir fordert?»

Ich habe es nicht gewollt. Es ist Menschenlos, daß wir den Fuß setzen, wo wir Raum finden, wir gehen enge, steile Pfade und merken plötzlich, daß wir in eine Schlinge geraten sind. Und doch müssen wir weiter und müssen den Fuß immer mehr in die Schlinge verwickeln. Wer stand mir in meinem Kampfe bei? Nur Fürsten hatten den Willen dazu und die Macht. Ich sah wohl, um was es ihnen zu tun war: auch die besten wollten nicht nur das reine Wort Gottes, sondern ein gestärktes und bereichertes Fürstentum dazu. Sie wollen tafeln und jagen und schöne Frauen liebhaben, und Gott soll Segen dazu geben. Wo aber ist denn einer, dem ich die Kirche freudig übergeben könnte? Der Papst ein Wolf, die Fürsten Wölfe, das Volk eine Herde von Wölfen und Schafen. Wenn der Glaube leidet und die Völker leiden, ach, ich leide mehr als alle. Meine Feinde sagen, daß ich den Fürsten geschmeichelt habe, daß ich sie beschimpfe, solange sie dem Papst anhängen, und sie zu Göttern mache, wenn sie lutherisch werden. Muß denn nicht eine Ordnung sein? Muß nicht irgendwo Befehl und eine Macht sein, dem Befehl Gehorsam zu verschaffen?

«Mag das in weltlichen Dingen sein; aber im Glauben? Hast du nicht selbst gesagt, daß Gott den Glauben gibt? Daß der Glaube sich nicht zwingen läßt? Daß jeder mit seinem Glauben selbst vor Gott stehen muß? Kein Priester solle sich zwischen Gott und den Menschen drängen? Aber nun hast du die Fürsten dazwischengeschoben. Wenn heute ein Fürst deinen Katechismus aufrichtet, müssen seine Untertanen nach deinem Katechismus beten; wenn er morgen stirbt und sein Sohn den Thron besteigt, müssen sie deinen Katechismus auf den Kehricht werfen und nach einem anderen beten, den du verfluchst. Dahin ist es mit deiner neuen Lehre von der Obrigkeit und mit deiner Erkenntnis Gottes gekommen. Mögen alle Menschen Kinder Gottes sein, die Fürsten sind selbst Götter. Sie haben es endlich durch dich erreicht, daß sie niemanden mehr über sich haben, nicht den Kaiser und nicht Gott. Von ihnen empfangen die Völker den Glauben; der Gott im Himmel ist ihnen ferner gerückt als jemals. Im Papsttum haben die versammelten Priester über den Glauben der Völker entschieden, jetzt entscheidet ein einziger Laie in den Stunden, wo er nicht betrunken ist. Du sagst, es muß eine Obrigkeit sein. Warum durftest du dich denn dem Papst widersetzen, der deine Obrigkeit war? Warum dürfen sich die Fürsten dem Kaiser widersetzen, der ihre Obrigkeit ist? Warum die Gemeinden den Bischöfen, die ihre Obrigkeit sind? Ist die Freiheit nur für dich und für das deutsche Volk die Knechtschaft? Als die Bauern den Kopf unter das Beil legen mußten, wandtest du dich ab und sagtest: ihnen geschieht recht.

Wiederum Schatten, Bauern, triefend von Blut und Schweiß, ausgestoßen, verlassen von Gott und den Menschen. Rohe einfältige Bauern; aber sind sie nicht auch Ebenbilder Gottes? Hattest du ihnen nicht eine bessere Zukunft verheißen?

Ist das nun das Glück und die Freiheit und der Reichtum des deutschen Volkes, die ihnen werden sollten, wenn die Herrschaft des Papstes gebrochen wäre? Wenn das Geld nicht mehr nach Rom und in die Ablaßkästen flösse? Nun fließt das Geld des Volkes in die Kisten der Fürsten, damit sie desto mehr fressen und saufen können. Der Adel zieht die Stiftungen ein, die seine Väter der Kirche machten zur Ehre Gottes und zur Unterstützung der Armen. Vielleicht werden einige Schulen davon gegründet; aber die Lehrer und die Geistlichen darben. Während die Fürsten ihre Schlösser mit unnützem Prunk füllen, verelenden die Bauern und verarmen die Städte. Aber Reichtum und Armut zusammen wird der Bürgerkrieg verschlingen. Denn wer aufmerksam horcht, vernimmt ein gedämpftes Klirren von Waffen und huschende Schritte von Knechten, die zu den Werbeplätzen eilen. Wenn der Türke den rechten Augenblick erspäht, wird er über den Trümmern des Reichs, das sich selbst zerfleischt, seine Herrschaft aufrichten. Niemals wäre Einigkeit so nötig gewesen wie jetzt. Im Osten ist ein Wall nach dem andern gefallen, die heidnische Flut wälzt sich heran.»

Habe ich denn Uneinigkeit gewollt? Habe ich das Reich auseinanderreißen wollen? War einer im Reich, der die Reform nicht wollte? Warum haben sie das Wort Gottes nicht vernommen?

«Das Wort Gottes! Deine, deine Worte hast du gewollt, daß sie hören! Du willst der einzige sein, der es recht verstanden hat. Viele sagen, Zwingli habe es besser verstanden. Sieh, wieder ein blutiger Schatten. Warum ergriffest du die Hand nicht, die er dir in Marburg bot? Mag sein, daß er hochmütig, überheblich, rechthaberisch war, warest du es nicht noch mehr? Er wünschte doch Frieden mit dir. Er war ein aufrechter Mann und ging für seinen Glauben in den Tod. War es christlich, über seinen Tod zu frohlocken? War es christlich, um der verschiedenen Auslegung eines Herrenwortes willen des Herrenwortes zu vergessen, das Liebe und Nachsicht gebietet? Bist du der einzige, der nicht irren kann?»

Ihr sagt, ich habe ein neues Papsttum aufgerichtet. Wenn ihr darunter versteht, daß ich die Gebote der Schrift für die Gemeinde auslege, so habt ihr recht. Ich nehme sie auf mein Gewissen, ich vertrete sie vor Gott. Es ist nicht meine Schuld, daß es so wenig wahre Christen gibt, daß so wenige den rechten Glauben haben, daß sie nur ihre eigene Albernheit und ihren Wahn in der Bibel suchen.

«Wenn das so ist, warum denn die Kirche zerstören, die die Last der Verantwortung trug? Der Glaube, den sie lehrte, war durch Jahrhunderte geheiligt und von vielen bestätigt, und Heilige haben in ihm gewirkt. Ist es recht, ein Volk von seiner Vergangenheit loszureißen?»

Es wäre Vermessenheit, alle die Schwerter benennen zu wollen, die Luther während seiner Anfechtungen sich selbst in die Brust stieß. Gewiß konnte er nicht alle unheilvollen Folgen der Spaltung voraussehen, und manches Übel, das sie einschloß, wurde ihm wohl nicht bewußt. Zuweilen fiel ihm ein, daß manches von dem, was er jetzt verfolgte und tadelte, einmal gut und angemessen gewesen war; vielleicht aber dachte er nie daran, daß auch ein Volk ein Gedächtnis hat wie der einzelne und daß es ein gefährlicher Eingriff ist, das Gedächtnis zu zerstören. Luther gewöhnte seine Anhänger daran, alles was vor ihm gewesen war und geschehen war, in Bausch und Bogen zu verwerfen. Die Protestanten fingen gleichsam von vorn an, protestierten gegen ihre ganze so reiche, so stolze Vergangenheit. Für die Protestanten versank das Reich und verschwand der Reichsgedanke, weil er mit dem Papsttum verknüpft war, vom Reich und der Vergangenheit abgeschnürt wurden die Untertanen in die kleinen Fürstentümer gebannt, wo ihre Anschauungen sich verengten und trübten. In diesen Bezirken lebten sie dumpf und geduldig hin, auf Befehl ihrer Fürsten in krampfhaften Patriotismus ausbrechend. Hatte Luther solche Menschen aus seinen Deutschen machen wollen? Nein, er hatte ein anderes Vorbild aufgestellt: den christlichen Ritter, Herrn der Sterne, furchtlos vor Tyrannen und Teufeln, freudig im Elend, freudig in der Fülle, Feind des Bösen, aus Liebe allen dienstfertig, allen hilfsbereit. Würde es solche Ritter geben in dem Obrigkeitsstaate, den er aufgerichtet hatte? Und er selbst? War er noch der den Sternen gebietende Heros? Er, das sanftlebende Fleisch zu Wittenberg! Während draußen seine Anhänger das Feuer verzehrte, weidete er sich an den vollen Krippen fürstlicher Beamtung. Als er verfolgt wurde, verbarg er sich im behaglichen Schlupfwinkel der Wartburg. Er hatte sich Gott entzogen; oder hatte Gott sein Opfer nicht gewollt? Würden die Namen seiner Feinde im Buche der Märtyrer leuchten, wenn kommende Geschlechter ihn als den dicken Papst von Wittenberg verfluchten? War er von Gott verworfen? Warum ließe er es sonst zu, daß der Teufel ihn mit solchen Anfechtungen marterte? Oder wie, wenn Gott der Teufel wäre, der Teufel Gott? Oder wenn es keinen Gott gäbe?

Luther hat selbst erzählt, daß die schwerste seiner Prüfungen war, wenn er Gott und Christus verlor und die Welt leer wurde. Die Schwungkraft des Glaubens, die ihn hoch erhoben, überschwenglich beseligt hatte, ließ nach, versiegte ganz. Es ist keinem Menschen gegeben, auf der Höhe des Gefühls sich immer zu erhalten, am wenigsten einem Menschen, der seine Kraft so maßlos verschwendete. Diese Stunden, wo sein Glaube erlosch, waren furchtbarer, als sich ausdenken läßt. Die Erde wurde zu einem Gräberfeld, zu einer Eiswüste. Das Leben verlor seinen Sinn, Luther war ein Betrüger. Für ein Phantom waren seine Anhänger in Flammen gestorben. Ja, selbst wenn Gott wäre, was wäre er, wenn er auf einem so schwankenden Grunde ruhte, wie der Glaube ist? Nur wenige hatten Luthers Glauben, und selbst Luthers Glaube war nur fliegender Sand. Wäre es nicht besser, der Papst und seine Priester, eine unsterbliche Schar, gerüstet mit unanfechtbaren Dogmen, glaubten für alle, bürgten ihnen für das Dasein und das Wesen Gottes, den zu glauben sie selbst zu schwach sind? Wie ein Gewitter in immer heftigeren Schlägen sich entlädt, mit vernichtenden Blitzen trifft, und dann die Donner schwächer rollen und in der Ferne verschweben, so erschöpfte sich auch die Qual der Anfechtungen. Zuweilen berührte das warme Wort eines Freundes und führte den Verzweifelten aus der Höllen-einsamkeit des leeren Raumes in den Kreis der Lebendigen zurück. Ein Tränenstrom beendete wohl den Anfall.

Einigungsversuche

Als Karl V. im Frühling 1530 nach Deutschland kam, um nach neun Jahren zum ersten Male wieder einen Reichstag selbst zu leiten, kam er als Sieger. Mit Frankreich, England, Venedig hatte er Frieden geschlossen. Der Papst, Clemens VII., hatte den Gehaßten, dessen Truppen Rom verwüstet hatten, in Bologna, nicht ohne tiefe Seufzer auszustoßen, mit der Kaiserkrone gekrönt. Die Protestanten hatten Ursache, besorgt zu sein: der Kaiser hatte die Hände frei, um sie gewaltsam zu unterwerfen. Das Gerücht, das bei der Langsamkeit und Unsicherheit der Nachrichten sich nach Lust ergehen und mehr als heute wirken konnte, flüsterte von gewaltigen Rüstungen des Kaisers und seinen blutdürstigen Absichen; es schien angezeigt, sich zur Wehr zu setzen. Des jungen Landgrafen Kriegslust flammte auf; er hielt den Augenblick für gekommen, mit dem Schwerte zu protestieren. Darin verstand er sich gut mit Zwingli, der großartige, die ganze evangelische Welt ins Auge fassende Pläne ausgearbeitet hatte. Beide glaubten im Besitz der wahren Religion zu sein und wollten sie so weit wie möglich ausbreiten, wenn dadurch auch Brüder voneinandergerissen würden. Das religiöse Bewußtsein beherrschte mit solcher Energie die Gemüter, daß alle anderen Bindungen dagegen zurücktraten. Capito und Oekolampad, die angesehenen Reformatoren von

Straßburg und Basel, waren der Ansicht, ein Bündnis unter religiös Gleichgesinnten gewähre stärkeren Schutz als jede politische Verbindung, und angesichts der Religionsgefahr hätten alle anderen Bünde zurückzutreten. Hatten doch auch die katholischen fünf Orte der Eidgenossenschaft sich nicht gescheut, ein Bündnis mit Österreich einzugehen, dessen Spitze sich gegen die evangelischen Eidgenossen kehrte. Philipp von Hessen und Zwingli richteten den Blick nicht nur auf die evangelischen Reichsstände, sondern auch darüber hinaus auf Dänemark und sogar auf Frankreich; Zwingli glaubte gern an das Gerücht, Franz I. neige, durch seine Schwester beeinflußt, zum Evangelium. Auflehnung gegen den Kaiser hatte für beide nichts Erschreckendes. Philipp, so warmherzig er war, wurde durch Regungen der Pietät nicht gehemmt; warf er doch die Gebeine seiner Ahne, der heiligen Elisabeth, nachdem er die Heiligenverehrung abgetan hatte, aus der Kirche heraus, wo sie ruhten. Zwingli vollends fühlte sich zwar als Deutscher, aber nicht als Reichsdeutscher. Die Eidgenossenschaft, in der Anhänglichkeit an den Kaiser entstanden, wurde widerkaiserlich, nachdem das Kaisertum wie ein erblicher Besitz an das Haus Österreich, den Erbfeind der Schweiz, gekommen war. Als nun gar die katholischen Orte mit Österreich die christliche Vereinigung geschlossen und dadurch die Entzweiung zwischen den Eidgenossen vollendet hatten, haßte Zwingli den Kaiser. Ganz anders fühlte Luther. Gerade von seinem überwiegend religiösen Standpunkt aus lehnte er gewaltsame Verbreitung des Glaubens ab, das Wort allein sollte kämpfen und wirken, wie er so oft gesagt hatte. Dann aber stand er ganz anders als Zwingli zu Kaiser und Reich. Auflehnung der Stände gegen den Kaiser, das Haupt des Reiches, hielt er für ein Unrecht, zu dem er nicht raten wollte. Nach seiner Auffassung von den Beziehungen im Reiche waren die Fürsten dem Kaiser ebenso unterworfen wie die Bürgermeister von Torgau dem Kurfürsten von Sachsen. Die Juristen und mehrere Geistliche widersprachen ihm, ohne ihn anderen Sinnes machen zu können, und Kurfürst Johann von Sachsen und Markgraf Georg von Brandenburg dachten wie er. Ihr Entschluß wurde bestimmend für die Haltung der evangelischen Partei; trotz Philipp von Hessen wurde auf gewaltsamen Widerstand verzichtet. Man beschloß, die Sache Gott anheimzustellen, vom Wort nicht zu lassen und für das Wort zu leiden, wenn es sein müsse, auch den Tod. Wieviel weltliche Interessen zu der unerschütterlichen Anhänglichkeit der Fürsten an das Evangelium beitragen mochte, sie waren in diesem bedeutenden Augenblick von aufrichtiger Frömmigkeit erfüllt. Sie waren ein kleines Häuflein gegenüber der Macht des Kaisers und der katholischen Stände, sie waren ersichtlich in Gefahr, der Kurfürst von Sachsen, der noch nicht vom Kaiser belehnt war, mußte damit rechnen, daß der Kaiser ihm die Kur nehmen und auf den katholischen Herzog Georg, seinen Vetter, übertragen würde; aber gerade er schätzte Gottes Gnade höher als irdischen Besitz und gab sich in Gottes Hand. Es sind zwei Wege, sagte er, Gott verleugnen oder die Welt; denke ein jeder, welches am besten sei. So ihr stille wäret, wäre euch geholfen; das war Luthers Lieblingsvers in den Psalmen. Etwas anderes kam hinzu, daß sie nämlich alle, besonders Luther, im Herzen auf die Milde des Kaisers hofften. Luther war empfänglich für den kindlichen Glauben an die mystische, friedenbringende Aufgabe des Kaisers, die seit Jahrhunderten im Volke fortlebte. Er sah Karl immer noch, wie er ihm in Worms erschienen war, als das Lamm unter Wölfen. Viele nahmen an, er werde vom Papst und dessen bösartigem Anhang zu Gewalttaten gedrängt, er persönlich sei milde nach der angeborenen Art des Hauses Österreich und komme mit versöhnlicher Gesinnung.

Karl war damals 30 Jahre alt, jung, aber ein fester, selbständiger Charakter, seiner ungeheuren Macht gewachsen. Er konnte haben, als hätte er nicht: er ließ sich naß regnen, um sein Barett zu schonen, aber konnte kaiserliche Pracht entfalten, wenn sein Ansehen es erforderte; es war eine Aufgabe, der genügt wurde. Als er während des Schmalkaldischen Krieges bei Ingolstadt lagerte, ließ er sich unter dem heftigsten Bombardement durch den Feind von dem damals berühmten Mathematiker Petrus Apiani – er hieß Bienewitz und stammte aus Meißen – ein astronomisches Instrument erklären. Einige Jahre zuvor hatte er den Gelehrten in den Adelsstand erhoben und zum Pfalzgrafen ernannt. Dem Mathematikprofessor war nicht wohl zumute, er hätte lieber einen sicheren Winkel gesucht; allein der großmütige Karl, so erzählt der Berichterstatter, stand ganz unerschrocken da und hörte aufmerksam zu, obwohl es so gefährlich zuging, daß eine vierpfündige Stückkugel mitten durch das kaiserliche Zelt flog. In jeder Lage eine stolze Haltung zu bewahren gehörte zum Kaisertum. Karl V. war ein durch und durch vornehmer Mensch. War es eine Folge der Erziehung oder das Bewußtsein seiner allen Menschen übergeordneten Stellung, er trat niemals prahlerisch, laut, aufdringlich auf, aber er ließ sich von keinem Auge schwach oder von Leidenschaft überwältigt sehen. Er liebte nur wenige Menschen, vor allen seine Schwestern und am meisten seine Frau, diese mit innigster Hingebung; im allgemeinen war er, wenn auch zurückhaltend, doch verbindlich und liebenswürdig, ja er wußte einen Ton vertraulicher Herzlichkeit anzuschlagen, wie die Deutschen es liebten. Ein Feinschmecker und nicht so mäßig, wie seine Ärzte es vorschrieben, war ihm doch die wüste Ausschweifung der deutschen Fürsten im Essen und Trinken widerwärtig, und er ließ das gelegentlich merken. Er stand zwischen ihnen wie ein Tierbändiger, der zufällig ohne Waffen zwischen Tiger und Panther geraten ist, darauf angewiesen, sie durch seine gelassene Haltung und seinen festen Blick zu beherrschen. Bis zu einem hohen Grade gelang ihm das; sein vornehmes Wesen und seine Selbstbeherrschung imponierten den Deutschen und wirkten stark auf sie, die zum größeren Teil ganz anders waren, naiv und roh, gewohnt, sich gehen zu lassen, und die sich deshalb gegenseitig in ihren Schwächen durchschauten. Trotzdem er von Anfang an das Luthertum vollständig abgelehnt hatte, rühmten ihn gerade verschiedene Reformatoren, einige waren geradezu bezaubert von ihm. Melanchthon erschien er wie ein Heros des Altertums, den dazu noch Milde ziert.

In der Tat war Karl nicht nur nicht grausam, sondern er zog, wenn es sich tun ließ, die gelinden Mittel den gewaltsamen vor; aber er war durch und durch Kaiser und Staatsmann, und wenn seine politischen Zwecke sich nicht anders erreichen ließen, konnte er sehr hart sein. Da Einigkeit der Stände zur Bekämpfung der Türken notwendig war, hielt er es für seine Pflicht, Einigkeit zu erzwingen. Die Bekämpfung der Türken war die Aufgabe des Kaisers wie der Herren von Österreich, die Bekämpfung der Häresie hing unzertrennlich damit zusammen. Daß er gewaltsame Unterdrückung der Ketzerei nicht verschmähte, sie wohl für die bequemste und sicherste Art hielt, zum Ziele zu kommen, bewies sein Verhalten in den Ländern, die ihm unmittelbar unterworfen waren oder seinen Standpunkt teilten, in den Niederlanden und in Spanien. Das war keine besondere Härte seinerseits, sondern geltendes Recht, das jetzt nur strenger ausgeübt wurde. Indessen, Karl war weder kleinlich noch eigensinnig; da im Reich die Verhältnisse anders lagen, schlug er hier andere Wege ein. Er war hier auf den guten Willen der Stände angewiesen, konnte nicht schlechtweg befehlen, was er natürlich lieber getan hätte. Nicht einmal auf die katholischen Stände konnte er unbedingt zählen, denen ihre Libertät fast ebenso heilig war wie ihr Glaube; vielleicht war ihm kein protestantischer Stand so feind wie die katholischen Bayernherzöge, die nicht nur nach Böhmen trachteten, sondern das Kaisertum gern an die Wittelsbacher gebracht hätten. Von dem Kurfürsten Albrecht von Mainz wußte man nie, ob er nicht doch heiraten und sein Bistum säkularisieren würde. So nahm denn sein gefürchteter Einzug ins Reich zuerst einen freundlichen Schein an. Sein Reichstagsausschreiben sagte, daß er mit Hilfe der Stände dahin wirken wolle, daß eine einige wahre Religion angenommen werde, damit, wie sie alle unter einem Christus lebten und stritten, sie auch alle in einer Gemeinschaft der Kirche lebten. Er erklärte sich bereit, die Meinungen der Stände anzuhören; die Protestanten sollten ein schriftliches Bekenntnis ihres Glaubens einreichen dürfen: Das war ein den Vertretern des Papstes höchst widerwärtiges Zugeständnis.

Gleich nach der Eröffnung des Reichstages begannen freilich die Schwierigkeiten, indem der Kaiser wollte, daß alle Stände sich an der Fronleichnamsfeier beteiligten, was die evangelischen ablehnten; allein, man kam über den Gegensatz hinweg, und die Protestanten setzten sogar durch, daß die religiöse Frage vor der Türkenhilfe behandelt würde und daß der Kaiser ihr mündliches Bekenntnis anzuhören einwilligte. Es war dies die berühmte *Confessio Augustana,* die von Melanchthon verfaßt war und die nun am 25. Juni in der etwa 200 Menschen fassenden bischöflichen Kapelle von dem kursächsischen Kanzler Bayer in deutscher Sprache vorgelesen wurde. Er sprach so laut, daß die unten im Schloßhof versammelte Menge den Wortlaut verstehen konnte. Während des zwei Stunden dauernden Vortrags herrschte vollkommene Stille, und der Kaiser hörte aufmerksam zu; da er nur seinen niederdeutschen Dialekt sprach, wird er wenig verstanden haben. Es war ein großer, für die Gemüter der Protestanten erschütternder Augenblick. Sie, deren Führer geächtet war, so daß er nicht in Augsburg anwesend sein konnte, hatten ihren verfemten Glauben vor Kaiser und Reich bekannt. Er war damit aus einer verdammten Winkelketzerei zu einer öffentlichen Tatsache geworden.

Gleichwohl, und obwohl das Bekenntnis auf manche Katholiken einen starken Eindruck gemacht hatte, war der Erfolg anders, als die Protestanten erwartet hatten. Der Kaiser ließ von mehreren katholischen Theologen, unter denen Eck, Luthers alter Feind, der Wortführer war, eine Erwiderung, die *Confutatio*, verfassen, die er zwar, da er sie zu grob fand, zu mildern befahl, die aber in der Sache gleichblieb, den unnachgiebigen katholischen Standpunkt vertrat und alles, was die *Augustana* aus der Heiligen Schrift erwiesen zu haben glaubte, als irrig bestritt. Daraufhin betrachtete der Kaiser die Neugläubigen als widerlegt und verlangte schlechthin Unterwerfung der Besiegten. Es war, da die Protestanten das entrüstet ablehnten, eine förmliche Entzweiung und Auflösung des Reichstages zu befürchten. Dahin wollten es aber der Kaiser und die Mehrzahl der katholischen Stände doch nicht kommen lassen; schon früher in Aussicht genommene Ausgleichsverhandlungen wurden eingeleitet, was besonders dem Kaiser angenehm war; er meinte, da Katholiken und Protestanten in wesentlichen Punkten des Glaubens übereinstimmten, müsse ein beide Teile einigendes Bekenntnis zu ermitteln sein. Ein Ausschuß wurde eingesetzt, in den von beiden Seiten je zwei Fürsten, zwei Juristen und drei Theologen gewählt wurden. Unter den katholischen Theologen war der bedeutendste Eck, unter den evangelischen Melanchthon, der seinen Kurfürsten auf den Reichstag begleitet hatte. Die furchtbare Tragik der Glaubensspaltung offenbarte sich bei diesen Verhandlungen in der Seele

Melanchthons, eines ihrer unglücklichsten Opfer. Der Humanist, der von Luthers beherrschendem Geiste in die Theologie hineingerissen war, der zwar von der Wahrheit des evangelischen Glaubens überzeugt, aber von Luthers Glaubensglut nicht beschwingt war, zitterte unter der Verantwortung, die ihm aufgeladen war.

Daß die Einheit des Glaubens erhalten werden müsse, darin waren alle einig; hatte doch ein Schisma stets für etwas überaus Verderbliches, ganz Unerträgliches gegolten. Auch dachten die Evangelischen nicht an Absonderung von der Kirche, sondern wollten die wahre katholische Kirche sein und wollten, daß die Katholiken das einsähen; diese konnten darin nur eine unerhörte Anmaßung und Auflehnung der Ketzer sehen. Während von Ausgleich und Vermittlung gesprochen wurde, dachte jede Partei im Grunde nur, wie sie die andere zu sich hinüberziehen könnte, ohne von ihrer Wahrheit das Geringste aufzugeben. Melanchthon dachte anders, er war wirklich bereit, um des Friedens willen nachzugeben.

Der Vater Melanchthons war ein Waffenschmied gewesen, dem Kaiser Maximilian aus Freude über einen von dem Meister verfertigten Harnisch ein Wappen verliehen hatte; einen Löwen, von dessen Tatzen die eine auf einem Hammer, die andere auf einem Amboß ruhte. Philipp, der Sohn, trat ungerüstet und nicht wie ein Löwe ins Leben. Er hatte einen schnellen und scharfen, aber nicht sehr in die Tiefe gehenden Verstand, er war zart und empfindlich und litt schmerzlich unter Angriffen, was nicht hinderte, daß er selbst erbarmungslos hart sein konnte. Durch seinen Oheim Reuchlin auf das Studium der Bibel hingewiesen, kannte und liebte er sie, er teilte die allgemeine Abneigung gegen die Mönche und soll einen der Dunkelmännerbriefe verfaßt haben; aber sich von der Kirche zu trennen wäre ihm deshalb nicht eingefallen. Als die herrische Freundschaft Luthers ihn an sich riß, gab er sich seinen Gedankengängen hin und faßte sie in den berühmt gewordenen *loci communes* zu einer Art von System zusammen. Seinem Verstande hatten Luthers Ideen durchaus eingeleuchtet, am Herzen lagen ihm aber nach wie vor die humanistischen Studien, wie er denn außergewöhnlich begabt für Sprachen war. Als die zerrüttenden Folgen der Reformation sich geltend machten, konnte Luther sich des göttlichen Willens getrösten, der ihn ergriffen hatte wie ein Sturm, unter den der Mensch sich zu beugen hat, falle die Welt auch in Trümmer; Melanchthon, der die göttliche Notwendigkeit nicht in sich fühlte, wog eines gegen das andere ab und kam zu einer Überlast von Unheil und Schädlichkeit auf seiten der Reformation. Das Grundübel sah er darin, daß die Leitung der Kirche dem Staate ausgeliefert worden war. Daraus, daß die bischöfliche Gewalt an die Landesherren überging, sah er eine Cäsaropapie entstehen, die er für verderblicher hielt als die Herrschaft des Papstes. Eine andere Möglichkeit als die Fürstenherrschaft sah er für die evangelische Kirche nicht; außer ihr gab es in seinen wie in Luthers Augen nur die Anarchie. Seit den Tumulten von Wittenberg und dem Bauernkriege hielten sie beide das deutsche Volk für unfähig zu irgendeiner Art von Selbstverwaltung, für eine einfältige, unbändige, nur unter strenger Zucht erträgliche

Masse. Bereits machte sich bemerkbar, daß die protestantischen Pfarrer, seitdem der priesterliche Stand aufgehoben war, keine Achtung mehr beim Volke genossen. Schließlich schienen die Streitigkeiten innerhalb der neuen Kirche zu ihrer völligen Auflösung zu führen; Melanchthon sah keine andere Rettung als Anschluß an die alte. Schon in der Augustana hatte er das Gegensätzliche weniger betont als das Übereinstimmende; besonders heikle Punkte, wie den Primat des Papstes, wovon doch eigentlich alles abhing, hatte er ausgelassen. Luther nannte sie deshalb gutmütig, weil sein Philipp sie verfaßt hatte, die Leisetreterin. Da ihre Zurückhaltung von katholischer Seite nicht anerkannt worden war, glaubte Melanchthon ihnen noch mehr entgegenkommen zu müssen. Die Erhaltung der bischöflichen Gewalt wünschte er geradezu, aber er wollte sich sogar den Papst gefallen lassen; «wenn er schon der Antichrist ist, so können wir doch unter ihm leben, wie ehemals die Juden unter Pharao und unter Kaiphas.» Sogar das *sola fide,* worauf Luther, mit grimmigem Humor auftrumpfend, ausdrücklich bestanden hatte, daß der Glaube allein zur Seligkeit helfe, wollte er preisgeben. Damals schrieb ihm ein protestantisch gesinnter Venezianer vorwurfsvoll, er solle mehr Mut und Standhaftigkeit beweisen: «Wo es sich um die Wahrheit handelt, darfst du weder auf Kaiser noch auf Papst noch sonst einen Sterblichen Rücksicht nehmen, sondern allein auf den unsterblichen Gott ... Wisse, daß ganz Italien in ängstlicher Spannung dem Ausgange der Versammlung in Augsburg entgegensieht. Was dort beschlossen wird, das werden um des Ansehens des Kaisers willen alle anderen Länder gutheißen.» Melanchthon litt unsäglich; er wußte, daß Luther sein Verhalten mißbilligen werde, daß viele Glaubensgenossen ihn für einen Verräter und bestochen hielten, und er sah, daß er bei den Katholiken kein Verständnis fand und keinen Freund unter ihnen gewann. Je mehr er ihnen entgegenkam, desto rücksichtsloser beharrten sie auf völliger Unterwerfung. Nicht einmal die Priesterehe, die manche Katholiken für zulässig hielten, wollten sie zugestehen. An dieser Unnachgiebigkeit scheiterten die Verhandlungen. Die Evangelischen, auf das Schlimmste gefaßt, waren nur darauf bedacht, untereinander Einigkeit zu schaffen, damit sie dem Gegner eine möglichst starke Front entgegenstellen und den Vorwurf entkräften könnten, niemand wisse, was eigentlich die evangelische Wahrheit sei. Melanchthon nämlich, dem es darauf ankam, die alte Kirche zu gewinnen, hatte sich auf dem Reichstage von Anfang an von den Anhängern Zwinglis in auffallender Weise zurückgehalten; er hoffte dadurch, daß er sie als häretische Sekte ablehnte, als echter Katholik zu gelten. Er stellte die Zwinglianer auf eine Stufe mit den von allen Seiten verworfenen und verdammten Wiedertäufern. Diese Politik verdroß den Landgrafen von Hessen, der mit Zwingli befreundet war, und die oberdeutschen Städte, die ihm anhingen. Mit dem Scheitern der katholisch-evangelischen Verhandlungen war das Preisgeben der evangelischen Brüder vollends gerichtet.

Bei den Einigungsversuchen unter Lutheranern und Zwinglianern trat Martin Butzer in den Vordergrund. Martin Butzer, der Ehestifter, eignete sich wie kein anderer dazu, Getrenntes sich näherzubringen. Er war nicht nur sehr gelehrt, sondern hatte sein Wissen stets bei der Hand und war nie um den passenden Ausdruck und die geschickte Formulierung verlegen. Es wird erzählt, daß er bei einem Religionsgespräch, während der Gegner seine Thesen aufstellte, Briefe an Freunde schrieb, dann, als der andere mit seinem Vortrage fertig war, den Inhalt desselben kurz zusammenfaßte, den Vorredner fragte, ob er den Sinn seiner Behauptungen richtig wiedergegeben habe, und als dieser bejaht hatte, ihn widerlegte. Er konnte an einem Tage mehr schreiben, als zwei Schreiber abschreiben konnten. Indessen ist es jetzt beschwerlich, seine langen Briefe und weitschweifigen Abhandlungen zu lesen, während jeder Satz Luthers blühend und packend ist wie einst. Auch in seinen unserem Interesse etwa entrückten Schriften blitzt seine lebendige Persönlichkeit, und durch ihre zeitlich gebundene Wahrheit leuchtet die ferne Klarheit der ewigen. Vor dem Zauberwort des großen Dichters verdorrt das flinke Wort des systematischen Kopfes zu Stroh. Der lebende Butzer jedoch war nicht nur ein redegewandter und überzeugungstreuer Mann, er erkannte auch bereitwillig die Überlegenheit Luthers an. Seit er zuerst in Heidelberg durch seine holdselige Rede hingerissen war, hat er nie in der Verehrung des Reformators gewankt, sich nie durch seine Härten, die gerade er vielfach erfuhr, irremachen lassen, sondern den beleidigten und entrüsteten Zwinglianern, deren Ansichten er teilte, immer wieder beizubringen versucht, daß man den Helden der Reformation, den Auserwählten Gottes, nehmen müsse, wie er sei, den Blick für seine

Größe sich durch Empfindlichkeit nicht dürfe trüben lassen.

Noch während des Reichstages reiste Butzer mutig nach Koburg, um Luther für die Einigung zu gewinnen, und fand den vulkanischen Riesen zugänglicher als sonst. Allein zwischen Wolken und Vögeln hatte er wieder glückliche Tage, wo er träumte und dichtete, wenn auch die verjagten Dämonen zuweilen um so wütender zurückkehrten. Hier schrieb er den wundervollen Brief an den Kurfürsten Johann, dessen Herz, seinem Herrn Gott und seinem Herrn dem Kaiser gleich treu ergeben, doch nicht beiden dienen konnte; es war, als wolle er ihn durch Musik trösten, deren er selbst, wenn er in Melancholie verfallen war, so sehr bedurfte, denn er schrieb Worte, wie man Akkorde auf der Harfe greift. Auch an Melanchthon schrieb er behutsam und liebevoll beruhigend, obwohl er mit seiner ängstlichen Nachgiebigkeit durchaus nicht einverstanden war. Zwingli hatte inzwischen unter der Einwirkung von Luthers Gedanken seine Auffassung vom Abendmahl gewandelt, so daß er die Anwesenheit von Christi Leib annahm; dieser Umschwung erleichterte die Verständigung mit Luther. Hoffnungsvoll eilte Butzer weiter; aber nun wies ihn Zwingli ab, der die Besonderheit seiner Meinung betont wissen wollte. Der Tod Zwinglis, der im folgenden Jahre in dem unglücklichen Kriege mit den katholischen Orten fiel, räumte das größte Hindernis der Einigung hinweg. Die süddeutschen Städte, die den Rückhalt an Zürich und Bern verloren hatten, suchten Anschluß an das Luthertum. Oekolampad, der mit Zwingli einig gewesen war, starb ein Jahr nach ihm an der Pest.

Butzer, der theologische Führer des wichtigen Straßburg, auf den das Ansehen des Verstorbenen überging, war der Vorkämpfer einer Verständigung. Seinem unermüdlichen Wirken ist es hauptsächlich zu danken, daß im Jahre 1536 die Wittenberger Konkordie zustande kam. Seine Meinung, daß Luther, der Erwählte Gottes, als solcher vor allen anderen zu ehren und daß er gutmütig und leicht zu beeinflussen sei, wenn man ihm nur nicht widerspreche, trug den Sieg davon und bewog die süddeutschen Theologen, ihn in Wittenberg aufzusuchen. Hier gab es erneute Schwierigkeiten; denn Luther, der sich brieflich zu allem bereit erklärt hatte, zog sich auf seinen alten Argwohn zurück, es sei den Süddeutschen doch nicht rechter Ernst mit der Annahme der realen Gegenwart Christi im Abendmahl. Schließlich drehte sich der Streit um die Frage, ob auch der Gottlose den Leib Christi empfange, was Butzer und seine Partei nicht zugeben wollten. Luther hatte nicht unrecht, wenn er dachte, daß ihre Vorstellung vom Abendmahl im Grunde immer noch sehr von der seinigen abweiche, daß sie an das Zusammenströmen des unsichtbaren Leibes mit dem sichtbaren Brot nicht glaubten; aber er überzeugte sich von ihrer Frömmigkeit und ihrem aufrichtigen guten Willen, auf seine Gedanken einzugehen und ließ es dabei bewenden. Nach einer kurzen Beratung mit seinen Freunden verkündete er den harrenden Gästen, daß er sie als Brüder annehme. Alle diese Männer, die so schwer um ihren Glauben gerungen und so innig nach Verständigung sich gesehnt hatten, waren von dem Segen dieses Augenblicks überwältigt. Die Spaltung, die so viel Ärgernis gegeben hatte, war überwunden; auf Grund der Konkordie konnten die Neugläubigen sich zu gemeinsamer Verteidigung ihres Glaubens zusammenschließen, wenn sie deswegen sollten angegriffen werden. Sie ahnten nicht, daß in Straßburg bereits ein Mann, ein französischer Flüchtling, lebte, der eine neue protestantische Sekte gründen und dadurch eine viel folgenschwerere Spaltung hervorrufen sollte.

Wie ein dünner farbloser Faden ziehen sich Religionsgespräche zwischen den verschiedenen christlichen Parteien durch die folgenden Jahrzehnte. Jedes deutsche Land, das das Evangelium annahm, hatte seine Besonderheiten in der Lehre und in den Bräuchen und konnte nur unter mühseligen Weiterungen zu einer Art von Einigung mit den übrigen gebracht werden. Noch schwieriger, eigentlich aussichtslos waren die Verhandlungen zwischen Katholiken und Protestanten, obwohl dem versöhnlichen Melanchthon und dem Formulierungskünstler Butzer auf katholischer Seite zuweilen Männer gegenüberstanden, die, wie der edle Contarini, eine Verständigung von Herzen wünschten. In Hinsicht auf die Priesterehe und das Abendmahl in beiderlei Gestalt waren die Altgläubigen nachgiebig; aber schon die verschiedene Auffassung der Messe bildete ein unüberwindliches Hindernis. Karl V. begünstigte die Gespräche. Sie waren gewissermaßen Vorläufer des Konzils, das nach allgemeiner Aussage der Spaltung und allem Streit ein Ende machen sollte. Wenn man sich vertrug, wenn der Kaiser den gewaltsamen Eingriff zurückhielt, war es, weil man auf die gütliche Entscheidung des Konzils hoffte. Ob ein Konzil, das die Katholiken als solches anerkannten, frei sein konnte, wie die Protestanten forderten, daß es sein müsse, das wurde nach einem stillschweigenden Übereinkommen nicht untersucht. Auch das zeigt, wie schwer man sich entschloß, eine dauernde Trennung ins Auge zu fassen.

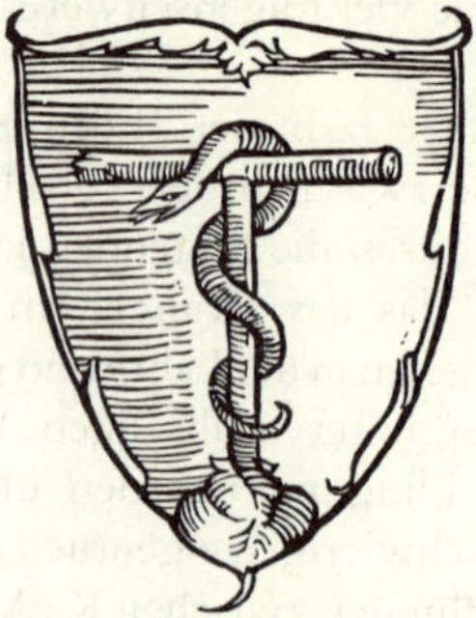

Die Befreiung des Adlers

Während des Reichstags zu Augsburg träumte es einmal Melanchthon, der evangelische Prediger Aquila, derselbe, den Sickingen auf seiner Burg beherbergt hatte, sei in einen Sack gesteckt worden; da sei Luther gekommen und habe ihn befreit. Luther antwortete auf Melanchthons Bericht davon: «Solltest du etwas wider das Evangelium beschließen und den Adler in einen Sack stecken, kommen würde dann, ich zweifle nicht, Luther, um den Adler herrlich zu befreien.» Als er von den Zugeständnissen Melanchthons an die Katholiken durch erbitterte Freunde unterrichtet wurde, war er außer sich. «Ich berste vor Zorn und Entrüstung», schrieb er dem getreuen Justus Jonas. «Meine Bitte ist, brecht die Unterhandlung ab und kehrt zurück. Sie haben unsere Konfession, und sie haben das Evangelium. Wollen sie es zulassen, mögen sie es tun, wollen sie es nicht, mögen sie hingehen, wo sie hingehören. Wird ein Krieg daraus, so werde er draus; wir haben genug gebeten und getan.» Es war ihm klar, daß eine Verständigung nicht möglich war, weil der Papst Unterordnung unter sein Regiment fordern würde und die Protestanten darin nicht einwilligen konnten, ohne ihren Grundgedanken, der sie unmittelbar unter Gott und die Heilige Schrift stellte, preiszugeben. So war seine Ansicht, daß man sich mit einer *pax politica* begnüge, das heißt, daß man gegenseitig Frieden halte und hinsichtlich des Glaubens beide Teile ihr Bekenntnis ausüben lasse. Dieser Wunsch sollte sich als eine Folge der Umstände erfüllen. Nachdem der Ausschuß, ohne etwas ausgerichtet zu haben, auseinandergegangen war, atmeten die Evangelischen auf, die mit wachsender Unruhe Melanchthons Verhalten verfolgt hatten. «So das wahr wird», schrieb der Augsburger Arzt Gereon Sailer, «ist es um die christliche Freiheit geschehen.» Wieviel auch von seiten der Protestanten selbst gegen die christliche Freiheit gesündigt worden war, Freiheit war doch der Kern ihres Glaubens, und sie war in Gefahr, von listigen Vogelstellern im Garne gefangen zu werden. Luther schrieb dringende Briefe an den Kurfürsten und die Freunde, worin er jedes Zugeständnis ablehnte. Der Kaiser zwar wollte durchaus zu einem Ergebnis kommen und ließ neue Verhandlungen einleiten; aber sie endeten erfolglos. Es schien nun keinen anderen Ausweg mehr zu geben als Krieg, den von Anfang an gefürchteten. Da zeigte sich wieder, daß der Zusammenhang unter den Ständen doch noch größer war als die Abhängigkeit der katholischen Stände von Papst und Kaiser: sie wollten keinen Krieg in deutschen Landen. Einige Fürsten waren persönlich untereinander befreundet, so besonders der streng katholische Herzog Heinrich von Braunschweig mit Philipp von Hessen, die Kurfürsten von Mainz, Trier, Köln mit ihm und Sachsen. Trotzdem, da die Evangelischen von jetzt ab unnachgiebig einen «friedlichen Anstand», die *pax politica,* verlangten, kam es zu einem Reichstagsabschied, der unbedingt Unterwerfung von ihnen forderte. Die protestantischen Fürsten und 16 Städte lehnten den Abschied ab, darunter Augsburg und Ulm, die sich durch Kaisertreue immer ausgezeichnet hatten und denen der Entschluß nicht leicht wurde. Es war, als hätten sie die Worte aus einem Brief Gereon Sailers vernommen und zu Herzen gezogen: «Die Wiedertäufer haben recht zu sagen, daß ein Christ nicht nur gelehrt sein soll, sondern standhaft.» Zum Äußersten entschlossen, versammelten sich die protestantischen Stände – es waren Sachsen, Hessen, Ansbach, Lüneburg, Anhalt, die Grafen von Mansfeld und mehrere Städte – in Schmalkalden, einem unter hessischer und hennebergischer Hoheit stehenden Städtchen, und schlossen einen Bund zur Verteidigung mit den Waffen, falls einer von ihnen mit den Waffen sollte angegriffen werden. Dabei war der Kaiser nicht ausgenommen, wie es sonst üblich war. Der Beschluß, Einheit in den Kirchenbräuchen herzustellen, was das Bestehen einer evangelischen Kirche noch deutlicher machen sollte, kam nicht zur Ausführung; nicht mit Unrecht wandte Memmingen ein, das sei eine papistische Sitte. Angesichts der augenscheinlichen Gefahr wünschte man möglichst viele Glaubensgenossen in den Schmalkaldischen Bund aufzunehmen; sogar der Beitritt der Schweizer wurde ins Auge gefaßt unter der Bedingung, daß Zwingli in der Auffassung des Abendmahls sich Luther anschlösse; da Zwingli das ablehnte, wurde nichts daraus. Indessen die niederdeutschen Städte Lübeck und Braunschweig, zwei reiche, kraftvolle Republiken, wurden Mitglieder, sogar die entfernten nordischen Städte Riga, Reval und Dorpat suchten Anschluß. Frankreich näherte sich den Verbündeten trotz seiner dem Kaiser gegebenen Versprechungen, und der Sultan rüstete sich, um den im Reich sich vorbereitenden Bürgerkrieg auszunützen. Ohne daß es ausgesprochen wurde, waren die Erbfeinde des Reiches, Frankreich und die Türken, Bundesgenossen der Protestanten im Reich. Wiederum drückte auf Karl die Zange Frankreich und Türkei. Die Protestanten hatten auf dem Reichstage erklärt, keine Türkenhilfe leisten zu wollen, bevor ihnen nicht Friede gewährleistet sei. So mußte er sich zum Nachgeben entschließen. In Nürnberg kam im Jahre 1532 ein Religionsfriede zustande, den auch die päpstlichen Abgesandten billigten; der heranrückenden Türkengefahr gegenüber kam dem Papst jetzt selbst die Augsburger Konfession annehmbar vor, und er erinnerte sich, daß die Lutheraner doch auch Christen seien. Der Kaiser erließ einen Befehl, daß bis zum Konzil, oder falls dies binnen Jahresfrist nicht zustande käme, bis zum nächsten Reichstage, die Stände der Religion und anderer Gründe wegen einander nicht bekriegen, berauben, verfolgen, überziehen und belagern sollten. In einem besonderen Mandat versprach er dazu noch die Einstellung aller in den Religionssachen gegen die Protestanten anhängigen Prozesse. Sofort erntete Karl den Lohn für sein Einlenken; seit vielen Jahren war kein so starkes Heer gegen die Türken zusammengebracht, wie es jetzt geschah. Nürnberg stellte freiwillig doppelt so viel Truppen, als seine Veranschlagung vorschrieb, und in ähnlicher Weise beeiferten sich gerade die Evangelischen alle zu zeigen, daß, wenn sie Gott mehr gehorchten als dem Kaiser, sie doch dem Kaiser das Seine zu geben von Herzen bereit wären. Angesichts dieser großartigen Einigkeit und Bereitschaft des Reiches wagte Suleiman seinen so pomphaft angekündigten Angriff nicht und trat den Rückzug an, es kam nicht zur Schlacht, die die beiden habsburgischen Brüder, schon in Wien harrend, selbst anzuführen willens waren. Nicht mehr dies Kriegsglück, wohl aber den Religionsfrieden erlebte Kurfürst Johann noch; er starb kurze Zeit, nachdem derselbe beschlossen war. Es war dem wahrhaft frommen und treuherzigen Fürsten vergönnt, in Frieden nicht nur mit Gott, sondern auch mit seinem Kaiser dahinzugehen, und das Reich, für das sich kaum einer unter den Fürsten mit solchem Ernst verantwortlich gefühlt hatte, in einmütiger Wirksamkeit zu sehen, bevor er es verließ.

Als Luther sich entschloß, seinen Grundsatz, das Wort dürfe nicht mit den Waffen verteidigt werden und die Fürsten wären dem Kaiser zu unbedingtem Gehorsam verpflichtet, aufzugeben, war es, als sei eine Fessel von ihm abgefallen. In einer «Warnung an seine lieben Deutschen» sagte er, wenn es zum Kriege oder zum Aufruhr komme, wolle er seine Feder ruhen lassen und sich nicht im geringsten so dareinmischen, wie er im Bauernaufruhr getan habe. Den Fürsten gewährte er, was er den Bauern versagt hatte; eine bittere Erinnerung, die ihn aber nicht irremachte. Nachdem er den selbstauferlegten Zwang abgeschüttelt hatte, brach er los wie ein dem Käfig entsprungenes Raubtier, das mit Lust nach allen Seiten springt, schlägt und beißt. In seiner Glosse auf das vermeintliche kaiserliche Edikt vergleicht er, aufgebracht darüber, daß in diesem Edikt seine Lehre vom verknechteten Willen viehisch genannt worden war, die Verfasser desselben mit Säuen, die auf ihrem Reichstage beschließen: Wie Säue gebieten, daß niemand halten soll, daß Muskaten edle Würze sei, was sie aber sei, das wissen wir nicht, und spricht weiterhin unbefangen von den hochgelehrten und durchläuchtigsten Säuen zu Augsburg.

Luther war kein systematischer Denker und nicht immer folgerichtig im Handeln. Er war sehr abhängig von augenblicklichen Eindrücken und vergaß zuweilen ganz und gar, was er früher gesagt und gewollt hatte. Er hat sich oft selbst widersprochen und hat sich wohl aus persönlicher Abneigung in irgendeiner Richtung verrannt. So verurteilte er anfänglich die Hinrichtung von Ketzern, mißbilligte auch die in protestantischen Ländern vorgenommene Hinrichtung der Wiedertäufer. «Es ist mir wahrlich leid», sagte er, «daß man sie so jämmerlich ermorde, verbrenne und greulich umbringe.» Später ging er nicht ohne sophistische Begründung davon ab. Wenn es dankenswert ist, daß er der Wahrheit nicht durch ein System Eintrag tat, so war es doch nicht unbedenklich, daß er, in seiner maßgebenden Stellung, sich zuweilen durch Stimmungen und wechselnde Eindrücke leiten ließ. Beschämen aber nicht jeden Ankläger seine übermenschlichen Leistungen, sein großes, liebeströmendes Herz, die Fülle seines Geistes, sein hoher Mut und die Qualen, die er sich mit Selbstanklagen zufügte?

Wenn man das Jugendbildnis Luthers mit seinen Altersbildnissen vergleicht, so treten einem zwei verschiedene Menschen entgegen. Das junge Haupt umhüllt ein schicksalvolles Geheimnis, die Welt ist für ihn nicht da, er hält Zwiesprache mit seinem Genius. Er hat die tiefen Augen, aus denen Professor Pollich weissagte, dieser Mensch werde wunderbare Phantasien haben. Es ist das Bild eines Träumers, der auf der Schwelle großer Taten steht. Wie anders der Mann und der Greis, der die Taten getan hat. Das aufgeschwemmte Gesicht ist hart und grob geworden, hart und grob auch der Ausdruck. Seltsam müssen in dem fleischigen und zugleich harten Gesicht die immer noch dämonischen Augen gewirkt haben, deren flakkernde Glut dem päpstlichen Nuntius Vergerio auffiel, der im Jahre 1535 nach Wittenberg kam, um zu erforschen, ob die Protestanten ein vom Papst berufenes Konzil besuchen würden. Daß der Antichrist den Häresiarchen zu einem Konzil einlud, regte Luthers Humor an; da er überzeugt war, das Konzil werde nicht zustande kommen, überließ er sich sorglos seiner guten Laune. «Herr Doktor, wie kommt es, daß Ihr Euch so früh wollt barbieren lassen?» fragte der Barbier. «Ich soll», lautete die Antwort, «zu des Heiligen Vaters, des Papstes, Botschafter kommen, so muß ich mich lassen schmücken, daß ich jung scheine, so wird der Legat denken: ei der Teufel, ist der Luther noch so jung und hat soviel Unheil angerichtet, was wird er denn noch tun!» Als dann Luther seine besten Kleider anzog und ein goldenes Kleinod umhing, sagte der Barbier: «Herr Doktor, das wird ihn ärgern.» «Darum tue ich es auch», erwiderte Luther, «man muß mit den Schlangen und Füchsen also handeln und umgehen.» Wirklich gelang es Luther, den Legaten durch bestialische Frechheit, wie dieser sagte, *verbis verdrieslicissimis,* wie Luther es ausdrückte, gehörig zu ärgern. Kurze Zeit darauf trat ein Ereignis ein, das für Luther persönlich sich tief verstimmend und auf seine Sache sehr schädlich auswirkte.

Landgraf Philipp war mit einer Tochter des Herzogs Georg von Sachsen verheiratet, von der er mehrere, ungewöhnlich tüchtige Kinder hatte, die er aber, ungeachtet aufrichtiger Hochachtung, nicht liebte. Er gewöhnte sich deshalb an außereheliche Beziehungen, rechnete sich das aber so sehr als Schuld an, daß er jahrelang nicht das Abendmahl zu nehmen wagte. Als es nun dazu kam, daß er sich ernstlich in ein Hoffräulein verliebte, das ohne Heirat nicht die Seine werden wollte, erinnerte er sich einer gelegentlichen Bemerkung Luthers, nach der Bibel sei Vielweiberei nicht verboten, und gründete darauf den Plan, sich die Geliebte als Nebenfrau antrauen zu lassen. Er betrieb die Angelegenheit mit dem Ungestüm und der liebenswürdigen Ehrlichkeit, die ihm eigen war, und brachte Luther dahin, ihm die Erlaubnis zur Doppelehe zu erteilen, in der Art, wie wohl die Päpste den Fürsten in ihren Eheschwierigkeiten behilflich waren. Es wurde Luther nicht leicht, sich zum Bürgen für eine Sache zu machen, gegen die zwar vom Buchstaben der Heiligen Schrift aus nichts einzuwenden war, die aber doch berechtigten Anstoß erregen mußte; was ihn bewog, sich dazu herzugeben, war seine Zuneigung für Philipp, hauptsächlich aber dessen Drohung, er werde sich an den Papst wenden, wenn der Reformator ihm Hilfe verweigere. So schnell schlug der Landgraf in den Wind, daß er noch kürzlich seine Habe und sein Leben an seinen Glauben hatte setzen wollen und entrüstet war, wenn andere sich etwas vorsichtiger zurückhielten. Luther glaubte dem Unheil dadurch die

Spitze abbrechen zu können, daß er die Bedingung stellte, es dürfe von dem Vorgang nichts in die Öffentlichkeit dringen; als er trotzdem sofort bekannt wurde und Luther und mit ihm Melanchthon aufs schlimmste bloßgestellt wurden, verwickelte er sich immer tiefer in Unrecht, indem er von Philipp verlangte, er solle das Geschehene ableugnen, so daß der Landgraf, der sich entrüstet weigerte zu lügen, ehrenhafter dastand als der Reformator: Es war etwas geschehen, was nicht wiedergutzumachen war. Die Feinde triumphierten über den sittlichen Fall der Gegner, und der Zweck, um deswillen der falsche Schritt getan war, wurde nicht erreicht. Gerade damals hatte der Landgraf das neue kaiserliche Strafgesetzbuch, die Carolina, in Hessen eingeführt, das auf Bigamie die Todesstrafe setzte; es mag den freudigen Fürsten ein Schauder überlaufen haben, als ihm klar wurde, wohin seine Doppelehe ihn führen könnte. Dem Kaiser war es eher, als den Theologen zu verzeihen, wenn er über dem Unrecht ein Auge zudrückte, um es staatsmännisch auszunutzen. Für ihn war es ein Glück, daß in den Schmalkaldischen Bund ein auflösendes Gift getropft war. Philipp, der vor einigen Jahren mit Zwingli einen Weltbund aller Evangelischen geplant hatte, versprach jetzt dem Kaiser, nicht zu dulden, daß außerdeutsche Mächte in den Schmalkaldischen Bund aufgenommen würden, so daß der Anschluß Englands, Schwedens, Dänemarks unterbleiben mußte, und der Herzog von Cleve, der im Begriff war, sein Land zu reformieren, wurde preisgegeben, wodurch ein großes und wichtiges Gebiet am Niederrhein den Protestanten verlorenging. Immerhin breitete sich die Reformation weiter und weiter aus. Durch den Tod Georgs von Sachsen, ihres erbittertsten und zugleich tüchtigsten Gegners unter den deutschen Fürsten, ging das Herzogtum Sachsen an seinen evangelischen Bruder über, auf dieselbe Art wurden Pfalz und Brandenburg evangelisch. Durch einen strammen Kriegszug führte Philipp von Hessen den vertriebenen Herzog Ulrich nach Württemberg zurück, der in der Verbannung Protestant geworden war und sein Land sofort reformierte. Als der Erzbischof von Köln, Hermann von Wied, die Reformation in seinem Lande einzuführen beschloß, wenn auch im Gegensatz zu Domkapitel und Universität, hatte es den Anschein, als sollte ganz Deutschland für den neuen Glauben gewonnen werden. Auch in Bayern, und namentlich in Österreich, hatten sich viele vom Adel ihm zugewendet.

Dieser Sieg des Evangeliums hätte den alten Reformator befriedigen können, blickten doch alle, Feinde wie Freunde, auf ihn als den Meister des Werks. Das Werk aber war, während es sich ausbreitete, im Innern nicht gereift. Die Klage über Unsittlichkeit und Roheit in den evangelischen Gebieten war allgemein. Augenscheinlich hatte die Auflösung der altgewohnten kirchlichen Aufsicht zu einem Ausbruch sinnlicher Ausgelassenheit geführt, der die früheren Ausschreitungen weit übertraf. Neben den groben Lastern erschreckte die unmäßige Geldgier, daß jeder alles an sich reißen und für sich allein haben wollte, und die Zunahme der Glaubenslosigkeit. Trotz des vielen Predigens wandte sich das Volk in allen Schichten vom Himmel ab und der Welt zu. Die Geistlichen waren verachtet und verhaßt; könnte man sie Hungers sterben lassen, sagte Luther, so täte man's am allerwilligsten, könnte man sie zum Lande hinausjagen, so täte man's noch lieber. Wenn die Leute von Gott hörten, achteten sie es so viel, als wäre es eines Gauklers Märlein, sie schlügen das Evangelium in den Wind, als habe es nicht die hohe Majestät vom Himmel, sondern irgendein Schuster gesagt. Es war von den Kanzeln so viel über die Betrügerei der Pfaffen gepredigt, daß man nun Kirche und Religion miteinander für einen Trug zur Unterdrückung des Volkes hielt. Luther, der geglaubt hatte, der Christenheit und insbesondere den Deutschen mit dem Evangelium ein überschwenglich kostbares Geschenk zu machen, erklärte sich die Undankbarkeit, der er begegnete, durch die rohe Gefühllosigkeit der Deutschen. Von den Bauern hatte er niemals viel gehalten, ebensowenig von den Fürsten, nun verwarf er die Deutschen alle miteinander: die barbarische, wahrhaft bestialische Nation, die schändlichen heillosen Säue, halb Teufel, halb Mensch. Dennoch war es sein Volk, und wenn er es nicht geliebt und sich für es verantwortlich gefühlt hätte, würde ihn der Anblick seiner Entartung nicht so tief geschmerzt haben. Die Bemerkung der Bibel, daß das Ende der Zeiten sich durch das Überhandnehmen aller Laster anzeige, bestärkte ihn, wie auch andere, in dem Vorgefühl eines nahen Unterganges. So war es, sagt er, vor der babylonischen Gefangenschaft, so vor der Zerstörung Jerusalems, so vor der Verwüstung Roms. Er, der den Untergang des mittelalterlichen Reiches hatte aufhalten wollen, hatte ihn wider seinen Willen gefördert und brach unter seinen Trümmern zusammen.

Besonders erbittert war Luther über die Fürsten, die er, wie er selbst sagte, zu Göttern gemacht hatte und die ihre durch ihn vermehrte Macht und ihr Ansehen nicht benutzten, um ihren Untertanen ein gutes Beispiel zu geben, um sie zu erziehen, sondern um sie zu schatzen, so daß die meisten Fürstentümer nichts anderes wären als Rentereien und Zollhäuser. Als es sich einmal um ein Bündnis mit Heinrich VIII., dem König von England, handelte, schrieb Butzer an Philipp von Hessen: «Der König ist, wie er ist, und andere Fürsten sind auch, wie sie sind.» Das sollte heißen: sie taugen allesamt nichts, wollte man sie nach einem moralischen Maßstab beurteilen wie andere Menschen, könnte man sich überhaupt mit keinem einlassen. Fast ohne Ausnahme waren die protestantischen Fürsten dem Trunk ergeben, es kam vor, daß sich einer buchstäblich zu Tode soff. Luther mußte es erleben, daß sich sogar der kursächsische Hof übler Nachrede aussetzte. Auf Johann den Beständigen, den von allen Verehrten, folgte sein Sohn Johann Friedrich, mit dessen geistiger Plumpheit schon sein Lehrer Spalatin nicht hatte fertig werden können. Sein Vetter Moritz nannte ihn die dicke Hoffart. Luther machte kein Hehl daraus, daß er ihn für einen Esel hielt. Gottes Wunder erben nicht, so übersetzte Luther das lateinische Wort, daß die Söhne der Heroen entarten. Luthers Urteil, mit Friedrich sei die Weisheit, mit Johann die Frömmigkeit dahingegangen, ist um so auffallender, als Johann Friedrich, im Luthertum aufgewachsen und erzogen, dem neuen Glauben mit besonderem Nachdruck und unentwegter Treue anhing; aber es machte sich bemerkbar, daß seiner Gläubigkeit ein guter Teil Starrsinn und Beschränktheit beigemischt war. Er regierte zuweilen mit der Faust sowohl in die Religion wie in die damals so subtile Politik hinein. Im allgemeinen war das Luthertum, nachdem es zwanzig Jahre bestanden hatte, zu einer festen Einrichtung geworden, mit politischen und sozialen Dingen verknüpft, an der mit mehr Selbstverständlichkeit, aber mit weniger Glaubensinnigkeit festgehalten wurde als früher. Gab es auch viel Fromme, denen es ein Bedürfnis war, sich in die Bibel zu vertiefen, so war doch das Evangelium und das Wort Gottes, das beständig im Munde geführt wurde, ein Schlagwort geworden, bei dem die meisten nichts mehr als ihr Parteibewußtsein empfanden. Auch die sich mehrenden theologischen Streitigkeiten über die Lehrbegriffe gingen mehr aus Gelehrteneitelkeit und Rechthaberei hervor als aus Liebe zur Wahrheit. Auf den alternden Luther drückte die ungeheure Arbeitslast mehr als früher. Schon im Jahre 1519 klagte er einmal gegen Spalatin, der eine Abhandlung über irgendeine theologische Frage von ihm verlangte, über Überbürdung: er habe Vorlesungen an der Universität und Predigten in der Kirche zu halten, seine Bibelübersetzung zu fördern und eine Menge Briefe an fremde Leute zu schreiben, die sich an ihn wendeten. «Ich bin doch wirklich bloß ein Mensch, ein einzelner Mensch», schrieb er damals. Wie hatten sich inzwischen die Ansprüche vervielfacht! Wer ist schwach, und ich werde nicht schwach, wer wird geärgert, und ich brenne nicht, konnte er mit dem Apostel sagen. Nicht nur einzelne wollten Ratschläge und Tröstungen von ihm, Fürsten, Magistrate, Theologen, fast ganz Deutschland bestürmte ihn mit Fragen und Bitten.

Dazu kamen Verwaltungsgeschäfte, immer noch Übersetzungen, Gutachten und eine umfassende schriftstellerische Tätigkeit, darunter Streitschriften, die zum Teil seine eigene Leidenschaftlichkeit veranlaßte. Wegen einer verschiedenen Meinung über eine Frage im kanonischen Recht verlor er einen seiner ältesten Freunde, Hieronymus Schurf. Agricola, mit dem er sich im sogenannten Antinomistenstreit entzweite – er wollte, daß weniger das Gesetz als das Evangelium gepredigt werde –, war ein neuerer Freund, aber ein guter Gesellschafter und zusammen mit seiner Frau ein ihm angenehmer, erheiternder Umgang. Luther hatte sicherlich recht, es der Eitelkeit, Eigenbrötelei zuzuschreiben, daß jeder Theologe seine besondere Lehre vorbringen wollte; aber eine gewisse Bewegungsfreiheit hätte gerade er doch auch der Eigenart eines jeden zugestehen sollen. Den durch die Wittenberger Konkordie beruhigten Abendmahlsstreit fachte er von neuem an und verdammte Zwingli in die Hölle, den er damals einen trefflichen Mann genannt hatte.

Weit bitterer als der Verlust von Schurf und Agricola war das seltsam gespannte Verhältnis zu Melanchthon, der sich innerlich fast ganz von ihm gelöst hatte und für die Welt doch sein unzertrennlicher Gefährte bleiben mußte. Er war zum berühmten und zum einflußreichen Manne geworden auf einer Bahn, die ihm eigentlich unheimisch war, die er nun aber nicht verlassen konnte, ohne zahllose Fäden zu zerreißen, auch die, welche ihn selbst ans Leben knüpften. Durch seine Beziehung zu Luther und als Verfasser der *loci communes* und der *Augustana* war er so verkettet mit der

Reformation, daß er sich nicht hätte zurückziehen können, ohne ihr und sich selbst unberechenbaren Schaden zuzufügen. Das konnte er um so weniger wollen, als er, wenn er auch gern den Zusammenhang mit der Kirche festgehalten hätte, doch von der evangelischen Wahrheit überzeugt war. Er war ein frommer Mann im Sinne des Erasmus, der christlichen Lehre von Herzen zugetan, hauptsächlich ihrer friedlichen Seite; aber Luthers Ringen um die letzten Geheimnisse war ihm fremd, und seine Zwiesprache mit Gott verstand er nicht. Insgeheim neigte er zu Zwinglis Auffassung vom Abendmahl, was er vor Luther verheimlichte. Die gehässigen theologischen Streitigkeiten, oft Tüfteleien und Absurditäten, gewürzt durch das grobe, unflätige Schimpfen, das Luther in die Polemik eingeführt hatte, waren ihm widerwärtig. Wie sehr er aber unter der Sklaverei litt, in der er sich verfangen hatte, hörte er doch nicht auf, Luthers schöpferische Kraft und seine mächtige Persönlichkeit zu bewundern, und konnte nicht verkennen, wie Luther an ihm hing. Bedenkt man, wie rücksichtslos, ja wie grausam Luther oft gegen die verfuhr, die ihm widersprachen oder ihn sonst reizten, so staunt man über die Zartheit, mit der er Melanchthon behandelte. Es tat ihm wohl leid, daß jenem die Sicherheit des Glaubens fehlte; aber er machte ihm keinen Vorwurf daraus und litt auch nicht, daß andere es taten, selbst nicht, als auf dem Reichstage zu Augsburg Melanchthons Unsicherheit sehr ärgerliche Folgen bewirkte. Als bei Gelegenheit des Abendmahlsstreites das Gerede ging, Luther bereite einen groben schriftlichen Angriff auf Melanchthon vor, und dieser, das Ärgste fürchtend, einen Brief von ihm kaum zu öffnen wagte, enthielt er eine Einladung zur Geburtstagsfeier. Luthers Anhänglichkeit war um so auffallender, als sein treuer Freund und Gefolgsmann Amsdorff eine Abneigung gegen Melanchthon hatte und ihn beständig verdächtigte, insofern nicht mit Unrecht, als Melanchthon in der Tat sich von Luthers Ansichten entfernt hatte. Melanchthon machte sich Luft in Briefen an seinen Freund Camerarius, der seine eigentlichen, die humanistischen Interessen teilte; in seinen Äußerungen über Luther klingt es zuweilen wie ohnmächtiger Haß. Ihm gegenüber erscheint Luther großmütiger; vielleicht empfand er das Tragische ihrer Freundschaft, vielleicht hatte er ihn zu sehr geliebt, um eine ausgesprochene Trennung ertragen zu können. Er lebte in den letzten Jahren, besonders seit ihm 1542 sein Töchterchen Magdalena gestorben war, in schrecklicher Einsamkeit. Der Tod hatte viele seiner Feinde gefällt: Zwingli, Herzog Georg von Sachsen, Papst Clemens VII., Erasmus; nun langte er nach seinem Liebling, als wollte er sagen: du bist nicht mehr wert als jene. Ich bin alt, kalt und ungestalt, pflegte er zu klagen. Seine ungeheure Arbeitskraft fing an zu erlahmen, die Krankheitsanfälle, an denen er zeitlebens gelitten hatte, suchten ihn immer häufiger heim; aber wie eine Ruine oft stärkere Eindrücke von Schönheit und Größe vermittelt als das vollendete Bauwerk, so bewegt uns auch der verdüsterte und ermüdete Heros mehr fast als der jugendlich stürmende. Der wachsende und handelnde war auf Ziele gerichtet, zusammengefaßt, durch die Umwelt, die ihn umgab und die er bekämpfte oder für die er einstand, beschränkt; als das mächtige Gefäß langsam und mühsam zerbrach und die Seele sich verströmte, spürte man, welches Übermaß von Kräften darin gebannt gewesen war. Oft waren seine Worte, ein schwermütiges, träumerisch schweifendes Phantasieren, von süßer Zärtlichkeit durchtränkt. Häufiger noch äußerte sich seine Verdrießlichkeit und seine nie erlöschende Kampflust.

Als brauchte er einen neuen Gegenstand des Zornes, nachdem der Papst endgültig aus dem Felde geschlagen schien, fing er einen Feldzug gegen die Juden an. In seiner Frühzeit hatte er sich in der Schrift «Daß Jesus Christus ein geborener Jude sei» mit Wärme der Juden angenommen, ihre Verteidigung in die Bekämpfung des Papsttums einreihend. Die Päpste und Bischöfe, die groben Eselsköpfe, sagte er, hätten bisher so gegen die Juden verfahren, daß ein guter Christ darüber wohl hätte zum Juden werden mögen. «Und wenn ich ein Jude gewesen wäre und hätte solche Tölpel und Knebel gesehen die Christenheit regieren, so wäre ich wohl eher eine Sau worden denn ein Christ.» Sie hätten die Juden behandelt, als wären sie Hunde, nicht Menschen, hätten sie gescholten und ihnen ihr Gut genommen, und den Getauften hätte man kein christliches Leben gewiesen, sondern sie der Papisterei und Möncherei unterworfen. Hätten die Apostel, die auch Juden waren, mit uns Heiden gehandelt wie wir mit den Juden, so wären nie Christen aus den Heiden geworden. «Haben sie denn mit uns Heiden brüderlich gehandelt, so sollen wir wiederum brüderlich mit den Juden handeln, ob wir etliche bekehren möchten: denn wir sind auch selb noch nicht alle hinan, schweig denn hinüber.» Er ging so weit, das Volk der Juden über alle anderen Völker zu stellen, weil Gott in ihm Fleisch geworden sei. «Und wenn wir gleich hoch uns rühmen, so sind wir dennoch Heiden und die Juden von dem Geblüt Christi: wir sind Schwäger und Fremdlinge, sie sind Blutfreund, Vettern und Brüder unseres Herrn.» In späteren Jahren wurde er anderen Sinnes, wozu vielleicht beitrug, daß König Ferdinand in seinen Ländern die Juden beschützte, während er die Protestanten verfolgte. Damals hoffte er, daß einige sich bekehren möchten, jetzt war er zornig, weil sich noch nicht alle bekehrt hatten. Im Jahre 1536 wies Johann Friedrich alle Juden aus dem Kurstaat aus, ohne daß Luther es zu hindern suchte. Als einer seiner Tischgenossen sagte, die Juden seien gute Ärzte und zu allem zu brauchen, entgegnete er, das hätten sie vom Teufel. Der Graf von Mansfeld hatte, um sich eine Einnahme zu verschaffen, Juden in seinem Gebiet, Luthers Heimat, aufgenommen, wünschte sie aber nach einiger Zeit wieder loszuwerden, weil die Untertanen sich über Wucher beklagten. Nun schrieb Luther ein Buch «Von den Juden und ihren Lügen», in dem er geradezu zu einer Judenverfolgung aufforderte. Man sollte, riet er, ihre Synagogen und Häuser zerstören, ihnen ihre Bücher nehmen und ihren Rabbinern verbieten zu lehren. Er hatte vergessen, daß er sich einst gerühmt hatte, zu den Reuchlinisten zu gehören. Auf seiner letzten Reise nach Mansfeld, wo er einen Streit der beiden Mansfelder Grafen schlichten wollte, begleitete ihn diese neue Verfolgungswut. Er erzählte seiner Käte, daß eine Gräfin von Mansfeld die Juden beschütze, daß er aber seine Meinung gröblich sagen wolle. Daneben bemühte er sich, die streitenden Brüder zu versöhnen, was so schwierig war, daß er meinte, die ganze Welt müsse frei von Teufeln sein, da sie alle seinetwegen in Eisleben zusammengekommen wären. So leidenschaftlich geschäftig, fühlte er sich doch im Innern alt, kalt und müde. «Ich habe mich satt gelebt», schreibt er. Seine Angehörigen und Freunde umgibt der Zornige, an sich und aller Welt Verzweifelnde mit der besonderen Mischung von liebkosender Wärme und herzlichem Humor, die den Luther verrät. Als er erkrankte und starb, waren sich alle der Größe des Augenblicks bewußt. Dieser Tod erschütterte die protestantische, ja die christliche Welt. Nie zuvor hatte ein Deutscher so mächtig auf die geistige Entwicklung des Abendlandes gewirkt.

«Ich kann kaum den Augenblick erwarten», schrieb Luther im Mai 1530 an Melanchthon, «wo ich diesen meinen Geist mit gewaltiger Nacht und mit göttlicher Majestät umkleidet sehen soll.» Noch sechzehn Jahre hatte er in Kampf und Schwäche und Ungenügen ausharren müssen; nun war der Adler befreit. Das Netz menschlicher Gebrechlichkeit war zerrissen, groß und gut zog der Überwinder in das Geisterreich ein.

Der Schmalkaldische Krieg

1546 / 1547

Sieben Jahre nachdem Butzer die Wittenberger Konkordie zustande gebracht hatte, begab es sich, daß der Zürcher Buchdrucker Froschauer Luther eine von Zürcher Theologen herausgegebene lateinische Bibelübersetzung zuschickte. Er hatte vermutlich, den menschlichen Gepflogenheiten entsprechend, einen Dankbrief erwartet; anstatt dessen schrieb Luther, Froschauers Geschenk möge aus gutem Herzen gekommen sein, aber da es eine Arbeit der Zürcher Prediger sei, mit denen er keine Gemeinschaft haben könne, sei es ihm leid, daß sie sollten umsonst arbeiten und noch dazu verloren sein. «Sie sind genugsam vermahnt, daß sie sollen von ihrem Irrtum abstehn und die armen Leute nicht so jämmerlich mit sich zur Hölle führen.» Die Schweizer waren empört, Bullinger, Zwinglis Nachfolger, machte seinem Zorn über Luther Butzer gegenüber Luft. Was würde, schrieb er, der große Reuchlin dazu sagen, daß die Hochstraten und Pfefferkorn in Luther wieder erstünden. Butzer war ebenso wie Melanchthon erschrocken und tief bekümmert. Mit Vorwürfen oder Vorstellungen, schrieb er dem Landgrafen, sei bei Luther nichts auszurichten, er würde nur noch heftiger ausbrechen; «ich kenne den Mann», setzte er hinzu. Trotzdem zürnte er weniger ihm als den Zürchern, die Luther gereizt hätten; man müsse diesen großen, von Gott auserwählten Mann so nehmen, wie Gott ihn gegeben habe. Was er am meisten fürchtete, war, daß Luther von allen deutschen Reformatoren Unterschrift unter eine Verfluchung der Zürcher fordern werde; es war schon ein Gewinn, daß das nicht geschah. Doch verfaßte er ein «kurzes Bekenntnis vom heiligen Sakrament», in dem er sich unmißverständlich von den verteufelten, der Hölle zugehörigen Zürchern trennte. Sie vergalten es ihm mit einer womöglich schärfern, weil persönlichen Antipathie.

Wehe denen, die sich Einigung zum Ziel gesetzt hatten. Der Kaiser bemühte sich um die Einigkeit der Deutschen, Butzer um die Einigkeit der Protestanten, beide umsonst. Butzer sah die Vergeblichkeit seines Kampfes und kämpfte entschlossen weiter, denn etwas anderes gab es nicht; das Dasein der Protestanten hing davon ab. Der Nürnberger Frieden war ihnen nur auf begrenzte Zeit verliehen und nur den damaligen Anhängern der Augustana, nicht denen, die seitdem das Evangelium angenommen hatten, noch denen, die es künftig annehmen würden. Ihren Glauben ausbreiten, das wollten aber die Protestanten, daran wollten sie nicht gehindert sein. «Die Protestanten sind seltsame Leute», sagte ein kaiserlicher Botschafter zum Bürgermeister Welser von Augsburg, «sie wollen ein Fürstentum nach dem andern unter sich bringen und dennoch haben, man solle ihnen Frieden zusagen.» Die größten Schwierigkeiten verursachte die Frage der Kirchengüter: die Altgläubigen bestanden auf ihrer Rückgabe, die Protestanten wollten nicht nur die schon eingezogenen behalten, sondern sie überall an sich nehmen, wo künftig ihr Glaube zur Herrschaft käme.

Es hätte schließlich hingehn mögen, wenn zum Beispiel ein Kurfürst von Köln das Evangelium angenommen und dann abgedankt hätte: dann hätte es einen Ketzer mehr im Reich gegeben; aber wenn er sich, wie der Hochmeister von Preußen getan hatte, zum erblichen Fürsten machen, seine Untertanen zu seinem Glauben bekehren und alle Geldquellen seines Territoriums für seine Regierung in Anspruch nehmen wollte, das würde bedenkliche Folgen für die Katholiken haben, konnte ihnen nicht gleichgültig sein.

Schon 1521 auf dem Reichstage zu Worms hatte Alexander gesagt, es sei den Fürsten nicht so sehr um Luther wie um die Kirchengüter zu tun, und im Jahre 1537, als die Schmalkaldener Verbündeten tagten, sagte ihnen der kaiserliche Vizekanzler Dr. Held ins Gesicht, ihnen liege mehr am Kirchengut als am Glauben, obwohl doch nach dem Evangelium es nicht der Reichtum sei, der zur Seligkeit führe. Zwar antworteten die Beschuldigten, erst sie hätten die Kirchengüter ihrer wahren Bestimmung zugeleitet; aber sie konnten dabei kaum ein reines Gewissen haben, wenigstens die Fürsten nicht, von denen viele nach dem Ausdruck Luthers geizige Wänste waren, die an sich rissen, was ihre Juristen als herrenloses Gut bezeichneten. Selbst der Kurfürst von Sachsen schlug das Kirchengut zum Teil zu seiner fürstlichen Kammer und würde es noch mehr getan haben, wenn die Stände sich nicht eingemischt hätten, denen es unlieb war, daß der Landesherr sich auf diese Weise von ihnen unabhängig machte. Ulrich von Württemberg, der überhaupt in den kirchlichen Dingen als Autokrat auftrat, gebrauchte die eingezogenen Güter zur Schuldentilgung, einzig der Landgraf Philipp verwendete alles stiftungsgemäß für Kirche, Armenpflege und Schulwesen. Gegen Butzer äußerte er sogar einmal, es sei besser, man ließe viele Sachen, die man jetzt für Religionssachen ausgebe, fallen und bliebe allein auf der lauteren Religion, das heißt auf dem göttlichen Werk, dem Sakrament und der Liebe des Nächsten, und ließe die geistlichen Güter fahren. Butzer lehnte diese Ansicht ab, auf der vielleicht auch Philipp nicht dauernd bestanden haben würde; er meinte, wenn man die Religion wolle, müsse man auch die Instrumente der Religion behalten. Er hob hervor, daß der Landesherr ein Unrecht tun würde, wenn er das Geld zum Unterhalt der Kirche durch Besteuerung seiner ohnehin schon zu sehr belasteten Untertanen aufbringen wollte. Als Organisation ist nun einmal das Überirdische mit dem Irdischen verknüpft. Mehrmals versprach der Kaiser den protestantischen Ständen, daß sie bis zu einem künftigen Konzil in Glaubenssachen nicht vom Reichskammergericht verklagt werden sollten. Allein, da er sich nicht deutlich darüber erklärte, was unter Glaubenssachen zu verstehen sei, gingen die Prozesse wegen der Kirchengüter zum Schaden der Protestanten weiter. Das Reichskammergericht zählte das, was die Protestanten als Glaubenssachen angesehen wissen wollten, zu den Landfriedensbruch- und Spoliensachen. Die Protestanten halfen sich schließlich damit, daß sie das Reichskammergericht in bezug auf diese Sachen rekusierten; sie hätten es überhaupt rekusiert, wenn es ihnen nicht doch davor gegraut hätte, das einzige Organ der Reichseinheit zu zerstören. In den Augen des Papstes waren die protestantischen Stände Kirchenräuber und ohne weiteres der Acht verfallen.

Als Karl V. im Jahre 1540 wieder ins Reich kam, hatte er einen großen Schmerz erlebt: seine geliebte Frau, Isabella von Portugal, war gestorben. So groß war sein Schmerz, daß es des ernstlichen Zuredens seiner Räte bedurfte, um ihn vom endgültigen Eintritt in ein Kloster zurückzuhalten. Wenn er sich seitdem noch mehr als sonst in Schwarz kleidete, war das der Ausdruck tiefempfundener Trauer. Sehr zum Unterschied von den deutschen Fürsten, die oft kaum das Trauerjahr verstreichen ließen, bevor sie die Nachfolgerin der Verstorbenen heimführten, heiratete er nicht wieder. In Haltung, Tatkraft, gewissenhafter Pflichterfüllung hatte er nicht nachgelassen. Obwohl er damals schon mehrfach unter heftigen Gichtanfällen gelitten hatte, saß er unermüdlich zu Pferde, setzte sich jeder Witterung aus, untersuchte er alles, achtete er auf alles selbst. Seine ersten Siege hatten ihm seine Feldherren erfochten; später wurde er auch im Kriege der Führende. Er strebte seinem Großvater Maximilian nach und hat ihn übertroffen, zum Teil weil er reicher an Mitteln war, aber auch weil er sicherer und stetiger seine Ziele verfolgte. Seine größte kriegerische Tat war die Eroberung von Tunis, das ein Statthalter des Sultans eingenommen hatte; er setzte sie gegen vielfachen Widerspruch und unter großen Schwierigkeiten durch, um diesen Punkt nicht zu einer Verbindungsbrücke zwischen Frankreich und der Türkei werden zu lassen. Denn Franz I. scheute sich nicht mehr, nachdem er schon immer mit der Türkei zusammengearbeitet hatte, geradezu ein Bündnis mit dem Erbfeind der Christenheit einzugehen, ein Zeichen, wie die mittelalterliche Welt, die auf dem gemeinsamen Interesse der christlichen Nationen beruhte, auch ohne den Protestantismus sich aufgelöst hatte. Ernste Gemüter gerade unter den Protestanten waren über die Schamlosigkeit des französischen Königs entsetzt; Karl V. erschien als der Glaubensheld. Trotz dieses Sieges und obwohl es gelang, zum Teil durch die Bemühungen der Königin Eleonore, Franzens Gattin und Karls Schwester, einen Frieden zwischen den Monarchen zustande zu bringen, so daß sie zeitweise als brüderliche Freunde auftraten, blieb der Gegensatz bestehen und führte immer wieder zu kriegerischem Ausbruch; Franz wollte nicht auf die Eroberung, Karl nicht auf den Besitz Mailands verzichten. Fortwährend von Frankreich und der Türkei bedrängt, setzte Karl den Evangelischen gegenüber die entgegenkommende Politik fort, deren Ziel die vermittelnde Einigung war. Da die Protestanten von einem durch den Papst berufenen Konzil nichts mehr wissen wollten, bequemten sie sich zu dem vom Kaiser vorgeschlagenen Religionsgespräch, das der Ersatz oder Vorläufer eines Nationalkonzils sein sollte. Es begann im Jahr 1541 in Worms; Redner waren die altbewährten Fechter Melanchthon und Eck. Melanchthon war, um seine Schwäche vom Augsburger Reichstage vergessen zu machen, sehr unnachgiebig. Eck war der alte geblieben, höchstens in seinen Eigenheiten gesteigert, und brüllte so laut, daß man es drei Straßen weit hörte, zum Gelächter der die schöne Rede schätzenden Italiener. Bald nach dem nichts Gutes verheißenden Beginn verlegte der Kaiser das Gespräch nach Regensburg, wo er einen Reichstag eröffnete. Damals sah ihn der zum Unionsversuch beschiedene Martin Butzer. «Alles an ihm ist kaiserlich», schrieb er, «Worte, Taten, Mienen, Gebärden, auch seine Freigebigkeit. Niemand, der nicht seine Elastizität und Schnelligkeit, seinen Ernst und seine Majestät bewunderte. Er vermöchte viel, wenn er ein Kaiser Deutschlands und ein Knecht Christi sein wollte.»

Obwohl in Regensburg als Vertreter des Papstes der reformfreundliche Venezianer Gasparo Contarini anwesend war, der hoffte, es werde möglich sein, den Katholizismus allmählich von innen heraus im lutherischen Sinne umzugestalten, ohne daß die Einheit der Kirche angetastet würde, gelang es nicht, das Unvereinbare zu vereinen. Sowohl der Papst wie Luther lehnten eine Verständigung durchaus ab. Der sehr enttäuschte Kaiser machte nunmehr den Vorschlag, beide Parteien sollten sich an das sogenannte Regensburger Buch halten, das heißt an diejenigen Artikel des Glaubens, in welchen im Laufe des Gesprächs Übereinstimmung erzielt war; in Hinsicht auf die nicht verglichenen sollten sie sich gegenseitig tolerieren. Der erste Vorschlag zur Duldung ging von Karl und den ihm nahestehenden Räten aus. Um das Gelingen desselben zu fördern, tat er einen höchst überraschenden Schritt: er schickte eine Gesandtschaft an Luther, den Geächteten, um ihn zur Annahme des Vorschlags zu bewegen. Es war der erste und einzige Augenblick, wo die beiden großen Gegner in unmittelbare und freundliche Beziehung zueinander traten. Der Kaiser täuschte sich nicht, wenn er Luther für duldsamer hielt als seinen Fürsten: er gab, wenn auch halb widerwillig, seine Zustimmung, zog sie aber nachher, von Johann Friedrich gedrängt, zurück. Der erzürnte Papst wollte von Duldung von vornherein nichts hören. Man könnte es begreifen, wenn der Kaiser, nachdem alle seine Versuche, eine gütliche Einigung herbeizuführen, von den Häuptern der Parteien zurückgewiesen waren, sich sofort kriegerischer Lösung des Problems zugewendet hätte. Allein die europäische Lage war so, daß er es für notwendig hielt, vorher Frankreich und die Türkei auszuschalten. Zunächst griff er den Herzog von Cleve an, mit dem er über den Besitz von Geldern in Streit geraten war.

Die Lage der Protestanten war um 1540 so günstig, wie sie noch nie gewesen war. Mit Ausnahme von Braunschweig-Wolfenbüttel, dessen Herzog streng katholisch und kaiserlich war, hatte ganz Norddeutschland das Evangelium angenommen, Köln und Pfalz waren im Begriff überzutreten, ebenso der Herzog von Cleve, der den Niederrhein beherrschte. Eine Zeitlang machte sich die Abneigung der Fürsten gegen die Zentralgewalt und der eifersüchtige Haß Bayerns auf Österreich so sehr geltend, daß ein protestantisch-katholisches Bündnis gegen den Kaiser möglich schien. Mit Bayern stand der Landgraf von Hessen jahrelang in geheimen Unterhandlungen, die ihm kaum ganz geheuer vorkommen konnten bei der unverhohlenen Falschheit des bayrischen Kanzlers Leonhard von Eck, dessen Äußerung erzählt wurde: wenn man schon Brief und Siegel nicht hielte, so wäre es doch in 60 Jahren alles vergessen. Aufrichtig waren nur sein Wille, Bayern trotz aller Intrigen mit den Protestanten beim alten Glauben zu erhalten, und sein Haß auf die Habsburger.

Indessen, auch ohne Bayern waren die Protestanten an Zahl stark. Butzer war überzeugt, wenn sie einmütig und fest am Reichstage aufträten, würden sie ihre Forderungen durchsetzen: Aufhebung des Wormser Ediktes und des Augsburger Reichstagsabschieds und Einstellung der Prozesse am Reichskammergericht, gerechtere Besetzung desselben. Aber weder Einmütigkeit noch Festigkeit war zu erreichen. Die Fürsten konnten es nicht lassen, die Städte zu kränken, deren sie doch ihres Geldes und ihrer guten kriegerischen Ausrüstung wegen durchaus bedurften: Sie schoben ihnen die größte Last der Bundesbeiträge zu, behandelten sie als ihnen untergeordnet, sprachen ihnen wohl gar die Reichsstandschaft ab und unterdrückten nicht einmal immer ihr Gelüsten, sich die in ihrem Gebiet liegenden Reichsstädte zu unterwerfen. So bedrängte der Herzog von Württemberg Eßlingen. Aber auch die Städte waren nicht unbedingt zuverlässig. Abgesehen davon, daß diejenigen, welche nach den kaiserlichen Ländern handelten, auf diese Beziehungen Rücksicht nehmen wollten, hielten es namentlich die vornehmen Geschlechter und reichen Kaufleute in hergebrachter Weise mit dem Kaiser, der der Grund ihrer Freiheit war und sie bei ihrer Freiheit schützte, während sie Ursache hatten, den Fürsten zu mißtrauen. In den Zünften, die die eigentliche Stütze der evangelischen Gesinnung waren, trat dieser Gesichtspunkt zurück; aber die Regierungen befanden sich, soweit sie protestantisch waren, in einem quälenden Zwiespalt. Von den Fürsten verfolgte jeder ein besonderes Interesse, das ihn zu einem anderen in Gegensatz brachte. Johann Friedrich, dessen natürliche Schwerfälligkeit durch vieles Trinken noch vermehrt wurde, der wie ein gereizter Stier immer nur den einen Punkt sah, auf den er gerade losstürzte, bemächtigte sich einiger Landesteile, auf die sein Vetter Moritz, Herzog von Sachsen, gleichfalls Anspruch erhob, und erbitterte dadurch diesen, der ihn ohnehin nicht leiden konnte. Nur ein einziger war kühn, tätig, willens, durchzuführen, was er für zweckmäßig erkannt hatte, bereit, sich für seinen Glauben einzusetzen, das war Landgraf Philipp von Hessen. Mit der Reinheit und Sachlichkeit eines Kindes hatte er als Jüngling das Evangelium ergriffen, sich die evangelischen Gedankengänge gründlich angeeignet und brannte darauf, für sie zu kämpfen; und dieser einzige lähmte sich selbst und den Bund, dessen Nerv er war, gerade jetzt durch seine verhängnisvolle Liebesangelegenheit. Mit Entsetzen sah Martin Butzer die Folgen der Verwickelung, an der er selbst bei seinen nahen Beziehungen zum Landgrafen beteiligt war: während der Reichstag und das Religionsgespräch in Regensburg tagten, näherte sich Philipp dem Kaiser, der über diesen unverhofften Fang hoch erfreut war. Vergebens warnte, flehte Butzer: Philipp war seiner Liebesleidenschaft ebenso ehrlich und entschlossen hingegeben wie seinem Glauben. Diesen gab er nicht preis; aber er verpflichtete sich, dem Herzog von Cleve nicht beizustehen und keine ausländische Macht, weder Frankreich, noch England, noch Dänemark in den Schmalkaldischen Bund aufzunehmen, wogegen der Kaiser ihn vor etwaiger Bestrafung wegen Bigamie sicherte. Die Schuld an diesem Bündnis schrieb er seinen fürstlichen Glaubensgenossen, namentlich dem Kurfürsten von Sachsen zu; hätte der treu zu ihm gestanden, wäre er dieses Schrittes überhoben gewesen.

Der Feldzug Karls gegen den nun vereinzelten Herzog von Cleve verlief rasch und glücklich. Die Stadt Cleve, beim fünften Sturme genommen, brannte vollständig ab, erschreckt kapitulierte Jülich, der Herzog mußte sich unterwerfen. Karl verzieh ihm und verheiratete ihn mit einer Tochter seines Bruders Ferdinand, nachdem die geplante französische Heirat aufgehoben war. Der Reformation eines großen wichtigen Gebietes war Einhalt geboten. Der Sieg des Kaisers machte Eindruck auf die Stände, die im folgenden Jahre (1544) auf dem Reichstag zu Speyer sich um ihn versammelten. Daß Franz I. im Bunde mit der Türkei war, schadete ihm auch bei den Protestanten, von denen viele geneigt gewesen waren, bei ihm Schutz gegen den Kaiser zu suchen; sie bewilligten außer einer Türkenhilfe eine ansehnliche Hilfe gegen Frankreich, so daß Karl in der ungewöhnlichen Lage war, einen Reichskrieg gegen Frankreich zu führen. Diese Bereitwilligkeit vergalt er mit weitgehenden, mit erstaunlichen Zugeständnissen: er erkannte die bis jetzt vorgenommenen Säkularisationen an, versprach, am Kammergericht protestantische Beisitzer zuzulassen, und verhieß für die Zukunft ein freies Konzil im Sinne der Protestanten, auf welchem die religiösen Fragen erledigt werden sollten. Bis dahin sollte zwischen allen Ständen Frieden und Freundschaft herrschen. Der

Papst war über dies Verhalten des Kaisers, wodurch er ihn beiseite schob, als habe er gar nicht mehr mitzureden, so aufgebracht, daß er ein Breve erließ, in dem er Verwahrung gegen die Reichstagsbeschlüsse einlegte, Karl mit Friedrich II. verglich und ihm, wenn er nicht in sich gehe, mit strengen Maßnahmen drohte. Das künstliche diplomatische Geflecht zwischen den europäischen Mächten hatte sich so wunderlich gedreht, daß die protestantischen Stände Frankreich den Krieg erklärten und mit dem Kaiser im Einverständnis waren, während zwischen dem Kaiser und dem Papst ein Krieg drohte. Calvin und Luther antworteten auf das Breve des Papstes, als sei es ihr Haupt, das er angegriffen hatte, Calvin, indem er die Tugenden des Kaisers rühmte, Luther, indem er einen Kübel voll Grobheit über den Papst ausleerte und alle Feindseligkeiten aufzählte, die jemals von Päpsten gegen Kaiser ausgeübt worden waren. Um zwischen den Kaiser und die Protestanten einen Zwiespalt zu bringen, tat Paul III. einen Schritt, gegen den er selbst sowie sein Vorgänger sich immer gesträubt hatten: er eröffnete im Dezember 1545 in der zum Reiche gehörenden Stadt Trient das längst verheißene Konzil. Die Protestanten waren sich darüber einig, daß sie sich einem vom Papst berufenen Konzil nicht unterwerfen konnten, und legten Verwahrung dagegen ein; der Kaiser, der stets das Konzil verlangt hatte, konnte es nun, da endlich ein Papst der Forderung nachkam, nicht ablehnen. Das Allheilmittel, an das zu glauben, man übereingekommen war, erwies sich als wertlos. Man hatte immer vom Konzil geredet, während man glaubte, die Abneigung der Päpste würde es nicht dazu kommen lassen; nun war es da und machte nur die Unversöhnlichkeit der Spaltung deutlicher offenbar.

Der Deutschen bemächtigte sich das Gefühl, daß es zum Kriege kommen müsse. Hatte der Kaiser sie überlistet? Hatte er sie durch großherzige Einräumungen von Frankreich getrennt, um sie dann, eine lange gehegte Absicht ausführend, zu überfallen? Vielleicht, wäre er nicht durch die europäische Lage beschwert gewesen, hätte er eher Gewalt gebraucht; aber, wie es nun einmal war, zog er eine gütliche Vermittlung vor, die ihm um so eher möglich schien, als er meinte, es komme nur auf einige Reformen und Milderungen an, wie viele Katholiken gleichfalls sie wünschten. Mehrfach war ihm von seinen Räten und auch von italienischen Staatsmännern geraten, den Kirchenstaat zu säkularisieren; war es doch offenbar, wie sehr die Päpste durch ihr weltliches Fürstentum von ihrer eigentlichen Aufgabe abgezogen wurden und die ärgerlichsten politischen Verwicklungen ausrichteten. Allein Karl ging darauf nicht ein, sei es, daß er die Schwierigkeit der Ausführung einsah, sei es, daß er nicht außerhalb der Grundformen des mittelalterlichen Weltreiches denken wollte und konnte. Er hätte damit wahr gemacht, was man ihm vorwarf, daß er die Universalmonarchie anstrebe, oder er hätte ein unabhängiges Italien schaffen oder leiden müssen; beides war unmöglich. Im Bewußtsein, daß er das Papsttum erhalten mußte, wenn er Kaiser bleiben wollte, erstrebte er mit allen Kräften eine Einigung, bei der naturgemäß, da Erhaltung des Papsttums Voraussetzung war, die Protestanten am meisten nachgeben und verlieren mußten. Dazu würden sie um so weniger zu bewegen sein, je mehr sie sich durch neue Anhänger verstärkten, und eben das war in letzter Zeit eingetreten. Auf den Kurfürsten Albrecht von Mainz, der zuerst mit dem neuen Glauben geliebäugelt hatte und zuletzt ein katholischer Eiferer geworden war, folgte Sebastian von Heusenstamm, der die Wahl mit Hilfe Philipps von Hessen erlangt hatte und dem Protestantismus zuneigte. Pfalzgraf Friedrich, der alte treue Anhänger des Hauses Habsburg, der 1544 seinem Bruder Ludwig in der Kur gefolgt war, nahm mit seiner Gattin in Heidelberg das Abendmahl in beiderlei Gestalt. Als auch Brandenburg übertrat, waren drei weltliche Kurfürsten evangelisch; als nun noch der Kurfürst von Köln seinen Übertritt vollzog, war die Stimmenmehrheit im Kurfürstenkollegium bei den Neugläubigen. Vielleicht gab es nach dem Tode der kursächsischen Brüder unter den evangelischen Fürsten keinen, der so lauter im Glauben, ohne weltliche Nebenzwecke war wie der alte Hermann von Wied. Anfangs gut katholisch war er im Bestreben, sein Land zu reformieren, das heißt, es von Mißbräuchen und Aberglauben zu reinigen, zur Kenntnis der evangelischen Gedanken gekommen, und hielt daran fest, nachdem sie ihm als wahr und gut erschienen waren. Er war entschlossen, lieber sein Fürstentum zu verlieren, als seinen Glauben aufzugeben. Dieser Glaubenswechsel war für Karl äußerst gefährlich; denn dadurch rückte das Luthertum wieder, wie vor dem Clevischen Kriege, gegen die Niederlande vor, wo es ohnehin viele Ketzer gab, und würde sie überfluten, ohne daß er es würde hindern können. Nur die Gewalt konnte das Vordringen der Protestanten aufhalten. Sollte es aber zum Kriege kommen, so mußte er den Augenblick ergreifen, wo sich alles zu seinen Gunsten schickte. Frankreich hatte versprochen, die Protestanten im Reich nicht zu unterstützen, auch mit der Pforte hatte er Frieden geschlossen. Allerdings hatte er fast das ganze Reich gegen sich, ein Gebiet, das reich war an geübten Soldaten; aber seine Spanier waren ihnen gewachsen, und er kannte die Unfähigkeit der Schmalkaldener, sich zu einigen. Seine Brust hob sich im Vorgefühl, die Rebellen zu seinen Füßen zu sehen. «Er wollte», sagt er in seinen Denkwürdigkeiten von sich, «tot oder lebendig Kaiser in Deutschland sein.» Zunächst setzte er seine diplomatische Kunst ein, um die Gegner zu teilen. Dem Herzog Wilhelm von Bayern machte er Aussicht auf die pfälzische Kur und eine habsburgische Frau für seinen Sohn; dafür blieb er still, unterstützte nur ihn mit Geld. Zwei Hohenzollern, den Markgrafen Albrecht Alcibiades von Kulmbach-Bayreuth und den Markgrafen Hans von Küstrin, gelang es ihm, in seinen Dienst zu ziehen; aber ein noch edleres Wild fing er ein. Moritz von Sachsen, der kürzlich seinem Vater Heinrich gefolgt war, hatte sich schon im Türkenkriege ausgezeichnet und sich dem Kaiser wert gemacht. Er war seinem Vetter Philipp, der zugleich sein Schwiegervater war, ähnlich an Schönheit, Klugheit und Unternehmungslust; aber er hatte nichts von dessen Geradheit, von seiner Wärme und Herzlichkeit in den menschlichen Beziehungen, nichts von seinem Glaubenseifer. Die herkömmliche Feindschaft gegen die ernestinischen Vettern erfüllte ihn ganz, sie suchte vollends nach Betätigung, als Johann Friedrich nicht nur die Stifte Naumburg und

Merseburg einzog, sondern auch Schutzherrschaft über das Erzstift Magdeburg geltend machte. Erbitterung und Hoffnung, die Beute dem verhaßten Vetter zu entwinden, trieben ihn auf die Seite des Kaisers. Vielleicht hatte Anteil an dem Abfall die Anziehungskraft, die Karl V. persönlich auf junge Fürsten ausübte. Macht wirkt magisch, doppelt, wenn sie mit Überlegenheit besessen und ausgeübt wird. Karl alterte wie Luther früh; aber nicht im Sinne geistiger oder körperlicher Erschlaffung. Er machte die langen anstrengenden Reisen von einem seiner Länder ins andere zu Pferde, zu Schiff, zu Schlitten, um seinen Pflichten nachzukommen, er handelte immer nach großen Gesichtspunkten, er kannte seine Räte und Offiziere durch und durch und verwendete sie nach ihren Gaben. Auch die deutschen Fürsten beurteilte er richtig, er durchschaute ihre Schwächen und hatte Verständnis für ihre Vorzüge; er konnte bis zu einem gewissen Grade traulich mit ihnen verkehren und reden, seit er in den späteren Jahren sich an die deutsche Sprache gewöhnt hatte. Ihr großes überschwengliches Saufen, wie die Tadler es nannten, war ihm widerwärtig, und es kam vor, daß er sie ersuchte, sich zu mäßigen. Wie gemein erscheinen neben ihm seine beiden Nebenbuhler, Franz I. und Heinrich VIII., die zwar begabt waren, aber in der Hauptsache ihre hohe Stellung benützten, um sich zügellos ihren sinnlichen Leidenschaften hinzugeben. Es war ihm immer gegenwärtig, daß er nicht sich allein, sondern das Reich und die höchste Würde der Christenheit darstellte. Es ist begreiflich, daß er junge Menschen bezauberte. Er seinerseits war empfänglich für die Huldigung der Jünglinge, die seine

Söhne hätten sein können, wenn er sie auch zugleich oder in erster Linie bei seinen politischen Berechnungen verwendete. Moritz von Sachsen entschädigte ihn dafür, daß es ihm nicht gelang, den Schmalkaldischen Bund zu sprengen. Um das zu erreichen, gab Karl an, er führe keinen Glaubenskrieg; er wolle nur die Ungehorsamen strafen. An Gründen dazu fehlte es nicht, waren doch die gewaltsame Zurückführung Ulrichs von Württemberg in sein Land und die Vertreibung des Herzogs Heinrich von Braunschweig, beides von Philipp von Hessen durchgesetzt, offenbare Landfriedensbrüche. Indessen auch wenn der Papst nicht gleichzeitig erklärt hätte, er verbinde sich mit dem Kaiser, um die Häresie auszurotten, hätten die Protestanten sich doch nicht irreführen lassen: sie wußten, daß es um ihren Glauben und die mit ihm verbundenen weltlichen Interessen ging, und hielten in der Hauptsache fest zusammen. Hessen und Kursachsen, die hauptsächlich Betroffenen, rüsteten mit Nachdruck, und die übrigen Bundesglieder leisteten ihre Beiträge, auch die oberdeutschen Reichsstädte erklärten zu des Kaisers Enttäuschung, für das Wort Gottes Gut und Leben einsetzen zu wollen. An der Spitze eines starken Heeres erklärten Philipp von Hessen und Johann Friedrich von Sachsen dem Kaiser feierlich den Krieg, was er mit ihrer Ächtung beantwortete. Allein den großartigen Vorbereitungen entsprachen die Taten der Evangelischen nicht; es war, als ob eine Verblendung die Heerführer befallen hätte. Sie unterließen es, den von den Niederlanden und Italien her heranrückenden kaiserlichen Truppen den Weg zu verlegen und mit ihrer weit überlegenen Macht den in Regensburg fast ungedeckten Kaiser zu bedrängen, eine Entschlußlosigkeit, die sich daraus erklären läßt, daß das Bewußtsein, gegen ihren Kaiser zu fechten, die Fürsten lähmte. Beide hatten sich ungern und erst spät, als die Absichten Karls nicht länger verkannt werden konnten, zum Angriff ein Herz gefaßt. Trotz der seltsamen Ratlosigkeit seiner Feinde hatte der Kaiser, der in der Gegend von Ulm stand, noch keinen entscheidenden Vorteil errungen; da schlug wie ein vernichtender Blitz der Verrat des Herzogs Moritz in die Reihen der Verbündeten: er überfiel das Land seines Vetters als Vollstrekker der kaiserlichen Acht, indem er erklärte, daß dadurch die Rechte des Hauses Sachsen besser gewahrt würden, als wenn ein fremder Fürst es täte. Es ist anzunehmen, daß sein Vorgehen auf einer von Anfang an mit dem Kaiser getroffenen Verabredung beruhte. Schon öfters war mit dem Beginn der Reformation der Gedanke aufgetaucht, der Kaiser könne den Ernestinern, unter deren Schutz Luthers Rebellion sich vollzogen hatte, die Kurwürde nehmen; möglicherweise hatte lange schon eine solche Möglichkeit den jungen ehrgeizigen Albertiner beschäftigt. Die Aussicht, Johann Friedrichs Land und Würde an sich bringen zu können, ließ ihn jedes sittliche Bedenken hintansetzen; er redete sich ein, nur das zu tun, was sonst ein anderer täte. Freiheit des Bekenntnisses für sein Land ließ er sich gewährleisten. Gleichzeitig mit Moritzens Einfall in Kursachsen erklärte der Kaiser förmlich die Übertragung der Kur auf die albertinische Linie. Schwungvolles, straffes Handeln hätte die Verbündeten immer noch retten können; anstatt dessen herrscht Zerfahrenheit auf allen Seiten. Johann Friedrich verließ den

Süden, um sein Land zurückzuerobern, was ihm auch dank der Treue seines Volkes gelang, Philipp von Hessen folgte ihm; die preisgegebenen oberdeutschen Städte wußten keinen anderen Rat, als sich gegen Sicherung ihres Glaubens dem Herrscher zu unterwerfen. Karl begnügte sich mit großen Geldbußen und der Demütigung der stolzen Kommunen; auch Jakob Sturm von Straßburg, der das Recht des neuen Glaubens so schneidig durchgekämpft hatte, mußte die Knie beugen. Obwohl furchtbar unter der Gicht leidend, zog der Kaiser, nachdem der Süden beruhigt war, gegen Sachsen und erreichte Ende April 1547 die Elbe bei Mühlberg, wohin Johann Friedrich sein Heer geführt hatte in der Hoffnung auf Beistand von den protestantischen Böhmen. Auch hier wieder wurde von seiten der Evangelischen das Naheliegende und Notwendige unterlassen; in diesem Falle, dem Feinde den Übergang über die Elbe zu wehren. Teils sächsische Schiffsbrücken benützend, teils durch eine Furt überschritt das gesamte kaiserliche Heer den Strom, verfolgte die nach Torgau zu Fliehenden und nahm den Kurfürsten gefangen. Der Kaiser hatte einen vollständigen Sieg errungen, den ein Erfolg der Protestanten im Norden nicht abschwächen konnte; auch Landgraf Philipp unterwarf sich auf Gnade und Ungnade, nachdem ihm die Vermittler, der Kurfürst von Brandenburg und der neue Kurfürst von Sachsen, Philipps Schwiegersohn, zugesagt hatten, daß er nicht in Gefangenschaft gehalten werden sollte. Es lag dem Kaiser daran, diesen Fürsten, der so unzuverlässig, so übermütig, so respektlos war, für immer unschädlich zu machen: er mußte eine bedeutende Strafsumme zahlen, alle festen Plätze mit wenigen Ausnahmen ausliefern, vom Schmalkaldischen Bunde zurücktreten, jeweils Türkenhilfe leisten und das Reichsgericht anerkennen. Daß der Kaiser die beiden letztgenannten Bedingungen allen auferlegte, ist ein Zeichen, wie wichtig diese Punkte ihm waren. In Halle, wo der Kaiser sich aufhielt, wurden dem Landgrafen, nachdem er den Fußfall geleistet hatte, die Todesstrafe, die der Geächtete eigentlich verdient hätte, und ewiges Gefängnis förmlich erlassen. Auf den Abend war er mit den beiden Kurfürsten von Brandenburg und Sachsen vom Herzog von Alba zu Tisch geladen. Als sie aufbrechen wollten, forderte ihm Alba das Schwert ab und behielt ihn als Gefangenen zurück. Fast mehr als er selbst erschraken die beiden Kurfürsten, die sich für seine Freiheit verbürgt hatten. Sie hatten des Kaisers Verhalten, der nichts Bindendes versprochen, überhaupt eine bestimmte Äußerung über etwaige Gefangenschaft des Landgrafen vermieden hatte, in einem für sie günstigen Sinne ausgelegt und fühlten sich nun Philipp gegenüber entehrt.

Auf dem Reichstage zu Augsburg, den Karl nach Beendigung des Krieges berief, trat er als wahrer Kaiser auf, wie er im Beginn seiner Regierung es sich vorgenommen hatte. Schwäche und Verrat der Protestanten hatten es ermöglicht; aber das meiste hatten dazu getan sein diplomatisches Geschick, seine Beharrlichkeit, seine unermüdliche Tatkraft. Er ließ den Sieger in seinem Auftreten spüren, ganz konnte er das Triumphgefühl, das ihn beseelte, nicht unterdrücken und wollte es wohl auch nicht. Unschön stach dagegen ab das Benehmen der drei weltlichen Kurfürsten, die sich den üblichen Gastereien hingaben; Moritz belustigte sich außerdem durch Liebeshändel. Zeigte sich Karl als strenger Herrscher, so daß er einen Obersten, der dem König von Frankreich Truppen zugeführt hatte, während des Reichstags enthaupten ließ, eine Warnung an die Mietlinge Frankreichs, verfuhr er doch in bezug auf die Religion nicht so durchgreifend, wie der Papst und viele Altgläubige von ihm erwarteten. Paul III., der gottlose Farnese, wie seine Feinde ihn nannten, hatte bereits im Sommer seine Truppen zurückgezogen aus Wut, daß der Kaiser den unterworfenen Städten den Glauben gelassen hatte. Dann verlegte er das Konzil, das bereits die evangelische Lehre mit Stumpf und Stiel verdammt hatte, von Trient nach Bologna, was den Kaiser erzürnte. Allerlei italienische Händel, Übergriffe des eroberungssüchtigen Papstes betreffend, führten zu einer solchen gegenseitigen Erbitterung, daß Paul III. sich wieder mit Frankreich einzulassen begann. Die Forderung des Kaisers, das

Konzil nach Trient zurückzuverlegen, lehnte er ab und gab ihm dadurch Anlaß, die Ordnung der religiösen Fragen selbst in die Hand zu nehmen. Zunächst berief er einen Ausschuß aus den Ständen, der es zu keinem Beschluß brachte; Bayerns Kanzler Leonhard von Eck verlangte schlechtweg Wiederherstellung des katholischen Glaubens in ganz Deutschland. Wieder gab Uneinigkeit dem Kaiser Ursache, als Diktator zu handeln. Er ging dabei immer noch von der Idee der Vermittlung aus, benützte die vorhergegangenen Unionsversuche und berief zu Vorschlägen den Naumburger Domherrn Julius von Pflug, der schon mehrfach die katholische Partei im vermittelnden Sinne vertreten hatte, und den Brandenburger Pfarrer Agricola, Luthers einstigen Freund und Feind, der eine schwärmerische Verehrung für den Kaiser gefaßt hatte. Das Buch Interim, das entstand, ließ allerdings den Protestanten nicht viel mehr als die Priesterehe und das Abendmahl in beiderlei Gestalt, auch das nicht unbedingt und nur bis zur endgültigen Entscheidung durch das Konzil. Die Evangelischen waren tief enttäuscht, da nur ihnen etwas auferlegt worden war, während sie gehofft hatten, auch von den Katholiken würde ein Nachgeben verlangt werden; immerhin war ein Beschluß zur Reformation des Klerus gefaßt worden, namentlich die Bildung der Geistlichen und die Vereinigung mehrerer Pfründen in einer Hand betreffend, Punkte, die zu den ein Jahrhundert alten Beschwerden gehörten. Wie schmerzlich sie auch betroffen waren, es blieb den Besiegten nichts übrig, als sich zu fügen. War doch ein protestantischer Pfarrer, Agricola, bei der Abfassung des Interim tätig gewesen, und erklärte doch Melanchthon, seit Luthers Tod das Haupt der Protestanten, er sei bereit, was er nicht billige, schweigend zu ertragen. Er habe ja früher, schrieb er einem Freunde, durch Luther eine beinah schimpflichere Knechtschaft ertragen. So tief hatte sich in seine Seele eingegraben, was er durch Luthers Übermacht gelitten hatte, daß er sich nicht scheute, das Gedächtnis des großen Mannes zu kränken, dessen Werk in diesem Augenblick zerstört wurde.

Der Augsburger Religionsfrieden

1555

Zur Begründung seines Verhaltens führte Melanchthon an, daß man sich dem Kaiser unterwerfen müsse, damit doch wenigstens gute evangelische Pfarrer im Amte blieben und die Kirche nicht ganz veröde. Es ist der Grund, der bei Umwälzungen oder Vergewaltigungen immer von denen vorgeschützt wird, die bequemes Sichfügen dem Widerstand und seinen für sie schädlichen Folgen vorziehen. Sie verkennen, daß eine Regierung, die stark genug ist, sich gewaltsam einem Volke aufzudrängen, erst recht nicht durch die allmähliche Wirksamkeit einzelner beeinflußt wird, daß vielmehr ziemlich schnell diese einzelnen umgewandelt werden. Indessen, es dachten nicht alle wie Melanchthon. Wenn es schmerzlich ist, zu sehen, wie die Führer der Protestanten, militärische und theologische, durch Uneinigkeit, Geiz, Schwäche, Verrat die erkämpfte Glaubensfreiheit einbüßten, so verweilt man gern bei der aufrechten Gesinnung derer, die nicht wankten. Etwa 400 Prädikanten sollen ihre Stellen aufgegeben und ihr Heim verlassen haben. Brenz, der Reformator von Schwäbisch-Hall, flüchtete auf eine Warnung hin, die ihm auf der Straße gegeben wurde, ohne sich von den Seinigen zu verabschieden; er ließ seine kranke Frau zurück, die mit ihren Kindern von der Stadt ausgewiesen wurde und bald darauf starb. Butzer und sein Freund Fagius hielten sich in Straßburg unnachgiebig, bis Jakob Sturm, der einst so tapfere Städtemeister, die treuen Mitkämpfer vieler Jahre zum Wohle der Stadt ihres Amtes zu entsetzen nötig fand. Sie gingen nach England, mit dessen führenden Protestanten Butzer Beziehungen unterhielt. Die meisten Flüchtenden wurden von ihren Gemeinden, die sie liebten und verehrten, ebenso vermißt, wie sie ihren Wirkungskreis vermißten. Von den Städten hielten sich Konstanz und Magdeburg. Mit wundervollem Heroismus warf Konstanz den Überfall eines spanischen Heeres zurück, dann aber, da die katholischen Orte nicht zuließen, daß ein protestantisches Gemeinwesen in den eidgenössischen Bund aufgenommen würde, mußte die tapfere Stadt ihre Reichsfreiheit aufgeben und die österreichische Herrschaft anerkennen. Alle Prädikanten wurden ausgewiesen, der Reformator von Konstanz, Ambrosius Blaurer, der Freund Butzers und Zwinglis, hatte die Stadt schon verlassen. Ungebändigt blieb das stolze Magdeburg, die Zuflucht vieler Vertriebener und Rebellen, darunter Amsdorff, Luthers alter Freund, und Flacius, gleichfalls ein unbedingter Anhänger Luthers.

Es zeigte sich hier, wieviel besser eine entschiedene, klar ausgeprägte Überzeugung dem Unglück widersteht, als eine, die vielleicht reicher und eindringender, aber unbestimmter ist; Sicherheit und Bestimmtheit hatte auch Luther immer als das Wesen des Glaubens bezeichnet. Johann Friedrich, der von Anfang an unerschütterlich fest, bisweilen unbequem starr im Glauben gewesen war, zeigte in der Gefangenschaft eine so großartige Haltung, daß er, der so manchen Anlaß zu Tadel und Spott gegeben hatte, der Dicke, Schwerfällige, Ungestalte, nicht nur die Bewunderung der Glaubensgenossen erregte, sondern auch von den Spaniern, die ihn zu bewachen hatten, mit Ehrerbietung behandelt wurde. Das Interim lehnte er ab, da er durch Annahme eines Buches, dessen Inhalt dem Wort Gottes widerspreche, die Sünde wider den Heiligen Geist begehen würde. Als der Kaiser ihm, um ihn mürbe zu machen, seine lutherischen Bücher wegnehmen ließ, sagte er lächelnd, er habe das gelernt und bei sich, was in den Büchern stehe. Sein Gesellschafter blieb Lukas Cranach, der sich von dem ihm wohlwollenden Kaiser die Gnade ausgebeten hatte, die Gefangenschaft seines Fürsten teilen zu dürfen. Der unglückliche Philipp, eine ganz auf Tätigkeit eingestellte Natur, noch jugendlich beweglich, geriet über den Verlust seiner Freiheit in solche Verzweiflung, daß er sich erbot, das Interim anzunehmen und auch seine Untertanen dazu zu veranlassen; als der Kaiser nicht darauf einging, nahm er eine würdigere Haltung an. Gelassen sich zu fügen lag nicht in seinem Temperament; einen Fluchtversuch, den er plante, mußten die Unglücklichen, die ihm dabei behilflich gewesen waren, mit dem Tode büßen. Ein Fußfall der Königin Maria und der Landgräfin Christine, Philipps zurückgesetzter Frau, die fußfälligen Bitten verschiedener Fürsten erweichten den Sinn des Kaisers nicht; er war überzeugt, Philipp würde, was er auch etwa verspräche, sowie er frei wäre, wieder Unruhen erregen, und er wollte die unvergleichliche Stellung, die er errungen hatte, nicht gefährden lassen. Seit Karl dem Großen hatte sich kein Kaiser wieder so wie er jetzt als Herr des Erdkreises betrachten können. Als in den Jahren 1546 und 1547 nacheinander Luther, Heinrich VIII. und Franz I. starben, mochte es ihm scheinen, als habe Gott selbst ihm seine Feinde und Nebenbuhler vor die Füße gelegt. Auch Paul III. starb, der böse Greis, der ihn so oft getäuscht und umgarnt hatte, es starben Herzog Wilhelm von Bayern und sein Kanzler Leonhard von Eck, die falschen Freunde, die Ergebenheit heuchelten, während sie Ränke gegen ihn spannen, und der Thronfolger, Herzog Albrecht, war mit einer Habsburgerin verheiratet. In diesem Augenblick der Verwirklichung seines hohen Strebens beging Karl einen Fehler, zu dem ihn fast ebenso wie staatsmännische Berechnung sein Herz drängte. Er glaubte, seinen Sohn Philipp zu seinem Nachfolger in der Kaiserwürde machen zu können. Das Kaisertum, ein aus dem Altertum abgeleitetes, durch uralte Weissagungen geheiligtes Weltamt, sollte zugleich ein habsburgisches Familienunternehmen werden. Sämtliche Glieder der Familie waren zu ihm berufen und mußten ihm dienen. Wenn Karl V. dies seinem Sohne zuwenden wollte, so glaubte er wohl, es durch die spanische Macht am sichersten zu stützen; aber es trug dazu auch sein Gefühl für diesen, seinen Eltern so unähnlichen Sohn bei, auf den er die Liebe für seine verstorbene Frau übertragen hatte. Ihm wollte er auch Mailand geben, um seine italienische Stellung zu stärken; Neapel war ohnehin spanischer Erbbesitz. Er wußte, daß er dadurch seinen Bruder Ferdinand und dessen Sohn Maximilian kränkte, die sich als Herren von Österreich zum Kaisertum bestimmt glaubten, ebenso die Kurfürsten, in deren Wahlrecht er eingreifen würde, und schließlich das deutsche Volk, das seinen Sohn als Ausländer betrachtete; aber er glaubte, die Schwierigkeiten durch kluge Diplomatie und durch das Übergewicht seiner Macht überwinden zu können. Sein feines Urteil versagte auch seinem Sohne gegenüber nicht; er wußte, daß er nicht geeignet war, den Deutschen zu gefallen; aber auch das, glaubte er, würde sich durch guten Rat und vorsichtiges Benehmen ausgleichen lassen. Den deutschen Fürsten zu gefallen, mußte sich Philipp sogar im Trinken üben, ohne es doch zu einem richtigen «überschwenglichen Saufen» von innen heraus bringen zu können. Auch die Höflichkeit, die er aufbrachte, glaubte man ihm nicht; er konnte nicht verhehlen, daß er ein verschlossener, versteckter, hochmütiger, gefährlicher Fremder war. Nach vielen unfreundlichen Auseinandersetzungen mit Ferdinand trafen die Brüder ein Abkommen, wonach eine zwischen den Linien abwechselnde Nachfolge verabredet wurde; aber die Besorgnisse und Unzufriedenheit der deutschen Habsburger waren nicht beschwichtigt. Auch die katholischen Fürsten wollten von Philipp nichts wissen, während Maximilian, Ferdinands Sohn, in dem ein Überschuß habsburgischer Liebenswürdigkeit und Verführungskunst zusammengeströmt war, alle Herzen gewann. Die Aussicht auf eine Nachfolge Philipps, der nun einmal Spanier war und blieb, nicht wie sein Vater auf sein edles deutsches Blut pochen konnte, brachte dem deutschen Volk zum Bewußtsein, wohin es geraten war. Die Anwesenheit der spanischen Regimenter, die Karl ins Reich geführt und noch nicht entlassen hatte, erregten allgemeinen Widerwillen. Man haßte die spanischen Soldaten wegen ihrer Habgier und Grausamkeit; sie waren in dieser Beziehung wirklich ärger als die deutschen. Dieser Haß des Volkes, dessen König Karl war, griff auf ihn hinüber: man fing an, den Fremden in ihm zu sehen. Der religiöse Gegensatz trat vorübergehend zurück vor dem nationalen Gegensatz gegen Spanien und vor den gemeinsamen Standesinteressen. Allen Fürsten war ihre Souveränität das höchste Interesse: zerfleischten sich auch die Raben untereinander, darin waren sie einig, daß sie keinen Geier haben wollten. Am meisten zum Widerstande entschlossen waren natürlich die protestantische Fürsten, die sich am meisten gedrückt und geschädigt fühlten, von denen zwei in Gefangenschaft waren. Es waren noch nicht zwei Jahre nach Karls großem Siege verflossen, als sie auf Mittel sannen, das Joch abzuwerfen.

Es ist ein unseliges Verhängnis, daß unterdrückte Parteien sich einer feindlichen Übermacht meist nur mit ausländischer Hilfe erwehren können, die sich teuer zu verkaufen pflegt. Daher kommt es, daß oft diejenigen, die Befreier sein wollten, sich mit dem Vorwurf des Verrats beladen. Sowie nach dem Schmalkaldischen Kriege unter den deutschen Fürsten die Absicht sich regte, dem Kaiser entgegenzutreten, knüpften sie auch mit Frankreich an. Die Möglichkeit, ohne französisches Geld und französische Unterstützung selbständig vorzugehen, kam ihnen nicht in den Sinn. Die Hochzeit des Herzogs Albrecht von Preußen mit einer braunschweigischen Prinzessin gab den Anlaß zur Begegnung einiger norddeutscher Fürsten, die sich gegenseitig Hilfe gelobten, wenn sie der Religion wegen angegriffen würden: es waren außer dem Herzog Albrecht selbst Herzog Johann Albrecht von

Mecklenburg und Markgraf Hans von Küstrin, wozu später noch zwei andere kamen. Die Verbündeten mußten den Kurfürsten Moritz als Gegner betrachten; er hatte die Exekution der Reichsacht gegen das rebellische Magdeburg übernommen und sich dadurch neuerdings als Anhänger des Kaisers und Bedränger der Protestanten gezeigt. Als er vom Entstehen des Bundes erfuhr, legte er sich die Frage vor, auf welche Seite er sich stellen wollte. In der Politik kannte er einzig das Interesse seines Landes, das heißt seine Vergrößerung, und die Sicherung seiner Macht, für diesen Zweck hielt er jede Treulosigkeit für erlaubt. Ein anderes war seine persönliche Ehre. Es war ihm vielleicht gleichgültig, daß er im Volk der Judas von Meißen genannt wurde, daß die Stände des ehemaligen Kurstaates und seine eigenen ihm mißtrauten, daß ihm etwas Anrüchiges anhaftete; aber er hatte sich für die Freiheit seines Schwiegervaters verbürgt und hatte sein Wort gegeben, falls Philipp gefangengesetzt würde, sich in Kassel bei seinen Schwägern zur Gefangenschaft zu stellen: hier hielt er seine Ehre gebunden. Er fühlte sich verpflichtet, alles zu tun, um die Freiheit Philipps, der ihm noch dazu lieb war, zu erlangen. Die Beute hatte er in Händen; also konnte er nun wieder einen anderen Weg einschlagen. Daß der Kaiser ihm seine mehrfache Fürbitte für Philipp abschlug, brachte ihn auf; überhaupt fand er sich nicht genug von ihm berücksichtigt. Er hatte außer dem größten Teil des Kurstaates auch das Erzstift Magdeburg haben wollen und es nicht bekommen; hauptsächlich aber ärgerte ihn, daß der Kaiser den Ernestinern die fürstliche Würde gelassen hatte. Solange sie Reichsfürsten waren, fühlte er sich nicht ganz sicher in seinem neuen Besitz. Er argwöhnte und wohl nicht mit Unrecht, daß der Kaiser sich die Möglichkeit vorbehielt, ihm den gefangenen Johann Friedrich entgegenzustellen. Wäre er des Kaisers und seines Raubes ganz sicher gewesen, hätte er sich eher über die offenen und versteckten Vorwürfe seiner Glaubensgenossen hinweggesetzt; da das nicht der Fall war, genügte er zugleich seinem Vorteil und seiner Ehre, wenn er im Verein mit ihnen die Waffen gegen den Kaiser kehrte. Der Kaiser glaubte, ihn benützt zu haben; er wollte zeigen, daß er den Kaiser benützt hatte, um Kurfürst zu werden. Nachdem er den folgenschweren Beschluß gefaßt hatte, verständigte er sich zuerst mit seinem jüngeren Bruder August, dann mit seinen hessischen Schwägern, die bereits mit Frankreich in Verbindung getreten waren. Heinrich II., der Sohn und Nachfolger Franz I., erklärte sich nur unter der Bedingung bereit, den protestantischen Fürsten Hilfe zu leisten, wenn ihm Gewinn an Land und der Schutz der geistlichen Fürsten im Reich zugestanden würden. Das hätte die Verbündeten stutzig machen müssen: nicht nur einen Gebietszuwachs verlangte der König, er brachte ihnen selbst zum Bewußtsein, daß er ein katholischer Fürst war, der in seinem Lande die Protestanten verfolgte. Von seinem Vater, der zuweilen den Freidenker herausgekehrt hatte, konnten sich die Deutschen einreden, er werde die Reformation annehmen oder wenigstens dulden, Heinrich II. hatte von Beginn seiner Regierung an es sich angelegen sein lassen, die Ketzerei in seinem Lande auszurotten. Dieser Umstand war den Verschworenen unlieb, schreckte sie aber doch nicht ganz ab: für sie handelte es sich jetzt in erster Linie um die Libertät, das heißt um ihre Unabhängigkeit vom Kaiser. Die offenkundige Absicht Karls, die kaiserliche Gewalt zu stärken, eine Erbmonarchie zu gründen, machte sie zu seinen entschlossenen Gegnern. Sie beklagten sich gelegentlich, daß er ihnen das Recht, mit auswärtigen Mächten Bündnisse zu schließen, nehmen wolle. Man kann nicht sagen, daß sie dies Recht verfassungsmäßig besaßen, sicherlich nicht, wenn es gegen Kaiser und Reich gerichtet war; aber sie übten es aus und betrachteten es als zum Begriff der Souveränität gehörend. Im Februar 1552 kam nach mehreren vorbereitenden Versammlungen das Bündnis zwischen Heinrich II. einerseits und Moritz von Sachsen, Wilhelm von Hessen und Johann Albrecht von Mecklenburg auf dem Schlosse Friedewald bei Hersfeld zum Beschluß. Es wurde darin festgesetzt, daß der König die Städte, die von alters zum deutschen Reich gehört «und nit deutscher Sprach sein», nämlich Cambrai, Metz, Toul, Verdun «und was derselben mehr wären» einnehme und als Vikar des deutschen Reiches behalte, doch vorbehalten die Gerechtigkeit des Reiches. Weiter hieß es, weil der König in diesem Werk nicht allein wie ein Freund, sondern wie ein treuer Vater gehandelt habe, würden die Fürsten ihm zur Erlangung seiner ihm abgewendeten erblichen Possession helfen – womit auf Artois angespielt war –, keinen Kaiser wählen, der ihm nicht wohlgefalle, und sich so mit ihm verständigen, daß er sie mit Land und Leuten auf ewig beschütze. Die Kriegführenden sollten unter des Königs Wappen ausziehen, auf dem stehen solle: *vindex libertatis Germaniae et captivorum principum.* In dem Manifest, das die deutschen Fürsten ausgehen ließen, um ihren Angriff zu rechtfertigen, klagten sie über die viehische Servitut, die der Kaiser habe Deutschland aufdrängen wollen, und führten als Beweis das Verbot auswärtigen Kriegsdienstes an, das fremde Kriegsvolk, das der Kaiser ins Reich geführt hatte, den Ausschluß fremder Gesandter vom Reichstage und den Umsturz der städtischen Verfassungen. Zu dieser Sorgfalt für die Freiheit der Städte bekannte sich auch der Feind und Verfolger der Städte, Markgraf Albrecht Alcibiades, welcher übrigens den Krieg auf eigene Faust betrieb und auch ein besonderes Kriegsmanifest erließ, in dem er als Ziel angab, die übermäßige Gewalt der Bischöfe und Prälaten zu brechen, so nämlich, daß er die Stifte, die dem deutschen Adel zum Unterhalt dienten, nicht ausrotten, sondern reformieren, das heißt weltlich machen wolle. Da König Heinrich II. die deutschen Prälaten schützen wollte, konnte dieser Punkt nicht in das Programm der mit ihm verbündeten Fürsten aufgenommen werden, obwohl auch sie es auf einige Stifte abgesehen hatten. Albrecht Alcibiades erwähnte in seinem Manifest noch die von einem Spanier verfaßte Geschichte des Schmalkaldischen Krieges, worin von den Deutschen in herabsetzender Weise die Rede sei: «Da sollte ja jedem ehrliebenden Deutschen das Herz erkalten ... daß die Deutschen, die edelste und fürnehmste Nation der ganzen Christenheit also mit Unwahrheit abkonterfeit, als ob sie irgendeine barbarische, unbekannte Nation und darin ehrliche, mannhafte und adelige Tugenden unbekannt wären.» Es wäre falsch, den Landesverrat der Fürsten damit entschuldigen zu wollen, daß Bündnisse mit fremden Mächten damals im Reich als zulässig gegolten hätten: die Fürsten wußten, daß sich der Vorwurf gegen sie erhob, sie führten Franzosen und Türken ins Reich und verwahrten sich dagegen. Einzig das entlastet sie, daß der Kaiser die Deutschen mit spanischer Macht bezwungen und vergewaltigt hatte und durch seinen Sohn den spanischen Einfluß auf Deutschland noch verstärken wollte.

Die nun wieder vermehrte Türkengefahr richtete sich wie immer hauptsächlich gegen Österreich, und deshalb wünschte Ferdinand um jeden Preis Frieden mit den Protestanten, damit das Reich ihm Hilfe leiste. Überhaupt zeigten sich nun die üblen Folgen, die Karls Absicht, seinem Sohne das Kaisertum zu verschaffen, für ihn hatten; die Entfremdung der Brüder, die dadurch eingetreten war, ging so weit, daß manche glauben konnten, Ferdinand habe sich im Kriege auf die Seite der Protestanten gestellt. War das auch nicht der Fall, so vermittelte er doch, anstatt sie anzugreifen. Zuerst versuchte er den Kaiser zu bewegen, daß er Philipp aus der Gefangenschaft entlasse, auch Moritz und die anderen Fürsten taten noch einmal darauf bezügliche Schritte. Daß der Kaiser unerbittlich blieb, gab ihnen das Zeichen zum Losschlagen. Heinrich II. zog auf Metz, Toul und Verdun, Albrecht Alcibiades warf sich auf die fränkischen Bistümer, Sachsen und Hessen führten ihre Truppen nach dem Süden; der Kaiser hielt sich in Innsbruck auf. Es ist bemerkenswert, daß einige große Städte, nämlich Frankfurt, Ulm, Nürnberg, Straßburg sich Moritz nicht anschlossen; Frankfurt und Ulm widersetzten sich standhaft der Belagerung. Das Mißtrauen gegen Moritz und der Unwille gegen Albrecht Alcibiades waren in diesen Kreisen so lebhaft, daß sie, obwohl in der städtischen Bevölkerung die evangelische Überzeugung am aufrichtigsten und opferwilligsten war, es vorzogen, dem Kaiser treu zu bleiben. Während Ferdinand die Vermittelungsversuche fortsetzte, rückte das Heer immer näher; der Kaiser suchte nach Brüssel zu entkommen, fand aber den Weg schon versperrt. Er hatte an Moritzens Verrat, den er so sehr begünstigt hatte, durchaus nicht glauben wollen und so den richtigen Zeitpunkt versäumt. Nach der Erstürmung der Ehrenberger Klause durch Georg von Mecklenburg mußte sich der gichtkranke Kaiser zu eiliger Flucht entschließen. Wenn nicht ein feindliches Regiment gemeutert hätte und dadurch eine Verzögerung entstanden wäre, würde er seinen Gegnern in die Hände gefallen sein; er entkam bei Nacht auf zum Teil noch verschneiten Wegen über den Brenner nach Bruneck und von da nach Villach in Kärnten. Vorher hatte er Johann Friedrich die Freiheit gegeben, doch mit der Bitte, ihn einstweilen noch freiwillig zu begleiten; er dachte, ihn gegen Moritz auszuspielen.

Sofort nach dem Einzug der Sieger in Innsbruck begann ein Waffenstillstand, dem Friedensverhandlungen in Passau folgten. Die endgültigen Bestimmungen desselben sollten auf einem Reichstage festgesetzt werden. Der Kaiser indessen, tief getroffen, erfüllt von dem Wunsche, sich zu rächen, raffte sich auf, sowie der Gichtanfall überwunden war, um Metz zurückzuerobern; wie immer war es der Kaiser, der die Grenze gegen den räuberischen Nachbarn schützte. Moritz führte indessen entsprechend seinen Beziehungen zu Ferdinand seine Truppen gegen die Türken. Im Kampfe gegen die Bistümer fuhr Albrecht Alcibiades fort, das deutsche Land zu verwüsten. Die Kriegsfurie dieses Fürsten, der roh aber nicht unbegabt war, der statt aller Grundsätze und Richtlinien den Kampf gegen Pfaffen und Städte proklamierte, dessen von Haß erfüllte Kampflust zuweilen an Raserei streifte, war ein schauerliches Zeichen der allgemeinen Verwilderung. Um die Verworrenheit und das Mißtrauen aller gegen alle zu vermehren, ließ sich der Kaiser aufs neue mit dem ketzerischen Markgrafen ein, während Moritz, der Vorkämpfer der Protestanten, sich mit dem katholischen Herzog Heinrich von Braunschweig verband, um Albrecht Alcibiades, der sich nach Norddeutschland gewendet hatte, unschädlich zu machen. In der ungewöhnlich blutigen Schlacht bei Sievershausen verlor der Herzog von Braunschweig drei Söhne und Herzog Moritz das Leben. Er war nur 32 Jahre alt geworden. Es scheint nicht, daß ihm jemals ein Zweifel an der Richtigkeit seines Handelns gekommen ist, und doch bereute er im Sterben den Wildschaden, den seine Untertanen durch seine Jagdlust erlitten hatten, und setzte eine Summe aus, um sie zu entschädigen. Durch die Gründung der Schulen von Meißen, Grimma und Pforta aus den eingezogenen Kirchengütern hat er seinem Lande eine dauernde Wohltat erwiesen. Menschen, die Herrschersinn und entschlossenen Willen haben und das, was sie wollen, klug und umsichtig ausführen, kann man nicht umhin, in dieser ihrer Art zu bewundern, auch wenn ihre Zwecke nicht edel und ihre Mittel verwerflich sind.

Nachdem Markgraf Albrecht Alcibiades geächtet und nach Frankreich geflüchtet war, kam die Ruhe der Erschöpfung über das Reich. Die Stände einigten sich über die Streitfragen, die sie trennten: die mit Weimar, Eisenach, Koburg und Gotha abgefundenen Ernestiner ergaben sich in den erlittenen Verlust und erhielten dafür mehr Geld, Bayern verzichtete auf die Pfälzische Kur, auch der noch immer schwebende Anspruch Österreichs auf Württemberg wurde aufgegeben. Anderthalb Jahre nach Moritzens Tod, im Jahre 1555, konnte zu Augsburg der Reichstag eröffnet werden, auf welchem die Befriedung der Religionsparteien endgültig vorgenommen wurde. Der Kaiser konnte sich nicht entschließen, den Protestanten, denen er bisher nur einen zeitlich begrenzten Frieden gewährt hatte, einen dauernden zuzugestehen und damit sein Ziel, die Einigung, aufzugeben; er überließ es deshalb, bereits entschlossen, sich aus dem öffentlichen Leben zurückzuziehen, seinem Bruder Ferdinand, den Reichstag zu leiten und so zu handeln, wie er es vor Gott verantworten könne. Trotz der allgemeinen Sehnsucht nach Frieden und der Einsicht, daß es zu einem Ausgleich kommen müsse, dauerte es doch acht Monate, bis die Verständigung erzielt war. Im Kurfürstenrat überwogen die protestantischen, im Fürstenrat die altgläubigen Stimmen, die Städte, die überwiegend protestantisch waren, traten auf diesem Reichstag sehr zurück, zum Teil weil der alte Kämpfer Jakob Sturm, der Stadtmeister von Straßburg, kürzlich gestorben war. Überhaupt hatte das republikanische Element im Reich, das bei der religiösen Umwälzung so tatkräftig mitgewirkt hatte, in den letzten Jahrzehnten starke

Einbuße erlitten. Es war ein unaufhaltsamer Niedergang.

Die Duldung der Neugläubigen erstreckte sich nur auf die Anhänger der Augsburger Konfession; alle anderen Sekten, auch die Calvinisten, waren davon ausgeschlossen. Eine weit schlimmere Beschränkung der nunmehr erreichten freien Religionsübung war, daß sie nur die Stände, also die Regierungen, nicht die Untertanen betraf. Doch wurde den Untertanen, die vom Glauben des Landesherrn abwichen, gestattet, mit ihrer Habe auszuwandern; einzig der burgundische Kreis, die Stammlande des Kaisers, wurden davon ausgeschlossen. Die heikelste Frage betraf die geistlichen Fürstentümer und Stifte, um die so viel Streit bereits entbrannt war. Wenn es den Prälaten, die zum evangelischen Glauben übertraten, freistand, das Gebiet, das sie als gewählte Fürsten auf Lebenszeit regierten, in ein erbliches, ihnen gehöriges Fürstentum zu verwandeln, so war anzunehmen, daß dem Beispiel des Hochmeisters Albrecht von Preußen noch mancher folgen würde, sei es aus eigenem Antrieb oder auf das Drängen der Untertanen. Da der Reichstag sich über diesen Punkt aufzulösen drohte, verkündigte Ferdinand mit Einwilligung der Stände den sogenannten geistlichen Vorbehalt, daß ein geistlicher Reichsstand, der zum neuen Glauben übertrete, seines Amtes entsetzt werde. Damit war, wenn der Vorbehalt in Anerkennung blieb, der Ausbreitung des Protestantismus eine Schranke gesetzt. Die Reichsritterschaft war in den Frieden inbegriffen. Für die Städte wurde bestimmt, daß, wo beide Religionen in Übung gewesen wären, beide bleiben sollten; keine sollte das Recht haben, die andere abzuschaffen. Am Reichsgericht wurden protestantische Beisitzer zugelassen.

Nach vierunddreißigjährigem Ringen hatte sich der neue Glauben das Recht des Daseins im Reich erkämpft. Wenn auch der Papst den Augsburger Frieden nicht anerkannte, wenn auch die Feindseligkeit und das Mißtrauen der Parteien nicht überwunden waren, so bestand nun doch eine Grundlage für das Zusammenwirken beider und für eine neue Gestaltung des öffentlichen Lebens. Wurde die christliche Freundlichkeit, die den Ständen zum Gebrauch empfohlen wurde, auch nicht immer innegehalten, es machte sich doch geltend, daß zwischen den Fürsten, welche Konfession sie auch bekannten, etwas Gemeinsames war, namentlich der Gegensatz zum Kaiser. Der Augsburger Friede war denn auch mehr ein Sieg der Fürsten als ein Sieg des neuen Glaubens. Die Fürsten gewannen, da sie die Religion des Territoriums bestimmten, an Gewalt über die Untertanen, und die Macht über die Kirche, die die protestantischen Fürsten als oberste Bischöfe erhielten, wurde den katholischen zum Vorbild, dem sie mit Erfolg nacheiferten. Der Grundsatz, daß der Fürst die Religion des Landes zu bestimmen habe, in die lateinische Formel *cuius regio eius religio* gefaßt wurde, wirkte sich naturgemäß zum Schaden der Bevölkerung aus. Denen, die nicht in der Lage waren auszuwandern, und die wenigsten waren es, blieb nichts übrig, als sich den Überzeugungen und Launen ihrer Landesherren anzubequemen, was einen verderblichen Einfluß auf ihren Charakter ausüben mußte. Daß Unkatholische, außer wenn sie einer Sekte angehörten, nicht verbrannt wurden, war für das Volk der einzige Zuwachs an Glaubensfreiheit, den sie vor der Vergangenheit voraushatten, immerhin ein unschätzbarer. In der Carolina, dem durch Karl V. eingeführten neuen Reichsgesetzbuch, ist der Artikel über den Ketzerprozeß nicht mehr enthalten. Der Übergang des Absolutismus von der Kirche auf den Staat hatte begonnen; erst im Staat vollendete er sich, da ja, wenn auch die Fürsten und namentlich die Kaiser sich zu Vollstreckern der kirchlichen Gebote gemacht hatten, doch auch ein Gegensatz zwischen Staat und Kirche bestanden und beiden Mächten eine Beschränkung auferlegt hatte. Einstweilen jedoch war der fürstlichen Regierungsgewalt noch eine Schranke durch die Landstände gesetzt; dieser sich zu entledigen, war das nächste Bestreben.

Tod

Die Schatten werden lang, die Herzen der ergrauten Kämpfer ermatten. Jeder Mensch ist eine Welt, mit jedem, wenn er stirbt, bricht eine Welt zusammen. Oft ist es eine kleine, fast eine Spielzeugwelt, wie ein Kind sie sich aufbaut, zuweilen aber umfaßt sie viele, die heimatlos werden, wenn sie sich auflöst. Wenn der kühle Hauch aus dem Jenseits den wirkenden Menschen anrührt, ein geisterhafter Ton an sein Herz klopft, ein fremder Schauder über ihn hinläuft, wird auch der Glückliche zum Mittelpunkt einer Tragödie. Es ist immer ein Weltuntergang, es ist immer der Sturz einer Hoffnung, der Verzicht auf etwas Gewolltes, der Zusammenstoß eines Ewigkeitswillens mit dem Nichts. Es ist ein Abschied vielleicht von vielen Schmerzen; aber wenn es nicht der Abschied von zärtlichen Geliebten ist, so ist es der Abschied von den holden allverbreiteten Elementen, der Luft und dem Licht, von der eigenen Tatenfülle und der verheißenden Zukunft. Endet nicht ein einzelner, sondern eine Generation, so ist das Versinken einer Welt auffälliger. Andere Götter, andere Ziele kann eine Generation mit sich bringen. Die Zeitgenossen Luthers, die zwischen 1480 und 1500 Geborenen, waren erfüllt von der Idee der Reformation des Reiches und der Kirche, auf die seit Jahrzehnten alles zugespitzt war. Sie hatten das Glück, daß große Gedanken im Schwange waren, für die sie ihre Kraft einsetzen konnten. Im Kampfe bildeten sich Überzeugungen, die sich auf das Höchste bezogen, wozu Menschen sich erheben können: Gott und die Beziehungen des Menschen zu Gott. Es ist zweifellos wahr, daß die Kirche und die Kleriker im 15. Jahrhundert und im Beginn des 16. sich in tiefem Verfall befanden; aber Tatsache ist es auch, daß unter den Priestern eine große Menge tüchtiger, gewissenhafter, begabter Männer sich befanden. Alle Reformatoren und viele bedeutende Männer, die zu Beginn des 16. Jahrhunderts hervortraten, waren katholische Geistliche, die mit Ernst und Hingebung sich um die Erneuerung der Kirche und des öffentlichen Lebens bemühten. Noch einmal wurde das gesamte Leben der Nation überwiegend von Geistlichen bestimmt, und noch nie hatte das geistige Leben der Nation so mächtig in die Welt ausgestrahlt. Dies, daß es sich um die höchsten Fragen handelte, die die Menschen bewegen, verlieh ihrem Kampfe einen so stolzen Schwung und eine so schneidende Tragik. Freunde waffneten sich gegen Freunde, Brüder gegen Brüder; zugleich die Treue gegen Gott und gegen die Menschen zu halten schien oft unmöglich. Die weltlichen Interessen waren mit den idealen so verflochten, daß die Gewissen sich selten unverletzt aus der Verstrickung reißen konnten. In diesem Streit, wo jeder alles einsetzte und alles erwartete, wo in selbstlose Opferbereitschaft sich höchst weltliche Begierden mischten, konnte kaum einer die Seele unverworren und unbefleckt erhalten.

Der große Gegenkämpfer Luthers war keiner von den Päpsten, deren Herz im Grunde unbeteiligt war, wenn man den nur kurze Zeit regierenden Hadrian VI.

ausnimmt, sondern Karl V., der, wenn auch wesentlich staatsmännisch begabt und interessiert, doch auch ein überzeugter, frommer Katholik war. Seine Beziehung zu den überirdischen Mächten war verknüpft mit den eindrucksvollen Gebräuchen der katholischen Kirche. In Augenblicken der Erschütterung war es ihm Bedürfnis, vor einem Marienbilde oder einem Kruzifix zu knien und zu beten. Der reichste und mächtigste Fürst des Abendlandes sparte wie ein schlecht bezahlter kleiner Beamter mit seinen Kleidern und gab sich in den von Musik und Weihrauch erfüllten Gewölben der Kirchen den Ahnungen einer seligen Welt hin. Die Messe, die Bilder, die Klöster, gerade das, was die Protestanten verwarfen, brachten ihn schon hier auf Erden in Berührung mit dem Reich Gottes, das er als die Heimat seiner Seele betrachtete. Es wird erzählt, Karl habe niemals in seiner Gegenwart die Protestanten ihren Glauben verfechten lassen, weil er gefürchtet habe, ihre gewandten und gelehrten Begründungen könnten seine Überzeugung erschüttern. Da das Luthertum bei einigen seiner Schwestern, die ihm nahestanden, Eingang gefunden hatte, scheint es nicht unmöglich, daß auch er Verständnis dafür gehabt haben könnte. Noch mehr gibt es zu denken, daß diejenigen spanischen Geistlichen, die das Evangelium ergriffen und verbreiteten, solange das neben der Inquisition möglich war, Begleiter Karls und von ihm hoch geschätzt waren. Es ist also anzunehmen, daß ihre Art, das Göttliche aufzufassen, ihm vorzugsweise zusagte und daß er ihren Gedankengängen gefolgt wäre, wenn er nicht von vornherein zum Gegenteil entschlossen gewesen wäre. Karl war darin Luther ähnlich, daß er von Natur konservativ war; womöglich hielt er fest am Althergebrachten. Dazu kam, daß die alte Kirche, die sein Gemüt befriedigte, mit der Verfassung des Reiches verbunden war. Er war und wollte sein Kaiser im alten Sinne, die Leuchte und Stütze der Christenheit neben dem Papst, *Dominus mundi.* Wie die Hohenstaufen scheute er sich nicht, Päpste zu bekriegen, aber wie sie dachte er nicht daran, das Papsttum zu verwerfen. Wie sein Großvater Maximilian und die Kaiser des Mittelalters hegte er als Krönung seiner Taten den Plan eines Kreuzzuges gegen die Ungläubigen. Um ihn auszuführen, war Einigkeit des Glaubens im Reich notwendig; auf dieser beruhte die Kultur des gesamten Abendlandes überhaupt. Sie zu erhalten, betrachtete er als des Kaisers vornehmste Aufgabe. Der Verrat Moritzens und der Sieg der Protestanten machte alle seine bisherigen Erfolge zunichte. Vielleicht hätte er den Kampf noch einmal aufgenommen; aber er war durch und durch unheilbar krank, sein erschöpfter Körper versagte dem stolzen Geist den oft mit letzten Kräften geleisteten Gehorsam. Noch versuchte er, obwohl von Gichtanfällen gequält, das von den Franzosen geraubte Metz zurückzuerobern. Als allen klar wurde, daß die feste, gut verteidigte Stadt in der winterlichen Jahreszeit uneinnehmbar war, wollte er allein nicht nachgeben. Sein Leibarzt, der berühmte Vesalius, der ihn begleitete, sagte, sie alle und zuerst der Kaiser würden ihr Leben in dieser Festung lassen müssen. Nicht lange danach hatte ein Engländer Gelegenheit, ihn zu sehen: die geisterhafte Blässe seines Gesichtes verriet seine Krankheit, er hielt sich mit Mühe aufrecht. Nach dem

Verlust vieler Zähne fiel der vorstehende Unterkiefer als häßlich auf; aber der energische Blick seiner Augen, die zugleich Anmut und Ernst ausdrückten, machte, daß man das Störende übersah. Der zusammengebrochene Kranke war mehr als je eine königliche Erscheinung.

Als Isabella, Karls Frau, noch lebte, hatten sich die beiden gelobt, in späteren Jahren sich in ein Kloster zurückzuziehen. Seltsamer Traum zweier Liebenden! War es, daß sie ihre Liebe als einen Raub an Gott betrachteten, den sie zurückerstatten müßten? Sollte dies Opfer ihnen die Gewißheit sichern, daß ihre Seelen in der jenseitigen Herrlichkeit auf ewig vereinigt würden? Oder hatte die spanische Johanna die schwermütige Sehnsucht nach Einsamkeit auf ihren Sohn übertragen? Als Isabella jung starb, zog er sich in ein Kloster zurück und dachte daran, es nicht mehr zu verlassen. Die Welt war ihm nach dem Erlöschen seines Lichtes dunkel geworden. Nur weil man ihm vorstellte, daß sein zwölfjähriger Sohn Philipp zu jung sei, um die Regierung zu übernehmen, kehrte er zu seinen Pflichten zurück. Inmitten der folgenschwersten Unterhandlungen und Kämpfe dachte er immer wieder an das wipfelumrauschte Kloster, den abendroten Garten des Friedens, den Vorhof des Himmels. Er bereitete alles zu diesem Ende vor, hoffte eine Zeitlang, ein im Glauben geeintes Reich seinem Sohne übergeben zu können. Als er in beidem gescheitert war und die Kraft nicht mehr fühlte, den Kampf von neuem zu beginnen, dankte er ab, um sich von der Welt zurückzuziehen. Wenn er vor den in Brüssel versammelten Ständen als den Grund, warum er seine Kronen niederlege, seine wankende Gesundheit anführte, sagte er die Wahrheit. Er fühlte den Abend; nun wollte er die Sonne zwischen den Zypressen eines Klostergartens untergehen sehen. Als die Geschäfte erledigt waren, wurde die Reise nach Spanien angetreten, zwei seiner Schwestern, Eleonore, die verwitwete Königin von Frankreich, und Maria, die verwitwete Königin von Ungarn, folgten ihm. Er hatte sich zur letzten Zuflucht das Hieronymiten-Kloster San Yuste in Estremadura ausgewählt; es lag in einem fruchtbaren Tal voll von Blumen und Früchten, aber auch umbraust von Gewittern und Stürmen. Angefügt an das Kloster hatte er sich einen kleinen Palast erbauen lassen, den er mit einigen Begleitern und etwaigen vornehmen Gästen bewohnte. Die Mehrzahl der Dienerschaft war im nächsten Dorfe untergebracht. Die Mönche, die der Ankunft ihres erhabenen Gefährten mit Ungeduld entgegengesehen hatten, waren, wie es scheint, etwas einfältige, gutartige Leute, die den Kaiser sehr gelangweilt hätten, wenn er auf sie allein angewiesen gewesen wäre. Da das nicht der Fall war, ging er gern und freundlich mit ihnen um. Sein hauptsächlicher Verkehr waren sein Kammerherr Don Luis Quixada, ein vornehmer Herr von altem Schlage, redlich, fromm und unwandelbar treu, dem er seinen Sohn von der schönen Regensburgerin Barbara Blomberg, Don Juan d'Austria, zur Erziehung übergeben hatte, ferner sein Arzt, ein junger Niederländer, und Wilhelm von Male, ein Gelehrter von natürlich schlichtem Wesen, gleichfalls Niederländer, mit dem er allerlei literarische Dinge zu besprechen pflegte. Gern hatte er auch den italienischen Mechaniker Torriano von Cremona um sich, der seine Uhren betreute und wunderliche Automaten verfertigte, wie zum Beispiel fliegende Vögel und eine nach dem Takt ihres Tamburins tanzende Dame. Wie einst der große Albert um ähnlichen Wunderwerke willen, sollen auch der Kaiser und sein Künstler den erschreckten Mönchen zauberverdächtig erschienen sein. Von seiner Einsiedelei aus verfolgte der Kaiser, denn er konnte doch nicht anders als Kaiser bleiben, mit lebhafter Teilnahme die Ereignisse der großen Welt. Briefe, Depeschen, Boten kamen und gingen. Er konnte in die heftigste Erregung geraten, wenn die Dinge anders gerieten, als er sich gedacht hatte; aber er pflegte sich bald zu beruhigen und folgte gern dem regelmäßigen Tageslaufe, wie er sich in dem kleinen Bezirk gebildet hatte. Seine Umgebung und seine Gewohnheiten waren einfach; aber er hatte schöne flandrische Tapeten mitgebracht und Gemälde, die er anzuschauen liebte, besonders solche von Tizian. Er beteiligte sich an den gottesdienstlichen Übungen der Mönche und stimmte selbst in ihren Gesang ein; er war so musikalisch, daß er sofort hörte, wer schlecht oder falsch sang. Neben der Musik waren Tiere und Blumen seine liebste Unterhaltung. Wie Luther in seinen letzten Jahren still den Pflanzen und Tieren auf dem Gut seiner Frau zusah und an die Schweine, die sie züchtete, träumerisch tiefsinnige Betrachtungen knüpfte, so freute den Kaiser nichts so sehr, als unter den Orangen und Kastanien und zwischen den Blumenbeeten von San Yuste, die er selbst angelegt hatte, umherzuwandeln und dem Plätschern des Springbrunnens zuzuhören.

In diesen Jahren mehrte sich die lutherische Ketzerei

in Spanien. Sowohl in Spanien wie in Italien fehlte die allgemeine Grundlage für die Reformation, wie sie in Deutschland bestanden hatte: der Gegensatz von Papst und Kaiser, die finanzielle Ausbeutung durch die Kurie, die Ablenkung der hohen Geistlichen von ihren eigentlichen Aufgaben durch fürstliche Stellung, die Verweltlichung und Verwilderung des Klerus. Unter den Königen Ferdinand und Isabella und dem großen Kardinal Ximenes war in Spanien bereits eine Reformation vollzogen; es besaß seitdem sowohl gelehrte und gebildete, wie fromme und in jeder Hinsicht tüchtige Geistliche, und der geeinte und gefestigte Staat hatte sich eine weitgehende Selbständigkeit gegenüber der Kirche gesichert. Das Luthertum wendete sich in beiden Ländern, Italien und Spanien, an das religiöse Denken und Fühlen einzelner Persönlichkeiten, und an solchen fehlte es nicht. Es ist merkwürdig, daß mehrmals italienische Geistliche, die nach Deutschland kamen, um den neuen Glauben zu bekämpfen und sich mit Eifer dieser Aufgabe widmeten, sich von seiner Wahrheit überzeugten, so jener Vergerio, der Luther in Wittenberg aufsuchte, um ihn zum Besuch des Konzils aufzufordern, so die Spanier Augustin Cazalla und Domingo de Guzman. Die Schnelligkeit, mit der durch ihre Anregung in Sevilla und Valladolid das Luthertum sich unter Menschen aller Schichten ausbreitete, läßt schließen, daß es ganz Spanien ergriffen hätte, wenn nicht von der wohleingerichteten Inquisition sofort die ersten Keime erdrückt wären. Als Karl von dem Übertritt der ihm bekannten und von ihm geschätzten Priester unterrichtet worden war, feuerte er seine Tochter Juana, die während ihres Bruders Abwesenheit die Regierung führte, Philipp selbst und die Inquisition an, unnachgiebig die Ketzerei auszurotten, bevor sie um sich greifen könne. Er war gegen das Luthertum, das er nicht hatte überwinden können, ebenso leidenschaftlich erbittert wie Luther gegen das Papsttum, wenn er seinen Haß auch weniger grob äußerte. Persönlich war der Kaiser sehr gutmütig; auch wenn er mit Recht zürnte, verzieh und vergaß er schnell, und in seinem Testament sorgte er väterlich für den letzten Küchenjungen unter seiner Dienerschaft. Mit Kummer sah er die nichts Gutes verheißende Anlage seines Enkels Carlos, der ihn besuchen durfte; wie anders, hübsch, gewandt, aufgeweckt, war sein Sohn Juan, der mit den Pflegeeltern nach Yuste kam! Aber den Vorschlag, diesen begabten Sohn in die Erbfolge einzureihen, wies er mit Entrüstung zurück.

Karls niederländischer Arzt machte die Bemerkung, daß Leute, deren Säfte verdorben seien, oft gesund erschienen, um dann plötzlich zusammenzubrechen. Der Kaiser wurde zwar zusehends schwächer und litt unter vorübergehenden Verstimmungen; aber im ganzen war er heiter und zufrieden und bereitete sich auf einen langen Aufenthalt im Kloster vor. Sein Feind war die unordentliche habsburgische Eßlust, wie der Beichtvater einer österreichischen Prinzessin es ausdrückte. In dieser Beziehung halfen bei Karl keine Warnungen: er konnte nicht aufhören, sich an den Aalen, Forellen und Austern zu delektieren, mit denen die Anhänglichkeit der Familie und der Granden ihn versorgte. Oft und oft langten Maultiere an, die mit den Dingen, die er liebte, beladen waren; bald waren es

Katzen oder Papageien, bald Leckereien. Im Februar des Jahres 1557 war er fröhlich in Yuste eingezogen; an einem der letzten Augusttage 1558 saß er angegriffen und etwas fiebernd auf einer Altane, die die Sonne beschien. Er bedurfte immer irgendeiner Wärmequelle; war es nicht die Sonne, mußte es ein Feuer im Kamin oder die mit Eiderdaunen wattierte Jacke sein, die seine Tochter ihm geschenkt hatte. Nun saß er in der Sonne und betrachtete lange ein Bild der Kaiserin, die vor zwanzig Jahren gestorben und die ihm das Liebste auf Erden gewesen war. Es war der letzte Tag, den er im Freien zubrachte, einige Wochen später starb er bewußt und gefaßt. Sein Wunsch war, neben seiner Frau in Granada bestattet zu werden, wo er die ersten Tage des Glücks an ihrer Seite erlebt hatte; aber Philipp übertrug die Gebeine seiner Eltern in das von ihm gegründete Kloster Escorial. Kurz vor seinem Ende hatte er noch den Tod seiner Schwester Eleonore erleben müssen, die er geliebt und doch seinen politischen Plänen geopfert hatte. Einige Wochen nach ihm starb auch seine Schwester Maria, die kurz zuvor noch zu seiner Freude eingewilligt hatte, die Regentschaft in den Niederlanden wieder zu übernehmen.

Es ist überliefert, daß der Kaiser, als er nach der Schlacht bei Mühlberg in Wittenberg weilte, mit seinem Gefolge die Stiftskirche besucht habe und daß Alba am Grabe Luthers seinem Herrn geraten habe, die Gebeine des großen Ketzers herausreißen zu lassen. Das habe Karl abgelehnt mit den Worten, er führe Krieg mit den Lebenden, nicht mit den Toten. Diese beiden Mächtigsten ihrer Zeit, der vornehme Herr der großen Welt und der sächsische Bauer, wie Luther sich gern nannte, waren sich doch in manchen Punkten ähnlich. Beide hatten einen gebrechlichen Körper, den sie mit Willenskraft beherrschten, beide wurden in ihren späteren Jahren so oft von Krankheit heimgesucht, daß man von Pausen der Gesundheit sprechen könnte. Die Schwermut war bei Karl ein stetig begleitender Schatten, bei Luther verdichtete sie sich zu krampfhaften Anfällen. Hätte Luther nicht die Klöster zerstört, so würde es ihn vielleicht auch gelockt haben, sich dort vor der Welt zu verbergen. Menschen, die eine große Idee vertreten und eine schwere Verantwortung tragen, Kämpfer, die aus mancher Wunde bluten, mögen immer einige Züge gemeinsam haben. «Im Himmel, auf Erden und in der Hölle bekannt», hat Luther in seinem Testament von sich gesagt. Er war sich seiner Majestät bewußt, so gut wie Karl V.; aber wie dieser deutete er nur selten auf den Stern auf seiner Brust.

Allmählich wurde die Bühne leer, auf der so leidenschaftlich gerungen worden war; die Mitkämpfer auf beiden Seiten, die Zeugen der großen Epoche, verschwanden. Schon im Jahre 1539 war der erbitterte Feind Luthers, Herzog Georg von Sachsen, gestorben, einer der tüchtigsten unter den deutschen Fürsten, nachdem auch er sich, vom Unglück getroffen, in zweideutige Handlungen verwickelt hatte. Als sein ältester Sohn kinderlos starb, entschloß er sich dazu, den jüngeren zu verheiraten, obwohl er geisteskrank war, damit er, wenn doch vielleicht ein Sprößling erzielt würde, das Herzogtum nicht seinem protestantischen Bruder überlassen müßte. Da auch dieser Sohn bald nach der widernatürlichen Heirat starb, dachte er daran, sein Land dem Hause Habsburg zuzuwenden, wurde aber durch den Tod an der Ausführung des gewagten Planes verhindert.

Martin Butzer begab sich, da er das Interim nicht annehmen wollte, nach England, um an der Hochschule von Cambridge Vorlesungen zu halten. Er hatte schon seit längerer Zeit Beziehungen zum Erzbischof Cranmer, verlebte nun fröhliche Stunden als dessen Gast, den englischen Freundeskreis durch deutsche Lieder und Gesänge erfreuend, an denen sie großes Wohlgefallen hatten. Der 60jährige Butzer war immer noch ein schöner Mann und gewann die Gunst der vornehmen englischen Damen; aber er vermißte die deutsche Wärme und die ganze deutsche Behaglichkeit, die zu schaffen Frau und Töchter ihm nach England folgten. Der junge König Eduard, der sich Butzers Schüler nannte, schenkte ihm Geld zu einem deutschen Ofen. Immer lebendig aufnehmend und erlebend studierte Butzer die öffentlichen Einrichtungen Englands, fand, daß Volksschulwesen, Gefängniswesen, Gesetzgebung, Ackerbau und Künste noch sehr im argen liegen, und meinte, daß England besonders zur Industrie geeignet sei und durch sie groß werden könne. Seine erste Vorlesung über den Epheserbrief wurde von Professoren und Studenten aller Fakultäten besucht. Er starb im Jahre 1551 und wurde in der Kirche von Cambridge beigesetzt. Fünf Jahre später, als die katholische Maria zur Regierung gekommen war, wurden seine Gebeine aus dem Grabe gerissen und verbrannt. Sein Freund und Beschützer, der Erzbischof Cranmer, mußte lebend den Scheiterhaufen besteigen.

Den Tod der Maria von England, seiner Schwiegertochter, erlebte Karl V. noch in San Yuste und begrub damit die Hoffnung, die ihn so sehr beglückt hatte, den alten Glauben in England wiederhergestellt zu sehen. Elisabeth, die Tochter der Anna Boleyn, war an den neuen gebunden, auf Grund dessen ihr Vater die Ehe mit ihrer Mutter hatte schließen können.

Das Trauerspiel, wie Erasmus den Einbruch des Luthertums zu nennen pflegte, war beendet, die Spieler, die es aufgeführt hatten, waren versunken. Es waren keine Marionetten gewesen, die eine Hand am Drahte hin und her rückt; es waren Menschen von Fleisch und Blut, die die vom Schicksal ihnen zugelosten Rollen mit Worten ihres Herzens durchführten, mit ihren Irrtümern, ihrer Lust und ihren Schmerzen erfüllten und mit ihrem bitteren Tod besiegelten. Nun

sie dahin waren, wurden ihre Namen Fluch oder Segen auf den Fahnen der neuen Generation. Es war ein Geschlecht, das in eine verworrene, nur notdürftig geschützte Welt eintrat, eine andere nicht kannte. Es gehörte einer Partei an, der es um so fester verschworen war, je weniger es die gegenseitigen Rechte untersuchte. Katholiken und Protestanten fingen an, sich zu hassen, fast ohne sich zu kennen. Je mehr sie aufhörten, sich mit Gründen zu bekämpfen, desto ungeduldiger zuckte ihre Hand nach den Schwertern.

Aufschwung der katholischen Kirche

Ein spanischer Edelmann aus dem Hause, das durch verschiedene seiner Mitglieder fürstliches Ansehen erworben hat, Francisco Borja, war Stallmeister der Königin Isabella, der Gattin Karls V. Nach ihrem Tode war es seine Aufgabe, den Leichnam von Toledo nach Granada in die Gruft zu geleiten und dort zu beschwören, daß sie es sei. Bei der Eröffnung des Sarges, die zu diesem Zweck vorgenommen werden mußte, waren die edlen und lieblichen Züge Isabellas schon so zerstört, daß er sie nicht mehr erkennen konnte. Dieser Eindruck und der bald darauf erfolgende Tod seiner eignen geliebten Frau erschütterten ihn so, daß er sich, da seine Kinder ohnehin erwachsen waren, von der Welt schied und in den kürzlich von seinem Landsmann Loyola gegründeten Orden der Jesuiten eintrat. Die Borja waren mit der spanischen und der portugiesischen Dynastie verwandt und Francisco insbesondere bekannt und wohlgelitten. So wurde er, als er den Kaiser in San Yuste aufsuchte, freundlich empfangen; doch sagte der Kaiser, Freund des Althergebrachten und Feind aller Neuerungen, mißbilligend zu ihm, er begreife nicht, warum Francisco in den neuen Orden eingetreten sei, in dem es keine weißen Haare gebe und der nicht im besten Rufe stehe. Die Jesuiten wurden nämlich von verschiedenen älteren Orden als Werkzeug des Satans und Vorläufer des Antichrist angegriffen, und Karl selbst hatte den übrigens verdienten Jesuiten Bobadilla wegen seiner Kritik des Interims aus dem Reiche verbannt. Borja erwiderte, daß jede Erscheinung an ihrer Quelle am besten sei, und verteidigte außerdem den Orden mit so vielen Gründen, daß Karl milder über ihn zu denken begann.

Der neue Orden, der anfänglich auf so viel Widerwillen der Katholiken stieß, hat der Kirche, die vor dem Ansturm der Protestanten erschreckt zurückwich und ihre zündenden Ideen nur mit abgestorbenen, entwerteten zu bestreiten wußte, neue Kraft und neues Leben zugeführt. Der mittelalterliche Klerus war ein sehr gesicherter Stand, so gesichert, daß er anfänglich die allgemeine Kritik und Abneigung kaum beachten zu müssen glaubte. Die Geistlichen fühlten sich unerschütterlich im Besitz. Als der ernstliche Angriff kam, hatten sie der Begeisterung und Glaubensinnigkeit des Evangelischen nichts Gleiches oder Stärkeres entgegenzusetzen. Das Bewußtsein, Fehler begangen zu haben, lähmte sie, viele stimmten heimlich oder laut in die Vorwürfe ein, die gegen sie erhoben wurden. Die Jesuiten brachten ihnen das reine Gewissen, sie hatten die Angriffslust der unverbrauchten Glaubenskraft, sie lehrten sie, mit neuem Geiste neue Wege einzuschlagen.

Iñigo de Loyola ist bei seiner Schöpfung ebenso von seiner Eigenart und seinen persönlichen Erlebnissen ausgegangen wie Luther bei der seinigen. Sein Ehrgeiz, seine Abenteuerlust, seine visionäre Inbrunst, seine Lust an der Mechanisierung des Menschlichen haben sich in seiner Gründung gerade so verwirklicht, wie im Luthertum Luthers Gottinnigkeit, Luthers

Sehnsucht nach Entbindung seiner geistigen Kräfte, Luthers Tiefsinn, seine Herrschsucht, seine geistige Freiheit, seine Überschätzung des Menschen. Will man den bedeutendsten und folgenreichsten Gegensatz bezeichnen, der zwischen beiden bestand, so ist es der, daß Luther die freie Betätigung der schaffenden Geisteskraft für ein Gut hielt, das alle Menschen ersehnen und auf das alle Menschen ein Recht haben, während Loyola die Neigung des Menschen, sich alles Denken, Wählen und Verantworten abnehmen zu lassen, benützte, um aus den Menschen ein nutzbares Werkzeug, einen lebendigen Mechanismus zu machen. Er verglich deshalb seinen Orden mit einem Heer und stattete die höheren Beamten des Ordens mit einer Gewalt aus, wie Offiziere sie über ihre Untergebenen haben. Wenn Luther den Christen mit einem Ritter oder Soldaten verglich, wie die Bibel es oft tut, dachte er dabei nicht an die Disziplin eines Regiments, wo Fahnenflüchtige durch die Spieße gejagt werden, sondern an den Heldenmut derer, die sich für ihre Überzeugung einsetzen. Erst wenn man Luthers Werk mit dem Loyolas vergleicht, erkennt man, daß Luther recht hatte, sich der Befreier zu nennen, was man über den Härten seiner Kirchengründung und seiner übermäßigen Betonung des Untertanengehorsams wohl vergißt. Gregor de Valencia, ein sehr angesehener spanischer Jesuit, sagte, daß Menschen von der wahren Lehre Christi abirrten, könne geschehen, weil sie den Maßstab außer acht ließen, wonach man unterscheide, ob etwas sichere Lehre Christi sei oder nicht. Habe man die Norm vor Augen, so sei mit Leichtigkeit in allen Streitfragen die Wahrheit gefunden. «Ich will nun», sagte er, «den sicheren Weg zu dieser Norm zeigen. Die Norm ist der Papst.» Es gibt also nach ihm keine Wahrheit, kein Recht an sich: wahr und recht ist der Wille der Oberen, sei es der des Generals oder der des Papstes. Luther kam es gerade darauf an, die Menschen von Menschensatzung in der Beziehung zum Göttlichen zu befreien. Das Gerüst von Dogmen, das er aufgestellt hat, ist der Heiligen Schrift entnommen, die die einzige Quelle des Glaubens für den evangelischen Christen sein soll. Indem Luther seinen Anhängern empfahl, sie zu lesen, ein unerschöpfliches Lebensbuch, eröffnete er ihnen eine fast schrankenlose Freiheit, verwies er sie im Grunde auf ihr eigenes Gewissen, wobei freilich vorausgesetzt ist, daß das Gewissen von Gott eingepflanzt ist und daß das Wort und Gesetz Gottes in ihm widerhallt. Diese geistige Freiheit neben dem dogmatischen Bekenntnis ist trotz der Gefahren, die sie mit sich bringt und die sich so bald zeigten, ein unveräußerlicher, herrlicher Besitz der Protestanten. Die Leistungen des Jesuitenordens waren in den ersten 50 Jahren seines Bestehens außerordentlich und auch später zuverlässig, wie die einer exakt funktionierenden Maschine, während die lutherische Kirche im ganzen wenig fruchtbar war; aber der Geist Luthers und der Heiligen Schrift wirkte innerhalb und außerhalb der Kirche unberechenbar, lindernd und lösend, schöpferische Kräfte weckend.

Nach der Lehre des Loyola, die eine Frucht langer, reiflicher Überlegung war, sollte die Erziehung des Jesuiten auf einer Wechselwirkung von Befehl und Gehorsam beruhen, wobei die Gehorchenden naturgemäß in der Mehrzahl waren. Der Gehorsam entwikkelte sich in der Reihenfolge des Gehorsams der Tat, des Willens und der Gedanken. Es ist leicht zu tun, was der Obere befiehlt, schwerer zu wollen, was er will, am schwersten und am lobenswertesten zu denken, was er denkt. Sorgfältige Übungen bereiteten den Zögling darauf vor, auf Befehl befohlene Vorstellungen zu hegen, fallenzulassen, wiederaufzunehmen, auf Befehl bestimmte Gedankengänge zu verfolgen. Diese Übungen und die Erforschung des Gewissens, die jede Regung der Gedanken und Empfindungen dem Vorgesetzten bloßlegten, bildeten Menschen aus, die, wenn sie nicht sehr geschickte Heuchler waren, sich in vorgeschriebenen Gedanken bewegten. Es war zwar dem Untergebenen erlaubt, wenn er einen Befehl für sündhaft hielt, dies dem Vorgesetzten vorzustellen; aber es war nicht anzunehmen, daß nach mehrjähriger derartiger Bearbeitung Kritik sich noch regte. Indessen sollte die Unterwürfigkeit durchaus nicht auf Verdummung begründet sein. Der Jesuit sollte unterrichtet, klug, schneidig, selbsttätig wie ein Soldat sein, der in schwieriger Lage, auf sich allein gestellt, selbst einen Ausweg finden muß. Er sollte ein selbständig handelnder Mensch sein; aber das Ziel und die Mittel seines Handelns sollte er mit den Augen seines Vorgesetzten sehen. Indem er angewiesen war, seinem jeweiligen Vorgesetzten sich so hinzugeben, als ob er Gott wäre, da er ja an Gottes Statt stehe, war er von Gott selbst abgeschnitten. Der Spruch: Man muß Gott mehr gehorchen als den Menschen, den die Protestanten so häufig anführten, hatte für den Jesuitenzögling keine Bedeutung. Der Inhalt und Zustand seines Gewissens hing von seinem Vorgesetzten ab.

Das Gelübde des Gehorsams hatten auch die Klosterbrüder geleistet; aber dieser Gehorsam bezog sich nur auf das klösterliche Leben, dessen Zweck nie ein anderer sein konnte als die Heiligung des Lebens der Mönche. Nichts konnte gefordert werden, was nicht im Einklang mit diesem Zweck stand, dem auch die Regeln der großen Ordensgründer entsprachen. Der Jesuitenorden bestimmte seine Angehörigen für eine vielfache Tätigkeit in der Welt, die zu unübersehbaren Folgen führen konnte und einem selbständigen Menschen die schwerste Verantwortung auferlegt hätte.

An der Schnelligkeit, mit der der Orden sich ausbreitete, kann man sehen, daß die Menschen im allgemeinen nicht den Drang haben, selbst zu denken, selbst sich eine Überzeugung zu bilden und sie zu vertreten, daß sie vielmehr gern sich zum Werkzeug machen lassen, besonders wenn die Möglichkeit des Aufstiegs gegeben ist und man sich einbilden kann, als Glied einer Gemeinschaft etwas Besonderes und anderen überlegen zu sein. Menschen zu Gefäßen einer vereinfachten und übersichtlich zubereiteten Weltanschauung und zu gefügigen Werkzeugen zu machen, ist verhältnismäßig leicht, wenn die Menschen im Besitz dieser Weltanschauung sich für auserwählt halten können. Luther fand wenige, die freie Christenmenschen, Herren aller Dinge und zugleich freiwillige Knechte aller sein wollten.

Erziehung und Erziehung zu unbedingtem Gehorsam war jedoch nicht der Ausgangspunkt von Loyolas Wirken. In ihm war ein sehr starker Hang, etwas Großes zu tun, wohl damit etwas Großes geschehe, vornehmlich aber doch, daß es durch ihn geschehe.

Nachdem sein Bein durch eine Kugel getroffen und er dadurch aus seiner soldatischen Laufbahn herausgerissen war, nahm er sich die großen Taten großer Heiliger zum Vorbild, anfänglich sich noch ganz in den gewohnten Geleisen haltend, indem er die Eroberung Jerusalems plante. Durch die Übertragung weltlicher Ideale auf das geistliche Gebiet kam in seine Haltung etwas Schiefes; sein Drang, sich auszuzeichnen, blieb derselbe, was aber durch die Demut des Heiligen vor anderen und vor ihm selbst verschleiert werden mußte. Indessen blieb der heroische Schwung seiner Seele echt, und er wußte ihn seinen Gefährten und Nachfolgern einzuhauchen. Er übte eine starke persönliche Anziehungskraft aus, zunächst auf Frauen, aber auch auf Männer. Seine Gesichtsbildung war vornehm, es prägte sich wohl das Bedeutende seines Geistes darin aus. Im Umgang mit Gefährten entdeckte er die Kraft, die von ihm ausging, seine Fähigkeit, Seelen zu durchschauen und zu beherrschen, und damit wuchs seine Neigung dazu. Nicht naive, plumpe Herrschsucht erfüllte ihn; er verallgemeinerte seine Erfahrungen und schuf aus der gewonnenen Kenntnis der menschlichen Seele ein System der Seelenbeherrschung und Seelenführung im Dienste der Kirche. Als er den Plan, Jerusalem zu erobern, hatte aufgeben müssen, widmeten er und seine Gefährten sich der Krankenpflege, die zugleich Askese war. Je mehr er aber in das wirkliche Leben eindrang, desto deutlicher begriff er die Notlage der Kirche und daß ihr Verfall und ihre Schwäche sie verschuldet hatten. Nun erst erfaßte er es als seinen Beruf, Menschen zu sammeln und zu erziehen, die die Kirche mit neuer Glaubensglut erfüllten, den Klerus aufrichteten, die ketzerischen Sekten, vor allem die Protestanten überwänden. Er wollte General eines unwiderstehlichen Heeres werden, das seine Befehle durch ihn vom Papste selbst empfinge. Als es ihm gelungen war, den Papst von der Wichtigkeit seiner Idee zu überzeugen, so daß er die Ordensgründung genehmigte, hatte er nach mühevollen Irrwegen seine endgültige Bestimmung erreicht.

Der erste Jesuit, der bei Gelegenheit des Religionsgespräches nach Deutschland kam, war ein Savoyarde, Peter Faber, Sohn einer armen bäuerlichen Familie, weit mehr als Loyola von ursprünglicher katholischer Frömmigkeit erfüllt. Er strebte aufrichtig nach Vollkommenheit, die er durch Askese, Abkehrung von der Welt, gehorsame Ausübung aller kirchlichen Vorschriften zu erlangen hoffte. Der Anblick von Reliquien konnte ihn zu Tränen rühren. In seiner Art, die Menschen zu behandeln und die Ketzer zur Kirche zurückzuführen, fiel Schlangenklugheit mit Taubeneinfalt zusammen. Daß die Religionsgespräche keine Frucht brachten, fand er selbstverständlich, er hielt derartige Versuche der Verständigung für verfehlt. Man solle, sagte er, sich auf Erörterungen mit den Ketzern nicht einlassen, viel weniger sie bekämpfen, sondern ihnen mit Liebe begegnen und ihnen, wo immer möglich, helfen. Die Hauptsache aber sei, den katholischen Klerus zu beeinflussen. Schuld am Entstehen des Luthertums trage die Entsittlichung des Klerus, hätte der seine Pflicht getan und den Laien als erbauliches Vorbild vorgeleuchtet, würde niemand sich von der Kirche getrennt haben. Falsch sei es, die Abtrennung als eine Gelehrtenstreitigkeit über Dogmen aufzufassen; der einzige Beweis, der hier not tue und gelte, wären gute Werke und Selbstaufopferung bis zum Tode. Nur Heilige könnten die Abtrünnigen zur Kirche zurückführen. In der Verwerfung der guten Werke sah er den wichtigsten Unterscheidungspunkt der alten und neuen Lehre. Luther hatte gesagt, in betreff des Lebens könne man Nachsicht üben, aber die Lehre müsse richtig und unerschütterlich sein. Es war das ein Punkt, der von Anfang an innerhalb des Protestantismus Widerspruch fand. Daß die Früchte so schlecht waren, mußte man es nicht der Lehre zuschreiben? Nicht ohne Großartigkeit setzten die ersten Jesuiten hier ein. War Luther der menschlichen Schwäche weit entgegengekommen, indem er sagte, der Mensch sei nicht imstande, die Klostergelübde zu halten, flößte Faber den Menschen den heroischen Glauben ein, aus Liebe zu Gott auch das Übermenschliche leisten zu können. Etwas von dem Schwung, der Loyola und seine ersten Gefährten bewegte, ging in der Tat auf diejenigen über, die mit Faber in Berührung kamen. Die Tatsache, daß einer da war, der mit Leidenschaft und Hingebung an die Kirche glaubte, erweckte ihr ebenso überzeugte Anhänger. Das Blut begann den gelähmten, fast verendenden Organismus wieder zu durchströmen. Ein Führer trat auf, der Soldaten um eine heilige Fahne sammelte, Kampfbereite, Ehrbegierige sowie Müßige und Neugierige strömten hinzu. Als die wesentlichen Mittel der Kirche, die Seelen zu Gott zu führen, bezeichnete Faber drei: Beten, Beichten und Kommunizieren. Alle drei waren in der Kirche fast erstorben, nun drängten sich mehr und mehr Andächtige zum Beichtstuhl und zur

Messe. Zu diesen Mitteln kamen als wirkungsvollstes die von Loyola ersonnenen Exerzitien, die von der dankbaren Kirche der Eingebung des Heiligen Geistes zugeschrieben wurden.

Es ist schwer zu verstehen, warum die Exerzitien einen so gewaltigen Einfluß ausübten. Vermutlich wurde es als wohltätig empfunden, daß ein Führender das Denken von Menschen, die des Denkens ungewohnt waren, weckte und anleitete. Es war eine Gymnastik des Kopfes, das den Köpfen so wohltat wie dem Körper das Turnen. Sie wurden in eine bestimmte Vorstellungswelt eingeführt und dazu angeleitet, sich Vorstellungen anschaulich zu machen. Sie mußten die Hölle sich so vorstellen, daß sie die Hitze des Feuers spürten und den Rauch schmeckten, das Leiden Christi am Kreuz so, daß sie sein Blut fließen sahen und seine Schmerzen fühlten. Die vielleicht noch nie zur Sammlung ihrer Gedanken auf einen überirdischen Gegenstand gekommen waren, ließen sich die Knechtung ihres geistigen Lebens gern und wehrlos gefallen. Unter denen, die zuerst gewonnen wurden, waren einige Fugger aus Augsburg. Mit den Exerzitien konnten zunächst nur die Gebildeten bearbeitet werden, weil die Jesuiten Ausländer, Spanier oder Savoyarden, und der deutschen Sprache nicht mächtig waren. Ihre Tätigkeit in den Spitälern und Gefängnissen jedoch kam den Armen zugute und wurde von ihnen verstanden. Es ging von diesen Männern, die nicht stritten, niemand beschimpften, die Gutes taten, wo immer sie konnten, und die Liebe Gottes und der Kirche verkündeten, eine Kraft aus, die weithin wirkte. Sehr bald wurden sie von den katholischen Fürsten bemerkt, namentlich von Ferdinand von Österreich und von den Herzögen von Bayern. Sie baten sich vom General in Rom Ordensmitglieder aus, bauten ihnen Häuser und Kirchen, statteten sie reichlich aus. Sie verdienten die Auszeichnung durch ihre unermüdliche und erfolgreiche Tätigkeit.

Städte, die wir als durchaus katholisch kennen, Wien, Passau, Bamberg, Würzburg, waren damals teils protestantisch, teils religiös verwildert unter einem sittenlosen, gleichgültigen Klerus. Peter Canisius, der erste deutsche Jesuit, sagte: «Wir übertreffen die Juden an Wucher, die Türken an Völlerei und Trunksucht, die Heiden an Geiz und Schlechtigkeit, die Tiere an Unzucht und Ausschweifung. Unsere Kirchen sind nicht Bethäuser, sondern Schwätz-, Kauf- und Tanzhäuser.» Das alles änderte sich, als in der zweiten Hälfte des 16. Jahrhunderts deutschsprechende und deutsche Jesuiten in Deutschland erschienen. Was ihren Einfluß sehr verstärkte, war, daß die Freigebigkeit der Fürsten sie instand setzte, Schulen zu gründen, deren Besuch unentgeltlich war, und daß die Schulen gut waren. Diese Anstalten waren so mustergültig, daß auch Protestanten gern ihre Kinder hinschickten. Bedenkt man, wie roh die Lehrer damals waren, wie erbarmungslos die Kinder verprügelt wurden, ist schon die Vorschrift, daß die Schüler mit Liebe zu behandeln seien, eine Umwälzung. Allerdings war das gute Beispiel zuerst in den Schulen der ‹Brüder vom gemeinsamen Leben› gegeben, die den Jesuiten in mancher Hinsicht zum Vorbild dienten. Die Schüler genossen guten Unterricht und gute körperliche Pflege. Loyola hatte sich bald von übertriebener Askese abgewendet;

denn er wollte, daß der Körper des Jesuiten zum Kampfe für Christus und die Kirche stark gemacht werde. Eine geistige Askese bestand in der Aufopferung des Willens und der Einsicht, ja eigentlich der ganzen Persönlichkeit; doch wurde diese gemäß der außerordentlichen Feinheit in der Menschenbehandlung, zu der die Jesuiten erzogen wurden, mit fast unmerklichen, allmählich wirkenden Mitteln erreicht. Der Tag des Schülers war bis auf die Minute eingeteilt, und zwar so, daß die Tätigkeit nicht nur stündlich, sondern zuweilen viertelstündlich wechselte. Den Lehrstunden waren halbstündige Erholungsstunden eingeschoben, viertelstündige Belustigungen, viertelstündige Gebete. Die eigentliche Zerstückelung des Tages zerteilte gleichsam auch die jugendliche Seele, ließ sie nicht zum Wachsen von innen, zum Kristallisieren in eigener Form kommen. Alles im Leben des Schülers begab sich nach Vorschrift: es war ihm vorgeschrieben, was und wie lange er zu denken, was und wie lange er zu beten, wie lange und in welcher Weise er sein Gewissen zu erforschen habe. Die Pflicht zu häufiger Beichte, die Beobachtung durch die Oberen und Gefährten lieferte den Knaben völlig seiner Umgebung aus. Eigene Gedanken, selbständiger Wille konnten sich nicht in ihm bilden, dagegen wurde er angefüllt mit den Vorstellungen und Bestrebungen, die der Orden für richtig hielt. Doch war es nicht so, daß der Wille überhaupt gebrochen werden sollte, nur der eigene Wille. Der Schüler sollte ein Werkzeug in der Hand des Oberen sein, das auch fern von ihm in seinem Sinne tätig sein konnte. Er mußte durchdrungen sein von den Absichten des Ordens, erfüllt von seinem leidenschaftlichen, unbeugsamen Eifer. War er durch Gehorsam zum fertigen Jesuiten geworden, durfte er auch herrschen. Zwar war jeder Führer dem General unterworfen; aber innerhalb der großen Organisation konnte man doch zu weitgehender Selbständigkeit kommen, und jeder einzelne Jesuit hatte Macht über jede Seele, die er sich unterwerfen konnte, natürlich stets im Rahmen der festgesetzten Weltanschauung.

Dieser auf Befehl und Gehorsam gegründete Organismus wurde wirklich das, was dem General vorgeschwebt hatte: eine Armee von tapferen Soldaten, die auf Befehl des Feldherrn bereit waren, die höchste wie die niedrigste Aufgabe, Ehre und Gnade sowie Tod und Schmach auf sich zu nehmen. Wie hätte ein solches Heer nicht Großes vollführen sollen? Der Wille des Führers ging zunächst hauptsächlich dahin, die Häresie auszurotten oder soviel wie möglich zurückzudrängen. Die jungen Jesuiten lockte mehr die romantische Märtyrerkrone, die in fernen Ländern, in Indien oder in China zu erwerben war, nach dem Beispiel des Franz Xaver; allein der General wehrte meistens ab, indem er sagte, sie sollten das mühsamere Martyrium des Schulehaltens auf sich nehmen, Deutschland als der Ketzerei verfallen sei Indien, sei Barbarenland, das müsse zurückerobert werden. Ganz ohne Beihilfe staatlicher Mittel, Drohungen und Strafen, Einquartierungen, Quälereien, ging die Bekehrung nicht vor sich; aber Predigt und hingebende Bemühung der Jesuiten hatten doch großen Anteil daran. Bis in den Norden, nach Westfalen, Ostfriesland, Hildesheim, Bremen, Hamburg drangen die Jesuiten vor, überall faßten sie Fuß.

Mit derselben Energie, mit der der Protestantismus sich vor 50 Jahren ausgebreitet hatte, wurde er durch die neue katholische Strömung zurückgeworfen. In den Jahren 1607 bis 1611 war in Paderborn und Münster noch die Mehrzahl der Einwohner protestantisch, 1623 waren beide Städte fast ganz katholisch. Mehrere Fürsten, so der von Pfalz-Neuburg, der von Nassau-Hadamar, traten zum alten Glauben zurück und zwangen ihre Untertanen, ihnen zu folgen. Die Markgrafschaft Baden hat bis 1635 zehnmal, die Oberpfalz in 80 Jahren fünfmal den Glauben gewechselt. Es ist anzunehmen, daß die geistigen Vergewaltigungen den Charakter der Bevölkerung sehr geschwächt und erniedrigt haben; aber viele hatten wohl von vornherein keine feste Überzeugung und waren es zufrieden, sich die Schnürbrust eines gut geregelten Glaubens von den Jesuiten anlegen zu lassen. «Die Deutschen», sagte ein Jesuit, «sind im allgemeinen einfach und ehrlich, nicht verstockt und bösartig. Sie nehmen auf, was man sie lehrt.» Eine gewisse geistige Trägheit kam dem Bekehrungseifer entgegen. Da, wo durch Luther die christliche Freiheit verkündet war, wo Wallfahrten und Bilderdienst aufhörten, der Zwang zu Gebet und Beichte wegfiel, hatte das kirchliche Leben oft fast ganz aufgehört; in den durch die Jesuiten bekehrten Ländern wurde wieder gewallfahrtet, der Rosenkranz abgebetet, das Marienbild bekränzt, Knie vor dem Allerheiligsten gebeugt. In Österreich, Bayern, Westfalen war es bald vergessen, daß hier einmal trotziger Protestantismus geherrscht hatte.

Es ist begreiflich, daß die Protestanten die siegreich vordringende Armee der Jesuiten haßten. Sie konnten sich ihren Erfolg nur durch den Gebrauch abgefeimter Mittel, Verzauberung der Seelen und Vergiftung der Leiber erklären. Sie schrieben den Jesuiten alle erdenklichen Teufeleien zu, die ihnen fernlagen; aber die Witterung von etwas Anrüchigem trog sie doch nicht ganz. Peter Faber und Peter Canisius waren aufrichtig fromme Männer, die versuchten, auch ihre Feinde zu lieben, die die grobe und gehässige Polemik, wie sie Luther aufgebracht hatte, verschmähten. Den schönen Grundsatz, den Irrtum durch Darstellung der Wahrheit zu bekämpfen, bemühten sie sich durchzuführen. Bei den Nachfolgern der Begründer der Gesellschaft waren die bedeutenden Eigenschaften und die religiöse Wärme nicht mehr so allgemein, sie mußten sich oft mit der Maske des liebevollen, sanften und tugendhaften Heiligen aushelfen. Ohnehin war den Schülern nicht nur die Gesinnung, sondern auch das Benehmen bis auf die Haltung des Kopfes, die Richtung des Blickes, die Bewegung der Hände vorgeschrieben; schon ihre äußere Erscheinung sollte zur Erbauung dienen. Bei diesem Zwang, sich gottselig zu gebärden, mußte den Jesuiten eine Heuchelei zur zweiten Natur werden, der gegenüber die massive Grobheit und das naive Darauflosleben der Protestanten erquickend wirkte. Etwas Künstliches, Übertriebenes, Süßliches drang mehr und mehr in die katholische Kirche überhaupt ein. Nicht allein, aber zum großen Teil war der Jesuitismus schuld daran, daß der reformierte, nachmittelalterliche Katholizismus sehr von dem des Mittelalters abwich. Weitherzig, großartig hatte die mittelalterliche Kirche das germanische Heidentum in sich aufgenommen, die menschliche Schwäche nicht nur geduldet, sondern sich weise eingeordnet. Freude und Übermut, ja Ausschweifung durften schwärmen und überschäumen, um von der heiligenden Macht der Kirche wieder gereinigt und geweiht zu werden. Die Irrenden wurden verfolgt und verbrannt; aber nur wenn sie sich ausdrücklich von der Kirche lossagten und gegen sie wandten. Die nach der höchsten christlichen Vollkommenheit streben wollten, konnten sich in Klöstern von der Welt scheiden und wurden von der Welt verehrt; aber auch in den Klöstern konnten Kunst und Wissenschaft und fröhliches, gemütliches Leben sich entfalten. Im Gegensatz zu der Sittenlosigkeit, die das Bedürfnis der Reformation hervorgerufen hatte, hielten sowohl Protestanten wie Jesuiten auf Sittenstrenge, die bei den Reformierten oft ans Sauertöpfische und Finstere, bei den Jesuiten ans Zimperliche, Versteckte grenzte. Es kam dazu, daß die Jesuiten als Fremde für die Neigung des deutschen Volkes, auf unschuldige Art mit dem Heiligen zu spielen, der es in den Mysterien und bei Festlichkeiten sich hingab, wenig Verständnis hatten. Schon der Umstand, daß über ein Jahrzehnt nach der Gründung des Ordens verging, ehe deutschsprechende Jesuiten nach Deutschland kamen, zeigt, wie durchaus die Bewegung eine fremde war. Das Christentum überhaupt war aus dem Süden nach Deutschland gekommen, die großen Erfrischungen des mittelalterlichen Glaubenslebens aus Frankreich, Italien, Spanien. Diesmal kam die Neubelebung aus Spanien und brachte mit sich die Eigentümlichkeit dieses Landes: Fanatismus, Inbrunst, Heroismus und eine seltsame Mischung von Sinnlichkeit und Verstandesschärfe. Die Sinnlichkeit äußerte sich darin, wie das Göttliche den Sinnen nahegebracht wurde; wenn in den Exerzitien etwa das Höllenfeuer oder die äußere Schönheit des Heilands ausgemalt wurde, so steht das in bedeutsamem Gegensatz zu dem Spruch, den Luther liebte, von dem, was kein Auge gesehen und kein Ohr gehört und was Gott denen zubereitet habe, die ihn lieben. Die Marienverehrung bekam ein neuen Aufschwung dadurch, daß die Jesuiten sie zu ihrer Patronin wählten, sie als die holdseligste aller Frauen verehrten; aber es kam in diesen lieblichen Kult etwas Überhitztes. In alle kirchlichen Betätigungen schlich sich etwas Gespreiztes, Krampfhaftes. Die Figuren der Heiligen in den Kirchen und auf den Kirchen glichen geschickten Schauspielern mit pathetischen Gebärden in wirbelnden Gewändern, die leere oder lüsterne, jedenfalls ganz weltliche Seelen verhüllen. Formvolles und auf das Äußerliche gerichtetes Wesen war den Italienern und Spaniern natürlich, nicht den Deutschen. Loyola wünschte, daß die Jesuiten Redeübungen in den großen Ruinen Roms veranstalteten, um klangvoll und großartig sprechen zu lernen. Man begreift, daß von Zeitgenossen der Protestantismus als germanisches Christentum bezeichnet wurde. Es war, als habe das Luthertum die Innerlichkeit aus der Kirche herausgelöst und ihr die äußere Form und Gebärde gelassen. Auch darin sprach sich das aus, daß Loyola als wesentlichen Gegensatz zum Luthertum die Freiheit des Willens und die Notwendigkeit der guten Werke lehrte. Luther kam es darauf an, die Menschen auf die Allmacht Gottes und seine Gnade hinzuweisen, Loyola wollte seine Anhänger zu energischem Handeln fortreißen. Auch Luther hat ungeheure Tatkraft gezeigt; dennoch war er mehr ein Mann des Glaubens als des Willens und scheute oft vor dem Handeln zurück, das den Menschen so leicht in Schuld verwikkelt. «Wenn ihr stille wäret, so wäre euch geholfen.» Für die Erhaltung und namentlich für die Ausbreitung des Protestantismus war es gut, daß gleichzeitig mit Loyola ein Romane auftrat, der dem vorwärtsdrängenden Jesuitismus entgegenwirkte, Calvin.

Calvin und der Abfall der Niederlande

Loyola ist 10 Jahre nach Luther, Calvin 16 Jahre nach Loyola geboren; die beiden letzteren scheinen ins Leben gerufen, um die Wirksamkeit des jeweiligen Vorläufers aufzuheben oder auszugleichen. Beide, Loyola und Calvin, waren nichtdeutschen Ursprungs und nichtdeutsch von Charakter, haben aber stark auf Deutschland, Calvin hat überhaupt stärker auf germanische als auf romanische Länder gewirkt. Doch hat Calvin, der Nordfranzose war, entscheidende Einwirkungen in Deutschland und von Deutschen erfahren. Als er ein Jüngling war, hatte das Luthertum bereits Anhänger in Frankreich gefunden, vorher schon war im Anschluß an den Humanismus das Bibelstudium in Aufnahme gekommen. Man nimmt an, daß ein Deutscher, Michael Wolmar aus Rottweil, der in Bourges Lehrer des Griechischen war, ihn beeinflußt habe, aber etwas Gewisses ist darüber nicht bekannt; Calvin selbst spricht von einer plötzlichen Bekehrung. Nachdem ein Versuch, in Paris für den neuen Glauben zu wirken, gescheitert war, verließ er Frankreich und kam auf dem Weg nach Basel durch Genf, wo er, um ein Predigeramt zu übernehmen, festgehalten wurde. Von dort vertrieben, fand er Zuflucht in Straßburg und schloß sich sehr an Martin Butzer, dem er in mancher Beziehung ähnlich war; Luther mochte Butzers Betriebsamkeit nicht leiden.

Calvin stand dem Protestantismus anders gegenüber als Luther und auch als Zwingli, die das Neue ins Leben riefen; er fand etwas Fertiges vor und hatte es leichter, ein System zu bilden; doch entsprach es auch seiner Geistesart. Seine *Institutio christiana* ist ein berühmt gewordenes Lehrbuch des evangelischen Glaubens, das er später erweiterte, das sich durch Klarheit und Prägnanz auszeichnet und heute wie damals von Theologen bewundert wird. Wie Luther war Calvin ein Meister des Wortes, sowohl in lateinischer wie in französischer Sprache; aber nicht wie Luther ein Dichter. Er bewunderte Luther, hatte Ehrfurcht vor ihm und Verständnis für ihn, vielleicht von Butzer beeinflußt, war aber an Persönlichkeit und Geist ganz von Luther verschieden. Wie fest und sicher Luther auch die Linien seines Glaubens zog, sah er doch, das Sinnliche und Übersinnliche zugleich erfassend, das Schwankende, Vielseitige, Tiefgründige aller Dinge, die Rätsel und Untiefen des Daseins und der menschlichen Seele. Für Calvin, der überwiegend mit dem Verstand sah, war alles klar und durchsichtig. Luther glaubte wie Calvin, daß Gott einen Teil der Menschen zum Heil, einen anderen zum Verderben ausgewählt habe, ohne deren Verdienst oder Verschulden, aus seinem allmächtigen und unergründlichen Willen, begriff aber das Gefährliche dieser Ansicht, dem er dadurch zu begegnen suchte, daß er den Grübelnden riet, sich zu den zum Heil Erwählten zu zählen; übrigens hielt er es für richtiger, nicht bei diesem uns unzugänglichen Geheimnis Gottes zu verweilen. Calvin rückte die Prädestination in den Vordergrund seiner Lehre; für ihn fielen die Auserwählten Gottes zusammen mit den Gliedern seiner Kirche, so wie der Wille Christi, des einzigen Herrn der Kirche, zusammenfiel mit dem Willen der jeweiligen irdischen Leiter derselben, zunächst mit dem seinigen. Um seine in Genf, das ihn reuig zurückrief, begründete Kirche einem Kreise von Erwählten gleichstellen zu können, führte er eine strenge Kirchenzucht ein, derart, daß kein Sünder in ihr geduldet wurde. Aus zuverlässigen Gemeindegliedern gewählte Älteste hatten das Recht und die Pflicht der Überwachung, unbelehrbare Sünder wurden aus der Kirche ausgestoßen. In der Versinnlichung des Göttlichen näherte sich Calvin den Wiedertäufern und den Jesuiten. Die Katholiken waren logisch, wenn sie alle, die dem Papst gehorchten und sich treu zur Kirche hielten, als Gotteskinder bezeichneten, die sichtbare Kirche der unsichtbaren gleichsetzend; wie aber konnte ein Evangelischer, dem eine Ahnung von der Unergründlichkeit der Wege Gottes aufgegangen ist, sich anmaßen, der Verwalter seiner grauenvollen Geheimnisse zu sein? Gerade die strenge Calvinische Kirchenzucht haben viele lutherische Geistliche bewundert, und Luther selbst hat sich viel mit dem Problem beschäftigt, wie eine Gemeinde von wahren Christen heranzuziehen sei; aber in seinem Sinne war Glaube zu sehr mit Freiwilligkeit, also mit Gnade verbunden, Religion zu sehr von Moral verschieden, als daß er ein Züchten von Heiligen, wie Calvin es wollte, hätte unternehmen mögen. Luther hatte, obwohl er den geknechteten Willen lehrte, große Achtung vor der menschlichen Freiheit, die ja mit der göttlichen Gnade zusammenfiel, und große Nachsicht mit Vergehungen; konnte doch der nach menschlichen Begriffen ärgste Sünder von Gott erwählt sein und im nächsten Augenblick von der göttlichen Gnade ergriffen werden. Er war kein Organisator und kein Zuchtmeister; beides war Calvin. Calvin hatte in dieser Beziehung wie überhaupt viel mehr Ähnlichkeit mit Loyola als mit Luther, der das schöpferische Vermögen anregte, den Geist lockerte, das Herz erwärmte, wie Musik es tut. Loyola verbannte Musik und Gesang aus den Jesuitenschulen, wie Calvin die Bilder aus den Kirchen. Vielleicht konnte Calvin eben deshalb Loyola entgegenwirken, weil er ihm in mancher Hinsicht verwandt war. Beide waren, obwohl große Kirchenmänner und Religionsstifter, überwiegend rational, und dem Rationalismus gehörte die Zukunft, die die Phantasie hinter sich ließ. Auch in ihrer Auffassung von der Christusherrschaft waren sie einander ähnlich. Beide sahen in Christus einen Heerführer, dem die Auserwählten in unbedingtem Gehorsam bis zum Tode nachfolgen, kämpfend, erobernd. Das Heer der Calvinisten war wie das der Jesuiten an strenge religiös-moralische Vorschriften und an eine Askese gebunden, die in der Vermeidung weltlich-sinnlicher Genüsse bestand, deren Stil bei den Jesuiten süßlich-demütig, bei den Calvinisten stolz und herbe war.

In einem Punkte, nämlich in der Beziehung seiner Kirche zum Staat, war Calvin den anderen protestantischen Kirchen überlegen. Als Franzose hatte er natürlicherweise immer Frankreich und die protestantische Kirche in Frankreich im Auge, und da diese einem katholischen, jede Abweichung unerbittlich niederzwingenden Staat gegenüberstand, war seine Kirche dem Staat gegenüber durchaus kämpferisch und ihre Selbständigkeit betonend eingestellt. Diese zu bewahren ist ihm allerdings nicht in dem Grade, wie er es wünschte, gelungen; doch konnte er wenigstens eine Verschmelzung herstellen in der Weise, daß Mitglieder der Kirche einen Platz im Rat hatten, die Kirchenältesten aber aus dem Rat vom Rate gewählt wurden. Auch um das Recht der Exkommunikation, das heißt, Sünder aus der Kirche auszustoßen, wurde lange gekämpft, bis Calvin es für die Kirche eroberte. Die Ältesten waren Laien, die im Kirchenregiment vertreten waren; insofern hat Calvin Luthers Lehre vom allgemeinen Priestertum wirklich eingeführt, was Luther unterlassen hatte. Wenn Luther sich in diesem Falle wie in anderen mit der Roheit der Deutschen entschuldigte, mochte er nicht ganz unrecht haben; in den kleinen eidgenössischen Republiken fand sich gewiß ein politisch und sittlich besser durchgebildetes Bürgertum als in den kleinen sächsischen Städten, mit denen Luther zu tun hatte.

Ein starker, herrschbegieriger Wille findet immer Anhänger und Diener; immerhin bedurfte es mehrjähriger, hartnäckiger Kämpfe, bis sich das freie, fröhliche, lebenslustige Gemeinwesen Genf der Tyrannei des Fremden unterwarf, der sich auf eine Schar Fremder, französischer Emigranten, stützte. Mit Hilfe von Eindringlingen richtete der Flüchtling eine Diktatur auf, wie sie im Papsttum unbekannt gewesen war. Predigt, Warnung, Geldstrafen bis zur Einkerkerung, Folterung, Verbannung, Enthauptung und Verbrennung waren die Mittel, deren er sich dabei bediente; niemand stand zu hoch, und nichts war zu gering, um der Überwachung und Regulierung zu entgehen. Nicht die geringste Abweichung von Calvins Lehre wurde geduldet, das harmloseste Zeichen auch von fast unbewußter Anhänglichkeit an den alten Glauben, etwa ein lateinisches Gebet, wurde streng geahndet; den Papst nicht für den Antichrist zu halten, hätte niemand wagen dürfen. Wie der Glaube waren die Sitten dem Zwang unterstellt. Singen, Tanzen, Ballspiel, Würfelspiel waren verboten; eine Frau wurde eingekerkert und verbannt, weil sie ein leichtfertiges Lied gesungen hatte. Nicht nur Kritik an Calvins Lehre, sondern auch Kritik an seiner Person, Äußerungen über ihn, die der Ehrerbietung ermangelten, wurden streng bestraft. Seine Person war geheiligt. Ihm fehlte ganz der Humor, der Luther so anziehend und überlegen machte; Calvin sah sich selbst nie anders als in pathetisch-feierlicher Beleuchtung.

Für die verlorenen Güter der Freiheit und der Breite des Lebens tauschte Genf Stärke, Macht und Einfluß auf das Ausland ein. Da, wo man seine vorzüglichen Bücher kannte, wo man seine glühenden Briefe las, gelangte Calvin bald zu hohem Ansehen. Zahlreiche junge Männer besuchten die von ihm nach dem Muster des Straßburger *Gymnasium illustre* gegründete Akademie, aus der später die Universität erwuchs, und hörten seine Vorträge. Durch diese wirkte er ungetrübt. Weil er systematischer war als Luther, konnte er besser eine feste, klare, eindeutige Überzeugung einpflanzen. Zu seinen Hörern gehörten Kaspar Olevianus, der den Heidelberger Katechismus im Anschluß an den Calvins verfaßte, und die Brüder Marnix von Ste. Aldegonde, die ihre bedeutende

Kraft für die Befreiung der Niederlande einsetzen sollten.

Der erste deutsche Fürst, der das Calvinische Bekenntnis annahm, war Friedrich III. von der Pfalz, den seine Frau Maria, Tochter Kasimirs von Brandenburg, zum Protestantismus bekehrt hatte. Seit dem Jahre 1559 besorgte die fromme Frau, der Teufel werde den Zwinglischen Samen zwischen ihren guten Weizen säen und ihr Mann werde durch das subtile Gift verführt werden. Seine Liebe zu ihr und das Abraten befreundeter Fürsten brachte Friedrich nicht von dem Entschluß ab, sich zu Calvin zu bekennen, nachdem er sich von der Richtigkeit seiner Lehre überzeugt hatte. Es gefiel ihm, daß der Calvinismus den Greuel der Abgötterei, wie er sich ausdrückte, aus der Kirche rein ausgefegt habe und daß man dem Verstand mehr Recht gebe, als Luther getan habe. Man solle wohl der menschlichen Vernunft nicht zu viel geben, darum aber doch nicht ein Esel sein oder bleiben; habe doch der Apostel Paulus zu seinen Korinthern gesagt: mit euch als mit den Klugen rede ich, als wolle er sagen: nicht mit tollen Eseln. Die Betonung des Moralischen im Calvinismus zog ihn mehr an als die lutherische Mystik. Offenbar bestimmte ihn auch der französische Einfluß. Er war so sehr ein Freund Frankreichs, daß er wünschte, es möchte jederzeit ein Vertreter Frankreichs an den Reichstagen zugelassen werden, und die Wiedergewinnung der drei verlorenen Bistümer und der Stadt Metz, um die man sich damals bemühte, kümmerte ihn wenig. Befanden sich auch die Reformierten Frankreichs, die Hugenotten, im Kampf mit der Krone, so redeten sich die protestantischen Fürsten ein, das Blatt könne sich wenden, der König könne für den neuen Glauben gewonnen werden. Seiner tatkräftigen Natur sagte das heroische Leiden und Kämpfen der Hugenotten mehr zu als das tatenscheue Wesen der lutherischen Fürsten. Die Deutschen, sagte er, hätten bisher in Rosen gesessen, die anderen aber mitten im Blut, darum wären sie einiger, entschlossener, opferwilliger. Die Calvinisten in England, Schottland, den Niederlanden, der Schweiz erregten seine Bewunderung. Um der Religion willen zu kämpfen, erschien ihm natürlich und rühmlich. Seine Lage war gefährlich, weil der Calvinismus weder in die Augsburger Konfession noch in den Augsburger Religionsfrieden eingeschlossen, also eigentlich rechtlos war. Sowohl seine eigenen Untertanen wie der Kaiser, nach dem Tode Ferdinands war es sein Sohn, Maximilian II., haßten den Calvinismus als ein friedestörendes, drachengiftiges Element. Friedrich blieb inmitten aller Angriffe und Gefährdungen mit seiner Überzeugung unerschütterlich. Das Ketzergeschrei, sagte er, fechte ihn so wenig an, als wenn ihn eine Gans anpfeifen täte. Die anderen protestantischen Fürsten hatten Mitgefühl mit ihren unglücklichen Glaubensgenossen in Frankreich und den Niederlanden; aber ebenso stark war das Bewußtsein, daß es sich um eine Auflehnung von Untertanen gegen ihr rechtmäßiges Oberhaupt handelte und daß sie im gleichen Falle Unterstützung ihrer Untertanen sehr übel aufnehmen würden. Sie beschränkten sich also darauf, Fürbitten für ihre Glaubensgenossen einzulegen, die natürlich nicht beachtet wurden, oder höchstens Geld, nicht viel, zur Anwerbung von Soldaten herzugeben. Friedrich III. kannte solche Bedenken nicht: in diesem Falle hatten ja die Untertanen den wahren Glauben, der König hatte den falschen, abgöttischen. Auch er konnte allerdings nicht geradezu mit der Tat für die Bedrängten eintreten; aber wenn er auf Umwegen dem Feinde, besonders Spanien, Schaden zufügen konnte, tat er es gern. So konfiszierte er einmal eine Summe Geld, die von Spanien aus durch die Pfalz an Alba gebracht werden sollte, und sein Lieblingssohn, Johann Casimir, teilte selbst dem Kaiser mit, daß er einen aus kaiserlichen Zeughäusern stammenden, für Alba bestimmten Pulvertransport angezündet habe. Allein er und sein Bruder Christoph hätten diese Handlung vorgenommen, «wie ich denn derselben gar keine Scheu trage».

Denn um diese Zeit war der Kampf zwischen Spanien und den Niederlanden offen ausgebrochen. Es war ein verhängnisvoller Gedanke Karls V., die Niederlande, sein burgundisches Erbe, seinem Sohne Philipp zuzuwenden. Er trennte den Burgundischen Kreis förmlich vom Reiche ab, nahm dadurch der Reichsregierung und den Reichskreisen die Möglichkeit der Einmischung und beraubte die Untertanen der einzigen Freiheit, die den Reichsangehörigen gegenüber dem *ius reformandi* des Landesherren blieb, nämlich mit ihrem Vermögen auszuwandern. Der feindliche Gegensatz, der die Völker Europas spaltete, kam dadurch im nordwestlichen Winkel des Reiches, wo die Pole nah aneinander gezwängt wurden, zu einem furchtbaren und großartigen Ausbruch. Der Schmalkaldische Krieg war in der Hauptsache ein Krieg zwischen zwei Heeren, der nach kurzem Kampf der einen Partei das Übergewicht verschaffte und schließlich zu einem

Ausgleich führte; in den Niederlanden kämpfte das ganze Volk, ging es um Leben und Tod. In den Niederlanden standen Haß gegen Haß, Glut gegen Glut nackt, ohne Mittel, die äußersten Spitzen des alten und des neuen Glaubens, Calvinismus und spanischer Katholizismus Auge in Auge gegeneinander ohne Möglichkeit der Versöhnung. Beide Parteien faßten vorübergehend den verzweifelten Plan, das Land, um das gekämpft wurde, durch Feuer oder Wasser zu verderben, damit es der anderen nicht zur Beute fiele. Dieser mörderische Charakter des Gegensatzes kam daher, daß er durch den nationalen verschärft wurde. Auf seiten der katholischen Niederländer war er nicht weniger heftig als auf seiten der reformierten. Im ganzen Abendlande wurden die Spanier als ein fremdes Element angesehen, man fand sie stolz, grausam und verschlossen. Die Spanier hatten den Ehrbegriff auf die Spitze getrieben, er bildete eigentlich den Kern ihres geistigen Lebens. Auch bei den Germanen, insbesondere bei den Deutschen, war die Ehre ein Maßstab; aber etwas ganz Verschiedenes wurde von den beiden Nationen unter Ehre verstanden. In Spanien hatte sich in langen Kämpfen gegen Mauren und Juden die Reinheit des Blutes und die Reinheit des Glaubens als Ehre herausgebildet. Es war nicht immer so gewesen: die hohe mittelalterliche Kultur Spaniens beruhte auf dem Zusammenwirken christlich-spanischer, maurischer und jüdischer Elemente, noch im 15. Jahrhundert waren bekehrte Juden, die Marranen, gern in die Reihen des hohen Adels aufgenommen worden. Erst als Ferdinand und Isabella einer aus den unteren Volksschichten hervorgehenden nationalistischen Strömung nachgaben, wurden Mauren und Juden vertrieben und wurde jede Vermischung mit ihnen als schändlich betrachtet; was nicht hinderte, daß Papst Paul die Spanier haßerfüllt als eine von Juden und Mauren abstammende Nation bezeichnete. Nach germanischer Anschauung beruhte die Ehre hauptsächlich auf der Freiheit. Der Hörige, der dem Zwang unterworfen war, wurde verachtet: «Ehr is dwang nog», Ehre ist Zwang genug, stand als Inschrift auf dem Kamin eines Zunfthauses in Münster. Eheliche Verbindungen mit slawischen oder ungarischen Edeln entehrte die adligen Deutschen nicht, wohl aber die mit einem christlichen, deutschen Bauern. In den Niederlanden hatten sich viele Züge germanischen Wesens reiner erhalten als in Deutschland; Freiheitsliebe, Lebenslust, ein breites, derbes, übermütiges Sichgehenlassen, Selbständigkeit im Glauben. Karl V. hatte man im allgemeinen als geborenen Niederländer geliebt: in seinem Sohne haßte und fürchtete man sofort den Spanier. Philipp nahm es sehr übel, daß man in den Niederlanden die Spanier als Ausländer betrachtete, die Deutschen nicht. Auch den deutschen Individualismus hatten sich die Niederländer bewahrt, obwohl sie als Königreich Burgund und als burgundischer Reichskreis eine Einheit gebildet hatten. Weder die burgundische noch die habsburgische Herrschaft war imstande gewesen, aus den verschiedenen Ländern, die sie als Niederlande zusammengebracht hatten, einen von Beamten des Landesherrn einheitlich regierten Staat zu machen. Noch waren die Provinzen selbständige Länder, die eifersüchtig ihre Privilegien hüteten und ihre Sonderrechte zur Geltung brachten, noch behaupteten gewisse Länder das Recht, den Souverän zu verlassen, wenn er die beschworenen Freiheiten nicht hielte. Die Einheit wurde repräsentiert durch den Statthalter, der in Brüssel residierte, ein Amt, das unter Karl V. seine Schwester Maria, unter Philipp II. Karls natürliche Tochter Margarethe innehatte; sie war in zweiter Ehe mit einem Prinzen von Parma verheiratet. Dem Statthalter standen die Staatsräte, Gouverneure der Provinzen, zur Seite, die aber nur eine beratende Stimme hatten, ferner ein Finanzrat und ein Gerichtsrat, die verwaltende Tätigkeit ausübten.

Das Schicksal wollte es, daß in diesem Kampfe das Licht fast ganz auf die Seite der Reformation, der Schatten auf die des spanischen Katholizismus fällt: ein historischer Augenblick sollte den Freiheitsgedanken, den Luther ausgesprochen und den die Entwicklung so vielfach entstellt hatte, ewig ruhmreich verwirklichen. In den Figuren Philipps II. und Albas auf der einen, Wilhelms von Oranien auf der anderen Seite hat die Geschichte Vorbilder des Despotismus und der Freiheit aufgestellt, die den, der ihre Taten nacherlebt, zur Bewunderung oder zum Abscheu hinreißt, trotzdem auch hier dem Häßlichen Größe und dem Hohen das Niedrige beigemischt ist.

Auch Philipp II. hatte bei seinem Regierungsantritt die Privilegien der Provinzen beschworen; aber er hatte nichtsdestoweniger die Absicht, die Niederlande zu einer spanischen Provinz zu machen. Das wurde offenbar, als er eine neue Kirchenorganisation in den Niederlanden einrichtete, wonach es künftig an Stelle von vier Bistümern, die es bisher gab, dreizehn geben sollte und dazu drei Erzbistümer, deren überhaupt noch keine vorhanden waren, da die Niederlande in dieser Hinsicht von Reims und Köln abhingen. Der Zweck dieser Neuorganisation war erstens die Loslösung der Niederlande in kirchlicher Hinsicht von Frankreich und Deutschland, zweitens die Möglichkeit einer genaueren Überwachung des kirchlichen Lebens und gründlicheren Ausrottung der Ketzer; denn die Bischöfe standen zugleich an der Spitze der Inquisition. Unwillen erregte es auch, daß der König spanische Truppen im Lande ließ, was mit den Privilegien nicht vereinbar war. Er versuchte diese Maßregel dadurch populär zu machen, daß er Oranien und Egmont das Kommando über die Truppen anbot; diese aber entzogen sich der Schlinge und lehnten ab. Philipp mußte nachgeben: zum Jubel der Bevölkerung verließen die spanischen Soldaten das Land. Die Statthalter waren große Herren, sehr selbständig und selbstbewußt, vor allen Wilhelm von Nassau und Egmont. Wilhelm von Nassau, der Sohn Wilhelms des Reichen von Nassau-Dillenburg und der Juliane von Stolberg-Wernigerode, war in seiner Person das Abbild des universalen, locker gefügten, viele Gegensätze umfassenden Reiches. Von einer verwandten Linie, die mit Renatus, dem Sohne jenes Heinrich von Nassau, dessen treue Bemühungen dazu beigetragen hatten, daß Karl V. die Kaiserkrone erhielt, ausstarb, erbte er das Fürstentum Orange in Frankreich und die reichen niederländischen Besitzungen der Familie. Von seinen Eltern, gläubigen Lutheranern, fromm erzogen, wurde er doch, um das Erbe übernehmen zu können, an den Hof der Statthalterin Maria in Brüssel geschickt, um dort im katholischen Glauben vollends ausgebildet zu werden. Die in der Familie herkömmliche Anhänglichkeit an den Kaiser war besonders lebhaft in ihm, und wie er Karl verehrte, so vertraute ihm und schützte ihn Karl; als er seine Titel niederlegte, bestimmte er ihn zum Statthalter der Provinzen Utrecht, Holland und Seeland. Statthalter von Flandern und Artois war Lamoral Graf Egmont, der seine Abkunft auf die Friesenherzöge des 8. Jahrhunderts, Radbold und Aldgild, zurückführte. Das Stammschloß Egmont, uralt, liegt im Nordwesten Hollands am Meer. Im Jahre 1545 verheiratete er sich in Speyer mit einer Schwester Friedrichs von der Pfalz, des späteren Kurfürsten, in Gegenwart des Kaisers und seines Bruders Ferdinand, im Jahre darauf wurde er Ritter vom Vlies, später warb er in England um die Hand der Maria für Karls Sohn Philipp. Im Jahre 1559 fügte er zu seiner hohen Abstammung und allen Ehrungen eine Ruhmestat, den Sieg bei St. Quentin, der Frankreich zu einem für Spanien sehr vorteilhaften Frieden nötigte. Er durfte glauben, sich dadurch Anspruch auf verschwenderische und unveränderliche Gunst des Monarchen erworben zu haben. Egmont war Katholik; aber er wußte, daß sein Sekretär, Herr von Beckerzeel, Protestant war, und hatte nichts dagegen. Diese Kavaliere, die katholisch waren oder die katholischen Gebräuche mitmachten, waren aufgewachsen in der Atmosphäre eines Landes, in dem altgermanische Bauernfreiheit, Freiheit des Welthandels und Weltverkehrs, die Duldsamkeit großer bewegter Seestädte heimisch waren, die Inquisition war ihnen zuwider. In seiner letzten Regierungszeit hatte Karl V. die spanische Inquisition in den Niederlanden einführen wollen, um der wachsenden protestantischen Bewegung entgegenzuwirken. Der Schrecken und die Wut des Volkes darüber waren so groß, daß die Statthalterin Maria eigens nach Augsburg reiste, um ihren Bruder zur Zurücknahme dieser Maßnahme zu bewegen, und sie erreichte auch eine Milderung der Gesetze, besonders aber sorgte sie dafür, daß ihre Handhabung nicht allzusehr von der üblichen abwich. In der spanischen Inquisition sah das Volk den Inbegriff ruchloser Gewaltherrschaft. Allerdings wurden bei der in den Niederlanden geltenden gewisse Rechtsformen beobachtet, es bestanden Vorschriften, nach denen man sich richten konnte; die spanische dagegen spürte die Schuldigen auf, ermunterte zur Denunziation und übte ihre schauerliche Tätigkeit im geheimen und ganz willkürlich aus. Als im Jahre 1563 das Konzil von Trient zum Abschluß kam, verkündete Philipp II. die Beschlüsse desselben in den Niederlanden und verlangte zugleich, daß die Inquisition schärfer als bisher zugreife; Privilegien sollten ihr gegenüber unwirksam sein. Der hohe Adel war durch die Inquisition nicht unmittelbar betroffen; denn der Protestantismus breitete sich überwiegend in den unteren Schichten des Volkes aus, namentlich in Handwerkerkreisen; aber er nahm die Partei des Volkes, teils weil der religiöse Fanatismus seinem Geiste widersprach, teils um jeden Eingriff der spanischen Regierung in die niederländischen Freiheiten abzuwehren. Als in Antwerpen ein Karmeliter verbrannt wurde, der zum Calvinismus übergetreten war, brach ein Volksaufstand aus: Die Regentin war durch die allgemeine Unzufriedenheit so beunruhigt, daß sie Egmont nach

Madrid absandte, um den König zur Milderung der die Inquisition betreffenden Maßnahmen zu bewegen und ihm die Wünsche des Adels vorzutragen. Diese gingen auf Vermehrung der Macht des Staatsrates. Da viel über Übergriffe der Behörden, namentlich in Hinblick auf finanzielle Ausbeutung geklagt wurde, wünschte man sie in Abhängigkeit vom Staatsrat zu bringen; Machterweiterung und Verselbständigung des Staatsrates, in dem die Statthalter der Provinzen vertreten waren, bedeutete zugleich Verselbständigung der Niederlande gegenüber Spanien. Gegen die Absicht des Königs, die Niederlande zu einer spanischen Provinz zu machen, erhob sich der Wille der Niederlande, ihre Freiheiten und ihre Selbständigkeit zu bewahren. Die Seele dieser Bewegung war Wilhelm von Oranien. Als Kind im lutherischen Glauben erzogen, am katholischen Hofe als Katholik aufwachsend, Herr niederländischer und südfranzösischer Besitzungen, dem Kaiser von Herzen zugetan, die französische Sprache bevorzugend, so tritt Wilhelm als eine schwankende Erscheinung in die Geschichte ein, er, von dem das Lied singt: «Wilhelmus von Nassauwe – Bin ick von dütschem Blut dem Vaterland getrowe – Blew ick tot in den Duudt!» Unter den genußfrohen niederländischen Kavalieren war er einer der reichsten, der vornehmsten, der geselligsten und liebenswürdigsten; als einen charakteristischen Zug bemerkte man an ihm seine Freundlichkeit im Umgange mit Untergebenen. Eine Rückwendung zum Luthertum schien sich zum erstenmal im Jahre 1561 in seiner Heirat mit Anna, der Tochter des verstorbenen Moritz von Sachsen, auszudrücken, die er trotz des Widerstandes des Königs von

Spanien und des alten Landgrafen Philipp von Hessen mit beinah erschreckendem diplomatischem Geschick durchsetzte. Philipp von Hessen, der seine durch Moritzens Sieg erwirkte Befreiung um mehr als ein Jahrzehnt überlebt hat, mißtraute dem Abtrünnigen oder Zweizüngigen; Philipp von Spanien konnte eine Verbindung mit der Tochter jenes Moritz, der seinen Vater verraten hatte, eines Ketzers, unmöglich billigen. Es ist anzunehmen, daß Oranien damals schon für alle Fälle sich einen Rückhalt bei den protestantischen Fürsten im Reich zu sichern gedachte. Nicht geringen Einfluß hatte wohl sein jüngerer Bruder Ludwig auf ihn. Dieser, in der festen Gläubigkeit des elterlichen Hauses aufgewachsen, der Liebling der Mutter, ein einfacher, gerader Charakter, immer unbedenklich bereit, sich für seine Überzeugung einzusetzen, hielt sich viel bei dem älteren Bruder auf, dem Familienoberhaupt seit dem Tode des Vaters, und vermittelte den Zusammenhang mit der deutschen lutherischen Familie.

Zwischen dem Lächeln des Königs und seiner Ungnade liegt nur die Breite eines Messerrückens, sagte man in Spanien. Es war eine Eigentümlichkeit Philipps, daß er diejenigen, deren Untergang er beschlossen hatte, mit ausgesuchter Herablassung behandelte. Wie ein Freund ausgezeichnet kehrte Egmont siegessicher zurück; indessen ließ Philipp die Regentin wissen, daß keinerlei Zugeständnisse gemacht werden sollten. Der Staatsrat sollte nicht gestärkt, die Inquisition sollte nicht gemildert werden. Die Regentin zögerte, den harten Beschluß bekanntzumachen, Oranien, der es offenbar zu einer Entscheidung kommen lassen wollte, bewirkte, daß es doch geschah. In dieser Stunde allgemeiner Besorgnis und Unruhe, grollenden Unwillens im Volke, trat der niedere Adel handelnd auf. Er war geführt von Heinrich von Brederode und Philipp Marnix, Herr von Ste. Aldegonde. Brederode, ein Abkömmling der holländischen Grafen, gehörte durch Geburt dem hohen Adel an, hielt sich aber zum niederen. In ihm kam das niederländische Tafeln und Bankettieren, die elementare Freiheits- und Kampflust nordischen Meervolks zum Ausdruck. Er haßte das Wasser und die Inquisition. «In Eurem Brief», schrieb er einmal an Ludwig von Nassau, «sprecht Ihr von nichts als von diesen Spitzbuben von Bischöfen und Präsidenten. Ich wollte, die Rasse würde ausgerottet wie die der grünen Hunde: Sie werden immer mit den Waffen kämpfen, die sie von alters her angewandt haben, und bis zu Ende habsüchtig, brutal, eigensinnig et cetera bleiben.» Marnix, aus altem savoyischem Adel, war gebildet und geistvoll, ein Gelehrter, ein Dichter, tapferer Soldat und von der unbeugsamen Leidenschaft des Calvinismus durchdrungen. Seine Devise war *Repos ailleurs.* Er soll der Verfasser des sogenannten Kompromisses sein, der Bundesurkunde, in welcher der niedere Adel, seine aufrichtige Anhänglichkeit an den König betonend, Zurücknahme der Plakate forderte, durch welche die Inquisition verschärft wurde, und Zusammenberufung der Generalstaaten. Der Kompromiß wurde von einer großen Zahl von Adligen, katholischen wie protestantischen, unterschrieben. Die Unterschrift Ludwigs von Nassau verriet, daß Wilhelm dem Unternehmen nicht fernstand, obwohl der hohe Adel bei diesem Schritt nicht beteiligt war. Anfang April 1566 zogen 300 Edelleute in Brüssel ein, in feierlichem Aufzug, ohne Waffen, um der Regentin ihre Wünsche vorzutragen. Margarethe, entrüstet, aber furchtsam, versprach, sie an den König weiterzuleiten und zu befürworten. Bei dieser Gelegenheit soll das Wort *gueux*, Bettler, gefallen sein, um die Verschworenen verächtlich zu machen; sie bemächtigten sich seiner und führten es seitdem zur Bezeichnung ihrer Partei. Lange Jahre des Kampfes haben dem Namen der Geusen einen Metallklang von Rebellion, Abenteuer und Ruhm beigemischt. Einige Abende nach dem Empfang im Schlosse veranstaltete Brederode ein Bankett, um den günstigen Bescheid zu feiern; in ausgelassener Stimmung wählte er einen Schnappsack und einen Holznapf als Abzeichen der Geusen. Jeder Anwesende schlug zum Zeichen der Verbrüderung einen Nagel in den Napf, aus dem alle tranken. Es war bedeutungsvoll, daß Oranien und Egmont als zufällig Vorübergehende beim Bankett vorsprachen. Brederode ließ auch einen Pfennig schlagen, auf dem eine Hand mit dem Dolche, von Flammen umgeben, mit Beziehung auf Mucius Scävola, geprägt war. Die Umschrift hieß: *agere et pati fortiora*. Es war deutlich, welche Glut die zur Schau getragene loyale Gesinnung verhüllte.

Die Tatsache, daß sich ein Bund von Adligen gebildet hatte, der die Forderungen des Volkes vertrat, wurde vom Volke als ein Sieg aufgefaßt. Sie wirkte wie eine Bresche in einer Festung, durch welche die Masse der harrenden, aufs äußerste erhitzten Belagerer eindringen kann. Viele Jahre lang hatte das Volk seinen Glauben verstecken oder die Bekenner seines Glaubens martern und verbrennen sehen müssen: der erste

Schritt öffentlichen Widerstandes gab das Zeichen zum Ausbruch der Revolution. In Antwerpen wurde der Schmuck im Innern der schönen Kathedrale zerstört; von Antwerpen aus raste der Bildersturm weiter, so daß in wenigen Tagen in allen Provinzen mit Ausnahme von Hennegau und Luxemburg die Ausstattung von Hunderten von Kirchen und Klöstern vernichtet war. Was Andacht und Kunst der Väter in Jahrhunderten zur Verehrung des Heiligen zusammengetragen hatten, zertrümmerte in wenigen Tagen der durch Fanatismus erregte Fanatismus eines verzweifelten Volkes.

Der Ausbruch der Volkswut gab dem Könige Anlaß, die von ihm beabsichtigte Umwandlung der bis zu einem hohen Grade selbständigen Niederlande in eine spanische Provinz auszuführen, aus einem Grafen von Holland, Grafen von Flandern, Herzog von Brabant und so weiter König der Niederlande zu werden. Um die Unterwürfigkeit seiner niederländischen Untertanen zu erproben und sie zugleich zu binden, forderte er von allen Beamten, herab vom Statthalter bis zu den niedersten Graden auch im Heere, einen neuen bis dahin nicht üblichen Eid, der sie verpflichtete, die Befehle des Königs überall und gegen jedermann, ohne Ausnahme und Einschränkung, auszuführen. Im allgemeinen wurde der Eid geleistet; Oranien, Egmont, Hoorne, Hoogstraaten, Brederode weigerten sich. Oranien, der wußte, daß in Madrid beschlossen war, den Herzog von Alba an der Spitze eines Heeres in die Niederlande zu schicken, dachte an bewaffneten Widerstand, großartige Pläne wurden besprochen; sie beruhten auf dem Beistande der Stadt Antwerpen und auf der Teilnahme Egmonts. Antwerpen war bereit, Egmont nicht. Im Anfang des Jahres 1567 leistete er, trotz der anfänglichen Ablehnung, den Eid, ihm folgten Hoogstraaten und Hoorne; einzig Oranien und Brederode beharrten. Mit Aufbietung aller Kraft, bittend und beschwörend von einem zum anderen eilend, bis er ohnmächtig zusammenbrach, setzte Oranien die Einigung der Religionsparteien in Antwerpen durch. Trotzdem glückte die erhoffte Erhebung nicht. Wie es so oft zu gehen pflegt, wurde freiwillig das Geld für die eigenen Interessen nicht aufgebracht, das ein Wink des siegreichen Feindes später zehnfach zutage förderte. Ohne Geld konnte kein Heer geworben werden. Die protestantischen Fürsten des Reiches forderten von Oranien, daß er sich zu Luther bekenne; dadurch, daß er es tat, vermehrte er die Zerwürfnisse unter seinen Anhängern, die überwiegend Calvinisten waren. Zu einer durchgreifenden Hilfe entschlossen sich die Reichsfürsten doch nicht, einzig der alte Philipp von Hessen, immer noch kampflustig, stand nun ganz auf seiner Seite und warnte ihn, kurz vor seinem Tode, vor Albas Tücke. Oranien sah ein, daß er das Feld räumen müsse. Nachdem er Antwerpen beruhigt hatte, zog er sich nach Nassau zurück, begleitet von den letzten treugebliebenen Anhängern des Adelsbundes. Brederode ging nach Emden, der ostfriesischen Stadt, die unter der Regierung Ezards des Großen zu einem Asyl für die niederländischen Emigranten wurde. Er starb im Jahre darauf als Gast eines Freundes Jost von Schaumburg. Seine Witwe heiratete Kurfürst Friedrich III. von der Pfalz, der kurz vorher seine Frau verloren hatte.

Nicht leichten Herzens gab Wilhelm von Oranien die Niederlande auf. Er fühlte sich als ihr geborener Schutzherr, dort war er heimisch, dort hatte er seine Besitzungen, seine Interessen, dort war eine große Aufgabe. Man weiß nicht, wann er den Beschluß faßte, die Niederlande von dem spanischen Druck zu befreien; nun hatten ihn die Ereignisse in den Kampf verwickelt und an das Ziel gebunden. Wie aber und mit welchen Mitteln sollte er dem gewiegten Feldherrn Alba, der mit den sieggewohnten spanischen Truppen heranzog, entgegentreten! Er verfügte über kein Heer und über kein einmütig zum Widerstande entschlossenes Volk. Die Bilderstürmer waren ein Haufe von Menschen aus den unteren Schichten, die schon von den einheimischen Truppen, die Margarethe zur Verfügung hatte, unterworfen und bestraft waren. Die Stimmung in den Provinzen war ungleich; so war zum Beispiel die mächtige und reiche Stadt Amsterdam überwiegend katholisch und königstreu. Es blieb Wilhelm nichts anderes übrig, als zu warten und inzwischen in Deutschland zu werben.

Da entzündete die rohe Herrschaft Albas, der an Margarethens Stelle Statthalter wurde, den Widerstand, auf den Oranien sich stützen konnte. Sein Grundsatz war, Furcht zu verbreiten und Geld zu erpressen. Der trostlosen Geldnot seines Königs glaubte er durch Ausbeutung der reichen Niederlande abhelfen zu können. Diesem Zweck dienten die Konfiskationen der Güter von Flüchtlingen und Hingerichteten. Der sogenannte Blutrat soll in drei Monaten 1800 Menschen zum Tode verurteilt haben. «Man sieht's an seinem Maul, daß er hat Blut gesoffen», hieß es auf einer Inschrift, die man an einer in Brüssel ihm errichteten Statue fand. Aber fast mehr noch als die Masse der Hinrichtungen, die mit ganz unzureichender Begründung und auch ganz ohne Grund vorgenommen wurden, erbitterte die Erhebung des zehnten Pfennigs, einer Abgabe, die bei jedem Verkauf beweglicher Güter zu leisten war, die auf den agrarischen Besitzungen des Herzogs in Spanien niemanden drückte, die aber in den Niederlanden als unerträglich empfunden wurde und den König und seinen Vertreter verhaßt machte. Die Amnestie, die im Jahre 1570 endlich verkündet wurde, war durch so viele Ausnahmen eingeschränkt, daß sie wie Hohn wirkte. Auf einheitlichere Zustimmung in den Niederlanden konnte Wilhelm infolge von Albas plumper Verwaltung rechnen; aber die spanische Herrschaft war mit solcher Gewalt befestigt, daß jeder Versuch, sie zu stürzen, unmöglich schien, der nicht von einer bedeutenden europäischen Macht unterstützt wurde. Keine war dazu geneigt. Kaiser Maximilian II. hatte keine Sympathien für die Calvinisten und war durch Familienbeziehung zu Philipp II. gehemmt. Frankreich war durch die Hugenottenkriege beschäftigt, Elisabeth von England wollte sich damals noch in keinen Kampf mit Spanien verwickeln. Oranien war auf die verstohlene Hilfe einiger fürstlicher Glaubensgenossen, auf die opferbereite Unterstützung seiner Familie und auf seine eigene Kraft angewiesen. Mit dem Geld, das sein Bruder Johann durch Verpfändung seines Fürstentums und durch Verkauf seines Silbers aufbrachte, wurde ein Heer geworben, das er und sein Bruder Ludwig gegen die Truppen Albas führten. In diesem Feldzuge verloren die Nassauer die Schlacht und einen ihrer Brüder. Mit dem Rest ihrer geschlagenen Armee zogen Wilhelm, Ludwig und Heinrich nach Frankreich in der Hoffnung, bei den Hugenotten Hilfe zu finden.

Kaum jemals ist der Führer einer Bewegung mit so geringen Mitteln einem so mächtigen Feinde gegenüber, unter so unaufhörlichen Entmutigungen und Verlusten zum Siege gelangt. Oranien hatte Augenblicke, wo er an dem glücklichen Ausgang der Sache, ja an der Sache selbst verzweifelte; mußte er doch nicht nur die spanische Übermacht, sondern auch die Uneinigkeit der aufständischen Provinzen überwinden, von denen jede auf ihren Sonderinteressen so fest gegen die Bundesgenossen stand wie gegen den Feind. Mit der Pariser Bluthochzeit im Jahre 1572 verlor er jede Aussicht auf französische Hilfe. Im Jahre darauf gelang den Wassergeusen die Eroberung der Stadt Briel. Die Wassergeusen waren auf das Meer gedrängte Aufständische, im erbitterten Kampfe verwilderte, nichts fürchtende, vor nichts zurückschreckende Menschen, die die spanische Grausamkeit mit ebensolcher vergalten. Sie ließen sie sehr wider den Willen und zum Schmerz Oraniens hauptsächlich an den katholischen Geistlichen aus. Dem ersten Erfolge reihte sich eine furchtbare Niederlage an; in der Schlacht auf der Mookerheide fielen Wilhelms Brüder Ludwig und Heinrich und der schönste und liebenswürdigste von den Söhnen des Kurfürsten von der Pfalz, Christoph, der es sich nicht hatte nehmen lassen, dem Fürsten von Oranien einen Reiterdienst zu tun. In seinem Bruder Ludwig verlor Wilhelm den getreuen, unentwegten

Mitstreiter und vertrautesten Freund. Auch daß Philipp II. sich endlich entschloß, Alba abzuberufen und einen verständigeren Statthalter zu schicken, dem er erlaubte, den zehnten Pfennig aufzuheben, war ein gefährlicher Umstand für Oranien. Sogar der ritterliche Marnix glaubte ihm raten zu müssen, die Amnestie anzunehmen, die der Papst selbst für richtig hielt, auf ihn auszudehnen. So sehr schien dieser einzige Mann der Inbegriff der Revolution, daß Freund und Feind überzeugt waren, ohne ihn könnten sie nicht siegen, mit ihm nicht überwunden werden. Oranien blieb fest; er nahm den Wahlspruch an: *Je maintiendrai*. Im selben Jahre, wo er seinen Bruder verlor, sah er die Belagerung und den Entsatz der Stadt Leyden, die, als Oranien ihr zum Lohn für den bewiesenen Heldenmut entweder Steuerbefreiung oder die Gründung einer Universität anbot, die Universität wählte. Sie wurde noch im selben Jahre eröffnet. Nun übertrug ihm die Provinz Holland die Regentschaft, die er bis jetzt im Namen des Königs von Spanien geführt hatte, im Namen des holländischen Volkes. Es war ein denkwürdiger Akt, durch welchen Holland nun endlich den vollen Besitz seiner Freiheit betätigte, um den es das ganze Mittelalter hindurch gerungen hatte. Die südlichen Provinzen, von denen die Bewegung ausgegangen war, ließen sich von Spanien zurückgewinnen, die übrigen nördlichen: Nord-Holland, Zeeland, Groningen, Friesland, Drenthe, Utrecht, Geldern, Overijsel, schlossen sich in den nächsten Jahren Holland an. Auch die reiche und mächtige Stadt Amsterdam, wo bisher die katholische Partei das Übergewicht gehabt hatte, trat dem Bunde der Nordstaaten bei.

Oranien, der durch Einfluß der Familie und die sächsische Heirat zum Luthertum geneigt hatte, fand es nötig, Calvinist zu werden, weil der Nerv der Revolution durchaus calvinistisch war; aber er bemühte sich um Duldung aller christlichen Glaubensbekenntnisse, auch des katholischen, nicht nur weil das seiner Auffassung entsprach, sondern auch weil er nur unter diesem Titel die südlichen Staaten dem Bunde der freien niederländischen Staaten einverleiben konnte, was zunächst noch sein Ziel war. Nur vorübergehend gelang ihm das noch einmal. Trotz der gänzlichen finanziellen Erschöpfung Spaniens brachte es der tüchtige Sohn der Margarethe, der Prinz Alessandro Farnese, dazu, die südlichen Provinzen unter dem Zepter Philipps zu vereinigen. Die Toleranz entsprach so wenig der in sämtlichen Staaten herrschenden Gesinnung, daß das Bündnis aller ohnehin nicht von Dauer gewesen wäre. Die neue Gestaltung der Staaten ging auf Schleichwegen, unter verwickelten diplomatischen Unterhandlungen und unter entsetzlichem Blutvergießen vor sich. Tausende von Menschen wurden bei den Erstürmungen von Haarlem, Antwerpen, Maestricht hingemordet, Tausende vernichtete die Pest, Tausende fielen in Schlachten. Die Verbindung der endlich unabhängig zusammengeschlossenen Staaten ging mit behutsamster Schonung der Selbständigkeit jedes einzelnen vor sich, mehr zur Abwehr des spanischen Feindes als zur Bildung eines einigen Staatswesens. Die künftige Republik Holland, ein blühender, reicher, hochkultivierter, machtvoller Staat, bestand im Geiste Wilhelms von Oranien und lag in seiner Hand, als die Provinzen, die ihn bilden sollten, noch mehr die Unabhängigkeit einer jeden als ihre Verbindung im Sinne hatten.

Im Jahre 1580 erklärte Philipp II. den Prinzen von Oranien in die Acht. «Wir geben», hieß es in diesem Aktenstück, «besagten Wilhelm Nassau preis als einen Feind des Menschengeschlechts und überliefern sein Eigentum allen, die desselben habhaft werden können. Wenn einer genug Mut hat, ihn lebend oder tot auszuliefern oder ihn zu töten, bekommt er sofort 25000 Kronen. Ist er ein Verbrecher, wird ihm verziehen, ist er noch nicht adlig, so wird ihm der Adel verliehen.» Fünf Jahre darauf wurde Oranien ermordet; die Staaten hatten inzwischen förmlich ihre Unabhängigkeit erklärt und Philipp für ewig den Gehorsam aufgekündigt. Wilhelms Söhne, Moritz und Friedrich Heinrich, setzten den Kampf fort.

Anna von Büren, Wilhelms erste Frau, sagte einige Zeit vor ihrem Tode, sie kenne jetzt, nach siebenjähriger Ehe, ihren Gatten nicht besser als an dem Tage, wo sie ihn zuerst gesehen habe. Dieser gesellige, fröhliche Kavalier hatte etwas Undurchdringliches für die Zeitgenossen sowohl als für die Nachkommen. Uns aber steht zu Gebote, was die in der Jugend Sterbende nicht hatte, der Überblick über ein ganzes Leben, in dessen verschlungenen Linien doch eine dauernde Richtung sich ausprägt. Durch die verschiedenen Strömungen, die in seinem Geschick zusammentrafen, war er darauf hingewiesen, Gegensätzliches zu vereinen, was auf einfachen Wegen nicht möglich war. Er hatte zu viel persönliches Selbstbewußtsein und zu viel Gefühl für die Ehre seines Standes und seines Hauses, um schlechtweg ein Rebell sein zu können: er wollte dem

König von Spanien als der rechtmäßige Vertreter der in ihren Freiheiten gekränkten Niederländer gegenüberstehen. Als er ihn bekriegte, tat er es als deutscher Fürst und Stand des Reiches, der den auf Deutschland übergreifenden Alba abwehrte. Sogar in dem berühmten Wilhelmusliede wird betont, daß er den König von Spanien allezeit geehrt habe. Daß er daneben den üblichen diplomatischen Trug weitgehend ausübte, konnte ihm niemand vorwerfen. In der Religion ist er vom Luthertum zum Katholizismus und von diesem zum Luthertum, schließlich zum Calvinismus übergetreten, und zwar immer aus äußeren Gründen. Er hat sicherlich das Bekenntnis mehrmals als Mittel zum Zweck benutzt. Dennoch darf man ihn nicht unfromm nennen. Als man ihn in einer Zeit schwerer Niederlagen mahnte, daß es ohne den Beistand einer ausländischen Macht nicht weitergehe, gab er die berühmt gewordene Antwort: «Ihr fragt, ob ich mit dem einen oder anderen mächtigen König oder Potentaten ein Bündnis geschlossen habe! Darauf antworte ich, daß ich, ehe ich die Sache der unterdrückten Christen in diesen Provinzen auf mich genommen habe, mit dem König der Könige einen engen Bund geschlossen habe, und ich bin fest überzeugt, daß alle, die ihr Vertrauen auf ihn stellen, durch seine allmächtige Hand erlöst werden sollen. Der Herr der Heerscharen wird Heere für uns auf die Beine bringen.» Das war im Munde eines so unrhetorischen Mannes keine schönklingende Phrase, kein berechnetes Pathos, sondern der Ausdruck des Bewußtseins, zu einer Aufgabe berufen zu sein. Seine Frömmigkeit war anders als die seiner Zeitgenossen, frei von konfessioneller Bestimmung,

hervorgegangen aus dem Gefühl des göttlichen Willens in der eigenen Brust. Daß er zu einer Aufgabe auserwählt war, empfanden wohl auch die unterdrückten Christen in diesen Provinzen, von denen er spricht; sie waren, wie der unglückliche Don Juan d'Austria, der doch auch Anziehungskraft hatte, klagt, wie behext von ihm, liebten und fürchteten ihn und wollten ihn zum Herrn. Auf den Bildern von ihm aus seinen letzten Lebensjahren entdeckt man nichts von dem, was eine Volksmenge bezaubern könnte, es sei denn unbedingte Zuverlässigkeit und Uneigennützigkeit. In diesen Zügen liegt ein tragischer Ernst und ein bitteres Entsagen. Er ist alt, nicht an Jahren, denn er war erst 51 Jahre alt, als er ermordet wurde, aber am

Übermaß der Kämpfe und Opfer und der Verantwortung. Er hatte Genossen, Freunde und Brüder hingegeben, und vielleicht hatte er eine angeborene Lust zu herrschen und Macht auszuüben geopfert. Nachdem er in den Unabhängigkeitskampf eingetreten war, vermied er es, die souveräne Stellung an der Spitze der befreiten Staaten einzunehmen, die ihm mehrfach angeboten wurde. Vielleicht, wenn er persönlichen Machtwillen hätte spielen lassen, daß es ihm gelungen wäre, die sämtlichen Provinzen zusammenzufassen. Wollte er nicht, daß man ihm vorwerfen könne, er sei aus persönlichem Machttrieb in den Kampf eingetreten, oder fehlte ihm dieser Trieb? Auf seinem Bilde sieht er aus, als habe er das ursprüngliche Feuer seiner Seele in grausamer Askese gedämpft und mehr noch als über andere über sich selbst zu herrschen gelernt. Daneben glaubt man einen leisen Zug von Zweifel und Enttäuschung zu lesen. Er hatte erfahren, aus welchem Schlamm von Schwäche, Selbstsucht und Gemeinheit das Gute und Lebenskräftige herausgerungen werden muß. *Nessuno pensa quanto sangue costa* – keiner denkt daran, wieviel Blut es kostet, hatte sein älterer Zeitgenosse Michelangelo auf ein Kruzifix geschrieben.

Geldwirtschaft

Es gibt wenig Ereignisse in der Geschichte, die den Kampf um Freiheit so elektrisch zusammengeballt, so dramatisch verteilt, mit so rückhaltlosem Einsatz persönlicher Kraft darstellen wie der Abfall der Niederlande, und dennoch ist auch mit diesem Kampfe der Kampf um Geld verbunden. Waren doch die Niederlande als Geldquelle in dieser geldarmen und geldbedürftigen Zeit so hoch geschätzt, daß Karl V. sie gerade als Geldquelle mit dem finanziell zerrütteten Spanien verbinden wollte. Karl V., von dem man annahm, daß ihm aus der neuen Welt märchenhafte Schätze zuströmten, bezog beinah die Hälfte seiner jährlichen Einkünfte aus den Niederlanden. Die Niederlande hatten mit drei Millionen ebenso viele Einwohner wie Spanien, eine Million mehr als England. Es gab in den Niederlanden 208 Städte, von denen Gent und Antwerpen 200000 und 150000 Einwohner zählten; auch die Städte zweiter Größe waren mit 75000 Einwohnern immer noch viel volkreicher als die meisten bedeutenden Städte im Reich. In Gent, Antwerpen, Brügge, Brüssel, Amsterdam war ein Reichtum aufgehäuft und eine Kultur erblüht, die das Abendland bewunderte. Auch die Bauern konnten lesen und schreiben; die aufgeklärte Denkart des Erasmus war sehr verbreitet. Handel und Gewerbe waren in Flor, sie hingen mit Schiffahrt und Fischfang, mit dem Ertrag der Bergwerke, mit der Viehzucht zusammen, besonders mit der Weberei. Kaufleute aus aller Welt hielten sich vorübergehend oder dauernd hier auf, Tausende hatten in Antwerpen Niederlassungen. In Antwerpen wurde im Jahre 1460 die erste Börse der Welt gebaut. Die zweite, prächtige, die 1531 eröffnet wurde, trug die Inschrift: *in usum negotiatorum cuiuscumque nationis ac linguae*. Hier machten die Fürsten Anleihen und zahlten ungeheure Zinsen; die Technik des Geldhandels und des Kreditwesens verfeinerte sich mehr und mehr. Um den Besitz dieser ergiebigen Provinzen stritten sich Österreich und Frankreich; Karl V. überwies sie an Spanien.

Schon zu Karls V. Zeit war Spanien so verschuldet, daß es im Jahre 1557, als Philipp eben die Regierung angetreten hatte, zum Staatsbankerott kam. Den Gläubigern, die auf Einkünfte der Krone angewiesen waren, wurden ihre fast wertlosen Staatsrenten angeboten. Neue Staatsbankerotte folgten in den Jahren 1575 und 1596; der Krieg um die Geldquelle, die Niederlande, den Spanien 80 Jahre hindurch führte, verschlang das spanische Vermögen. Die Kriege waren die hauptsächliche Ursache, daß die Fürsten immer Geld brauchten, nie genug Geld hatten. England, das wenig Krieg führte, hatte einen geordneten Haushalt. Die Besoldung der Truppen, die zur Kriegführung gebraucht wurden, kostete unermeßliche Summen, die nie ganz aufgebracht wurden; deshalb kam es so oft zu Meutereien oder zu gänzlicher Auflösung des mit Mühe geworbenen Heeres. Mit welchen Opfern errichtete Oranien die Heere, die er gegen Alba führte. Aber auch Alba konnte die seinigen nicht bezahlen. In ihrer Wut und Verzweiflung plünderten die spanischen Söldner das reiche Antwerpen, die vielgepriesene Stadt, die sich nie von dieser Zerstörung erholte. Amsterdam und Hamburg wurden ihre Erben, nur vorübergehend Emden und Wesel.

In volkswirtschaftlichen Dingen nicht so erfahren wie im Kriege hatte Alba seinem Könige weitgehende Hoffnungen auf die Einkünfte gemacht, die seine Wirksamkeit in den Niederlanden ihm durch Konfiskationen und Steuern verschaffen würde. Indessen die Konfiskationen bedeuteten, als eine einmalige Einnahme, keinen dauernden Gewinn, und der zehnte Pfennig, der bei jedem Verkauf beweglicher Güter zu zahlen war, dessen Ergebnis wirklich bedeutend gewesen wäre, erwies sich als unhaltbar in einem Lande, dessen Wohlstand durchaus auf Handel und Industrie beruhte. Alba wunderte sich, daß Menschen, die das Blut der Ihrigen in Strömen hatten fließen sehen, ihr Geld nicht davonfließen sehen konnten, ohne sich zu empören. Schon das wirkte zerstörend auf den Verkehr, daß auf die Kunde von Albas Kommen viele Tausende von Protestanten, und zwar gerade die vermögenden, entflohen, daß die fremden Kaufleute zum Teil ihre Besuche einstellten. Die hochentwickelte Wirtschaft eines reichen und tätigen Volkes verträgt ungeschickte Eingriffe nicht. Weil es in Spanien wenig Industrie und Handel gab, bedurfte die Regierung der Niederlande, verstand aber nicht, sie zu behandeln. Gerade die Freiheit, auch die Freiheit der Wirtschaft, war die Grundlage der erstaunlichen Blüte dieses Landes. Wo lebhafter Handel herrschte, entzogen sich die Menschen allmählich den Bindungen, mit denen die Kirche und die mittelalterliche Weltanschauung überhaupt die Wirtschaft einengte. Das geschah namentlich durch das Zinsverbot, dessen Strenge zwar längst durch allerlei künstliche Auslegungen gebrochen war, das aber doch im allgemeinen noch aufrechterhalten wurde. Zwischen der idealen Forderung, die die Kirche erhob, und den tatsächlichen Verhältnissen war ein offenkundiger Abstand, am meisten in Italien selbst, dem Lande, wo Handel und Geldgeschäfte am frühesten in Blüte standen, seit dem 16. Jahrhundert auch in Deutschland. Stammte doch aus Augsburg diejenige Familie, deren Name, Fugger, zur Bezeichnung des Finanzierens überhaupt diente, mit Einschluß aller Gefährlichkeit und Zweideutigkeit, die das Geldgeschäft mit sich bringt.

Hans Fugger, der 1376 in Augsburg einwanderte, war Weber und bereicherte sich nach alter Art durch Warenhandel. Erst sein Enkel, der große Jakob, gab das auf und ging ganz zum Wechselgeschäft und Metallhandel über. Er lieh dem verschwenderischen Erzherzog Siegmund von Tirol eine Summe Geld, für welche der diesem zustehende Anteil an dem Schwazer Silberbergwerk haften sollte. Da das Geldbedürfnis des Erzherzogs andauerte, entwickelte sich das große Silbergeschäft der Fugger in Tirol und Kärnten, wozu dann noch der Kupferhandel in Ungarn kam. Der Nachfolger Siegmunds, Kaiser Maximilian, war, wenn auch aus anderen Gründen, ebenso geldbedürftig und verpfändete den Fuggern die Tiroler Kupferbergwerke, ebenso die Grafschaft Kirchberg und die Herrschaft Weißenhorn, die, nie eingelöst, die Grundlage ihres Grundbesitzes wurden. Als eine politische

Macht traten die Fugger auf, als Maximilian I. starb. Nur sie konnten die großen Summen herbeischaffen, die sowohl von Franz I. wie von Karl von Burgund den Wählern versprochen wurden: sie entschieden sich für Karl. «Es ist Euch bekannt und liegt am Tage», schrieb Jakob II. Fugger einige Jahre später in einem Mahnbrief an Karl V., «daß Ew. kais. Maj. die Römische Krone ohne mich nicht hätte erlangen können, wie ich denn solches mit aller Ew. kais. Majestät Kommissarie Handschrift anzeigen kann. So hab ich auch hierin meinen eigenen Nutz nit angesehen; denn wo ich von dem Haus Österreich abstehen und Frankreich fördern hätte wollen, würd ich groß Gut und Geld, wie mir denn angeboten, erlangt haben. Was aber Ew. kais. Maj. und dem Haus Österreich für Nachteil daraus entstanden wäre, das haben Ew. kais. Maj. aus hohem Verstande wohl zu erwägen.» Ein unbequemer Gläubiger und Kollege. Nicht lange danach starb Jakob. Es wird erzählt, daß König Ferdinand, der gerade einen Landtag in Augsburg abhielt, während Jakob im Sterben lag, den Trompetern und Paukenschlägern gebot zu schweigen, als sie am Fuggerhaus vorüberkamen. Der Landesherr ehrte den Geldfürsten als seinesgleichen. Es gewährt einen Blick in die dunklen Hintergründe auch des glänzenden Daseins, wenn wir hören, daß Jakobs Witwe Sibylle bald nach seinem Tode heimlich das Fuggerhaus verließ und sich mit einem vertrauten Freunde ihres Mannes, Konrad Rehlinger, auf lutherische Art trauen ließ. Die Fugger blieben katholisch und haben hauptsächlich mit katholischen Fürsten Geschäfte gemacht. In Spanien waren ihnen die Einkünfte der spanischen

Krone aus den drei großen Ritterorden verpachtet und über 100 Jahre lang auch die aus den spanischen Quecksilberbergwerken. Im Jahre 1546 hatten die Fugger mit 5 Millionen Handlungskapital den höchsten Punkt ihrer Macht erreicht. Die Nachfolger Jakobs des Reichen, seine Neffen, waren weniger großartig, als er gewesen war, was wohl auch durch die furchtbare Finanzlage der Habsburger bedingt war. «Es ist, als ob die Kaufleute übereingekommen wären, mir nicht mehr zu dienen», schrieb Karl V. 1552. «Ich finde weder in Augsburg noch sonst irgendwo jemand, der mir Geld leihen will, welchen Vorteil ich auch bieten mag.» Anton Fugger ließ sich schließlich doch herbei, nach Innsbruck zu fahren, von wo er die Flucht des Kaisers mitmachte; aber die großen Summen, die er ihm vorstreckte, gab er persönlich, die anderen Teilhaber machten das heikle Geschäft nicht mit.

Die Fugger waren nicht die einzige Firma, die durch Geldgeschäfte reich wurde, wenn sie auch diejenige war, die mit den größten Summen handelte und durch die enge Verbindung mit den Habsburgern die einflußreichste Weltstellung einnahm. Ihnen am nächsten kamen die Welser, daneben gab es in Augsburg noch die Herwart, Rehlinger, Höchstetter, in Memmingen die Vöhlein, in Nürnberg die Haller und Tucher. Die Erschließung der österreichischen Bergwerke und die Stellung des Hauses Habsburg sind wohl die Ursache, daß die großen Finanzmänner des 16. Jahrhunderts Oberdeutsche waren. Sie waren, wenn auch die Fugger in der Hauptsache dem Hause Österreich dienten, international; für das Geld gab es keine Grenzen. Die

Folge der furchtbaren Staatsbankerotte in Spanien, Portugal und Frankreich waren eine Reihe von Bankbrüchen der großen deutschen Handelshäuser; aber mit merkwürdiger Leichtgläubigkeit ließen sich immer wieder deutsche Firmen mit den französischen Königen ein. Im Jahre 1561 fallierten unter vielen anderen Franz Tucher, Gebrüder Zangmeister, Hans Jakob Fugger, Lukas Rem in Nürnberg und Augsburg, Ligsalz in München, zehn Jahre später Paumgartner, Manlich, Schorer in Augsburg, Ingold in Straßburg. Die Fugger, die sich zeitig von den großen Unternehmungen zurückgezogen hatten, überstanden den Unfall; aber Augsburg und Nürnberg haben sich doch von diesen Erschütterungen nicht erholt.

In den Finanzkreisen verstand man unter Wucher nicht das Zinsnehmen überhaupt, sondern nur die Ausbeutung, die man jüdisch nannte. Man konnte sich darauf berufen, daß das Reichskammergericht im allgemeinen fünf Prozent zu nehmen erlaubte, Kaufleuten acht. Das Zinsverbot sollte nur in solchen Fällen gelten, wo es sich um Darlehen im eigentlichen Sinne, nicht um Geschäfte handelte. Als nun die Jesuiten, auch in dieser Hinsicht das päpstliche System stützend, erfüllt von den Anschauungen des dem Handel und der Industrie fernstehenden Spanien, das Zinsverbot in der alten Strenge erneuerten, erbitterte das Martin Fugger so, daß er nicht mehr bei den Jesuiten beichten zu wollen erklärte: «Es ist leicht über diese Sache zu disputieren», schrieb er, «aber ihr habt gesehen, welche Tragödien der Bischof in dieser Fünfprozentfrage angerichtet hat, und der Ausgang bleibt noch abzuwarten. Wenn die Richtschnur, die ihr vorschlagt, beobachtet werden müßte, dann wären nicht allein wir Fugger, sondern auch ganz Deutschland in drei Jahren am Bettelstab. Aber darum würde sich weder der Papst noch eure Gesellschaft kümmern. Es wäre alles gut, wenn ihr es so weit bringen könntet, daß auch nur das Geld ohne Zinsen gegeben würde, aber ich schulde ungefähr 1½ Millionen Gulden, für die ich 5, 8, ja 10 Prozent zahlen muß. Dagegen schuldet mir der König von Spanien einige Millionen und bezahlt mir weder Zins noch gibt er das Kapital zurück. Was soll ich nun tun! Zudem habe ich ihm das Geld nicht geliehen, sondern er hat es von meinem Vater und Joh. Fugger erpreßt, infolgedessen Johannes alles, auch das Leben verloren hat. Etwas Ähnliches steht mir bevor.» Solche Äußerungen bezeichnen, wie weit sich die Wirklichkeit von den mittelalterlichen Anschauungen entfernt hatte. Die Mehrzahl des Volkes indessen, auch die Schicht der Gebildeten, hielt noch an ihnen fest. Es war ja eigentlich nur ein kleiner Kreis, die Fürstenhöfe und die Großkaufleute, den die Geldwirtschaft berührte.

Das Luthertum war ihr kein günstiger Boden. Wie Luther im Hinblick auf die Religion nicht ein Neuerer, sondern ein Erneuerer und Wiederbringer des Alten sein wollte, so hielt er auch in den wirtschaftlichen Dingen an den altkirchlichen Anschauungen fest. Leidenschaftlich wendete er sich gegen die Formen, die die Wirtschaft durch das zunehmende Geldbedürfnis während seiner Lebenszeit annahm. Obwohl er Aristoteles bekämpfte, anerkannte er seinen Grundsatz, daß das Geld unfruchtbar sei, und betrachtete mit ihm den Ackerbau als die natürlichste und edelste Nahrung des Menschen. Das Zinsverbot betreffend berief er sich auf die Stelle des Lukasevangeliums: Und wenn ihr leihet, von denen ihr hoffet zu nehmen, was Danks habts ihr davon? Denn die Sünder leihen den Sündern auch, auf daß sie Gleiches wiedernehmen. Vielmehr liebet eure Feinde; tut wohl und leihet, daß ihr nichts davon hoffet, so wird euer Lohn groß sein und werdet Kinder des Allerhöchsten sein. – Luther wußte natürlich, daß es sich bei den Kaufleuten nicht wie hier um wohltätige Darlehen handelte; seine Stellungnahme ging, ganz abgesehen von Schriftgründen, aus seiner heroischen Auffassung des Lebens hervor. Das irdische Leben, so dachte er, ist ein Kampf und soll ein Kampf sein, nicht ein Genießen. Der Reichtum, der den Menschen die Mittel des Genusses verschafft, ist verderblich nicht nur, weil er sie von der Betrachtung und Übung des Göttlichen abzieht, sondern weil er sie verweichlicht. Der Mensch soll um seine Nahrung kämpfen und nicht mehr daraus gewinnen, als er mit Einsetzung seiner Person erarbeiten kann. Das Muster gottgewollten Verdienstes ist die Arbeit in und mit der Natur, der Ackerbau. Die Natur, ganz im mittelalterlichen Sinne die Tochter Gottes, beantwortet die Anstrengung des Menschen so, wie es für ihn gut ist; sie gibt wohl Ertrag für seine Mühe, aber keinen gleichmäßigen und nicht notwendig, keinen, der sich errechnen läßt. Der Mensch soll nicht sicher sein, sondern sich in der allmächtigen Hand Gottes wissen, dessen Wege hoch über unseren Wegen sind. Am Bergbau lobt er, daß der Arbeiter fleißig graben und suchen muß, vor allen Dingen aber die Unsicherheit, insofern er zuweilen da ergiebig ist, wo man es nicht dachte, und andererseits mancher sein ganzes Gut hineinbaut, ohne zu gewinnen, während ein anderer damit aus einem Bettler zum Herrn wird. «Summa, es soll heißen: nicht gesucht, sondern beschert, nicht gefunden, sondern zugefallen, wenn Glück und Segen dabei sein soll.» Die Kaufleute, die übers Meer fuhren, die mit den Wellen und den Seeräubern kämpften, deren ganzen Reichtum zuweilen das Meer verschlang, ließ es sich deshalb gefallen; aber neuerdings, tadelte er, pflegen sie ihre Angestellten zu schicken und selbst zu Hause zu bleiben. Abgesehen davon üben sie allerlei Ränke, die den Zweck haben, Sicherheit des Gewinns zu schaffen; er zählt mehrere derselben auf. Namentlich mißbilligte Luther den Renten- und Gültenkauf, der reichsgesetzlich und durch päpstliche Bullen erlaubt war, eine verzinsliche Anlage von Kapital auf Grundstücke, die den Zinsherrn gegen Verlust sicherstellte, da er sich im Nofall an das Unterpfand halten konnte, als welches das Grundstück angesehen wurde. «Der Zinsmann», das ist der, welcher den Zins bezahlt, «mit seinem Gut ist unterworfen Gottes Gewalt, dem Sterben, Kranken, Wasser, Feuer, Luft, Hagel, Donner, Regen, Wölfe, Tiere und böser Menschen mannigfaltiger Beschädigung. Diese Gefahren allesamt sollen den Zinsherrn betreffen: denn auf solchem und nicht auf anderem Grunde stehen seine Zinsen.» Habe der Zinsmann trotz fleißiger Arbeit keinen Gewinn erzielen können, so müsse der Zinsherr den Schaden teilen, wie im anderen Fall den Gewinn, und wolle er das nicht leiden, sei er so fromm als Räuber und Mörder. «Summa, ich dachte, der Zinskauf sei nicht Wucher; mich dünkt aber, seine Art sei, daß ihm leid ist, daß er nicht muß ein Wucher sein; es gebricht am Willen nicht und muß leider fromm sein.» Im Ausmalen der großen Gewinne, die durch Ausleihen von Kapital auf Zinsen gewonnen werden, ist es das, was ihn empört, daß der Zinsherr dabei keine Gefahr weder am Leibe noch an Waren leidet; «arbeitet nicht, sitzt hinter dem Ofen und brät Äpfel.» Der gern fröhliche Luther, der in seiner anmutigen Ausdrucksweise den Ausspruch getan hat: «Gold und Silber und alles was hübsch und schön ist, bringt von Natur mit sich eine Liebe, die vergönnt uns Gott wohl», war kein griesgrämlicher Verächter irdischen Besitzes, fern lag ihm das schafsmäßige oder wölfische Scheelsehen späterer Theologen auf den Reichtum als solchen; aber der Reichtum sollte durch redliche Arbeit erworben werden, sollte ein gewisses Maß nicht überschreiten und nicht Schwächere beeinträchtigen. Er war mit Recht überzeugt, daß bei redlichem Erwerb ganz von selbst ein Maß innegehalten werde. «Wie sollte das immer mögen göttlich und recht zugehen, daß ein Mann in so kurzer Zeit so reich werde, daß er Könige und Kaiser auskaufen möchte», sagt er mit deutlicher Beziehung auf die Fugger. Die Mittel, die gebraucht wurden, um zu übermäßigem Reichtum zu gelangen, verwarf er: das, was er Wucher nannte, den Zinskauf, die Gesellschaftsbildung, die Monopole, den gemeinsamen Aufkauf von Waren zum Zweck schrankenloser Preissteigerung. «Denn sie haben die Ware unter ihren Händen», sagte er, «und machens damit, wie sie wollen, und treiben ohne alle Scheu die obberührten Stücke, daß sie steigern und niedrigen nach ihrem Gefallen und drücken und verderben alle geringen Kaufleute, gleichwie der Hecht die kleinen Fische im Wasser, gerade als wären sie Herren über Gottes Kreaturen und frei von allen Gesetzen des Glaubens und der Liebe.»

Gegen die Gesellschaften kam ein Reichstagsbeschluß zustande; aber die Kaufherren verhinderten seine Ausführung, indem sie sich klagend an den Kaiser wandten, der es mit den Geldmächten nicht verderben mochte. Darum sagte Luther: «Könige und Fürsten sollten hier dreinsehen und nach strengem Recht solches wehren. Aber ich höre, sie haben Kopf und Teil daran und geht nach dem Spruch Jesaias I, 28: Deine Fürsten sind der Diebe Gesellen geworden. Dieweil lassen sie die Diebe hängen, die einen Gulden oder einen halben gestohlen haben.»

In seinem Haß auf die Kaufleute stand Luther nicht allein; es finden sich Äußerungen in dem Sinne, daß Kaufleute den Räubern gleichzuachten seien, bei Hutten, bei Sebastian Franck und manchen andern. Das großartig Umfassende der Geistigkeit Luthers zeigt sich nun aber darin, wie er diejenigen Kaufleute, die etwa Christen und Händler zugleich sein möchten, berät und belehrt. Sie gingen, sagt er, von der fehlerhaften Ansicht aus, sie dürften ihre Ware den Leuten verkaufen, wie sie wollten. Diese Meinung sei der Ausgangspunkt schwerer Sünde; denn sie bedeute soviel wie: ich frage nichts nach meinem Nächsten und gebärde mich, als wäre ich Herr über Gottes Kreaturen. Die rechte Regel sei nicht: ich kann meine Ware so teuer verkaufen, als ich kann und will, sondern: ich mag sie so teuer geben als ich soll oder als recht und billig ist. Denn der Verkauf sei nicht eine Handlung, die in der Kaufleute Macht und Willen stehe, ohne alles

Gesetz und Maß, als wäre der Mensch Gott und niemand verbunden, sondern ein Werk, das man gegen den Nächsten übe und das nicht zum Schaden und Nachteil des Nächsten getan werden solle. Mit so überlegenem Sinn, wie der Maßstab für sittliches Handeln aufgestellt ist, werden dann Ratschläge erteilt, wie der Kaufmann, der göttlichen Geboten gemäß leben will, sich in der Preisbildung verhalten soll. Luther sieht die Schwierigkeit klar, die sich dem Setzen fester Regeln entgegenstellen bei der großen Verschiedenheit der Waren und ihrer Herkunft und anderer Umstände. Am besten würde ihm das Festsetzen der Preise durch die weltliche Obrigkeit gefallen, nächstdem wäre es am besten, die Ware gelten zu lassen, wie der gemeine Markt gibt und nimmt oder wie des Landes Gewohnheit ist zu nehmen und zu geben. Er lobt an diesem Wege besonders, daß dabei für den Kaufmann die Gefahr besteht, an der Ware zu verlieren und nicht allzuviel zu gewinnen. Wenn aber der Marktpreis oder landesübliche Preis nicht zu finden ist, muß der Kaufmann den Preis nach seinem Gewissen bilden. Luther will in diesem Falle dem Kaufmann kein Maß setzen, so etwa, daß er die Hälfte oder den dritten Teil gewinnen dürfe, sondern er soll seine Mühe, Arbeit und Gefahr selbst einschätzen, denn mehr Arbeit und Zeit solle auch mehr Lohn haben, und wenn er das aufrichtig getan hat, sein Gewissen nicht durch Zweifel bedrücken lassen, ob er etwa doch zuviel gerechnet habe. Den zufälligen Mehrgewinn möge er ins Vaterunser fallen lassen, indem er bete: vergib mir meine Schuld. Es komme ja auch wohl vor, daß er einmal zu wenig bekomme, da gleiche sich's aus.

Entstanden auch die großen Vermögen nur in einem kleinen Kreise von Finanzleuten, so erfaßte die Sucht nach Gewinn, womöglich leichtem Gewinn durch Spekulation, alle Kreise. Nicht Luther allein, alle Reformatoren und Gelehrten beobachteten es mit Entrüstung und Schrecken. «Es hat die Welt», sagt Luther, «nichts anderes gelernt als schätzen, schinden, öffentlich rauben und stehlen durch Lug, Trug, Wucher, Überteuern, Übersetzen.» Ebenso sagt Sebastian Franck, daß nichts mehr regiere als Geld, des Zankens und Rechtens um zeitliche Güter sei kein Ende. Man betrachtete allgemein die schamlose Geldgier und die rücksichtslose Art, Geld an sich zu bringen, als ein Zeichen nahen Unterganges oder, wie Melanchthon es ausdrückt, des wahnsinnigen Greisenalters der Welt. Es ist begreiflich, daß im Maße, wie alle sich auf Gelderwerb einstellten, die Heilighaltung der Armut abnahm. Wie fremdartig klang in dieser Atmosphäre das Wort Gregors des Großen: Den Armen sollst du nicht als Dürftigen verachten, sondern als Patron verehren. Damit man Gelegenheit habe, sich mildtätig zu erweisen, linderte man die Armut, ohne sie beseitigen zu wollen. Diese Aufforderung änderte die Reformation grundsätzlich.

Hielt Luther in der Bewertung des Reichtums den mittelalterlichen Standpunkt fest, so verließ er ihn in der Bewertung der Armut. Das hing schon mit seiner Stellung zu den Klöstern und den Klostergelübden zusammen. Die ursprüngliche kirchliche Bestimmung, daß der vierte Teil des Kirchengutes den Armen gehöre, ein Überbleibsel des Gemeinbesitzes der ersten Christen, war zwar schon lange nicht mehr in

Übung; aber bei aller Verweltlichung und Entartung des Klerus blieb doch die Heilighaltung der Armut in Geltung. Mochte man lächeln, wenn der Kaiser, wie es üblich wurde, an einem bestimmten Tage armen Leuten die zuvor gewaschenen Füße wusch; es war doch ein Symbol dafür, daß in Gestalt der Armen der Herr über die Erde gehe, daß man im Bettler den Herrn aufnehme. Zu den sieben Werken der Barmherzigkeit gehörte es, die Hungrigen zu speisen, die Gefangenen zu besuchen; Armut war, ohne daß man ihren Ursprung untersuchte, des Almosens würdig. Diese Auffassung hatte sich bereits etwas geändert, seit in den Städten die weltliche Obrigkeit sich mit der Fürsorge für die Armen und Kranken beschäftigte. Durch die Reformation wurde sie in den protestantischen Ländern vollständig eine staatliche Angelegenheit. Daraus ergab sich wohl eine bessere Ordnung und Abnahme des Bettels; aber der Arme wurde aus dem Fremdling, in dem ein Gott sich verhüllte, allmählich eine überlästige Person und beinah ein Verbrecher.

Luther hat persönlich wie irgendein mittelalterlicher Bischof, ohne engherzig nach Verdienst zu forschen und ohne sein Vermögen zu veranschlagen, den Bedürftigen gegeben. Dennoch machte sich seine Ansicht vom Werte der Arbeit bemerkbar. Schon in seinen ersten Predigten betonte er, daß die gewöhnlichen irdischen Handlungen, das Leben in der Familie und im Beruf, eher gute Werke zu nennen seien als das Beten des Rosenkranzes und die Wallfahrten. Im Gottesdienst wurde die Predigt die Hauptsache, außerhalb des Gottesdienstes hörten die Protestanten auf, die Kirchen zu besuchen. Das Licht der ewigen Anbetung erlosch auf ihren Altären. Einst waren die Kirchen immer erfüllt vom Summen der Gebete, von den Klagelauten altheiliger Gesänge, vom Duft des Weihrauchs, andächtige Augen erhoben sich immer zu den Bildern der Heiligen, des Gekreuzigten. Anstatt dessen sollte nun das Hämmern der Schmiede, das Schaben des Holzes und was es immer für Arbeitsgeräusche gibt, das Lob des Herrn verkünden. Von dieser Art der guten Werke war der Arme und Kranke, der Arbeitsunfähige, ausgeschlossen.

Bei Calvin ist die Rücksicht auf das Nützliche viel mehr betont als bei Luther. Luther zog nicht nur die Aussprüche der Heiligen Schrift herbei, die zu Fleiß und Arbeit ermuntern, sondern auch die, welche mahnen, daß wir nicht Schätze sammeln und nicht für den folgenden Tag sorgen sollen. Seine glücklichsten Augenblicke waren die, wo er sich im Anschauen der schönen Wunderdinge der Natur verlor, wo er sich in die Fülle Gottes versenkte, wo er spielte und träumte. In der Musik pflegte er eine Kunst, die er der Theologie gleichsetzte, die keinen anderen Zweck habe, als in überschwenglicher Gotteslust das Lob des Höchsten zu singen. Er befeuerte durch sein ganzes Wesen mehr den Glauben als den Willen, während Calvins Persönlichkeit seine Anhänger zur Tätigkeit reizte. Wesentlich unterschied er sich von Luther dadurch, daß er, aus einem Lande mit verhältnismäßig entwickelter Geldwirtschaft stammend, vom Zinsverbot nichts wissen wollte und dadurch das Erwerbsleben von einer sehr hindernden Schranke befreite. Bedenkt man das, so wird klar, warum in den Niederlanden, die auf Handel und Industrie angewiesen waren, nicht das Luthertum, sondern der Calvinismus eindrang. Nicht als hätten sie ihn ergriffen, weil er gegen das Zinsverbot war; aber es war nichts in ihm, was seine Aufnahme gehemmt hätte, sie spürten in seiner Betriebsamkeit, in seiner auf weltliche Frömmigkeit gerichteten Lehre etwas Verwandtes. Sie konnten als Calvinisten ihre ganze Kraft auf den Erwerb, auf kaufmännische oder gewerbliche Tätigkeit richten und sich zugleich als Auserwählte Gottes fühlen, wenn sie nur redlich und bescheiden waren. Sie dienten Gott damit, daß sie in ihrer Tätigkeit aufgingen und den Katholizismus bekämpften, der die Bettelei pflegte und beim Reichwerden auf Schleichwegen ein Auge zudrückte.

Das Luthertum eignete sich mehr für agrarische Länder, was nicht hinderte, daß auch in der Landwirtschaft der beginnende Kapitalismus sich auswirkte. Auch die Gutsherren strebten danach, ihre Einnahmen zu vermehren, und zwar nicht in Naturalien, sondern in Geld. Sie wendeten sich mehr dem Export von Vieh, Getreide und Wolle zu und zogen es deshalb vor, so viel Land wie möglich in Eigenbetrieb zu nehmen, anstatt Stücke davon an Bauern zu verpachten. Im Großbetrieb konnte mehr verdient werden. Die Folge war, daß sie die Bauern, denen sie Land verpachtet hatten, unter allerlei Vorwänden davonzudrängen suchten. Das sogenannte Bauernlegen fing schon im 15. Jahrhundert an und wurde rücksichtslos im sechzehnten betrieben. Die Landesherren, die wegen der Besteuerung ein anderes Interesse hatten und die hätten einschreiten können, begünstigten doch den Adel zu sehr, um ihm etwas in den Weg zu legen, wenn er sich bereichern wollte. Anfangs wurden klagende

Bauern wohl von den Juristen am Reichskammergericht unterstützt, aber wie es zu gehen pflegt, hörte der Rechtsschutz auf im Maße, wie das Übergewicht der Unrechttuenden und die Machtlosigkeit der Unrechtleidenden sich als selbstverständliche Tatsache erwies. Vor dem Dreißigjährigen Kriege sollen in 50 Jahren 400 Bauern ausgekauft sein. Da die Gutsherren zur Bewirtschaftung der vergrößerten Güter abhängige Leute brauchten, wurde der Gesindezwang eingeführt, wurden die Dienste der Bauern als ungemessene betrachtet, wurden sie schließlich für leibeigen erklärt. Die willkürliche Verschlechterung der Lage des Bauernstandes fand am meisten im Nordosten Deutschlands statt, wo sie ursprünglich sehr günstig gewesen war. In Süddeutschland, wo es mehr Streubesitz, weniger große zusammenhängende Güter gab, erhielten sich noch kleine, persönlich freie Bauern; ebenso in Niedersachsen.

Als die geistlichen Güter nach Aufhebung der Klöster in die Rapuse gingen, wie Luther sich ausdrückte, das heißt größtenteils von Fürsten und Adel gerafft und zu weltlichen Zwecken vergeudet wurden, war er sehr bekümmert, und etwas wie Schuldgefühl regte sich in ihm. Er war sich bewußt, daß seine Drohungen und Warnungen der Gewinnsucht gegenüber nichts ausrichteten. Es muß die Welt bleiben, sagte er, und Satan der Welt Fürst. Ähnlich sagte der Jesuit Scherer: «Wir Prediger sein dem Wucher zu schwach, man läßt uns dawider schreien und schreiben, so lang wir wollen. Die Zuhörer kehren sich nicht daran, sondern fahren einen Weg wie den andern mit ihrem zinkes per zänkes *(cinque per cento)* immer fort.» Ganz dementsprechend bemerkte man von den Genuesen, daß sie «die Theologen singen und sagen lassen, aber nichtsdestoweniger das Ihrige schaffen.» Die Freiheit der Wirtschaft war nicht mehr rückgängig zu machen, so sehr war sie mit allen Verhältnissen, mit der Zentralisierung der Fürstentümer, mit der Kriegführung, mit der Erweiterung der Welt durch die Entdeckung von Amerika, mit der entstehenden Weltwirtschaft verknüpft. Das siegreich den spanischen Krieg führende Holland ging in den neuen Formen der Geldwirtschaft voran. Die im Jahre 1602 in Holland gegründete Ostindische Compagnie, die das Monopol zum Handel mit Ostindien erhielt, war eine Aktiengesellschaft, deren Aktien ein Gegenstand der Spekulation wurden. Auch der Wirtschaft bemächtigte sich mit dem Geldwesen Rationalisierung und Abstraktion, wodurch sie immer verwickelter und unübersichtlicher wurde und sich von den einfachen Verhältnissen der Natur und damit von den göttlichen Geboten in der Kirche entfernte.

Faust

Mehrmals während des Mittelalters klopfte faustischer Geist an den Ring, der den Geist der Deutschen gebunden hielt. Erst war es Albertus Magnus, dann der Abt Trithemius, der dem Kaiser Maximilian seine frühverstorbene Gattin erscheinen ließ, dann Agrippa von Nettesheim, der einen Hund, Monsieur genannt, besaß, von dem man glaubte, daß er der Teufel sei. Kaum hatte Luther den Ring gelockert, trat Faust hervor; daher hat die Sage Luther und Faust seltsam miteinander verbunden und einander entgegengesetzt. Beide haben einen unheimlichen Begleiter, halb Freund halb Feind, von dem ein feuriger Schein ausgeht und über sie hin zuckt. Satan quält sie mit Disputationen und Anfechtungen, aber sie können ihn nicht loswerden; noch kurz vor seinem Tode meinte Luther, ganz Deutschland müsse frei von Teufeln sein, weil sich alle in Eisleben versammelt hätten. Die Sage läßt Faust in Wittenberg studieren und ein Haus besitzen, läßt Luther seinen Weg kreuzen. In einem wesentlichen Punkte zwar unterscheidet sich Faust von Luther, in seinem Drange, die Fülle der ausgebreiteten Welt an sich zu reißen, alle Länder zu bereisen, alle Genüsse der Erkenntnis und der Sinne einzutrinken. Luther hat zwar den Menschen der Erde zugewendet, aber doch nur, um das Irdische zu heiligen; er hat seinen Verstand gebraucht, aber zugleich nannte er ihn eine Hure, er wollte sich am Worte Gottes genügen lassen, wenn er auch zuweilen für das Gleichnis den Sinn setzte. In seinem Hinausstürmen in die morgenrote Erde, um die Wahrheit von den Dingen zu erfahren, nicht aus Büchern zu lesen oder von den Kanzeln predigen zu hören, ist Faust ein Sohn der Renaissance. Die Italiener hatten lange vor Luther die von der Kirche gesetzten Schranken überschritten, naiv, ohne an eine Trennung von ihr zu denken, als Nachkommen und Jünger der Griechen und Römer, denen kein Priester verwehrte, von der Natur zu lernen. Als nach dem Einbruch der Reformation den leichtlebenden Renaissance-Päpsten die Eiferer folgten, verschanzten sich die italienischen Denker wohl hinter katholischen Formeln und Gebräuchen, um nicht der Inquisition zu verfallen; aber ihr Glauben gehörte der Wissenschaft oder der Natur und jener Religion, die sie in die Herzen der Menschen gelegt habe. Ganz anders ist Faust; er hat einen ungestümen Drang nach Erkenntnis, aber er ist gläubig und leidet an dem Gegensatz seines Glaubens zu seiner wilden Genußsucht, der geistigen und der sinnlichen. Gott ist ihm gegenwärtig, wenn er sich auch von ihm lossagt. Er ist kein schlechtweg der Welt zugewendeter Heide, sondern ein lutherischer Deutscher, der ganz und gar an Gott und Gottes Wort orientiert ist. Der Teufel erklärt sich bereit, ihn überallhin zu führen, ihm alles zu zeigen und ihm alle Fragen zu beantworten, die sein nach Erkenntnis dürstender Geist ihm stellen wird; dagegen soll Faust sich verpflichten, Gott und allen Menschen feind zu sein. Das eine wie das andere fällt Faust schwer; denn er ist zu Liebe und Freundschaft geneigt und wäre fromm, wenn nicht Stolz und Vermessenheit ihn verderbt hätten. Den Pfaffen freilich ist er immer feind gewesen, Auferstehung der Toten und Jüngstes Gericht glaubt er nicht, «als er den Teufelspakt unterschrieb, war ihm zumute wie jenem Fürsten, der auf dem Reichstage 1530 sagte: Himmel hin, Himmel her, ich nehme hier das Meinige, mit dem ich mich erlustige, und lasse Himmel Himmel sein.» Ein solcher Leichtsinn ist aber bei Faust nur eine Anwandlung; er muß, wie das Faustbuch sagt, zuzeiten an den lebendigen Gott gedenken, der alles geschaffen hat, ein kleines Fünklein Liebe gegen Gott ist ihm geblieben und sogar eine zage Hoffnung, Gott könne sich seiner noch erbarmen. Wie der Teufel von Zeit zu Zeit Luther bedrängte und überzeugen wollte, daß kein Gott sei, so besuchte der gute Engel Faust, um ihn aus dem Banne des Teufels zu lösen und zu Gott zurückzuführen. Einem Theologen, der ihn bekehren will, sagt er: «Wie eine liebliche Predigt ist dies zuzuhören, wo die Wurzel meines Herzens nicht verdorrt wäre, daraus kein Saft zur Ergrünung Frucht tragen will.» Auch Luther kannte die entsetzlichen Augenblicke seelischer Dürre. «Ich stirb als ein böser und guter Christ», sagt Faust, als sein Ende naht.

In der Persönlichkeit des historischen Faust ist kaum etwas zu entdecken, was die Rolle erklärt, die die Sage ihn hat spielen lassen. Man weiß nicht mit Sicherheit, wo er geboren noch wo er gestorben ist. Am meisten spricht für das württembergische Knittlingen als Geburtsort; in einem Turmgemach des Klosters Maulbronn, mit dessen Abt Entenfuß er befreundet war, soll seine Höllenfahrt stattgefunden haben; aber auch in einem Dorf Breda an der Elbe zeigte man zur Zeit des Dreißigjährigen Krieges Blutflecken an einer Mauer, die von Fausts letztem Kampfe mit dem Teufel herrühren sollten. Er ist auf seinen Wanderungen mit verschiedenen berühmten Männern in Beziehung getreten, die Sage ließ ihn auch den großen Kaisern, Maximilian und Karl V., begegnen. Eine Zeitlang stand er als Schulmeister in Sickingens Dienst, mußte ihn aber wegen sittlicher Verfehlungen aufgeben. Der Abt Trithemius, Luther und Melanchthon urteilten wegwerfend über ihn als über einen Gaukler, der sich als Astrolog und Wundertäter aufspiele; die Wunder, die Christus getan habe, könne er auch tun, sollte er gesagt haben. Vielleicht erleichterte der Umstand, daß man so wenig Genaues von ihm wußte, der Sage, sein Bild phantastisch umzugestalten und allerlei Mären, tolle, liebliche, groteske, die im Volke umgingen, mit ihm zu verknüpfen. Wie Klingsor durchmaß er mit einem Zauberpferd oder Zaubermantel in kürzester Zeit große Entfernungen, vielleicht in Erinnerung an Wotans Sturmroß, wie Albertus Magnus verblendete er die Sinne seiner Gäste, daß sie mitten im Winter Trauben zu pflücken meinten, wie Trithemius beschwor er die Toten, er verstand sich auf alle magischen Künste. Daß der historische Faust ein Zauberer war, das war, was ihn dem Volke und der Sage wert machte, das blieb seine wesentliche Eigenschaft.

Ungefähr um dieselbe Zeit, als Widmanns Faustbuch erschien, in den neunziger Jahren, veröffentlichte der französische Gelehrte Jean Bodin das Siebengespräch über die verborgenen Geheimnisse erhabener Dinge, worin Vertreter verschiedener Geistesrichtungen sich über die wahre Religion unterhalten. Der Deutsche, der darin auftritt, heißt Friedrich und ist in Mathematik und Magie bewandert. Zur Magie hatten die Deutschen eine besondere Neigung; es war die Sehnsucht, das Maß der den Menschen verliehenen Kraft ins Übermäßige zu steigern. In seinem Pakt mit dem Teufel sagt Faust, er habe die Elemente spekulieren wollen, aber in seinem Kopfe die Geschicklichkeit dazu nicht gefunden, die überhaupt von Menschen nicht erworben werden könne; deshalb habe er den Mephistopheles gerufen. Als magisch bezeichnete man dasjenige Wirken, was über das Natürliche hinausgeht, wie zum Beispiel das Wiederbeleben von Toten oder das Beschwören von Geistern, das Heilen durch Handauflegen, das Besprechen von Wunden. Solches Wirken geht unmittelbar vor sich, wie Gott nicht durch Arbeit, sondern durch das Wort oder durch den bloßen Willen schafft; er will und es geschieht. Das Volk nannte Zauberei und schrieb der Kunst des Teufels alles zu, was es sich nicht erklären konnte, wie zum Beispiel jene Automaten, die Albertus Magnus verfertigte; die Gelehrten wußten Menschenwerk und Zauberei wohl zu unterscheiden. Zur Zeit Luthers begannen sie die Magie, die sie für sehr erstrebenswert hielten, aus verborgenen Kräften der Natur zu erklären. Agrippa von Nettesheim setzt wundervoll auseinander, wie die Magie auf dem Zusammenhang des Universums beruhe, indem alle Dinge aufeinander bezogen seien und aufeinander wirken. Das Niedere strebt danach, sich dem Höheren anzugleichen, und das Höhere, das Niedere zu sich emporzuziehen. Infolgedessen weist ein Ding auf das andere hin, spiegelt sich das Natürliche im Menschlichen, das Künftige im Gegenwärtigen. Er vergleicht das Universum mit einer gespannten Saite, die, wenn man sie an einem Ende berührt, überall anklingt. In jedem einzelnen ist ein Anklang des Ganzen, am meisten im Menschen, der ein vollendetes Bild des Universums ist, in dem alle Kräfte, auch die der alles erfüllenden, alles durchdringenden Weltseele, zusammenströmen. Deshalb können menschlicher Geist, Phantasie und Wille, die aus den Augen des Menschen hervorblitzen, bezaubern. Er führt Alexander an, der Licht und Feuer gesprüht habe, als er in der Schlacht umringt gewesen sei. Schrecken und Freude können töten, Liebe und Vertrauen zum Arzt heilen mehr als Arzneien. Solche Taten, sagt er sehr schön, seien so wenig über oder wider die Natur wie die Bezauberung, die ein Musiker durch die Macht der Töne über seine Zuhörer ausübe. Auch Paracelsus glaubte, daß der Mensch durch bloßes, inbrünstiges Wollen einen anderen stechen könne; das sei kein Werk des Teufels, sondern natürliche Kraft. Auch er leitete wunderbare Wechselwirkungen aus dem Zusammenhang des Universums ab, in dem jeder Körper beseelt, der Tod eine Wiedergeburt sei. Der Abt Trithemius, der bei Gelegenheit ziemlich in heiliger Einfalt schwelgte und die verfänglichen Fragen des Kaisers Maximilian nicht, wie dieser es wünschte, aus der Natur, sondern an der Richtschnur der Kirche beantwortete, hielt doch die Beschäftigung mit den geheimen Wissenschaften nicht für Sünde. Er wollte ein Buch über die von ihm entdeckte Kunst schreiben, einem Eingeweihten seine Gedanken oder seinen Willen auf jede Entfernung mitzuteilen, sowohl durch einen Boten, der aber das Mitzuteilende nicht kenne, wie ohne Vermittler. Wer die Kräfte der Natur nicht kenne, meinte er, werde das für Zauberei halten; es gehe aber ohne abergläubische Mittel und ohne den Beistand von Geistern vor sich. Wegen des Mißbrauchs, den schlechte Menschen mit dieser Kunst treiben könnten, unterließ es Trithemius, das Buch zu schreiben.

Wenn aber auch diese Männer das Zaubern aus natürlichen Kräften erklären wollten, konnten sie ihm doch, schon weil gesteigertes menschliches Wollen und Phantasie dabei mitwirkte, das Gefährliche und Anrüchige nicht nehmen. Seit Urzeiten beruht das menschlich-gesellige Dasein auf der Übereinkunft, nicht anders als durch die Mittel zu wirken, die Natur und Kunst dem Menschen darbieten. Wie wir die Kraft der Schlange, ihr Opfer durch das Blicken ihrer Augen bewegungslos zu machen, als teuflisch empfinden, so graut es uns auch vor Menschenaugen, in denen eine zwingende Kraft zu liegen scheint; die Menschen begriffen, daß Zauberei ein geordnetes Dasein unmöglich machen würde. Gegen Verbrechen kann man sich schützen, ihnen ausweichen oder entgegenwirken, sie betrafen; Zauber ist unentrinnbar, unfaßbar, allzerstörend. Den Zauber und das Wunder hat Gott sich vorbehalten. Er kann Zauberkraft Menschen verleihen; das ist die weiße Magie, die zum Heile der Menschen oder zur Verherrlichung Gottes ausgeübt wird. Lehrt der Teufel, der Affe Gottes, die Menschen zaubern, so ist es nur Blendwerk, das er ja nicht schaffen kann, und sie müssen mit dem Heil ihrer Seele dafür zahlen. Die Kirche unterschied in vorkommenden Fällen die weiße von der schwarzen Magie, der des Teufels; aber sie pflegte in einer so subtilen Sache lange zu untersuchen, ehe sie ihr Urteil aussprach, und glaubte nicht leicht, daß Gott den sündhaften Menschen mit so großen, göttlichen Gaben ausgestattet habe.

Widmann, der Verfasser des Faustbuches, das 1599 erschien, hat die Sage in den Gegensatz von Luthertum und Papsttum eingespannt. Ihm ist Faust ein Lutheraner, den die Katholiken mit ihrer Zauberei betört haben; denn für ihn wie für viele Protestanten trieben sie Zauberei, indem sie Brot und Wein in Fleisch und Blut Christi verwandelten; das *opus operatum,* die Handlung, die durch den bloßen Vollzug wirkt, wurde als Zauber aufgefaßt. Das aber ist ein theologischer Schnörkel Widmanns; das älteste Faustbuch sagt ausdrücklich, Fausts Abfall sei sein Stolz und seine Vermessenheit, die hätten ihn getrieben, Gott gleich sein zu wollen, es vergleicht ihn mit den Riesen, die Berge zusammentrugen, um Gott zu bekriegen, mit dem bösen Engel, den Gott wegen seines Hochmuts aus dem Himmel verstieß. Auch an den persischen König Zoroaster wird erinnert, den der Teufel reizte, etwas Neues und Unerhörtes zu beginnen, damit er unter die Götter gezählt werde; der Teufel führte ihn über sich in die Lüfte, wo er die Götter und Gestirne sehen wollte, aber vom himmlischen Feuer verbrannt wurde. Augenscheinlich fühlte die Sage, wenn es ihr auch nicht deutlich zum Bewußtsein kam, die Verwandtschaft mit Luther, dem Riesen, der den schützenden und engenden Ring zerbrach und sich in die Geheimnisse Gottes drängte. Er erlaubte seinem Volke, das bisher

Gott angebetet hatte, Gott zu denken, mit seinen gebrechlichen Sinnen, seinem mangelhaften Verstande, seinem belasteten Gewissen sich der Ewigen Glut zu nähern. Den Dämon Luther verzehrt sie nicht, weil er die Macht des Gebetes wie einen Zauber gebrauchen konnte; den Dämon Faust erfaßte sie und wurde ihm zur Hölle.

Die Hexenverfolgungen

In merkwürdiger Verkennung pflegt man im Hinblick auf Luthers Umgang mit dem Teufel zu sagen, er sei in rohem mittelalterlichem Aberglauben befangen gewesen, während man doch ebensogut seinen Verkehr mit Gott hätte abergläubisch nennen müssen. Für Luther war die Macht des Bösen ebenso persönlich wie die Macht des Guten. Es wäre falsch zu sagen, er personifizierte sie; es hängt wohl mit der Bewußtseinsstufe zusammen, auf der sie sich befinden, daß die Menschen zuzeiten die übermenschlichen Gewalten persönlich auffassen, zuzeiten dies nicht vermögen, ja nicht einmal begreifen, daß andere es können. In dem Buche, das Luther liebte und neu herausgab, der Theologia teutsch, ist mit klaren Worten ausgesprochen, daß der Teufel die Selbstsucht ist. «Ichheit und Eigenwille, Eigenwilligkeit, Selbstheit, Ich, Mein, Mir, Sich, Natur, Falschheit, Teufel, Sünde: das ist alles ein- und dasselbe.» An anderer Stelle heißt es, die Hölle sei nichts anderes als der Eigenwille. Man ist durchaus berechtigt anzunehmen, daß Luther diese Ansicht teilte, und man erkennt es auch da, wo er den Teufel ins Feld führt. Das Selbst schiebt sich zwischen den guten Willen oder die klare Erkenntnis. Es versteht sich, daß das Ich nicht selbst der Teufel oder das Böse ist, sowenig wie es Gott sein kann. Luther sah das Leben als ein grandioses Drama: das Ringen Gottes und des

Satans um die menschliche Seele, bei dem der Tau der Gnade das Höllenfeuer löscht und die lechzenden Zungen sich immer wieder aufbäumen und Nahrung suchen. Glaubte er an Gott und den Teufel und ihr Wirken auf den Menschen, so mußte er auch glauben, daß sich einige Menschen dem Bösen ergeben, wie sich andere Gott weihen. Daß die dem Teufel Verbundenen sich höchst strafbar machten, ist selbstverständlich; waren sie doch ärger als Atheisten, denn sie glaubten an Gott und widersetzten sich ihm, gelobten, mit den ihnen von ihrem Gebieter verliehenen Kräften Schaden zu stiften.

Ob und wieviel Macht über die Natur und die Menschen der Teufel seinen Anhängern geben könne, das war eine Frage, die verschieden beantwortet wurde; Luther glaubte an die Zauberkraft des Bösen, worauf ihn auch die Bibel hinwies.

Zur Erklärung der Hexenverfolgungen kann man Luthers Stellung zum Teufel schon deshalb nicht anführen, weil sie in den katholischen Ländern ebenso, ja fast noch mehr wüteten; andere Erklärungen, die von katholischen Verhältnissen ausgehen, stimmen nicht für die protestantischen Länder. Diese furchtbarste Verirrung, die das Abendland gesehen hat, ist nur zu erklären durch die Verwilderung, die mit dem Zusammenbruch der alten Fundamente zusammenhing, in Verbindung mit dem heidnischen Aberglauben, der sich auf dem Lande erhalten hatte. Staat und Kirche waren diesem Aberglauben entgegengetreten; aber er war niemals ausgerottet worden und regte sich lebhafter, je mehr die Bildung des Klerus sank und die, welche führen sollten, den zu Führenden nicht mehr überlegen waren. Es wohnen in allen Menschen, ganz gewiß in den deutschen, uralte abergläubische Grundvorstellungen und mit diesen verwachsen die Sehnsucht nach unmittelbarer Verwirklichung des Willens, nach magischer Beherrschung der Natur, die immer wieder die von gotterfüllten Menschen in den Anfängen des Menschendaseins aufgerichteten Ordnungen zu durchbrechen suchen. Nach großen Erschütterungen drängt sich das Chaos durch aufgerissene Spalten und vernichtet die Kultur, wenn nicht hohe Vernunft die Lava der Tiefe eindämmt. Dem ungebildeten, vernachlässigten Volk konnte es nicht zum Vorwurf gemacht werden, daß es vermeintliche Hexen für seine Bedrängnisse verantwortlich machte, verhängnisvoll und unverzeihlich war es, daß die Führenden, anstatt dem dumpfen Treiben zu wehren, es bestärkten, ja anfeuerten. Ein fürchterliches Beispiel sind für alle Zeiten die Hexenverfolgungen für das Unheil, das entsteht, wenn Regierende die rohen Triebe und Vorurteile des Volkes nicht zügeln, sondern sich von ihnen leiten lassen, womöglich sie zu eigenen Zwecken benutzen. Wie die Regierenden in Hinsicht auf Judenverfolgungen gleichsam nur eine Schleuse zu öffnen oder zu schließen brauchten, so hätten sie auch die Jagd auf Hexen abstellen können; sie unterließen es, weil sie entweder den Aberglauben des Volkes teilten oder aus Gleichgültigkeit und Gewinnsucht. Letzteres betraf die Richter und Henker, ersteres die Fürsten; der hohe Adel war großenteils ebenso beschränkt, roh und abergläubisch wie das Landvolk, das er beherrschte.

Es ist bekannt, daß Karl der Große das Verbrennen von Hexen, das bei den Sachsen geübt wurde, bei

Todesstrafe verbot. Auch die Kirche bekämpfte das Hexenwesen als heidnischen Aberglauben. Gregor VII. gebot einem König von Dänemark zu verhindern, daß unschuldige Frauen als Zauberinnen, die Unwetter und Seuchen angestiftet haben sollten, verbrannt würden. Eine Synode von Trier schärfte im Jahre 1310 den altkirchlichen Satz ein, kein Weib solle vorgeben, daß es des Nachts mit der heidnischen Göttin Diana oder mit der Herodias und einer unzähligen Menge von Weibern ausreite; denn das sei teuflischer Trug. Noch im Jahre 1485 heißt es in einem Lübecker Beicht- und Gebetbuch: «Hast du geglaubt an die guten Hulden und daß dich der Nachtmar ritte, oder daß du auf einer Ofengabel auf den Blocksberg rittest! Lieber Bruder, diese Stücke sind schwere Todsünden.» Aber um diese Zeit war schon eine Wendung eingetreten. Johann XXII. und Eugen IV. erließen verschärfte Bestimmungen gegen Zauberei. Gleichzeitig, im ersten Viertel des 15. Jahrhunderts, fanden in der Schweiz, im Wallis, im Simmenthal und in Freiburg viele Verbrennungen von Hexen statt. Im Jahre 1484 erklärte Papst Innocenz VIII., daß der Teufel seinen Anhängern die Macht geben könne, Menschen und Tiere zu verderben, und dies war der Ausgangspunkt für die Anklagen und Verfolgungen; denn gerade bei Erkrankungen von Mensch oder Vieh pflegte der Bauer, anstatt einen Arzt zu Rate zu ziehen, der auch wohl nicht zur Stelle war, die Ursache in der Zauberei einer Hexe zu suchen. In der berüchtigten Bulle *Summis desiderantes affectibus* beklagt Innocenz, daß in vielen Teilen Deutschlands sehr viele Personen beiderlei Geschlechts mit Hilfe der Dämonen, welche sich als Männer und Weiber mit ihnen vermischen, Unfug treiben. Sie verderben, ersticken und richten zugrunde die Kinder, die Weiber, die Früchte der Erde, das Vieh, die Weinberge, das Korn, sie plagen Menschen und Tiere mit grausamen Schmerzen. Obschon, so fährt die Bulle fort, die geliebten Söhne Heinrich Krämer und Jakob Sprenger zu Inquisitoren durch apostolische Briefe bestellt worden seien, so hätten doch einige Kleriker und Laien jener Länder, die klüger sein wollten als nötig ist, sich nicht geschämt, hartnäkkig zu behaupten, sie brauchten die Verhaftung und Bestrafung solcher Personen nicht zu gestatten. Krämer und Sprenger, zwei Dominikaner, gehörten augenscheinlich zu jenen bestialischen Pedanten, in denen sich Grausamkeit und Wollust mit Beschränktheit, Enthaltsamkeit, Ehrgeiz vereinen und die, wenn sie mit Macht ausgestattet werden, zu einer Geißel ihrer Mitmenschen werden können. Anfänglich hatten die beiden Mönche, wie auch aus der Bulle hervorgeht, mit ihrer Verfolgungswut kein Glück. In Tirol stießen sie auf Widerstand sowohl beim Erzherzog Siegmund von Tirol wie beim Bischof von Brixen, die hier, nach Beilegung des alten Streites, ehrenvoll zusammenwirkten. Auch anderswo wirkten Pfarrer und Prediger der Inquisition nachdrücklich entgegen. Um nun die Bevölkerung, das heißt vornehmlich den Klerus und die Gelehrten, im Sinne der Inquisition aufzuklären und von den durch die Hexerei drohenden Gefahren zu überzeugen, schrieben Krämer und Sprenger den *Malleus maleficarum,* den Hexenhammer, ein Lehrbuch der Teufelsbündnisse und des Hexenprozesses, voll von haarsträubenden und unflätigen

Beschreibungen der Buhlerei zwischen dem Teufel und den Frauen und der Art, wie sie durch Folter und Henkerskniffe zum Geständnis gebracht werden können.

Auch dies Buch erreichte seinen Zweck nicht gleich. Im Auftrage des Erzherzogs Siegmund faßte der Jurist Molitor, Protonotar an der bischöflichen Kurie in Konstanz, ein kluges Gutachten darüber ab, in welchem er sagte, der Teufel könne keine Kinder erzeugen, Menschen könnten keine andere Gestalt annehmen und sich nicht auf zauberische Weise an andere Orte versetzen; sie könnten, sagte er, sich nur einbilden, daß sie seien, wo sie nicht sind, und sähen, was sie nicht sehen. Was die Frauen angäben von Hexentänzen sei Vorspiegelung reizbarer Phantasie oder Traum. Immerhin kam Molitor zu dem Schlusse, daß Hexen bestraft werden müßten, wenn sie sich dem Teufel ergeben hätten, was selbstverständlich war, und auch, wenn man sich an die Vorschriften der *Carolina* gehalten hätte, leidlich gewesen wäre. Nach der *Carolina* sollten nur solche Hexen die Todesstrafe erleiden, die Schaden gestiftet hatten, und der Anwendung der Folter waren gewisse Schranken gesetzt. Vor allen Dingen aber war nach der *Carolina* das Vermögen der Gerichteten nicht einzuziehen, und es erwuchs dem Richter kein Vorteil aus ihrer Verurteilung. Eine andere Regel der *Carolina* besagte, daß den Aussagen der Zauberinnen kein Glauben geschenkt werden dürfe. Gerade auf diesen aber bauten sich die Massenverfolgungen auf; die Folterung hatte nicht nur den Zweck, den Beklagten das Geständnis der eigenen Schuld zu entreißen, sondern auch die Benennung von Mitschuldigen. Die Angeklagten, fast immer schuldlose und oft gute, ehrenhafte Frauen, scheuten sich davor, andere in ihr schreckliches Schicksal hineinzuziehen; aber unter der Folter verließ sie die Kraft. Nahmen sie nach der Tortur ihre Aussage zurück, so begann die Marter von neuem. Die Qualen, denen sie unterworfen wurden, waren so entsetzlich und die Aussicht, Gerechtigkeit zu finden, so gering, ja eigentlich nicht vorhanden, daß die Geistlichen, die die Aufgabe hatten, die Opfer zum Tode vorzubereiten, ihnen rieten, von der Zurücknahme ihrer Aussagen abzusehen, da doch keine Rettung möglich sei. Obwohl es einige wenige Male vorgekommen ist, daß eine Frau die Tortur überstand, ohne zu gestehen, und entlassen wurde, so kann man doch im allgemeinen sagen, daß jede vor Gericht Gezogene verloren war.

Die gesetzliche Grundlage zu den Hexenverfolgungen haben wohl die päpstliche Bulle *Summis desiderantes* und der Hexenhammer geschaffen; aber daß sie nicht die einzige war, geht schon daraus hervor, daß sie weder in Italien noch in anderen Ländern solchen Grad erreichten wie in Deutschland, in manchen überhaupt nicht stattfanden. Es muß im deutschen Volke eine Anlage zum Entstehen dieser Seuche gelegen haben, und das war wohl die Neigung zum Zauberwesen, zu den überirdischen Geheimnissen, die ihm eigen war. Es ist gewiß so, daß dieselbe Veranlagung sich in den verschiedenen Schichten eines Volkes sehr verschieden äußern kann: so führte die Phantasie, eine den Deutschen angeborene Kraft, einige zu religiösen Erleuchtungen, einige zu den edelsten Bezauberungen der Kunst, andere zu den Höhen des Gedankens, die rohen und einfältigen Bauern, wie Luther sie nannte, die in Armut verkümmerten, freudlosen und verbitterten, zu wüstem Aberglauben; und wie die alten Germanen glaubten, daß Frauen von dem göttlichen Anhauch besonders berührt würden und die Frauen auch am ersten das Christentum und den neuen Glauben ergriffen und wie sie deshalb im Altertum Verehrung genossen, so wendete sich die Beziehung zu den unsichtbaren Mächten gegen sie, wenn es sich um teuflische handelte. Diese auf der Phantasie des deutschen Volkes beruhende Grundlage hat immer bestanden, ohne daß es zu einem verheerenden Ausbruch gekommen wäre; zu einem solchen brachte es erst die Verwilderung einer erschütterten Zeit. Im Jahre 1535 dichtete ein Professor des Griechischen in Heidelberg: «Hellas und Latium stehn bei allen in gleicher Verachtung – Und die barbarische Flut strömt schon wieder herein.» Ist das auch vom Standpunkt des Humanisten gesprochen, der den Rückgang antiker Bildung infolge der Entfesselung religiöser Leidenschaften beklagt, so trifft es doch den Zustand von Verrohung des ganzen Volkes, der sich auch den Reformatoren so schreckhaft bemerkbar machte. Schon im Jahre 1508 klagte der Abt Trithemius, daß die Zahl der Hexen in allen Teilen Deutschlands zunehme und Mensch und Vieh durch sie verkomme; übrigens wurde er selbst der Zauberei verdächtigt. Das war in der Zeit vor dem Bauernkriege; nach demselben sah es auf dem Lande in jeder Beziehung noch ärger aus. Was für einen Unterschied der Bildungsgrad ausmacht, das zeigt sich in der örtlichen Verbreitung des Hexenwesens: Außerordentlich viel Brände waren in den Bistümern Bamberg und Würzburg, im Erzbistum Trier, im Herzogtum Braunschweig-Wolfenbüttel, im Stift Fulda, im Kanton Bern, also in vorzugsweise ländlichen Gegenden. In den großen Städten dagegen, in Nürnberg, Frankfurt am Main, Lübeck fanden fast gar keine statt. Der Rat von Nürnberg schrieb an den von Ulm, er habe von dergleichen Trudenwerk nie etwas gehalten, auch allemal befunden, daß es keinen Grund habe; er habe deshalb nie anders gehandelt, als daß er dergleichen Personen aus seinem Gebiet verwiesen habe. Im Erzbistum Trier wurden in den Jahren 1593 bis 1597 306 Hexen verbrannt, wobei die Stadt Trier nicht mitgerechnet war, im Kanton Bern 1597 bis 1600 über 300, im Würzburgischen in einem einzigen kleinen Orte in einem Jahre 99. Aber auch in kleineren Städten wurde gräßlich gewütet, so in Lemgo und Osnabrück, in beiden Fällen unter der Leitung eines fanatischen Bürgermeisters.

Man sollte annehmen, daß die Juristen, als zu den Gebildeten gehörig, sich bemüht hätten, den Hexenprozessen Einhalt zu tun, wozu gerade sie die Möglichkeit gehabt hätten. Allein dieser Stand befleckte sich neben den Fürsten am meisten. Durch die dauernde Beziehung zu Verbrechen und zu Strafen, die noch roher als die Verbrechen waren, ohnehin verhärtet, wurden sie durch die Aussicht auf Bereicherung vollends in das Unwesen hineingezogen. Denjenigen Juristen, die an den Universitäten, um Gutachten befragt, sich für strenge Bestrafung der Hexen aussprachen, kann die Entschuldigung zugebilligt werden, daß sie keine Vorstellung von dem Elend hatten, das sie bewirkten; die Richter hingegen, vor deren Augen sich die schauerlichen Szenen abspielten, standen auf keiner höheren Stufe als die Henker, die gewohnt waren, ihr Einkommen nach der Anzahl zerfleischter und verbrannter Körper zu berechnen.

Tröstet sich der über diesen Schandfleck der deutschen Kultur Trauernde damit, daß er meint, die Grausamkeit und Rechtlosigkeit des Verfahrens habe dem allgemeinen Bildungsstande der damaligen Zeit entsprochen, man habe es eben nicht besser gewußt, so irrt man sich. Sogar in den Kreisen des Volkes, deren Aberglaube zum Teil ein Grund der Seuche war, trat klarere Einsicht bei denen auf, die selbst betroffen wurden. Die Opfer waren sich ja bewußt, weder mit dem Teufel gebuhlt noch auf dem Brocken getanzt zu haben, sie erfuhren am eigenen Leibe, wie die Geständnisse nie begangener Absurditäten zustande kamen. Wer das Ungeheuerlichste gedankenlos für möglich gehalten hatte, fing an zu zweifeln, sowie er selbst es begangen haben sollte. Wer sich bedroht fühlte, dachte tiefer über die Anklage nach als der, den sie nichts anging; wer aber war damals nicht bedroht? Gerade die Vermögenden waren für Richter und Henker willkommene Brocken. Um die vernünftigen Einwände dieser Unglücklichen und ihrer Angehörigen kümmerte sich niemand, nur wenige vernahmen sie. Indessen gab es auch unter den Unbeteiligten viele, die das Verfahren gegen die Hexen mit Abscheu sahen und das Wahnhafte der ihnen zugrunde liegenden Vorstellungen sowie die Schuld der Richter durchschauten, und einige von diesen waren gewissenhaft und tapfer genug, um das Übel zu bekämpfen.

Oft ist Deutschland in Barbarei verfallen, kaum je in so entsetzlicher Weise wie zur Zeit der Hexenverfolgungen; aber nie hat es an solchen gefehlt, die sich darüber erhoben und das, was sie für Unrecht hielten, mit Einsetzung ihres Lebens zu überwinden suchten: Denn sowie jemand die Art, wie man mit den vermeintlichen Hexen umging, beanstandete, wurde er selbst als Zauberer verschrien und mit Folter und Scheiterhaufen bedroht. Das gräßliche Bild der zahllosen Pfähle, an denen die durch die Tortur zerfetzten Frauenleiber verbrannt wurden, würde unerträglich sein, wenn man nicht der Reihe edler Menschen gedenken könnte, die es wagten, für sie einzutreten.

Um die Zeit, als der Hexenhammer erschien, wurde der Mann geboren, der zuerst gegen die Schrecknisse auftrat, die aus ihm folgten. Heinrich Cornelius von Nettesheim, gewöhnlich Agrippa von Nettesheim genannt. Erfolgreich bekämpfte er in Metz im Jahre 1519 im Verein mit dem Syndikus der Stadt den Dominikaner und Inquisitor Savini und entriß ihm glücklich eine Bäuerin, die schon gefoltert war und verbrannt werden sollte. Die Anklage stützte sich hauptsächlich darauf, daß die Mutter der Angeklagten als Hexe verbrannt worden sei und daß nach dem Hexenhammer die Kinder von Hexen entweder dem Teufel geweiht oder vom Teufel erzeugt seien. Agrippa wandte ein, daß durch diese Lehre, angenommen, die Frau sei wirklich eine Hexe gewesen, die Macht der Taufe vernichtet werde. «Ja, ich sage dir, unserem Glauben gemäß sind wir alle sündhaft und verflucht von Ewigkeit, Kinder des Verderbens, Söhne des Teufels und Erben der Hölle, und nur durch das Heil der Taufe wird Satanas aus uns herausgerissen.» Agrippa brachte es dahin, daß der verleumderische Ankläger mit einer Geldbuße belegt wurde. Als Savini, nachdem Agrippa Metz verlassen hatte, von neuem eine Hexenverfolgung betrieb, trat ein Freund und Schüler Agrippas gegen ihn auf und predigte so eindrucksvoll, daß das Volk, das kurz vorher die Einkerkerung der Hexe verlangt hatte, nun ihre Freilassung forderte und auch durchsetzte. Ein anderer Schüler Agrippas, der den Kampf gegen Grausamkeit und Dummheit in großartiger Weise fortsetzte, war Johann Weyer, ein Mann, der ebenso ausgezeichnet war durch Klarheit und Schärfe des Geistes wie durch Güte des Herzens und Furchtlosigkeit. Er stammte aus dem nördlichen Brabant, also aus den Niederlanden, von denen so viele Bekenner aufgeklärter Religiosität ausgegangen sind. Auch Weyer war durch und durch religiös, wie ja auch Agrippa dem Verfahren des Dominikaners aus der Religion geschöpfte Gründe entgegengesetzt hatte. Seit 1550 war er Leibarzt des Herzogs Wilhelm von Jülich-Cleve-Berg, desselben, den Karl V., um ihn an seine Politik zu binden, mit seiner Nichte verheiratet hatte. Trotzdem blieb Wilhelm im Herzen dem Protestantismus geneigt, ebenso Weyer. In einem großen Werk *De praestigiis daemonum,* das 1563 in Basel erschien, hat Weyer die Barbarei der Hexenprozesse als Arzt und human denkender Mensch bekämpft. Er leugnet das Dasein und die Wirksamkeit des Teufels nicht, wohl aber, daß sich Teufel auf körperliche Art mit Menschen vermischen und daß die angeblichen Hexen auf zauberische Art Schaden stiften können. Die Buhlschaft der Frauen mit dem Teufel war aber das Kernstück der Hexenprozesse, worauf Anklage und Strafbarkeit gegründet wurden. Auf der anderen Seite machte Weyer die Hysterie und sonstige krankhafte Zustände der Opfer verantwortlich, wenn sie selbst sich, wie es zuweilen vorkam, des ihnen zur Last gelegten Umgangs mit dem Teufel schuldig hielten. Seine Erfahrung als Arzt setzte ihn instand, zahlreiche Beispiele von Kranken anzuführen, die durch verständige Einwirkung auf Körper und Seele geheilt wurden. Gehoben wird der beweisführende Inhalt des Buches durch die feurige Anteilnahme des Verfassers, sein Mitleid mit den mißhandelten Frauen, sein Zorn über die habgierigen und mordlustigen Richter. Nachdem er dargetan hat, wie sehr die übliche Praxis gegen die Bestimmungen der *Carolina* verstoße, die Vorsicht bei derartigen Prozessen verlange, den falschen Ankläger bestrafe und fälschlich Angeklagten sogar Schadenersatz zusichert, während jetzt auf ganz unbegründete Anklagen dummer und roher Leute Frauen in scheußliche Kerker geworfen und solchen Folterqualen unterworfen werden, daß sie den Tod auf dem Scheiterhaufen als Erlösung betrachten, ruft er aus: «Aber wenn einmal Der erscheinen wird, dem nichts verborgen bleibt, der Herz und Nieren erforscht, der rechte Richter aller Dinge, dann sollen eure Werke offenbar werden, o ihr harten Tyrannen, ihr blutdürstigen, entmenschten und erbarmungslosen Richter! Ich rufe euch hiermit vor das Jüngste Gericht! Gott wird urteilen zwischen mir und euch! Die zertretene und begrabene Wahrheit wird auferstehen, euch ins Antlitz springen und um Rache schreien für eure Mordtaten.» Wie gefährlich es war, diese Bluthunde anzugreifen, wußte er aus seinen Beziehungen zu Agrippa, den der wütende Dominikaner über das Grab hinaus verfolgte, indem er seinen Tod als Höllenfahrt ausmalte.

Den fanatisch verbohrten Geistlichen und Juristen, die über Weyers Buch Zeter schrien, standen Männer gegenüber, die es dankbar und begeistert begrüßten. Bischof Simon Sultzer von Basel veranlaßte 1566 eine deutsche Übersetzung, der bald eine französische folgte. Der Abt des Benediktinerklosters Echternach, die Äbte Zwinger von Basel, Roussel in Gouda und Ewich in Duisburg, der Jurist Borcholt versicherten ihn ihrer Zustimmung. Borcholt nannte in einem Brief an einen herzoglich braunschweigischen Rat das Buch Weyers geistreich, scharf und gelehrt, so daß alle gelehrten Männer in Burgund und Belgien es wie ein Heiligtum hochhielten. «Sooft ich des vorzüglichsten Rechtsgelehrten dieses Jahrhunderts, meines Lehrers Jakob Cujacius gedenke, und ich denke oft an ihn, dann muß ich mit ihm bekennen, daß ich noch kein Buch mit größerem Vergnügen durchgelesen habe.» Er bittet den Empfänger des Briefes, den Inhalt des Buches sich anzueignen und soviel als möglich das unschuldige Blut zu schützen; vermutlich hoffte er durch den Rat den Herzog von Braunschweig zu beeinflussen. Als vernünftig denkende Fürsten nennt Weyer außer seinem Herzog den Kurfürsten Friedrich von der Pfalz, den Grafen Herrmann von Neuenahr, die Grafen Wilhelm von Berg und Adolf von Nassau. Wahrscheinlich ist es auf Weyers Einfluß zurückzuführen, daß Ferdinand I. und sein Sohn Maximilian II. in ihren Erblanden keine Hexen haben verbrennen lassen. Die hauptsächlichen Gegner Weyers waren der Trierer Weihbischof Peter Binsfeld, der französische Gelehrte Jean Bodin, der spanische Jesuit Delrio und der sächsische Professor Benedikt Carpzov; die haben durch ihre Bücher, erweiterte Hexenhammer, mehr Schaden gewirkt als Weyer Nutzen durch das seine. In ihren Augen war Weyer ein Patron der Hexen, selbst Zauberer oder Ketzer und Atheist. Die katholische Kirche setzte sein Buch auf den Index.

Einmal ausgebrochene Bewegungen werden auch durch die vernünftigsten Gegenwirkungen nicht aufgehalten; dafür ist ein Beweis die Tatsache, daß die Hexenverfolgung nach dem Erscheinen von Weyers Buch nicht nachließ, sondern erst recht um sich griff. In den Jahren 1580 bis 1620 war ihr Höhepunkt. Die Stimmen seiner Nachfolger wurden kaum beachtet. Ganz von Weyer abhängig sind Johann Ewich, Arzt in Duisburg, dann Professor in Bremen, der eine kleine Schrift gegen den Hexenwahn schrieb, und der Jurist Gödelmann, Professor in Rostock, der Vorlesungen darüber hielt.

Nur etwas bleibt einem so leuchtenden Verdienst gegenüber zu wünschen, nämlich es möchte Weyer, der ganz in seine ärztliche und religiös-humanistische Anschauungsweise vertieft war, mehr hervorgehoben haben, daß außer dem Aberglauben der Menge und dem Aberglauben und der krankhaften Veranlagung der angeklagten Frauen auch die Gewinnsucht der Richter und Henker und die Anwendung der Folter Ursache der Hexenprozesse war. Zwar hat er davon gesprochen, aber doch nur gelegentlich. Von einigen Nachfolgern wurde das, was er vernachlässigt hatte, eingehend behandelt, so von Wilhelm Fabricius aus Hilda bei Düsseldorf, nach der damals üblichen Weise Hildanus genannt, der als Stadtarzt in Bern 1634 starb und europäischen Ruf genoß, und von dem ausgezeichneten Westfalen Hermann Wilcken oder Witekind, einem Schüler Melanchthons, der 1603 als Professor der griechischen Sprache in Heidelberg starb. Seine Schrift wider den Hexenwahn «Christlich Bedenken und Erinnerung von Zauberei» ist nicht wie die Weyers lateinisch, sondern deutsch geschrieben und wendete sich also von vornherein an ein größeres Publikum. Allerdings gab er es nicht unter seinem eigenen, sondern unter dem Namen Augustin Lercheimer heraus. Er geht davon aus, daß der Teufel nur das vermag, was Gott zuläßt, und daß die armen, der Hexerei angeklagten Frauen gar nichts Überirdisches vermögen, weshalb sie, da sie höchstens die Absicht, aber nicht das Vermögen haben zu schaden, nicht verbrannt werden dürfen. Die Aussagen verschiedener Frauen, die verbrannt wurden, prüfend, stellt er fest, daß oft die Armut sie auf Irrwege treibt, und ermahnt die Obrigkeit, dem Übel, das sie grausam bestrafen, zuvorzukommen, indem sie für eine bessere Armenpflege sorgen. Von der Folter sagt er, sie komme aus dem Heidentum und sei gegen Sklaven angewendet worden, für Christen sei sie ganz unzulässig, ihr Gebrauch werde auch von allen verständigen und gutherzigen Männern getadelt. Am grundsätzlichsten ist wohl das Buch des Pfarrers Johann Greve aus Büderich in Cleve «Reformiertes Tribunal», der die Abschaffung der Folter fordert. Es erschien 1622, wurde damals nicht beachtet und später vergessen.

Von den katholischen Bekämpfern des Hexenwahns wurde der Holländer Cornelius Loos zum Widerruf gezwungen und der Trierer Jurist Dietrich Flade, kurfürstlicher Rat, ein sehr angesehener und reicher Mann, 1589 stranguliert und dann verbrannt. Er sollte auf der Hetzerather Heide bei Trier mit den Hexen getanzt und das Land mit Schnecken überschwemmt haben.

Unter all den bewundernswerten Männern, die für das geschändete Recht eintraten, erweckt keiner solche Sympathie wie Friedrich Spee oder von Spee, geboren im Jahre 1591 in Kaiserswerth. Keiner schrieb so wie er aus persönlichem Erleben heraus, weil er als Beichtvater der zum Tode verurteilten Hexen die Tätigkeit der Richter und die Leiden der Hexen gründlich kennenlernte. Spee war als Jüngling Jesuit geworden. Leidenschaftlich bestürmte er den General, ihn als Missionar nach Indien zu schicken; es mag ihn beides gelockt haben, die wunderbare Ferne und das Märtyrertum. Blättert man in Spees Gedichten, so ist man überrascht von der Zartheit seines Empfindens und würde vielleicht an der Weichlichkeit seiner Naturbilder und seiner Frömmigkeit Anstoß nehmen, wenn nicht die Wahrhaftigkeit seines Gefühls versöhnte; versetzt man sich aber in die Zeit, wo er lebte, möchte man die in einer so wilden und rohen Epoche aufgrünende Empfindsamkeit fast genial nennen. Ob die Sehnsucht nach Indien die ahnungsvolle Angst vor dem Martyrium war, das ihm in der Heimat bestimmt war? Der General wies ihn wie die vielen anderen, die gern ins Ausland gegangen wären, auf das Indien in Deutschland, die Bekehrung der Ketzer. Zu einer Zeit, als in

Würzburg und Bamberg Hexen zu Hunderten verbrannt wurden, übertrugen ihm seine Vorgesetzten die Pflicht, die Verurteilten zum Tode vorzubereiten und zum Scheiterhaufen zu begleiten. Später hat er gesagt, nicht eine von den zahllosen, die er begleitet habe, sei schuldig gewesen. Kaum wagt man nachzufühlen, was für ein entsetzlicher Zusammenbruch für seine empfindliche Seele mit dieser Einsicht verbunden gewesen sein muß. Täglich mit ansehen zu müssen, daß im Namen der Religion und des Rechtes furchtbare Verbrechen begangen wurden, daß die Opfer derselben schuldlose und wehrlose Frauen waren, selbst ein Werkzeug innerhalb eines schändlichen Systems zu sein! Es versteht sich, daß die Erkenntnis nicht mit einem Male kam: sie bildete sich allmählich durch herzzerreißende Erfahrungen. Ohnmächtig gegenüber der Mauer von Dummheit, Grausamkeit und Habsucht, blieb ihm nichts, als die von der Folter zermarterten Frauen, die er einem qualvollen Tode entgegenführte, mit dem Hinweis auf das Märtyrertum der ersten Christen zu trösten. Dann schrieb er sein berühmtes Buch *Cautio criminalis*; es ist ein verzweifelter Versuch, Wahn und Verbrechen durch Vernunft und Entrüstung zu überwinden. Wenn Spee nicht wie Weyer mit seinem Namen für seine gute Sache eintrat, muß man seine Abhängigkeit als Jesuit bedenken. Zwar haben sich die Jesuiten im allgemeinen nicht an der Hexenverfolgung beteiligt, aber eine öffentliche Herausforderung wie die Spees wagten sie doch nicht zu unterstützen; er würde ohnehin aus dem Orden entlassen oder gezwungen worden sein, freiwillig auszutreten, wenn nicht

Ereignisse des Krieges dazwischengekommen wären.

Spees Buch ist durchglüht und durchzittert von leidenschaftlicher Entrüstung und untröstlichem Schmerz, Schmerz auch darüber, daß Deutschland, sein Vaterland, der Schauplatz so ungeheurer Verbrechen sein mußte. «Die Italiener und Spanier», sagt er, «von Natur nachdenklicher und scharfsinniger, scheint es, überlassen uns dieses Amt des Brennens ganz allein. – Überall in Deutschland lodern die Hexenbrände, eine Schande für die deutsche Nation bei den Feinden Deutschlands. Trotz der Lehre der Naturforscher und Ärzte, daß auch die außergewöhnlichen Naturerscheinungen und Krankheiten natürlichen Ursachen zuzuschreiben seien, schiebt man in Deutschland, besonders auf dem Lande, alle Schuld auf die Hexen, dadurch wächst dann die Menge der Hexen, zumal die Prediger keinen Finger dagegen rühren, sondern vielmehr in dasselbe Horn blasen und keine deutsche Obrigkeit sich gegen solche Verdächtigungen erhebt. Andere Nationen sind vorsichtiger. Zu unserer Schande sind sie in dieser Sache uns voraus. – Haben denn deutsche Fürsten solche deutsche Beamten, die sogar gegen ihr Gewissen prozessieren, nur um ihren Fürsten zu gefallen? – Was werden andere Nationen sagen, die sowieso schon unsere Einfalt zu bespötteln pflegen! – Wehe, Deutschland, die Mutter so vieler Hexen, hat vor Kummer so viel geweint, daß es nicht mehr sehen kann.» Es ist ferner ein leitender Gedanke bei Spee, die Verantwortung für das, was er als Justizmorde ansah, den Fürsten und Obrigkeiten zuzusprechen. An sie wendet er sich immer wieder mit dringenden Mahnungen, eine gründliche Reform der Prozeßführung vorzunehmen, namentlich auch in bezug auf die Methode, Geständnisse durch Folterqualen zu erzwingen. «Wo sind die Augen der Fürsten, daß sie dies nicht sehen, oder wenn sie es sehen und wissen, wo ihr Gewissen, daß sie diesen das Schwert anvertrauen!» Auch Greve hat sein Buch über die Abschaffung der Folter zum Besten der Fürsten geschrieben, wie er sagte, um ihre Tribunale zu reinigen von der Schmach eines solchen Unrechts, und zum Besten der Richter, damit sich ihre Seelen nicht in solchem Pfuhle wälzen. Die Erkenntnis war bei den Erleuchteten, daß es nichts nützen werde, das Volk zu belehren – damals ohnehin ein unmögliches Beginnen –, wenn nicht von den Führern des Volkes das Gute geübt und das Schlechte verhindert würde.

Von allen Büchern gegen den Hexenwahn ist keins mit solcher Eleganz und Schärfe der Beweisführung, mit so schneidender Klarheit geschrieben, durch keines gießt sich so hinreißend der Strom der Liebe und des Zornes. Auch Weyer, Wilcken und andere waren Männer humanistischer Bildung, bei Spee mag die romanisch-humanistische Erziehung dazugekommen sein und vor allem dies, daß er ein Dichter war. Es ist unbegreiflich und sehr traurig, daß eine solche Anklage so wirkungslos verhallte. Doch hatte bekanntlich Spee einen großen persönlichen Erfolg. Als sein Freund, der Domherr Joh. Phil. Schönborn, ihn einmal auf seine früh ergrauten Haare anredete, sagte er, sie seien weiß geworden, weil er das Leiden vieler Unschuldiger und den Sieg der Ungerechtigkeit gesehen habe. Als Erzbischof von Mainz hat Schönborn später wenigstens in seiner Diözese den Hexenprozessen ein Ende gemacht, deren Höhepunkt damals ohnehin schon überschritten war; der Gebrauch der Folter wurde nicht abgeschafft.

Es ist auffallend, daß fast alle die Bekämpfer der Hexenprozesse aus dem Westen Deutschlands, aus dem Gebiet des Rheines stammen. Eine Ausnahme macht der in Jena geborene Johann Mathaeus Meyfart, der Dichter des Liedes: Jerusalem, du hochgebaute Stadt. Er war ein Jahr älter als Spee, und sein Traktat über das Hexenwesen erschien fünf Jahre nach der *cautio criminalis,* von der er offenbar beeinflußt wurde. Er zieht wie Spee und wie Greve die Regenten, die Beamten und die Prediger zur Verantwortung. Als Inschrift über einer Folterkammer schlägt er den Vers vor: Wenn Richter trachten nach dem Gut – Die Henker dürsten nach dem Blut – Die Zeugen suchen ihre Rach – Muß Unschuld schreien Weh und Ach.

Der Verfasser einer Sammlung von Biographien, in die er auch die von Hermann Wilcken aufgenommen hat, ließ dem Bande den Titel vordrucken: *Dignorum laude virorum quos Musa vetat mori immortalitas.* Würdiger Männer, die die Muse nicht sterben läßt, Unsterblichkeit. Dies Wort gilt für alle diese kühnen Männer, die, als sie lebten, wenig anerkannt und zum Teil verfolgt wurden und deren Dasein und Namen die folgenden Jahrhunderte vergaßen.

Der Ausbruch des Dreißigjährigen Krieges

Mit dem Beginn des niederländischen Aufstandes war der Gegensatz zwischen dem alten und dem neuen Glauben zum kriegerischen Ausbruch gekommen, der nicht mehr erlosch. Wenn das Reich auch nicht unmittelbar dabei beteiligt war, da Karl V. den burgundischen Kreis ausdrücklich vom Reiche abgelöst hatte, so schlug er doch zuweilen über die Grenze; war doch das schon eine bedenkliche Tatsache, daß der Gegner Spaniens und Vertreter der Niederlande ein deutscher Fürst war und als solcher den Krieg gegen Philipp II. führte und daß der Kurfürst von der Pfalz, Egmonts Schwager, die Aufständischen heimlich und durch seine Söhne unterstützte. Daß der Frieden erhalten blieb, lag zum Teil an der Schläfrigkeit der protestantischen Fürsten im Reich, vor allem aber an der kaiserfreundlichen Politik des mächtigsten unter ihnen, des Kurfürsten von Sachsen. August, der sein Land infolge der Enteignung seiner ernestinischen Vettern schön abgerundet vorfand und nun wie ein pfennigtreuer Gutsherr und Hausvater für das wirtschaftliche Wohl seiner Untertanen sorgte, dachte nicht daran, weitere Erwerbungen zu machen, sondern das Gewonnene festzuhalten und auszubauen. Er wußte, daß Karl V. mit der Möglichkeit gerechnet hatte, den beraubten Kurfürsten Johann Friedrich gegen Moritz auszuspielen; ebenso konnten Karls Nachfolger sich des rachsüchtigen Sohnes des Verstorbenen bedienen, wenn er, August, ihren Unwillen auf sich zöge. Dieses Verhältnis bestimmte von nun an die sächsische Politik: die neugeschaffenen Kurfürsten waren durch Moritzens vom Kaiser autorisierten Tigersprung an den Kaiser gebunden.

Die spanische Verwandtschaft machte sich zunächst bei der österreichischen Dynastie wenig geltend. Ferdinand I., obwohl er die Kinderjahre in Spanien zubrachte, wurde im Laufe seiner Regierung bewußt und unbewußt zu einem deutschen Fürsten, der im Interesse seines Sohnes gemeinsam mit ihnen die von Karl gewünschte Nachfolge Philipps bekämpfte. War er auch nicht so bedeutend und anziehend wie sein Bruder, so hat er doch durch seinen maßvollen, besonnenen Charakter in schwieriger Zeit erfolgreich gewirkt und das auseinanderfallende Reich zusammengehalten. Sein Sohn Maximilian hatte, wie es scheint, jenes berückende Etwas, jenes aus dem großen Mischkrug des Südostens aufschwebende Aroma, das man später als österreichisch oder wienerisch bezeichnete. Er wußte Katholiken und Protestanten so zu bezaubern, daß sie die Lösung des unlösbaren deutschen Schicksalsknotens von ihm erwarteten. Die Protestanten sahen in dem Erzherzog den künftigen protestantischen Kaiser, unter dessen Führung sich das ganze Reich dem neuen Glauben zuwenden würde. Indessen war Maximilian, wenn auch evangelisch, doch nicht eigentlich ein Gegner des Katholizismus, sondern des Papismus; er glaubte evangelisch zu sein, wenn er einen gereinigten Katholizismus bekenne, zu einer durch ein Konzil zu reformierenden Kirche hielte. Die Augsburger Konfession von 1530, die sogenannte Invariata, die bewußt den Gegensatz zum alten Glauben abgeschwächt hatte, wollte er als Norm für die Protestanten angesehen wissen. Ohne Wirkung konnte es auch nicht bleiben, daß er mit einer Tochter Karls V. verheiratet und mit seinem Vetter Philipp von Spanien in steter Verbindung war.

Der starke Familienzusammenhang der Habsburger bewährte sich, als Philipp II., nachdem er dreimal Witwer geworden war, als Bewerber einer Tochter Maximilians II. auftrat; von da an war der deutsche Kaiser vollends gelähmt in den Dingen, die das spanische Interesse betrafen. Zur Zeit, als der niederländische Aufstand ausbrach, erinnerte Kurfürst Friedrich von der Pfalz den Kaiser an die frühere Zeit, wo er in guter Hoffnung gestanden, Maximilian werde das durch den Heiligen Geist in ihn gepflanzte und angezündete Fünklein keineswegs erlöschen, sondern nach dem Befehl und Willen Gottes fortgelangen lassen; aber gerade von dem Pfälzer ließ sich Maximilian ungern mahnen, denn er haßte die Calvinisten, die Friedensstörer, und mißbilligte sehr die kaum verheimlichte Hilfe, die der Kurfürst und seine Söhne den niederländischen Rebellen leisteten. Acht Jahre später bat Friedrich noch einmal den Kaiser, sich der Sache der armen bedrängten Christen mit mehr Ernst anzunehmen. «Mit Ew. Maj. handle ich rund, wie ich zu tun schuldig bin, und gemein es mit derselbigen gut», schrieb er, «verhoffe eine getreue aufrichtige Warnung von einem alten erlebten Churfürsten werde Ew. Maj. nit übel aufnemen, dieweil Ew. Maj. nunmehr so wol als ich ein gut alter erreicht, dises leben aber zergenklich ist...» Im folgenden Monat starben beide, erst der Kaiser, dann der Kurfürst. Hatte Maximilian die Protestanten enttäuscht, so mußten sie ihm doch zugestehen, daß er einen kaiserlichen Standpunkt über den Parteien einzunehmen bestrebt gewesen war. Sein in Spanien erzogener Sohn Rudolf hätte wohl im Sinne seines Oheims Philipps II. regiert; aber seelische Zerrüttung und Zerwürfnisse mit seinen Brüdern ließen ihn unsicher hin und her schwanken und schließlich sogar die Protestanten begünstigen. Unter ihm und seinem Bruder Mathias, leergelebten Schatten der Väter, breitete sich der neue Glaube in ganz Österreich, Böhmen und Ungarn aus. Das Privilegium der Glaubensfreiheit wurde zwar nur den Ständen erteilt, das heißt dem Adel und den königlichen Städten; aber mittels derselben genoß es auch die Bevölkerung. Durch diese Zugeständnisse wurden die Stände, die überall mit den Fürsten um die Macht rangen, in ihrer Unabhängigkeit sehr gestärkt. Ohnehin war der Adel in den östlichen Ländern, besonders in Böhmen und Ungarn, sehr begütert und einflußreich, während die Städte weniger bedeuteten als im Westen. In Böhmen wurde das Institut der Defensoren eingerichtet, die die Verpflichtung hatten, darüber zu wachen, daß die religiöse Freiheit nicht beeinträchtigt werde. Ein solcher Schutz war deshalb nötig, weil die Privilegien den Herrschern nur durch die Verhältnisse abgerungen waren; weder Rudolf noch Mathias meinten es mit den erteilten Begünstigungen ehrlich, lauerten vielmehr auf einen Anlaß, sie zurückzunehmen. Nach dem sogenannten Majestätsbrief war in Böhmen den Her-

Rudolf II Kr. 1576 – 1612
Mathias Kr. 1612 – 1619

ren, Rittern und königlichen Städten das Bekenntnis freigegeben: die Frage, ob bei geistlichem Gebiet ein königliches Obereigentum anzunehmen sei oder nicht, war offengelassen. Die Protestanten nahmen ein solches an und waren damit im Rechte; aber die mittelalterlichen Verhältnisse waren so fließend, daß fast in allen Fällen Beispiele für die entgegengesetzte Auffassung beigebracht werden konnten. Von katholischer Seite wurde das königliche Obereigentum über geistliche Güter bestritten, und die geistlichen Inhaber derselben hielten sich deshalb für berechtigt, den Evangelischen die Ausübung ihres Gottesdienstes auf ihrem Gebiet zu verwehren. Dieser Streitpunkt drohte in zwei Fällen zu einem feindlichen Zusammenstoß zu führen.

Gleichzeitig bestand Kriegsgefahr im Westen des Reiches. Im Jahre 1609 starb der letzte Sproß des Cleveschen Fürstenhauses, der geisteskranke Johann Wilhelm. Daß die Nachfolge von zwei protestantischen Fürsten in Anspruch genommen wurde, dem Kurfürsten von Brandenburg und dem Pfalzgrafen von Neuburg, beunruhigte die Katholiken, namentlich Spanien, das gerade an den Grenzen der Niederlande die Ausbreitung des Protestantismus nicht leiden wollte. Beide Teile rüsteten, die Protestanten gewannen die bereitwillige Unterstützung Heinrichs IV. von Frankreich. Da, es war im Jahre 1610, wurde Heinrich IV. ermordet und Frankreich zunächst aus den kriegerischen Ereignissen ausgeschaltet. Die beiden Prätendenten, Brandenburg und Pfalz, bemächtigten sich einstweilen gemeinsam des verwaisten Landes, und der Kaiser, mit näherliegenden Irrungen beschäftigt, ließ es geschehen. Vier Jahre später, 1614, erneute sich die Kriegsgefahr. Die possedierenden Fürsten, wie man sie nannte, entzweiten sich, worauf Wolfgang Wilhelm von Pfalz-Neuburg katholisch wurde und eine Schwester des Herzogs von Bayern heiratete, der Kurfürst von Brandenburg zum Calvinismus übertrat. Es war ein groteskes Ereignis, das die häßliche Verquickung politischer und kirchlicher Tendenzen beleuchtete; die Prätendenten, die das Ganze gemeinsam innehatten, von denen aber doch jeder das Ganze wollte, suchten beide Hilfe bei den entschlossensten Vertretern der feindlichen Parteien, selbst mehr oder weniger überzeugt, daß der rechte Glaube sie überwunden habe. Noch einmal gelang es doch, den Ausbruch der Feindseligkeiten zu verhindern. Unheimlich war die Stimmung im Reich, wie wenn vor dem Gewitter die Landschaft in fahler Glut erstarrt, die Bäume schwarz wie Lanzen gegen den Himmel stechen. Haßerfüllt standen sich die Parteien gegenüber; aber das unbestimmte Bewußtsein, was für ein unermeßliches Blutvergießen entstehen würde, wenn einmal die Schwerter aus der Scheide gezogen wären, lähmte im letzten Augenblick den Willen zum Angriff. Der Krieg war da, er hing in schweren Wolken schon herab auf das Reich. Wer hätte den frevelhaften Mut, das Band zu zerreißen, das ihn zurückhielt? Der Reichstag des Jahres 1613 hatte eben gezeigt, daß dies Organ der Einheit unwirksam geworden war; denn trotz der vermittelnden Bemühungen des Kanzlers Khlesl war ein gemeinsamer Reichstagsabschied nicht zustande gekommen. Die Katholiken wollten die auf der Säkularisation geistlicher Stände beruhende Ausbreitung des Protestantismus, die sich seit dem Religionsfrieden von 1555 vollzogen hatte, nicht anerkennen. Bedenkt man, daß seitdem zwei Erzbistümer, zwölf Bistümer und zahllose Klöster in die Hände von Protestanten gekommen waren, so begreift man die Erbitterung der Katholiken, aber auch den festen Entschluß der Protestanten, sich nicht wieder entreißen zu lassen, was ihren Besitzstand so außerordentlich vermehrt hatte. Der Zahl nach hatten die Protestanten das Übergewicht, in den Organisationen des Reiches die Katholiken, weil der Kaiser die Protestanten zwar im Besitz der geistlichen Fürstentümer gelassen hatte, nicht aber im Besitz der dazugehörigen Stimmen auf dem Reichstage. Noch mehr bedeutete es, daß die Gesinnung der Protestanten, die anfangs beherzt angegriffen hatten, schwächlicher, nachlässiger, die der Katholiken entschlossener geworden war.

Es war ein folgenschweres Ereignis, als der Erzherzog Karl, einer der Söhne Kaiser Ferdinands I., die bayrische Prinzessin Maria, Tochter des Herzogs Albrecht V., heiratete. Eine Zeitlang war er zum Bräutigam der Elisabeth von England bestimmt gewesen, und er war damals bereit, ein weicher, nachgiebiger Habsburger, in betreff der Religion bedeutende Zugeständnisse zu machen. Maria war aus anderem Holz geschnitten. Sie besaß die unentwegte Tatkraft derjenigen Menschen, die die Welt von einem einzigen Standpunkt aus betrachten und keinen anderen gelten lassen. Obwohl sie in ihren Ansichten von den Jesuiten abhängig war, ließ sie sich doch nur insoweit von ihnen beherrschen, als es mit ihrem fürstlichen Ansehen übereinstimmte; bei einer etwaigen Spannung mußten die Jesuiten sich fügen. Als Gattin des Erzherzogs beschloß sie sofort, die Steiermark, sein Erbe, wieder katholisch zu machen, sei es durch Güte, sei es durch Gewalt. Karl würde sich niemals getraut haben, die der Steiermark gewährten Freiheiten zu verletzen; Maria sah darin kein Unrecht, wenn es zum Besten der Religion oder der fürstlichen Autorität geschah. Der Erzherzog gab nach und machte die Erfahrung, daß man mit Gewalt vieles, beinah alles erreichen kann, wenn man nur das Eigentum schont. Im 16. und 17. Jahrhundert wurden die Untertanen von der Obrigkeit bald zu diesem, bald zu jenem Bekenntnis gezwungen, und mit wenigen Ausnahmen akkommodierten sie sich, wie man es damals nannte; nur einzelne zogen den Tod oder die Auswanderung vor. Den Adel zu unterwerfen, war freilich nicht so leicht. Ihre Grundsätze, die sich so sehr bewährten, prägte Maria ihren Kindern, namentlich ihrem ältesten Sohne Ferdinand ein, der als Nachfolger seiner kinderlosen Vettern Gelegenheit haben würde, sie im großen anzuwenden. Auch als Mutter durchaus Herrscherin, litt sie keinen Widerspruch und erfuhr keinen; auf einer Reise nach Italien im Jahre 1598 tat Ferdinand in Loreto das Gelübde, in seinen Erblanden alle Irrlehren auszurotten. Oft wiederholte er den Ausspruch, daß er lieber alle seine Länder und selbst das Leben verlieren würde als eine Kränkung der Religion dulden. In eigentümlicher Weise waren die schroffen Grundsätze seiner Mutter auf die liebenswürdige Habsburgerei seines Vaters gepfropft. Ferdinand, auch äußerlich ein echter Sohn seiner väterlichen Familie, blond, blauäugig, mit hängender Unterlippe, war weich, gutherzig, ein

Ferdinand II. Ks. 1619 – 1637
ab 1617 Kg in Böhmen

Freund der Armen, im persönlichen Umgang so liebenswürdig, daß ihm selbst Gegner schwer widerstanden. Wenn es die Religion und zugleich seine Hoheit betraf, zögerte er nicht mit Grausamkeiten, gegen die selbst die Hartgesottenen Bedenken hegten.

Den böhmischen Aufstand, der im Mai 1618 ausbrach, begrüßte er als erwünschtes Ereignis, das ihm Gelegenheit gab, den übermütigen Baronen ihre Privilegien zu nehmen und sie in jeder Hinsicht zu bändigen. Daß seine Bewältigung gelingen werde, daran zweifelte er nicht. Was ihn so sicher machte, war nicht nur das angeborene Hoheitsgefühl der Habsburger und das Vertrauen auf Gott, zu dessen Geschäften es gehörte, seine Dynastie zu beschützen, sondern auch das Vertrauen auf Spanien und Bayern. Spanien hatte trotz der häufigen Bankerotte Geld, Bayern hatte Truppen. Herzog Maximilian von Bayern war nicht frei von der herkömmlichen feindseligen Eifersucht Bayerns auf Österreich, die zur Reformationszeit den mächtigen Kanzler Leonhard von Eck zu einer so seltsamen, zweizüngigen Politik bewogen hatte; aber das katholische Interesse war so mächtig in ihm, daß er sich, soweit dieses in Betracht kam, zum Bundesgenossen Österreichs machte. Der jesuitische Einfluß und der Wunsch, unabhängig von den Ständen zu regieren, die sich durch Protestantismus stärkten, bestimmten jetzt den Charakter der bayrischen Politik. Maximilian hatte mit seinem Vetter Ferdinand zusammen in Ingolstadt studiert und fühlte sich dem jüngeren, etwas fahrigen Habsburger überlegen, ließ aber davon nichts merken, streng gegen sich und verschlossen, wie er war. Er wollte Bayern groß und mächtig machen, aber nicht gegen, sondern durch Habsburg. Seine Grundsätze waren eins geworden mit seinem Willen; keiner von den Fürsten des Reichs konnte sich an Willenskraft und Zielbewußtsein mit ihm messen. Vergebens suchten die Protestanten Bayern und Österreich dadurch zu entzweien, daß sie Maximilian die Kaiserkrone anboten: er wies sie ohne Zaudern ab und versicherte Ferdinand, daß er nicht als sein Nebenbuhler auftreten werde. Ihm, der kein Schwärmer war, wird es kaum schwer geworden sein, der Schlangenversuchung zu widerstehen; er wollte nichts, was zu unabsehbaren Verwicklungen führen konnte, sondern etwas Erreichbares, und das mit unwiderstehlichem Willen.

Sehr verschieden von Maximilian war Friedrich V., Kurfürst von der Pfalz, den die Umstände dazu bestimmt hatten, jenem die Waage zu halten. Die böhmischen Stände hatten einen schweren Fehler begangen, indem sie zu Lebzeiten des Mathias sich bewegen ließen, einstimmig Ferdinand zum künftigen König anzunehmen, um, wie sie sich ausdrückten, den Gegensatz zur Wahlhandlung zu bezeichnen. Als nun Mathias starb und die Furcht vor Ferdinands katholischem Eifer überwältigend wurde, konnten sie sich nur dadurch von ihm befreien, daß sie ihn absetzten, und hatten doch selbst einen Präzedenzfall zugunsten des Erbrechts geschaffen. Da sie den vorsichtigen Sachsen nicht zum König bekommen konnten, richteten sie ihre Blicke auf die Pfalz, die seit Friedrich III. mit Sachsen um die Führerschaft der Protestanten gerungen hatte. Während das lutherische Sachsen friedliebend war und sich an den Kaiser anlehnte, war die calvinische Pfalz kriegerisch, angriffslustig, nur daß Friedrich V., jung und spielerisch, nicht zum Vertreter der von seinen Vorfahren eingeleiteten Politik geeignet war. Es war ihm nicht wohl zumute, als die Notwendigkeit, sich zu entscheiden, an ihn herantrat, und uns, die wir den Ausgang kennen, erscheint es als unbegreiflicher, fast verbrecherischer Leichtsinn von ihm und seinen Räten, daß sie eine Tat wagten, der die verfügbaren Kräfte so wenig angemessen waren. Der festen Zielsetzung und den bestimmt begrenzten Plänen der Katholiken standen die Protestanten schwächlich und zerfahren gegenüber. Den Lutheranern waren die Calvinisten unsympathischer als die Katholiken; es schien zuweilen so, als kämen ihnen die Katholiken wie etwas Höheres vor, als fühlten sie sich geschmeichelt, wenn der Kaiser und die geistlichen Kurfürsten mit ihnen auf die Jagd gingen und sie freundschaftlich wie ihresgleichen behandelten. Fast in allen Fürstenhäusern gab es wie in Sachsen einen Streitfall zwischen den verschiedenen Linien, der eine von ihnen veranlaßte, sich zum Kaiser zu halten in der Hoffnung, er werde zu ihren Gunsten entscheiden; so war es bei den Hessen, den Braunschweigern und den Wittelsbachern. Wie die albertinischen Sachsen den Vettern die Kur mißgönnt hatten, so mißgönnte sie Bayern der pfälzischen Linie. Auf die Union, das seit 1608 bestehende Bündnis der Protestanten, war so wenig zu rechnen, daß man sich nach ausländischer Hilfe umsehen mußte. Frankreich und England kamen hauptsächlich in Betracht; nun aber waren beide Mächte durch eine eigentümliche Wendung der Politik ihrer Häupter aus Feinden Spaniens Freunde Spaniens geworden, Jakob I., Sohn der Maria Stuart, so sehr, daß er sogar seinen Sohn und Thronfolger mit einer spanischen Prinzessin verheiraten wollte. Holland, das natürlich in Betracht gekommen wäre, hatte einen Waffenstillstand mit Spanien abgeschlossen, mit Dänemark und Schweden wurde fortwährend unterhandelt; allein der junge König Gustav Adolf war einstweilen durch eine kriegerische Auseinandersetzung mit Polen in Anspruch genommen, die die Katholiken, um diesen etwaigen Bundesgenossen ihrer Gegner auszuschalten, auf diplomatischem Wege zu verlängern suchten. Immerhin waren die Räte des jungen Pfälzers, namentlich der gebildete, liebenswürdige, immer durch große Pläne beschwingte Christian von Anhalt, dem er ganz vertraute, der Meinung, der König von England, mit dessen Tochter Friedrich verheiratet war, werde seinen Schwiegersohn nicht im Stiche lassen, wenn er sich einmal in die große Angelegenheit eingelassen hätte. In Böhmen waren die Verhältnisse in mancher Hinsicht denen in den Niederlanden ähnlich: auch in Böhmen kam zu dem Gegensatz der Bekenntnisse der nationale und der ständisch-monarchische. Wie in den Niederlanden, gab es auch in Böhmen einen katholischen, königstreuen Adel, so daß von einer einheitlichen Opposition keine Rede sein konnte; aber in zwei Punkten unterschied sich die Lage in Böhmen sehr zuungunsten von der niederländischen, daß nämlich hinter den Führern keine so zum äußersten Widerstande bereite Bevölkerung stand und daß unter den Führern kein Wilhelm von Oranien war. Graf Mathias Thurn, ein Deutscher, der nicht einmal der böhmischen Sprache mächtig und auch nicht in

Böhmen begütert war, war hitzig und mutig, aber kein überlegener Kopf und im Felde nicht glücklich. Der gesamte protestantische Adel Böhmens, fast durchgehends von ehrlichem Glaubenseifer erfüllt und stolz auf seine ständischen Rechte und aristokratische Unabhängigkeit, war nicht imstande, das Land zum Aufstande zu organisieren. Trotzdem glaubten sie, daß die Stunde ihnen günstig sei, und der Zustand der österreichischen Ländermasse war so, daß sie es glauben konnten. Dem Beispiel der Böhmen folgend erhoben sich überall die protestantischen Stände, Ungarn und die Erblande wankten. Die Böhmen inkorporierten Länder Mähren, Schlesien und die Lausitzen, dazu Glatz, Elbogen und Eger, letztere zum Reich gehörig, nur durch Pfändung an Böhmen gekommen, waren überwiegend protestantisch und zum Widerstand entschlossen. Viele waren der Meinung, daß es mit Habsburgs Macht und Glück am Ende sei. Ferdinands Lage wäre in der Tat verzweifelt gewesen, wenn nicht Spanien und Maximilian mit den Truppen der Liga, dem Bunde der katholischen Reichsfürsten, ihm zur Seite gestanden hätten. Der ligistische Feldherr, Johannes Tserclaes von Tilly, aus einer Lütticher Familie stammend, hatte sich in den niederländischen Feldzügen und gegen die Türken Erfahrung und Ansehen erworben; er rühmte sich, nie Wein getrunken, nie eine Frau berührt und nie eine Schlacht verloren zu haben. Neben seiner militärischen Tüchtigkeit zeichneten ihn Zuverlässigkeit und Uneigennützigkeit aus.

Ihm hatten die Böhmen außer den Grafen Mathias Thurn den feurigen Christian von Anhalt und Ernst von Mansfeld entgegenzustellen. Mit diesem tritt zum erstenmal einer jener abenteuernden Krieger auf, die wie fremde Dämonen in die aufgewühlte Zeit einbrechen. Zwischen den um ihren Glauben Kämpfenden stehen sie glaubenslos, kalt, selbstherrlich, ohne Volk, ohne Vaterland, ohne irgendeine andere Zügelung der nackten Begierde als die Ehre. Der Ehre gaben sie selbst den Inhalt: sie hinderte sie nicht, das gegebene Wort zu brechen, ihren Herrn oder ihre Richtung zu wechseln, nur der persönliche Mut mußte über dem Zweifel bleiben. Daß sie die Gefahr liebten, in den Schrecken des Krieges wie der Salamander im Feuer sich heimisch fühlten, im Griff des Todes nicht erblaßten, das war ihr Kennzeichen und ihre Würde. Mansfeld war der natürliche Sohn jenes Grafen Mansfeld, der beim niederländischen Aufstande als Statthalter von Luxemburg zu Spanien hielt; sein Ziel war, als rechtmäßiger Erbe des Vaters anerkannt zu werden, und da ihm das von Spanien nicht gewährt wurde, ging er zu den Protestanten über. Während er die Sache der Böhmen verfocht, stand er fast ununterbrochen in verräterischen Unterhandlungen mit dem Feinde; wieweit es ihm damit Ernst war, wußte er vielleicht selbst nicht immer. Die Möglichkeit, das Glück, wo es auch sei, zu ergreifen, wollte er sich offenhalten. Die größte Schwierigkeit bestand für Mansfeld in noch höherem Grade als für die meisten Heerführer der damaligen Zeit in der Geldnot, die in Böhmen besonders groß war. Die Finanzverwaltung war elend, die Opferwilligkeit gering. Die Regierung suchte sich durch Konfiskationen zu helfen, die sie über reiche Katholiken verhängte, und beschritt damit einen bedenklichen Weg, ohne dauernd Hilfe zu schaffen; die dadurch gewonnenen Summen wurden sofort von den Bedürfnissen des Augenblicks verschlungen. Erfolge, die greifbar nahe schienen, entgingen Mansfeld durch Meuterei der Soldaten, die ihren Sold verlangten. Es ist charakteristisch für die Zeit, daß, während das Notwendigste, die regelmäßige Besoldung der Soldaten, nicht zu erreichen war, an den Höfen sinnlose Verschwendung herrschte. Auch Friedrich, so ungesichert seine Lage war, richtete sich prunkvoll in Prag ein, sehr verschieden von dem sparsamen Herzog von Bayern, dessen Truppen auf pünktliche Entlohnung rechnen konnten. Sehr bald wurde es den Böhmen klar, daß sie keinerlei Nutzen von dem pfälzischen König hatten. An sein starres Bekenntnis gebunden, führte er sofort den Calvinismus ein und ließ die altehrwürdigen Kunstwerke von den Mauern des Domes herunterreißen, um ihm die frostige Strenge aufzuzwingen, die er für gottgefällig zu halten gelehrt war. Mit Schmerz und Entrüstung sahen die Utraquisten dieser Gewaltsamkeit zu, die ihnen ebenso widerwärtig war wie der Fanatismus Ferdinands und warme Anhänglichkeit an den deutschen König nicht aufkommen ließ. Hätte er wenigstens die Kampffreudigkeit und Unbeugsamkeit der Calvinisten gehabt! Aber die Niederlage am Weißen Berge unterhalb der Mauern Prags entmutigte ihn dermaßen, daß er den Widerstand aufgab und mit seiner Familie und einem Teil der Führer des Aufstandes entfloh.

Der entscheidende Sieg des Kaisers war dem Herzog von Bayern und Tilly zu verdanken. In unglaublich kurzer Zeit, einer Stunde, war er erfochten; die ausgezeichnete Tapferkeit des jungen Grafen Thurn, Sohnes des Mathias, hatte die Flucht der Ungarn nicht aufwiegen können. Wenn sich Mansfeld auch noch hielt, konnte Ferdinand sich doch als Herr Böhmens betrachten, und er schritt dazu, die Unterwerfung des Landes so durchzuführen, wie sie ihm von Anfang an vorgeschwebt hatte. Wie nicht selten Herrscher, die persönlich gutmütig und nicht soldatisch sind, kannte er, nachdem der Sieg ihm die Macht gegeben hatte, keine Grenzen in ihrer Betätigung. Während der strenge und selbstbewußte Herzog von Bayern eine gewisse Schonung anempfahl, damit die Besiegten nicht zur Verzweiflung getrieben würden, während wenigstens einer der königlichen Räte, der Kanzler Lobkowitz, das Recht der Stände nicht ganz aufgehoben wissen wollte, bestand Ferdinand auf mindestens 25 Hinrichtungen, bei denen nur das Vierteilen nachgelassen wurde, auf unbegrenzten Güterkonfiskationen und Aufrichtung eines absolutistischen Regiments. Durch Beten und Wallfahrten gestärkt, schwelgte er im Triumph. Mit den Gütern der Verurteilten wurde der treugebliebene Adel und der katholische Klerus ausge-

stattet. Die Bevölkerung kam der Regierung durch massenhafte Übertritte zum Katholizismus entgegen. In den Niederlanden hatte der eigentlich wirksame Aufstand erst mit Albas Schreckensregiment begonnen. Der Unterschied war der, daß in Böhmen hauptsächlich der Adel getroffen wurde, dort das gesamte Volk, und daß es eine durch Handel reich gewordene, gebildete, republikanisch selbstbewußte Bevölkerung in Böhmen nicht gab. Die religiös-nationale Begeisterung hatte sich wohl in dem Hussitenkriege erschöpft. Der grausame Eingriff Ferdinands in die geschichtliche Entwicklung Böhmens entzündete den Widerstand des Landes nicht, sondern erstickte ihn vollständig.

Der Krieg im Reich

Der Krieg war in Böhmen beendet, nicht aber, soweit er das Reich betraf. Maximilian hatte sich als Lohn für seine Hilfe erstens die Übertragung der pfälzischen Kur auf die bayrische Linie ausgebeten, zweitens das pfälzische Land. Als Sicherheit für die aufgewendeten Kriegskosten nahm er das unterworfene Oberösterreich in Verwaltung, das er dem rechtmäßigen Herrn zurückzugeben versprach, wenn ihm die Pfalz eingeräumt würde. Auf die Unterpfalz erhob außerdem Spanien Anspruch; es wollte sie mit dem Elsaß zu einer durch einen spanischen Prinzen zu regierenden Provinz zusammenfassen. Um den flüchtigen Pfalzgrafen seines Landes berauben zu können, mußte der Kaiser ihn zunächst ächten; aber es war fraglich, ob er das ohne die Zustimmung der Kurfürsten bewerkstelligen könne und ob sie zustimmen würden. Johann Georg von Sachsen und sein Hofprediger Hoë hätten es dem Calvinisten gegönnt; aber es war vorauszusehen, daß von den anderen dieser oder jener sich des Standesgenossen annehmen würde. König Nobel war wieder einmal in großer Verlegenheit zwischen seinen Brauns und Isegrims. Bei dem abgeschlossenen Charakter Maximilians war keine Aussicht, daß er sich erweichen oder etwas abfeilschen lassen würde. So entschloß sich denn Ferdinand den Akt der Ächtung, von dem er wußte, daß er etwas absonderlich Veraltetes hatte wie der päpstliche Bann, mit dem alten Gepränge in der Wiener Burg zu vollziehen; er ächtete gleichzeitig den Markgrafen von Jägerndorf, den Fürsten von Anhalt und den Grafen von Hohenlohe, die dem Pfalzgrafen kriegerischen Beistand geleistet hatten. Dies eigenmächtige Vorgehen des Kaisers machte keinen guten Eindruck im Reich; vollends mit der gänzlichen Beraubung auch der Erben des Pfalzgrafen waren selbst die Katholiken nicht einverstanden. Den Gesetzen nach wären bei öffentlichen Vergehen eines Fürsten seine Rechte auf etwa schuldlose Nachfolger übergegangen. So weit indessen ging die Teilnahme doch nicht, daß ein Reichsstand mit den Waffen für den Vertriebenen eingetreten wäre: die Union, deren Aufgabe es am ersten gewesen wäre, löste sich auf, nachdem die Reichsstädte sich zurückgezogen hatten. Der Krieg wäre erloschen gewesen, die Pfalz widerstandslos der bayrischen und spanischen Eroberung preisgegeben, wenn nicht Mansfeld, der mit seinem Heer noch Pilsen und einige andere böhmische Orte besetzt hielt, die Sache des Geächteten zu verteidigen beschlossen hätte. Dieser stolze Bettler wollte das Unternehmen, an das er sein Talent und seine Kraft gesetzt hatte, nicht im Augenblick des Verlustes aufgeben. Das Heer war sein einziger Besitz; es war eine bessere Rechnung, mit demselben das Spiel noch einmal zu wagen, als es unentlohnt zu entlassen. So trat er in den Dienst des ebenso besitzlosen Friedrich, der weder König von Böhmen noch Kurfürst von der Pfalz mehr war. Zu ihm gesellte sich ein anderer Heerführer, vielleicht durch sein Beispiel gelockt, Christian von Braunschweig, protestantischer Bischof von Halberstadt, Bruder des regierenden Herzogs Friedrich Ulrich von Braunschweig-Wolfenbüttel. Ihn bewog, wie er angab, Zuneigung für seine Base Elisabeth, Friedrichs Gattin, mehr aber wohl sein Haß der katholischen Partei und seine Lust am Wagnis und Abenteuer. An Kühnheit war er Mansfeld gleich; was ihn charakterisierte und was seinen Taten und Untaten einen persönlichen Reiz verleiht, war ein Hang zu knabenhaften Streichen, wilder Humor und stolzer Übermut. Eine Münze ließ er prägen mit der Umschrift: «Gottes Freund, der Pfaffen Feind», eine andere, nachdem ihm der Arm abgenommen war, mit der Umschrift: *«altera restat»,* wenn er dem Kaiser schrieb, er führe das Kommando über ein Reiterregiment in der Pfalz, zu seinem Bedauern erfahre er, daß das dem Kaiser nicht angenehm sei, hätte er es vorher gewußt, würde er das Kommando abgelehnt haben, jetzt könne er nicht mehr zurück, der Kaiser möge ihm das nicht übelnehmen, er hoffe, ihm später einmal seinen Degen anbieten zu können; so glaubt man die jungen Augen bei diesen herausfordernden Naivitäten blitzen zu sehen. Kein Flehen der Mutter, deren Liebling er war, hielt ihn zurück, von der Gefahr verlockt, sprengte er davon, fast immer unglücklich im Gefecht, aber niemals entmutigt. Mansfeld und der Braunschweiger wären miteinander vielleicht dem Gegner gewachsen gewesen; aber ein Zusammenwirken zweier eigenwilliger Generale war, wie so oft in ähnlichen Fällen, nicht möglich. Auch verhinderte die Schwierigkeit der Ernährung die Ansammlung von Massen; das oft seltsame Hin- und Herziehen der Heere erklärt sich daraus, daß, nachdem eine Gegend ausgesogen war, eine andere möglichst unberührte aufgesucht werden mußte. Ein dritter Beschützer der unglücklichen Sache war Markgraf Georg Friedrich von Baden, ein aufrichtiger Protestant, den die Sorge um das gefährdete Bekenntnis antrieb. Damit nicht, im Fall er geächtet würde, seine Güter und Rechte seinem Hause abgesprochen würden, übergab er, ehe er auszog, die Regierung seinem Sohne. Er hatte sich vor Jahren im Türkenkrieg hervorgetan und verfügte über ein verhältnismäßig großes, gut ausgerüstetes Heer, in dem einige Tausend reformierter Schweizer mitkämpften; in der Schlacht bei Wimpfen am Neckar wurde er von Tilly und den Spaniern vollständig geschlagen. Nachdem Friedrich von der Pfalz, um die Versöhnung mit dem Kaiser zu ermöglichen, Mansfeld und Christian aus seinem Dienst entlassen hatte, schien wiederum der Krieg beendet zu sein. Denn wenn die beiden Abenteurer auch ihr Wesen auf eigene Faust weitertrieben, erst den Holländern gegen Spanien Hilfe leisteten, dann Niedersachsen beunruhigten, war doch vorauszusehen, daß die ligistische Armee unter Tilly mit ihnen fertig werden würde. Inzwischen aber hatten die ausländischen Gegner Spaniens und Österreichs sich zum Widerstande gesammelt.

Da aus der spanischen Heirat nichts geworden war, schloß sich Jakob I. der antispanischen Politik seines Volkes an und verbündete sich im Jahre 1625 im Haag mit Holland und Dänemark zur Bekämpfung Spaniens und zur Wiedereinsetzung seines Schwiegersohnes, des Pfalzgrafen, in seine Länder und Rechte. Frankreich nahm seine frühere antihabsburgische Politik wieder auf, zum Teil dadurch gereizt, daß Spanien ins Veltin eingedrungen war und die bündnerischen Pässe in seine Gewalt bekommen hatte. Zwar schloß sich Frankreich dem englisch-holländischen Bunde nicht offen an, unterstützte aber die Sache, die er vertrat, heimlich mit Geld. Für die kriegerische Leistung kam außer Mansfeld und Christian, die nunmehr in den Dienst der Verbündeten traten, neben Gustav Adolf von Schweden Christian von Dänemark in Betracht. Man einigte sich auf ihn, der mit Jakob I. verwandt war und als Herzog von Holstein und Inhaber der Stifte Bremen und Schwerin eine Basis im nördlichen Deutschland hatte. Auch stellte er günstige Bedingungen, da er, eifersüchtig auf Schweden, einer Einmischung desselben und etwaiger Festsetzung an der deutschen Küste vorbeugen wollte. Christian leitete seinen Eintritt in die antikaiserliche Opposition dadurch ein, daß er sich zum Obristen des niedersächsischen Kreises ernennen ließ, was freilich nicht alle Stände guthießen, da es der Kaiser als Kriegserklärung von seiten der Kreisfürsten auffassen mußte. Er war ein Fürst tätigen Geistes, der alles großartig auffaßte und betrieb, Entdeckungsreisen in den äußersten Norden unternahm und gern sein Land zu der wirtschaftlichen Bedeutung Hollands erhoben hätte. Als Kriegsmann hatte er im Kampfe mit Schweden Ansehen erworben, und die Stände seines Landes waren bereit, ihn im Kriege reichlich zu unterstützen.

Angesichts des sich im Norden erhebenden Feindes empfand es Kaiser Ferdinand bitter, daß er über kein eigenes Heer verfügte. Das ligistische, von Tilly geführte, stand unter dem Befehl Maximilians von Bayern; die Abhängigkeit von seinem ernsthaften Vetter drückte ihn mehr und mehr. Geld, sich ein Heer aufzurichten, hatte er nicht; auch in dieser Hinsicht war er auf den sparsamen Maximilian angewiesen. Da machte ihm ein böhmischer Edelmann das Anerbieten, aus eigenen Mitteln eine Armee für den kaiserlichen Dienst zu werben. Albrecht von Waldstein oder Wallenstein, von dem es ungewiß ist, ob er deutschen oder böhmischen Ursprungs ist, dessen Mutter aber sicherlich eine Böhmin war und dessen Familie seit dem 13. Jahrhundert dem böhmischen Heeresstande angehörte, war von seinen Eltern im protestantischen Glauben erzogen, geriet aber nach deren frühem Tode unter den Einfluß der Jesuiten und wurde katholisch. Wie auch andere, die durch Zufälle zum Glaubenswechsel gedrängt wurden, war er gegen beide Bekenntnisse gleichgültig, überhaupt von Natur nicht religiös veranlagt. Nicht einmal das unbestimmte Gefühl der Abhängigkeit von einer höheren geistigen Macht, noch weniger das Gefühl der Verpflichtung gegen dieselbe, scheint ihn jemals bewegt zu haben; um so mehr bedeutete ihm das Schicksal, von dem er glaubte, daß es durch Kundige in den Sternen zu lesen sei. Seine kriegerische Laufbahn begann er in den Kämpfen gegen die Türken und gegen Venedig. Als der böhmische Aufstand ausbrach, trat er sofort für den Kaiser ein, und zwar mit einer Rücksichtslosigkeit, die selbst in jenem wilden und zügellosen Lande auffiel. Schon seine erste Ehe mit einer älteren Witwe scheint der junge Mann um des Reichtums willen geschlossen zu haben, den sie ihm zubrachte. Bei den Güterkonfiskationen nach der Schlacht am Weißen Berge, wo wertvolle Besitzungen an Ferdinands

8. Nov. 1620

Günstlinge verschleudert wurden, bereicherte er sich noch mehr; er gehörte nun zu den reichsten Magnaten Böhmens. Auf die Herrschaft Friedland verlieh ihm Ferdinand den Herzogstitel.

War Wallenstein raubsüchtig und machtgierig, so unterwarf er doch seine unbändigen Triebe einer großen Idee und überragte dadurch einen Mansfeld weit. Er wollte Macht, aber er wollte eine wohltätige, vernünftige Macht schaffen, die von ihm unabhängig dauern würde, wenn sie auch zunächst für ihn und durch ihn wirken sollte. Seine planende Seele, die magisch zum allergrößten Ziele gezogen wurde, richtete sich auf die Begründung der Kaisermacht. Man kann annehmen, daß er Ferdinand zu klar durchschaute, als daß er ihn für die Stellung, die ihm vorschwebte, geeignet hätte halten können; andererseits wird er kaum an die Möglichkeit gedacht haben, sich selbst zum Kaiser zu machen. In geheimnisvoller Weise war er dennoch eins mit seiner Idee, mit dem zu schaffenden Kaisertum; er war der Mittelpunkt, von dem aus sich das Traumbild gestaltete. Seltsam, daß der Fremdling im Reich, denn als solchen muß man ihn trotz der damaligen Verbundenheit Böhmens mit demselben ansehn, mit so mächtigem Drang und Verständnis das Schicksal der deutschen Nation ergriff. Auch war es weniger die mittelalterliche Überlieferung, die ihn bewegte, als das Beispiel Frankreichs und Spaniens, denen die Zusammenfassung der Macht in der Hand des Königs eine so augenscheinliche politische Überlegenheit verschaffte. Gerade weil er ein Fremder war, unterschätzte er den Widerstand, der in den eigentümlichen Verhältnissen des Reiches lag und den selbst

Karl V. nicht hatte überwinden können. Und wie sehr waren durch die Reformation oder durch den Widerstand, den Karl V. ihr geleistet hatte, die zentrifugalen Kräfte gestärkt! Allerdings waren gerade dadurch auch die Umstände für Wallenstein günstiger, als sie vor 75 Jahren für den großen Kaiser waren. Dieser Krieg war nicht wie ein anderer, den vielleicht eine Schlacht oder die Eroberung eines wichtigen Platzes beenden konnte; er war wie eine Krankheit an einem zerrütteten Körper, die man weiterwüten läßt, weil man sie nicht bekämpfen kann. Auflösung und Fäulnis erzeugten Heere, die wie Schimmel die Erde überzogen und die einst fruchtbar grüne verdarben. War eins vernichtet, so liefen die hungrigen Soldaten irgendeinem Werber zu, aus den verwüsteten Dörfern retteten sich heimatlose Männer und Frauen unter einer beliebigen Fahne. Was war einem Manne, der befehlen konnte, unmöglich? Das Schwert herrschte zwischen dem Verfall, nicht das Recht und das Herkommen. Es hieß, Wallenstein habe zum Kaiser gesagt, 20000 Mann getraue er sich nicht zu ernähren, wohl aber 50000. Das war für jene Zeit eine gewaltige Armee. Ferdinand, der wie sein Ahnherr Maximilian ein Streuhütlein war, hätte nicht 20000, geschweige denn 50000 Mann im Felde ernähren können; aber 50000 konnten besser als 20000 sich erzwingen, was sie brauchten. Wallenstein liefen die meisten zu; er war streng, oft grausam, aber er war großartig, ein Herrscher. Nach dem Bekenntnis fragte er nicht, Protestanten waren bei ihm ebensowohl gelitten wie Katholiken. Es mochte ihm eine Einigung zwischen den Bekenntnissen vorschweben, wie Heinrich IV. sie für Frankreich ermöglicht hatte. Dieser überlegene Standpunkt war dem Kaiser und den katholischen Fürsten nicht nur fremd, sondern anstößig.

Wallenstein war ein geborener Herrscher und ein Staatsmann, nicht ein mit zahlreichen Fäden an die Vergangenheit gebundener Kaiser. Die jahrhundertealte Verknüpfung des Kaisertums mit dem Papsttum, das Netz der Beziehungen zu den Fürsten, das alles bestand für ihn nicht; aber auch der Raum, den er ins Auge faßte, war ein anderer als der, welcher für die Kaiser der letzten Jahrhunderte in Betracht gekommen war. Um den deutschen Norden hatten sich die Habsburger wenig bekümmert; Wallenstein, den das Geschick zur Bekämpfung des Dänenkönigs nordwärts führte, sah die Ebenen voll wallenden Korns, sah die trotzigen Städte und die fleißigen Menschen, sah das Meer. Auch Tilly war im Norden, erstürmte hier und da eine Stadt, tat, was ihm aufgetragen war, und dachte sogar daran, sich hier ein kleines Fürstentum auszusparen; Wallenstein entwarf ein neues Deutschland. Es war groß an ihm, daß er das, was er plante, gleich angriff. Daß der besiegte Christian von Dänemark sich nach Mecklenburg zurückgezogen hatte, nahm er zum Vorwand, um die Herzöge dieses Landes abzusetzen und sich vom Kaiser mit Mecklenburg belehnen zu lassen. Er hatte nun ein Fürstentum am Meere. Den Dänen jagte er auf seine Inseln zurück, ihn fürchtete er nicht. Sorge machte ihm nur der König von Schweden, Gustav Adolf. Vielleicht konnte er ihn dadurch unschädlich machen, daß er ihn dauernd durch Polen beschäftigte; inzwischen galt es, eine Flotte zu schaffen. Damit kam er allerdings zunächst nicht über den Titel eines Generals des Ozeanischen und Baltischen

Meeres hinaus, den er sich vom Kaiser verleihen ließ; aber was sich sonst anbot, um Deutschlands Stellung zur See zu stärken, benutzte er. Schon längst wünschte Spanien, sich mit einem nordischen Küstenstaat zur Verdrängung Hollands vom Meere zu verbünden. Wallenstein ging eifrig auf diesen Plan ein: eine Gesandtschaft begab sich nach Hamburg mit dem Vorschlag zur Gründung einer spanisch-hansischen Gesellschaft, die den Handelsverkehr mit Spanien auf hansischen Schiffen übernehmen sollte. Damit der Name Spaniens nicht Argwohn errege, sollte die Gesellschaft allein unter kaiserlicher Oberhoheit stehen. Aber es zeigte sich nun, wie fremd und verdächtig auch der Name des Kaisers in diesen Gegenden war. Hamburg hatte erst kürzlich, um sich gegen die Nachstellungen Dänemarks zu sichern, die Anerkennung seiner Reichsfreiheit vom Kaiser erbeten und sie auch bestätigt erhalten; trotzdem erschien der katholische Kaiser wie eine Macht, vor der man auf der Hut sein müsse. Auch die heilsamsten, berechtigsten und würdigsten Ideen können sich nicht durchsetzen, solange die Wirklichkeit noch die Gestalt anderer, einst herrschender Ideen trägt, die sich in anderer Richtung bewegten, so daß die neue, wo sie sich auch bilden will, auf festen Widerstand stößt.

Bald sollte sich zeigen, was für verhängnisvolle Folgen in der Tat die Stärkung der kaiserlichen Macht jetzt hatte. Nachdem Wallenstein und Tilly ganz Niedersachsen dem Kaiser unterworfen und den König von Dänemark zum Frieden gezwungen hatten, dachte die katholische Partei daran, diese Lage zu ihren Gunsten auszubeuten, indem sie sich der geistlichen

Güter bemächtigte, die seit 1555 von den Protestanten eingezogen waren. Wenn der Kaiser auch nicht ohne Bedenken war, weil er voraussah, daß er sich durch diese Maßregel die Kurfürsten von Brandenburg und Sachsen, deren Anhänglichkeit ihm so nützlich gewesen war, zu Feinden machen würde, entsprach sie doch überwiegend seinen Wünschen und Interessen: die Stifte Magdeburg und Halberstadt, deren Inhaber geächtet waren, übergab er seinem Sohne, dem Erzherzog Leopold Wilhelm. Nach langwierigen Vorarbeiten wurde im März 1629 das Restitutionsedikt erlassen. Wallenstein, obwohl er für nötig und möglich hielt, sämtliche Fürsten der kaiserlichen Zentralgewalt zu unterwerfen, und persönlich mit Abneigung oder Verachtung auf sie herabsah, billigte doch das Edikt nicht, welches den größeren Teil der Nation, deren ängstliche Halbheit bisher dem Kaiser zugute gekommen war, zu entschlossenen Feinden des Kaisers machen würde. Aber ebendieser Wallenstein mit seiner Klugheit, seinem Hochmut, seiner Gewalttätigkeit und seinen undurchsichtigen Plänen war den katholischen Fürsten, besonders dem neuernannten Kurfürsten von Bayern, verhaßt. Sie haßten den Emporkömmling, der sich in ihre Reihen drängte, der ihre Unabhängigkeit bedrohte. Daß er den Kaiser mächtig gegen die Protestanten gemacht hatte, war ihnen recht, nicht daß er es ihnen gegenüber sei. Es versteht sich, daß Ferdinand diesen General, der ihn zum Herrn seiner Feinde gemacht hatte und zum Herrn im Reich machen wollte, nicht gern entließ; auch war er sich seiner Verpflichtung ihm gegenüber einigermaßen bewußt. Aber er war Maximilian von Bayern nicht minder Dankbarkeit schuldig, überhaupt besaß er nicht soviel Kühnheit, um sich der Stellung zu bemächtigen, die Wallenstein ihm zudachte. Er hatte nichts von einem Revolutionär; wenn er Gewaltsamkeiten ausübte, tat er es von den Jesuiten geleitet, und auf ihr Gewissen führte er Gebote der Kirche aus. Die Vorwürfe, die die Fürsten gegen Wallenstein vorbrachten, waren nicht ganz ungerecht: sicherlich sog sein großes Heer das Land aus, hausten die Soldaten wie Wüteriche gegen Freund und Feind, war seine Kriegführung oft wunderlich, sein Verweilen und Zögern und Hin- und Herziehen schien oft dem erforderlichen Zweck nicht zu entsprechen. Dem ließ sich entgegnen, daß der Zweck schließlich doch erreicht wurde, daß auch das ligistische Heer das Land bedrückte, daß niemand den Pelz waschen könne, ohne ihn naß zu machen. Allein es handelte sich nicht um Gründe, sondern darum, ob der Kaiser den Mut hätte, mit Wallenstein einen Staatsstreich zu wagen, und den hatte er um so weniger, als er gerade jetzt seinen Sohn zum Nachfolger gewählt zu sehen wünschte. Wie oft hatte dieser väterliche Wunsch die Kaiser gegen die Wahlfürsten schwach gemacht! Wider Erwarten empfing Wallenstein in Memmingen die Abgeordneten des Kaisers, die ihn von seiner Absetzung in Kenntnis setzten, höflich und ruhig. Er konnte ruhig sein, da sein Rächer schon zur Stelle war: während die Kurfürsten in Regensburg tagten, um den Kaiser zu entwaffnen, im Juli 1630, landete Gustav Adolf an der pommerschen Küste.

Wie weit überlegen Wallenstein den Fürsten war, zeigte sich auch darin, daß er von Anfang an die

Einmischung Gustav Adolfs vorausgesehen und zu verhindern gesucht hatte. Er wußte Bescheid um diesen König des Nordens, den die in Regensburg versammelten Kurfürsten ignorierten. Er ahnte, daß der glimmende Krieg erst jetzt hoch aufflammen würde.

Ohne die französischen Gelder, die seit der neuesten durch Richelieu herbeigeführten Wendung in der Politik Frankreichs für ihn flüssig geworden waren, hätte Gustav Adolf sich nicht in diesen Krieg gestürzt, zu der keine Stimme aus Deutschland ihn berief, der ihn aufs neue von seinem Lande trennte und ihm eine noch nicht zu berechnende Gegnerschaft gegenüberstellte; denn er war König, für sein Land und Volk verantwortlich, pflegte die Mittel zu seinen Unternehmungen sorglich zu berechnen und dachte nicht daran, seinem Volke Opfer zuzumuten, ohne ihm einen Gewinn in Aussicht zu stellen. Ein solcher war eine etwaige Festsetzung an der deutschen Küste und die Herrschaft über das Meer. Aber wie sehr ihn das auch lockte, ebensosehr stark war der Antrieb, dem bedrängten Glauben zu Hilfe zu kommen. Sein Vater war als Protestant, im Gegensatz zu seinem katholischen Vetter, König von Schweden geworden, sein Bekenntnis war zugleich die Grundlage seines Regiments; aber er hatte das Glück, ohne Zwiespalt zu sein: das, wofür einzutreten der Vorteil ihm gebot, war zugleich seine Überzeugung. Er zweifelte nicht, daß er von Gott berufen sei, den reinen Glauben zu retten, er fühlte sich von einem überirdischen Feuer beseelt und seine Taten gerechtfertigt. Daß er sein Leben für seinen Glauben einsetzte, riß die Menschen hin, die so lange keinen

Helden erlebt hatten. Selbst Katholiken bewunderten den großen Ketzer insgeheim. Fünfzig Jahre früher war Wilhelm von Oranien ein Befreier gewesen, und die Niederländer hatten ihm angehangen, als wären sie behext. Aber abgesehen davon, daß jener Kampf nur einen kleinen Teil des Reiches berührt hatte, hatte Wilhelm von Oranien als Diener Philipps II. lange Zeit Verstellung üben müssen und hatte überhaupt keine so unzweideutige Haltung und kein so frei ausströmendes Wesen wie Gustav Adolf. An diesem blonden Manne mit den strahlenden blauen Augen und dem schwingenden Schritt war lauter Kraftgefühl, Freudigkeit, Zuversicht und Offenheit. Sicherlich wollte er nicht anders als die Waldemar und andere Könige des Nordens mit Deutschland um die Herrschaft über das Meer ringen, und vielleicht dachte er sogar an eine evangelische Kaiserkrone, die wenigstens den deutschen Norden an ihn gefesselt hätte; aber das wäre ja der Sieg des wahren Glaubens gewesen, den der habsburgische Kaiser verfolgte. Er konnte das Mißtrauen und die Zurückhaltung der deutschen Fürsten nicht begreifen; desto besser verstand ihn das Volk. Für die Bibelkundigen war er der Löwe aus Mitternacht, der, welcher unverletzt mitten durch die Feinde geht, wenn zehntausend zu seiner Rechten und hunderttausend zu seiner Linken fallen.

Konnte Gustav Adolf auch den Fall und Untergang der alten Kanzlei Gottes, der ruhmvollen Stadt Magdeburg, nicht hindern, so konnte er ihn doch durch die Schlacht bei Breitenfeld rächen: Dieser folgenreiche Sieg über den nie besiegten Tilly wird einer neuen, durch Gustav Adolf eingeführten Schlachtordnung zugeschrieben, die hauptsächlich in einer größeren Beweglichkeit des Heeres bestand, zum Zweck, daß Fußvolk und Reiterei sich gegenseitig unterstützten. Tilly wußte das Fußvolk nur nach alter Weise in dicht zusammengedrängten, schwerbeweglichen Haufen zu verwenden. Den Sieg bei Leipzig oder Breitenfeld erfocht Gustav Adolf schon als Verbündeter Sachsens. Johann Georg, der dem Kaiser treu geblieben war, obwohl ihn das Verhalten desselben gegen die Lutheraner in Böhmen reizte, wurde durch das Restitutionsedikt zum Anschluß an den König von Schweden bewogen. Wieder mußte Ferdinand in der Burg von Wien vor einem Feinde zittern, diesmal vor einem mächtigen, entschlossenen, und ohne Schutzwehr. Die ligistische Armee hing mehr von Maximilian als von ihm ab, um sich eine eigene zu schaffen, fehlte ihm das Geld; so blieb ihm nichts anderes übrig, als durch weitgehende Zugeständnisse den beleidigten Wallenstein zurückzukaufen. Wallenstein, der nun wieder die Bühne des Krieges betrat, war ein anderer als zuvor. War er auch niemals eines Sinnes mit dem Kaiser gewesen, so hatte er doch an Kaisers Statt gedacht und gehandelt. Die großartigen, umwälzenden Pläne von damals hegte er nun nicht mehr, doch war er auch jetzt nicht ohne ein bedeutendes, vernünftiges Ziel. Den Kaiser berücksichtigte er dabei wenig, er dachte an das Reich und den Frieden, der auf eine billige Vermittlung zwischen den kämpfenden Parteien zu begründen wäre. Würde der Kaiser, wie vorauszusehen war, nicht darein willigen, da er es auf Unterdrückung der Protestanten absah, so würde man ihn zwingen. Wie eine solche Befriedung Deutschlands zustande kommen sollte, darüber wechselten die Ansichten je nach der Kriegslage. Zunächst mußte Wallenstein im guten oder im bösen mit Gustav Adolf fertig werden. Es scheint, daß ihm die Möglichkeit durch den Kopf ging, gemeinsam mit dem schwedischen König, dem einzigen ihm gewachsenen Gegner, eine neue Ordnung in der Mitte Europas aufzurichten; aber er blieb sich doch wohl bewußt, daß zwei Herrscherwillen sich nicht leicht in einen gießen lassen. Es mußte zwischen ihnen zum Entscheidungskampfe kommen. Beiden wurde diese Notwendigkeit klar; aber es war, als ob sie beide die zerstörende Begegnung hinauszuschieben suchten. Überhaupt schien das Auftreten Wallensteins eine verwirrende Wirkung auf Gustav Adolf auszuüben, wie wenn der spitze Blick eines Zweiflers auf einen Traumentrückten fällt. Es kam eine Stockung in seine Eroberungen, seine Bewegungen wurden langsamer; die Wallensteins waren immer zögernd und umwegig. Zwei Monate lang lagen sich die beiden Heere mit zahlreichem Troß bei Nürnberg einander gegenüber. Denn die Soldaten führten Frauen und Kinder mit, es gab Feldschulen, in denen die Kinder unterrichtet wurden, bis sie groß genug waren, um eine Waffe zu führen und sich unter die Krieger zu mischen. Als die Schwierigkeit, solche Menschenmassen zu ernähren, übergroß wurde, entschloß sich Gustav Adolf, das gut verschanzte Lager Wallensteins anzugreifen, und es wurde einen Tag lang erbittert gekämpft, ohne daß es zu einer Entscheidung kam. Dann wandte er sich nach Süden, um Bayern zu decken, und Wallenstein zog gegen Sachsen. Bei der Unzuverlässigkeit Johann Georgs hielt es Gustav Adolf für nötig, zu seinem Schutze heranzueilen: er mußte fürchten, daß der Kurfürst sich wieder dem Kaiser anschlösse. So kam es im November 1632 zu der Schlacht bei Lützen, in der die Schweden siegten, aber ihren König verloren. Gustav Adolf pflegte sich wie irgendein Soldat in das Gewühl der Schlacht zu begeben und da einzugreifen, wo etwa die Reihen wankten; er wurde verwundet und starb in den Armen seines Pagen Leubelfing, eines Nürnberger Patriziersohnes, der, während er seinen sterbenden Herrn zu decken suchte, selbst tödlich getroffen wurde.

So war denn das große Licht, das den Protestanten wie ein Wunder aufgegangen war, erloschen. Wallenstein, von dem einzigen Gegner befreit, den er gefürchtet hatte, konnte nun verborgene Pläne ausführen. Den Absichten des Kaisers zu dienen, machte er nicht Miene. Nach dem unglücklichen Siege der Schweden wäre es ihm wahrscheinlich, wenn er schnell gehandelt hätte, möglich gewesen, die gebesserte Lage der Kaiserlichen entscheidend zu betätigen; allein er bezog Winterquartiere in Böhmen und schien sich überhaupt dort festsetzen zu wollen. Anstatt sich gegen den Feind zu wenden, der sich unter der diplomatischen Leitung des schwedischen Kanzlers Oxenstjerna und der kriegerischen Bernhards von Weimar gesammelt hatte, verhandelte er mit ihm. Er unterhandelte mit Sachsen, mit Brandenburg, mit Schweden, mit den böhmischen Emigranten, bald dies, bald jenes bald diesem, bald jenem verheißend. Welches war seine eigentliche Absicht? Wollte er sich zum König von Böhmen machen? Wollte er die Schweden aus Deutschland vertreiben? Wollte er im

Verein mit den Schweden einen Frieden diktieren? Niemand durchschaute ihn, der sich niemandem anvertraute; er schwankte wohl selbst. Sein Gichtleiden hatte in den letzten Jahren sehr zugenommen, er hatte viel Schmerzen und mußte sich meistens in einer Sänfte tragen lassen. Es ist anzunehmen, daß die Krankheit seine Entschlußkraft lähmte; aber auch durch seine Lage war er mannigfach gebunden. Die Armee, die ihn mächtig machte, war, wie sehr sie ihm auch anhing, doch des Kaisers Armee; es war fraglich, ob sie sich gegen den Kaiser würde gebrauchen lassen. Ob die Gegner es aufrichtiger mit ihm meinten als der Kaiser, war auch ungewiß. Wenn die Schweden ihm mißtrauten, sagte er sich, täten sie es mit Recht, denn er fühlte als Reichsfürst, und sie vom deutschen Boden zu verjagen blieb sein eigentlicher Wunsch. Der Kaiser auf der anderen Seite mußte endlich einsehen, Wallenstein sei nicht sein Diener und könne seine eigene Armee benutzen, um ihn zu vergewaltigen; auch Wallensteins treueste Freunde am kaiserlichen Hofe gaben das zu. Die unaufrichtige Verbindung zwischen Ferdinand und Wallenstein mußte sich auflösen; so zweideutig schleichend, wie die Beziehungen von Anfang an gewesen waren, ist es begreiflich, daß es durch Verrat und Mord geschah. Als Wallenstein die Probe machte, ob die Offiziere ihm unbedingt, auch gegen den Kaiser, folgen würden, mußten sie sich entschließen. Ritterlich wäre es von den abfallenden gewesen, sich offen zu bekennen; anstatt dessen verließen sie ihn heimlich, unter Vorwänden. Den ihm treugebliebenen befahl der Kaiser, sich des geächteten Generals lebend oder tot zu bemächtigen. In Eger, wohin er sich im Februar 1634 gewendet hatte, um sich nun, da die Trennung vom Kaiser vollzogen war, mit den Schweden zu verbinden, wurde er samt seinen Anhängern ermordet.

Die Aussicht auf den Frieden war damit fürs erste geschwunden. Denn es war kein Überragender mehr da, der einem möglichen Ende zugestrebt hätte. Es gab nun eine Anzahl größerer und kleinerer Mächte, von denen jede auf ihre Entschädigung oder Rettung bedacht war, und dazwischen die Abenteurer, die bald dieser, bald jener Partei anhingen und aus dem Greuel der Zerstörung ein Geschäft machten. Wie wenig das Grundsätzliche mehr die treibende Kraft des Krieges war, zeigt sich darin, daß das Restitutionsedikt zwar nicht gesetzlich, aber doch tatsächlich aufgehoben war, ohne ihn aufzuhalten. Der Kurfürst von Sachsen allerdings schloß mit dem Kaiser den Frieden zu Prag, zu dem allen, auch den Schweden, der Beitritt offenstehen sollte. Die Schweden aber, denen ihre Ansprüche nicht zugestanden worden waren, zogen es vor, den Krieg mit Hilfe Frankreichs fortzusetzen, dem sie das erst noch zu erobernde Elsaß mit Hagenau und Breisach versprachen. Daß der schwedische Kanzler deutsches Land verhandelte, begreift man; nicht, daß deutsche Fürsten sich herbeiließen, einen so schimpflichen Vertrag zu unterzeichnen. Weniger bedrängt, sind sie weniger zu entschuldigen als die, welche hundert Jahre früher Metz, Toul und Verdun abtraten. Das Glück der kaiserlichen Waffen – denn der Sohn des Kaisers trug einen glänzenden Sieg über Bernhard von Weimar bei Nördlingen davon, der ihm den Weg nach Schwaben öffnete – veranlaßte Frankreich, auch mit den Waffen in den Krieg einzutreten. Von den deutschen Fürsten hatten es Herzog Bernhard von Weimar und Landgraf Wilhelm von Hessen verschmäht, dem Prager Frieden beizutreten. Bernhard von Weimar, der nach dem Fall Gustav Adolfs den Sieg bei Lützen herbeigeführt hatte, betrachtete sich als Nachfolger des Königs. Er war als Ernestiner ein geborener Rebell und hatte sich gleich anfangs dem König Erretter angeschlossen, wenn auch nicht ohne Vorbehalt; er fühlte sich deutsch und wollte nicht leiden, daß deutsches Gebiet von Deutschland abgerissen würde. Gezwungen, in französischen Dienst zu treten, da er sich ohne französisches Geld nicht hätte halten können, war er fest entschlossen, das schöne, an blühenden Städten und Dörfern reiche Elsaß, das nacheinander Spanien und Frankreich begehrten, nicht den Fremden zu überlassen, sondern als eigenes Fürstentum in Besitz zu nehmen. Sein früher Tod entriß ihn den schweren Kämpfen, die sich daraus ergeben haben würden. Die Einnahme Breisachs, das die Kaiserlichen mit äußerster Anstrengung verteidigt hatten, war sein letzter Erfolg. Das Elsaß für Deutschland zu erhalten blieb nun keine Aussicht mehr.

Das große Sterben

Im Jahre 1611 beschloß der Rat von Luzern, die gedeckte Brücke, die über die Reuß führt, welche die Spreuerbrücke genannt wird, zur Erbauung und Erquickung der Bürger mit schönen Bildern ausschmükken zu lassen; als Gegenstand derselben schien ihm ein Totentanz geeignet. Unterstützt von mehreren Mitarbeitern hat der Maler Kaspar Meglinger das Werk in den Jahren 1626 bis 1632 mit beachtenswerter Kunst ausgeführt. Das Besondere seiner Auffassung war, daß er den Tod so in das Treiben der Menschen einbezog, als sei er immer gegenwärtig, wenn auch den in ihre Geschäfte Versunkenen nicht kenntlich. Sein Geisterauge umspielt sie, sein Moderhauch weht sie an, seine fleischlosen Finger greifen sie, ohne daß die Verblendeten sein dämonisches Wesen wahrnehmen. Er sitzt als Kutscher auf dem Wagen, in dem die Gräfin vermeintlich zur Kirche oder zu einem Fest fährt, er steht unter der Linde und spielt die Geige, die die Jugend zum Tanze lockt, er trägt die Schleppe des Papstes, er tritt als Gerichtsdiener in den Gerichtssaal und überreicht dem von seinen Beisitzern umgebenen Richter einen Brief, er schwingt sich zum Reiter auf das Roß, er beugt sich als Pfleger über den Kranken. Bald sitzt ein Barett mit bunten Federn auf seinem nackten Schädel, bald trägt er die Armbrust zur Jagd, bald spielt er im Gemach der Dame, auf Kissen sich wiegend, die Harfe.

Auf 67 Bildern stiehlt sich seine schaurige Gegenwart in alle menschlichen Kreise. Kaspar Meglinger malte den letzten Tanz mitten im Dreißigjährigen Kriege, als der Tod in hohen Stiefeln, das lederne Wams um die Rippen geschnürt, als Werber durch das Reich ritt. Er trug eine große Trommel um den Leib, und der Schlapphut mit grünen und roten Federn war tief in sein entfleischtes Gesicht gezogen. Dumpfe Märsche rollten über Land und Meer, sie wurden im Süden und Norden vernommen und lockten Bauern und Edelleute und Könige. Sie liefen den eintönigen Wirbeln der Trommel nach, ließen sich anwerben und leerten den Becher voll heißen Weins, den der stille Werber ihnen zutrank. Lustig steckten sie die Werbetaler in ihren Beutel, kaum daß einen einmal ein Schauder überlief, wenn der Schlangenblick des Todes seine Beute betastete. Alle die, welche kühn und leidenschaftlich den Knoten des Krieges geschürzt hatten, die, welche gleichgültig wie zu einem alltäglichen Geschäft, die, welche ungeduldig und habgierig, die, welche rauflustig kamen, alle verschlang der Krieg, der ein Menschenalter dauerte. Die ihn begonnen hatten, erlebten seinen Ausgang nicht, die Sieger stürzten mit den Besiegten ins Grab. Böhmen war zwei Jahre nach dem Kriege verödet und verarmt. Von den Schätzen mittelalterlicher Kunst war nichts übriggeblieben. Der protestantische Adel war hingerichtet oder in der Schlacht gefallen oder ausgewandert. Vor dem Kriege hatte es 150000 Bauerngüter gegeben, nach dem Kriege gab es noch den dritten Teil. Von den berühmten Heerführern fielen zuerst die beiden kaiserlichen Generale Dampierre und Boucquoi, die im Kampfe Spaniens gegen die Niederlande emporgekommen waren, Dampierre 1620 bei dem Versuche, Preßburg zu erstürmen, Boucquoi das Jahr darauf bei Neuhäusel. Mansfeld starb im Jahre 1626 in Dalmatien auf dem Wege nach Venedig, wo er Geld aufzutreiben hoffte. Nachdem er von Wallenstein vollständig geschlagen war, dachte er an Vereinigung mit Bethlen Gabor, dem Herrn von Siebenbürgen und Vasallen der Türkei, um mit ihm zusammen den Kaiser in Wien anzugreifen; allein Bethlen hielt es für vorteilhafter, sich mit Wallenstein zu verständigen, als sich mit dem geschlagenen und geldbedürftigen Mansfeld einzulassen. Es ist Überlieferung, daß der Todkranke stehend im Harnisch gestorben sei. Im gleichen Jahre starben auch die Herzoge Johann Ernst von Weimar und Christian von Braunschweig, der letztere 27 Jahre alt. Bethlen Gabor starb ein Jahr darauf. Bei dem Versuche, Gustav Adolf, als er gegen Bayern vordrang, am Überschreiten des Lechs zu hindern, wurde Tilly verwundet und starb in Ingolstadt. Es war ein tragisches Ende eines tapferen und rechtlichen Mannes, dem die Protestanten als einem blutdürstigen Wüterich, dem Zerstörer Magdeburgs, fluchten und der tat, was er konnte, um die Härten des Krieges zu mildern. Er war einer von den wenigen, die sich durch den Krieg nicht bereicherten. Das Erscheinen Wallensteins verdunkelte und verbitterte ihn, das Erscheinen Gustav Adolfs machte seinem Siegeslauf ein Ende; der siegreiche Feind sprengte über den Sterbenden hinweg. Im Herbst desselben Jahres fiel Gustav Adolf bei Lützen. Ein ungeheurer Trauerzug führte die Königsleiche an das Meer, das zwei Jahre vorher den Auserwählten gehorsam an die deutsche

Küste getragen hatte. Er war, als er seinen Ruhm mit dem Schlachtentode besiegelte, erst 37 Jahre alt. Bei Lützen fiel auf kaiserlicher Seite Graf Pappenheim, der Mann der unzählbaren Narben, dem es nur wohl im Kampfgedränge war. Er hatte den Hauptanteil an der Eroberung Magdeburgs, wie er überhaupt immer der war, der, oft zur Unzeit, zum Angriff riet. Wie der unglückliche Pfalzgraf Friedrich den König von Schweden begleitet hatte in der Hoffnung, er werde ihn wieder als Landesherrn nach Heidelberg führen, so folgte er ihm im Tode. Bereits krank und erschüttert durch den Tod seines ältesten Sohnes, der bei einer Lustfahrt in Holland ertrank, vermochte er die Schrekkensnachricht nicht zu überwinden. Der Anstifter des allgemeinen Unglücks war zu seinen Lebzeiten schon fast vergessen. Da Heidelberg in Feindes Hand war, wurde ihm nicht einmal ein Grab in der Heimat zuteil; es ist ungewiß, wo er bestattet wurde. Wallenstein überlebte den König, seinen großen Gegner, nur um ein Jahr und einige Monate. Sein Körper war, als die Mörder ihn tödlich trafen, ohnehin zerrüttet; Wallensteins Kraft war zur selben Zeit verbraucht wie die Mittel, mit denen er sich auf der Höhe seines Anspruchs hätte halten können. Drei Jahre später starb der Kaiser, nachdem er auf dem Reichstage die Wahl seines Sohnes× durchgesetzt hatte. Allen Wechselfällen des Krieges hatte er seine gute Laune und die Seelenruhe, die sein Beichtvater ihm sicherte, entgegengesetzt.

Kurz vor dem Ausbruch des großen Krieges entstanden in vielen deutschen Städten große Feuersbrünste. Das Feuer breitete sich bei der Umständlichkeit des

× Ferdinand III. 1637 – 165

damaligen Löschwesens rasch aus, ganze Straßen, ganze Viertel sanken in Asche. Die hochgiebeligen Häuser, geschmückt mit schöngeschnitzten allegorischen Figuren oder mit frommen Sprüchen, die die wohlhabenden Bürger zu Ende des 16. oder zu Beginn des 17. Jahrhunderts errichtet hatten, fraß die Flamme, die unersättlich von Dach zu Dach sprang. Rauch wälzte sich über das Reich und mischte sich, als der Krieg kam, mit dem Rauch der brennenden Dörfer. Unter den wolkigen Massen voll Brandgeruch ritt immer noch der beinerne Werber und rührte seine Trommel, und es kamen Soldaten von nah und fern, aus Ungarn und Mähren und Kroatien, aus Spanien und Italien, aus Flandern und Lothringen. An die Spitze des schwedischen Heeres traten Bernhard von Weimar und die schwedischen Obersten, die schon Gustav Adolfs Kriege in Polen mitgemacht hatten: Hoorne, Banér und der kranke Torstenson. Bald nach dem verrufenen Gastmahl in Hildesheim starben Herzog Georg von Braunschweig-Lüneburg und der glänzende Banér, der Löwe von Schweden. Dem Kaiser fielen Götz und Gallas und Melander; in unzähligen Gefechten hatten sie glücklich und unglücklich gekämpft. Längst dahin waren fast alle die starken und frommen schwedischen Bauern, die mit Gustav Adolf ins Reich gekommen waren und seine ersten Siege erkämpft hatten. Andere, immer neue, waren ihnen nach übers Meer gekommen. Unabsehbare Armeen von Menschen waren seit 1618 in Schlachten, in Gefangenschaft, an der Pest, an Hunger gestorben. Viele Soldaten hängte der Profeß an den nächsten Baum, weil sie ein Huhn gestohlen hatten, zum abschreckenden Beispiel, wegen Feigheit in der Schlacht wurden Offiziere und Gemeine geköpft und gehängt, viele, viele Bauern, Männer, Frauen und Kinder marterten verwilderte Soldaten zu Tode, wenn ihr Hunger und ihre Beutegier nicht befriedigt wurden. Die raschen Glückswechsel, die der Krieg mit sich brachte, gewöhnten die Menschen daran, das Außergewöhnliche zu erwarten. Berichte von vergrabenen Schätzen gingen um; auch kam es ja vor, daß die Bewohner einer Ortschaft, wenn eine Armee in Sicht war, mochte es Freund oder Feind sein, ihr Hab und Gut oder die Kirchenschätze vergruben. Fanden die Soldaten nichts, mußten die Bauern, die nicht entflohen waren, es büßen. Zuweilen kehrten die Einwohner in ihre ausgeleerten, ausgebrannten Häuser nicht zurück, die dann allmählich in Trümmer fielen. Wüstungen nannte man die verfallenden Dörfer. Da nisteten sich wohl Räuber und Wölfe ein. Nicht selten geschah es, daß Alte und Kranke in dem leeren Dorf zurückblieben und Hungers starben. Ein Jesuitenpater reiste im Jahre 1635 durch Franken; nachdem er lange durch Wälder und unbebaute Felder sich einen Weg gesucht hatte, kam er in ein verlassenes Dorf. Wie er sich umblickte, überlegend, welche Richtung er einschlagen sollte, sah er auf einem Düngerhaufen etwas sich bewegen, etwas Gespensterhaftes, das ihm Grauen einflößte. Als er sich gefaßt hatte und näher hinzutrat, erkannte er, daß es eine Frau war, die im Sterben lag. Ihr Gesicht war schwarz und abgezehrt, neben ihr lagen ein paar unreife wilde Holzäpfel, die ihr Töchterchen für sie gesucht hatte. Der Jesuit kniete neben der Sterbenden nieder und tröstete sie. Tote wurden mit einem Büschel Gras im Munde gefunden, womit sie ihren Hunger zu stillen versucht hatten. Mieden die Soldaten eine ausgesogene Gegend, so wagten sich gefährlichere Gäste hervor, hungrige Wölfe. Truppweise drangen sie nicht nur in die Dörfer, sondern auch in die kleineren Städte. Kurfürst Johann Georg, der wie alle Fürsten ein eifriger Jäger war, soll im Laufe seines Lebens 3543 Wölfe und 203 Bären erlegt haben; so hatten sich die Wölfe in Kursachsen vermehrt. Sie kamen aber auch nach dem Westen. In dem badischen Ort Renchen, wo der Dichter des Krieges, Johann Christoph von Grimmelshausen im Jahre 1667 Schultheiß wurde, waren nach dem Kriege von 180 Bürgern noch 17 übriggeblieben. «Seyndt alle gestorben und verdorben», lautet der Bericht. In die leeren Häuser schlichen sich nachts die Wölfe.

Zwei Fürsten haben den allverschlingenden Krieg überdauert: Johann Georg I., Kurfürst von Sachsen, und Maximilian, erst Herzog, dann Kurfürst von Bayern. Beide haben den Gewinn eingeheimst, wenn auch nicht ganz in dem gewünschten Umfang, den sie von Anfang an im Auge hatten, Maximilian die Kur- und Oberpfalz, Johann Georg die Lausitzen. Böse Zeiten hatten sie durchgemacht: Maximilian hatte seine Hauptstadt München im Besitz Gustav Adolfs gesehen, Sachsen war der Schauplatz von drei Hauptschlachten gewesen. Es hinderte Johann Georg freilich nicht, sich täglich zu betrinken, man sagt von ihm, er sei nur an dem Tage, wenigstens bis zum Abend, nüchtern gewesen, wo er das heilige Abendmahl genommen habe. Maximilian starb, 78jährig, 1651, nachdem ihm im Jahre vorher sein Bruder Ferdinand im Tode voraufgegangen war, der 38 Jahre lang Kurfürst von Köln gewesen war; daneben war er Bischof von Lüttich, Hildesheim, Münster und Paderborn gewesen. Der bayrisch-jesuitische Geist hatte den Katholizismus in Österreich, Böhmen und am Rhein und in Westfalen gerettet.

Der Westfälische Frieden

«Was uns Teutschen bisher mehr gemangelt», sagte der deutsche Jesuit Scherer, «ist der freudige Mut und ein unerschrockenes Herz. An großen Federbüschen hat es nicht gemangelt, auch nicht an vielscheckiger Kleidung, noch an Helmen und Sturmhauben ... Das Herz, das Herz, sage ich, das man pflegt wider die armen Leute und Untertanen zu brauchen, das ist uns gegen den Feind abgangen, denn sobald es zum Ernst kommen, hat sich der Hase im Busen gerührt, und das Herz ist in die Schuh hinuntergefallen. Wie denn noch in diesem Lager auf ein verzagt Geschrei ‹der Türke kommt› eine schändliche Flucht sich erhebt.» Dies Urteil mag überraschen, wenn man daran denkt, daß im Ausland die Deutschen wesentlich als kriegerische Nation galten und irgendein Verdienst auf anderem Gebiet ihnen kaum zugestanden wurde. Indessen hatte sich wirklich schon in den Hussitenkriegen eine erschreckende Unfähigkeit der deutschen Heere, die zahlenmäßig dem Gegner oft weit überlegen waren, gezeigt. Auch im Schwabenkriege konnten die deutschen Truppen den schweizerischen nirgends standhalten. Erst die geschulten Landsknechte, die Maximilian I. gebildet und geübt hatte, konnten es unter großen Führern, wie Frundsberg einer war, mit den sieggewohnten Schweizern aufnehmen. Aber auch Frundsberg lobte seine Knaben hauptsächlich, wenn sie einen Pokal Wein im Busen hätten. Bei bevorstehendem Sturm auf eine Stadt pflegte man die Truppe durch Wein zu ermutigen, und wenn wenig Wein vorhanden war, teilte man ihn zuerst unter die Deutschen auf; Spanier und Italiener begnügten sich allenfalls mit Wasser. Im Laufe des 16. Jahrhunderts hatten sich die Spanier als die besten Soldaten erwiesen; sie wurden verhältnismäßig gut bezahlt und gut geführt, Alba war fast unwiderstehlich. Von regelmäßiger Bezahlung hing viel ab. Der sparsame und ordentliche Herzog Maximilian und der ebenso geartete Tilly sorgten so gut wie möglich dafür, wie auch für Manneszucht, und richteten viel damit aus: Ihre Armee stach vorteilhaft ab von denen Mansfelds und Christians von Braunschweig, die auf erzwungene Kontributionen und auf Raub angewiesen waren und sich dadurch an Gewalttätigkeit gewöhnten. Vollends zeichneten sich die schwedischen Soldaten durch ihre Haltung aus, fromme, anständige Bauern, die als Retter ihres Glaubens und im Gehorsam ihres Königs und Vorbildes in den Krieg zogen. Allein, nachdem die zuerst mit Gustav Adolf Herübergekommenen gefallen waren, änderte auch dies Heer seinen Charakter, wie denn überhaupt, je länger der Krieg dauerte, der Auswurf, den der Krieg selbst erzeugte, sich in den Heeren sammelte: heimatlos und brotlos Gewordene, die bei den Soldaten ihr Leben zu fristen suchten. Dies zusammengelaufene Gesindel ohne Erinnerung und Hoffnung mochte rauflustig sein, aber Tapferkeit, Zucht erwarb es sich nicht. Nach der Schlacht bei Lützen und nach der zweiten Schlacht bei Breitenfeld hielt Wallenstein Strafgerichte über die Regimenter ab, die sich durch Feigheit ehrlos gemacht hätten. Daneben fehlte es nicht an Taten des Mutes und tapferen Ausharrens. Die Offiziere pflegten ihre Truppen persönlich in den Kampf zu führen, wie denn auch die Verluste an hohen Offizieren sehr groß waren. Im allgemeinen nahm das kriegerische Ansehen der Deutschen sehr ab; die Figur des prahlerischen Bramarbas, der einen riesigen Federbusch auf dem Kopf, welsche Flüche im Munde und ein Hasenherz in der Brust hat, wurde typisch für sie. Nach dem Tode Gustav Adolfs, dessen Art der Kriegführung überraschend und umwälzend wirkte, ging der Ruhm der Waffen auf die Franzosen über. Schweden und Frankreich übten denn auch bei den Friedensverhandlungen den stärksten Einfluß aus.

Seit dem Jahre 1643 waren in Münster die katholischen, in Osnabrück die protestantischen Abgeordneten aller im Kriege beteiligten Staaten versammelt, um die Friedensbedingungen festzusetzen. Während die Heere sich Schlachten lieferten, Bürger und Bauern unter der Brutalität der Soldateska ächzten, das deutsche Land ausgesogen wurde, stritten die Gesandten um das Zeremoniell bei ihren Sitzungen und feilschten um die Vorteile, die sie für ihre Auftraggeber herauszupressen suchten. Die größte Schwierigkeit bildete die Entschädigung Frankreichs und Schwedens. Unabänderlich war die Abtretung eines Teils von Pommern an Schweden, des Elsaß an Frankreich; den Verlust zweier schöner, reindeutscher Länder mußte Deutschland über sich ergehen lassen. Schon vor dem Dreißigjährigen Kriege hatte Ferdinand II. heimlich das Elsaß Spanien versprochen; das war bei der engen Verbundenheit von Spanien und Österreich keine so einschneidende, so bedrohliche Veränderung wie die Abtretung an Frankreich. Spanien, das gehofft hatte, sich aus dem Elsaß und der Pfalz ein Nebenland zu bilden, war im Laufe der letzten Jahrzehnte durch Frankreich aus seiner Vormachtstellung verdrängt worden; es mußte seinen Plan aufgeben, eine Brücke zum habsburgischen Österreich herzustellen. Da Frankreich seine Absicht, möglichst viel zu bekommen, Österreich seine Absicht, möglichst wenig herzugeben, im Augenblick nicht durchsetzen konnten, faßten sie die die Abtretung betreffenden Artikel wie zwei Betrüger ab, die sich die Möglichkeit offenlassen wollen, einander bei Gelegenheit übers Ohr zu hauen, so zwar, daß Österreich, als dem schwächeren Teil, die weitaus schwächeren Anhaltepunkte blieben. Man kann den betreffenden Abschnitt nicht lesen, ohne zu staunen, daß zwei Vertragschließende sich auf eine so aufdringlich absichtliche Verdunkelung einigten. Der heikelste Punkt war der, daß im Elsaß mehrere Reichsstädte, darunter Straßburg, lagen, die, wenn von der Landgrafschaft Elsaß die Rede war, selbstverständlich nicht darin inbegriffen waren, die aber ebenso selbstverständlich Frankreich mit dem Elsaß sich aneignen wollte. Zuerst verzichtet der Kaiser und das gesamte Haus Österreich auf die Landgrafschaft von Ober- und Unterelsaß, auf den Sundgau und auf die Landvogtei über die zehn im Elsaß gelegenen Reichsstädte, und sie übertragen dies alles auf den König und das Königreich Frankreich, und zwar mit voller Souveränität in alle Ewigkeit, ohne daß Kaiser und Reich irgend etwas von Recht oder Macht in diesen Ländern beanspruchen dürfen. «Der Allerchristlichste König», heißt es dann, «ist verpflichtet, nicht nur die Bischöfe von Basel und Straßburg, nebst der Stadt Straßburg, sondern auch die übrigen reichsunmittelbaren Stände in Ober- und Niederelsaß, nämlich die Äbte von Murbach... desgleichen die genannten zehn Reichsstädte... in der Freiheit und im Besitze der Reichsunmittelbarkeit zu belassen, deren sie sich bisher erfreut haben... So jedoch, daß durch diese gegenwärtige Deklaration allem dem oben zugestandenen Souveränitätsrecht kein Abbruch geschehen soll.» Offenbar war also an Frankreich nur die Landvogtei über die reichsunmittelbaren Stände im Elsaß abgetreten; aber auf die volle Souveränität hin konnte es doch zu gelegener Zeit die Hand auf sie legen. Ein Gegenstück dazu war, daß die Stadt Breisach Frankreich überlassen wurde, während der Breisgau, dessen Hauptstadt Breisach war, Österreich verblieb. Der Umstand, daß Frankreich durch den Krieg mit Spanien, in dem es begriffen war, und durch innere Unruhen beschäftigt war, erhielt den umgarnten Reichsständen für einige Jahrzehnte noch ihr selbständiges Dasein, und Frankreich verschob seine Eroberungsgelüste auf eine günstigere Zeit, Österreich hoffte vergebens, das Entrissene unter glücklicheren Umständen zurückzugewinnen. Auch die Abtretung von Vorpommern und einem Teil von Hinterpommern an Schweden enthielt, wenn die Abfassung auch nicht so dunkel war wie die das Elsaß betreffenden Artikel, den Keim zu späteren Kriegen in sich, indem eine Brandenburg benachteiligende Festsetzung der Grenze durch Schweden erzwungen war. Nur die allgemeine Friedenssehnsucht verhinderte, daß dieser Punkt schon jetzt den Krieg neu entzündete. Von den anderen Fragen, die die Gesandten beschäftigten, boten namentlich zwei fast unüberwindliche Schwierigkeiten. Die eine betraf die Entlohnung und Entlassung der Armee. Die Soldaten mit Einschluß der Offiziere waren die einzigen Beteiligten, die das Ende des Krieges im allgemeinen nicht herbeiwünschten. Sie wagten zwar ihr Leben, aber solange sie es erhielten, hatten sie die besten Aussichten. Besonders die Offiziere bereicherten sich durch den Krieg. Die Erhebung der Kontributionen, die Plünderungen, die Auszahlung des Soldes an die Soldaten eröffneten gerade und schiefe Wege zu bedeutendem Gewinn; der gemeine Soldat mußte schon ins Räuberische ausschweifen, um zu prosperieren; aber an Gelegenheit dazu fehlte es nicht. Man konnte nicht wagen, so große Massen unbefriedigt zu entlassen; so entschloß man sich denn, fünf Millionen Gulden zur Entlohnung der Soldaten und Offiziere auszuwerfen. Die deutschen Reichsstände hatten die Summe aufzubringen. Der andere Punkt betraf die Religion.

Die Gleichberechtigung der drei christlichen Bekenntnisse, des katholischen, lutherischen und calvinischen, war der einzige Gewinn, den dieser auf Kosten Deutschlands geführte Krieg einbrachte. Nicht nur, daß die Alleinherrschaft der römisch-katholischen Kirche im Reich durchbrochen war, die Möglichkeit friedlichen Nebeneinanderlebens von Andersgläubigen war in gewissen Schranken gegeben. Es war eine Bestimmung von ungeheurer Bedeutung: dem von Nicolaus von Cusa ausgesprochenen Gedanken, daß die Gottheit nicht unmittelbar erkannt, daß sie im Spiegel der menschlichen Seele verschieden aufgefangen werde je nach der Beschaffenheit der Seele, wurde zum erstenmal im Abendlande durch öffentliche Einrichtungen Rechnung getragen. Wenn diese beschränkte Religionsfreiheit auch nur den Ständen, nicht den Untertanen zukam, so war man doch auf gewisse Erleichterungen auch für diese bedacht gewesen, wie denn Gottesdienst im Hause oder Besuch etwaigen Gottesdienstes in Nachbarorten den Andersgläubigen gestattet wurde. Sehr unfolgerichtig wollten die protestantischen Fürsten das *jus reformandi,* das sie selbst ausübten, dem Erzherzog von Österreich nicht zugestehen; die Rechtlosmachung ihrer zahlreichen Glaubensgenossen dort war ihnen so empfindlich, daß zeitweilig ein neuer Ausbruch des Krieges deswegen bevorzustehen schien. Es ist überaus merkwürdig, daß der venezianische Gesandte bei dieser Gelegenheit sagte, der Krieg, der bisher ein politischer gewesen sei, werde jetzt zu einem Religionskrieg werden. So sehr waren die religiösen und die politischen Interessen miteinander verquickt, daß ein Krieg, den wir als das gewaltigste Beispiel eines Religionskrieges zu betrachten gewohnt sind, einem der klügsten zeitgenössischen Beobachter als politischer Krieg gelten konnte. In der Tat, im Reiche waren die Gewinnenden, wenn man von den einzelnen reich gewordenen Offizieren absieht, die Fürsten. Was sie seit Jahrhunderten erstrebt hatten, die vollständige Unabhängigkeit, war erreicht: das Friedensinstrument erklärte sie zu souveränen Landesherren. Das Recht, Bündnisse mit auswärtigen Mächten zu schließen, daß sie sich tatsächlich schon genommen hatten, wurde ihnen ausdrücklich, als der Souveränität inhärierend, gewährt; immerhin sollten die Bündnisse nicht gegen Kaiser und Reich gerichtet sein.

Das Bedürfnis, sich nach unten, also den Ständen gegenüber, ebenso unabhängig zu machen, wie es nach oben gelungen war, betrachteten die Fürsten als ihre nächste Aufgabe. Weitgehend hatte das bereits der Herzog von Bayern, der nunmehrige Kurfürst erreicht, der im Jahre 1612 den Landtag zum letzten Male versammelte. Den äußersten Gegensatz dazu bildete Schwaben, das von vielen kleinen Reichsstädten durchsetzte, unter kleine Grundbesitzer verteilte Land. Da der schwäbische Adel größtenteils reichsunmittelbar war und die Prälaten keine große Rolle spielten, setzten sich die Stände fast ganz aus Bürgern zusammen; ihnen gelang es, die *Magna Charta* von 1514, die ihnen bedeutenden Einfluß sicherte, unverkürzt festzuhalten, so daß sich Württemberg in dem kommenden absolutistischen Zeitalter einer Verfassung mit demokratischem Einschlag rühmen konnte. Ebenso wie die Stände in den einzelnen Territorien waren durch den Absolutismus der Fürsten die kleinen Reichsstände bedroht, und dies war der Umstand, dessen sich der Kaiser bedienen konnte, um Einfluß im Reich zu gewinnen, trotzdem ihm so wenig Rechte geblieben waren. Unter Reich im engeren Sinne verstand man jetzt nicht mehr die Einheit der Fürsten gegenüber dem Kaiser, sondern die Einheit der kleineren Reichsstände, die auf der Hut vor den stärkeren häufig ihr Heil im Anschluß an den Kaiser suchten. Zu ihnen gehörten auch die Reichsstädte und die Reichsritterschaft, die diejenigen Fürsten, in deren Gebiet sie saßen, sich untertänig zu machen suchten. Eine rechtmäßige Handhabe, auf den Gang der Ereignisse zu wirken, hatte der Kaiser etwa noch dadurch, daß er fortfuhr, als Quell des Rechtes zu gelten, und daß das unter ihm stehende Reichshofgericht noch immer als ein Konkurrenzgericht neben dem Reichskammergericht tätig war. Man sollte meinen, daß einem mächtigen Fürsten nicht viel an einer Würde gelegen hätte, die so bescheidene Vorteile bot und nicht wenig Kosten und Mühen auferlegte. Allein die habsburgische Dynastie, die seit Albrecht II., dem Schwiegersohn Kaiser Siegmunds, die höchste Krone der Christenheit ununterbrochen getragen hatte und sie fast erblich besaß, würde freiwillig nicht auf sie verzichtet haben. Noch immer umgab diese Krone in den Augen der Völker der magische Schimmer, den die Jahrhunderte verleihen, der ebenso unbeschreiblich wie unvertilgbar ist. Wie grotesk sich auch oft der Gegensatz zwischen den Ansprüchen des Kaisertums und seiner Ohnmacht auswirkte, ob der Erwählte sich und andern in der unförmigen alten Krönungstracht wie ein wunderlicher Popanz vorkam, sie machte ihren Träger zu dem vornehmsten aller Monarchen, dem einzigen Kaiser unter Königen, dem es zukam, an der Spitze der christlichen Völker zur Überwindung der Türken auszuziehen.

Nach dem Grundsatz der Wiederherstellung des Alten war der Kongreß von Münster und Osnabrück im allgemeinen verfahren. An der Verfassung des Reiches war nichts Wesentliches geändert, wenn es auch nun acht Kurfürsten anstatt der Siebenzahl gab. Nach den verwüstenden Stürmen der Reformation und des Dreißigjährigen Krieges stand der alte Wunderbau scheinbar neubefestigt da; aber innen in den labyrinthischen Gewölben waren die Mittel der Zerstörung verborgen. Wäre nicht durch die Zweideutigkeit der Friedensbestimmung schon Anlaß zu neuen Kriegen und Einmischung fremder Staaten gegeben, so lag ein solcher sogar in der Verfassung selbst. Frankreich allerdings erhielt das Elsaß nicht als Lehen des Kaisers, sondern als souveränen Besitz. Man hatte sich darauf geeinigt, weil es auf deutscher Seite unerträglich erschien, Frankreich Sitz und Stimme auf dem Reichstage zu gewähren, und für Frankreich der uneingeschränkte Besitz vorteilhaft war. Schweden dagegen empfing Pommern als Lehen und wurde dadurch Reichsstand, und auch der König von Dänemark als Herzog von Schleswig, der Herzog von Savoyen, der seinen Ursprung auf Wittekind zurückführte und eine Zeitlang daran dachte, Kurfürst zu werden, der Herzog von Lothringen, der zugleich in Lehensbeziehungen zu Frankreich stand, hatten die Reichsstandschaft. Im Osten waren ungeklärte Verhältnisse dadurch, daß Polen der Lehensherr des Herzogs von Preußen war, daß aber das Reich sein Recht auf Preußen noch nicht eigentlich aufgegeben hatte. Wenn einst benachbarte Länder sich unter dem Zepter der Imperatoren gesammelt hatten, so mehrte das den Glanz des Mittelreiches; jetzt nisteten sich die Nachbarfürsten ein, um den Bau, dessen Glieder sie sich nannten, zu sprengen. Ein Reich aus Reichen, ein Riesenkörper, zusammengesetzt aus Körpern, von denen jeder ein durchgeformtes Individuum war, voller Gegensätze und Spannungen und doch schwer beweglich, nur sich selbst gefährlich, so lag das heilige

Monstrum da, nachdem die Fieberwut des Krieges, die es geschüttelt hatte, erloschen war.

Es war ein Sonntag im Oktober, als in Münster, wohin zu diesem Zweck auch die Gesandtschaften von Osnabrück verlegt worden waren, unter Kanonendonner die Urkunden des Friedens unterzeichnet wurden. Am folgenden Sonntag fanden für alle Konfessionen Dankgottesdienste statt, und der Stadtsyndikus ritt im feierlichen Aufzug durch die Straßen, um den Frieden zu verkündigen. Kuriere eilten in alle Länder und zu den Armeen, um sie zur Niederlegung der Waffen aufzufordern. Paul Gerhard dichtete das schöne Friedensgedicht, in dem es hieß: «Wohlauf und nimm nun wieder – Dein Saitenspiel hervor – o Deutschland, singe Lieder – in hohem, vollem Chor!» Das aber war doch wohl zuviel verlangt. Als in Osnabrück der Stadtsyndikus den Frieden ausrief, standen Tränen in den Augen mancher Zuhörer. Man meinte, sie hätten der Enttäuschung darüber gegolten, daß infolge der Friedensbestimmungen der unbeliebte Bischof nach Osnabrück zurückkehrte; indessen waren es wohl die Tränen, die sich einstellen, wenn ein Glück so spät kommt, daß man es nicht mehr genießen kann. Was konnte der Frieden dem verarmten Bürger in den verarmten und bedrängten Städten geben? Was vollends der Bauer, dessen Hütte verbrannt, dessen Vieh weggetrieben, dessen Kinder oft genug im Kriege verschollen, verdorben und gestorben waren? Auch änderte sich zunächst für die Bevölkerung noch nichts. Die Armeen, die den Diplomaten mißtrauten, legten die Waffen nicht nieder, bis die Friedensbestimmungen ausgeführt waren; darüber vergingen Monate. Die

Rückgabe von geistlichen Gütern an die protestantischen Besitzer war nicht leicht durchzusetzen; die fünf Millionen, die zur Befriedigung des Heeres ausgesetzt waren, mußten vom deutschen Volke aufgebracht werden. Von den Glücklosen des Heeres zogen viele als verkrüppelte Bettler, hilflos und überall verhaßt durch das Land, andere, die noch heile Glieder hatten, lebten vom Raub, an den der Krieg sie gewöhnt hatte. Verwildert, wie sie waren, wie hätten sie sich in die armseligen, umschränkten Arbeitsverhältnisse des Tages hineinfinden sollen?

An der Grenze dieses Reiches, von dem nur wenig Gegenden, wie Oldenburg und Hamburg, von dem Kriege verschont geblieben waren, gab es ein Land, das, wie in einen unüberschreitbaren Ring gezaubert, ihn dreißig Jahre lang nahebei gesehen und doch nicht von ihm berührt worden war, die schweizerische Eidgenossenschaft. Hier erhielten sich die Freiheit, der Reichtum, die Solidität der Städte, ihre wohlabgewogenen, erprobten Einrichtungen, die Überlieferungen einer ruhig ausreifenden Kultur. Überraschender ist die Kultur eines anderen deutschen Grenzlandes, Hollands, die ein Gebiet, das achtzig Jahre lang Krieg geführt hatte, mit ihren Früchten überschüttete. Beiden Ländern bestätigte der Westfälische Frieden ihre Selbständigkeit und die Unabhängigkeit vom Reiche, die tatsächlich schon lange bestanden hatte. Daß diese Trennung nun rechtlich ausgesprochen wurde, machte sie erst zu einer endgültigen; es war der Verlust zweier Länder, in denen gewisse Seiten des deutschen Wesens, Freiheitsliebe, Gerechtigkeitsliebe, Sachlichkeit zu besonders reiner Ausprägung gekommen waren.

Toleranz

Als während des Dreißigjährigen Krieges die Katholiken nach dem Norden vorgedrungen waren, wurde Spee nach Peine geschickt, um durch Predigt und Beispiel die Bevölkerung zum alten Glauben zurückzuführen. Es ist begreiflich, daß er Feinde hatte: eines Tages, als er über Land ritt, wurde er überfallen und schwer verletzt. Ein durch die katholische Reaktion vertriebener Prädikant fand den Hilflosen, verband seine Wunden, so gut es gehen wollte, geleitete ihn nach Hause und beschützte ihn vor weiteren Angriffen. Immer wird es Samariter geben, deren gütiges Herz nur die Hilfsbedürftigkeit beachtet, nicht nach dem Glauben, der Nation, dem Stande fragt. Etwas anderes als die natürlich-christliche Güte einzelner Menschen sind die Grundsätze, die zu einer Zeit und in einem Volke maßgebend sind und die Anordnungen in Staat und Kirche und die Handlungen der Menschen bestimmen. In einem und demselben Volke kann es zu verschiedenen Zeiten sehr verschiedene Grundsätze geben. Im Lande der grausamsten Inquisition, in Spanien, entstand einst das weltberühmte Gespräch des Heiden mit Vertretern der drei geoffenbarten Religionen, die ihn zuerst entzückten, als sie ihm erklärten, was ihnen gemeinsam sei, aber in Bestürzung versetzten, als sie auf das zu sprechen kamen, was sie unterscheide, und sich bekämpften und sich gegenseitig die

Aussicht auf die Seligkeit absprachen. Wiederum als ihm jeder das Wesen seines Glaubens auseinandergesetzt hatte und der Heide Gott in einem herrlichen Gebet gedankt hatte, daß er sich der Welt dreifach offenbart habe, entfernten sich die drei Gläubigen ergriffen und beschämt und einig in dem Ergebnis: es möge jeder glauben, was ihm von seinen Vätern überliefert sei, und in der Liebe wetteifern, die Entscheidung, welcher Glaube der wahre sei, Gott überlassend. In solcher Gesinnung regelte sich im mittelalterlichen Spanien der Verkehr zwischen den Spaniern, Arabern und Juden, die die Halbinsel bewohnten. Sie disputierten über ihren Glauben, ohne sich zu verfolgen. Diese friedlichen Beziehungen bestanden unter den höheren Klassen, die überhaupt duldsam zu sein pflegen, da Sitte, Bildung und Wissenschaft sie einander nähern. Die unteren Schichten des Volkes, die nur ihre eigene Sprache kennen und sprechen und überwiegend ihren Instinkten ausgeliefert sind, ringen weniger um das Verständnis fremder Völker und Religionen; anzunehmen, daß das beste Recht und die edelsten Eigenschaften ihrem Volke angehören, ist ihnen natürlich. Mehreren wilden Volkserhebungen gegen die Fremden, Araber und Juden, gaben die höheren Klassen allmählich nach; die Könige Ferdinand und Isabella führten, indem sie sich auf den Volkshaß stützten, die Ausrottung der Fremden und Vereinheitlichung Spaniens herbei. Von den unteren Volksschichten ging die Forderung der Reinheit des Blutes aus, die in der Folge für die Spanier so charakteristisch wurde, ihren Stolz begründete, der sie bei anderen Nationen verhaßt machte. Nachdem der Fanatismus in langwährenden Kriegen gegen fremdrassige und fremdgläubige Völker aufgepeitscht war, übertrafen die Spanier alle europäischen Nationen an Unduldsamkeit und Nationalstolz.

Auch in Deutschland hatte sich das Volk zuweilen in Judenverfolgungen und Ketzerverfolgungen hineinhetzen lassen; aber die Inquisition, also eine grundsätzliche, systematische Verfolgung Irrgläubiger, fand in Deutschland nicht viel Zustimmung. Sie wurde von den Dominikanern ausgeübt, die nie volkstümlich waren und von den Humanisten geradezu verhöhnt wurden. Diese hätten, wenn überhaupt, eher einen Menschen wegen schlechten lateinischen Stils verbrannt als einen, der über das Verhältnis von Gott Vater zu Gott Sohn eine vom Papst nicht gebilligte Meinung hatte.

In der Zeit, als Kurfürst Friedrich III. von der Pfalz, mit dem Beinamen der Fromme, den Calvinismus in sein Land einführte und die Lutheraner vertrieb, schrieb einmal Landgraf Wilhelm von Hessen, ein sehr einsichtiger Mann, in bezug auf dies Vorgehen: Wenn er, Friedrich, das Recht hätte, seine Untertanen nach seiner Meinung umzuändern, so hätten ja der Erzbischof von Mainz und der Abt von Fulda dasselbe Recht, welches sie, die Protestanten, ihnen aber nicht hätten lassen wollen, ebensowenig Frankreich und Spanien, deren Untertanen der Kurfürst Beistand geleistet hätte. Deshalb könnten jene Fürsten ihm vorwerfen, er strafe an ihnen, was er selbst tue. Darauf antwortete Friedrich: es sei wohl ein ander Ding, einen zum Guten und Gotteswort und der Wahrheit, ein anderes, ihn zum Bösen, Abgötterei und Lüge treiben, dieweil das eine von Gott geboten, das andere direkt verboten sei. «Ficht mir auch nicht an, daß die Papisten fürwenden möchten, sie hätten auch den Vorsatz, die rechte Religion zu befördern, denn ein jeder muß seines Grundes selbst gewiß sein, man wollte denn alle Religionen in ein Zweifel setzen und eine *scepticam religionem* machen, daß man nit wisse, welches schwarz oder weiß wäre.» Erstaunlich, wieviel Naivität und zugleich Klugheit und richtige Beobachtung sich in diesem Urteil des alten, damals seinem Ende nahen Kurfürsten verrät. Wer glaubt, im Besitz der Wahrheit zu sein, wird der nicht alle und namentlich die, welche seiner Leitung und seinem Schutze anvertraut sind, an der Wahrheit teilnehmen lassen wollen? Ist es nicht eine Pflicht, sie vor den Irrtümern und falschen Lehren Andersgläubiger zu behüten? Der Kurfürst nahm offenbar an, es gebe nur zweierlei: entweder die Überzeugung, im Besitz der Wahrheit und des Heils zu sein, die notwendig jeden anderen Glauben ablehnen und verdammen muß, oder Lauheit, die nicht fern ist von Gleichgültigkeit in Glaubensfragen. Im allgemeinen hatte er wohl recht. Überzeugte Gläubigkeit, die zugleich den Glauben des anderen achtet und nach der altspanischen Parabel die Wahrheit Gott überläßt, ist sehr selten. Weit entfernt, Duldsamkeit in die mittelalterliche Weltanschauung einzuführen, erneuerte die Reformation noch einmal das alte Glaubensfeuer mit seiner ganzen Inbrunst und Ausschließlichkeit.

Luther allerdings vergaß nicht, daß er, als er um das Recht, seinen Glauben zu bekennen, kämpfte, die Papstkirche bitter getadelt hatte, weil sie die Ketzer verbrenne, anstatt sie mit Gründen zu überwinden. Es gibt nämlich neben tiefer Einsicht und Gleichgültigkeit noch eine dritte Quelle der Duldsamkeit: die Lage des Unterdrückten, dem die Meinungsäußerung verboten ist; sein Schrei nach Toleranz pflegt zu verstummen, sowie er sich Bekenntnisrecht erworben hat. Er rückt dann in die Reihe der Überzeugten ein, die sich verpflichtet halten, die Wahrheit auszubreiten. Luther war überlegen genug, seinen Standpunkt aus der Kampfzeit nicht zu vergessen; noch im Jahre 1528 sagte er, er könne nicht zulassen, daß man die falschen Lehrer töte, es sei genug, daß man sie verbanne. Als er sich zögernd bewegen ließ, die Hinrichtung von Wiedertäufern zu befürworten, nahm er ihre Staatsgefährlichkeit zum Vorwand. Um behaupten zu können, daß bei den Evangelischen kein Glaubenszwang herrsche, während doch den Katholiken die Ausübung ihres Gottesdienstes verboten war, ließ er sich zu Beweisführungen herbei, die nicht ganz reinlich waren.

Die Fürsten, denen auf protestantischer Seite die Handhabung der Behandlung Andersgläubiger zugeteilt wurde, gingen dabei, wie es die Kirche und wie es Karl der Große getan hatten, von der Notwendigkeit der Einheit aus. Entsprechend dem starken Triebe nach Zentralisation, der die Fürsten seit dem 15. Jahrhundert beherrschte, glaubten sie, verschiedene Bekenntnisse in ihrem Gebiet nicht dulden zu können. Gleichschaltung der Untertanen sollte ihre Beherrschung und Verwaltung erleichtern. Sie ließen sich dabei gerne von den Pfarrern beraten, die von ihrem Standpunkt des Glaubenseifers zu demselben Schlusse kamen wie die Fürsten von ihren staatsmännischen Interessen aus.

Die Verfolgungswut war besonders grimmig bei den Lutheranern, was sicherlich nicht mit der Persönlichkeit Luthers, vielleicht aber mit seiner Betonung der richtigen Lehre zusammenhing. Anhänger, die ihn persönlich gekannt hatten, wie der ungeschlachte Amsdorff, hielten jeden für einen im Grunde todeswürdigen Ketzer, der im Geringsten von der lutherischen Lehre abwich. Durch sie geriet Melanchthon nach Luthers Tode in eine sehr peinliche Lage. Während seines ganzen Lebens litt Melanchthon darunter, daß er sehr klug, sehr scharfblickend, ein feiner, regsamer Geist, mehr kritisch als schöpferisch und dazu als Persönlichkeit zart und weich war, geeignet, beherrscht zu werden, und geneigt, sich beherrschen zu lassen. Er hatte Augenblicke, wo er Luther und die Herrschaft, die er über ihn ausübte, haßte. Sein überscharfes Auge sah unbarmherzig die Schäden, die die Reformation mit sich brachte: die Willkür der Meinungen, die Sittenverwilderung des Volkes, den Absolutismus der Fürsten. Die evangelischen Grundanschauungen gab er nicht auf; aber er kehrte sehr bald zu der Auffassung zurück, die seine humanistischen Lehrer, zum Teil unter dem Einfluß des Staupitz, auf ihn übertragen hatten, daß das Christentum sich hauptsächlich im Leben als friedliches, liebreiches Verhalten gegen den Nächsten zu betätigen habe. Er war weit davon entfernt, tolerant zu sein, gegen die Wiedertäufer war er viel härter als Luther; aber er wollte, daß innerhalb der Kirche nicht durch das Aufwerfen gesuchter oder gar absurder Streitfragen Gezänk erregt werde. Sein eigenstes Interesse gehörte mehr dem Humanismus als der Theologie; selbst als Luther nach

Worms ging, in einem so entscheidenden Augenblick, hätte er ihn gern begleitet, um bei der Gelegenheit die rheinischen Bibliotheken nach klassischen Schriften zu durchstöbern. Homer blieb ihm nächst der Bibel das liebste und wertvollste Buch, und er sehnte sich nach Menschen, die diese Interessen teilten. Schon 1524 schrieb er seinem Freunde Camerarius, er lebe in Wittenberg wie in einer Wüste und habe nur mit beschränkten Geistern Umgang. Damit war nicht Luther gemeint: er selbst war zu bedeutend, um nicht Luthers Bedeutung immer zu erkennen; aber er empfand doch, daß Luther in einem Ideenkreise lebte, der nicht sein eigener war. Er fühlte sich als Fremdling da, wo er zu Hause sein sollte. Wenn er seinem Freunde schreibt: «Wenn ich so viel Tränen weinte als die angeschwollene Elbe Wasser vorbeiführt, so könnte ich doch meinen Schmerz nicht ausweinen», so scheint ein Mensch zu sprechen, der beständig seine Tränen zurückgehalten hat im Bewußtsein, er werde nicht aufhören können zu weinen, wenn er einmal angefangen hätte. Nach Luthers Tode trat der Gegensatz zwischen Luther und ihm offener hervor, weniger durch ihn als durch seine Gegner ans Licht gestellt. Solange sein gewaltiger Freund die schützende Hand über ihn hielt, hatten sie sich nicht an ihn getraut, wie sehr sie auch über die Schlange grollten, die am Busen des Großmütigen nistete. Für viele von ihnen bestand das Christentum hauptsächlich im Aufrüsten und Zerlegen von Dogmen und gehässiger Verfolgung derjenigen, die die Wahrheit anders bearbeiteten. Ein berühmter Geistlicher zählte einmal 58 Schimpfwörter auf, mit denen seine Gegner ihn und die ihn beschützenden Fürsten belegt hatten. Da Melanchthon gute Werke als Zeugnis des Glaubens forderte, verketzerten ihn die Orthodoxen, als wolle er die Grundlage der Lutherschen Lehre umstürzen. Die Lehren, man müsse gute Werke tun, gehören dem Teufel, sagte Musculus. Andere hörten in dieser Lehre das Mordgeheul des römischen Wolfes oder spürten darin die Buhlereien mit der babylonischen Hure. Amsdorff verfaßte eine Schrift, daß gute Werke schädlich seien zur Seligkeit, was Kaiser Ferdinand zu der Bemerkung veranlaßte, nun sehe er, daß die Lutheraner voll Teufel seien, zuvor habe er es nicht glauben wollen. «Die Nachwelt wird staunen», schrieb Melanchthon, «daß es ein so rasendes Jahrhundert gab, in dem die Behauptung, gute Werke seien nicht nötig, Beifall finden konnte; der Satz, man muß dem Gesetz Gottes gehorchen, ist so notwendig und wahr, wie der, zweimal zwei macht vier.» Im Zusammenhang damit lehnte er auch Luthers schroffe Formulierung der Lehre von der Unfreiheit des Willens ab. David, sagte er, sei nicht bekehrt worden, wie wenn ein Stein in eine Feige verwandelt wird – ein Vergleich, den Luther wohl auch nicht gebraucht haben würde –, sondern der Wille habe dabei mitgewirkt. In der vielumstrittenen Abendmahlsfrage neigte er zur Fassung der Schweizer, und dies war allerdings eine empfindliche Abweichung von Luther.

Als Wittenberg durch den Verrat des Herzogs Moritz an die albertinische Linie gekommen war, gründeten die Söhne des gefangenen Johann Friedrich in Jena ein Gymnasium, das bald zur Universität erhoben wurde. Zum Ersatz für Wittenberg bestimmt, wurde es bald sein Gegensatz. Da in Wittenberg Melanchthon der führende Theologe war, sammelten sich in Jena die auf den Buchstaben Luthers Eingeschworenen und bekämpften Melanchthon als Verräter. Vom Schicksal bestimmt, vor der Welt die Rolle des treuesten Gefährten Luthers, gleichsam seines anderen Ichs zu spielen, und innerlich mit dem toten Freunde in Zwiespalt, von den Anhängern desselben gehaßt, führte der Unglückliche ein gequältes Leben. «Herr Philippus», schrieb sein Schüler, der Burgunder Hubert Languet, der ihn wie einen Vater verehrte, «ist durch Jahre, Mühen, Lästerungen und Verleumdungen so gebrochen, daß von seiner gewohnten Heiterkeit gar nichts übrig ist.» Wer dachte noch daran, daß der junge Melanchthon in übermütiger Laune an den Dunkelmännerbriefen mitgewirkt hatte! Man kannte ihn nur noch verbittert, verkrampft, gehetzt und geängstigt. Er begrüßte den Tod, der ihn aus dem *saeculum sophisticum,* wie er es nannte, abrief. Immerhin konnte sich diese theologische Wut an ihm, dem Träger eines weithin berühmten Namens, nicht anders als schriftlich in bösartigen Anspielungen vergreifen, härter war das Los einiger seiner Jünger, gleichfalls angesehener Männer. Melanchthons Schwiegersohn, Caspar Peucer, Leibarzt des Kurfürsten August, und dessen Kanzler, Georg Craco, waren sich bewußt, daß sie ihre Ansichten am Dresdener Hofe geradezu nicht vertreten durften, denn August und seine Frau, eine dänische Prinzessin, hielten am strengsten Luthertum fest; aber sie trauten es sich zu, unvermerkt das Bekenntnis im Sinne ihrer Anschauungen umzuwandeln. Man nannte diese Haltung Kryptocalvinismus. Der Kurfürst vertraute diesen Männern, mit denen er in häufigem Verkehr stand, ganz, so daß er auf die Verdächtigungen, die gegen sie vorgebracht wurden, nicht hörte; um so größer war sein Zorn, als ihre geheimen Meinungen und Absichten durch einen Brief, der in unrechte Hände gelangte, an den Tag kamen. In der Tat mußte dem Kurfürsten klarwerden, daß in dem Verhalten der beiden Männer eine Nichtachtung seiner Person lag, denn einen bedeutenden Geist würden sie kaum hintergehen zu können geglaubt haben. Die Rachsucht pflegte den frommen Fürsten zu einem Teufel zu machen, der mit Lust zusah, wenn seinen Feinden das Herz aus dem Leibe gerissen wurde; der unglückliche Kanzler starb an den Folgen der Folter; Peucer blieb trotz aller Fürbitten, namentlich von seiten des Kurfürsten von der Pfalz, zehn Jahre im Kerker. Er wurde frei, als der alte Kurfürst nach dem Tode seiner geliebten Anna eine junge Anhaltinerin heimführte, die, jedenfalls auf Anregung ihres Vaters, sich die Freilassung des Schwergeprüften als Geschenk erbat. Melanchthon hat die Katastrophe seiner Anhänger nicht erlebt; er starb im Jahre 1561.

Wenn die Calvinisten in gewisser Hinsicht weitherziger als die Lutheraner erschienen, so war das in ihrer Lage begründet. Da sie anfangs im Reich nicht zugelassen und von den Lutheranern mehr als die Katholischen gehaßt wurden, strebten sie im eigenen Interesse eine Einigung aller protestantischen Bekenntnisse an. Calvin war persönlich äußerst unduldsam. Aus der Verbrennung des unglücklichen Servet, der die Dreieinigkeitslehre angriff, ist ihm freilich insofern kein besonderer Vorwurf zu machen, als Servet für einen

Atheisten galt und auf allen Seiten die Meinung herrschte, daß Atheisten und Gotteslästerer mit dem Tode zu bestrafen seien: Sebastiano Castellio, der sich gegen die Hinrichtung Servets äußerste, bildete durchaus eine Ausnahme. Beza schrieb in bezug auf Castellios davon handelnde Veröffentlichung, seit dem Beginn des Christentums seien solche Gotteslästerungen nicht gehört worden.

Trotz dieser betonten und systematischen Unduldsamkeit erwies sich allmählich der Calvinismus in der Tat der Toleranz zugänglicher als das Luthertum. Das lag schon daran, daß die Calvinisten gebildeter und vornehmer, in der Lebensführung sittlicher waren als die Lutheraner. Diese selbst bekannten gelegentlich, daß die Calvinisten ihnen an Schriftkenntnis, an Sittlichkeit, an Tapferkeit und Fürsorge für die Armen und Kranken überlegen wären. Wie es schon im Mittelalter der Fall gewesen war, gab es in den Niederlanden vorbildliche Armenanstalten, ihre Spitäler, sagte man im Reich, glichen Palästen. An den Höfen der Calvinisten wurden Wissenschaften und Künste, Kenntnis der Sprachen gepflegt; der kursächsische Hof gab nach Augusts Tode das Beispiel der Völlerei und Roheit. Dazu kam, daß die Calvinisten tätig, arbeitsam, unternehmend, also trotz ihrer Kirchlichkeit und Tugend dem Weltlichen sehr verbunden waren. Handel und Gewerbe brachten eine gewisse Weitherzigkeit gegenüber fremden Nationen und Bekenntnissen mit sich.

Einzelne kannten auch im eigentlichen Reformationszeitalter eine Duldsamkeit, die gerade auf christlicher Religiosität beruht. Unter den Fürsten zeichnete sich der Landgraf Philipp von Hessen aus, der in seinem Testament sagt: «Einigen Menschen um deswegen, daß er unrecht glaubt, zu töten, haben wir nie getan, wollen auch unsere Söhne vermahnt haben, solches nicht zu tun, denn wir's, daß es wider Gott ist, halten.» Daß der liebenswerte Fürst an diesem Grundsatz festhielt, ist ihm um so höher anzurechnen, als die befreundeten Fürsten und Geistlichen ihn davon abzubringen suchten. Er hatte, obwohl für seine Person überzeugter Protestant, ein Gefühl sowohl für die Begrenztheit wie für die Vielförmigkeit aller menschlichen Einsicht und wagte es, sich an dem guten Willen der Menschen genügen zu lassen. Man kann die eingehenden, verständigen, herzlichen Briefe, die er an Irrgläubige geschrieben hat, um sie zu seiner Ansicht zu bekehren, in denen er seinen Stand völlig beiseite gesetzt, ja vergessen zu haben scheint, nicht ohne warme Teilnahme lesen.

War Wilhelm von Oranien nicht ganz so eindeutig wie Philipp, benützte er die Duldsamkeit wirklich als Mittel zu politischen Zwecken, so muß man doch annehmen, daß sie in seiner Gesinnung lag, daß er in seinem gefahrvollen Leben auf die Allmacht Gottes zu vertrauen gelernt hatte, ohne doch zu glauben, daß seine Auffassung des Göttlichen die einzig mögliche und die einzig erlaubte sei. Auch hat ihm schließlich das Bestehen auf religiöser Duldung eher geschadet als genützt; sein treuer Freund und Anhänger sogar, der hochgebildete Philipp Marnix von Ste. Aldegonde, hielt es für eine unbegreifliche Verirrung, daß er den Erzfeinden, den Katholiken, Duldung gewähren wollte. Oranien ging so weit, Mennoniten, Wiedertäufer von der friedlichen Art, zuzulassen und durchzusetzen, daß der übliche Bürgereid von ihnen nicht gefordert wurde. «Der Prinz», schrieb Marnix einem Freunde, «will nicht leiden, daß die Wiedertäufer das Bürgerrecht verlieren sollen. Er antwortete mir bitter, ihr Ja sei so gut wie unser Eid, und wir sollten die Sache nicht weiter treiben, es sei denn, wir wollen auch dem Papst das Recht zuerkennen, uns zu seinem Gottesdienst wider unser Gewissen zu zwingen.» Es ist derselbe Gedankengang, den Wilhelm von Hessen dem Kurfürsten Friedrich von der Pfalz vorhielt.

Um die Zeit von Oraniens Tod wurde in der Nähe von Flensburg Georg Calixtus, eigentlich Kallisön, geboren, der als Professor der kürzlich durch Herzog Julius von Braunschweig gegründeten Universität Helmstedt für Verständigung aller christlichen Bekenntnisse wirkte. Er war beeinflußt durch Melanchthon, dessen Schüler sein Vater gewesen war; auch Erasmus kann man unter seine geistigen Ahnherren zählen. Offenbar machte sich hier eine Stammeseigentümlichkeit geltend, die von jeher in den nordwestlichen Gegenden zur Entfaltung eines undogmatischen, in Werken der Nächstenliebe, überhaupt im Leben und Handeln sich betätigenden Christentums geführt hatte. Es war damals die Zeit der großen Humanisten, Scaliger, Casaubonus, die in Leiden wirkten und die ganz im Sinne Melanchthons über alles die Barbarei haßten und fürchteten. Zu ihnen trat der junge Calixt in Beziehung. Nachdem er durch sie mit dem Calvinismus in Verbindung getreten war, suchte er Katholiken kennenzulernen und erfüllte sich mit Bewunderung der Größe der alten Kirche. Die Mehrzahl der evangelischen Theologen bekämpften Calixtus. Man nannte seine universale Richtung, die die Unterschiede zwischen den Bekenntnissen abschwächen wollte, Synkretismus und verdächtigte seine Anhänger als lau und rationalistisch, ja als servil, weil Calixtus wegen der Streitsucht der protestantischen Theologie die Herrschaft des Staates in der Kirche für besser hielt als die Herrschaft der Theologen. Das war allerdings ein zweischneidiger Standpunkt. Politisch führte der Calixtinismus oder Philippismus zur Parteinahme für den Kaiser: die Calixtiner betrachteten die Schweden als Feinde, nicht als Erretter. Die tragische Verwicklung der deutschen Angelegenheiten zeigt sich darin, daß der aus edelster Gesinnung hervorgehende Calixtinismus, obwohl auf der Grundlage des Luthertums entstanden, das Bestehen des Luthertums hätte gefährden können.

Wenn Oraniens Ideen sich in Holland anfangs nur sehr beschränkt, später weitgehend verwirklichten, so ist das nicht nur seinem persönlichen Einfluß, sondern ebensosehr dem Umstande zuzuschreiben, daß Holland als ein handeltreibender, am Meer gelegener Staat seinen Vorteil darin fand, daß verschiedene Nationen und Bekenntnisse sich zu friedlichem Verkehr auf seinem Boden trafen. Auch Venedig genoß den Ruf, ein Zufluchtsort für Gläubiger aller Art und Nichtgläubiger zu sein. In Hamburg konnte man zur Zeit des Dreißigjährigen Krieges die Meinung aussprechen hören, die Religion sei nur dazu da, um die unteren Klassen im Zaum zu halten.

Die bändigende und bildende Aufgabe der Religion war von jeher namentlich von Staatsmännern in Betracht gezogen, aber auch von der Kirche selbst, die ja eine großartige und wirkungsvolle Erziehungsanstalt war. Indessen war im Mittelalter die Überzeugung damit verbunden, daß Gott angebetet werden müsse, weil Gott sei, und daß seinen Gesetzen gehorcht werden müsse, weil Gott der Herr sei und es so wolle, von ihrem Nutzen ganz abgesehen. Diese unmittelbare Gläubigkeit war schon gegen das Ende des Mittelalters stellenweise brüchig geworden. Der Gedanke des Cusaners, daß Gott an sich nicht erkennbar sei und daß die Reinheit der Erkenntnis dem Wesen und der Bildungsstufe der verschiedenen Völker entspreche, tauchte unter dem Einfluß der Renaissance mit allerlei Folgerungen wieder auf. Eine von den Fragen, die Kaiser Maximilian an den Abt Trithemius richtete, lautete: «ob ohne Beeinträchtigung des Glaubens jene weitverbreitete Meinung zulässig erscheine, welche dahin geht, daß jeder Verehrer des Einen Gottes in der Religion, die er für wahr und heilbringend halte, ohne den christlichen Glauben und die Taufe selig werden könne, wenn er von der Religion Christi keine Kenntnis hat». Trotz der sorgsam verklausulierten Fassung der Frage hielt es der vorsichtige Abt für richtig, sie gemäß der strengsten katholischen Lehre zu beantworten; aber man kann doch aus ihr schließen, wie gelockert die Auffassung des Kaisers und vieler anderer war. Die Humanisten nahmen Freiheit des Denkens und Lehrens für sich in Anspruch, und wenn sie äußerlich am gewohnten Bekenntnis festhielten, so taten sie es teils, um nicht selbst in Ungelegenheiten zu kommen, teils aus demselben Grunde, den die Hamburger betonten, daß die Religion zur Zügelung des gemeinen Volkes notwendig sei. Der bekannte Gothaer Domherr Mutian war der Meinung, daß auf der Religion die Autorität des Papstes und Kaisers beruhe und daß ohne diese kein Mensch mehr seines Eigentums sicher sei.

Luther hat einmal gesagt: «Denn wo die Welt hätte länger so stehen sollen, wie sie stand, wäre gewiß alle Welt mahometisch oder epikurisch worden, und wären keine Christen mehr blieben.» Die Hand eines Gewaltigen hielt die untergehende Sonne des Glaubens zurück, so daß ein tiefes Abendrot den Himmel weit hinauf überflammte. Mit der Energie des Glaubens kehrten Unduldsamkeit und Verfolgungssucht zurück. Im Jahre 1542 führte Papst Paul III. durch die Bulle *Licet ab initio* die spanische Inquisition in Italien ein; auf den protestantischen Universitäten wurde von den Theologen, auf manchen von den Professoren aller Fakultäten, ja sogar von den Fecht- und Reitlehrern, der Eid auf die Bekenntnisschriften gefordert. Trotzdem kann man rühmend sagen, daß die Reformation den harten Glaubenszwang der mittelalterlichen Kirche gebrochen hat. Die Glaubenskämpfe haben dazu geführt, daß die drei christlichen Konfessionen im Reich nebeneinander leben und ihren Glauben bekennen konnten. In den Organen der Reichseinheit, an den Reichstagen und am Reichskammergericht waren sie vertreten, der Westfälische Frieden hat die eigentümliche Einrichtung getroffen, daß im Bistum Osnabrück ein katholischer und ein evangelischer Bischof als Landesherr miteinander abwechselten. Mochte dies gesetzmäßige gegenseitige Tolerieren der straffen Einheit Abbruch tun, der geistige Gewinn war groß. Es war ganz im Sinne des universalen Reiches, daß es allerlei Formen des Glaubens pflegte, wie es stets allerlei staatliche Bildungen umfaßt hatte, und Mitte und Vermittler des Abendlandes bleiben konnte. Wohl blieb eine Entfremdung zwischen Katholiken und Protestanten; aber der Norden und der Süden waren niemals ganz miteinander verschmolzen gewesen, ohne daß es deshalb an einem Bewußtsein der Zusammengehörigkeit gefehlt hätte. Daß es im Westfälischen Frieden gelang, trotz der tiefgreifenden Zerwürfnisse eine Einheit zu schaffen, beweist, wie stark das Gefühl der Zusammengehörigkeit in den Deutschen war. Nach einem zerfleischenden Kriege von dreißigjähriger Dauer fanden sie sich wieder zusammen. Man durfte sich einer Spannung freuen, die das geistige Leben befeuerte und bereicherte.

Allmählich verschaffte sich neben der gesetzmäßigen, beschränkten Toleranz, die ein Ergebnis der Glaubenskämpfe war, eine gesinnungsmäßige Toleranz Geltung, die mit zunehmender Gleichgültigkeit gegen religiöse Dinge zusammenhing. Stimmen erhoben sich, die von den geoffenbarten Religionen ganz absehend eine sogenannte natürliche Religion annahmen. Sie fiel mit der Lehre Christi zusammen, die von der Natur in das Herz der Menschen gepflanzt sei. Man nannte wohl das Christentum die vernünftigste von allen Religionen, weil sie den Forderungen der Vernunft entspreche. Den historischen Christus, seine Gottessohnschaft, seine Auferstehung, die Mysterien des Glaubens, ließ man beiseite.

Im 18. Jahrhundert griff in den höheren Gesellschaftsschichten die für die Religion so verderbliche

Ansicht sehr um sich, daß sie als Lenkseil für die unteren Klassen, und besonders zur Stütze des Thrones da sei. Sie führte dazu, daß an den Höfen eine ölig blanke oder militärisch kommandierte Frömmigkeit Mode wurde, und auch von den gebildeten Bürgern hielten viele am sonntäglichen Kirchgang fest, um dem Gesinde und den arbeitenden Klassen ein Beispiel zu geben. Da mit der Zeit die Absicht durchschaut wurde, diente sie nur dazu, die Religion verächtlich zu machen.

Die Grenze der Toleranz blieb noch lange der Atheismus. Selbst in Thomas Morus' Utopia, wo Duldung aller Religionen vorausgesetzt wurde, war der Atheismus ausgenommen. Zwar sollten die Atheisten nicht verfolgt werden, aber sie sollten keine öffentlichen Ämter bekleiden dürfen, denn weil durch Zweifel am Leben im Jenseits die Pflichterfüllung ins Wanken komme, seien sie staatsgefährlich. Dieser flache Standpunkt des Nutzens drängt sich stets vor, sowie die Religion eine Angelegenheit des Verstandes wird; aber er war doch nicht der einzige Grund des allgemeinen Übereinkommens, den Atheisten aus der Gesellschaft auszustoßen. Gott erschien auch denjenigen, die kein Dogma anerkannten, als der feste Punkt, mit dessen Entfernung das Chaos hereinbrechen würde, ein unbestimmtes Grauen vor der Entleerung des Himmels verhinderte sie, laut und öffentlich sein Dasein zu leugnen. Trotzdem konnte es im Jahre 1673 geschehen, daß ein deutscher Fürst, Karl Ludwig von der Pfalz, der Sohn des Winterkönigs und Urenkel Friedrichs des Frommen, einstiger Führer der kämpferischen Protestanten, den Juden Spinoza, der als

Atheist galt, an die Universität Heidelberg berief. Die Einladung wurde ihm vermittelt durch einen Professor der Theologie an derselben Universität, welcher ihm versicherte, der Kurfürst werde ihm die größtmögliche Freiheit im Philosophieren zugestehen, darauf bauend, daß Spinoza sie nicht zum Umsturz des öffentlichen Gottesdienstes benützen werde. Es wurde nichts daraus, weil Spinoza in einem sehr feinen Schreiben dankend ablehnte.

Wissenschaft

«Es ist nicht wahr, was der heilige Hieronymus sagt: ohne Christo sei jede Tugend ein Laster, und was Augustinus sagt: daß die Tugenden, insofern sie nicht auf Gott bezogen würden, keine Tugenden seien.» Etwa ein Jahrhundert nach Luther stellte Joachim Jungius in einer Disputation diese Sätze auf. Für die Tugenden und Laster wurde damit ein von der Religion unabhängiges Gebiet abgesteckt und der Philosophie, im besonderen der Sittlichkeitslehre oder Ethik, zugewiesen.

Man kann auch den Satz aufstellen: die Wissenschaft muß nicht notwendig zum Glauben in Widerspruch stehen. Tatsächlich bestand damals doch ein Gegensatz, teils wegen der Besonderheit des Offenbarungsglaubens, welcher eine andere Quelle für die Wahrheit nicht anerkennt und diese sogar für die gültigere hält als die menschliche Vernunft und menschliche Sinneswahrnehmungen, teils aber auch, weil das stete Untersuchen und Durchdenken der Außenwelt und der Glaube an seine Ergebnisse das Organ für das Übersinnliche, ja sogar das Organ für die unmittelbare Anschauung abstumpft, und schließlich, weil sich ausgeprägter Sinn für das Übersinnliche selten zusammen mit ausgeprägtem Sinn für das Beweisbare in einem und demselben Menschen findet.

Ein gewisser Gegensatz zwischen wissenschaftlichem Denken und Glauben hatte sich schon in den

Anfängen des Protestantismus bemerkbar gemacht. Luther selbst nannte zwar die Vernunft eine Hure und lehnte im Abendmahlsstreit Eingriffe des zweifelnden Verstandes in das Wort des Herrn mit Entschiedenheit ab; aber Zwingli und andere Reformatoren suchten das dem Verstande Unfaßliche als Symbol für etwas Faßliches zu begreifen, also das religiöse Geheimnis auf die Ebene des verstandesmäßig und sinnlich Erlebbaren zu verlegen, wie ja auch Luther selbst seinem eigenen Geständnis nach zuweilen vom Göttlichen wie der Schuster von seinem Leder sprach. Das Überirdische dem Begreifen näherzubringen war nun einmal eine Forderung der Zeit. In dem berüchtigten Siebengespräch über die verborgenen Geheimnisse erhabener Dinge des französischen Gelehrten Jean Bodin wird dem Ungläubigen die Äußerung in den Mund gelegt, das sichere Kriterium für Wahr und Falsch sei die Absurdität, und absurd sei der Satz *Deus factus est homo*. Die sich hier aussprechende Beschränktheit platten Verstandes, der die tiefsten Probleme übersieht, maßte sich gern die Autorität wissenschaftlichen Denkens an und war gleich bereit, Bibelworte, in die der Suchende letzte Geheimnisse kleidet, als Trug oder Torheit beiseite zu werfen. Die genialen Vertreter der Wissenschaft im 16. und 17. Jahrhundert gerieten nicht auf diesen Irrweg. Nikolaus Kopernikus, der den ersten großen Zusammenstoß zwischen Wissenschaft und Kirchenglauben hervorrief, Domherr in Frauenburg, war ein gläubiger Mann, der der alten Kirche treu blieb, ohne, wie man aus dem Verhalten seines Freundes Giese schließen darf, dem Protestantismus feindlich oder gar verständnislos gegenüberzustehen. Die

Zeitdauer seines Lebens läuft merkwürdigerweise so ziemlich neben der Luthers her: er ist zehn Jahre vor ihm geboren und drei Jahre vor ihm gestorben. Er war 20 Jahre alt, als der erste Brief des Columbus nach seiner Rückkehr im Druck erschien. Kopernikus, der in Bologna und Padova studierte, wurde vermutlich in Italien bekannt mit Zweifeln am ptolemäischen Weltsystem, die seit der Renaissance unter den Gelehrten umgingen. Die Grundzüge seines Systems entwickelte er schon früh und veröffentlichte sie im Jahre 1531 in einem vorläufigen Werk, nämlich daß es für alle Himmelskörper und ihre Bewohner nur einen Mittelpunkt gibt; daß der Mittelpunkt der Erde nicht der Mittelpunkt der Welt, nur der Schwerpunkt für alle Dinge auf der Erde ist; daß alle Planeten die Sonne umkreisen, die in den Mittelpunkt des Weltalls zu setzen ist, und daß, was man von Bewegungen am Himmel sieht, nicht von der Bewegung des Himmels kommt, sondern eine Folge der Bewegung der Erde ist. Diese umwälzenden Sätze erregten zunächst mehr Widerspruch bei den Protestanten als bei den Katholiken. Während Clemens VII. einige Freunde, darunter Kardinäle, in die vatikanischen Gärten einlud, um einen Vortrag über das kopernikanische System anzuhören, wagten die Wittenberger Professoren Rheticus aus Feldkirch und Reinhold aus Saalfeld ihre Begeisterung für Kopernikus aus Rücksicht auf ihre großen Kollegen Luther und Melanchthon nicht zu äußern, die Gegner des neuen Systems waren. Rheticus begab sich nach Frauenburg, um den großen Astronomen persönlich kennenzulernen, und lebte mehrere Jahre in seiner Umgebung. Als er in der *Narratio prima* ausführliche Mitteilungen über die Kopernikanischen Sätze machte, fürchtete er Angriffe weniger von seiten der Kirche als von seiten der Anhänger des ptolemäischen Systems, das so lange in Geltung gewesen und durch die Zustimmung des Aristoteles geheiligt war. Gerade damals aber trat, durch die Anklagen der Protestanten hervorgerufen, jene Wendung zu dogmatischer Starrheit und Ausschließlichkeit ein, der eine Reihe italienischer Denker zum Opfer fiel. Immerhin wagte es Kopernikus, sein Handwerk *De revolutionibus orbium celestium libri VI* ein Jahr nach der Einführung der Inquisition erscheinen zu lassen. Rheticus brachte das Manuskript persönlich nach Nürnberg, wo Petrejus es druckte. Im selben Jahre, 1543, wurde dem sterbenden Verfasser, einige Stunden vor seinem Tode, ein Exemplar seines Werkes überreicht. Ein Zeitgenosse verglich ihn dem Schwan, der sein Leben mit herrlichem Gesang beschließt. Dreizehn Päpste ließen das Werk unbeanstandet, bevor es auf die Liste der verbotenen Bücher gesetzt wurde. Die Aussprüche der Bibel, denen das neue System zu widersprechen scheint, kommen im 104. Psalm und im ersten Kapitel des Predigers Salomo vor. Der erste ist: *Qui fundasti terram super stabilitatem suam, non movebitur in aeternum et semper.* Der du das Erdreich gegründet hast auf seinen Boden, daß es bleibt immer und ewiglich. Und: *Terra in aeternum stat. Oritur sol et occidit, et ad locum suam revertitur.* Die Erde bleibet aber ewiglich. Die Sonne gehet auf und gehet unter und läuft an ihren Ort, daß sie wieder daselbst aufgehe.

Kepler, der des Kopernikus Lehre durch die von ihm 1571–
gefundenen Sätze erst recht ausbildete und befestigte, 1630

Galilei 1564–1642

traf mit genialem Blick das Wesentliche, indem er sagte, die Erde sei und bleibe der vornehmste Himmelskörper, weil sie das edelste Geschöpf Gottes, den Menschen, den er zu seinem Ebenbilde bestimmt habe, trage und nähre. In der Tat ist ja die Erde, welche Stellung ihr auch die Astronomie anweisen möge, Mittelpunkt des Weltalls, solange sie den Menschen trägt, der die Himmelskörper anschaut und das Weltall denkt. Kepler hatte in seiner Astronomie einen Abschnitt dem Beweise gewidmet, daß das kopernikanische System der Heiligen Schrift nicht entgegenstehe; aber er ließ es beim Druck fort, weil andere meinten, der Streit werde dadurch nur vermehrt werden. Zwar wurde Keplers *Epitome Astronomiae Copernicanae* im Jahre 1619 für Italien verboten; aber persönlich erfuhr er mehr Übelwollen von seinen Glaubensgenossen als von den Katholiken. Auch als alle protestantischen Angestellten aus den österreichischen Ländern ausgewiesen wurden, nahm man Kepler als im Dienst des Kaisers stehend aus. Der unglückliche, gemütskranke Kaiser Rudolf, der die astronomischen Forschungen begünstigte, wollte ihn in seiner Nähe behalten. Bei den Jesuiten, die sich viel mit Astronomie abgaben, fand er Freundschaft und Verständnis; schon begann die Wissenschaft eine neue Einheit über den Nationen und Bekenntnissen zu schaffen, nachdem das einigende Band des Glaubens zerrissen war. Auf protestantischer Seite, wo die Bibel an die Stelle von Papst und Konzil getreten war, den Punkt Unfehlbarkeit darstellte, nach dem die Mehrzahl der Menschen Verlangen trägt, war der Widerstand gegen alles, was der Bibel zu widersprechen schien, zunächst stärker als bei den

Katholiken. Allmählich indessen kam diejenige Ansicht zur Geltung, die auch Kepler vorgebracht hatte, daß die Bibel als Quelle des Glaubens von Gott eingegeben sei, nicht aber in bezug auf irdische Dinge. Er wies auf die Regel hin, die Augustinus der christlichen Philosophie vorgeschrieben habe: «Was jene über die Natur der Dinge an wahrhaftigen Zeugnissen mit Gründen nachweisen können, davon wollen wir zeigen, daß es unseren heiligen Schriften nicht widerspreche.» Kepler war überzeugt, daß ein Widerspruch in der Tat nicht stattfinden könne, wenn man beide recht verstehe, da Gott sich sowohl in der Heiligen Schrift wie in der Natur und ganz besonders im Sternenhimmel offenbart habe.

Kepler, der größte Vertreter der deutschen Wissenschaft im 17. Jahrhundert, ist noch ganz gespeist von der Atmosphäre des späten Mittelalters, das von der Antike unter Verdrängung des Aristoteles den phantasievolleren Plato in sich aufgenommen hatte. Wie Kopernikus von dem Ausspruch des Plato ausgegangen sein soll, die Astronomie sei unter der unmittelbaren Mitwirkung Gottes entstanden, so wirkte auf Kepler das platonische Wort, Gott offenbare sich in der Geometrie, ja Gott sei Geometrie. Er ging von Gott aus, und das heißt in bezug auf die Wissenschaft vom Ganzen. Er faßte Gott als den persönlichen Schöpfer der Welt und ging ihm nach als dem Schöpfer der Welt im Raume und in der Zeit, dessen Wesen Harmonie ist. Sie offenbart sich nach seiner Auffassung unmittelbar in der Musik und mittelbar durch die räumliche Form in der Geometrie. Die Offenbarung Gottes in der Menschheit, deren Harmonie infolge des Engelsturzes und der Schuld der ersten Menschen zu einer von Dissonanzen zerrissenen Tragödie wurde, in deren Mitte Kepler lebte, kämpfte und litt, wußte er durch große Propheten und Lehrer verkündet und untersucht; aber er war sehr bewußt, der erste zu sein, der Wesen und Gesetze der räumlich-zeitlichen Gott-Schöpfung nachwies. Es waren nicht Gesetze mechanischer, kausaler Art, wie die Naturwissenschaft sie später suchte und aufstellte; es war eine Untersuchung göttlicher Gegebenheiten und lebendiger, beseelter Wesen, als welche er die Himmelskörper betrachtete. Er ging aus von einem harmonisch geordneten Kosmos, der über geometrischen Formen aufgebaut, infolge der Übereinstimmung anzuschauender und hörbarer göttlicher Urverhältnisse für ein göttliches Ohr als wohllautender Akkord, als ewige Symphonie vernehmbar sein müßte. In diese grandiose Vision baute Kepler seine exakten astronomischen Gesetze ein, die Frucht langjähriger Beobachtungen. Die Überzeugung, von Gott eines tiefen Einblicks in seine Schöpfung gewürdigt zu sein, erfüllte ihn mit einer Art von Trunkenheit, wie man sie bei Dichtern und Künstlern findet. Kopernikus führte Apollo mit der Leier im Siegel. Dichterische Trunkenheit bewegte auch Giordano Bruno, der von Deutschen beeinflußt war, besonders von Cusa und von Kopernikus; Kopernikus pochte, wie er selbst in einem Gedicht sagt, mächtig an seine jugendliche Seele. Die Idee des Cusaners, den Bruno göttlich nennt, von der Wechselbeziehung aller Dinge untereinander und zum Ganzen, die der einzelne fühlt und erkennt, da er ein einzelner ist und doch zugleich in ihm das Ganze sich spiegelt, und das

Begreifen der Einheit, die das Vielfache und Entgegengesetzte zusammenhält, als Gottheit, wirkte stark auf das 16. und 17. Jahrhundert. Die Verbundenheit des einzelnen mit dem All durch den Dämon Liebe eröffnete dem Glauben, der Magie, der Poesie einen unendlichen Ausblick und schien die Dogmatik der Kirche entbehrlich zu machen. Man glaubte hier eine Religion gefunden zu haben, in der sich alle Völker vereinigen würden. Die Lehre Brunos, an der die Kirche besonderen Anstoß nahm, betraf die Unendlichkeit der Welt; das All, so folgerte er, müsse als Wirkung einer unendlichen Ursache, nämlich Gottes, selbst unendlich sein. Die Kirche, immer besorgt vor Pantheismus, fürchtete, daß dadurch der Unterschied zwischen dem Schöpfer und dem Erschaffenen verwischt werde. Kepler lagen solche Gedankengänge fern: er stand fest auf dem Boden des evangelischen Glaubens, wenn auch ohne die Engherzigkeit vieler seiner Glaubensgenossen. Überhaupt unterschied sich Kepler von den italienischen Naturphilosophen, die sich gern in Allgemeinheiten bewegten, durch den Fleiß und die Genauigkeit seiner wissenschaftlichen Untersuchungen, wie er sich von Galilei durch die Glut seines Glaubens, das Umfassende seines Geistes, das Grandiose seiner Weltbetrachtung unterschied. Durch die Verwirrung und Wildheit des Dreißigjährigen Krieges, durch die Bösartigkeit und Kleinlichkeit theologischer Zänkereien ging der Träumer erhabener Gesichte, der unermüdliche Forscher, der warmherzige Mensch schlicht und unerschütterlich. Seine Äußerungen und sein Verhalten zeugen immer von gelassener Überlegenheit. Als Denker unmittelbarer Gottesnähe sich bewußt, von

Sternen musikberauscht, in menschlichen Beziehungen sein Recht behauptend, trug er doch so wenig auf, lebte er so unpathetisch, daß sein Tod vom deutschen Volke kaum bemerkt wurde. Er starb im Jahre 1630 in Regensburg, während eines Reichstages; sein Grab wurde bei der späteren Belagerung verschüttet. Es war, als sollte er seiner Ruhestätte auf Erden beraubt sein, um unter die Sterne versetzt zu werden, deren klangvolle Bahnen er aufzeichnete. Die Reihe der Naturphilosophen, in denen Mittelalter und Antike sich befruchteten, beschloß der einsame Spinoza, der die Einbeziehung der Natur in Gott, die All-Einslehre, in ein logisch aufgebautes System brachte. In die strenge Geistigkeit des Gottesglaubens, wie die Kirche ihn ausgebildet hatte, schien damit sinnlicher Schmelz und umfassende Freiheit einzuströmen, wodurch diese Philosophie ein Jahrhundert später so großen Einfluß ausgeübt hat. Zum erstenmal wurde der von der Kirche so gefürchtete Pantheismus offenkundig in das Geistesleben eingeführt. Spinoza wurde als Atheist verdächtigt und verdammt, aber seinem eigenen Bewußtsein nach mit Unrecht. Wenn er sich auch nicht zu dem Gott der Bibel bekannte, so war er doch erfüllt von jüdischer und christlicher Religiosität und setzte die Gottesliebe als Kern und Ausgangspunkt seiner Ethik. Er wollte nicht die Religion zerstören, als vielmehr die Gottesidee für die Menschheit bewahren, indem er sie auf menschliche Denkgesetze begründete.

Eine ganz andere wissenschaftliche Haltung hatte Joachim Jungius, den man den deutschen Baco genannt hat. Er ist 1587 in Lübeck geboren, das damals, obwohl im Niedergang begriffen, mit 200000 Einwohnern noch eine bedeutende Stadt war. Sein Vater war Lehrer an dem von Bugenhagen gegründeten Gymnasium. Jungius teilte die Neigung seiner Zeit und seines Volkes für die Mathematik. Die Deutschen waren berühmt wegen ihrer Leistungen in diesem Fache. Im 15. Jahrhundert waren Peurbach und Regiomontanus führend gewesen, Mästlin, der Lehrer Keplers, soll durch seine in Italien gehaltenen Vorträge Galilei beeinflußt haben. Man könnte sich denken, daß die ausgesprochene Neigung und Anlage der Deutschen für Mathematik mit ihrer musikalischen Begabung zusammenhänge, aber auch, daß in einer Epoche, wo sie an der Unfehlbarkeit ihrer Glaubenslehren irre wurden, die Mathematik ihrem unsicher gewordenen Geiste einen neuen Halt bot. Die Mathematik hat das mit der Religion gemeinsam, daß sie ihre Sätze aus etwas im Geiste Gegebenem ableitet. Seit dem 15. Jahrhundert bemühten sich die Denker, die Mathematik auf die Philosophie und Religion zu übertragen; Nicolaus von Cusa ging damit voran. Auch Jungius war Mathematiker, er verspottete die Scholastiker, die ohne Mathematik arbeiten, die vornehm und verdrießlich auf so kleinliche Dinge wie Punkt, Linien und Winkel herabsehen, während ihr Verstand von so erhabenen Dingen wie *quinta coeli essentia* oder *intelligentiae orbis motrices* voll sei. Wenn aber Jungius die Mathematik rühmte, weil man durch sie sich dem Geiste Gottes nähern könne, indem sie das Werk Gottes, das Weltall, begreifen lehre, so war das mehr eine zeitgemäße Wendung, die mit unterlief; es kam ihm nicht darauf an, wie Kepler, den göttlichen Schöpfungsplan mitzudenken, sondern das dem Menschen unmittelbar Zugängliche, die einzelnen Erscheinungen der Sinnenwelt in ihrem Wesen zu erkennen. Er war bewußt nüchtern, die Rhetorik der Renaissance lehnte er ab. *Per inductionem et experimentum omnia* war sein Wahlspruch. Er war sich klar darüber, daß nur die mühsame Kleinarbeit vieler zum Ziele führen werde. Aus diesem Grunde förderte er die Gründung wissenschaftlicher Gesellschaften, deren erste sich in Italien gebildet hatte. Das Werk von Kopernikus und von Kepler beruhte zum großen Teil auf Intuition, Kepler arbeitete oft mit dem, was Novalis den Zauberstab der Analogie genannt hat; Jungius fehlte die genialkünstlerische Begabung, aber für das, was er wollte, Erkenntnis durch Wissenschaft, bedurfte er ihrer nicht. Dennoch war auch er beseelt von der Konquistadorenlust des nachmittelalterlichen Menschen, der den Ozean der Welt ohne sichbare Grenzen vor sich sieht und die Anker zur Fahrt lichtet. Hatte man bisher die Erde als eine Haltestelle auf der Reise zum Himmel betrachtet, auf den man sich gründlich vorbereitete, während man von jener nichts zu wissen brauchte, wurde nun die Erde zur Heimat, und mit allen Sinnen grub man sich in sie hinein, um sie kennenzulernen und zu benützen.

Ein Holsteiner, Wolfgang Ratichius, eigentlich Ratke, wollte damals durch eine neue Methode des Unterrichts, hauptsächlich in den Sprachen, aber auch in anderen Fächern, eine Umwälzung des gesamten geistigen und sittlichen Lebens herbeiführen. Jungius interessierte sich so lebhaft für die Pläne dieses Mannes, daß er mehrere Jahre dem Studium derselben widmete. Es sei nicht genug, sagte er in einem Gutachten darüber, nach bloßem Gutdünken zu unterrichten und mit der angeborenen Diskretion und Gescheitheit, sondern es gehöre dazu eine besondere Kunst, die Lehrkunst, welche beständige Gründe und gewisse Regeln habe, die sowohl aus der Natur des Verstandes, der Sinne, ja des ganzen Menschen, als auch aus der Eigenschaft der Sprachen, Kunst und Wissenschaften zu erweisen seien. Er sah eine Wissenschaft der Ethik, eine Wissenschaft der Pädagogik entstehen; man sollte nicht mehr dem Gefühl und auch nicht der Erfahrung folgen, sondern Gesetzen, die sich aus dem Wesen der Vernunft und des zu behandelnden Gegenstandes ergäben, man sollte sich auch nicht durch altverehrte Autoritäten blenden lassen. Paracelsus wählte sich den stolzen Leitspruch: *alterius non sit, qui suus esse potest* und bahnte der Arzneikunst neue Wege, ebenso Vesalius, der Leibarzt Karls V., durch die Untersuchung menschlicher Leichname. Alle diese Gelehrten knüpften überschwengliche Erwartungen an die neuen Bahnen, die sie einschlugen. Die bedeutenden Menschen des Reformationszeitalters und der Zeit des Dreißigjährigen Krieges waren sich bewußt, den Zusammenbruch einer Welt zu erleben, über deren Trümmern eine neue erwachsen müsse. Diese Welt, die der freie menschliche Geist bewußt errichtete, mußte tadellos, sie mußte mindestens vernünftig werden, da ja die menschliche Vernunft gereift war, nicht mehr gegängelt zu werden brauchte, sondern ihre göttliche Schwingen entfalten konnte.

Im Jahre 1628 wurde Jungius nach Hamburg berufen, der Stadt, die, vom Elend des furchtbarsten Krieges unberührt, gerade jetzt sich zum Welthandelsplatz zu entwickeln begann. Diese Meerstädte und ihre klugen, wagenden Kaufmannsgeschlechter, die gewohnt waren, die Güter der Erde zu tauschen und, wenn nötig, mit dem Schwert zu schützen, gute Rechner und gute Kämpfer, bildeten den geeigneten Hintergrund für die entschlossenen Denker. Hier herrschte Verkehr mit Holland und England, wo das wissenschaftliche Leben sich ungehinderter entfaltete als in Deutschland; die 1660 in London gegründete Sozietät der Wissenschaften erbot sich, die Kosten zur Veröffentlichung sämtlicher Werke des Jungius zu tragen.

Wie man nicht sagen kann, daß der Protestantismus im Gegensatz zum Katholizismus die Toleranz gefördert habe, so kann man auch das Erwachen des wissenschaftlichen Geistes nicht der einen oder anderen Konfession besonders zuschreiben. Paris zählte im Anfang des 17. Jahrhunderts 50000 Atheisten, und verhältnismäßig ebenso viele gab es in Holland. Im katholischen Frankreich und im calvinistischen Holland verbreitete sich zuerst eine von der Religion unabhängige, auf Philosophie und Wissenschaft gegründete Bildung. Andererseits herrschte an den lutherischen und an den jesuitischen Universitäten dieselbe starre Beschränkung. Zwar hatte sich in die protestantische Theologie von Anfang an eine Art wissenschaftlicher Geist eingedrängt. Indem man die Bibel, die Quelle des Glaubens, als Historie betrachtete, wurde auch an die Bibel Kritik angelegt und konnte das Leben Christi selbst untersucht und in Zweifel gezogen werden. Die grundlegenden Dogmen wurden umstritten und zergliedert, als ob es sich um Pendelbewegung oder Kristallbildung gehandelt hätte. Aber dieser scholastische Geist verdarb mehr die Religion, als daß er der Wissenschaft genügt hätte. Soweit sich eine geistige Bewegung überhaupt abgrenzen läßt, war die Wissenschaft ein Fortwirken des Wiederaufblühens der Antike, verbunden mit der Verweltlichung des 15. Jahrhunderts, die durch Luther noch einmal zurückgedrängt waren. Nach dem allmählichen Erlöschen der späten Glaubensglut regten sich die neuen Mächte mit verdoppelter Kraft.

Die Wissenschaft wirkte entgöttlichend, insofern sie, wenigstens auf ihrem Gebiet, von einem persönlichen Gott absah, und mechanisierend, indem sie die mit Notwendigkeit wirkenden Gesetze, die sie in der Natur suchte, auch im menschlichen Geiste finden wollte; aber sie wirkte auch befreiend. In die entschleierte Welt, die unbekannt und unermeßlich vor ihm lag,

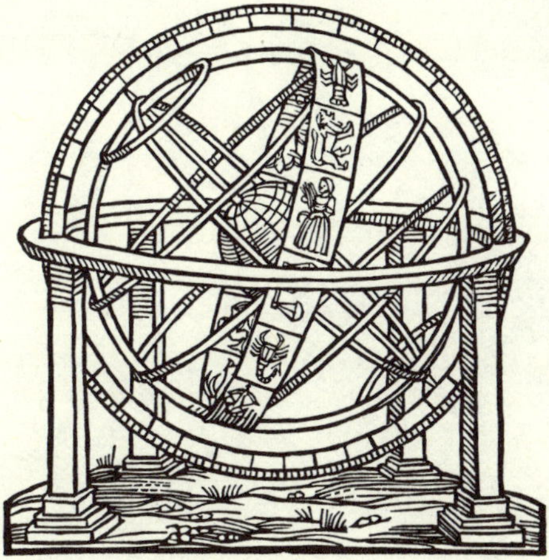

wagte sich der wissenschaftliche Mensch, ausgerüstet mit seinen gesunden Sinnen, seiner Vernunft und seiner Wahrheitsliebe. Er verachtete nicht grundsätzlich, was andere vor ihm gedacht hatten; aber es hemmte ihn auch nicht. *Alterius non sit, qui suus esse potest.* Er hatte kein anderes Ziel als das, was er mit seiner Ausrüstung erforschen würde; er war stark genug, um sich nicht selbst zu belügen, wenn das Ergebnis seiner Studien etwaige frühere Wissensschätze entwertete oder ihm teure Vorstellungen zerstörte. Er traute sich zu, die Welt umzugestalten, und tat es. Schon im Beginn des 18. Jahrhunderts hatte die Wissenschaft die Religion aus ihrer herrschenden Stellung verdrängt, nicht nur an den Universitäten, wo die Philosophie den Platz der Theologie einnahm, sondern auch im Leben.

Österreich

Lange bevor es im Dreißigjährigen Krieg zusammenbrach, spürten die Deutschen den Untergang des Reiches, dessen Träger sie waren. Er meldete sich in kleinen und großen Anzeichen, er ließ sich wittern in einer wunderbaren Herbstlichkeit der Luft. Ein Aroma wie von braunen Blättern, die zerfallen, ein Übermaß an Sinnesrausch und Frevel, ein gieriges Ausschöpfen von Vorstellungen und Gedanken, von Lust und Schmerz, alles deutete auf die Neige der Zeit. Es kann so nicht dauern, es geht dem Ende zu, das drängte sich allen auf, die nachdenkend inmitten des steigenden Verderbens standen. Der, welcher nach dem Ablauf von Jahrhunderten zurückschaut, sieht, daß das erwartete Ende eine Verwandlung war, und erkennt die neuen Gebilde, die sich zu formen und mit Lebenskraft zu füllen begannen. Unter den staatlichen Gebilden war eines, das ganz besonders das Wesen des sterbenden Reiches in sich aufnahm und weiterentwickelte, das war Österreich. Die Ostmark, die durch ihre Aufgabe, das Reich vor den hereinbrandenden Völkern Asiens zu schützen, sich stark gemacht hatte, so daß sie beinah unabhängig vom Reich geworden war, nahm nun den Grundgedanken des Reiches in sich auf: die Universalität, die Verbindung mit Rom und Italien; zugleich aber blieb sie verantwortlich für den Schutz nach Osten und belud sich, da sie inzwischen sich nach Westen ausgedehnt hatte, mit dem Schutz nach Westen. Seit Rudolf von Habsburg gab es immer wieder österreichische Fürsten, die klar erkannten, was für eine großartige, umfassende Aufgabe ihnen zugefallen war. Seltsam, wie Friedrich III., wenn er blumenzüchtend in seinem Garten hantierte oder auf einem Ochsenwagen von einer Reichsstadt zur anderen geschoben wurde, von der Weltherrschaft Österreichs träumte. Nicht immer glücklich in der Ausführung, hat Maximilian doch seherisch sicher seinen Nachkommen den gewaltigen Umkreis ihrer Aufgaben vorgezeichnet. Vom Reiche kaum unterstützt, beständig durch aufreibende Kämpfe um des Reiches Beisteuer zu den Türkenkriegen gehemmt, wendete er sich hauptsächlich gegen das an Mitteln reiche, unternehmende Frankreich, das den Deutschen ihre überlieferte Vormachtstellung entreißen wollte. Daß Deutschland sich zwischen zwei so gut ausgerüsteten, hitzigen Feinden, wie Frankreich und die Türkei es waren, behaupten konnte, ist seiner und seines Enkels Unermüdlichkeit, ihrem großen Sinn, ihrer leidenschaftlichen Energie zu danken. Was für ein Aufstieg! Es ist kein Wunder, daß Maximilian sein Leben als eine denkwürdige Abenteuergeschichte niederschrieb. Durch seine Vermählung mit Maria, der Erbin von Burgund, gewann er der Dynastie und dem Reiche die Niederlande zurück, deren Kranz von Provinzen und Städten mit ihrem Reichtum und ihrer Kunst das bewunderte Vorbild der europäischen Staaten war. Dadurch, daß er seinen einzigen Sohn, Philipp den Schönen, mit einer Tochter der Könige von Spanien, Ferdinand und Isabella, vermählte, und durch eine Reihe unerwarteter Todesfälle wurde sein Enkel König des Reiches, das kurz zuvor Columbus mit einer neuen Welt jenseits des Meeres beschenkt hatte. Und was für einen Ausblick gewährte das Doppelverlöbnis mit den beiden Erben der Kronen von Böhmen und Ungarn, die Maximilian im Jahre 1515 zustande brachte! Dem Sohne des Königs, Ludwig, wurde Maximilians Enkelin Maria, Ludwigs Schwester Anna sein Enkel Ferdinand bestimmt, und so wichtig war dem Kaiser diese Verbindung, daß er sich seufzend verpflichtete, Anna selbst zu heiraten für den Fall, daß aus der Ehe mit Ferdinand nichts wurde. Diese beiden Eheschließungen, die 1521 vollzogen wurden, haben die Grundlage zur Vereinigung von Ungarn und Böhmen samt Nebenländern mit Österreich gebildet. Der bekannte lateinische Vers spottet: *bella gerant alii, tu, felix Austria, nube* – mögen andere Krieg führen, du, glückliches Österreich, heirate. Allein, die Heiraten waren doch nur wie die Fahnen, die die Seefahrer zum Zeichen der Besitznahme an der erreichten Küste aufpflanzten; dann mußte das Land erobert werden.

Alle diese Hochzeiten ersparten den Habsburgern nicht zum Teil langwährende Kämpfe, die Österreich Blut und Geld kosteten. Maximilian I. und Karl V. brachten die meiste Zeit ihres Lebens im Harnisch zu, und die Regierungen ihrer Nachfolger waren, mochten sie auch persönlich nicht kriegerisch sein, von Kriegen erfüllt.

Es ist eine der traurigsten Folgen der Reformation, daß ihre Anhänger sich von der Überlieferung loslösten, gleichsam ihr Gedächtnis abschnitten. Sie gewöhnten sich so sehr daran, alles zu schmähen, was vor der Reformation gewesen war, daß sie sich als ganz abgesondert von der Vergangenheit betrachteten, wie wenn ihre Ahnen nicht darin wurzelten und nicht davon getränkt gewesen wären. Was in der Zeit der Abgötterei geschehen war, mußte verwerflich sein. Sie dachten nicht daran, daß ihre Väter und Mütter oder Großeltern und Urgroßeltern in den Vorstellungen der papistischen Zeit gelebt hatten und vielleicht ehrbare Leute gewesen waren, vielleicht Großes geleistet hatten. Sie wollten ihr rühmliches Erbe nicht antreten. Diese Folge der Reformation machte sich zwar sofort bemerkbar, trat aber allmählich immer verhängnisvoller hervor. Das Gefühl der Anhänglichkeit an den Kaiser und des Zusammenhangs mit seinen Erbländern erhielt sich in den leitenden Kreisen zunächst noch; im allgemeinen herrschte im 16. Jahrhundert das Bestreben, sich dem Kaiser gefällig zu zeigen. Die entgegenkommende Stimmung erfüllte nicht nur das Kurfürstentum Sachsen, das sein Emporkommen dem Kaiser dankte. Ferdinand I. und Maximilian II. hofften immer noch auf die Möglichkeit eines Ausgleiches zwischen den Glaubensparteien, der liebenswürdige, kluge und scharmante Maximilian verhielt sich so, daß Katholiken und Protestanten ihn zu den ihren zählen konnten. Weil er die Calvinisten haßte, hielten sich auch die lutherischen Fürsten ängstlich vom Calvinismus fern, es war ein allseitiges Bestreben, die gegenseitigen Empfindlichkeiten zu schonen, nichts Explosives anzurühren. Erst als der Katholizismus unter dem Einfluß der Jesuiten und Bayerns wieder erstarkte und daran dachte, Verlorenes zurückzugewinnen, wurde der Gegensatz schroffer, unversöhnlicher. Die Verbindung mit Spanien, die durch die Einheit der Dynastie gegeben war, fügte sich deshalb gut in die österreichische Politik, weil Spanien im Gegensatz zu Frankreich stand, dem Erbfeind des Reiches. Die furchtbare Tragik des Reiches wollte, daß die protestantischen Fürsten, um sich gegen Österreich zu erhalten, darauf angewiesen waren, den Gegensatz zwischen Österreich und Frankreich auszunützen, obwohl er zugleich ein Gegensatz zwischen Frankreich und dem Reiche war. Man gewöhnte sich im protestantischen Lager daran, die Verbindung mit Frankreich als das einzige und notwendige Mittel zur Erhaltung ihres Glaubens und der Libertät, das heißt ihrer Souveränität, anzusehen. Auch als der Kaiser nicht mehr daran denken konnte, den Protestantismus auszurotten, blieb noch das Schlagwort, der blinde Gegensatz der Partei, die unüberwindliche Entfremdung.

Nachdem die protestantischen Fürsten die Bistümer Metz, Toul und Verdun an Frankreich ausgeliefert hatten, bemühte sich Karl V. mit dem Aufwand seiner letzten Kräfte, Metz zurückzuerobern. Die englische

Gesandtschaft, der er damals Audienz gab, berichtete, wie bleich, einem Sterbenden ähnlich, er aussah, wie durchsichtig seine Hände waren, wie er sich vergebens bemühte, vernehmlich zu sprechen. Trotzdem, während ihm alle rieten, die Eroberung aufzugeben, sein Leibarzt Vesalius meinte, weder Karl noch einer von ihnen allen werde mit dem Leben davonkommen, verbot der Kaiser, vom Rückzug zu sprechen, bis zuletzt die Notwendigkeit ihn zwang. Die protestantischen Fürsten kümmerten sich wenig mehr um den Verlust: ihr Territorium ganz in ihre Hand zu bringen, es ertragsfähig zu machen, war, wenn es pflichteifrige Herren waren, ihr Bemühen, und manche, wie der Kurfürst von Sachsen, haben dabei zur Hebung des Handels, des Handwerks, der Landwirtschaft viel getan. Aber der Reichsgedanke ging in ihren kleinlich eng umhegten Gebieten verloren. Er lebte in Österreich, war Österreichs Wesen. Durch Österreich, wenn es auch in seinem Glauben von Rom abhing, wehte der große freie Atem eines Weltreichs. Der Adel, der den Thron umgab, war deutsch, böhmisch, ungarisch, niederländisch, spanisch, italienisch. Zusammen mit Frundsberg, Salm und den braunschweigischen, pfälzischen und sächsischen Prinzen haben Alba, Tilly, Pescara, Wallenstein, Piccolomini und Montecuccoli die großen Siege Habsburgs erfochten. Noch im 16. Jahrhundert war es nicht selten, daß Deutsche sechs, sieben, acht Sprachen sprachen. Es war aber durchaus nicht so, daß die Weltoffenheit und der Weltverkehr zu einer Überfremdung Österreichs geführt hätten. In den Gebirgsländern Steiermark, Kärnten, Krain, Tirol überwogen durchaus die volkstümlichen deutschen Elemente. Selbst der Hof bewahrte trotz der spanischen Heiraten ein ausgesprochen deutsches Gepräge. Diese Heiraten waren Politik; sie entsprachen aber auch dem seelischen Bedürfnis der Habsburger, die so einheitlich gefärbt waren, daß ihre Mitglieder nur unter Verwandten sich ganz heimisch fühlten. Indessen die Aufnahme spanischer Frauen veränderte den Charakter der deutschen Habsburger nicht im spanischen Sinne: sie blieben weich, human, voll Humor und Spiellust, mehr oder weniger tätig, im allgemeinen ihrer königlichen Pflicht bewußt, aber in keiner Beziehung fanatisch. Die Musik, in die ihr Wesen eingebettet war, verlieh ihnen eine die irdische Sphäre leicht überschwebende Ungebundenheit, die sich bei den entarteten Sprößlingen, die zuweilen auftraten, in träumerischer Phantastik, mutwilligen Ausschweifungen, Nichtachtung jedes höfischen Zwanges äußerte.

Der krönende Mittelpunkt des Weltreichs Österreich war Wien. Altheilige Krönungsstadt war bis 1562 Aachen, Frankfurt, immer schon Wahlstadt, wurde Aachens Nachfolgerin, Kaiserstadt wurde Wien. Es ist die einzige Stadt Deutschlands, vielleicht des Abendlandes, die sich durch ihre Universität und als Brennpunkt, wo Sinnlichkeit und Übersinnlichkeit sich zauberhaft begegnen, Rom vergleichen kann. Es ist, als sei die Muse der Geschichte durch ihre Gassen gegangen und als durchströme sie noch ein Nachklang ihrer Göttergesänge. Noch zu Beginn des 15. Jahrhunderts war Wien eine mittelgroße deutsche Stadt, deren Monumentalität und Herrlichkeit der Stephansdom war. Aber früh schon zeigten sich doch die beiden

Elemente, die sie charakterisierten, das Völkerverbindende und das Musikalische. Der Oberpfälzer Wolfgang Schmelzl führte 1548 in seinem Lobspruch Wiens an, daß man in diesem Paradiese hebräisch, griechisch und lateinisch, deutsch, französisch, türkisch, spanisch, böhmisch, wendisch, italienisch, ungarisch, niederländisch und kroatisch sprechen höre und ferner, daß es nirgendwo mehr Musiker und mehr Instrumente gebe. Zur Zeit Maximilians II. hatte die Stadt einmal die Ausweisung aller fremden Kaufleute verlangt und erreicht, aber nur ein paar Jahre hatte sich dieser mit Wiens Lage unvereinbare Beschluß durchführen lassen. Aus dem Reich kamen fortwährend, von den Kaisern berufen, Künstler und Dichter, die hier ihr Brot fanden. Sie entwarfen Theaterstücke, Festaufführungen für die erzherzoglichen Hochzeiten und Einzüge, in denen Musen und Sirenen mit Zwergen und wilden Männern durcheinanderspielten, die dann von den Malern und Holzschneidern aufgezeichnet wurden. In die Rosen- und Rebenkränze der fröhlichen Stadt wand das Jahr 1529 den Lorbeer des Türkensieges. Unter dem Kommando des siebzigjährigen Grafen Niklas Salm, der Leitung des Bürgermeisters Wolfgang Treu, dem Beistand des Pfalzgrafen Philipp, deutscher Landsknechte und spanischer Ritter wurde der Ansturm des siegesgewissen Sultans Suleiman des Prächtigen zurückgeschlagen. Wien war nicht kriegerisch, aber es war heroisch. Über seinen Lustbarkeiten und seiner Liederfreude rauschten die Adlerflügel, bliesen die Tuben des Ruhms. Das triumphierende Barock vom Ende des 17. und Beginn des 18. Jahrhunderts vollendete die Erscheinung, die das Zeitalter der

Ferdinande vorbereitet hatte. Ein Menschenalter nach dem Dreißigjährigen Kriege, kurz nach dem Falle Straßburgs, bewährte sich Wien wiederum als Befestigung der Christenheit, wie Schmelzls Lobspruch es nannte, indem es wiederum und diesmal endgültig das türkische Riesenheer zurückwarf. Das getretene, verarmte, gedemütigte Reich erlebte in Österreichs Siegen unvergängliche Glorie.

Im Norden

Als der Abt Trithemius im Anfang des 16. Jahrhunderts, einer Einladung des Kurfürsten von Brandenburg folgend, nach Berlin reiste, bekam er von dem nordöstlichen Lande einen ähnlichen Eindruck, wie Polen auf deutsche Reisende des 18. Jahrhunderts machte. Brandenburg schien außerhalb der deutschen Kultur zu liegen. Alles kam dem Abt öde vor, die Leute seien ungebildet, lebten in ihrer angeborenen Plumpheit dahin. Die Bauern fand er nicht bösartig, vielmehr unterwürfig und sehr kirchlich, aber faul, schmutzig und dem Trunk ergeben; infolgedessen herrsche Mangel. Der traurige Zustand des flachen Landes verschlimmerte sich im Laufe des 17. Jahrhunderts beträchtlich. Die schwachen und einsichtslosen Landesherren lieferten die Bauern, von denen im 15. Jahrhundert ein Teil noch frei war, gänzlich den adligen Gutsherren aus. Da diese begannen, sich durch Export von Getreide und Vieh zu bereichern, trachteten sie nach Vergrößerung ihrer Güter und erreichten ihren Zweck auf Kosten der Bauern. Anstatt ihr unrechtmäßiges Vorhaben zu verhindern, unterstützte sie der Kurfürst, indem er ihnen ein schrankenloses Enteignungsrecht gegenüber den Bauern gewährte. Damit sie ihre vergrößerten Güter möglichst kostenlos bewirtschaften konnten, ließ er die Versklavung der Bauern zu, wobei ihm die im römischen Recht ausgebildeten Juristen zur Seite standen. In Pommern wurden die Bauern im Jahre 1616 schlechtweg als leibeigen erklärt. Günstiger für die Bauern waren die Verhältnisse in Niedersachsen, wo sich so große Güter wie in Pommern und Brandenburg nicht bilden konnten und wo auch die Landesherren den Bauernstand einigermaßen schützten. Es fehlten im Nordosten die Reichsstädte, in denen sich im Süden und Westen ein selbständiges und gebildetes Bürgertum entwickelte. Dasjenige politische Gebilde, das im Mittelalter den Norden beherrscht und belebt hatte, die Hansa, löste sich im 16. Jahrhundert allmählich auf. Sie beruhte auf Voraussetzungen, die dem Mittelalter eigentümlich waren: nur inmitten fließender Verhältnisse konnte ein so lockeres, nicht durch Zwang gestütztes Gewächs entstehen und sich halten, in einer sich zentralisierenden Umwelt fiel es auseinander. Die Landesherren, die ihr Gebiet fest zusammenfaßten, gestatteten den Städten, über die sie Gewalt hatten, die Zugehörigkeit zum Bunde nicht mehr; so fiel Berlin zum Beispiel ab. Schlimmer war die Konkurrenz der mächtiger werdenden Nachbarstaaten. Holland, das im Beginn des 15. Jahrhunderts die Natur selbst begünstigte, indem der Hering, eine wichtige Erwerbsquelle der Hansestädte, seinen Zug plötzlich an die holländische Küste nahm, wurde im Jahre 1433 mit dem Fürstentum Burgund vereinigt, dessen Macht ihm zugute kam. Auf dem Rathaus zu Lübeck steht die Statuette eines jungen Mannes mit sturmdurchwehtem Haar; sie stellt den Flüchtling Gustav Wasa dar, den die Lübecker aufnahmen und schirmten und mit einer Flotte nach Stockholm führten, worauf der Vertriebene König von Schweden wurde. Die lübischen Königmacher ließen sich für ihre wirksame Unterstützung einen hohen Preis zahlen, das Versprechen Wasas, nur den hansischen Kaufleuten in Schweden Handelsprivilegien zu gewähren; allein die Interessen seines Landes erwiesen sich, als er König war, stärker als die Pflicht der Dankbarkeit, ja vielleicht erregte die von den Lübeckern allzusehr betonte und ausgenützte Dankbarkeit doppelten Widerstand. Fast ebenso wie den Schweden hatte sich Lübeck den König von Dänemark verpflichtet; aber auch Dänemark entzog der Hanse seinen Schutz, um ihn den Holländern zuzuwenden. Alle die an die Ostsee grenzenden Länder, über welche die Hanse lange ein wirtschaftliches Übergewicht ausgeübt hatte, Holland, England, Schweden, Dänemark, Norwegen und Rußland, strebten jetzt, die Kräfte des eigenen Landes zu steigern, sich unabhängig zu machen. Noch einmal wurde durch Jürg Wullenweber der Versuch gemacht, die Vorherrschaft der Hanse im Ostseegebiet wiederherzustellen, ein Versuch, der mit einer inneren Umwälzung der aristokratischen und katholischen Reichsstadt Lübeck zusammenhing. Ganz besonders in Norddeutschland war die protestantische zugleich eine demokratische Bewegung. Nirgends so wie im Norden empfindet man die Berechtigung des Wortes, der Protestantismus sei die germanische Religion; an manchen Orten war es, als kehre die Bevölkerung damit zu ihrer Eigentümlichkeit zurück. In Osnabrück zum Beispiel hatte die altsächsische bäuerliche Einwohnerschaft von Anfang an den Klerus und seine Vorrechte nur widerwillig ertragen. Sie waren nicht etwa unchristlich, aber unkirchlich, sie wollten von der Bilderverehrung nichts wissen und wachten eifersüchtig darüber, daß ihnen der alte Gemeinbesitz an Wald und Weide nicht durch Klöster entzogen werde. Wie überall waren auch hier die Handwerker besonders empfänglich für den neuen Glauben, während die patrizischen Kreise, die Inhaber der politischen Gewalt, schon aus Rücksicht auf den Kaiser am alten festhielten. In den Hansestädten war der Gegensatz besonders heftig, weil hier durch strenge Vorschriften die Teilnahme der Zünfte am Regiment ausgeschlossen war. Die Geschlechter, welche in Jahrhunderten weiser und maßvoller Regierung die Blüte der Hanse heraufgeführt und erhalten hatten, glaubten, revolutionäre Bewegungen zugunsten des Mittelstandes ausschalten zu müssen; Städte, wo es zu demokratischen Unruhen kam, wurden aus der Hanse ausgestoßen und nicht wieder aufgenommen, bis der frühere Zustand wiederhergestellt war. Das Feuer des neuen Glaubens nährte die Unzufriedenheit der so lange zurückgedrängten Schicht; mit ihrer Hilfe machte sich Wullenweber zum Bürgermeister von Lübeck. Die katholischen Stadthäupter wanderten in die Verbannung. Es ist bezeichnend, daß Wullenweber und seine Gefährten Fremde, nämlich Hamburger waren; die Lübecker waren in ihren Unternehmungen zurückhaltend, vorsichtig abwägend, wohl nachdrücklich handelnd, wenn sie sich einmal zum Handeln entschlossen hatten, aber nicht Spieler, die das Unmögliche wagen. Wullenwebers Pläne waren großartig und nicht ganz und gar aussichtslos; er war sich bewußt, daß er bei dem aufgelösten Zustand der Hanse höchstens auf Rostock, Wismar und Stralsund, daß er auf Hilfe vom

Reich überhaupt nicht zählen konnte und daß er deshalb irgendeine deutsche oder ausländische Macht gewinnen mußte. Der Norden war im Beginn des 16. Jahrhunderts in wühlender Bewegung: in den skandinavischen Reichen rang der Adel mit Bauern und Städten, die wechselnden Könige stützten sich bald auf diese, bald auf jene Partei, und alle trachteten nach der Herrschaft über die Ostsee, die der Hanse entglitt. Es gelang Wullenweber, England und Mecklenburg in seine Pläne hineinzuziehen, außerdem hoffte er, der selbst durch eine protestantisch demokratische Bewegung getragen war, sich dieselben Kräfte in Schweden und Dänemark zunutze zu machen. Er hatte in Dänemark bedeutende Erfolge; aber als er zu Meer und zu Lande Niederlagen erlitt, sank sein Ansehen in Lübeck. Während er abwesend war, kehrten die vertriebenen Patrizier zurück und erkauften sich die Anhängerschaft des Volkes, klug und gemäßigt wie immer, durch Freigabe des evangelischen Bekenntnisses. Die stürmisch weitgreifende Politik Wullenwebers war der besonnenen Hansestadt nicht gemäß. Es läßt sich kaum noch feststellen, ob Schwächen in Wullenwebers Charakter oder in seinen Fähigkeiten an seinem Sturze Mitschuld hatten; sein größter Fehler war wohl, daß er eine Sache vertrat, die die Verhältnisse der Zeit zum Untergang verdammt hatten. Ein Städtebund konnte sich zwischen den erstarkenden Territorien nicht halten. Immerhin errang sich Hamburg, dessen erste Sendlinge scheiterten, als sie den Traum Adalberts von Bremen von einem meerumspannenden Nordreich unter deutscher Führung wiederholten, eine bedeutender Entwicklung fähige Stellung. Hier, der Neuen Welt zugewendet, erhielt sich das republikanisch-aristokratische Element, das einst im Reich so kostbare Früchte gezeitigt hatte, das seit dem 15. Jahrhundert immer mehr zurückgedrängt worden war, in Kraft. Hamburg war wie Wien eine Weltstadt. Mitten im Dreißigjährigen Kriege ging von hier durch die Anregung des Kaufmanns Otto Brüggemann die Gesandtschaft nach Rußland und Persien aus, die den Zweck hatte, den Seidenhandel mit Ostindien auf dem Landwege zu führen, und an der sich der bedeutendste Dichter des Jahrhunderts, der Sachse Paul Fleming, beteiligte. Unablässig war seit dem 15. Jahrhundert die wachsende Stadt mit ihrer Befestigung und baulichen Verschönerung beschäftigt. Im ersten Jahrzehnt des 17. Jahrhunderts begann der holländische Artilleriehauptmann Valkenborgh die neue Fortifikation, die die glückliche Republik im Dreißigjährigen Kriege und auch später namentlich vor Dänemark sicherte. Als die betriebsamen Niederländer vor Alba flüchteten, gründeten die Hamburger Kaufleute eine Börse. Auf dem Rathause stand, wie uns Merian um 1612 erzählt, ein öffentlicher Geldkasten, nach Art der Amsterdamer und Venediger Bancum oder Banco genannt, in welchem «zu alten Zeiten auf gewisse Versicherung man den Jenigen, denen man trauen darff, große Summen Gelts fürstrecken thuet. Und solche Erfindung ist der Statt, dem gemeinen Mann und der Gewerbschafft sehr ersprießlich». In Hamburg, rühmt Merian, sei täglich Messe, während Frankfurt und Leipzig nur einmal im Jahre solche hätten. Lübeck, die Stadt, von der Enea Silvio Piccolomini einst sagte, ihr Reichtum und Einfluß sei so gewaltig, daß große Länder auf ihren Wink gewärtig seien, Könige einzusetzen und abzusetzen, trat immer mehr hinter Hamburg zurück, und was es an Ansehen bewahrte, war ein mit Anstrengung festgehaltenes Gut, das die Gegenwart nicht mehr speiste. Die Herrschaft über Ost- und Nordsee war für die Hanse verloren, sie wurde von der neuen Großmacht Schweden ausgeübt, die sich, nach Gustav Adolfs Plan, an der deutschen Küste festgesetzt hatte. Holland, Dänemark, Rußland waren ihre Nebenbuhler. Brandenburg, das ein Anrecht auf Pommern hatte, das aber wie die übrigen protestantischen Reichsstände Schweden nicht reizen durfte, da sie ohne seine Unterstützung ihre kirchlichen Ansprüche nicht durchsetzen konnten, behielt sich die Wiedererringung des Meerlandes in künftigen Kämpfen vor.

Ausklang

Die hohe Flut des dramatischen Jahrhunderts versiegte, die leidenschaftlichen Gespräche mit Gott verstummten. In einem unvergleichlichen Aufschwung war das Gewölk aufgerissen, das die Erde vom Himmel trennt, und die Völker fühlten sich angerufen von der Stimme des Ewigen. Nachdem der Himmel sich wieder geschlossen hatte, blieb die Erinnerung des großen Erlebnisses zurück, aber sie ging nicht mit der Kraft des Wirklichen in die Herzen ein. Die Tatsache Gott erfüllte noch das Bewußtsein; aber es war für viele nicht der persönliche Gott, zu dem Luther betete, der Vater und Richter, dessen Antlitz über seinem Volke leuchtet. Auf den protestantischen Kanzeln tobte die Schlacht der Theologen, die sich wegen der Ubiquität oder wegen der Verderblichkeit der guten Werke gegenseitig verdammten; für sie war Gott eine von ihnen zu lösende Streitfrage. Von den Denkenden, die Gott glaubten und Gott suchten, begriffen ihn viele als die Weltseele, die Harmonie des Weltalls, die Musik der Dinge, die sie zum Ganzen fügt, nicht als Person. Das war eine geistige Ermattung; aber es war auch das Bedürfnis, das Bild dessen, den keine Namen nennen, nach einer Richtung zu ergänzen, die die vorausgegangenen Geschlechter übersehen hatten. Jene hatten den Herrn angebetet, der zum Menschen spricht: du sollst heilig sein, denn ich bin heilig, der fordert und richtet;

nun sehnte man sich nach dem Gott, den man im Rauschen der Bäume, im Zuge der Wolken, in der Ordnung der Sterne anschauend ahnt. Der Pantheismus griechischer Naturphilosophie wurde begierig ergriffen. Spinoza, der klassische Philosoph des Pantheismus, ging von der metaphysischen Gottesidee aus, der er zwei Eigenschaften zuschrieb, das Denken und die Ausdehnung, in die er insofern die Natur einbezog. Die Laien folgten in der Regel den strengen, mathematisch bedingten Gedankengängen des einsamen jüdischen Scholastikers nicht, ihr Pantheismus war eine Vergöttlichung der Natur. Nachdem Gott lange als sittliche Macht im Gewissen verherrlicht worden war, wollten sie in der göttlich-mütterlichen Natur ruhen, sich eins mit ihr fühlen, in ihr untergehen.

Als eine wundervolle Frucht dieses gefühlsmäßigen Pantheismus entstand um die Wende des 16. Jahrhunderts die Landschaftsmalerei; es ist kein Wunder, daß sie hauptsächlich in Holland, der Heimat Spinozas, gepflegt wurde. Zuerst erschien die Landschaft als eine Beigabe zu dargestellten Menschen. Auf den Porträts des 15. und 16. Jahrhunderts blickte man wohl am Antlitz des Mannes oder der Frau vorüber durch ein Fenster auf einen ein Tal durchströmenden Fluß oder auf eine einen Felsen krönende Burg, die auf des Dargestellten Beziehung zur heimischen Erde deutete. Auf den Bildern des 1578 in Frankfurt geborenen Adam Elsheimer, Wunderwerken kleinen Formats, die die Zeitgenossen entzückten, war die Landschaft der hauptsächliche Gegenstand, den der Mensch begleitete. Ob er die Predigt des Täufers oder eine mythologische Szene, eine antike Idylle malte, die Personen waren gleichmäßig verschlungen in Wäldern und Gewässern und bläulicher Ferne. Die handelnden Figuren seiner Geschichte sind eigentlich die Bäume, Urväter der Menschen, ehrwürdige Häupter, die überwunden haben, was jene noch quält. Der feierliche Choral ihrer Stimme voll unaussprechlicher Weisheit rauscht über dem bunten Geschick der Menschen hin, ihre Drangsal beschwichtigend, ihre Lust und Freude auslöschend. Das Aufblinken eines Teiches, eine Blume, die aufblüht oder sich entblättert, das Lodern einer Flamme ist wesentlicheres Geschehen als die Tragödien der Menschheit. Daß die Menschen auf diesen Bildern oft mit leichtem Fuß vorübereilen wie Joseph und Maria auf der Flucht nach Ägypten oder Tobias mit dem Engel, scheint darauf hinzudeuten, daß die Natur das Dauernde, der Mensch etwas Unstetes, Vorübergleitendes ist. Architektur kommt auf Elsheimers Bildern fast nur in Gestalt von Ruinen vor, Menschenwerk, das allmählich wieder in die Natur zurückbröckelt.

Manchmal, besonders wenn auf der Wiedergabe die Farbigkeit dieser Bilder wegfällt, möchte man Elsheimer einen Vorläufer Rembrandts nennen, jenes großen germanischen Künstlers, der vier Jahre vor Elsheimers Tode geboren wurde, obwohl er, ganz verschieden von Elsheimer, der sublimste Maler des Protestantismus war. Aber auch er malte das Unendliche, die Geheimnisse der Natur, alles, was dahinflutet, nachdem die Feste, die den Erdenmenschen im Mittelalter umschloß, durchbrochen war. Auch er malte den Menschen als etwas Fließendes im Äther, das Innerliche löst bei ihm das Äußere auf. Und so sieht man doch den Anteil, den Luther an dieser Kunst hat. Ohne daß Luther vorausgegangen wäre, hätte Rembrandt die Tragödie der Menschheit, wie das Alte und das Neue Testament sie schildern, nicht so darstellen können, wie er getan hat. Das frühe Mittelalter konnte Gott und die Heiligen überirdisch darstellen, indem es die Form dem Menschlichen entrückte; Rembrandt tat es auf eine neue Weise, indem er die Gestalten von innen verklärte. Er malte das Fleisch, wie es von der Flamme des Göttlichen verzehrt wird.

Der rauschende Baum und die schwimmende Wolke auf den Bildern Elsheimers, Rembrandts schmelzender Umriß, sie leiten über zur Musik, der größten Offenbarung des 17. Jahrhunderts, derjenigen Kunst, die, von allen Künsten am innigsten mit der Religion verbunden, in Deutschland ihre höchste Vollendung erreicht hat. Mathematik und Magie, auf diesen beiden Gebieten schrieb man im 16. Jahrhundert den Deutschen die Meisterschaft zu; zu ihnen gesellte sich die Musik, mit beiden verwandt, vielleicht ein Ergebnis beider, Bezauberung erwachsen aus der Mathematik. In Italien, Frankreich, England und den Niederlanden war Musik in den verflossenen Jahrhunderten erfolgreich gepflegt worden, eine Kunstübung, die fast wissenschaftlich durchdacht und erlernbar war. Von den Musikkapellen, die Fürsten hielten, um kirchlichen und weltlichen Festen Glanz zu verleihen, waren die des Kaisers Maximilian und des Kurfürsten Friedrich von Sachsen die berühmtesten. Sie bezogen die Musik hauptsächlich aus Flandern, doch gab es nun auch schon namhafte deutsche Komponisten. Sie arbeiteten ganz im flandrischen oder italienischen Stil die folgenreiche Wendung zu deutscher Eigenart kam der Musik aus dem Luthertum.

Die bibelgläubigen Sekten, Waldenser, Wiclifiten, Hussiten, verwarfen das Erbauen und besonders das prächtige Schmücken von Kirchen, teils aus Entrüstung über den Aufwand, während arme Brüder Hunger litten, teils im Hinblick auf gewisse Bibelstellen, die darauf hinwiesen, daß Gott zu groß, zu unfaßbar sei, als daß er in Häuser gebannt und dort angebetet werden wolle. Diese Einstellung hatte auch Luther: die Liebe des Nächsten sei wichtiger als Kirchenbauen, sagte er, wenn es auch nicht böse sei, und er erinnerte an die Worte des Jesaias: «Der Himmel ist mein Stuhl und die Erde meine Fußbank; was ist's denn für ein Haus, das ihr mir bauen wollt!» Andererseits war er viel zu konservativ, um etwa die Verehrung Gottes in Gotteshäusern abschaffen zu wollen; aber er hat doch, ohne sich das zum Ziel zu setzen, eine neue Kirche gebaut oder doch den Grund dazu gelegt, eine unsichtbare, eine Kirche aus Musik. Nicht das Gesicht, das Gehör, sagte er, sei das eigentliche Organ des Christen, das Organ für die unsichtbaren Dinge. Er hat sich viel mit den Geheimnissen der Musik, die er so sehr liebte und die so große Gewalt über ihn hatte, beschäftigt. Um ihr Wesen zu bezeichnen, wies er ihr den Platz gleich neben der Theologie an, und wenn sein Freund, der Kantor Walther, mit dem zusammen er die deutsche Messe ausarbeitete, gelegentlich schrieb, die Musik gehöre eigentlich und erblich der heiligen Theologie, ja sie sei so in sie eingewickelt und verschlossen, daß, wer die Theologie begehre und studiere, auch die Musik darunter verstehe, so war das gewiß ein Nachklang seiner Gespräche mit Luther. Luthers Auffassung der Musik hat sich seiner Umgebung so eingeprägt, daß sie sogar in amtlichen Dokumenten erschien. Als der Kurfürst Johann Friedrich der Kantorei einen Zuschuß versprach, führte er als Begründung an, daß der Ehrwürdige und Hochgelahrte, Doktor Martin Luther, ihn mündlich und schriftlich höchlich ermahnt habe, die Musik, die vor allen anderen Künsten der Theologie nahe sei, erhalten zu helfen, und der Rektor der Universität Wittenberg sagte in einem Ausschreiben, Gott habe den Sinn für Harmonie, die Gesänge und die Kunst des Singens dem menschlichen Geschlecht darum gegeben, weil der Gesang die himmlische Lehre verbreite und erhalte. Im Verein mit Walther hat Luther die Musik zu einem erheblichen Teil des evangelischen Gottesdienstes gemacht. Von dem protestantischen Historiker Sleidan stammt die Nachricht, Luther habe die Melodie zu seinem Liede: «Ein feste Burg ist unser Gott» selbst gefunden; es ist nicht unmöglich, wie es auch möglich ist, daß ihn eine volkstümliche Weise des Mittelalters dabei beeinflußt hat. Auch auf dem Gebiete der Musik war er Bewahrer der mittelalterlichen Überlieferung. Er liebte sowohl den einstimmigen gregorianischen Gesang wie die volkstümlichen Weisen deutscher Lieder, die hier und da in den Kirchen gesungen wurden, wie auch, und zwar ganz besonders die von den Niederländern gepflegte Kunstmusik, den sogenannten Figuralgesang. Die Eigentümlichkeit desselben bestand darin, daß eine Stimme, nämlich der Tenor, die Choralmelodie führte, den Baß, Diskant und Alt mit verschlungenen Figuren umspielten, was Luther selbst mit inniger

Freude an dem labyrinthischen Vielklang anschaulich geschildert hat. Trotz manchen Widerspruchs behielt Luther den Figuralgesang als Teil des Gottesdienstes bei und sorgte dafür, daß er in den sächsischen Kantoreien, die es bald fast in jeder Stadt, ja in manchem Dorfe gab, gepflegt wurde. Es ließ sich dagegen einwenden, daß es der Gemeinde nicht möglich war mitzusingen, weil die Tenorstimme, der sie sich hätte anschließen müssen, in der Umschlingung der figurierenden Stimmen versteckt war; vierzig Jahre nach Luthers Tode hat man deshalb die Führung auf den leichter herauszuhörenden Diskant übertragen. Für die Gemeinde sorgte Luther durch Einführung des Gemeindegesanges, zu dem er nicht selten die Melodien weltlicher Volkslieder benutzte. Obwohl die Gemeinde sich mancherorts das Mitsingen erst allmählich aneignete, so haben wir doch Zeugnisse dafür, daß gerade der gemeinsame Gesang das Volk unwiderstehlich zum protestantischen Gottesdienst zog. Auch den Gegnern fiel das auf, und von katholischen Obrigkeiten wurde verboten, die evangelischen Lieder zu singen, die wie ein Zaubertrank die Seelen mit der neuen Lehre durchfluteten. Es wird berichtet, daß der Bischof von Paderborn seinen Kaplan nach Lemgo schickte mit dem Auftrage, die Bürger in der Marienkirche vom Singen der neuen Lieder abzuhalten; indessen wurde der Bote wider Willen von der magischen Musik so ergriffen, daß er plötzlich in den Gesang einstimmte. Da schickte der altgläubige Bürgermeister einen Ratsdiener in die Kirche, damit er die Namen derer, welche die verbotenen Lieder sängen, zum Zwecke der Bestrafung aufnotiere. Er kam zurück und meldete, daß sie alle miteinander sängen. «Ei, alles verloren», soll der Bürgermeister ausgerufen und die musikverzauberte Stadt verlassen haben. In diesen Gesängen, so scheint es, wurde dem deutschen Volke faßbar, was Umwälzendes und doch mit seiner Seele Übereinstimmendes im evangelischen Glauben war.

Das Wesen dieses Neuen, soweit es von der Musik ausging, beleuchten vielleicht einige Urteile Luthers über zeitgenössische Komponisten, wenn er zum Beispiel meinte, der Autor habe wohl die Regeln beobachtet, aber Lieblichkeit und Freiheit fehle, auch in der Musik gebe es Gnade und Gesetz, Musik müsse daher ungezwungen daherfließen, wie der Fink singe. Er lobte den Niederländer Josquin, der die Noten meistere, nicht von ihnen beherrscht werde. Zu den mathematischen Berechnungen, auf denen die von Luther hochgeschätzte, wesentlich konstruktive Musik des Mittelalters beruhte, sollte die Inspiration kommen, die Eingebung göttlicher Gnade, die keine Kunstfertigkeit erzwingen kann. Der Zusammenhang der evangelischen Musik mit der Bibel ist nicht nur dadurch gegeben, daß die Bibel die Quelle des evangelischen Glaubens ist, sondern daß auch hier Inspiration die schaffende Kraft ist. Sie mußte sich musikalisch im stärkeren Hervortreten und freierer Beweglichkeit der Einzelstimme, in einer Art von musikalischem Individualismus äußern. Diese Neuerung ging zwar von Italien aus; aber die Deutschen, die dort lernten, erfüllten die dramatische Spannung mit der Inbrunst, die das Wagnis persönlicher Überzeugung, der Durchbruch unmittelbarer Beziehung zum Göttlichen verlieh. Das Mysterium der Persönlichkeit, die Verwurzelung des einzelnen Ich im Ewigen entfaltete sich in Musik. Das Eingewickeltsein der Musik in die Theologie, von dem Walther sprach, zeigte sich in der protestantischen Musik des 16. und 17. Jahrhunderts, wie sie den Gehalt der Heiligen Schrift Satz für Satz, man kann sagen Wort für Wort ausschöpfte und durchleuchtete. Heinrich Schütz, dessen ernste und ehrwürdige Erscheinung neben den Schrecken des Dreißigjährigen Krieges einhergeht, war fast ebensosehr Theologe und Lehrer wie Musiker; wie Luther die Bibel ins Deutsche, hat er sie in Musik übersetzt.

Nunc opus Uranie sonitu maiore – nun, Urania, bedarf es vollerer Töne! schrieb Kepler, als er auf der harmonischen Sternbewegung dahin aufsteigen wollte, wo die Uridee des Weltgebäudes verborgen ist, und die Tonsetzer aufforderte, ihm zu folgen, weil ihrem Geist das harmonische Weltall in Gleichnissen offenbart sei. Kepler hatte von der Musik dieselbe Auffassung wie Luther und wie der Kantor Walther, wenn er ausmalt, wie die seligen Geister sich gleichsam in Musik auflösen. Es ist die Vorstellung von einer jenseitigen Musik, die irdischen Ohren nicht vernehmbar ist, die aber Begnadete ahnen und von der sie uns Gleichnisse in Erdentönen schaffen. Einst besuchte Luther ein niederländischer Musiker katholischer Konfession und traf den großen Ketzer, wie er mit mehreren Schülern ein Lied sang. Der Gast war von der Schönheit des Gesanges so ergriffen, daß ihm Tränen in die Augen traten, worauf ihm Luther, der es bemerkte, gleichfalls gerührt, die Hand reichte. Ich nahm sie, erzählt der Altgläubige, mochte es immer eine Ketzerhand sein. Die beiden Tonsetzer, die Luther am meisten verehrte, waren der Niederländer Josquin und der Kapellmeister am bayrischen Hofe, Ludwig Senfl, beide Katholiken. Aus den Briefen, die Luther an Senfl schrieb, spricht eine betonte, beinah zärtlich scheue Achtung. Da ist nichts mehr von dem zornigen Haß auf Papst und Papsttum, nichts mehr von dem Luther, der sagen konnte: Verflucht sei die Liebe bis in den Abgrund der Hölle, die erhalten wird mit Schaden und Nachteil der Lehre. Die Musik hat eine Region geschaffen, wo auch die bittersten Gegensätze ausgeglichen werden, wo sie kein Dasein mehr haben. In dieser unsichtbaren Kirche wohnt der offenbarte und wohnt auch der verborgene Gott, über den Worte nichts aussagen können. Ihr Fundament ist die Kirche des Mittelalters, von da schwingt sie sich auf und überströmt alle Grenzen. Geschlechter von Musikern, fromme, rüstige Baumeister, widmeten sich dem Bau des tönenden Gewölbes. Es erfüllte die unscheinbaren, nüchternen protestantischen Kirchen mit dem gespiegelten Glanze des Schauens von Angesicht zu Angesicht.

Im katholischen Süden trugen die Jesuiten dem dramatisch-tragischen Hang, der im deutschen Volke lebt, durch großartige Aufführungen Rechnung, die sie mit ihren Schülern veranstalteten. Es wurden alle erdenklichen Mittel aufgewendet, um das Schauspiel rauschend und zur Augenweide zu gestalten: wechselnde Dekorationen, Donner und Blitz, Aufzüge in phantastischen Kostümen, Chöre von Engeln, Musik und Gesang, obwohl die Musik in der Schule von den Jesuiten grundsätzlich abgelehnt wurde. Der Text mußte lateinisch sein. Trotz des Hineinspielens der oberen und unteren Welt in das Irdische, trotz reichlicher Mitwirkung des Wunders war der Charakter dieser Dramen eher rationalistisch. Hier wurde das Überirdische greifbar, sinnenfällig; in den Oratorien wurde auch das ganz Diesseitige und Gemeine zum Mysterium. Es handelte sich hier nicht um Befriedigung der Schaulust, die theatralische Darstellung würde sogar den aus Wort und Ton aufgebauten ätherischen Dom des Oratoriums zerstören.

In den Passionen Bachs und den Oratorien Händels ist die Musik-Tragödie zu einer Vollendung gelangt, die nicht übertroffen und nicht wieder erreicht werden kann. Der eigentümliche Umstand, daß die Schöpfer der neuen Musik, Luther, Praetorius, Schütz, Händel, Bach, in einem kleinen Stück deutschen Landes, in Thüringen und seiner nächsten Umgebung, geboren sind, drängt die Vermutung auf, es könne etwas von slawischer Musikalität in die deutsche eingeströmt sein. Zugleich aber erinnert er daran, daß von diesem Lande die Erneuerung des Glaubens ausgegangen ist. In den beiden Heroen der Musik, Bach und Händel, die im gleichen Jahre nicht weit voneinander geboren wurden, hat sich der Strom des lutherischen Protestantismus gleichsam in zwei Arme geteilt, so daß Händel vornehmlich das Kriegerische, das glorreiche Bewußtsein der Unüberwindlichkeit in Gott ausprägt, Bach vornehmlich die Innigkeit und den unergründlichen Tiefsinn der Gottverbundenheit. Händels Musik läßt an eine kursächsische Schulordnung des Jahres 1580 denken, die bestimmt, es sollten nur solche Gesänge geübt werden, die herrlich und tapfer seien; er beschwört die Helden des Alten Testaments, läßt ihren Harnisch blinken, krönt sie mit dem Lorbeer ruhmrei-

Händel 1685 – 1759
Bach 1685 – 1750

cher Schlachten und reiht ihnen zuletzt den Erlöser an, der ungerüstet seinen heiligen Leib opfert. Aber auch der Messias ist dem Jesaias entnommen und schreitet in prophetischer Gewalt. In der Bachschen Passion erleben wir das Urgeheimnis von der Fleischwerdung des Wortes, von der tragischen Verschmelzung von Geist und Fleisch. Wie eine himmlische Antwort auf das Ringen Luthers um das Sakrament erklingen die Einsetzungsworte des Herrn, ein fremder Klang von jenseits der Sterne, der die schaudernde Erde berührt.

«Durch die Verderbnis des eisernen Jahrhunderts, in welchem wir leben, stürmen wie durch zwiefach geöffnete Pforten drei Ungeheuer herein: Atheismus, Barbarei und Sklaverei.» Es ist ein Ausspruch des württembergischen Theologen Johann Valentin Andreae, der den Dreißigjährigen Krieg miterlebt hat; grausame Worte für einen Angehörigen des Luthertums, dessen Begründer mit dem gereinigten Glauben ein reineres, schöneres Zeitalter hatte herbeiführen wollen. Die Barbarei sah er nicht zum wenigsten in der Verknöcherung der protestantischen Theologie, der unfruchtbaren Streitsucht und Gehässigkeit der Theologen, die Sklaverei in der Knechtung der Religion durch den Staat. Das Summepiskopat der Fürsten hatte die Cäsaropapie verwirklicht, die Melanchthon vorausgesehen und so sehr gefürchtet hatte; Andreae pflegte sie den leidigen Apap zu nennen, das umgekehrte Papsttum. Die Mehrzahl der Theologen war nur allzubereit, sich unter das Joch zu bücken; sie brauchten die Fürsten nicht mehr zu ermuntern, daß sie sich als Götter erwiesen: sie waren überzeugt, es zu sein.

In der Tat, als das dreißigjährige verheerende Feuer erloschen war, blieb ein aschenfarbenes Deutschland zurück. Von dem guten Samen, den Luther ausgestreut hatte, war mancher nicht aufgegangen und mancher verkümmert. Anstatt der verheißenden Freiheit war Gebundenheit und Enge gekommen. Sein freudiges Ergreifen des wirklichen Lebens hatte teils zu verantwortungslosem Genießen, teils zu moralisierender Engherzigkeit geführt; man ließ sich gehen, oder man beherrschte sich mit zusammengebissenen Zähnen. Im Mittelalter hatte die Weitherzigkeit mit den menschlichen Leidenschaften, Torheiten und Lastern viel Geduld gehabt, Versöhnung und Ablenkung dafür gefunden; da die Schranken ihnen gesetzt waren, konnten sie sich sorglos ausleben. Die Schranken, die der Staat aufrichtete, waren unnachgiebiger, willkürlicher. Der Staat und der moralische Trübsinn des Protestantismus vernichteten die bunte Lust der Volkssitten, die Umzüge, Tänze und Spiele. Man war im protestantischen Norden stolz darauf, daß man in der Kirche nicht vor Bildern kniete und nicht den Rosenkranz durch die Finger zog; anstatt dessen hörte man lange und langweilige Predigten an, und über alles Tun und Treiben legte sich ein Überzug von Grämlichkeit. Bei den Katholiken erhielten sich zwar durch die Kirche gewisse Anlässe zum Zusammenströmen des Volkes, das immer Belustigungen mit sich brachte, Wallfahrten und Kirchweih; aber der zunehmende Absolutismus suchte doch auch hier die Unbändigkeit des Volkes zu zügeln. Die prächtigen Feste der Höfe schlossen die Teilnahme des Volkes mehr und mehr aus. Der protestantische Hoftheologe und der jesuitische Fürstenbeichtvater waren verschieden untereinander, aber im allgemeinen gleich unerfreulich.

Dennoch, trotz des Elends und trotz vielfacher Entartung und Erschlaffung, gab es im ganzen Reiche treue Führer und gläubiges Volk. Das Vorbild von Luthers Persönlichkeit, seine kraftvolle und gütige Führung der Herde, seine unermüdliche Tätigkeit nach allen Seiten, sein Verantwortungsbewußtsein, seine freie Offenheit für alle Erscheinungen des Lebens hat in der protestantischen Geistlichkeit segensreich gewirkt.

Unter den Pfarrern der bäuerlichen und kleinstädtischen Gemeinden Deutschlands im 16. und 17. Jahrhundert, namentlich während des Dreißigjährigen Krieges, waren Helden. Ohne sich um die Streitigkeiten der Lehre zu kümmern, waren sie gute Hirten, erfinderisch, dem Volke beizustehen in seiner Not, bereit, ihnen voran zu sterben. Geistliche Führer solcher Art gab es auch unter den Katholiken. Die protestantischen konnten sich durch ihre Kinder ins Volk verzweigen, die die ihnen eingepflanzte Gesinnung in Familie und Öffentlichkeit betätigten. Jahrhunderte hindurch hat das evangelische Pfarrhaus durch seine Führung und Seelsorge und nicht zuletzt durch seine Söhne und Töchter Kultur und edles Menschentum verbreitet. Gewiß sind mehr als die Hälfte aller bedeutenden und guten Männer und Frauen im protestantischen Deutschland aus Pfarrhäusern hervorgegangen. Aber auch außerhalb des geistlichen Standes wirkte Luthers Geist fort, er wirkte durch das unendlich feine Geäder, das geistige Kräfte sich bilden, und durch die Bibel, das Lesebuch der protestantischen Deutschen, für viele Kreise das einzige Buch. Generationen protestantischer Deutscher wuchsen mit diesem Buch auf, erfüllten sich bewußt und unbewußt mit seinem Geiste, wurden von ihm geprägt. Dieser kräftige Strom ließe sich gewiß sowohl in den Erzeugnissen protestantischer Denker, Dichter und Künstler, wie im Leben und Treiben der Bauern und Handwerker, des ganzen protestantischen Teils der Nation nachweisen.

Das Größte an Luthers Wirksamkeit scheint mir doch das zu sein, was ihm unter seinen Zeitgenossen viel Gegnerschaft bereitete und wenig Verständnis fand, daß er, obwohl er selbst zum Entstehen wissenschaftlicher Theologie und Kritik beitrug, dem Eindringen des Rationalismus widerstand. Er ist dazu gekommen, die Mystiker zu bekämpfen, deshalb, weil er die dem christlichen Glauben innewohnende Mystik unangetastet und unverwirrt haben wollte. Er hielt dafür, daß die Geheimnisse des menschlichen Daseins im Gleichnis des Christentums so weise gefaßt seien, daß es nicht erlaubt sei, sie in träumerischer und meist stümperhafter Weise weiter auszuspinnen. Andererseits hielt er dafür, daß die Geheimnisse des Glaubens sich dem Verstande entziehen und daß sie nicht durch den Versuch verstandesmäßiger Auflösung entkräftet werden sollen. Das Sakrament sollte nicht etwas Begreifliches bedeuten, da vielmehr das Unbegreifliche im Sakrament erlebt wurde.

Wie für die Malerei Rembrandts ist für die Musik Bachs und Händels der evangelische Glaube Luthers Voraussetzung. Sein Mittelpunkt ist der Bund Gottes mit den Gläubigen des Alten Testaments, den Gott im Neuen Testament besiegelt durch die Hingabe seines Sohnes. Die Menschheitstragödie, zusammengefaßt in der Tragödie des Gottmenschen, das einmalig-ewige, irdisch-überirdische Ereignis, war der Gegenstand der mittelalterlichen Kirchenkunst und ist der Gegenstand der Musikkunstwerke des 17. Jahrhunderts. Einst in schweren Stein und lichte Farben übertragen, ist er nun vollends durchsichtig geworden im sublimen Mittel der Musik. Es ist schön und tröstlich zu denken, daß die erhabenen Visionen der lutherischen Musik auch von den Katholiken, von allen gläubigen Christen ohne Zwiespalt aufgenommen werden können. Sie können es von allen Menschen, die an das Göttliche über den Menschen und in den Menschen glauben.

GOLO MANN

Nachwort

Der zweite Band von Ricarda Huchs deutscher Geschichte, ein Werk voll Schönheit, Klugheit und Mut, handelt vom fünfzehnten, sechzehnten, siebzehnten Jahrhundert. Er erfüllt diese Zeit nicht ganz; die Erzählung, erst nur beschreibend, geht fast unmerklich zum Individuellen, Wechselnden über und verliert sich gegen Ende wieder im Zeitlosen, ohne eigentlich abzubrechen; so wie ein Raum in der Mitte hell ist, dessen Licht nach allen Seiten in Halbschatten und Dunkel übergeht. Das Licht, das hier von der Mitte aus leuchtet, heißt «Reformation». Luther, der Kampf der Kirche und der Habsburger mit dem Luthertum, die Auflösung des alten Reiches, der mittelalterlichen Geisteswelt, die Reformation samt allem, aus dem sie kam, mit dem sie zusammenfloß und in das sie auslief, ist das Schicksal, von dem Ricarda Huch noch einmal redet. Sie kennt es gut. Das Zeitalter der Glaubensspaltung, bis zum westphälischen Frieden, ist eine der Epochen, zu denen sie immer wieder zurückkehrt und die sie liebt, obgleich, oder eben weil sie um ihr Kläglich-Irdisches wie um ihre Größe und Härte weiß. Sie liebt die Individuen, die heroischen, triumphierenden, deren heimliches Leiden sie durchschaut, und die scheiternden, zeitkranken, sehnsüchtigen, durch die allmächtige Gegenwart gebrochenen. Sie liebt, was verloren ging, den katholischen Kosmos, die bergende Kultur der Städte, wie das Freiere, Bewußtere,

Unendliche, was kam. Sie liebt überhaupt das Vergangene, sein Lebendiges, und seine Notwendigkeit.

Bei einer so wunderbar unmittelbaren Beziehung, wie Ricarda Huch sie durch das historische Dokument hindurch zur Vergangenheit besitzt, ist es schwer, von «Philosophie» zu sprechen; man soll das nicht systematisieren wollen, was nicht intellektuell gedacht ist. Theorie muß oft Geschichtsgefühl und Gestaltungskraft ersetzen; Ricarda Huch bedarf ihrer nicht. Sie sucht nicht Gesetze, Ursachen, Kausalität; aber in wenigen geschichtlichen Darstellungen glaubt man so wie in der ihren das Fatum zu ergreifen. Ein auf den ersten Blick willkürlich scheinendes Herausnehmen einzelner Bereiche der Politik, der Philosophie oder Sitte, ein Wechseln zwischen dem Einzeln-Bestimmten und dem Allgemein-Beispielhaften, ein auftauchen, verschwinden, wiederkehren und endgültig versinken Lassen der Individuen, Freunde und Feinde, ein kunstvolles Ineinanderweben der Generationen, des Sterbens und Weitergehens, mitleidende Psychologie des Seelenarztes und unbestechliches Beurteilen des um die objektiven Folgen wissenden Historikers, Bedachtsein auf den kleinen Zufall und das große Muß, die Schuld und die Unschuld des Handelnden, der blind vorwärts schreitet, bis sein Fuß auf Feuer tritt – das sind einige Merkmale der Methode, die Ricarda Huch sich geschaffen hat, die vor ihr nicht da war und die, weil persönlich, weil bei aller Gelehrtheit poetisch, auch keine Nachfolge finden kann.

Müßten wir ihr ein Kennwort zuweisen, so wählten wir: *Gerechtigkeit*. Ricarda Huch verhimmelt nicht, entlarvt nicht, klagt auch nicht an: sie ist gerecht. Man weiß, und erfährt auch hier, daß sie die Gestalt Luthers, des Mystikers, des Dichters und Volksführers, sehr liebt; aber nie wurde in einem protestantischen Buch über Luthers Wesen, seine satanische Herrschsucht und Rechthaberei, sein barbarisches Verhalten im Bauernkrieg, über die schlimmen Folgen seines Wirkens für Wissenschaft und Humanität, und über die Fürstenknechtschaft, in die er die Religion führte, gleich furchtbar Gericht gehalten. So erscheint manchmal die Reformation als ein Unglück, die alte, ehrwürdige Kirche als das bei weitem Überlegene, Weisere, Skeptisch-Menschlichere – und dann doch wieder nicht; und dann doch wieder der Protestantismus als das im Geiste, in Kunst und Musik, wie im Sozialen schöpferische Prinzip, und das neue Dogma, das er aufrichtete, in der Schwäche der Menschen, so wie sie einmal sind, notwendig begründet. So wie sie einmal sind – Ricarda Huch, von jeher eine illusionslose Romantikerin, zeigt stärker als sonst eine strenge und resignierte Altersweisheit. Etwa merkt sie über die Kompromißbereitschaft Melanchthons an: «Es ist der Grund, der bei Umwälzungen oder Vergewaltigungen immer von denen vorgeschützt wird, die bequemes Sichfügen dem Widerstand und seinen für sie schädlichen Folgen vorziehen. Sie verkennen, daß eine Regierung, die stark genug ist, sich gewaltsam einem Volk aufzudrängen, erst recht nicht durch allmähliche Wirksamkeit Einzelner beeinflußt wird, daß vielmehr ziemlich schnell diese Einzelnen umgewandelt werden.» Das könnte bei Tacitus stehen. In Ricarda Huch war Gerechtigkeit immer mit einem Willen zum Wirklichen verbunden, der ebenso wie zur Liebe auch bis zur

Grausamkeit ging und vor den Abgründen des kranken Geistes so wenig wie vor der Schilderung populärer Schändlichkeit und körperlicher Gräuel zurückschreckte. Hier gibt sie in der nur zu wahren Darstellung des Hexenwahns in Deutschland und der Art, wie die Herrschenden sich seiner bedienten, eines der gräßlichsten Bilder menschlicher Verirrung und Infamie.

Es wäre, so meint sie, vollends unerträglich, wenn man nicht auch der tapferen Schriftsteller gedenken könnte, die sich gegen die Barbarei unter Lebensgefahr leidenschaftlich erhoben, wenngleich sie wenig Erfolg hatten: «Es ist unbegreiflich und sehr traurig, daß eine solche Anklage (die Cautio Criminalis Friedrich von Spee's) so wirkungslos verhallte.» Den tierisch-rohen Mächten unterliegen die Helden nach altem Brauch. Zynismus, systematische Menschen- und Geschichtsverachtung sind aber aus dieser Erkenntnis nicht die Folge. Dazu hat Ricarda Huch zuviel Liebe zum Vergangenen überhaupt, zuviel Naturnähe, zuviel Humor; genug menschlich Reizvolles, Jugendfreundschaften, Schönheit der Landschaft und Menschen, Behaglichkeit, Güte, Mäßigung, Mut, Witz steht dem Gemeinen entgegen. Sie hält die Welt weder für schlecht noch für gut, noch denkt sie, daß je etwas ganz schlecht oder ganz gut gewesen sei; aber sie würdigt doch den Kampf des Besseren gegen das Schlechtere. Indem sie das Prinzip, wonach Recht sei, was der Kirche nütze, als verderblich bezeichnet, meldet sie ihr Wissen um *bessere* Prinzipien an; sie glaubt auch an «etwas Unvergängliches, Unersetzliches, etwas allen Menschen zu jeder Zeit Notwendiges, die Luft, in der der Geist atmet»: an Freiheit.

Anhang

EDITORISCHE NOTIZ

Die vorliegende Ausgabe des zweiten Bandes der *Deutschen Geschichte* von Ricarda Huch mit dem Titel *Das Zeitalter der Glaubensspaltung* beruht auf der 1937 im Atlantis Verlag, Zürich, erschienenen Erstausgabe. Dieses Werk erlebte später, im Jahr 1954, ebenfalls im Alantis Verlag, noch einmal eine Neuauflage, wobei damals jedoch auf die Holzschnitte der Erstausgabe verzichtet wurde. Diese wurden in der vorliegenden Neuausgabe wieder aufgenommen und entsprechend ihrem ursprünglichen Standort im Text wieder eingefügt.

Eingriffe in den Textbestand sind nicht vorgenommen worden. Dagegen wurde gelegentlich die Orthographie und Interpunktion dem heutigen Gebrauch angeglichen.

Dank sei an dieser Stelle dem Verfasser des Nachwortes, Professor Dr. Golo Mann, der die Erlaubnis zum Abdruck seiner 1938 in der von seinem Vater Thomas Mann begründeten und herausgegebenen Zeitschrift *Maß und Wert*, Heft 5, Seite 812–814, erschienenen Rezension dieses Werkes erteilt hat.

Wolfgang Stammler

VERZEICHNIS DER WICHTIGSTEN NAMEN

Agricola, Johann, Pfarrer 432, 460
Agrippa, Heinrich Cornelius von Nettesheim 560, 564, 565, 579, 580, 582
Alba, Herzog von 218, 458, 488, 519, 522, 530–535, 542, 543, 636, 686
Albrecht II., Kaiser 98
Albrecht III. Achilles, Kurfürst von Brandenburg 43, 44, 111, 122
Albrecht von Brandenburg, Kurfürst von Mainz 183, 184, 209, 257, 259, 260, 407, 408, 452
Albrecht V., Herzog von Bayern 465
Albrecht, Hochmeister, dann Herzog von Preußen 467, 476
Albrecht, III., Herzog von Sachsen 58–60, 204
Albrecht Alcibiades, Markgraf von Kulmbach-Bayreuth 453, 471–475
Alexander, Hieronymus, päpstlicher Legat 243, 251, 279
Alexander VI., Papst 69
Altdorfer, Albrecht 138
Amsdorff, Nikolaus von 179, 244, 434, 463, 652, 654
Andlau, Peter von, Rechtslehrer 72–75
Andreas, Bischof von Crain in Epirus 181
Anna, Landgräfin von Hessen 378, 379
Apiani (Bienewitz), Petrus, Mathematiker 405
Aquila, Kaspar, Theologe 289, 419
August, Kurfürst von Sachsen 590, 655, 656

Bach, Johann Sebastian 707, 711
Baldung-Grien, Hans 136, 139
Berlichingen, Götz von 321
Bernhard von Weimar 623, 625, 626
Berthold von Henneberg, Kurfürst von Mainz 110–115, 136, 171, 172, 183, 240
Berthold von Regensburg, Prediger 185
Blaurer, Ambrosius, Theologe 375, 463
Bockelson, Jan aus Leyden 368, 369
Bodin, Jean 583, 667
Bonifacius VIII., Papst 182, 186

Bora, Katharina von 324, 376
Borja, Francisco, Jesuit 493, 494
Brant, Sebastian 72, 132, 133, 151, 194
Brederode, Heinrich von 528–531
Brenz, Johannes, Reformator 462
Brück, Gregor, Kanzler Friedrichs des Weisen 176
Bruno, Giordano 672, 673
Bullinger, Heinrich, Theologe 439
Butzer, Martin, Reformator 196, 289, 295, 356, 364, 367, 374, 375, 390, 413–417, 430, 439, 440, 442, 445, 447, 448, 462, 463, 490, 511, 512

Cajetan, Thomas, Kardinallegat 199, 201, 202
Calixtus (Kallisön), Georg, Professor 659, 660
Calvin, Johannes 450, 510–519, 556, 656
Camerarius, Joachim, Humanist 434, 653
Canisius, Peter, Jesuit 503, 507
Capito, Wolfgang, Theologe 375, 376, 402
Carben, Viktor von 80
Cazalla, Augustin de 486
Cesarini, Giuliano, Kardinal 40
Christian von Anhalt 601, 602
Christian von Braunschweig 608–611, 629, 636
Christian von Dänemark 611, 615, 616
Clemens VII., Papst 336, 337, 434, 668
Contarini, Gasparo 417, 445
Cranach, Lukas 136, 172, 177, 464
Cranmer, Thomas, Erzbischof 490
Cusa, Nikolaus Krebs, Kardinal 35–43, 46–58, 64, 73, 96–100, 143, 146–148, 150, 672, 675

Dalberg, Johann von, Bischof von Worms 102, 103
Dietrich von Erbach, Erzbischof von Mainz 120, 122
Dietrich von Isenburg, Kurfürst von Mainz 122
Dürer, Albrecht 131, 136, 139, 172

Eck, Johann Maier, Professor 194, 203, 204, 206, 229, 230, 246, 247, 252, 279, 409, 444
Eck, Leonhard von, bayrischer Kanzler 312–314, 320, 321, 446, 449, 465
Egmont, Lamoral Graf 523–525, 527, 529–531
Eleonore, Schwester Karls V. 384, 484, 488
Elsheimer, Adam, Maler 698–700

Enea Silvio Piccolomini aus Siena, als Papst Pius II. 35, 41–43, 52–58, 73, 112, 121, 122, 133, 143, 145, 181, 695
Erasmus von Rotterdam 75–78, 86, 93, 95, 178, 271, 276–286, 298–300, 340, 344, 348
Erich von Braunschweig-Calenberg 249
Ernst, Kurfürst von Sachsen 204
Ernst, Herzog von Braunschweig-Lüneburg 351
Ernst von Bayern, Bischof zu Passau 314
Eugen IV., Papst 36, 42, 43, 572

Faber, Peter, Jesuit 500, 501, 507
Faust 560–568
Feilitzsch, Rat Friedrichs des Weisen 176, 216
Felix, Papst 42
Ferdinand I., Kaiser 208, 313, 321, 332–336, 345, 348, 349, 465, 466, 472–475, 518, 591, 596, 683, 684
Ferdinand II., Kaiser 597–599, 602, 604–606, 611–621, 623–626, 633, 634, 637, 638
Ferdinand, König von Spanien 120, 208, 209, 486, 648
Fischer, Friedrich, Domherr 129
Flacius, Matthias, Theologe 463
Franck, Sebastian 37, 268, 552, 554
Franz I., König von Frankreich 207, 208, 210–214, 217, 315, 327–332, 403, 443, 444, 449, 454, 465, 469
Friedrich III., Kaiser 42, 50, 58, 98–102, 107, 113, 116, 130, 682
Friedrich II., Kurfürst von der Pfalz 209, 217, 452
Friedrich III., Kurfürst von der Pfalz 331, 381, 382, 517, 518, 519, 524, 531, 592, 593, 649, 650, 659, 664
Friedrich V., Kurfürst von der Pfalz («Winterkönig») 599, 600, 608, 610
Friedrich III., der Weise, Kurfürst von Sachsen 171–174, 184, 193, 195, 199, 202, 204, 208, 210, 211, 215, 216, 217, 240, 242, 266, 278, 290, 303, 304, 325, 347
Friedrich Ulrich, Herzog von Braunschweig-Wolfenbüttel 609
Froben, Hieronymus, Buchdrucker in Basel 137
Froschauer, Christoph, Buchdrucker in Zürich 342, 439
Frundsberg, Georg von 328, 329, 336
Fugger, Augsburger Familie 211, 544–548

Galilei, Galileo 673–675

Gattinara, Kanzler Karls V. 325
Gebwiler, Humanist 213, 214
Georg, Herzog von Sachsen 120, 184, 332, 426, 428, 434, 489
Georg, Markgraf von Brandenburg-Ansbach 351, 404
Georg von Mecklenburg 473
Georg Friedrich, Markgraf von Baden 610
Georg Podiebrad, König von Böhmen 58, 59, 100, 101
Gerhard, Paul 645
Geyer, Florian 311
Geyersberg, Geyer von 321
Glarean, Heinrich, Humanist 86
Gregor VII., Papst 572
Greve, Johannes, Theologe 584, 588, 589
Grünewald, Matthias 136, 139
Gustav Adolf, König von Schweden 601, 611, 615, 618–623, 626, 629–631, 636, 637
Gustav Wasa 691, 692
Guzman, Domingo de 486

Hadrian VI., Papst 480
Händel, Friedrich 707, 711
Hans (Johann), Markgraf von Küstrin 453, 468
Heimburg, Gregor von 35, 41–44, 53–60, 112, 120, 122, 144
Heinrich, Herzog von Braunschweig 420, 455, 474
Heinrich VIII., König von England 207, 212, 217, 430, 454, 465
Heinrich II., König von Frankreich 469–472
Heinrich IV., König von Frankreich 594
Held, Dr., kaiserlicher Vizekanzler 441
Hermann von Wied, Kurfürst von Köln 428
Hermannsgrün, Hermann von 128
Hesse, Eoban 86, 301
Hipler, Wendel, Bauernführer 311
Hochstraten, Jakob, Ketzermeister 80, 84–86, 94
Hofmann, Melchior, Wiedertäufer 367
Holbein, Hans 136
Hug, Leutpriester 72
Huß, Johannes 32, 185, 224, 237–239
Hutten, Hans von 92, 153, 16
Hutten, Ulrich von 78, 86, 92–94, 129, 142, 157–163, 194, 220–231, 244, 287–301, 302, 310, 326, 339

Innocenz IV., Papst 73
Innocenz VIII., Papst 572
Isabella, Königin von Spanien 120, 486, 648
Isabella von Portugal, Gemahlin Karls V. 443, 483, 493

Isabella, Schwester Karls V., Königin von Dänemark 384, 385

Jakob I., König von England 601, 610, 611
Jakob von Liebenstein, Kurfürst von Mainz 183
Jakob, Kurfürst von Trier 120
Joachim I., Kurfürst von Brandenburg 209, 211, 217
Johann XXII., Papst 572
Johann der Beständige, Kurfürst von Sachsen 172, 174, 347, 351, 404, 415, 430
Johann Albrecht, Herzog von Mecklenburg 467, 468, 470
Johann Friedrich, Kurfürst von Sachsen 172, 176, 430, 431, 436, 446, 448, 455–457, 463, 464, 469, 473, 654
Johann Georg I., Kurfürst von Sachsen 621–623, 633
Jonas, Justus, Theologe 356, 390, 391, 419
Juan d'Austria, Sohn Karls V. 484, 487
Juana, Tochter Karls V. 486
Juliane von Nassau 382–384
Julius II., Papst 68, 125, 126, 181, 183
Jungius, Joachim, Gelehrter 666, 674–678

Kaisersberg, Geiler von 61, 71, 72, 110
Karl der Große 219, 234
Karl IV., Kaiser 96, 236
Karl V., Kaiser 207–209, 212–219, 239–246–251, 287, 290, 292, 304, 315, 325, 327–338, 402, 404–409, 417, 420, 422, 443–459, 464–478, 481–491, 493, 494, 519, 521–524, 541, 542, 545, 546, 590–593, 684–686
Karl, Herzog von Burgund 100
Karl Ludwig von der Pfalz 664
Karlstadt, Andreas Rudolf Bodenstein aus 179, 203, 204
Kasimir, Markgraf von Brandenburg zu Ansbach-Bayreuth 322, 517
Kepler, Johannes 670–673, 675, 676, 705
Koberger, Anton, Buchdrukker in Nürnberg 137
Kopernikus, Nikolaus 149, 667–672, 676
Krämer, Heinrich, Inquisitor 573
Kronberg, Hartmut von 296, 297, 321

Lambert, Theologe 237
Lang, Mathaeus, Erzbischof von Salzburg 275
Lannoy, Vizekönig von Neapel 327, 328

Leo X., Papst 85, 94, 126, 159, 182, 183, 212, 229, 230, 242, 243
Leonor von Portugal, Gemahlin Kaiser Friedrichs III. 107
Leyden, Lukas von 131
Lorenz von Bibra, Bischof von Würzburg 195
Loyola, Iñigo de 493–511, 514
Ludwig, Herzog von Bayern 320
Ludwig XI., König von Frankreich 65
Ludwig von Nassau 528, 534
Ludwig V., Kurfürst von der Pfalz 452
Ludwig, Pfalzgraf als Ludwig VI., Kurfürst 379, 380
Ludwig, König von Ungarn 335
Lufft, Hans, Buchdrucker in Wittenberg 137
Luther, Martin 95, 155, 158, 166–180, 186–207, 220–232, 237–287, 289, 290, 298, 299, 307, 308, 310, 316–320, 323–325, 333, 340–343, 346, 352–364, 368, 370, 374, 377, 389–401, 403–405, 409, 410, 412–416, 419–441, 445, 450, 460, 461, 463, 465, 480, 481, 485–489, 494–501, 506–509, 511–517, 522, 548–555, 558, 560, 569, 570, 576, 651–655, 662, 667, 668, 679, 696–712
Manetti, Humanist 78
Mansfeld, Ernst von 602–605, 608–611, 613, 629, 636
Manz, Felix, Wiedertäufer 366
Maria von Burgund, Gemahlin Maximilians I. 683
Maria, Schwester Karls V., Regentin der Niederlande 384, 484, 488, 522, 523, 525, 527
Maria, Kurfürstin von der Pfalz 381
Margarete, Tochter Maximilians I., Regentin der Niederlande 125
Margarethe, Tochter Karls V., Regentin der Niederlande 522, 529, 532
Marnix, Philipp, Herr von Ste. Aldegonde 528, 535, 658, 659
Mästlin, Mathematiker 675
Mathias, Kaiser 593, 599
Mathias I. Corvinus, König von Ungarn und Böhmen 100
Mathias, Graf von Thurn 601, 602
Mathys aus Haarlem, Wiedertäufer 367, 369
Maximilian I., Kaiser 67, 79, 102, 105–116, 123–128, 130–132, 136, 138, 154, 156, 166, 181, 207–213, 218, 240, 243, 291, 304, 661, 682–684

Maximilian II., Kaiser 518, 533, 592, 593, 684, 688
Maximilian I., Herzog, später Kurfürst von Bayern 598, 599, 602, 607, 611, 612, 617, 621, 633, 636
Mayr, Martin 100, 106, 120–124
Meglinger, Kaspar, Maler 627, 628
Melanchthon, Philipp 86, 199, 220, 257, 259, 261, 271, 324, 333, 338, 352, 356, 359, 364, 372, 390, 391, 408–413, 415, 417, 419, 420, 427, 432–434, 439, 444, 460, 462, 554, 652, 654–656, 659, 668
Miltitz, von, sächsischer Kammerherr 202, 203, 207
Molitor, bischöflicher Protonotar 574
Moritz, Herzog, später Kurfürst von Sachsen 448, 453, 455, 456, 459, 468, 470, 472–475, 654
Morosini, Humanist 56, 57
Morus, Thomas 664
Müller, Caspar, Kanzler in Mansfeld 323
Münzer, Thomas 259, 267, 319, 320
Murner, Thomas, Franziskaner 66, 67
Mutian, Domherr in Gotha 662
Niklas, Graf von Salm 328, 688
Nikolaus V., Papst 43

Oekolampad von Weinsberg, Theoploge 86, 289, 345, 356, 375, 403, 415
Olevianus, Kaspar, Theologe 516
Oxenstjerna, schwedischer Kanzler 623, 625

Pacher, Michael 136
Paracelsus, Philipp 677
Paul III., Papst 450, 459, 465, 662
Pescara, Fernando, Heerführer 327, 328, 686
Peucer, Caspar, Arzt 655, 656
Peuerbach, Georg von, Astronom 148, 149, 675
Peutinger, Konrad 86, 133, 200
Pfefferkorn, Johann 79–81, 94
Pfeffinger, Rat Friedrichs des Weisen 176
Pfeifer von Niklashausen 33
Pflug, Julius von, Domherr von Naumburg 459
Philipp II., König von Spanien 465, 466, 483, 487, 488, 519, 521, 522, 524–530, 535–538, 542, 590–593
Philipp, Landgraf von Hessen 156, 249, 333, 334, 347, 348, 351, 352, 355, 356, 358, 370, 403, 404,

Philipp, Landgraf von Hessen 412, 413, 420, 426–428, 430, 442, 448, 452, 453, 455, 457, 458, 464, 472, 531, 658
Philipp, Pfalzgraf 688
Piccolomini, Heerführer Ferdinands II. 686
Pirkheimer, Charitas, Äbtissin in Nürnberg 385, 386
Pirkheimer, Willibald, Humanist 86, 271, 392
Pius II., Papst s. Enea Silvio
Pollich von Mellerstadt, Rektor in Wittenberg 176, 193

Quentell, Buchdrucker in Köln 137
Quixada, Don Luis, Kammerherr Karls V. 484

Ratichius (Ratke), Wolfgang, Pädagoge 676
Regiomontanus, Johannes, Müller 148, 149, 675
Reinhold, Professor in Wittenberg 668
Rembrandt 699, 700, 711
Reuchlin, Johann 78–94, 163, 193, 199
Richard von Greifenklau, Kurfürst von Trier 215, 249, 293–297
Riemenschneider, Tilman 136, 138, 195
Rhenanus, Beatus, Humanist 150, 392
Rheticus, Professor in Wittenberg 668, 669
Rosenblatt, Wiltrudis, Witwe Oekolampads 375
Rottmann, Pfarrer 368
Rubeanus, Crotus, Rektor in Erfurt 86, 91, 92, 157, 244, 392
Rudolf II., Kaiser 670

Sachs, Hans 390
Sailer, Gereon, Arzt 420, 421
Schappeler, Christoph, Bauernführer 308, 309
Schaumberg, Silvester von 153
Schlör, Balthasar 156, 294, 297
Schmid, Ulrich, Bauernführer 308
Schnegg, Hans, Pfarrer 300
Schnepf, Theologe 356
Schurf, Hieronymus 261, 432
Schütz, Heinrich 705
Schwarzenberg, Hans von 326
Schwebel, Johann, Theologe 289
Scriptoris, Theologe 169
Sebastian von Heusenstamm, Kurfürst von Mainz 452
Sickingen, Franz von 155–157, 162–165, 211, 214, 220, 280, 287–304, 321
Sickingen, Hans von 321
Siegmund, Kaiser 31, 96, 98, 105, 116, 154, 239, 291, 311
Siegmund, Herzog von Tirol 46–60, 122, 573, 574
Sittich von Ems, Marx 328

Spalatinus, Georg Burkhard aus Spalt 176, 177, 197, 257, 259
Spee, Friedrich von 585, 587–589, 647
Spinoza 664, 665, 674, 698
Sprenger, Jakob, Inquisitor 573
Staufen, Argula von 377
Staupitz, Johann von, Generalvikar des Augustinerordens 169–175, 177, 200–202, 272–275, 361, 363, 371, 392, 652
Storch, Wiedertäufer 259
Stuben, Verena von, Äbtissin 48
Stübner, Wiedertäufer 259
Sturm von Sturmeck, Jakob 334, 351, 356, 457, 463, 475
Suleiman, Sultan 332, 422, 423, 688
Swaven, Peter, Student 244
Sylvester Prierias, Erzbischof von Nazareth 94

Tauler, Johannes 177
Tetzel, Johann, Dominikanerprior 180, 184, 186, 193, 198, 203
Tilly, Johannes Tserclaes von 602, 604, 610, 611, 615, 616, 620, 621, 629, 636, 686
Trithemius, Johannes, Abt in Sponheim 68, 69, 83, 110, 560, 563, 565, 566, 576, 661, 690
Tungern, Arnold von, Professor 81, 82

Ulrich von Gemmingen, Erzbischof von Mainz 183
Ulrich, Herzog von Württemberg 92, 153, 156, 160, 161, 315, 428, 441, 447, 455

Valla, Lorenzo, Humanist 143, 158, 159
Vergerio, päpstlicher Nuntius 425, 486
Vesalius, Leibarzt Karls V. 482, 677, 686

Waldburg, Truchseß Georg von 321
Wallenstein, Albrecht von (auch von Waldstein) 612–625, 629, 630, 636, 686
Wartenberg, Franz von, Bischof von Münster 369
Weigand, Friedrich, Bauernführer 311
Wesel, Johann von 235, 237, 238
Weydin, Ursula, Schöffin zu Eisenberg 377
Weyer, Johann, Arzt 580–584, 586, 588
Wilcken (Lercheimer), Hermann 584, 588, 589
Wilhelm, Herzog von Bayern 313, 314, 320, 321, 453, 465
Wilhelm, Landgraf von Hessen 379, 470, 649, 659
Wilhelm von Oranien 383, 522, 523, 526–540, 542, 658–660

Wimpheling, Jakob 61, 64–68, 71, 72, 110, 124, 125, 144, 145, 194
Wimpina, Koch, Rektor in Frankfurt a.d. Oder 193
Wirt, Wigand, Dominikanermönch 68–70
Wolfgang, Fürst von Anhalt 351
Wolfgang, Pfalzgraf, Kanonikus in Würzburg 196
Wullenweber, Jürg 692–694
Ximenes, spanischer Kardinal 486

Zápolya, Johann, Woiwode von Siebenbürgen 336
Zasius, Ulrich, Jurist 61, 75, 145, 146, 271, 392
Zell, Mathaeus, Pfarrer 377
Zwingli, Ulrich 300, 301, 339–348, 352–367, 374, 402–404, 413, 415, 421, 427, 432–434, 439, 463, 667

VERZEICHNIS DER HOLZSCHNITTE

Der Traum des Kaisers Siegismund n. Titelholzschnitt des Druckes «Die Reformation des Kaisers Siegismund» 1521 33
Das Wappen vom Bistum Brixen nach Vergil Solis Wappenbüchlein 1555 46
Figur aus dem Titelholzschnitt der ersten Ausgabe der zweiten Sammlung der «Epistolae virorum obscurorum» 93
Kaiser Maximilian nach Zeichnung von Albrecht Dürer . . 131
Das Rathaus der Braunschweiger Altstadt 151
Ulrich von Hutten nach zeitgen. Holzschnitt 163
Martin Luther nach Kupferstich von L. Cranach 175
Die Schloßkirche zu Wittenberg nach Holzschnitt von L. Cranach 189
Kaiser Karl V. mit Benutzung eines Reliefs von Hans Daucher 218
Die Lutherrose 231
Die Wartburg nach Merian 252
Holzschnitt nach Titelbild von «Eyn kurze unterrichtung / war auf Christus seyne Kirchen / odder Gemeyn gebawet hab.» Martinus Luther. Wittenberg. 1524 275
Die Ebernburg nach Holzschnitt von Jest de Hegker 287
Bauern nach Kupferstich von Dürer 302
Landsknecht nach zeitgen. Holzschnitt zum Lied «Die Schlacht bei Pavia» 337
Wappen der Wiedertäufer 371
Frauen nach Jost Amman 387
Wappen und Melanchthon 418
Luther unter dem Kreuz nach zeitgen. Darstellung 437
Reichswappen nach Jost Amman 459
Tod aus einem Kupferstich «Totenfeier zu Ehren Kaiser Karls V. zu Brüssel 491
Jesuitenwappen 510
Wilhelm von Oranien n. Gemälde von Ant. Moro (Kassel) 539

Das Fuggerwappen nach Jost Amman 559
Wappen Fausts nach Jost Amman 568
Wappen von Böhmen nach Vergil Solis 605
Die Apostel Paulus und Petrus mit Benutzung Dürerscher Motive 665
Symbol der Himmelskunde nach Holzschnitt des Meisters J. C. 1518 679
Das Wappen der Habsburger nach der Wappenrolle von Zürich 681
Das Wappen von Hamburg nach Merian 696
Die heilige Taube nach Darstellung auf Luthers Hauspostille 712

Die Vorsatzblätter zeigen vier Seiten aus dem «Passional Christi und Antichristi», eine im Geist der Reformation gehaltene Flugschrift, die im Jahr 1521 erschien. Es wird vermutet, daß Luther ihr Verfasser war. Jedenfalls wurden die Bilder auf Anregung Luthers von Lukas Cranach dem Älteren in Holz geschnitten und mit Unterschriften versehen, die der Bibel und dem Kanonischen Recht entnommen sind. Der Traktat behandelt in Gegenüberstellung von Christus und Papst die Demut und Selbsterniedrigung Christi im Gegensatz zu der weltlichen Macht und der anmaßenden Haltung des Papsttums.

Die vier Holzschnitte stellen folgende Szenen dar:
Vorsatz vorne links: Christus wäscht und küßt in Selbstverleugnung und Demütigung dem Petrus die Füße.
Vorsatz vorne rechts: Dagegen muß der Kaiser dem Papst den Fußkuß erteilen, so daß dieser als Petrus und als Gebieter des Kaisers erscheint.

Vorsatz hinten links: Christus unterwirft sich und die Seinen dem Kaiser und zahlt der Staatsgewalt die schuldigen Abgaben.
Vorsatz hinten rechts: Im Gegensatz dazu bestreitet der Papst als Antichrist dem Kaiser das Besteuerungsrecht über die unmittelbaren Diener der Kirche und bedroht einen Eingriff der weltlichen in die geistliche Gerichtsbarkeit mit der Strafe von Bann und Interdikt.
Bildquelle: J. von Pflugk-Harttung (Hrsg.), Weltgeschichte. Geschichte der Neuzeit (1500–1650), Berlin 1910, S. 248f.

INHALTSVERZEICHNIS

Einleitung 5
Der Zustand des Reiches im 15. Jahrhundert . . . 17
Drei Freunde 35
Der Streit um das Bistum Brixen 46
Humanisten und Mönche 61
Reuchlin und die Dunkelmännerbriefe 78
Die Reichsreform 96
Die Kirchenreform 117
Kultur 133
Ritter 152
Luther 166
Die Thesen 181
Von Heidelberg bis Leipzig 192
Die Kaiserwahl 207
Hutten und Luther 220
Worms 232
Der Prophet 252
Neue Kirche 264
Luther und Erasmus 276
Sickingens und Huttens Ende 287
Der Bauernkrieg 302
Pavia 327
Der Abendmahlsstreit 339
Die Wiedertäufer 360
Frauen 372
Anfechtungen 389

Einigungsversuche 402
Die Befreiung des Adlers 419
Der Schmalkaldische Krieg 439
Der Augsburger Religionsfrieden 462
Tod 479
Aufschwung der katholischen Kirche 493
Calvin und der Abfall der Niederlande 511
Geldwirtschaft 541
Faust 560
Hexenverfolgungen 569
Der Ausbruch des Dreißigjahrigen Krieges 590
Der Krieg im Reich 607
Das große Sterben 627
Der Westfälische Frieden 635
Toleranz 647
Wissenschaft 666
Österreich 681
Im Norden 690
Ausklang 697

Nachwort 713

Anhang
EDITORISCHE NOTIZ 719
VERZEICHNIS DER WICHTIGSTEN NAMEN 721
VERZEICHNIS DER HOLZSCHNITTE 731

CIP-Kurztitelaufnahme der Deutschen Bibliothek:

Huch, Ricarda:
Das Zeitalter der Glaubensspaltung / Ricarda Huch. –
Zürich: Manesse Verl., 1987.
(Deutsche Geschichte / Ricarda Huch; Bd. 2)
(Manesse Bibliothek der Weltgeschichte)
ISBN 3-7175-8094-9 Gewebe
ISBN 3-7175-8095-7 Ldr.

Umschlag und typographisches Konzept:
Hans Peter Willberg, Eppstein

Paſſional Chriſti vnd

Chriſtus.

Gehe hyn zum mehr/ vñ laß yn dynen hamen/ dem erſten fiſch der ſich vff wirfft/ thue das mauel auff/ dorinnen wirſtu findē einen gulden/ den gib yn zoll vor mich vnd dich. Math.17

Gebt der obirkeyt die das ſchwerdt in yren henden hat ſeyne gebüre/ den zinß/ wem der zinß zuſtehet/ den zoll dez er gebürdt. Paul.ad Roma.13.